SOLZHENITSYN

200 anni insieme

Volume 1

Gli ebrei prima della Rivoluzione

Aleksandr Solženicyn
(1918-2008)

Aleksandr Isaevič Solženicyn è stato un romanziere russo, storico e critico esplicito del totalitarismo sovietico. È ricordato come uno dei più importanti scrittori e dissidenti del 20 secolo. Le sue opere hanno fornito un resoconto potente e schiacciante del sistema repressivo dell'Unione Sovietica e hanno avuto un impatto duraturo sia sulla letteratura che sul pensiero politico. È stato insignito del Premio Nobel per la letteratura nel 1970 per la forza etica con cui ha portato avanti le indispensabili tradizioni della letteratura russa.

Duecento anni insieme
Volume 1 - Gli ebrei prima della Rivoluzione
Двести лет вместе, *Dvesti let vmeste-2001-2002*

Tradotto e pubblicato da
Omnia Veritas Limited

www.omnia-veritas.com

© Omnia Veritas Ltd - 2024

Tutti i diritti riservati. Nessuna parte di questa pubblicazione può essere riprodotta, distribuita o trasmessa in qualsiasi forma o con qualsiasi mezzo, comprese fotocopie, registrazioni o altri metodi elettronici o meccanici, senza il previo consenso scritto dell'editore, tranne nel caso di brevi citazioni contenute in recensioni critiche e di alcuni altri usi non commerciali consentiti dalla legge sul copyright.

Introduzione al materiale 11

Sul perimetro di questo studio. Quali potrebbero essere i limiti di questo libro? 13

Menzioni abbreviate delle principali fonti citate nelle note dell'autore 15

CAPITOLO 1 17
Prima del 19 secolo 17
Dalle origini in Khazaria 17
L'eresia giudaizzante 22
Il Kahal e i diritti civili 35
Derzhavin e la carestia in Bielorussia 43

CAPITOLO 2 56
Durante il regno di Alessandro I 56

CAPITOLO 3 89
Durante il regno di Nicola I 89

CAPITOLO 4 123
Nell'era delle riforme 123

CAPITOLO 5 169
Dopo l'assassinio di Alessandro II 169

CAPITOLO 6 195
Nel movimento rivoluzionario russo 195

CAPITOLO 7 233
La nascita del sionismo 233

CAPITOLO 8 247
Al volgere del 20 secolo 247

CAPITOLO 9 309
Durante la rivoluzione del 1905 309

CAPITOLO 10 378
Il periodo della Duma 378

CAPITOLO 11 410

EBREI E RUSSI PRIMA DELLA PRIMA GUERRA MONDIALE: LA CRESCENTE CONSAPEVOLEZZA 410
CAPITOLO 12 .... **432**
DURANTE LA GUERRA (1914-1916) 432
ALTRI TITOLI **467**

Introduzione al materiale

Avendo lavorato per cinquant'anni con la storia della rivoluzione russa, mi sono imbattuto più volte nei problemi tra russi ed ebrei. Sempre e comunque essi si sono inseriti negli avvenimenti, hanno spinto un cuneo nella psiche umana e hanno fomentato le passioni.

Non ho perso la speranza che un autore mi battesse sul tempo e facesse emergere, con la necessaria ampiezza ed equilibrio, questa lancia luminosa. Ma ci troviamo più spesso di fronte a rimproveri unilaterali: o i russi sono colpevoli nei confronti degli ebrei, peggio, colpevoli di una depravazione perpetua, e a ragione; o, d'altra parte, i russi che hanno trattato razionalmente questo problema lo hanno fatto per lo più in modo eccessivamente duro, senza riconoscere alla controparte nemmeno il minimo merito.

Non si può dire che manchino gli editori; in particolare tra gli ebrei russi, dove sono molto più numerosi che tra i russi.

Tuttavia, nonostante l'abbondanza di menti brillanti e di penne decorate, non abbiamo ancora avuto un'analisi aggiornata della nostra storia reciproca che possa soddisfare entrambe le parti. Dobbiamo imparare a non stringere la corda quando è già così tesa. Avrei voluto dedicare i miei sforzi a un argomento meno spinoso. Ma credo che questa storia - o almeno lo sforzo di penetrarla - non debba rimanere "proibita".

La storia del "problema ebraico" in Russia (e solo in Russia?) è soprattutto eccezionalmente ricca. Parlarne significa ascoltare nuove voci e trasmetterle al lettore. (In questo libro, le voci degli ebrei saranno ascoltate più spesso di quelle dei russi).

Ma i vortici del clima sociale ci spingono sul filo del rasoio. Si sente il peso di entrambe le parti, tutte le rimostranze e le accuse, plausibili e improbabili, che crescono man mano.

Lo scopo che mi guida in questo lavoro sulla vita comune dei russi e degli ebrei consiste nel cercare tutti i punti necessari per una comprensione reciproca, tutte le possibili voci che, una volta liberate dall'amarezza del passato, possono condurci verso il futuro.

Come tutti gli altri popoli, come tutti noi, il popolo ebraico è allo stesso tempo un elemento attivo e passivo della Storia; più di una volta ha compiuto, anche se inconsapevolmente, opere importanti che la Storia gli ha offerto. Il "problema ebraico" è stato osservato da diverse angolazioni, ma sempre con passione e spesso con auto-illusione. Eppure gli eventi che hanno interessato questo o quel popolo nel corso della Storia non sono sempre stati determinati da questo popolo, ma da tutti quelli che lo circondavano.

Un atteggiamento troppo passionale per una parte o per l'altra è umiliante per loro. Tuttavia, non possono esistere problemi che l'uomo non possa affrontare con la ragione. Parlare apertamente, ampiamente, è più onesto e, nel nostro caso preciso, parlarne è essenziale. Ahimè, le ferite reciproche si sono accumulate nella memoria popolare. Ma se guardiamo al passato, quando guarirà la memoria? Finché l'opinione popolare non troverà una penna per farvi luce, resterà una vaga diceria, peggio: minacciosa.

Non possiamo separarci definitivamente dai secoli passati. Il nostro mondo si è ristretto e, qualunque siano le linee di demarcazione, ci ritroviamo di nuovo vicini. Per molti anni ho rimandato la stesura di questo libro; avrei preferito non caricarmi di questo peso, ma i ritardi della mia vita si sono esauriti ed eccomi qui.

Non ho mai potuto riconoscere a nessuno il diritto di nascondere ciò che è stato. Né posso accettare alcun accordo fondato su una falsa luce sul passato. Invito entrambe le parti - russi ed ebrei - a cercare la comprensione reciproca, a riconoscere la parte di peccato di ciascuno, perché è facile distogliere lo sguardo: sicuramente non siamo noi... Mi sforzo sinceramente di comprendere le due parti in presenza di questo lungo conflitto storico. Mi immergo negli eventi, non nelle polemiche. Voglio mostrare. Non entro nelle discussioni, se non in quei casi estremi in cui la correttezza è coperta da strati su strati di menzogne. Oso sperare che questo libro non venga accolto dagli estremisti e dai fanatici, ma che, al contrario, favorisca la comprensione reciproca. Spero di trovare persone premurose sia tra gli ebrei che tra i russi.

Ecco come l'autore ha immaginato il suo compito e il suo obiettivo finale: cercare di prevedere, nel futuro delle relazioni russo-ebraiche, vie accessibili che possano portare al bene di tutti.

Ho scritto questo libro piegandomi solo a ciò che i materiali storici raccontavano e cercando questioni caritatevoli per il futuro. Ma ammettiamolo: negli ultimi anni la situazione in Russia si è evoluta in modo così drastico che i problemi qui studiati si sono trovati relegati sullo sfondo e non hanno oggi l'acutezza degli altri problemi della Russia.

Sul perimetro di questo studio.
Quali potrebbero essere i limiti di questo libro?

Sono pienamente consapevole della complessità e dell'ampiezza dell'argomento. Mi rendo conto che ha anche un aspetto metafisico. Si dice addirittura che il problema ebraico possa essere compreso in modo rigoroso solo da un punto di vista mistico e religioso. Naturalmente riconosco la realtà da questo punto di vista, ma, sebbene molti libri abbiano già toccato l'argomento, penso che esso rimanga inaccessibile agli uomini, che sia per natura fuori portata, anche per gli esperti.

Eppure tutti gli scopi importanti della storia umana contengono influenze mistiche, il che non ci impedisce di esaminarli su un piano storico concreto. Dubito che si debba necessariamente ricorrere a considerazioni superiori per analizzare fenomeni che sono alla nostra portata.

Nei limiti della nostra esistenza terrena, possiamo esprimere giudizi sui russi, così come sugli ebrei, partendo da criteri umili. Quanto a quelli superiori, lasciamoli a Dio!

Voglio chiarire questo problema solo nelle categorie della Storia, della politica e della vita quotidiana e della cultura, e quasi esclusivamente nei limiti dei due secoli di convivenza tra russi ed ebrei in un unico Stato. Non avrei mai osato avvicinarmi alle profondità della Storia ebraica, tri o quadrimillenaria, sufficientemente rappresentata in numerose opere e in meticolose enciclopedie.

Non intendo nemmeno esaminare la storia degli ebrei nei Paesi più vicini a noi: Polonia, Germania, Astria-Ungheria. Mi concentro sulle relazioni russo-ebraiche, insistendo sul XX secolo, così cruciale e così catastrofico nel destino dei nostri due popoli. Sulla base della dura esperienza della nostra convivenza, cerco di dissipare i malintesi, le false accuse, ricordando le legittime rimostranze. Le opere pubblicate nei primi decenni del XX secolo hanno avuto poco tempo per abbracciare questa esperienza nella sua totalità.

Naturalmente, un autore contemporaneo non può trascurare la loro esistenza, nonostante mezzo secolo e lo stato di Israele e la sua enorme influenza sulla vita degli ebrei e degli altri popoli del mondo. Non può, se non altro, voler comprendere a fondo la vita interna di Israele e i suoi orientamenti spirituali - anche attraverso riflessioni incidentali, che devono trasparire da questo libro. Ma sarebbe una pretesa oltraggiosa da parte dell'autore non introdurre qui un'analisi dei problemi inerenti al sionismo e alla vita di Israele. Ciononostante, dedico un'attenzione particolare agli scritti pubblicati ai nostri giorni dai dotti ebrei russi che hanno vissuto per decenni in Unione Sovietica prima di emigrare in Israele, e che hanno quindi avuto l'opportunità di riflettere, a partire dalla propria esperienza, su una serie di problemi ebraici.

Menzioni abbreviate delle principali fonti citate nelle note dell'autore

- **"22"**: Rivista sociale, politica e letteraria dell'intellighenzia ebraica dell'URSS in Israele, Tel Aviv. Le note bibliografiche chiamate con un numero sono dell'autore. Di queste, quelle contrassegnate da un asterisco si riferiscono a un riferimento di seconda mano. Le note esplicative contrassegnate da un asterisco sono dei traduttori.
- **ARR**: Archivio della Rivoluzione russa, a cura di J. Guessen, Berlino, ed. Slovo, 1922-1937. Slovo, 1922-1937.
- **BJWR-1**: Kriga o rousskom cvreïstve: ot 1860 godov do Revolioutsii 1917 g. [Libro sul mondo ebraico della Russia: dagli anni '60 del XIX secolo alla Rivoluzione del 1917], New York, ed. Dell'Unione degli ebrei russi, 1960.
- **BJWR-2**: Kriza o rousskom evreïstve, 1917-1967 [Il libro sul mondo ebraico della Russia, 1917-1967], New York, ed. Dell'Unione degli ebrei russi, 1968.
- **JE**: Enciclopedia ebraica in 16 volumi, San Pietroburgo, Società per la promozione dell'editoria scientifica ebraica ed Ed. Brokhaus e Efron, 1906-1913.
- **JW**: Evreïskii mir [Il mondo ebraico], Parigi, Unione degli intellettuali russo-ebraici.
- **RaJ**: Rossia i evrei [La Russia e gli ebrei], Parigi, YMCA Press, 1978 (ed. originale, Berlino, 1924).
- **RHC**: Istoriko-revolutsionnyi sbornik [Collezione storica rivoluzionaria], a cura di V. I. Nevski, 3 volumi, M. L., GIZ, 1924-1926.
- **RJE**: Rossiskaia Evreiskaya Entsiklopedia [Enciclopedia ebraica russa], M. 1994, seconda edizione in corso di pubblicazione, corretta e ampliata.
- **Izvestia**: Notizie dal Soviet dei deputati operai e soldati di Pietrogrado.
- **SJE**: Piccola Enciclopedia Ebraica, Gerusalemme, 1976, ed. Della Società per lo studio delle comunità ebraiche.

- **TW**: Vremia i my [Il tempo e noi], rivista internazionale di letteratura e problemi sociali, Tel Aviv.

Capitolo 1
Prima del 19 secolo

Dalle origini in Khazaria

In questo libro la presenza degli ebrei prima del 1772 non sarà discussa in dettaglio. Tuttavia, per qualche pagina, ripercorreremo le epoche più antiche.

Si può dire che le strade di russi ed ebrei si siano incrociate per la prima volta nelle guerre tra la Rus' di Kiev e i khazari [antico popolo di razza turca stabilitosi da tempo nella regione del Basso Volga. Nel 6 secolo fondarono un vasto impero che si estendeva dall'Oural al Dniepr, che cadde nel 10 secolo dopo la loro sconfitta da parte del principe di Kiev, Sviatoslav (966)], ma ciò non è del tutto corretto, poiché solo la classe superiore dei Khazari era di origine ebraica, mentre la tribù stessa era composta da turchi convertiti al giudaismo.

Se si segue la presentazione di J.D. Bruzkus, rispettato autore ebraico della metà del 20 secolo, una certa parte degli ebrei dalla Persia si spostò attraverso il passo di Derbent verso il basso Volga, dove Atil, sulla costa occidentale del Caspio sul delta del Volga, la capitale del khanato khazariano[1], sorse a partire dal 724 d.C..

I principi tribali dei khazari turchi (all'epoca ancora adoratori di idoli) non vollero accettare né la fede musulmana, per non essere subordinati al califfo di Baghdad, né il cristianesimo, per non diventare vassalli dell'imperatore bizantino; così il clan passò alla fede ebraica nel 732.

Ma esisteva anche una colonia ebraica nel Regno di Bosporan[2] nella penisola di Taman, all'estremità orientale della Crimea, che separa il Mar Nero dal Mar d'Azov, dove Adriano fece portare dei prigionieri ebrei nel 137, dopo la vittoria su Bar-Kokhba [fondata nel 480 a.C. dai Greci,

---

[1] J. D. Brutskus, Istoki rousskogo evreïstva (Les origines des Juifs russes), in Annuaire du monde juif, 1939. Paris, éd. de l'Union des intellectuels russo-juifs, pp. 17-23.
[2] EJ, t. 15, p. 648.

conquistata da Mitridate nel 107 a.C., rimase sotto il protettorato romano fino al 4 secolo].

In seguito un insediamento ebraico si mantenne senza interruzioni sotto i Goti e gli Unni in Crimea. Soprattutto Kaffa (Feodosia) rimase ebraica. Nel 933 il principe Igor [Gran Principe di Kiev 912-945, successore di Oleg il saggio] possedette temporaneamente Kerch, e suo figlio Sviatoslav [Gran Principe 960-972] strappò la regione del Don ai Khazari.

Già nel 909 la Rus' di Kiev dominava l'intera regione del Volga, compresa Atil, e le navi russe fecero la loro comparsa a Samander, a sud di Atil, sulla costa occidentale del Caspio. I Kumyk [popolo di lingua turca; stato indipendente nel 15 secolo, annesso alla Russia nel 1784] nel Caucaso erano discendenti dei Khazar. In Crimea, invece, si combinarono con i Polovtsy [popolo di lingua turca proveniente dall'Asia che occupava le steppe meridionali della Russia nell'XI secolo], un popolo nomade turco proveniente dall'Asia centrale che viveva nella zona settentrionale del Mar Nero e nel Caucaso fin dal 10 secolo, chiamato Cumano dagli storici occidentali. Questa mescolanza formò i Tatari di Crimea.

Ma a differenza dei Tatari, i Karaim [popolo di lingua turca che professa un credo simile all'ebraismo, ma senza riconoscere il Talmud (11 - 12 secolo)], una setta ebraica che non segue il Talmud, e gli ebrei residenti in Crimea non passarono alla fede musulmana. I Khazar furono infine sopraffatti molto più tardi da Tamerlano o Timur, il conquistatore del 14 secolo.

Alcuni ricercatori, tuttavia, ipotizzano (mancano prove precise) che gli Ebrei abbiano vagato in qualche misura attraverso la regione della Russia meridionale in direzione ovest e nord-ovest. L'orientalista e semitista Abraham Harkavy, ad esempio, scrive che la congregazione ebraica nella futura Russia "emerge da ebrei provenienti dalla costa del Mar Nero e dal Caucaso, dove i loro antenati avevano vissuto dopo la cattività assira e babilonese".[3] Anche J. D. Bruzkus propende per questa prospettiva. Un'altra opinione suggerisce che si trattava del residuo delle dieci tribù perdute di Israele [dopo la morte di Salomone, sotto il governo di Roboamo, dieci delle dodicesime tribù di Israele si separarono dalla Casa di Davide, formarono il Regno di Israele e poi furono punite e disperse].

Questa migrazione terminò presumibilmente dopo la conquista, nel 1097, di Timutarakan, sulla sponda orientale dello stretto di Kerch, che si affaccia sull'estremità orientale della penisola di Crimea; il fianco orientale dell'antico Regno di Bosporan, da parte dei Polovtsy. Secondo Harkavy, il linguaggio di questi ebrei era slavo almeno dal IX secolo e solo nel XVII

---

[3] PEI, I. 2, p. 40.

secolo, quando gli ebrei ucraini fuggirono dai pogrom del condottiero cosacco ucraino Bogdan Chmelnitzki [Hetman. leader ucraino (1593-1657), guidò vittoriosamente i cosacchi ucraini contro la Polonia con l'aiuto dei Tatari di Crimea. Nel 1654 ricevette la protezione di Mosca e divenne il vassallo dello zar Alessio Mikhaïlovitch], che guidò con successo una ribellione cosacca contro la Polonia con l'aiuto dei Tatari di Crimea, lo yiddish divenne la lingua degli ebrei in Polonia.

In vari modi, anche gli ebrei arrivarono a Kiev e vi si stabilirono. Già sotto Igor, la parte bassa della città si chiamava Kosary; nel 933 Igor vi portò gli ebrei che erano stati fatti prigionieri a Kerch. Poi nel 965 vi furono portati gli ebrei fatti prigionieri in Crimea; nel 969 Kosary da Atil e Samander, nel 989 da Cherson e nel 1017 da Timutarakan. A Kiev emersero anche ebrei occidentali o ashkenaziti in relazione al traffico carovaniero da ovest a est, a partire dalla fine dell'XI secolo, forse a causa delle persecuzioni in Europa durante la prima crociata.[4]

Ricercatori successivi confermano anche che nel 11 secolo l'elemento ebraico a Kiev derivava dai khazari. Ancora prima, al volgere del 10 secolo, si racconta della presenza a Kiev di "una forza khazar e di una guarnigione khazar"... E "già nella prima metà dell'11 secolo l'elemento ebraico-khazar a Kiev giocava un ruolo significativo". [5]Nel 9 e 10 secolo, Kiev era multinazionale e tollerante verso le diverse etnie.

Alla fine del 10 secolo, quando il principe Vladimir I. Svjatoslavich [San Vladimir (956-1015), figlio di Sviatoslav, divenne unico sovrano della Russia kieviana di cui è considerato il fondatore.

La scelta di una nuova fede per i russi era stata fatta da un ebreo convertito al cristianesimo bizantino, che aveva stabilito in tutto il Paese nel 988 d.C.], non erano pochi gli ebrei a Kiev, e tra loro si trovavano uomini istruiti che suggerivano di assumere la fede ebraica. La scelta avvenne diversamente da come era avvenuta 250 anni prima nel Regno di Khazar. Lo storico russo Karamsin lo racconta così: "Dopo aver ascoltato gli ebrei, Vladimir chiese dove fosse la loro patria. 'A Gerusalemme', risposero i delegati, 'ma Dio ci ha castigato nella sua ira e ci ha mandato in terra straniera'. E voi, che Dio ha punito, osate insegnare agli altri?", disse Vladimir. Noi non vogliamo perdere la nostra patria come avete fatto voi".[6]

---

[4] EJ, t. 9, p. 526.

[5] V N. *Toporov*, Sviatost i sviatye v russkoï doukhovnoï koultoure (La sainteté et les saints russes dans la culture russe spirituelle), t. 1, M. 1995, pp. 283-286. 340.

[6] *N. M. Karamzine*, Isloria gosoudarstva Rossiiskogo (Histoire de la nation russe), Saint-Pétersbourg. 1842-1844, t. 1, p. 127. Cfr. anche: S. M. Soloviev. Isloria Rossii s drevneichikh vremen (Histoire de la Russie depuis les origines) en 15 volumes, M. 1962-1966. t. 1. p. 181.

Dopo la cristianizzazione della Rus', secondo Bruzkus, anche una parte degli ebrei khazari di Kiev passò al cristianesimo e successivamente a Novgorod forse uno di loro, Luka Zhidyata,[7] fu addirittura uno dei primi vescovi e scrittori spirituali. La compresenza di cristianesimo ed ebraismo a Kiev portò inevitabilmente i dotti a contrapporli con zelo. Da qui nacque l'opera significativa per la letteratura russa, *Sermone sulla legge e sulla grazia* di Ilarione, primo metropolita russo alla metà dell'XI secolo, che contribuì all'affermarsi di una coscienza cristiana per i russi che durò per secoli.

La polemica qui è fresca e vivace come nelle lettere degli apostoli.[8] In ogni caso, era il primo secolo del cristianesimo in Russia. Per i neofiti russi di quel tempo gli ebrei erano interessanti, soprattutto in relazione alla loro presentazione religiosa, e anche a Kiev c'erano occasioni di contatto con loro. L'interesse era maggiore che nel XVIII secolo, quando si trovarono di nuovo fisicamente vicini.

Poi, per più di un secolo, gli ebrei parteciparono all'espansione del commercio di Kiev. "Nella nuova cinta muraria completata nel 1037 c'era la Porta degli Ebrei, che chiudeva il quartiere ebraico".[9] Gli ebrei di Kiev non furono soggetti ad alcuna limitazione e i principi non si comportarono con ostilità, ma anzi garantirono loro protezione, soprattutto Sviatopluk Iziaslavich, principe di Novgorod (r. 1078-1087) e Gran Principe di Kiev dal 1093 al 1113, poiché il commercio e l'intraprendenza degli ebrei portarono ai principi vantaggi finanziari.

Nel 1113 d.C., Vladimir Monomakh, per scrupolo di coscienza, anche dopo la morte di Sviatopluk, esitò a salire sul trono di Kiev prima di uno degli Svjatoslavi, e "i rivoltosi, sfruttando l'anarchia, saccheggiarono la casa del comandante di reggimento Putiata e tutti gli ebrei che si trovavano sotto la speciale protezione dell'avido Sviatopluk nella capitale". Una delle ragioni della rivolta di Kiev fu apparentemente l'usura degli ebrei. Sfruttando la scarsità di denaro dell'epoca, essi schiavizzarono i debitori con interessi esorbitanti". [10](Ad esempio, nello statuto di Vladimir Monomakh si legge che gli usurai di Kiev ricevevano interessi fino al 50% annuo). Karamsin si appella alle Cronache e a un'estrapolazione di Basilio Tatistcheff (1686-1750), allievo di Pietro il Grande e primo storico russo. In Tatistcheff troviamo inoltre:

"In seguito uccisero a bastonate molti ebrei e saccheggiarono le loro case, perché avevano causato molte malattie ai cristiani e il commercio con loro

---

[7] *Brutskus*, pp. 21-22; EJ, t. 7, p. 588.
[8] *Toporov*, t. 1, p. 280.
[9] PEJ, t. 4, p. 253.
[10] *Karamzine*, t. 2. pp. 87-88.

aveva provocato grandi danni. Molti di loro, che si erano riuniti nella loro sinagoga in cerca di protezione, si difesero come poterono e guadagnarono tempo fino all'arrivo di Vladimir". Ma quando arrivò, "i Kieviti lo supplicarono di punire gli ebrei, perché avevano sottratto tutti i commerci ai cristiani e sotto Sviatopluk avevano avuto molta libertà e potere... Avevano anche portato molti alla loro fede".[11]

Secondo M. N. Pokrovski, il pogrom di Kiev del 1113 fu di carattere sociale e non nazionale. Tuttavia, è nota la propensione di questo storico di classe verso le interpretazioni sociali. Dopo essere salito al trono di Kiev, Vladimir rispose ai denuncianti: "Poiché molti ebrei hanno avuto accesso dappertutto alle varie corti principesche e vi sono emigrati, non è opportuno che io, senza il consiglio dei principi, e per di più contrariamente al diritto, permetta di ucciderli e saccheggiarli. Per questo motivo, senza indugio, chiamerò a raccolta i principi, per dare un consiglio".[12] Nel Consiglio fu stabilita una legge che limitava gli interessi, che Vladimir allegò allo statuto di Yaroslav. Karamsin riferisce, appellandosi a Tatistcheff, che Vladimir "bandì tutti gli ebrei" al termine del Concilio, "e da quel momento in poi non ne rimase più nessuno nella nostra patria". Ma allo stesso tempo si qualifica: "Nelle cronache, al contrario, si legge che nel 1124 gli ebrei di Kiev morirono in un grande incendio; di conseguenza, non erano stati banditi". [13]Bruzkus spiega che "si trattava di un intero quartiere nella parte migliore della città... alla Porta degli Ebrei, accanto alla Porta d'Oro".[14] Almeno un ebreo godeva della fiducia di Andrei Bogoliubsky a Vladimir.

Tra i confidenti di Andrej c'era un certo Ephraim Moisich, il cui patronimico Moisich o Moisievich indica la sua derivazione ebraica, e che secondo le parole della Cronaca fu tra i mandanti del tradimento con cui Andrej fu assassinato.[15] Tuttavia c'è anche una notazione che dice che sotto Andrej Bogoliubskij "molti bulgari ed ebrei del territorio del Volga vennero e si fecero battezzare" e che dopo l'assassinio di Andrej suo figlio Georgi fuggì da un principe ebreo in Daghestan.[16]

In ogni caso, le informazioni sugli ebrei al tempo della Rus' di Suzdal sono scarse, poiché il loro numero era ovviamente esiguo. L'*Enciclopedia Ebraica* nota che nelle canzoni eroiche russe (Bylinen) lo "zar ebreo" - ad

---

[11] *V. N. Tatischev*, Histoire russe en 7 volumes, t. 2, M. 1963, p. 129.
[12] *Ibidem*, p. 129.
[13] *Kuramzine*, t. 2. Note, p. 89.
[14] *Brutskus*, p. 23.
[15] *Suloviev*, livre I, p. 546.
[16] *Brutskus*, p. 26.

esempio il guerriero Shidowin nella vecchia Bylina su Ilya e Dobrinia - è "un appellativo generale preferito per un nemico della fede cristiana".[17]

Allo stesso tempo, potrebbe anche essere una traccia dei ricordi della lotta contro i khazari. Qui si chiarisce la base religiosa di questa ostilità ed esclusione. Su questa base, agli ebrei non fu permesso di stabilirsi nella Rus' moscovita.

L'invasione dei Tartari segnò la fine del vivace commercio della Rus' di Kiev e molti ebrei pare si recarono in Polonia. (Continuò anche la colonizzazione ebraica in Volhynia e Galizia, dove non avevano quasi sofferto per l'invasione tartara). L'Enciclopedia spiega che: "Durante l'invasione dei Tartari (1239) che distrusse Kiev, anche gli ebrei soffrirono, ma nella seconda metà del 13 secolo furono invitati dai Grandi Principi a reinsediarsi a Kiev, che si trovava sotto il dominio dei Tartari. A causa dei diritti speciali, concessi agli ebrei anche in altri possedimenti dei tartari, gli abitanti della città suscitarono invidia nei confronti degli ebrei di Kiev".[18]

Qualcosa di simile accadde non solo a Kiev, ma anche nelle città della Russia settentrionale, che "sotto il dominio tataro, erano accessibili a molti mercanti provenienti da Khoresm o Khiva, esperti da tempo nel commercio e nei trucchi della ricerca del profitto". Questi compravano dai Tartari il diritto del principato di riscuotere tributi, chiedevano interessi eccessivi ai poveri e, in caso di mancato pagamento, dichiaravano i debitori loro schiavi e toglievano loro la libertà . Gli abitanti di Vladimir, Suzdal e Rostov alla fine persero la pazienza e si sollevarono insieme al suono delle campane contro questi usurai; alcuni furono uccisi e gli altri cacciati".[19] Fu minacciata una spedizione punitiva del Khan contro gli ammutinati, che tuttavia fu ostacolata dalla mediazione di Aleksandr Nevskij. Infine, "nei documenti del XV secolo si parla di contribuenti ebrei di Kiev che possedevano un'importante fortuna".[20]

L'eresia giudaizzante

Nel 15 secolo va segnalata anche una migrazione di ebrei dalla Polonia verso l'Oriente, compresa la Russia Bianca [Bielorussia]: a Minsk, Polotsk e Smolensk c'erano affittuari di pedaggi e altri tributi, anche se non vi si formarono congregazioni stabili. Dopo l'effimero bando degli ebrei dalla

---

[17] EJ, t. 9, p. 5.
[18] *Ibidem*, p. 517.
[19] *Karamzine*, t. 4, pp. 54-55.
[20] PEJ. t. 4, p. 254.

Lituania (1496), il "movimento verso est si sviluppò con particolare energia all'inizio del 16 secolo".[21]

Il numero di ebrei emigrati nella Rus' moscovita era insignificante, anche se "gli ebrei influenti dell'epoca non avevano difficoltà a recarsi a Mosca".[22]

Verso la fine del 15 secolo, nel centro stesso del potere spirituale e amministrativo della Rus', avvenne un cambiamento che, sebbene appena notato, avrebbe potuto attirare su di sé un'inquietante agitazione e avere conseguenze di vasta portata nel campo spirituale. Si trattava dell'"eresia giudaizzante".

San Giuseppe di Volokolamsk (1439-1515), che vi si oppose, osservò: "Fin dai tempi di Olga [Santa Olga (?-969), principessa di Kiev, moglie del principe Igor di cui rimase vedova nel 945; esercitò il governo fino alla maggiore età del figlio Sviatoslav. Convertita nel 954, non riuscì tuttavia a diffondere il cristianesimo in tutto il Paese] e Vladimir, il mondo russo timorato di Dio non ha mai sperimentato una tale seduzione".[23]

Secondo Kramsin iniziò così: l'ebreo Zaccaria, che nel 1470 era arrivato a Novgorod da Kiev, "trovò il modo di portare fuori strada due spirituali, Dionis e Aleksei; assicurò loro che solo la Legge di Mosè era divina; la storia del Redentore era inventata; il Messia non era ancora nato; uno non doveva pregare le icone, ecc. Così ebbe inizio l'eresia giudaizzante".[24] Il famoso storico russo Sergej Solovyov (1820-79) aggiunge che Zaccaria la realizzò "con l'aiuto di cinque complici, anch'essi ebrei" e che questa eresia "era ovviamente un miscuglio di giudaismo e razionalismo cristiano che negava il mistero della Santa Trinità e la divinità di Gesù Cristo".[25]

"Il sacerdote ortodosso Aleksei si faceva chiamare Abramo, sua moglie la chiamava Sara e insieme a Dionis corruppe molti spirituali e laici. Ma è difficile capire come Zaccaria abbia potuto aumentare così facilmente il numero dei suoi allievi di Novgorod, dal momento che la sua saggezza consisteva interamente e solo nel rifiuto del cristianesimo e nella glorificazione dell'ebraismo. Probabilmente, Zaccaria sedusse i russi con la cabala ebraica, un insegnamento che catturava gli ignoranti curiosi e che nel XV secolo era molto conosciuto, quando molti uomini colti cercavano in esso la soluzione a tutti gli enigmi più importanti dello spirito umano. I

---

[21] *EJ*, t. 5, p. 165.
[22] *Ibidem*, 1.13. p. 610.
[23] *Karamzine*, t. 6. p. 121.
[24] *Ibidem*, p. 121.
[25] *Soloviev*, livre III, p. 185.

cabalisti si esaltavano..., erano in grado... di discernere tutti i segreti della natura, spiegare i sogni, profetizzare il futuro e evocare gli spiriti".[26]

J. Gessen, storico ebreo del XX secolo, presenta al contrario l'opinione: "È certo che gli ebrei non parteciparono né all'introduzione dell'eresia... né alla sua diffusione".[27] (ma senza indicare le sue fonti). L'enciclopedia di Brockhaus e Efron [1890-1906, equivalente russo zarista dell'Enciclopedia Britannica] spiega: "Apparentemente l'elemento genuinamente ebraico non giocava un ruolo di rilievo, limitando il suo contributo ad alcuni rituali".[28]

La Jewish Encyclopedia, apparsa più o meno nello stesso periodo, scrive invece che: "oggi, dopo la pubblicazione del 'Salterio dei Giudaizzanti' e di altri memoriali, la questione controversa dell'influenza ebraica sulle sette deve... essere considerata risolta in senso positivo".[29]

"Gli eretici di Novgorod presentavano un aspetto ordinato, sembravano digiunare umilmente e adempivano con zelo a tutti i doveri della pietà". Si fecero [30] notare dal popolo e contribuirono alla rapida diffusione dell'eresia.[31]

Quando, dopo la caduta di Novgorod, Ivan Vasilievich III (1440-1505), Gran Principe di Moscovia, unendo il territorio della Russia maggiore sotto il dominio di Mosca, visitò la città, rimase colpito dalla loro pietà e portò a Mosca entrambi i primi eretici, Aleksei e Dionis, nel 1480 e li promosse a sommi sacerdoti delle cattedrali dell'Assunzione di Maria e dell'Arcangelo del Cremlino. Con loro fu portato anche lo scisma, le cui radici erano rimaste a Novgorod. Aleksei trovò un particolare favore presso il sovrano ed ebbe libero accesso a , e con i suoi insegnamenti segreti non solo attirò diversi alti spirituali e funzionari, ma spinse il Gran Principe a nominare l'archimandrita (capo abate nell'Ortodossia orientale) Zossima come Metropolita, cioè capo dell'intera Chiesa russa - un uomo che apparteneva proprio alla cerchia di coloro che lui aveva attirato con l'eresia. Inoltre, egli attirò all'eresia Elena, nuora del Gran Principe, vedova di Ivan il Giovane e madre dell'erede al trono, il "nipote benedetto Dimitri".[32]

---

[26] *Karamzine*, t. 6, pp. 121-122.
[27] *J. Hessen*, Istoria evreïskogo naroda v Rossii (Histoire du peuple juif en Russie), en 2 vol., 1.1, Leningrado, 1925, p. 8.
[28] Dictionnaire encyclopédique en 82 volumes, Saint-Pétersbourg, 1890-1904, t. 22, 1904, p. 943.
[29] EJ, t. 7, p. 577.
[30] *Karamzine*, t. 6, p. 122.
[31] 31 *Sotoviev*, livre III, p. 185.
[32] *Karamzine*, t. 6, pp. 120-123.

Il rapido successo di questo movimento e la facilità con cui si è diffuso sono sorprendenti. Ciò si spiega ovviamente con gli interessi reciproci. Quando il "Salterio dei Giudaizzanti" e altre opere - che potevano trarre in inganno il lettore russo inesperto e che a volte erano inequivocabilmente anticristiane - furono tradotte dall'ebraico al russo, si sarebbe potuto pensare che solo gli ebrei e l'ebraismo ne sarebbero stati interessati. Ma anche il lettore russo era interessato alle traduzioni di testi religiosi ebraici. Questo spiega il successo che la propaganda della "giudaizzazione" ebbe in varie classi sociali. L'[33] acutezza e la vivacità di questo contatto ricordano quello che era emerso a Kiev nel 11 secolo.

L'arcivescovo di Novgorod Gennadi scoprì l'eresia nel 1487, ne inviò prove inconfutabili a Mosca, le diede la caccia e le smascherò, finché nel 1490 un concilio ecclesiastico si riunì per discutere la questione sotto la guida dell'appena promosso metropolita Sossima. "Con orrore ascoltarono la denuncia di Gennadi,... che questi apostati insultano Cristo e la madre di Dio, sputano sulla croce, chiamano le icone immagini idolatriche, le mordono con i denti e le gettano in luoghi impuri, non credono nel regno dei cieli né nella resurrezione dei morti e adescano i deboli, pur rimanendo tranquilli in presenza di cristiani zelanti".[34] Dal giudizio del Concilio risulta che i giudaizzanti non riconoscevano Gesù Cristo come Figlio di Dio, che insegnavano che il Messia non era ancora apparso, che osservavano il sabato dell'Antico Testamento piuttosto che la domenica cristiana.[35] Fu suggerito al Concilio di giustiziare gli eretici ma, in accordo con la volontà di Ivan III, furono invece condannati all'imprigionamento e l'eresia fu anatemizzata.

> "In considerazione della rozzezza dell'epoca e della gravità della corruzione morale, tale punizione era straordinariamente mite".[36]

Gli storici spiegano unanimemente questa esitazione di Ivan con il fatto che l'eresia si era già ampiamente diffusa sotto il suo stesso tetto ed era praticata da persone note e influenti, tra cui Feodor Kuritsyn, segretario plenipotenziario di Ivan, "famoso per la sua istruzione e le sue capacità".[37] Dal temporaneo "dittatore del cuore" F. Kuritsyn scaturì il notevole liberalismo di Mosca. La magia del suo salotto segreto era apprezzata persino dal Gran Principe e da sua nuora. L'eresia non era affatto in via di estinzione, ma anzi prosperava magnificamente e si diffondeva. Alla corte di Mosca l'astrologia e la magia, insieme alle attrattive di una revisione pseudo-scientifica dell'intera visione del mondo medievale, erano

---

[33] *Toporov*, t. 1, p. 357.
[34] *Karamzine*, t. 6. p. 123.
[35] EJ, t. 7, p. 580.
[36] *Karamzine*, t. 6, p. 123.
[37] *Soloviev*, livre III. p. 168.

solidamente propagate, "libere di pensare e trasportate dal fascino dell'illuminismo e dal potere della moda".[38]

L'*Enciclopedia Ebraica* afferma inoltre che Ivan III "per motivi politici non si oppose all'eresia. Con l'aiuto di Zaccaria, sperava di rafforzare la sua influenza in Lituania", e inoltre voleva assicurarsi il favore di influenti ebrei della Crimea: "dei principi e dei governanti della penisola di Taman, Zacharias de Ghisolfi", e dell'ebreo Chozi Kokos, un confidente del khan Mengli Giray o Girai.[39]

Dopo il Concilio del 1490 Sossima continuò a patrocinare una società segreta per alcuni anni, ma poi fu lui stesso scoperto e nel 1494 il Gran Principe gli ordinò di deporre senza processo e di ritirarsi in un chiostro, senza sollevare polvere e a quanto pare di buon grado. "L'eresia, tuttavia, non si placò. Per un certo periodo (1498) i suoi elettori a Mosca si impadronirono di quasi tutto il potere e il loro capo Dmitri, figlio della principessa Elena, fu incoronato zar".[40] Ben presto Ivan III si riconciliò con la moglie Sofia Paleologo e nel 1502 il figlio Vassili ereditò il trono. (Degli eretici, dopo il Concilio del 1504, una parte fu bruciata, una seconda parte fu gettata in prigione e una terza fuggì in Lituania, "dove adottarono formalmente la fede mosaica".[41]

Va aggiunto che il superamento dell'eresia giudaizzante diede un nuovo impulso alla vita spirituale della Rus' di Moscovia al volgere del XVI secolo e contribuì a riconoscere la necessità di un'educazione spirituale, di scuole per gli spirituali; e il nome dell'arcivescovo Gennadi è associato alla raccolta e alla pubblicazione della prima Bibbia slavo-chiesa, di cui fino a quel momento non esisteva un corpus testuale consolidato nell'Oriente cristiano. Fu inventata la stampa e "dopo 80 anni questa Bibbia di Gennadi fu stampata a Ostrog (1580-82); con la sua apparizione, conquistò l'intero Oriente ortodosso".[42] Anche il membro dell'Accademia S. F. Platonov dà un giudizio generalizzante sul fenomeno: "Il movimento di giudaizzazione conteneva senza dubbio elementi del razionalismo dell'Europa occidentale... L'eresia fu condannata; i suoi sostenitori dovettero soffrire, ma l'atteggiamento di critica e scetticismo da loro prodotto nei confronti del dogma e dell'ordine ecclesiastico rimase".[43]

---

[38] A.V. Kariachev, Olchcrki po istorii Russkoï Tserkvi (Essais sur l'histoire de l'Église russe) en 2 vol., Paris. 1959, t. 1, pp. 495, 497.
[39] EJ. t. 13, p. 610.
[40] *Ibidem*, t. 7, p. 579.
[41] PEJ, t. 2, p. 509.
[42] *Kartachev*, t. 1, p. 505.
[43] *S. F. Platonov*, Moskva i Zapad (Moscou et l'Occident), Berlino, 1926, pp. 37-38.

L'Enciclopedia Ebraica di oggi ricorda "la tesi secondo cui una posizione estremamente negativa nei confronti dell'ebraismo e degli ebrei era sconosciuta nella Rus' di Muskovy fino all'inizio del 16 secolo", e la fa derivare da questa lotta contro i "giudaizzanti".[44] A giudicare dalle misure spirituali e civili delle circostanze, ciò è del tutto probabile. J. Gessen tuttavia sostiene che: "è significativo che una colorazione così specifica dell'eresia come giudaizzante non diminuì il successo delle sette e non portò in alcun modo allo sviluppo di una posizione ostile nei confronti degli ebrei".[45]

A giudicare dal suo stile di vita stabile, fu nella vicina Polonia che emerse, si espanse e divenne forte la più grande comunità ebraica dal 13 al 18 secolo. Essa costituì la base del futuro ebraismo russo, che divenne la parte più importante dell'ebraismo mondiale fino al 20 secolo. A partire dal 16 secolo un numero significativo di ebrei polacchi e cechi emigrò in Ucraina, Russia Bianca e Lituania.[46] Nel 15 secolo i mercanti ebrei viaggiavano ancora senza ostacoli dal Regno polacco-lituano a Mosca. Ma le cose cambiarono sotto Ivan IV il Terribile: Ai mercanti ebrei fu vietato l'ingresso.

Quando nel 1550 il re polacco Sigismondo Augusto volle concedere loro il libero ingresso in Russia, Ivan glielo negò con queste parole: "Non permettiamo assolutamente l'ingresso degli ebrei nelle mie terre, perché non vogliamo vedere il male nelle nostre terre, ma piuttosto che Dio conceda al popolo della mia terra di avere riposo da questa irritazione. E tu, fratello nostro, non scriverci più a causa degli ebrei",[47] perché essi "hanno allontanato i russi dal cristianesimo, hanno portato piante velenose nelle nostre terre e hanno fatto molto male alle nostre terre".[48]

Secondo una leggenda Ivan il Terribile, al momento dell'annessione di Polotsk nel 1563, ordinò a tutti gli ebrei di essere battezzati in risposta alle lamentele dei residenti russi "contro le cattiverie e le prepotenze" di ebrei, locatari e altri soggetti autorizzati dai magnati polacchi. Si suppone che coloro che si rifiutarono, apparentemente circa 300 persone, siano stati annegati in sua presenza nella Dvina. Ma storici attenti, come ad esempio J. I. Gessen, non confermano questa versione nemmeno in forma moderata e non la menzionano nemmeno una volta.

Gessen scrive invece che sotto il Falso Dimitri I (1605-06) a Mosca furono battezzati sia ebrei che altri stranieri "in numero relativamente elevato".

---

[44] PEJ, t. 2, p. 509.
[45] *Assia*, t. 1, p. 8.
[46] *Brutskus*; CM, t. 1, p 28.
[47] EI, t. 8, p. 749.
[48] *Assia*, t. 1. pp. 8-9.

Secondo In the Time of Troubles di Sergey Ivanov, riguardante il periodo di confusione di 15 anni successivo al fallimento della dinastia Rurik nel 1598-1613, il Falso Dimitri II, alias il "Ladro di Tushino", sarebbe "nato ebreo". [49] Le fonti forniscono informazioni contraddittorie sull'ascendenza del Ladro di Tushino. Alcune affermano che nacque Matthieu Vercvkinc, figlio di un sacerdote ucraino; "o un ebreo, come si dice nei documenti ufficiali; se si crede a uno storico straniero, conosceva l'ebraico, leggeva il Talmud, i libri dei rabbini ... Sigismondo mandò un ebreo che si fece passare per lo zarevitch Dimitri". [50] *L'Enciclopedia Ebraica* dice: "Gli ebrei costituivano una parte degli impostori che seguivano e soffrivano dopo la sua caduta. Secondo alcune fonti... il Falso Dimitri II era un ebreo battezzato che aveva servito sotto il Falso Dimitri I".[51]

I polacco-lituani, che erano arrivati numerosi in Russia durante il Tempo dei Problemi, all'inizio di questo periodo erano limitati nei loro diritti e "gli ebrei che provenivano da quei Paesi partecipavano alla sorte dei loro compatrioti", ai quali era stato vietato di portare le loro merci a Mosca e nelle città vicine.[52] L'accordo moscovita-polacco sull'ascesa al trono di Vladislav [re polacco (1595-1648)] stabiliva che: "non si deve essere costretti ad abbracciare il credo romano, né altre confessioni, e non si deve permettere agli ebrei di entrare nello Stato di Mosca per commerciare".[53] Ma altre fonti sottolineano che i mercanti ebrei avevano accesso a Mosca, anche dopo il Tempo dei Problemi."[54] I decreti contraddittori dimostrano che il governo di Michel Feodorovitch [primo zar della dinastia Romanov (1596-1645), eletto dall'Assemblea del popolo nel 1613] non perseguiva alcuna politica specifica nei confronti degli ebrei... ma era piuttosto tollerante nei loro confronti".[55]

"Sotto il governo di Alexis Mikhaïlovitch [figlio del precedente, zar di Russia dal 1645 al 1676], si possono trovare segni di presenza ebraica in Russia - il Codice non contiene alcuna restrizione quando si tratta di ebrei... essi avevano allora accesso a tutte le città russe, compresa Mosca". [56] Hessen afferma che la popolazione presa durante l'offensiva russa in Lituania negli anni '30 del XVII secolo conteneva un discreto numero di ebrei, e "la loro sistemazione era uguale a quella degli altri". Dopo le azioni militari del 1650-1660, "i prigionieri ebrei si trovarono di nuovo nello Stato

---

[49] Ibidem, p. 9.
[50] Karamzine, t. 12, p. 35-36; note, p. 33.
[51] PEJ. t. 7, p. 290.
[52] Assia, t. I, p. 9.
[53] Karamzine, t. 12, p. 141.
[54] M. Dijour. Evrci v ckonomitcheskoï jizni Rossii (Les Juifs dans la vie économique de la Russie), in LMJR, p. 156.
[55] EJ, t. 13, p. 611.
[56] Ibidem.

di Mosca e il loro trattamento non fu peggiore di quello degli altri prigionieri".

Dopo la firma del trattato di Androussiv nel 1667, in cui Smolensk, Kiev e l'intera sponda orientale del fiume Dniper rimasero russi, "fu proposto che gli ebrei rimanessero nel Paese. Molti di loro approfittarono della situazione, alcuni abbracciarono il cristianesimo e tra i prigionieri vi furono alcuni dei fondatori della successiva nobiltà russa". [57] (Alcuni ebrei battezzati si stabilirono nel 17 secolo lungo il Don, nel villaggio cosacco di Starotcherkassk, e circa una dozzina di famiglie cosacche discendono da loro). Intorno allo stesso anno 1667, l'inglese Samuel Collins, che all'epoca risiedeva a Mosca, scrisse che "in breve tempo, gli ebrei si sono diffusi notevolmente nella città di e nella corte", a quanto pare sotto la protezione di un chirurgo ebreo della corte.[58]

Sotto lo zar Feodor III, si tentò di emanare un decreto secondo cui "se gli ebrei arrivano clandestinamente a Mosca con delle merci", non devono pagare il pedaggio, perché "con o senza merci, è vietato loro l'ingresso a Smolensk". [59]Ma "la pratica non corrispondeva alla teoria".[60]

Nel primo anno di Pietro il Grande (1702), le porte furono aperte agli stranieri di talento, ma non agli ebrei: "Preferirei che venissero qui maomettani e pagani piuttosto che ebrei. Sono furfanti e ingannatori. Io estirpo il male, non lo diffondo; non c'è posto né lavoro per loro in Russia, nonostante tutti i loro sforzi per corrompere il mio entourage".[61]

Eppure non ci sono prove di limitazioni imposte loro sotto Pietro il Grande, né di leggi speciali. Al contrario, grazie alla generale benevolenza nei confronti di tutti gli stranieri, essi furono coinvolti in un'ampia gamma di attività e persino in posizioni vicine all'imperatore:

> - Vice-cancelliere del barone Pietro Shafirov, fu in seguito giudicato colpevole di appropriazione indebita e condotta disordinata, per cui ricevette la pena capitale, poi commutata in esilio. Dopo la morte di Pietro le pene furono revocate e gli fu affidato l'incarico di scrivere la vita del suo defunto maestro.[62]
>
> - I suoi cugini Abram Veselovsky, e
>
> - Isaac Veselovsky, stretti confidenti di Pietro

---

[57] J. Guessen, t. 1, pp. 9-10.
[58] EJ, 1.11, p. 330.
[59] Ibidem.
[60] EJ, 1.13, p. 612.
[61] *Soloviev*, livre VJH, p. 76.
[62] *Ibidem*, livre X, p. 477.

- Anton de Vieira, comandante della polizia generale di Pietroburgo
- Vivière, capo della polizia segreta
- Acosta, il giullare

e altri. A A. Veselovsky, Pietro scrisse che "ciò che conta è la competenza e l'onestà, non il battesimo o la circoncisione". Le [63] case mercantili ebraiche in Germania chiesero se la Russia avrebbe garantito il loro commercio con la Persia, ma non ricevettero mai una risposta.[64]

All'inizio del 18 secolo si registrò un aumento dell'attività commerciale degli ebrei nella Piccola Russia e in Ucraina, un anno prima che i mercanti russi ottenessero il diritto di intraprendere questo tipo di commercio. Lo Hetman ucraino Skoropadski ordinò più volte la loro espulsione, ma non fu obbedito e la presenza ebraica aumentò. [65]Nel 1727, Caterina I, cedendo a Menchikov poco prima di morire, decretò l'allontanamento degli ebrei dall'Ucraina e dalle città russe (in questo caso, "l'ampia partecipazione degli ebrei alla produzione e al commercio del brandy potrebbe aver avuto un ruolo"), ma ciò durò solo un anno.[66]

Nel 1728, Pietro II "permise agli ebrei di entrare nella Piccola Russia", dapprima come "visitatori temporanei" sulla base della loro utilità per il commercio, poi "si trovarono sempre più ragioni per renderlo permanente". Sotto Anna questo diritto fu esteso a Smolensk nel 1731 e a Slobodsky nel 1734. Agli ebrei fu concesso il permesso di affittare terreni e di distillare brandy e, dopo il 1736, di fornire vodka polacca a tutti i locali pubblici, compresi quelli della Grande Russia.[67]

È importante menzionare il finanziere baltico Levy Lipman. Mentre la zarina Anna Iwanowna viveva ancora in Curlandia, aveva un estremo bisogno di denaro "ed è probabile che Lipman le sia stato utile in alcune occasioni". Sotto Pietro I si era già stabilito a San Pietroburgo. Sotto Pietro II, "divenne un agente finanziario o Juweler alla corte russa". Dopo l'ascesa al trono di Anna Iwanowna, egli "accumulò importanti relazioni a corte" e raggiunse il grado di Alto Commissario. "Grazie ai suoi contatti diretti con la zarina, aveva anche stretti legami con il suo favorito, Biron... I suoi contemporanei affermano che... Biron veniva da lui per avere consigli sui problemi vitali dello Stato russo. Uno degli ambasciatori di corte scrisse: "... Si potrebbe dire che è Lipman a governare veramente la Russia". Col

---

[63] El, t. 5, p. 519.
[64] EJ, 1.11, p. 330.
[65] *Assia*, t. 1, pp. 11-12.
[66] *Ibidem*, p. 13; EJ, t. 2, p. 592.
[67] *Assia*, t. 1, pp. 13-15 ; EJ, t. 2, p. 592.

tempo queste accuse divennero più blande.[68] Tuttavia, Biron "aveva trasferito quasi tutta l'amministrazione finanziaria e diversi monopoli commerciali".[69] ("Lipman mantenne le sue funzioni a corte, anche dopo che Anna Leopoldowna... aveva esiliato Biron"[70]).

Anna Iwanownas era stata influenzata da Lipman anche nel suo atteggiamento generale verso gli ebrei. Anche se, all'incirca al momento della sua ascesa al trono nel 1730, espresse in una lettera al suo ambasciatore presso l'Hetman ucraino le sue preoccupazioni per il fatto che "solo una minima parte dei Piccoli Russi si dedica al commercio, e che sono soprattutto i Greci, i Turchi e gli Ebrei ad occuparsi di commercio",[71] (da cui si può concludere che la presunta espulsione del 1727 non si è mai verificata, e che i decreti citati non sono mai andati oltre le lettere su una pagina). Nel 1739 agli ebrei fu vietato di affittare terreni nella Piccola Russia e nel 1740 circa 600 ebrei furono espulsi dal Paese. ([72]Un anno dopo la sua ascesa al trono, Elisabetta III firmò un *Ukase* [decreto imperiale russo] (dicembre 1742): "È proibito per un ebreo vivere in qualsiasi parte del nostro impero; ora ci è stato reso noto che questi ebrei si trovano ancora nel nostro regno e, con vari pretesti, soprattutto nella Piccola Russia. Essi prolungano il loro soggiorno, il che non è affatto vantaggioso; ma poiché dobbiamo aspettarci solo grandi danni ai nostri fedeli sudditi da questi odiatori del nome del nostro Salvatore Gesù Cristo, ordiniamo che tutti gli ebrei, maschi e femmine, insieme a tutti i loro averi, siano spediti senza indugio dal nostro regno, oltre il confine, e che in futuro non siano più ammessi, a meno che uno di loro non confessi la nostra religione cristiana".[73]

Si trattava della stessa intolleranza religiosa che aveva scosso l'Europa per secoli. Il modo di pensare di quel tempo non era unico in modo particolare per la Russia, né era un atteggiamento esclusivamente ostile agli ebrei. Tra i cristiani l'intolleranza religiosa non era praticata con minore crudeltà. Così, i Vecchi Credenti, cioè gli uomini della stessa fede ortodossa, furono perseguitati con il fuoco e la spada.

Questo *ordine* di Elisabetta fu reso noto in tutto il regno, ma subito si cercò di far cedere il sovrano. Il cancelliere militare riferì al Senato dall'Ucraina che già 140 persone erano state sfrattate, ma che "il divieto per gli ebrei di portare merci all'interno avrebbe portato a una riduzione delle entrate

---

[68] EJ, t. 10, pp. 224-225.
[69] Ibidem, t. 4, p. 591.
[70] Ibidem, t. 10, p. 225.
[71] Soloviev, livre X. pp. 256-257.
[72] Assia, t. 1. p. 15.
[73] Soloviev, livre XI, pp. 155-156.

statali". [74]Il Senato riferì alla zarina che "il commercio aveva subito grandi danni nella Piccola Russia e nelle province baltiche a causa dell'ukase dell'anno precedente di non permettere agli ebrei di entrare nel regno, e anche le casse dello Stato avrebbero sofferto per la riduzione delle entrate dai pedaggi". La zarina rispose con la risoluzione: "Non desidero alcun profitto dai nemici di Cristo".[75]

Gessen conclude che "la Russia rimase, sotto Elisabetta, senza ebrei".[76] Lo storico ebreo S. Doubnov propone che sotto Elisabetta "secondo gli storici contemporanei..., verso il 1753... 35.000 ebrei erano stati cacciati dal Paese".[77] Ma questa cifra è in netto contrasto con l'accordo preso tre anni prima da Anna Iwanow - e che non era stato seguito - che prevedeva l'espulsione di 600 ebrei da tutta l'Ucraina, troppo lontano anche dai 142 ebrei espulsi menzionati nella relazione del Senato a Elisabetta. [78]V.I. Telnikov suggerisce [79]che lo "storico contemporaneo", da cui provengono questi numeri, non è mai esistito. Questo "storico contemporaneo", di cui Doubnov non cita né il nome, né il titolo dell'opera, non è altri che E. Herrmann, che pubblicò questo numero non all'epoca, ma esattamente un secolo dopo, nel 1853, e anch'egli senza alcun riferimento alla fonte... ma con una strana estensione,[80] e cioè che agli ebrei "fu comandato di lasciare la terra sotto pena di morte", il che dimostra che questo storico ignorava il fatto che Elisabetta era stata colei che aveva abolito la pena capitale in Russia (per motivi religiosi) al momento della sua ascesa al trono. Telnikov osserva che uno dei grandi storici ebrei, Heinrich Graertz, non dice una parola sull'esecuzione di questi decreti da parte di Elisabetta. Per fare un paragone, diciamo che secondo G. Sliosberg "si cercò di cacciare gli ebrei dall'Ucraina".[81]

È più probabile che, avendo incontrato una forte resistenza, non solo da parte degli ebrei, ma anche dei proprietari terrieri e dell'apparato statale, il

---

[74] Assia, 1. 1, p. 16.
[75] Soloviev, livre XI, p. 204.
[76] Assia, t. I, p. 18.
[77] S. M Doubnov, History of the Jews in Russia and Poland, from the earliest times until the présent day, Philadelphia, the Jewish Publication Society of America, 1916, vol. 1, p. 258. Trad. française diffusée par les éd. du Cerf, Paris, 1992.
[78] EJ, t. 7, p. 513.
[79] Nel suo libro inaudito e rimasto inattuale sulla politica del regime zarista nei confronti dei Giudei, Telnikov fa riferimento a numerose e importanti fonti che abbiamo utilizzato con attenzione nella prima parte dell'opera.
[80] E. Herrmann, Geschichte des russischen Staats. Banda successiva: Von der Thronbes-teigung der Kaiserin Elisabeth bis zur Feier des Friedens von kainardsche (1742-1775), Hambourg, 1853, p. 171.
[81] *G. B. Sliosberg*, Dorevolioutsionnyi stroï Rossii (Le régime prérévolutionnaire de Russie), Parigi, 1933, p. 264.

decreto di Elisabetta non sia stato messo in pratica, proprio come i numerosi simili precedenti.

Sotto Elisabetta, gli ebrei occuparono posizioni importanti. Al diplomatico Isaak Wesselowskij furono affidate responsabilità di governo e fu sommerso "dai favori dell'imperatrice"; fece inoltre pressione sul cancelliere A. Bestushew-Ryumin affinché bloccasse l'espulsione degli ebrei. (In seguito diede lezioni di lingua russa all'erede, poi Pietro III). E suo fratello Feodor fu curatore dell'Università di Mosca. [82]) Degna di nota è anche l'ascesa del mercante sassone Grunstein, luterano, che si convertì alla fede ortodossa, dopo che un commercio infruttuoso con la Persia si concluse con la sua prigionia. Arruolatosi nel Reggimento Preobrashensker, fu tra i partecipanti attivi al colpo di Stato che portò Elisabetta sul trono, ricevette come ricompensa il grado di aiutante, fu introdotto nell'ereditarietà e ricevette 927 servi della gleba, né più né meno.

(Con quanta generosità distribuivano questi servi della gleba, i nostri zar ortodossi!) Ma poi "il successo della sua carriera gli offuscò la mente". A volte minacciò di uccidere il procuratore generale. Una volta, nelle strade notturne, senza sapere chi fosse, picchiò un parente di Alexej Rasumowskij, favorito dell'imperatrice. La "rissa sulla strada" "non rimase impunita e fu esiliato a Ustyug".."[83]

Pietro III, che regnò per non più di sei mesi, ebbe appena il tempo di prendere posizione sul problema ebraico. (Anche se probabilmente portava con sé una cicatrice, dovuta a un certo "ebreo Mussafi che, durante la giovinezza di Pietro nell'Holstein", era stato un intermediario per il prestito di denaro, che aveva rovinato il tesoro dell'Holstein; "Mussafi si nascose non appena fu annunciato che il Gran Principe era diventato maggiorenne".)[84]

Ma quest'ultima figura aveva origini discutibili; la forte resistenza all'editto da parte degli ebrei, dei proprietari terrieri e degli apparati statali fece sì che venisse applicato in misura quasi pari ai tentativi precedenti. Caterina II, divenuta zarina nel 1762 in seguito a un colpo di Stato, essendo anche lei una neofita dell'ortodossia orientale, non era disposta a iniziare il suo regno aprendo le porte agli ebrei, sebbene il Senato lo consigliasse. Gli ebrei fecero pressioni e ebbero portavoce a Pietroburgo, a Riga e in Ucraina. Ella trovò un modo per aggirare la sua stessa legge permettendo il loro ingresso per la colonizzazione nella "Nuova Russia", l'area tra la Crimea e la Moldavia, che era ancora una terra desolata. L'operazione fu organizzata segretamente da Riga e la nazionalità degli ebrei fu tenuta più

---

[82] EJ, t. 5. pp. 519-520.
[83] *Soloviev*, livre XI, pp. 134, 319-322.
[84] *Ibidem*, p. 383.

o meno segreta. Gli ebrei vi si recarono dalla Polonia e dalla Lituania. Nella prima spartizione della Polonia, nel 1772, la Russia riacquistò la Russia Bianca (Bielorussia) con i suoi 100.000 ebrei.

Dopo l'11 secolo sempre più ebrei arrivarono in Polonia perché i principi e poi i re incoraggiarono "tutte le persone attive e industriose" provenienti dall'Europa occidentale a stabilirvisi. Gli ebrei ricevettero effettivamente diritti speciali, ad esempio nel 13 secolo da Boleslav il Pio; nel 14 secolo da Kasimir il Grande; nel 16 secolo da Sigismondo I e Stephan Bathory; anche se a volte ciò si alternava alla repressione, ad esempio nel 15° secolo da Vladislav Yagiello e Alessandro, figlio di Kasimir. Ci furono due pogrom a Cracovia. Nel 16 secolo furono costruiti diversi ghetti, in parte per proteggere gli ebrei. Gli spirituali cattolici romani furono la fonte più continua di ostilità alla presenza ebraica. Tuttavia, tutto sommato doveva essere un ambiente favorevole, poiché nella prima metà del XVI secolo la popolazione ebraica aumentò notevolmente. Gli ebrei ebbero un ruolo importante nell'attività commerciale dei proprietari terrieri, in quanto divennero affittuari di attività di distillazione del brandy.

Dopo la devastazione tartara, nel 14 secolo Kiev passò sotto la Lituania e/o la Polonia, e con questo accordo sempre più ebrei vagarono dalla Podolia e dalla Volhynia verso l'Ucraina, nelle regioni di Kiev, Poltava e Chernigov. Questo processo si accelerò quando gran parte dell'Ucraina passò direttamente sotto la Polonia con l'Unione di Lublino, nel 1569. La popolazione principale era costituita da contadini ortodossi, che per lungo tempo avevano goduto di diritti speciali ed erano esenti da pedaggi. Ora iniziò un'intensa colonizzazione dell'Ucraina da parte della Szlachta (nobiltà polacca) con l'azione congiunta degli ebrei. I cosacchi furono costretti all'immobilità e obbligati a svolgere lavori di fatica e a pagare le tasse. I signori cattolici gravavano i contadini ortodossi con varie tasse e obblighi di servizio, e in questo sfruttamento anche gli ebrei svolsero in parte un triste ruolo. Essi affittavano dai signori la "propinazione", cioè il diritto di distillare la vodka e di venderla, oltre ad altri mestieri. L'affittuario ebreo, che rappresentava il signore polacco, riceveva - ovviamente solo in una certa misura - il potere che il proprietario terriero aveva sui contadini; e poiché gli affittuari ebrei cercavano di strappare ai contadini il massimo profitto, la rabbia dei contadini si scatenò non solo contro i proprietari cattolici, ma anche contro gli affittuari ebrei. Quando nel 1648, sotto la guida di Chmelnitsky, si scatenò una sanguinosa rivolta dei cosacchi, le vittime furono sia ebrei che polacchi. Si stima che morirono circa 10.000 ebrei.

Gli ebrei furono attirati dalle ricchezze naturali dell'Ucraina e dai magnati polacchi che stavano colonizzando la terra, assumendo così un importante ruolo economico. Poiché servivano gli interessi dei proprietari terrieri e del regime, gli ebrei si procurarono l'odio dei residenti. N. I. Kostomarov aggiunge che gli ebrei affittarono non solo vari rami delle industrie privilegiate, ma persino le chiese ortodosse, ottenendo il diritto di riscuotere una tassa per i battesimi.

Dopo la rivolta, gli ebrei, sulla base del Trattato di Belaia Tserkov (1651), ottennero nuovamente il diritto di reinsediarsi in Ucraina. Come in precedenza, gli ebrei erano residenti e locatari delle industrie reali e delle industrie della Szlachta, e così doveva rimanere. Nel XVIII secolo, la distillazione del brandy era praticamente la professione principale degli ebrei. Questo commercio portava spesso a conflitti con i contadini, che a volte venivano attirati nelle taverne non tanto perché erano benestanti, ma per la loro povertà e miseria.

Tra le restrizioni imposte agli ebrei polacchi in risposta alle richieste della Chiesa cattolica c'era il divieto per gli ebrei di avere domestici cristiani. A causa del reclutamento e dell'aumento delle tasse statali nella vicina Russia, non pochi rifugiati giunsero in Polonia, dove non avevano alcun diritto. Nei dibattiti della commissione di Caterina per la rielaborazione di un nuovo codice giuridico (1767/68), si poteva sentire che in Polonia "già un certo numero di rifugiati russi sono servi di ebrei".

Il Kahal e i diritti civili

Gli ebrei polacchi mantennero un vigoroso rapporto economico con la popolazione circostante, ma nei cinque secoli in cui vi vissero non permisero alcuna influenza dall'esterno. Un secolo dopo l'altro scorreva lo sviluppo europeo post-medievale, mentre gli ebrei polacchi rimanevano confinati in se stessi e diventavano sempre più anacronistici nell'aspetto. Avevano un ordine fisso al loro interno. È evidente che queste condizioni, che in seguito rimasero intatte anche in Russia fino alla metà del XIX secolo, furono favorevoli alla conservazione religiosa e nazionale degli ebrei fin dall'inizio della loro diaspora. L'intera vita ebraica era guidata dal Kahal, che si era sviluppato dalla vita comunitaria degli ebrei. Il Kahal, pl. *Kehilot*, era l'organizzazione autonoma della leadership delle congregazioni ebraiche in Polonia.

Il Kahal era un cuscinetto tra le autorità polacche e il popolo ebraico; raccoglieva le tasse, ad esempio. Si occupava dei bisognosi e regolava anche il commercio ebraico, approvando rivendite, acquisti e locazioni. Giudicava le controversie tra ebrei, che non potevano essere appellate al sistema legale secolare senza incorrere nel divieto (herem). Quella che poteva essere nata come un'istituzione democratica, assunse le qualità di un'oligarchia che voleva mantenere il proprio potere. A loro volta, i rabbini e la Kahal avevano un rapporto di sfruttamento reciproco, in quanto i rabbini erano il braccio esecutivo della Kahal e dovevano la loro posizione alla nomina da parte della Kahal. Allo stesso modo, il Kahal doveva il mantenimento del suo potere più al regime secolare che al suo stesso popolo.

Verso la fine del 17 secolo e per tutto il 18 secolo, il Paese fu dilaniato dalle lotte; l'arbitrio dei magnati aumentò ulteriormente. Gli ebrei si impoverirono e si demoralizzarono, indurendosi in forme di vita altomedievali. Divennero infantili, o meglio vecchi infantili. 16 secolo i governanti spirituali ebrei si concentrarono nell'ebraismo tedesco e polacco. Hanno eretto barriere contro il contatto con gli estranei. Il rabbinato teneva gli ebrei saldamente legati al passato.

Il fatto che il popolo ebraico si sia tenuto unito nella sua diaspora per 2.000 anni suscita meraviglia e ammirazione. Ma quando si esaminano più da vicino alcuni periodi, come ad esempio quello polacco-russo nel 16 e fino alla metà del 17 secolo, e come questa unità sia stata conquistata solo attraverso i metodi di soppressione esercitati dai Kehilot, allora non si sa più se può essere valutata solo come un aspetto della tradizione religiosa. Se tra noi russi venisse rilevata la minima traccia di tale isolazionismo, saremmo gravemente biasimati.

Quando l'ebraismo passò sotto il dominio dello Stato russo, rimase questo sistema indigeno, in cui la gerarchia del Kahal aveva un interesse personale. Secondo J. I. Gessen, tutta la rabbia che gli ebrei illuminati provavano contro l'ossificazione della tradizione talmudica si rafforzò a metà del 19 secolo:

"I rappresentanti della classe dominante ebraica puntarono tutto sulla persuasione dell'amministrazione [russa] della necessità di mantenere questa istituzione secolare, che rifletteva gli interessi sia del potere russo che della classe dominante ebraica; il Kahal, in collegamento con i rabbini, deteneva tutto il potere e non di rado ne abusava: si appropriava indebitamente di fondi pubblici, calpestava i diritti dei poveri, aumentava arbitrariamente le tasse e si vendicava dei nemici personali". Alla fine del 18 secolo il governatore di una delle regioni amministrative annesse alla Russia scrisse nel suo rapporto: "I rabbini, il Consiglio spirituale e il Kahal, che sono strettamente legati tra loro, tengono in mano tutte le cose e spadroneggiano sulla coscienza degli ebrei, e in completo isolamento governano su di loro, senza alcun rapporto con l'ordine civile".

Nel 18 secolo, nell'Europa orientale si svilupparono due movimenti: quello religioso degli Hassidim [o Hasidim, o Chasidim] e quello illuminista a favore della cultura laica, guidato da Moses Mendelsohn; ma la Kehiloth soppresse entrambi con tutte le sue forze. Nel 1781 il Rabbinato di Vilna [lituano] mise al bando i Chasidim e nel 1784 l'Assemblea dei Rabbini di

Mogilev [russo bianco] li dichiarò "fuorilegge e le loro proprietà senza proprietario". I chassidim furono perseguitati nel modo più crudele e ingiusto; i loro rivali non si sentirono nemmeno in imbarazzo a denunciarli davanti alle autorità russe con false accuse politiche. A loro volta, nel 1799 i funzionari arrestarono i membri della Kehilot di Vilna per appropriazione indebita del denaro delle tasse, sulla base delle denunce dei chassidici.

Il movimento chassidico si espanse, riscuotendo particolare successo in alcune province. I rabbini fecero bruciare pubblicamente i libri chassidici e i chassidim emersero come difensori del popolo contro gli abusi dei kehilot. È evidente che in quei tempi la guerra religiosa tra ebrei metteva in ombra altre questioni di vita religiosa.

La parte della Russia Bianca che cadde in Russia nel 1772 consisteva nelle province di Polotsk (poi Vitebsk) e Mogilev. In un comunicato indirizzato a quei governi a nome di Caterina, si spiegava che i loro residenti "di qualsiasi sesso e posizione essi siano" avrebbero d'ora in poi avuto il diritto all'esercizio pubblico della fede e a possedere proprietà, oltre a "tutti i diritti, le libertà e i privilegi di cui i loro sudditi godevano in precedenza". Gli ebrei erano quindi legalmente equiparati ai cristiani, cosa che non era avvenuta in Polonia. Per quanto riguarda gli ebrei, si aggiungeva che le loro imprese "restano e rimangono intatte con tutti quei diritti di cui oggi... godono" - vale a dire che nulla sarebbe stato tolto ai diritti dei polacchi. In questo modo, il potere precedente del Kehilot sopravviveva: gli ebrei con il loro sistema di Kahal rimanevano isolati dal resto della popolazione e non venivano immediatamente inseriti nella classe dei commercianti e degli uomini d'affari che corrispondeva alle loro occupazioni predominanti.

All'inizio Caterina era in guardia non solo da eventuali reazioni ostili della nobiltà polacca, a cui il potere minacciava di sfuggire, ma anche dal dare un'impressione sfavorevole ai suoi sudditi ortodossi. Tuttavia, estese i diritti agli ebrei, ai quali augurava ogni bene e prometteva a se stessa la loro utilità economica per la nazione. Già nel 1778 la più recente normativa generale russa fu estesa alla Russia Bianca: coloro che possedevano fino a 500 rubli appartenevano alla classe dei commercianti cittadini; quelli con un capitale maggiore, alla classe dei mercanti, iscritti a una delle tre corporazioni in base al possesso: entrambe le classi erano esenti dall'imposta sul voto e pagavano l'1% del loro capitale che veniva "dichiarato secondo coscienza".

Questo regolamento aveva un significato particolarmente importante: metteva da parte l'isolamento nazionale degli ebrei fino a quel momento - Caterina voleva porvi fine.

Inoltre, ha sovvertito la tradizionale prospettiva polacca sugli ebrei come elemento esterno allo Stato. Inoltre, indebolì il sistema del Kahal, la capacità del Kahal di costringere. Iniziò il processo di inserimento degli ebrei nell'organismo civile. Gli ebrei si avvalsero in larga misura del diritto di essere registrati come mercanti, tanto che, ad esempio, il 10% della popolazione ebraica della Provincia di Mogilev si dichiarò mercante (ma solo il 5,5% dei cristiani). I mercanti ebrei erano ora liberi dall'obbligo fiscale nei confronti del Kahal e non dovevano più chiedere al Kahal il permesso di assentarsi temporaneamente, ma dovevano solo trattare con il magistrato competente. Nel 1780 gli ebrei di Mogilev e Shklov salutarono Caterina al suo arrivo con canti.

Con questa avanzata dei mercanti ebrei, la categoria civile di "ebreo" cessò di esistere. Anche tutti gli altri ebrei dovevano essere assegnati a uno status, e ovviamente l'unico rimasto per loro era quello di "cittadini". All'inizio, però, pochi volevano essere riclassificati come tali sul sito, dato che l'imposta annuale per i cittadini a quel tempo era di 60 copechi, mentre per gli "ebrei" era di soli 50 copechi. Tuttavia, non c'era altra scelta. A partire dal 1783, né i cittadini né i commercianti ebrei dovettero pagare le tasse al Kahal, bensì al magistrato, ciascuno secondo la propria classe, e da lui ricevettero anche le tessere di viaggio.

Il nuovo ordine ebbe conseguenze per le città, che tenevano conto solo dello status e non della nazionalità. Secondo questa disposizione, tutti i cittadini e quindi anche tutti gli ebrei avevano il diritto di partecipare al governo della classe locale e di occupare posti ufficiali. In base alle condizioni dell'epoca, ciò significava che gli ebrei diventavano cittadini con pari diritti.

L'ingresso degli ebrei come cittadini con pari diritti nelle corporazioni dei mercanti e nella classe dei cittadini fu un evento di grande significato sociale. Avrebbe dovuto trasformare gli ebrei in una potenza economica con cui fare i conti e sollevare il loro morale. Inoltre, rese più facile la protezione pratica dei loro interessi vitali. A quel tempo le classi di commercianti e artigiani, proprio come il comune municipale, avevano un'ampia autodeterminazione. Così, un certo potere amministrativo e giudiziario fu messo nelle mani degli ebrei, proprio come i cristiani, attraverso il quale la popolazione ebraica deteneva un'influenza e un significato commerciale e civile. Gli ebrei potevano ora diventare non solo sindaci, ma anche delegati consultivi e giudici.

In un primo momento, nelle città più grandi vennero introdotte limitazioni per garantire che gli ebrei non occupassero posizioni elettive in numero maggiore rispetto ai cristiani. Nel 1786, tuttavia, Caterina inviò al Governatore generale della Russia Bianca un ordine scritto di suo pugno: realizzare l'uguaglianza degli ebrei "nell'autogoverno municipale senza condizioni e senza alcuna esitazione" e "imporre una pena appropriata a chiunque dovesse ostacolare questa uguaglianza". Va sottolineato che gli ebrei ottennero così la parità di diritti non solo a differenza della Polonia, ma anche prima che in Francia o negli Stati tedeschi. (Infatti, gli ebrei in Russia ebbero fin dall'inizio la libertà personale che i contadini russi ottennero solo 80 anni dopo. Paradossalmente, gli ebrei ottennero una libertà maggiore persino rispetto ai mercanti e ai commercianti russi. Questi ultimi dovevano vivere esclusivamente nelle città, mentre la popolazione ebraica poteva vivere in colonie in campagna e distillare liquori.

Sebbene gli ebrei abitassero a gruppi non solo in città ma anche nei villaggi, erano considerati parte del contingente cittadino comprendente le classi dei mercanti e dei cittadini. Secondo le modalità della loro attività e circondati da contadini non liberi, svolgevano un ruolo economico importante. Il commercio rurale era concentrato nelle loro mani, e affittavano vari posti appartenenti al privilegio dei proprietari terrieri - in particolare, la vendita di vodka nelle taverne - favorendo così l'espansione dell'ubriachezza. Le potenze bianco-russe riferirono che: "La presenza degli ebrei nei villaggi agisce negativamente sulle condizioni economiche e morali della popolazione rurale, perché gli ebrei incoraggiano l'ubriachezza tra la popolazione locale". Nella presa di posizione delle potenze di si indicava, tra l'altro, che gli ebrei avevano sviato i contadini con l'ubriachezza, l'ozio e la povertà, che avevano dato loro vodka a credito, ricevuto pegni in cambio di vodka, ecc. Ma le operazioni con il brandy erano una fonte di reddito interessante sia per i proprietari terrieri polacchi che per i commissari ebrei.

Certo, il dono della cittadinanza che gli ebrei ricevevano portava con sé un pericolo: ovviamente gli ebrei dovevano anche accettare la regola generale di cessare l'attività di acquavite nei villaggi e trasferirsi. Nel 1783 fu pubblicato il seguente decreto: "La regola generale prevede che ogni cittadino si dedichi a un commercio e a un'attività rispettabili, ma non alla distillazione di acquavite, perché non è un'attività adatta", e ogni volta che il proprietario "permette al mercante, al cittadino o all'ebreo di distillare vodka, sarà considerato un trasgressore della legge". E così accadde: iniziarono a trasferire gli ebrei dai villaggi alle città per distoglierli dalla loro occupazione secolare, l'affitto di distillerie e taverne".

Per gli ebrei la minaccia di un completo allontanamento dai villaggi non apparve naturalmente come una misura civile uniforme, ma piuttosto come una misura creata appositamente per contrastare la loro religione nazionale. I cittadini ebrei che avrebbero dovuto essere reinsediati in città e che inequivocabilmente sarebbero stati privati di un'attività molto redditizia in campagna, caddero in una competizione interna alla città e interna agli ebrei. L'indignazione crebbe tra gli ebrei e nel 1784 una commissione del Kehilot si recò a San Pietroburgo per chiedere l'annullamento di queste misure. (Allo stesso tempo, i Kehilot ritenevano di dover riconquistare, con l'aiuto dell'amministrazione, il potere perduto sulla popolazione ebraica). Ma la risposta della zarina fu: "Non appena le persone vincolate alla legge ebraica avranno raggiunto la condizione di uguaglianza, l'Ordine dovrà essere mantenuto in ogni caso, in modo che ciascuno, secondo il suo rango e la sua condizione, goda dei benefici e dei diritti, senza distinzione di credo o di origine nazionale".

Ma bisognava anche fare i conti con il potere dei proprietari polacchi. Sebbene nel 1783 l'amministrazione della Russia Bianca avesse vietato loro di affittare la distillazione dell'acquavite a persone non autorizzate, in particolare agli ebrei, i proprietari continuarono ad affittare questa industria agli ebrei. Era un loro diritto, eredità di un'usanza polacca secolare. Il Senato non si azzardò ad applicare la forza contro i proprietari terrieri e nel 1786 tolse loro la giurisdizione di trasferire gli ebrei nelle città. Per questo fu trovato un compromesso: Gli ebrei sarebbero stati considerati come persone trasferite nelle città, ma avrebbero mantenuto il diritto di visitare temporaneamente i villaggi. Ciò significava che coloro che vivevano nei villaggi avrebbero continuato a viverci. L'autorizzazione del Senato del 1786 permise agli ebrei di vivere nei villaggi e gli ebrei poterono affittare dai proprietari terrieri il diritto di produrre e vendere bevande alcoliche, mentre i mercanti e i cittadini cristiani non ottennero questi diritti.

Anche gli sforzi della delegazione del Kehilot a San Pietroburgo non furono del tutto privi di successo. Non ottennero quello per cui erano venuti - l'istituzione di un tribunale ebraico separato per tutte le controversie tra ebrei - ma nel 1786 fu restituita una parte significativa del loro diritto di supervisione: la supervisione dei cittadini ebrei, cioè la maggioranza della popolazione ebraica. Questo includeva non solo la divisione dei benefici pubblici, ma anche la riscossione dell'imposta sul voto e la decisione sul diritto di separarsi dalla congregazione. In questo modo, l'amministrazione riconobbe il proprio interesse a non indebolire il potere del Kahal.

In tutta la Russia, lo status di commercianti e uomini d'affari (mercanti e cittadini) non aveva il diritto di scegliere la propria residenza. I loro membri erano vincolati alla località in cui erano registrati, in modo da non indebolire la posizione finanziaria delle loro località. Tuttavia, nel 1782 il Senato fece un'eccezione per la Russia Bianca: i mercanti potevano spostarsi "a seconda del caso, in quanto propizio al commercio" da una città all'altra. La sentenza favorì soprattutto i mercanti ebrei.

Tuttavia, essi iniziarono a sfruttare questo diritto in misura maggiore di quanto previsto: I mercanti ebrei iniziarono a essere registrati a Mosca e Smolensk.

Subito dopo l'annessione della Russia Bianca nel 1782, gli ebrei iniziarono a stabilirsi a Mosca. Alla fine del 18 secolo il numero di ebrei a Mosca era considerevole. Alcuni ebrei che erano entrati nei ranghi della classe mercantile moscovita iniziarono a praticare la vendita all'ingrosso. Altri ebrei, invece, vendevano merci straniere nei loro appartamenti o nei tribunali, oppure iniziavano a fare i venditori ambulanti, anche se all'epoca era proibito. Nel 1790 i mercanti di Mosca presentarono un reclamo al governo: "A Mosca è emerso un numero non trascurabile di ebrei provenienti da Paesi stranieri e dalla Russia Bianca che, non appena se ne è presentata l'occasione, si sono uniti alle corporazioni mercantili moscovite e hanno poi utilizzato metodi di commercio proibiti, che hanno provocato danni molto gravi, e l'economicità delle loro merci indica che si tratta di contrabbando, ma inoltre, come è noto, tagliano le monete: è possibile che lo facciano anche a Mosca". In risposta alle loro scoperte, accuratamente caute, i mercanti moscoviti chiesero il loro allontanamento da Mosca. I mercanti ebrei si appellarono con una controdenuncia per non essere stati accettati nelle corporazioni mercantili di Smolensk e Mosca.

Il Consiglio di Sua Maestà ascoltò le lamentele. In conformità con l'Ordine Russo Unificato, stabilì con fermezza che gli ebrei non avevano il diritto di essere registrati nelle città commerciali e nei porti russi, ma solo nella Russia Bianca. "Non c'è assolutamente da aspettarsi un'utilità" dalla migrazione degli ebrei a Mosca. Nel dicembre 1791 promulgò un ukase di massimo ordine, che proibiva agli ebrei di entrare nelle corporazioni mercantili delle province interne, ma consentiva loro di entrare a Mosca per un periodo limitato di tempo per motivi commerciali. Agli ebrei fu permesso di utilizzare i diritti della corporazione dei mercanti e della classe dei cittadini solo nella Russia Bianca. Il diritto alla residenza permanente e all'appartenenza alla classe dei cittadini, continuava Caterina, era concesso nella Nuova Russia, ora accessibile nelle viceregioni di Ekaterinoslav ("Gloria di Caterina la Grande", poi cambiata in Dnepropetrovsk) e Taurida; in altre parole, Caterina permetteva agli ebrei di migrare nei nuovi territori in espansione, in cui i mercanti cristiani e i cittadini delle province della Russia interna generalmente non potevano emigrare.

Quando nel 1796 fu reso noto che gruppi di ebrei erano già immigrati nelle Province di Kiev, Chernigov e Novgorod-Syeversk, fu concesso anche lì di utilizzare il diritto della corporazione dei mercanti e della classe dei cittadini. L'Enciclopedia Ebraica pre-rivoluzione scrive: "L'ukase del 1791 pose le basi per la creazione della Pale of Settlement", anche se non era previsto. Nelle condizioni dell'ordine sociale e civile di allora, in generale, e della vita ebraica in particolare, l'amministrazione non poteva pensare di creare una situazione particolarmente onerosa e concludere per loro leggi eccezionali, che tra l'altro avrebbero limitato il diritto di residenza. Nel contesto del suo tempo, questo ukase non conteneva nulla che potesse portare gli ebrei in una condizione meno favorevole rispetto ai cristiani. L'ukase del 1791 non limitava in alcun modo i diritti degli ebrei nella scelta della residenza, non creava confini speciali e per gli ebrei si apriva la strada verso nuove regioni, nelle quali in generale non si poteva emigrare. Il punto principale del decreto non riguardava la loro ebraicità, ma il fatto che fossero commercianti; la questione non era considerata dal punto di vista nazionale o religioso, ma solo dal punto di vista dell'utilità.

L'*ukase* del 1791, che di fatto concedeva privilegi ai mercanti ebrei rispetto a quelli cristiani, fu nel tempo la base per la futura Pale of Settlement, che quasi fino alla Rivoluzione gettò per così dire un'ombra oscura sulla Russia. Di per sé, tuttavia, l'*ukase* del 1791 non fu così oppressivo da impedire che alla fine del regno di Caterina II sorgesse una piccola colonia ebraica a San Pietroburgo. Qui vivevano il famoso esattore delle tasse Abram Peretz e alcuni mercanti a lui vicini e anche, mentre la lotta religiosa era in pieno svolgimento, il rabbino Avigdor Chaimovitch e il suo avversario, il famoso hassidico Tzadik Zalman Boruchovitch.

Nel 1793 e nel 1795 ebbero luogo la seconda e la terza spartizione della Polonia e la popolazione ebraica della Lituania, della Poldolia e della Volhynia, che ammontava a quasi un milione, passò sotto la giurisdizione della Russia. Questo aumento della popolazione fu un evento molto significativo, anche se per lungo tempo non riconosciuto come tale. In seguito influenzò il destino sia della Russia sia degli ebrei dell'Europa orientale. Dopo secoli di peregrinazioni, gli ebrei si riunirono sotto un unico tetto, in un'unica grande congregazione.

Nella regione di insediamento ebraico, ormai molto estesa, si ripresentarono le stesse questioni di prima. Gli ebrei ottennero i diritti di corporazione mercantile e cittadina, che non avevano in Polonia, e ottennero il diritto di partecipare in modo paritario all'autogoverno classista-comunale, poi dovettero accettare le restrizioni di questo status: non potevano migrare nelle città delle province interne russe e potevano essere trasferiti dai villaggi.

Con l'enorme estensione della popolazione ebraica, il regime russo non aveva più modo di nascondere il fatto che gli ebrei continuassero a vivere nei villaggi semplicemente considerandoli una "visita temporanea". Una questione scottante era se le condizioni economiche potessero tollerare un numero così elevato di commercianti e di operatori economici che vivevano tra i contadini. Per risolvere il problema, molti *shtetl furono* equiparati a città. In questo modo si creò la possibilità legale per gli ebrei di continuare a vivere lì. Ma con il gran numero di ebrei nel paese e l'alta densità di popolazione nelle città, questa non era una soluzione.

Sembrava una via d'uscita naturale che gli ebrei approfittassero della possibilità offerta da Caterina di insediarsi nell'immensa e poco occupata Nuova Russia. Ai nuovi coloni furono offerti degli incentivi, ma ciò non riuscì a mettere in moto un movimento di colonizzazione. Anche la libertà dei nuovi coloni dalle tasse non sembrava essere abbastanza attraente da indurre una tale migrazione. Così Caterina decise nel 1794 di indurre gli ebrei a emigrare con misure contrarie: gli ebrei furono trasferiti fuori dai villaggi. Allo stesso tempo, decise di imporre all'intera popolazione ebraica una tassa doppia rispetto a quella pagata dai cristiani. Tale tassa era già stata pagata per lungo tempo dai Vecchi Credenti, ma applicata agli ebrei questa legge non si rivelò né efficace né di lunga durata.

Queste furono le ultime disposizioni di Caterina. Dalla fine del 1796 regnò Paolo I. L'*Enciclopedia Ebraica* lo valuta in questo modo: "Tutti gli editti di Paolo I riguardanti gli ebrei indicano che il monarca era tollerante e benevolo nei confronti della popolazione ebraica". Quando gli interessi degli ebrei erano in conflitto con quelli dei cristiani, Paolo I non si schierava affatto automaticamente dalla parte dei cristiani. Anche quando nel 1797 ordinò misure per ridurre il potere degli ebrei e degli spirituali sui contadini, ciò era in realtà diretto contro gli ebrei: il punto era la protezione dei contadini. Paolo riconobbe anche il diritto dei chassidim a non dover vivere in segreto. Estese il diritto degli ebrei di appartenere alla classe dei mercanti e dei cittadini anche alla provincia della Curlandia, che non era un'eredità polacca e, in seguito, non apparteneva nemmeno alla Pale of Settlement. Coerentemente con questa politica, negò le rispettive petizioni delle parrocchie di Kovno, Kamenez-Podolsk, Kiev e Vilna, per ottenere il permesso di trasferire gli ebrei dalle loro città.

Paolo aveva ereditato l'ostinata resistenza dei proprietari terrieri polacchi contro qualsiasi modifica dei loro diritti; tra questi c'era il diritto sugli ebrei e il diritto di tenere corte su di loro. Essi abusavano spesso di questi diritti. Così il reclamo degli ebrei di Berdychiv [Ucraina] contro i principi di Radziwill affermava che: "per poter celebrare le nostre funzioni religiose, dobbiamo prima pagare l'oro a coloro ai quali il principe ha affittato la nostra fede", e contro l'ex favorito di Caterina, Simon Zorich: "non si dovrebbe pagare per l'aria che si respira". In Polonia molti shtetl e città erano di proprietà di nobili e i proprietari terrieri imponevano tasse arbitrarie e opportunistiche che i residenti dovevano pagare.

Derzhavin e la carestia in Bielorussia

Dall'inizio del regno di Paolo I si verificò una grande carestia nella Russia Bianca, soprattutto nella provincia di Minsk. Il poeta Gavrila Romanovich Derzhavin, allora in carica come senatore, fu incaricato di recarsi sul posto per determinarne le cause e cercare una soluzione - per questo compito non ricevette denaro per comprare il grano, ma ebbe invece il diritto di confiscare i beni dei proprietari terrieri negligenti, vendere le loro scorte e distribuirle.

Derzhavin non è stato solo un grande poeta, ma anche un eccezionale statista che ha lasciato prove uniche della sua efficacia che meritano di essere esaminate. La carestia, come conferma Derzhavin, era inimmaginabile. Scrive: "Quando arrivai nella Russia Bianca, mi convinsi personalmente della grande scarsità di grano tra gli abitanti dei villaggi. A causa della gravissima fame - praticamente tutti si nutrivano di erba fermentata, mescolata con una piccola porzione di farina o di orzo perlato. I contadini erano malnutriti e pallidi come dei morti. Per rimediare a questa situazione, scoprii quali ricchi proprietari terrieri avevano del grano nei loro magazzini, lo portai al centro della città e lo distribuii ai poveri; e ordinai che i beni di un conte polacco, vista la sua spietata avidità, fossero consegnati a un fiduciario. Dopo che il nobile fu messo al corrente della situazione disastrosa, si svegliò dal suo sonno o meglio dalla sua scioccante indifferenza verso l'umanità: usò ogni mezzo per sfamare i contadini acquistando grano dalle province vicine e quando dopo due mesi arrivò il tempo del raccolto e la carestia finì". Quando Derzhavin visitò il governo provinciale, perseguitò a tal punto i governanti nobiliari e i capitani della polizia distrettuale che la nobiltà si coalizzò e inviò allo zar una denuncia scellerata contro di lui.

Derzhavin scoprì che i distillatori ebrei di acquavite sfruttavano l'alcolismo dei contadini: "Dopo aver scoperto che gli ebrei, in cerca di profitto, usano il richiamo della bevanda per sottrarre il grano ai contadini, trasformarlo in acquavite e causare così una carestia. Ordinai che chiudessero le loro distillerie nel villaggio di Liosno. Mi informai presso gli abitanti sensibili, i nobili, i mercanti e gli abitanti del villaggio sul modo di vivere degli ebrei, sulle loro occupazioni, sui loro inganni e su tutte le loro pasticcierie con cui affliggono i poveri villaggi muti con la fame; e d'altra parte, con quali mezzi si poteva proteggerli dal branco comune e come facilitare per loro una via d'uscita onorevole e rispettabile per consentire loro di diventare cittadini utili".

In seguito, nei mesi autunnali, Derzhavin descrisse molte pratiche malvagie dei proprietari terrieri polacchi e degli affittuari ebrei nel suo "Memorandum sull'attenuazione della carestia nella Russia Bianca e sullo stile di vita degli ebrei", che fece conoscere anche allo zar e ai più alti funzionari di Stato. Questo *Memorandum* è un documento molto completo che valuta le condizioni ereditate dai polacchi e le possibilità di superare la povertà dei contadini, descrivendo le peculiarità dello stile di vita ebraico dell'epoca e includendo una proposta di riforma rispetto a Prussia e Austria.

L'esplicita presentazione pratica delle misure raccomandate ne fa la prima opera di un cittadino russo illuminato sulla vita ebraica in Russia, in quei primi anni in cui la Russia acquisì gli ebrei in grande massa.

Questo lo rende un lavoro di particolare interesse. Il *Memorandum* si compone di due parti: (1) sulla residenza dei russi bianchi in generale (nelle recensioni del Memorandum di solito non si fa menzione di questa parte importante) e (2) sugli ebrei.

Nella prima parte, Derzhavin inizia stabilendo che l'economia agricola era in crisi. I contadini erano "pigri sul lavoro, non intelligenti, procrastinano ogni piccolo compito e sono pigri nel lavoro dei campi". Anno dopo anno "si nutrono di mais non vangato: in primavera, Kolotucha o Bolotucha di uova e farina di segale. In estate si accontentano di una miscela di una piccola quantità di cereali o altro con erba tritata e cotta. Sono così indeboliti che barcollano".

I proprietari locali polacchi "non sono buoni proprietari. Non gestiscono la proprietà in prima persona, ma la danno in affitto, un'usanza polacca. Ma per l'affitto non ci sono regole universali che proteggano i contadini dalla prepotenza o che impediscano che l'aspetto commerciale vada a rotoli. Molti affittuari avidi, imponendo lavori pesanti e tasse opprimenti, portano la gente in cattive acque e la trasformano in contadini poveri e senza casa". Questo contratto di affitto è tanto peggiore in quanto di breve durata, stipulato per 1-3 anni alla volta, in modo che l'affittuario si affretti a trarne i suoi vantaggi senza tener conto dell'esaurimento della proprietà".

La cachessia dei contadini era a volte ancora peggiore: "diversi proprietari che affittano agli ebrei il traffico di alcolici nei loro villaggi, stipulano clausole per cui i contadini possono comprare i loro beni di prima necessità solo da questi affittuari [al triplo prezzo]; allo stesso modo i contadini non possono vendere i loro prodotti a nessuno, tranne che all'affittuario ebreo, a un prezzo inferiore a quello di mercato". In questo modo "fanno sprofondare gli abitanti del villaggio nella miseria, e soprattutto quando distribuiscono di nuovo il grano accumulato, devono finalmente darne una doppia porzione; chi non lo fa viene punito. Gli abitanti del villaggio vengono privati di ogni possibilità di prosperare e di essere sazi".

Poi sviluppa in modo più dettagliato il problema della distillazione del liquore.

La grappa veniva distillata dai proprietari terrieri, dalla nobiltà terriera [Szlachta] della regione, dai sacerdoti, dai monaci e dagli ebrei. Su quasi un milione di ebrei, due o tremila vivevano nei villaggi e vivevano principalmente del traffico di liquori. I contadini, "dopo aver portato il raccolto, sono sudati e incuranti di ciò che spendono; bevono, mangiano, si divertono, pagano gli ebrei per i loro vecchi debiti e poi, qualsiasi cosa chiedano, bevono. In ogni insediamento c'è almeno una, e in molti insediamenti un bel po' di taverne costruite dai padroni di casa, dove per il loro vantaggio e per quello degli affittuari ebrei, si vendono liquori giorno e notte... Lì gli ebrei li ingannano non solo del grano che serve per la vita, ma anche di quello che viene seminato nei campi, degli attrezzi da lavoro, degli oggetti per la casa, della salute e persino della loro vita". E tutto ciò è acuito dai costumi della koleda "... Gli ebrei viaggiano soprattutto durante il raccolto in autunno attraverso i villaggi, e dopo aver fatto ubriacare il contadino insieme a tutta la sua famiglia, li spingono a indebitarsi e gli sottraggono ogni minima cosa necessaria per sopravvivere... In questo modo, essi incassano le orecchie dell'ubriaco e lo depredano, l'abitante del villaggio è immerso nella più profonda miseria". Egli elenca anche altre ragioni dell'impoverimento dei contadini.

Dietro a queste fatidiche distillerie ci sono senza dubbio i proprietari polacchi. Proprietari e affittuari agivano per conto del proprietario e si preoccupavano di realizzare un profitto:

"A questa classe" afferma Gessen "appartenevano non solo gli ebrei ma anche i cristiani", soprattutto i sacerdoti. Ma gli ebrei erano un anello insostituibile, attivo e molto inventivo nella catena di sfruttamento di questi contadini analfabeti ed emaciati che non avevano diritti propri. Se l'insediamento russo bianco non fosse stato infarcito di gestori di taverne e affittuari ebrei, il sistema di sfruttamento su larga scala non avrebbe funzionato e la rimozione degli anelli ebraici della catena avrebbe posto fine al sistema.

In seguito Derzhavin raccomandò misure energiche, come ad esempio l'espurgo di questi oneri della vita contadina. I proprietari terrieri dovrebbero occuparsi di questo problema. Solo a loro, che sono responsabili dei contadini, dovrebbe essere permesso di distillare liquori "sotto la loro... supervisione e non da luoghi lontani", e di fare in modo che "ogni anno ci sia una fornitura di grano per loro stessi e per i contadini", e in effetti quanto necessario per una buona alimentazione. "Se si corre il rischio che ciò non venga fatto, la proprietà deve essere confiscata per le casse dello Stato. La distillazione dell'acquavite deve iniziare non prima della metà di settembre e terminare a metà aprile, vale a dire che l'intero periodo di coltivazione della terra deve essere libero dal consumo di alcolici. Inoltre, gli alcolici non devono essere venduti durante le funzioni religiose o di notte. I negozi di liquori dovrebbero essere autorizzati solo nelle strade principali, vicino ai mercati, ai mulini e agli stabilimenti dove si riuniscono gli stranieri".

Ma tutti i negozi di liquori superflui e di nuova costruzione, "il cui numero è notevolmente aumentato dopo l'annessione della Russia Bianca, devono immediatamente cessare di essere utilizzati a tale scopo: la vendita di liquori in essi deve essere proibita. Nei villaggi e nelle località periferiche non dovrebbero essercene, affinché il contadino non sprofondi nell'ubriachezza". Agli ebrei, tuttavia, "non deve essere permesso di vendere liquori né al bicchiere né al barile... né devono essere i mastri birrai delle distillerie" e "non devono essere autorizzati ad affittare i negozi di liquori". Anche i Koleda devono essere proibiti, così come l'affitto a breve termine delle attività. Mediante clausole rigorose, "si deve impedire all'affittuario di far fallire un'operazione". Si devono proibire, sotto minaccia di sanzioni, gli abusi di mercato, con i quali i proprietari terrieri non permettono ai loro contadini di acquistare altrove ciò di cui hanno bisogno, o di vendere le loro eccedenze in un luogo diverso dal loro proprietario. C'erano ancora altre proposte economiche: "in questo modo si potrà prevenire in futuro la scarsità di cibo nella Provincia della Russia Bianca".

Nella seconda parte del *Memorandum*, Derzhavin, uscendo dal compito affidatogli dal Senato, presentò un suggerimento per la trasformazione della vita degli ebrei nel Regno russo - non in modo isolato, ma piuttosto nel contesto della miseria della Russia Bianca e con l'obiettivo di migliorare la situazione. Ma qui si prefiggeva di dare una breve panoramica della storia ebraica, in particolare del periodo polacco, per spiegare gli attuali costumi degli ebrei.

Tra gli altri, utilizzò le conversazioni con l'ebreo illuminato di Berlino, il medico Ilya Frank, che mise per iscritto i suoi pensieri.

> "Gli insegnanti popolari ebrei mescolano la pseudo-esegesi mistico-talmudica della Bibbia con il vero spirito degli insegnamenti... Esibiscono leggi severe con l'obiettivo di isolare gli ebrei dagli altri popoli e di instillare un odio profondo contro ogni altra religione... Invece di coltivare una virtù universale, escogitano... una vuota cerimonia di onorare Dio... Il carattere morale degli ebrei è cambiato nell'ultimo secolo a loro svantaggio, e di conseguenza sono diventati soggetti perniciosi... Per rinnovare gli ebrei moralmente e politicamente, devono essere portati al punto di tornare alla purezza originaria della loro religione... La riforma ebraica in Russia deve iniziare con la fondazione di scuole pubbliche, in cui si insegnino le lingue russa, tedesca ed ebraica."

Che razza di pregiudizio è credere che l'assimilazione delle conoscenze secolari equivalga a un tradimento della religione e del popolo e che il lavoro della terra non sia adatto a un ebreo? Derzhavin declinò nel suo *Memorandum* un suggerimento di Nota Chaimovitsh Notkin, un importante commerciante di Shklov, che aveva anche incontrato. Sebbene Notkin si dissociasse dalle conclusioni e dai suggerimenti più importanti di Derzhavin che avevano a che fare con gli ebrei, era allo stesso tempo favorevole, se possibile, a escludere gli ebrei dalla produzione di liquori; e riteneva necessario che essi ricevessero un'istruzione e perseguissero una carriera produttiva, preferibilmente lavorando con le mani, per cui prospettava anche la possibilità di emigrare "nella fruttuosa steppa allo scopo di allevare pecore e raccolti".

Seguendo la spiegazione di Frank che rifiutava il potere del Kehilot, Derzhavin procedeva dalle stesse conseguenze generali: "I principi originari del culto e dell'etica pura" degli ebrei sono stati trasformati in "falsi concetti", con i quali il semplice popolo ebraico "viene fuorviato e costantemente condotto, tanto che tra loro e quelli di altre fedi è stato costruito un muro che non può essere sfondato, che è stato reso solido, un muro che lega saldamente gli ebrei tra loro e, circondato dalle tenebre, li separa dai loro concittadini". Così, nell'educazione dei loro figli "pagano molto per l'istruzione del Talmud - e senza limiti di tempo... Finché gli studenti continueranno nelle loro condizioni attuali, non c'è alcuna prospettiva per un cambiamento nei loro modi... Si credono i veri adoratori di Dio e disprezzano chiunque abbia una fede diversa... Lì il popolo è portato a una costante attesa del Messia... Credono che il loro Messia, rovesciando tutte le cose terrene, regnerà su di loro in carne e ossa e restituirà loro il regno, la fama e la gloria di un tempo."

Dei giovani scriveva: "si sposano troppo giovani, a volte prima di raggiungere i dieci anni, e sebbene siano nubili, non sono abbastanza forti". Per quanto riguarda il sistema del Kahal: la riscossione interna ebraica dei tributi fornisce "al Kehilot ogni anno una somma invidiabile di reddito che è incomparabilmente più alta delle tasse statali che vengono raccolte dagli individui nelle liste del censimento". Gli anziani del Kahal non esonerano nessuno dalla contabilità. Di conseguenza, le loro masse povere si trovano in condizioni di grave emaciazione e grande povertà, e sono molte... Al contrario, i membri del kahal sono ricchi e vivono nel superfluo; governando entrambe le leve del potere, quella spirituale e quella secolare,... hanno un grande potere sul popolo. In questo modo lo tengono... in grande povertà e paura". Il Kehilot "impartisce al popolo ogni possibile comando... che deve essere eseguito con tale esattezza e rapidità, che ci si può solo meravigliare".

Derzhavin identificò così il nocciolo del problema: "Il gran numero di ebrei nella Russia Bianca... è di per sé un pesante fardello per la terra, a causa della sproporzione con i coltivatori... Questa sproporzione è la ragione principale di molte altre importanti ragioni che producono qui una carenza di grano e di altre scorte commestibili... Nessuno di loro era allora coltivatore, eppure ognuno possedeva e trangugiava più grano del contadino con la sua numerosa famiglia, che lo aveva raccolto con il sudore della fronte... Soprattutto, nei villaggi essi... si occupano di dare al contadino tutte le loro necessità a credito, a un tasso di interesse straordinario; e così il contadino, che prima o poi è diventato loro debitore, non può più liberarsene." A questo si aggiungono i "frivoli proprietari terrieri che mettono i loro villaggi in mano agli ebrei, non solo temporaneamente ma in modo permanente". I proprietari terrieri, tuttavia, sono felici di poter scaricare tutto sugli ebrei: "secondo le loro stesse parole, considerano gli ebrei come l'unica ragione dello spreco dei contadini" e il proprietario terriero riconosce solo raramente "che, se venissero rimossi dai suoi possedimenti, subirebbe una perdita non da poco, dal momento che riceve da loro un reddito non da poco dall'affitto".

Derzhavin non trascurò quindi di esaminare la questione da diversi punti di vista: "Per correttezza nei confronti degli ebrei dobbiamo anche sottolineare che durante questa penuria di grano si sono preoccupati di sfamare non pochi abitanti dei villaggi affamati - anche se tutti sanno che questo comportava un conto: al momento del raccolto, lo riavranno indietro cento volte tanto". In un rapporto privato al Procuratore Generale, Derzhavin scrisse: "È difficile non sbagliare dando tutta la colpa a una sola parte. I contadini consumano il loro grano con gli ebrei e soffrono per la sua scarsità. I proprietari terrieri non possono vietare l'ubriachezza, perché devono quasi tutto il loro reddito alla distillazione di liquori. E non si può nemmeno dare tutta la colpa agli ebrei, che sottraggono al contadino l'ultimo boccone di pane per guadagnarsi il proprio sostentamento".

A Ilya Frank, Derzhavin disse una volta: "Poiché la Provvidenza ha preservato questo piccolo popolo disperso fino ad oggi, anche noi dobbiamo prenderci cura della sua protezione". E nella sua relazione scrisse, con la rettitudine di allora, "se l'Altissima Provvidenza, per qualche scopo sconosciuto, lascia che questo popolo pericoloso viva sulla terra, allora i governi sotto il cui scettro hanno cercato protezione devono sopportarlo...".

Sono quindi obbligati a estendere la loro protezione agli ebrei, in modo che possano essere utili sia a se stessi che alla società in cui vivono".

A causa di tutte le sue osservazioni nella Russia Bianca, e delle sue conclusioni, e di tutto ciò che scrisse nel Memorandum, e soprattutto a causa di tutte queste righe, e probabilmente anche perché "lodò l'acuta visione dei grandi monarchi russi che proibirono l'immigrazione e il viaggio di questi abili ladri nel loro regno", Derzhavin è parlato come un fanatico nemico degli ebrei, un grande antisemita. È accusato - anche se ingiustamente, come abbiamo visto - di imputare l'ubriachezza e la povertà dei contadini russi bianchi esclusivamente agli ebrei, e le sue misure positive sono state caratterizzate come date senza prove, per servire la sua ambizione personale. Ma che non avesse alcun pregiudizio nei confronti degli ebrei è indicato dal fatto che (1) tutto il suo Memorandum nacque nel 1800 in risposta all'effettiva miseria e fame dei contadini, (2) l'obiettivo era quello di fare bene sia al contadino russo bianco che agli ebrei, (3) li distingueva economicamente e (4) il suo desiderio era quello di orientare verso una reale attività produttiva gli ebrei, dei quali, come previsto da Caterina, una parte in primo luogo avrebbe dovuto essere trasferita in territori non chiusi.

Derzhavin vedeva come difficoltà critica l'instabilità e la transitorietà della popolazione ebraica, di cui appena 1/6 era incluso nel censimento. "Senza uno sforzo speciale e straordinario è difficile contarli con precisione, perché, trovandosi nelle città, negli shtetl, nelle corti padronali, nei villaggi e nelle taverne, si spostano continuamente avanti e indietro, non si identificano come residenti locali, ma come ospiti che sono qui da un altro distretto o colonia". Inoltre, "hanno tutti lo stesso aspetto... e lo stesso nome", e non hanno un cognome; e "non solo, indossano tutti gli stessi abiti neri: non si riesce a distinguerli e li si identifica erroneamente quando vengono registrati o identificati, soprattutto in relazione a denunce e indagini giudiziarie". In questo caso il Kehilot si preoccupa di "non rivelare il numero reale, per non gravare indebitamente i loro ricchi con le tasse per il numero registrato".

Derzhavin cercò comunque una soluzione globale "per ridurre il numero di ebrei nei villaggi della Russia Bianca... senza arrecare danni a nessuno e quindi per alleggerire l'alimentazione dei residenti originari; ma allo stesso tempo, per quelli che dovrebbero rimanere, per fornire possibilità migliori e meno degradanti per il loro sostentamento". Inoltre, si chiedeva come "ridurre il loro fanatismo e, senza arretrare minimamente dalla regola della tolleranza verso le diverse religioni, condurli per una via appena accennata all'illuminazione; e dopo aver eliminato il loro odio verso le persone di altre fedi, soprattutto farli desistere dal loro proposito di rubare beni stranieri".

L'obiettivo era quello di trovare un modo per separare la *libertà di coscienza religiosa dalla libertà di punire le azioni malvagie*.

In seguito espose per strati ed esplicitamente le misure da raccomandare, dando così prova della sua competenza economica e di statista. In primo luogo, "affinché gli ebrei non abbiano occasione di alcun tipo di irritazione, che li faccia fuggire o anche solo mormorare sommessamente", essi devono essere rassicurati sulla protezione e sul favore da un manifesto dello zar, nel quale deve essere rafforzato il principio della tolleranza verso la loro fede e il mantenimento dei privilegi concessi da Caterina, "solo con una piccola modifica ai principi precedenti". (Ma a coloro che "non si sottometteranno a questi principi sarà data la libertà di emigrare" - una richiesta che superava di gran lunga in termini di libertà l'Unione Sovietica del XX secolo).

Subito dopo si legge: dopo un determinato intervallo di tempo, al termine del quale è temporaneamente vietato ogni nuovo credito, tutti i crediti tra ebrei e cristiani devono essere ordinati, documentati e liquidati "al fine di ripristinare il precedente rapporto di fiducia, in modo che in futuro non si debba trovare il minimo ostacolo per la trasformazione degli ebrei in un altro stile di vita... per il trasferimento in altri distretti" o nei vecchi luoghi, "per l'assegnazione di nuove condizioni di vita".

Liberi dai debiti, gli ebrei devono quindi diventare al più presto liberi. Tutte le riforme "per la perequazione del debito dei poveri" devono essere applicate agli ebrei poveri, per deviare il pagamento dei debiti del Kahal o per l'arredamento dei migranti.

Ad un gruppo non verrà imposta alcuna tassa per tre anni, all'altro per sei anni. Invece, quel denaro deve essere dedicato alla creazione di fabbriche e posti di lavoro per questi ebrei. I proprietari terrieri devono rinunciare a obbligare gli ebrei dei loro shtetl a creare varie fabbriche, e iniziare invece a coltivare il grano nelle loro proprietà, "in modo che possano guadagnarsi il pane con le proprie mani", ma "in nessun caso il liquore deve essere venduto da nessuna parte, né segretamente né apertamente", altrimenti questi proprietari terrieri perderebbero essi stessi i loro diritti sulla produzione di liquore.

Non era inoltre negoziabile la realizzazione di un censimento universale ed esatto della popolazione sotto la responsabilità degli anziani del Kahal. Per coloro che non avevano proprietà da dichiarare come mercanti o cittadini, dovevano essere create due nuove classi di ebrei con redditi minori: borgomastro e "colono" (dove la denominazione "krestyanin" o contadino non sarebbe stata usata a causa della sua somiglianza con la parola "cristiano"). I coloni ebrei avrebbero dovuto essere considerati liberi e non servi della gleba, ma "in nessuna condizione o pretesto possono osare prendere servi cristiani, né possedere un solo contadino cristiano, né espandersi nel dominio dei magistrati e dei padri della città, in modo da non ottenere alcun diritto speciale sui cristiani. Dopo aver dichiarato il loro desiderio di essere iscritti in un particolare status, devono inviare a Pietroburgo, Mosca o Riga "il numero necessario di giovani": un gruppo "per imparare la tenuta dei libri mercantili", il secondo per imparare un mestiere, il terzo per frequentare le scuole di agricoltura e gestione della terra.

Nel frattempo "alcuni ebrei energici e precisi dovrebbero essere scelti come deputati... per tutte queste aree dove la terra è designata per la colonizzazione". (Seguono minuzie sull'organizzazione dei piani, sul rilevamento dei terreni, sulla costruzione degli alloggi , sull'ordine di rilasciare i diversi gruppi di coloni, sui loro diritti di transito, sul periodo di grazia in cui sarebbero rimasti esenti da tasse - tutti questi dettagli che Derzhavin ha esposto con tanta cura li tralasciamo). Sull'ordinamento interno della comunità ebraica: "per porre gli ebrei... sotto le autorità secolari... proprio come tutti gli altri, la Kehilot non può continuare in nessuna forma". Insieme all'abolizione della Kehilot vengono "abolite anche tutte le precedenti valutazioni di profitto che la Kehilot raccoglieva dal popolo ebraico... e allo stesso tempo le tasse secolari devono essere valutate... come per gli altri soggetti" (cioè non raddoppiate), e le scuole e le sinagoghe devono essere protette dalla legge. "I maschi non possono sposarsi più giovani di 17 anni né le femmine più giovani di 15 anni".

C'è poi una sezione dedicata all'istruzione e all'illuminazione degli ebrei. Le scuole ebraiche fino al 12° anno, e in seguito le scuole generali, devono diventare più simili a quelle delle altre religioni; "coloro che tuttavia si sono distinti nelle scienze superiori devono essere accolti nelle accademie e nelle università come soci onorari, dottori, professori" - ma "non devono... essere assunti nel grado di ufficiali e ufficiali di stato maggiore", perché "sebbene possano anche essere assunti nel servizio militare, non prenderanno le armi contro il nemico il sabato, cosa che in effetti spesso accade". Vengono costruite presse per i libri ebraici. Oltre alle sinagoghe, devono essere costruiti ospedali ebraici, case per i poveri e orfanotrofi.

Così Derzhavin concludeva in modo abbastanza consapevole: "così, questo popolo trasversale [sparso] conosciuto come ebreo... in questa sua triste condizione osserverà un esempio di ordine". Soprattutto per quanto riguarda l'illuminazione: "Questo primo punto darà i suoi frutti - se non oggi e subito, sicuramente nei tempi a venire, o al peggio dopo diverse generazioni, in modo inosservato", e allora gli ebrei diventeranno "autentici sudditi del trono russo". Mentre Derzhavin componeva il suo *Memorandum*, fece anche sapere cosa ne pensavano i Kehilot e chiarì che non si stava affatto facendo loro amico.

Nelle risposte ufficiali il loro rifiuto era formulato con cautela. Nelle risposte ufficiali il loro rifiuto era formulato con cautela: "Gli ebrei non sono competenti per la coltivazione del grano né sono abituati a farlo, e la loro fede è un ostacolo... Non vedono altre possibilità che le loro attuali occupazioni, che servono al loro sostentamento, e non ne hanno bisogno, ma vorrebbero rimanere nella loro condizione attuale". I Kehilot si accorsero inoltre che la relazione comportava la loro stessa obsolescenza, la fine della loro fonte di reddito, e così iniziarono, silenziosamente, ma con ostinazione e tenacia, a lavorare contro l'intera proposta di Derzhavin.

Questa opposizione si espresse, secondo Derzhavin, attraverso una denuncia presentata da un'ebrea di Liosno allo zar, in cui affermava che, in una distilleria di liquori, Derzhavin "la picchiava orribilmente con una mazza, finché lei, essendo incinta, partorì un bambino morto". Il Senato avviò un'indagine. Derzhavin rispose: "Essendo rimasto un quarto d'ora in questa fabbrica, non solo non ho colpito nessuna ebrea, ma non ne ho nemmeno vista una". Cercò un'accoglienza personale da parte dello Zar. "Lasciatemi imprigionare, ma io rivelerò l'idiozia dell'uomo che ha fatto tali affermazioni... Come può Vostra Altezza... credere a una denuncia così sciocca e falsa?". (L'ebreo che aveva presentato la denuncia menzognera fu condannato a un anno di prigione, ma dopo 2 o 3 mesi Derzhavin "ottenne" di essere liberato, essendo ormai sotto il regno di Alessandro I).

Lo zar Paolo I fu assassinato nel maggio del 1801 e non riuscì a trovare una soluzione in merito al *memorandum* di Derzhavin. All'epoca portò a scarsi risultati pratici, come ci si poteva aspettare, dato che Derzhavin perse la sua posizione nel cambio di corte.

Solo alla fine del 1802 fu istituito il "Comitato per l'assimilazione degli ebrei" per esaminare il dettagliato *memorandum* di Derzhavin e preparare le relative raccomandazioni. Il comitato era composto da due magnati polacchi vicini ad Alessandro I: il principe Adam [Jerzy] Czartoryski e il conte (Graf) Severin Potocki, nonché dal conte Valerian Subov. Derzhavin osservò, a proposito di tutti e tre, che anch'essi avevano grandi proprietà in Polonia e che avrebbero notato una significativa perdita di reddito se gli ebrei fossero stati rimossi, e che "gli interessi privati dei suddetti Degni avrebbero superato quelli dello Stato").

Facevano parte della commissione anche il Ministro degli Interni Conte Kotshubey e il già citato Ministro della Giustizia, il primo della storia russa, lo stesso Derzhavin. Anche Michael Speransky collaborò con il comitato. Il comitato era incaricato di invitare i delegati ebrei delle Kehiloth di ogni provincia e questi - per lo più mercanti della Prima Corporazione - si presentarono. Inoltre, i membri del comitato avevano il diritto di chiamare ebrei illuminati e benintenzionati di loro conoscenza. Il già noto Nota Notkin, che dalla Russia Bianca si era trasferito a Mosca e poi a San Pietroburgo; l'esattore fiscale pietroburghese Abram Perets, che era un amico intimo di Speransky; Yehuda Leib Nevachovich e Mendel Satanaver, entrambi amici di Perets, e altri. Non tutti parteciparono alle audizioni, ma esercitarono una notevole influenza sui membri della commissione. Degno di nota è il figlio di Abram Perets, Gregory: Il figlio di Abram Perets, Gregory, fu condannato nel processo decembrista ed esiliato - probabilmente solo perché aveva discusso della questione ebraica con Pavel Pestel, ma senza sospettare nulla della cospirazione decembrista - e perché suo nipote era il Segretario di Stato russo, una posizione molto elevata. Nevachovich, un umanista (ma non un cosmopolita) profondamente legato alla vita culturale russa - allora una rarità tra gli ebrei - pubblicò in russo *La voce che piange della figlia di Giuda* (1803), in cui esortava la società russa a riflettere sulle restrizioni dei diritti degli ebrei e ammoniva i russi a considerare gli ebrei come loro compatrioti e ad accogliere gli ebrei tra loro nella società russa.

Il comitato giunse a una risoluzione che ottenne un sostegno schiacciante: "Per indirizzarli verso un lavoro produttivo" si doveva facilitare il loro impiego nei mestieri e nel commercio, si doveva ridurre la restrizione del diritto alla libera circolazione; dovevano abituarsi a indossare abiti comuni, perché "l'abitudine di indossare abiti disprezzati rafforza l'abitudine di essere disprezzati". Ma il problema più acuto era il fatto che gli ebrei, a causa del commercio di liquori, abitassero nei villaggi. Notkin si sforzò di convincere il comitato a lasciare che gli ebrei continuassero a vivere lì, limitandosi a prendere misure contro eventuali abusi da parte loro.

"Lo statuto del comitato portò a tumulti nelle Kehiloth", scrive Gessen. Una convocazione speciale dei loro deputati nel 1803 a Minsk decise di "presentare una petizione al nostro zar, che la sua fama diventi ancora più grande, affinché essi (i Worthies) non assumano alcuna innovazione per noi". Decisero di inviare alcuni delegati a Pietroburgo, spiegarono che era stata tenuta un'assemblea a tale scopo e indissero anche un digiuno ebraico di tre giorni. L'agitazione attanagliava l'intera Pale of Settlement. Oltre alla minaccia di espulsione degli ebrei dai villaggi, le Kehiloth assunsero una posizione negativa nei confronti della questione culturale per la preoccupazione di preservare il proprio stile di vita. In risposta ai punti principali della Raccomandazione, le Kehiloth spiegarono che la Riforma doveva in ogni caso essere rimandata di 15-20 anni.

Derzhavin scrisse: "Da parte loro ci furono varie confutazioni volte a lasciare tutto com'era". Inoltre, Gurko, un proprietario terriero della Russia Bianca, inviò a Derzhavin una lettera che aveva ricevuto: un ebreo della Russia Bianca gli aveva scritto a proposito di uno dei suoi plenipotenziari a Pietroburgo. Vi si leggeva che, a nome di tutti i Kehilot del mondo, avevano posto il cherem o herem (cioè il divieto) su Derzhavin in quanto persecutore, e avevano raccolto un milione da usare come regalo (tangente) per questa situazione e lo avevano inoltrato a San Pietroburgo. Essi chiedevano di fare tutto il possibile per rimuovere Derzhavin dalla carica di Procuratore Generale e, se ciò non fosse stato possibile, di chiedere la sua vita. Tuttavia, la cosa che volevano ottenere era che non fosse proibito vendere alcolici nella taverna del villaggio e, per rendere più facile portare avanti questa attività, avrebbero raccolto pareri da regioni straniere, da luoghi e popoli diversi, su come la situazione degli ebrei potesse essere migliorata. In effetti tali pareri, a volte in francese, a volte in tedesco, cominciarono a essere inviati al Comitato.

Inoltre, Nota Notkin divenne la figura centrale che organizzò la piccola congregazione ebraica di Pietroburgo. Nel 1803 presentò al Comitato una memoria in cui cercava di paralizzare l'effetto della proposta presentata da Derzhavin. Derzhavin scrive che Notkin venne da lui un giorno e gli chiese, con "finto desiderio", che lui, Derzhavin, non prendesse posizione da solo contro i suoi colleghi del Comitato, che sono tutti dalla parte degli ebrei; se non volesse accettare 100.000 o, se era troppo poco, 200.000 rubli, "solo per poter essere d'accordo con tutti i suoi colleghi del Comitato". Derzhavin decise di rivelare questo tentativo di corruzione allo Zar e di provarlo con la lettera di Gurko. Pensava che prove così forti si sarebbero rivelate efficaci e che lo Zar avrebbe iniziato a diffidare delle persone che lo circondavano e che proteggevano gli ebrei. Speransky informò anche lo Zar, ma Speransky era pienamente impegnato con gli ebrei e fin dalla prima riunione del Comitato ebraico divenne evidente che tutti i membri rappresentavano l'opinione che la distillazione dei liquori dovesse continuare nelle mani degli ebrei come prima.

Derzhavin si oppose. Alessandro si mostrò sempre più freddo nei suoi confronti e poco dopo (1803) licenziò il suo ministro della Giustizia. Oltre a ciò, i documenti di Derzhavin indicano che, sia nel servizio militare che in quello civile, egli era entrato in disgrazia. Si ritirò dalla vita pubblica nel 1805.

Derzhavin previde molto di ciò che si sviluppò nel problematico rapporto russo-giudaico per tutto il 19 secolo, anche se non nella forma esatta e inaspettata che assunse nell'evento. Egli si espresse in modo grossolano, come era consuetudine all'epoca, ma non intendeva opprimere gli ebrei; al contrario, voleva aprire loro la strada verso una vita più libera e produttiva.

Capitolo 2
Durante il regno di Alessandro I

Alla fine del 1804, il Comitato incaricato dell'organizzazione degli ebrei concluse il suo lavoro redigendo un "Regolamento sugli ebrei" (noto come "Regolamento del 1804"), la prima raccolta di leggi in Russia riguardanti gli ebrei.

Il Comitato spiegò che il suo scopo era quello di migliorare la condizione degli ebrei, di indirizzarli verso un'attività utile "aprendo questa strada esclusivamente per il loro bene... e scartando tutto ciò che potrebbe distoglierli da essa, senza ricorrere a misure coercitive".[85] Il regolamento stabilisce il principio della parità di diritti civili per gli ebrei (articolo 42): "Tutti gli ebrei che vivono in Russia, che vi si sono stabiliti di recente o che sono venuti da Paesi stranieri per i loro affari commerciali, sono liberi e sono sotto la stretta protezione delle leggi allo stesso modo degli altri sudditi russi". (Secondo il professor Gradovsky, "non possiamo non vedere in questo articolo il desiderio di assimilare questo popolo all'intera popolazione della Russia"[86]).

Il regolamento offriva agli ebrei maggiori opportunità rispetto alle proposte iniziali di Derzhavin; così, per creare fabbriche tessili o di pellame, o per passare all'economia agricola su terre vergini, proponeva che venisse pagato direttamente un sussidio governativo. Agli ebrei fu concesso il diritto di acquistare terreni senza servi della gleba, ma con la possibilità di assumere lavoratori cristiani. Gli ebrei proprietari di fabbriche, i commercianti e gli artigiani avevano il diritto di lasciare il Pale of Settlement "per un certo periodo di tempo, per motivi di lavoro", alleggerendo così i confini di questa zona di nuova istituzione. (Tutto ciò che fu promesso per l'anno successivo fu l'abrogazione delle doppie

---

[85] *Hessen*, Istoria evreïskogo naroda v Rossii (Storia del popolo ebraico in Russia), in 2 volumi, t. 1, Leningrado, 1925, p. 149.
[86] *M. Kovalevsky*, Ravnopravie evreev i ego vragi (L'uguaglianza dei diritti degli ebrei e dei loro avversari), in Schit, raccolta letteraria a cura di L. Andréev, M. Gorky e F. Sologoub, 3 edizione completata, Società russa per lo studio della vita degli ebrei, Mosca, 1916, p. 117.

royalties , ⁸⁷ ma presto scomparve). Tutti i diritti degli ebrei furono riaffermati: l'inviolabilità della loro proprietà, la libertà individuale, la professione della loro religione, l'organizzazione comunitaria - in altre parole, il sistema dei *Kehalim* fu lasciato senza cambiamenti significativi (il che, di fatto, minava l'idea di una fusione del mondo ebraico all'interno dello Stato russo): i *Kehalim* mantennero l'antico diritto di riscuotere le royalties, che conferiva loro una grande autorità, ma senza la possibilità di aumentarle; furono proibite le punizioni e gli anatemi religiosi (*Herem*), il che assicurò la libertà ai *Hassidim*. In accordo con i desideri dei *Kehalim*, il progetto di istituire scuole ebraiche di istruzione generale fu abbandonato, ma "tutti i bambini ebrei sono autorizzati a studiare con gli altri bambini senza discriminazioni in tutte le scuole, i collegi e tutte le università russe", e in questi istituti nessun bambino "sarà deviato dalla sua religione con un pretesto o costretto a studiare ciò che potrebbe essere contrario o opposto a lui". Gli ebrei "che, grazie alle loro capacità, raggiungeranno un livello meritorio nelle università in medicina, chirurgia, fisica, matematica e altre discipline, saranno riconosciuti come tali e promossi ai gradi universitari". È stato considerato essenziale che gli ebrei imparino la lingua della loro regione, cambino il loro aspetto esteriore e adottino nomi di famiglia. In conclusione, il Comitato ha sottolineato che in altri Paesi "non sono stati usati mezzi così liberali, così misurati e così adeguati alle esigenze degli ebrei". J. Hessen concorda sul fatto che il Regolamento del 1804 imponeva agli ebrei meno restrizioni rispetto al Regolamento prussiano del 1797. Soprattutto perché gli ebrei possedevano e mantenevano la loro libertà individuale, di cui una massa di diversi milioni di contadini russi sottoposti alla servitù della gleba non godeva. "Il [88]Regolamento del 1804 appartiene al numero di atti impregnati di spirito di tolleranza".[89]

Il *Messaggero d'Europa*, uno dei giornali più letti dell'epoca, ha scritto: "Alessandro sa che i vizi che attribuiamo alla nazione ebraica sono le inevitabili conseguenze dell'oppressione che l'ha oppressa per molti secoli. L'obiettivo della nuova legge è quello di dare allo Stato cittadini utili e agli ebrei una patria".[90]

Tuttavia, il regolamento non risolveva il problema più acuto secondo i desideri di tutti gli ebrei, ovvero della popolazione ebraica, dei deputati *del Kehalim* e dei collaboratori ebrei del Comitato. Il Regolamento stabiliva che: "Nessuno tra gli ebrei... in qualsiasi villaggio o città, può possedere

---

[87] Doppia tassa istituita per i Giudei da Caterina (a cui i "vecchi credenti" erano stati a lungo sottoposti), ma che non fu quasi mai applicata.
[88] *Assia*, t. 1, pp. 148-158; JE, t. 1, pp. 799-800.
[89] JE, t. 13, pp. 158-159.
[90] *Assia*, t. 1, p. 158-159.

una qualsiasi forma di gestione di locande o cabaret, né a proprio nome né a nome di terzi, né può vendere alcolici o vivere in tali luoghi"[91] e proponeva che l'intera popolazione ebraica lasciasse le campagne entro tre anni, all'inizio del 1808. (Ricordiamo che una misura del genere era già stata caldeggiata sotto Paolo nel 1797, prima ancora che apparisse il progetto Derzhavin: non che tutti gli ebrei, senza eccezioni, dovessero essere allontanati dai villaggi, ma affinché "con la sua massa, la popolazione ebraica nei villaggi non superasse le possibilità economiche dei contadini come classe produttiva, si propone di ridurne il numero negli agglomerati dei distretti". [92] Questa volta si proponeva di indirizzare la maggior parte degli ebrei al lavoro agricolo nelle terre vergini della Pale of Settlement, della Nuova Russia, ma anche delle province di Astrakhan e del Caucaso, esonerandoli per dieci anni dalle royalties che fino ad allora avevano dovuto pagare, "con il diritto di ricevere un prestito dal Tesoro per le loro imprese" da rimborsare progressivamente dopo dieci anni di franchigia; ai più fortunati, si proponeva di acquisire terre in proprietà personale ed ereditaria con la possibilità di farle sfruttare da lavoratori agricoli."[93]

Nel rifiutare l'autorizzazione alla distillazione, il Comitato ha spiegato che: "Finché questa professione rimarrà accessibile a loro... che, alla fine, li espone alle recriminazioni, al disprezzo e persino all'odio degli abitanti, la protesta generale nei loro confronti non cesserà". [94] Inoltre, "Possiamo considerare questa misura [l'allontanamento degli ebrei dai villaggi] come repressiva, quando si offrono loro tanti altri mezzi non solo per vivere nell'agio, ma anche per arricchirsi nell'agricoltura, nell'industria, nell'artigianato; e si dà loro anche la possibilità di possedere terre in piena proprietà? Come potrebbe questo popolo essere considerato oppresso dall'abolizione di un solo ramo di attività in uno Stato in cui gli vengono offerte mille altre attività in aree fertili e disabitate adatte alla coltivazione di cereali e ad altre produzioni agricole...?".[95]

Si tratta di argomenti convincenti. Tuttavia, Hessen ritiene che il testo del Comitato testimoni "uno sguardo ingenuo... sulla natura della vita economica di un popolo [che consiste nel] credere che i fenomeni economici possano essere cambiati in modo puramente meccanico, per

---

[91] JE, t. 3, p. 79.
[92] *Assia*, t. 1, p. 128.
[93] *V. N. Nikitin*, Evrei i zemledeltsy: Istoritcheskoe. zakonodatelnoe. administra-tivnoc i bylovoc polojenie kolonii so vremeni ikh vozniknivenia do nachikh dneï (Gli ebrei in agricoltura: Storia, diritto, amministrazione, pratica delle colonie dalle origini ai giorni nostri), 1807-1887, San Pietroburgo, 1887, pp. 6-7.
[94] *Principe N. N. Golitsyn*, Istoria rousskogo zakonodatelstva o evreiakh (Storia della legislazione russa per gli ebrei), San Pietroburgo, t. 1, 1649-1825, p. 430.
[95] *Ibidem*, t. 1, pp. 439-440.

decreto". ⁹⁶Da parte ebraica, il progetto di trasferimento degli ebrei dai villaggi e il divieto imposto loro di produrre alcolici, l'"occupazione secolare" degli ebrei , ⁹⁷fu percepito come una decisione terribilmente crudele. (Ed è in questi termini che è stata condannata dalla storiografia ebraica cinquanta e persino cento anni dopo).

Date le opinioni liberali di Alessandro I, la sua benevolenza nei confronti degli ebrei, il suo carattere perturbato, la sua debole volontà (senza dubbio spezzata per sempre dalla sua ascesa al trono a prezzo della morte violenta del padre), è improbabile che l'annunciata deportazione degli ebrei sia stata condotta in modo energico; anche se il regno avesse seguito un corso pacifico, sarebbe stata senza dubbio distribuita nel tempo.

Ma subito dopo l'adozione del Regolamento del 1804 si delineò la minaccia di una guerra in Europa, seguita dall'applicazione di misure favorevoli agli ebrei da parte di Napoleone, che riunì un Sinedrio di deputati ebrei a Parigi. "L'intero problema ebraico prese poi una piega inaspettata. Bonaparte organizzò a Parigi una riunione degli ebrei il cui scopo principale era quello di offrire alla nazione ebraica vari vantaggi e di creare un legame tra gli ebrei sparsi in Europa. Così, nel 1806, Alessandro I ordinò di convocare un nuovo comitato per "esaminare se fosse necessario adottare misure speciali e rinviare il trasferimento degli ebrei".⁹⁸

Come annunciato nel 1804, gli ebrei avrebbero dovuto abbandonare i villaggi entro il 1808. Ma si presentarono difficoltà pratiche e già nel 1807 Alessandro I ricevette diversi rapporti che evidenziavano la necessità di rimandare il trasferimento. Fu quindi reso pubblico un decreto imperiale che "richiedeva a tutte le società ebraiche... di eleggere dei deputati e di proporre attraverso di loro i mezzi che ritengono più adatti per mettere in pratica con successo le misure contenute nel regolamento del 9 dicembre 1804". L'elezione di questi deputati ebrei ebbe luogo nelle province occidentali e le loro opinioni furono trasmesse a San Pietroburgo. "Naturalmente, questi deputati espressero l'opinione che la partenza degli ebrei residenti nei villaggi dovesse essere rimandata a un momento successivo.

(Una delle ragioni addotte era che nei villaggi gli albergatori avevano alloggi gratuiti, mentre nelle città avrebbero dovuto pagarli). Il Ministro degli Interni scrisse nel suo rapporto che "il trasferimento degli ebrei che attualmente risiedono nei villaggi su terreni appartenenti allo Stato

---

⁹⁶ Ibidem.
⁹⁷ JE, t. 3. p. 79.
⁹⁸ *G. R. Derzhavin*, opere in 9 volumi, 2a ed., San Pietroburgo, 1864-1883, t. 6, 1876, pp. 761-762.

richiederà diversi decenni, dato il loro numero eccessivo". [99]Verso la fine del 1808, l'Imperatore diede ordine di sospendere l'articolo che vietava agli ebrei di affittare e produrre alcolici e di lasciare gli ebrei dove vivevano, "fino a una successiva sentenza". [100] Subito dopo (1809) fu istituito un nuovo comitato, detto "del senatore Popov", per lo studio di tutti i problemi e l'esame delle petizioni formulate dai deputati ebrei. Questo Comitato "riteneva indispensabile" porre fine "energicamente" al trasferimento degli ebrei e mantenere il diritto alla produzione e al commercio della vodka.[101] Il Comitato lavorò per tre anni e presentò il suo rapporto all'Imperatore nel 1812. Alessandro I non approvò la relazione: non voleva sminuire l'importanza della decisione precedente e non aveva affatto perso il desiderio di agire a favore dei contadini: "Era pronto ad ammorbidire la misura dell'espulsione, ma non a rinunciarvi". [102] Poi scoppiò la Grande Guerra con Napoleone, seguita dalla guerra europea, e le preoccupazioni di Alessandro cambiarono scopo.

Da allora, lo sfollamento dai villaggi non è mai stato avviato come misura globale nell'intera Pale of Settlement, ma al massimo sotto forma di decisioni specifiche in alcuni luoghi.[103]

Durante la guerra, secondo una certa fonte, gli ebrei furono gli unici abitanti a non fuggire davanti all'esercito francese, né nelle foreste né nell'entroterra; nei dintorni di Vilnius, rifiutarono di obbedire all'ordine di Napoleone di unirsi al suo esercito, ma gli fornirono foraggio e provviste senza un mormorio; tuttavia, in alcuni luoghi fu necessario ricorrere a requisizioni. [104]

Un'altra fonte riferisce che "la popolazione ebraica soffrì molto per gli abusi commessi dai soldati napoleonici" e che "molte sinagoghe furono date alle fiamme", ma si spinge oltre affermando che "le truppe russe furono molto aiutate da quella che veniva chiamata "posta ebraica", istituita da mercanti ebrei, che trasmetteva le informazioni con una celerità sconosciuta all'epoca (le locande fungevano da 'staffetta')"; addirittura "usavano gli ebrei come corrieri per i collegamenti tra i vari distaccamenti dell'esercito russo". Quando l'esercito russo riprese possesso del territorio, "gli ebrei accolsero le truppe russe con ammirazione, portando pane e alcol ai soldati". Il futuro Nicola I, all'epoca granduca, annotò nel suo diario: "È sorprendente che essi [gli ebrei] siano rimasti sorprendentemente fedeli a

---

[99] *Assia*, t. 1, pp. 163-165.
[100] JE, t. 1. p. 801.
[101] *Ibidem*.
[102] *Assia*, 1.1, pag. 163-167.
[103] JE, t. 5, p. 859.
[104] S. *Pozner*, Evrei Litvy i Beloroussii 125 let lomou nazad (Gli ebrei di Lituania e Bielorussia 125 anni fa), in M.J., Directory, 1939, pp. 60, 65-66.

noi nel 1812 e ci abbiano persino aiutato dove potevano, a rischio della loro vita". [105] Nel punto più critico della ritirata dei francesi al passaggio di Berezina, gli ebrei locali comunicarono al comando russo il presunto punto di passaggio; questo episodio è ben noto. Ma si trattò in realtà di un riuscito stratagemma del generale Laurançay: egli si convinse che gli ebrei avrebbero comunicato questa informazione ai russi, e i francesi, ovviamente, scelsero un altro punto di passaggio.[106]

Dopo il 1814, la riunificazione della Polonia centrale riunì più di 400.000 ebrei. Il problema ebraico si presentò quindi al governo russo con maggiore acutezza e complessità. Nel 1816, il Consiglio di Governo del Regno di Polonia, che in molte zone godeva di un'esistenza statale separata, ordinò l'espulsione degli ebrei dai loro villaggi - potevano anche rimanervi, ma solo per lavorare la terra, e questo senza l'aiuto di lavoratori cristiani. Ma su richiesta del *Kahal* di Varsavia, appena trasmessa all'Imperatore, Alessandro diede ordine di lasciare gli ebrei al loro posto, permettendo loro di dedicarsi al commercio della vodka, alla sola condizione di non venderla *a credito*.[107]

È vero che nel Regolamento pubblicato dal Senato nel 1818, si ritrovano le seguenti disposizioni: "Porre fine alle misure coercitive dei proprietari, che sono rovinose per i contadini, per il mancato pagamento dei loro debiti agli ebrei, che li costringe a vendere i loro ultimi beni... Per quanto riguarda gli ebrei che gestiscono le locande, è necessario proibire loro di prestare denaro a interesse, di servire vodka a credito, per poi privare i contadini del loro bestiame o di qualsiasi altra cosa indispensabile per loro". [108] Tratto caratteristico di tutto il regno di Alessandro: nessuno spirito di continuità nelle misure adottate; i regolamenti venivano promulgati, ma non c'era un controllo efficace per monitorarne l'attuazione. Lo stesso vale per lo statuto del 1817 relativo alla tassa sull'alcol: nelle province della Grande Russia, la distillazione era vietata agli ebrei ; tuttavia, già nel 1819, questo divieto fu revocato "fino a quando gli artigiani russi non si saranno sufficientemente perfezionati in questo mestiere".[109]

Naturalmente, i proprietari polacchi, troppo preoccupati dei loro profitti, si opposero allo sradicamento delle distillerie ebraiche nelle aree rurali delle province occidentali e, a quel tempo, il governo russo non osò agire contro di loro.

---

[105] PJE, t. 7. pp. 309-311.
[106] *Cfr*. Rousskaïa Volia (La volontà russa), Pietrogrado, 1917, 22 aprile, p. 3.
[107] *Assia*, t. 1, pp. 222-223.
[108] JE*, t. 3, pp. 80-81.
[109] *Ibidem*, t. 5, pp. 609, 621.

Tuttavia, nella provincia di Chernigov, dove la loro istituzione era ancora recente, la rimozione delle distillerie in mano a proprietari ed ebrei fu intrapresa con successo nel 1821, dopo che il governatore riferì, a seguito di un cattivo raccolto, che "gli ebrei tengono in dura schiavitù i contadini della Corona e i cosacchi".[110] Una misura simile fu presa nel 1822 nella provincia di Poltava; nel 1823 fu parzialmente estesa alle province di Mogilev e Vitebsk. Ma la sua espansione fu fermata dai pressanti sforzi dei *Kehalim*.

Così, la lotta condotta durante i venticinque anni di regno di Alessandro contro la produzione di alcolici da parte del trapianto degli ebrei dai villaggi diede scarsi risultati. Ma la distillazione non era l'unico tipo di produzione nella Pale of Settlement.

I proprietari affittavano vari beni in diversi settori dell'economia, qui un mulino, là la pesca, altrove i ponti, a volte un'intera proprietà, e in questo modo venivano affittati non solo i servi contadini (casi del genere si moltiplicarono dalla fine del XVIII secolo in poi)[111], ma anche le chiese "dei servi", cioè le chiese ortodosse, come sottolineano diversi autori: N. I. Kostomarov, M. N. Katkov, V. V. Choulguine. Queste chiese, essendo parte integrante di una proprietà, erano considerate come appartenenti al proprietario cattolico e, in qualità di gestori, gli ebrei si ritenevano autorizzati a riscuotere denaro da chi frequentava queste chiese e da chi celebrava uffici privati. Per il battesimo, il matrimonio o il funerale era necessario ricevere l'autorizzazione di "un ebreo a pagamento"; "le canzoni epiche della Piccola Russia scoppiano di aspre lamentele contro i "contadini ebrei" che opprimono gli abitanti".[112]

I governi russi avevano da tempo percepito questo pericolo: i diritti dei contadini erano suscettibili di estendersi al contadino stesso e direttamente al suo lavoro, e "gli ebrei non devono disporre del lavoro personale dei contadini, e per mezzo di un contratto di locazione, pur non essendo cristiani, diventare proprietari di servi della gleba" - cosa che è stata vietata a più riprese sia dal decreto del 1784 che dalle ordinanze del Senato del 1801 e del 1813: "gli ebrei non possono possedere villaggi o contadini, né disporne sotto qualsiasi nome".[113]

Tuttavia, l'ingegno degli ebrei e dei proprietari riuscì ad aggirare ciò che era vietato. Nel 1816, il Senato scoprì che "gli ebrei avevano trovato un modo per esercitare i diritti dei proprietari sotto il nome di *krestentsia*, cioè,

---

[110] *Ibidem*, p. 612.
[111] JE, t. 11, p. 492.
[112] *V. V. Choulguine*, Tchto nam v nikh ne nravitsia...: Ob antisemitism v Rossii (Quello che non ci piace di loro: L'antisemitismo in Russia). Parigi, 1929, p. 129.
[113] JE*, t. 3, p. 81.

previo accordo con i proprietari, raccolgono il grano e l'orzo seminato dai contadini, questi stessi contadini devono prima trebbiare e poi consegnare alle distillerie affittate a questi stessi ebrei; devono anche sorvegliare i buoi che vengono portati a pascolare nei loro campi, fornire agli ebrei lavoratori e carri... Così gli ebrei dispongono di tutte queste aree... mentre i padroni di casa, ricevendo da loro un sostanzioso affitto chiamato *krestentsia*, vendono agli ebrei tutti i raccolti futuri che vengono seminati sulle loro terre: Se ne deduce che essi condannano i loro contadini alla carestia."[114]

Non sono i contadini ad essere, per così dire, rivendicati come tali, ma solo la *krestentsia*, il che non impedisce che il risultato sia lo stesso.

Nonostante tutti i divieti, la pratica della *krestentsia* continuò per vie traverse. La sua estrema intricatezza derivava dal fatto che molti proprietari terrieri si indebitavano con i loro contadini ebrei, ricevendo da loro denaro sulle loro proprietà, che permetteva agli ebrei di disporre delle proprietà e del lavoro dei servi della gleba. Ma quando, nel 1816, il Senato decretò che era opportuno "riprendere i domini dagli ebrei", li incaricò di recuperare da soli le somme che avevano prestato. I deputati dei *Kehalim* inviarono immediatamente un'umile petizione a Sua Maestà, chiedendogli di annullare questo decreto: l'amministratore generale incaricato degli affari di fede estera, il principe N.N. Golitsyn, convinse l'Imperatore che "infliggere la punizione a una sola categoria di trasgressori ad eccezione" dei proprietari e dei funzionari. I proprietari terrieri "potrebbero ancora guadagnarci se rifiutassero di restituire il capitale ricevuto per la *krestentsia* e inoltre tenessero la *krestentsia* per il loro profitto"; se hanno abbandonato le loro terre agli ebrei nonostante la legge, ora devono restituire loro il denaro.[115]

Il futuro decembrista P. I. Pestel, all'epoca ufficiale nelle province occidentali, non era affatto un difensore dell'autocrazia, ma un ardente repubblicano; riportò alcune sue osservazioni sugli ebrei di questa regione, che furono in parte incluse nel preambolo del suo programma di governo ("Raccomandazioni per il governo supremo provvisorio"): "In attesa del Messia, gli ebrei si considerano abitanti temporanei del paese in cui si trovano, e quindi non vogliono mai, per nessun motivo, occuparsi dell'agricoltura, tendono a disprezzare anche gli artigiani, e praticano solo il commercio". "I capi spirituali degli ebrei, che si chiamano rabbini, mantengono il popolo in un'incredibile dipendenza vietandogli, in nome della fede, qualsiasi lettura diversa da quella del Talmud... Un popolo che non cerca di istruirsi rimarrà sempre prigioniero dei pregiudizi"; "la dipendenza degli ebrei nei confronti dei rabbini arriva a tal punto che

---

[114] *Ibidem**.
[115] *Ibidem**, p. 82; cfr. anche *Hessen*, t. 1. pp. 185, 187.

qualsiasi ordine impartito da questi ultimi viene eseguito piamente, senza un mormorio". "Gli stretti legami tra gli ebrei danno loro i mezzi per raccogliere grandi somme di denaro... per i loro bisogni comuni, in particolare per incitare le diverse autorità a concessioni e a ogni sorta di malversazioni che sono utili a loro, gli ebrei". Che accettino prontamente la condizione di possessori, "lo si vede apparentemente nelle province in cui hanno eletto domicilio. Tutto il commercio è nelle loro mani, e pochi contadini non sono, per mezzo dei debiti, in loro potere; per questo rovinano terribilmente le regioni in cui risiedono". "Il governo precedente [quello di Caterina] ha concesso loro diritti e privilegi eccezionali che accentuano il male che stanno facendo", ad esempio il diritto di non fornire reclute, il diritto di non annunciare le morti, il diritto a procedimenti giudiziari distinti e soggetti alle decisioni dei rabbini, e "godono anche di tutti gli altri diritti accordati agli altri gruppi etnici cristiani"; "Così, si vede chiaramente che gli ebrei formano all'interno dello Stato, uno Stato separato, e godono di diritti più ampi degli stessi cristiani".

"Una tale situazione non può essere ulteriormente perpetuata, perché ha portato gli ebrei a mostrare un atteggiamento ostile nei confronti dei cristiani e li ha posti in una situazione contraria all'ordine pubblico che deve prevalere nello Stato".[116] "

Negli ultimi anni del regno di Alessandro I furono rafforzate le proibizioni economiche e di altro tipo contro le attività ebraiche. Nel 1818, un decreto del Senato proibì che "mai i cristiani possano essere messi al servizio degli ebrei per debiti". [117] Nel 1819, un altro decreto chiedeva di porre fine ai "lavori e servizi che i contadini e i servi eseguono per conto degli ebrei".[118] Golitsyn, sempre lui, disse al Consiglio dei Ministri che "coloro che abitano nelle case degli ebrei non solo dimenticano e non adempiono più agli obblighi della fede cristiana, ma adottano costumi e riti ebraici".[119] Si decise quindi che "gli ebrei non avrebbero più dovuto impiegare i cristiani per il servizio domestico". [120] Si riteneva che "ciò sarebbe andato a vantaggio anche degli ebrei bisognosi che avrebbero potuto benissimo sostituire i servi cristiani".[121] Ma questa decisione non fu applicata. (Ciò non sorprende: tra le masse urbane ebraiche c'erano povertà e miseria, "per la maggior parte erano persone miserabili che a malapena riuscivano a sfamarsi",[122] ma non è mai stato osservato il fenomeno opposto: gli ebrei

---

[116] P. I. Pestel, Rousskaïa pravda (Verità russa), San Pietroburgo, 1906, cap. 2, § 14, pp. 50-52.
[117] Ibidem*, t. 11, p. 493.
[118] Ibidem*, 1.1, p. 804.
[119] Ibidem*, 1.11, p. 493.
[120] Ibidem*, t. 1, p. 804.
[121] Ibidem, t. 11, p. 493.
[122] Assia*. t. 1, pp. 206-207.

difficilmente lavoravano al servizio dei cristiani. Indubbiamente alcuni fattori si opponevano, ma a quanto pare avevano anche mezzi di sostentamento provenienti da comunità tra le quali regnava la solidarietà).

Tuttavia, già nel 1823 i contadini ebrei potevano assumere cristiani. In realtà, "la stretta osservanza della decisione che proibisce" ai cristiani di lavorare sulle terre degli ebrei "era troppo difficile da mettere in pratica".[123]

Negli stessi anni, per rispondere al rapido sviluppo della setta dei *soubbotniki*[124] nelle province di Voronezh, Samara, Tula e altre, vennero prese misure per un più severo rispetto del Pale of Settlement.

Così, "nel 1821, gli ebrei accusati di 'sfruttare pesantemente' i contadini e i cosacchi furono espulsi dalle aree rurali della provincia di Chernigov e nel 1822 dai villaggi della provincia di Poltava".[125]

Nel 1824, durante il suo viaggio negli Urali, Alessandro I notò che un gran numero di ebrei nelle fabbriche, "acquistando clandestinamente quantità di metalli preziosi, corrompevano gli abitanti a danno dell'erario e dei produttori", e ordinò "che gli ebrei non fossero più tollerati nelle fabbriche private o pubbliche dell'industria mineraria".[126]

Il Tesoro soffriva anche del contrabbando lungo tutta la frontiera occidentale della Russia, con merci e beni che venivano trasportati e venduti in entrambe le capitali senza passare per la dogana. I governatori riferirono che il contrabbando era praticato soprattutto dagli ebrei, particolarmente numerosi nella zona di confine. Nel 1816 fu dato l'ordine di espellere tutti gli ebrei da una striscia larga sessanta chilometri dalla frontiera e di farlo nell'arco di tre settimane. L'espulsione durò cinque anni, fu solo parziale e, già nel 1821, il nuovo governo autorizzò gli ebrei a tornare al loro precedente luogo di residenza. Nel 1825 fu presa una decisione più ampia ma molto più moderata: Gli unici ebrei passibili di deportazione erano quelli non legati ai *Kehalim* locali o che non avevano proprietà nella zona di confine. [127]In altre parole, si proponeva di espellere solo gli intrusi. Inoltre, questa misura non fu applicata sistematicamente.

Il Regolamento del 1804 e il suo articolo che stabiliva l'espulsione degli ebrei dai villaggi delle province occidentali ponevano naturalmente un serio problema al governo: dove dovevano essere trasferiti? Le città e i villaggi erano densamente popolati e questa densità era accentuata dalla

---

[123] JE, t. 11, p. 493.
[124] Sabbatariani: setta la cui esistenza è attestata dalla fine del XVII secolo, caratterizzata da spiccate tendenze giudaizzanti.
[125] PJE, t. 7, p. 313; Kovalevski, in Schit [Il macellaio], p. 17.
[126] JE, 1.1, p. 805.
[127] JE, t. 12, p. 599.

concorrenza che prevaleva nelle piccole imprese, dato il bassissimo sviluppo del lavoro produttivo. Tuttavia, nell'Ucraina meridionale si estendeva la Nuova Russia, vasta, fertile e scarsamente popolata.

Ovviamente, l'interesse dello Stato era quello di incitare la massa di ebrei non produttivi espulsi dai villaggi ad andare a lavorare la terra nella Nuova Russia. Dieci anni prima, Caterina aveva cercato di garantire il successo di questo incentivo colpendo gli ebrei con una doppia tassazione, esentando però totalmente coloro che avrebbero accettato di essere innestati nella Nuova Russia. Ma questa doppia tassazione (gli storici ebrei la citano spesso) non era reale, poiché la popolazione ebraica non era censita e solo il *Kahal* conosceva la manodopera, nascondendo i numeri alle autorità in una proporzione che forse raggiungeva una buona metà. (Già nel 1808, la regalità cessò di essere richiesta e l'esenzione concessa da Caterina non incoraggiò più alcun ebreo a migrare).

Questa volta, e solo per gli ebrei, nella Nuova Russia furono assegnati più di 30.000 ettari di terra ereditaria (ma non privata), con 40 ettari di terra statale per famiglia (in Russia il lotto medio dei contadini era di pochi ettari, raramente più di dieci), prestiti in contanti per il trasferimento e l'insediamento (acquisto di bestiame, attrezzature, ecc. che dovevano essere rimborsati dopo un periodo di sei anni, entro i dieci anni successivi); ai coloni (in questa regione, non solo i contadini ma anche alcuni proprietari vivevano in case di fango) veniva offerta la preventiva costruzione di una casa di tronchi di izba, per esentarli dalle royalties per dieci anni con il mantenimento della libertà individuale (in questi tempi di servitù della gleba) e la protezione delle autorità. [128](I Regolamenti del 1804 avevano esentato gli ebrei dal servizio militare, e il compenso in denaro era incluso nella tassa di concessione delle regalie). Gli ebrei illuminati, pochi all'epoca (Notkine, Levinson), sostenevano l'iniziativa governativa - "ma questo risultato deve essere raggiunto attraverso incentivi, in nessun modo coercitivi" - e comprendevano molto bene la necessità che il loro popolo passasse al lavoro produttivo.

Gli ottant'anni della difficile saga dell'agricoltura ebraica in Russia sono descritti nel voluminoso e minuzioso lavoro dell'ebreo V. N. Nikitin (da bambino era stato affidato ai cantonieri, dove aveva ricevuto il suo nome), che ha dedicato molti anni allo studio degli archivi dell'enorme corrispondenza ufficiale inedita tra San Pietroburgo e la Nuova Russia.

Un'abbondante presentazione intervallata da documenti e tabelle statistiche, con instancabili ripetizioni, possibili contraddizioni nelle relazioni fatte in tempi a volte molto distanti da ispettori di opinioni divergenti, il tutto accompagnato da tabelle dettagliate eppure incomplete:

---

[128] *Nikitin*, pp. 6-7.

nulla di tutto questo è stato messo in ordine e offre, per la nostra breve esposizione, un materiale troppo denso. Cerchiamo tuttavia, condensando le citazioni, di tracciare un panorama che sia al tempo stesso ampio e chiaro.

L'obiettivo del governo, ammette Nikitin, oltre al programma di colonizzazione delle terre non occupate, era quello di dare agli ebrei più spazio di quello che avevano, di abituarli al lavoro fisico produttivo, di aiutarli a guardarsi dalle "occupazioni dannose" con le quali, "volenti o nolenti, molti di loro rendevano la vita dei servi contadini ancora più difficile di quanto non fosse già". "Il governo... tenendo conto del miglioramento delle loro condizioni di vita, propose loro di dedicarsi all'agricoltura...; il governo... non cercò di attirare gli ebrei con promesse; al contrario, si sforzò di non trasferire più di trecento famiglie all'anno"[129]; rinviò il trasferimento finché le case non fossero state costruite sul posto e invitò gli ebrei, nel frattempo, a inviare alcuni dei loro uomini come esploratori. Inizialmente l'idea non era male, ma non aveva tenuto sufficientemente conto della mentalità dei coloni ebrei né delle deboli capacità dell'amministrazione russa. Il progetto era condannato in anticipo dal fatto che il lavoro della terra è un'arte che richiede l'apprendimento di generazioni: non si possono attaccare con successo alla terra persone che non lo desiderano o che sono indifferenti ad essa.

I 30.000 ettari assegnati agli ebrei nella Nuova Russia rimasero inalienabili per decenni. *A posteriori*, il giornalista I.G. Orchansky riteneva che l'agricoltura ebraica avrebbe potuto avere successo, ma solo se gli ebrei fossero stati trasferiti nelle vicine terre della Corona di Bielorussia, dove lo stile di vita contadino era sotto il loro controllo, sotto i loro occhi. [130]Sfortunatamente, lì la terra era scarsa (ad esempio, nella provincia di Grodno c'erano solo 200 ettari, terre marginali e sterili "dove l'intera popolazione soffriva per gli scarsi raccolti". [131]All'inizio c'erano solo tre dozzine di famiglie disposte a emigrare.

Gli ebrei speravano che le misure di espulsione dalle province occidentali venissero riportate; nel 1804 era stato previsto che la sua applicazione si sarebbe protratta per tre anni, ma l'inizio fu lento. All'avvicinarsi della fatidica scadenza del 1 gennaio 1808, cominciarono a lasciare i villaggi sotto scorta; a partire dal 1806 anche tra gli ebrei ci fu un movimento a favore dell'emigrazione, tanto più che le voci indicavano i vantaggi che vi erano connessi. Le richieste di emigrazione si riversarono allora *in massa*:

---

[129] *Ibidem*, pp. 7, 58, 154.
[130] I. *Orchansky*, Evrei v Rossii (Ebrei in Russia), Saggi e studi, fasc. 1, San Pietroburgo, 1872, pp. 174-175.
[131] *Nikitin*, pp. 3, 128.

"Si precipitarono lì... come se fosse la Terra Promessa...; come i loro antenati che lasciarono la Caldea a Canaan, interi gruppi partirono di nascosto, senza autorizzazione, e alcuni persino senza passaporto. Alcuni rivendevano il passaporto che avevano ottenuto da altri gruppi in partenza, e poi ne chiedevano la sostituzione con il pretesto di averlo perso. I candidati alla partenza "erano di giorno in giorno più numerosi" e tutti "chiedevano insistentemente terra, alloggio e sussistenza".[132]

L'afflusso superava le possibilità di accoglienza dell'Ufficio di sostegno agli ebrei creato nella provincia di Kherson: mancava il tempo per costruire case, scavare pozzi, e l'organizzazione soffriva delle grandi distanze in questa regione delle steppe, della mancanza di artigiani, medici e veterinari. Il governo era indiscriminato per quanto riguardava il denaro, le buone provviste e la simpatia verso i migranti, ma il governatore Richelieu pretese nel 1807 che gli ingressi fossero limitati a 200, 300 famiglie all'anno, pur ricevendo senza limitazioni coloro che desideravano stabilirsi per conto proprio. "In caso di cattivo raccolto, tutte queste persone dovranno essere sfamate per diversi anni di seguito". (Tuttavia, i governatori delle province permettevano a coloro che superavano il contingente di partire, senza conoscere il numero esatto di coloro che partivano; da qui molte vicissitudini lungo il percorso, dovute alla miseria, alla malattia, alla morte. [133]Alcuni sono semplicemente scomparsi durante il viaggio.

Le distanze attraverso la steppa (tra i cento e i trecento chilometri tra una colonia e l'Ufficio), l'incapacità dell'amministrazione di tenere un conteggio accurato e di stabilire una distribuzione equa, hanno fatto sì che alcuni dei migranti fossero più aiutati di altri; alcuni si sono lamentati di non aver ricevuto alcun compenso o prestito. Gli ispettori della colonia, troppo pochi, non ebbero il tempo di osservare da vicino (ricevevano un salario misero, non avevano cavalli e camminavano a piedi). Dopo un periodo di due anni di permanenza, alcuni coloni non avevano ancora una fattoria, né sementi, né pane. Ai più poveri fu permesso di andarsene dove volevano, e "coloro che rinunciarono alla loro condizione di contadini recuperarono il loro precedente status di *borghesi*". Ma solo un quinto di loro tornò al paese d'origine, e gli altri vagarono (i prestiti concessi a coloro che erano stati cancellati dalla lista dei coloni erano da considerarsi definitivamente persi). Alcuni ricompaiono per un certo periodo nelle colonie, altri scompaiono "senza voltarsi indietro e senza lasciare traccia",

---

[132] *Ibidem**, pp. 7, 13, 16, 19, 58.
[133] *Ibidem**, pp. 14, 15, 17, 19, 24, 50.

altri ancora battono i marciapiedi delle città vicine "commerciando, secondo la loro vecchia abitudine".[134]

I numerosi rapporti dell'Ufficio e degli ispettori forniscono informazioni su come operavano i nuovi coloni. Per addestrare i coloni che non sapevano da dove cominciare o come finire, furono richiesti i servizi dei contadini della Corona; la prima aratura fu fatta per la maggior parte da russi assunti. Si prende l'abitudine di "correggere i difetti con un lavoro a pagamento". Seminano solo una parte trascurabile dell'appezzamento loro assegnato e usano semi di scarsa qualità; uno ha ricevuto semi specifici ma non ara e non semina; un altro, quando semina, perde molti semi, e lo stesso accade durante il raccolto. Per mancanza di esperienza, rompono gli attrezzi o semplicemente li rivendono. Non sanno come tenere il bestiame.

"Uccidono il bestiame per nutrirsi, poi si lamentano che non ne hanno più"; vendono il bestiame per comprare cereali; non fanno provvista di letame secco, così le loro izbe, non sufficientemente riscaldate, diventano umide; non sistemano le case, così cadono a pezzi; non coltivano orti; riscaldano le case con la paglia conservata per nutrire il bestiame. Non sapendo raccogliere, né falciare né trebbiare, i coloni non possono essere assunti nelle frazioni vicine: nessuno li vuole. Non mantengono la buona igiene delle loro case, il che favorisce le malattie. Essi "non si aspettavano assolutamente di essere occupati personalmente nei lavori agricoli, senza dubbio pensavano che la coltivazione della terra sarebbe stata assicurata da altre mani; che una volta in possesso di grandi mandrie, sarebbero andati a venderle alle fiere". I coloni "sperano di continuare a ricevere gli aiuti pubblici". Si lamentano "di essere ridotti in condizioni pietose", ed è proprio così; di aver "consumato i loro vestiti fino alla corda", ed è proprio così; ma l'amministrazione dell'ispezione risponde: "Se non hanno più vestiti, è per ozio, perché non allevano pecore, non seminano né lino né canapa" e le loro mogli "non filano né tessono". Naturalmente, conclude un ispettore nel suo rapporto, se gli ebrei non riescono a gestire le loro attività è "per l'abitudine a una vita rilassata, per la loro riluttanza a impegnarsi nei lavori agricoli e per la loro inesperienza", ma ritiene giusto aggiungere: "l'agricoltura deve essere preparata fin dalla prima giovinezza, e gli ebrei, avendo vissuto indolentemente fino a 45-50 anni, non sono in grado di trasformarsi in agricoltori in così poco tempo".[135]

L'erario fu costretto a spendere per i coloni da due a tre volte di più del previsto e le proroghe continuarono a essere richieste. Richelieu sosteneva che "le lamentele provengono dagli ebrei pigri, non dai buoni agricoltori"; Tuttavia, un altro rapporto osserva che "per loro sfortuna, dal loro arrivo,

---

[134] *Ibidem*, pp. 26, 28, 41, 43-44, 47, 50, 52, 62-63, 142.
[135] *Ibidem**, p. 72.

non sono mai stati confortati da un raccolto anche solo lontanamente sostanzioso".[136]

"In risposta ai numerosi frammenti comunicati a San Pietroburgo per segnalare come gli ebrei abbiano deliberatamente rinunciato a qualsiasi lavoro agricolo", il ministro ha risposto nel modo seguente: "Il governo ha dato loro aiuti pubblici nella speranza che diventino agricoltori non solo di nome, ma di fatto. Molti immigrati rischiano, se non incitati al lavoro, di rimanere a lungo debitori dello Stato". [137]L'arrivo di coloni ebrei nella Nuova Russia a spese dello Stato, incontrollato e mal supportato da un programma di equipaggiamento, fu sospeso nel 1810. Nel 1811 il Senato concesse agli ebrei il diritto di affittare la produzione di alcolici nelle località appartenenti alla Corona, ma entro i limiti della Pale of Settlement. Non appena la notizia si diffuse nella Nuova Russia, la volontà di rimanere nell'agricoltura vacillò per molti coloni: nonostante il divieto di lasciare il Paese, alcuni partirono senza documenti di identità per diventare locandieri nei villaggi dipendenti dalla Corona, così come in quelli appartenenti ai proprietari terrieri. Nel 1812, risultava che delle 848 famiglie insediate ve ne fossero in realtà solo 538; 88 erano considerate in congedo (parti che si guadagnavano da vivere a Kherson, Nikolayev, Odessa o addirittura in Polonia); le altre erano semplicemente scomparse. L'intero programma - "l'insediamento autoritario delle famiglie sulla terraferma" - era qualcosa di *inedito* non solo in Russia, ma in tutta Europa".[138]

Il Governo riteneva ora che "in considerazione dell'ormai comprovato disgusto degli ebrei per il lavoro della terra, visto che non sanno come svolgerlo, data la negligenza degli ispettori", sembra che la migrazione abbia dato luogo a grandi disordini; pertanto "gli ebrei dovrebbero *essere giudicati con indulgenza*". D'altra parte, "come garantire la restituzione dei prestiti pubblici da parte di coloro che saranno autorizzati a lasciare la loro condizione di agricoltori, come palliare, senza ferire l'erario, le inadeguatezze di coloro che rimarranno a coltivare la terra, come alleviare la sorte di quelle persone che hanno sopportato tante disgrazie e vivono al limite? [139]Per quanto riguarda gli ispettori, essi soffrivano non solo per la carenza di personale, la mancanza di mezzi e varie altre carenze, ma anche per la loro negligenza, l'assenteismo e i ritardi nella consegna del grano e dei fondi; vedevano con indifferenza gli ebrei che vendevano le loro proprietà; c'erano anche degli abusi: in cambio del pagamento, concedevano permessi per assenze di lunga durata, anche per i lavoratori

---

[136] *Ibidem*, pp. 24, 37-40, 47-50, 61, 65, 72-73, 93.
[137] *Ibidem*, pp. 29, 37-38.
[138] *Ibidem*, pp. 29, 49, 67, 73, 89, 189.
[139] *Ibidem**, pp. 87-88.

più affidabili di una famiglia, che potevano portare rapidamente alla rovina della fattoria.

Anche dopo il 1810-1812, la situazione delle colonie ebraiche non mostra segni di miglioramento: "attrezzi persi, rotti o ipotecati dagli ebrei"; "buoi, di nuovo, macellati, rubati o rivenduti"; "campi seminati troppo tardi in attesa di calore"; uso di "cattive sementi" e troppo vicino alle case, sempre sullo stesso appezzamento; nessun lavoro di terra, "semina per cinque anni consecutivi su campi che erano stati arati una sola volta", senza alternare la semina di grano e patate; raccolto insufficiente da un anno all'altro, "ancora una volta, senza raccogliere i semi". (Ma i cattivi raccolti vanno anche a vantaggio degli immigrati: hanno diritto a ferie). Bestiame lasciato senza cure, buoi dati in affitto o "assegnati come carrozze... li consumavano, non li nutrivano, li barattavano o li macellavano per sfamarsi, per poi dire che erano morti di malattia". Le autorità fornivano loro altre persone o le lasciavano partire alla ricerca di un sostentamento. "Non si preoccupavano di costruire recinti sicuri per evitare che il bestiame venisse rubato durante la notte; essi stessi passavano le notti dormendo profondamente; per pastori prendevano bambini o fannulloni che non si curavano dell'integrità delle mandrie"; nei giorni di festa o di sabato li lasciavano al pascolo senza alcuna sorveglianza (inoltre, di sabato è vietato catturare i ladri!). Si risentivano dei loro rari correligionari che, con il sudore della fronte, ottenevano raccolti notevoli. Questi ultimi incorrevano nella maledizione dell'Antico Testamento, l'*Herem*, "perché se dimostrano alle autorità che gli ebrei sono in grado di lavorare la terra, alla fine li costringeranno a farlo". "Pochi erano assidui nel lavorare la terra... avevano l'intento, pur fingendo di lavorare, di dimostrare alle autorità, con i loro continui bisogni, la loro complessiva incapacità".

Volevano "innanzitutto tornare al commercio di alcolici, che era stato riautorizzato ai loro correligionari". Furono forniti loro più volte bestiame, strumenti, sementi e furono concessi senza sosta nuovi prestiti per il loro sostentamento. "Molti, dopo aver ricevuto un prestito per stabilirsi, venivano nelle colonie solo al momento della distribuzione dei fondi, per poi ripartire... con questi soldi verso città e località vicine, in cerca di altri lavori"; "rivendevano l'appezzamento che era stato loro assegnato, vagavano, vivevano diversi mesi negli agglomerati russi nei momenti più intensi del lavoro agricolo, e si guadagnavano da vivere... ingannando i contadini". Le tabelle degli ispettori mostrano che la metà delle famiglie era assente con o senza autorizzazione, e che alcune erano scomparse per sempre. (Un esempio è il disordine che regnava nel villaggio di Izrae-levka, nella provincia di Kherson, dove "gli abitanti, venuti per conto proprio, si consideravano autorizzati a esercitare altri mestieri: erano lì solo per approfittare dei privilegi; solo 13 delle 32 famiglie erano residenti permanenti, e anche in questo caso seminavano solo per farlo sembrare legittimo, mentre gli altri lavoravano come tavernieri nei distretti vicini".[140]

I numerosi rapporti degli ispettori notano in particolare e in diverse occasioni che "il disgusto delle donne ebree per l'agricoltura... è stato un grande ostacolo al successo dei coloni". Le donne ebree che sembravano essersi dedicate al lavoro dei campi, in seguito se ne distoglievano. "In occasione dei matrimoni, i genitori delle donne ebree si accordavano con i loro futuri generi affinché non costringessero le loro mogli a svolgere lavori agricoli difficili, ma assumessero lavoratori"; "Si accordavano per preparare ornamenti, pellicce di volpe e di lepre, braccialetti, copricapi e persino perle, per i giorni di festa".

Queste condizioni portano i giovani uomini a soddisfare i capricci delle loro mogli "fino a rovinare la loro agricoltura"; essi arrivano al punto di "indulgere nel possesso di effetti lussuosi, sete, oggetti d'argento o d'oro", mentre altri immigrati non hanno nemmeno vestiti per l'inverno. I matrimoni troppo precoci fanno sì che "gli ebrei si moltiplichino molto più velocemente degli altri abitanti". Poi, con l'esodo dei giovani, le famiglie diventano troppo poco provviste e non sono in grado di assicurare il lavoro. Il sovraffollamento di più famiglie in case troppo scarse genera sporcizia e favorisce lo scorbuto (alcune donne prendono mariti *borghesi* e poi lasciano per sempre le colonie.).[141]

A giudicare dai rapporti dell'Ufficio di controllo, gli ebrei delle varie colonie si lamentavano continuamente della terra delle steppe, "così dura da dover essere arata con quattro paia di buoi". Le lamentele riguardavano i cattivi raccolti, la scarsità d'acqua, la mancanza di carburante, il maltempo, la generazione di malattie, la grandine, le cavallette. Si lamentavano anche degli ispettori, ma indebitamente, visto che all'esame le lamentele erano ritenute infondate. Gli immigrati "si lamentano senza vergogna dei loro minimi fastidi", "aumentano incessantemente le loro richieste" - "quando è giustificato, si provvede tramite l'Ufficio". D'altra parte, avevano pochi motivi per lamentarsi delle limitazioni all'esercizio della loro pietà o del numero di scuole aperte negli agglomerati (nel 1829, per otto colonie, c'erano quaranta insegnanti [142]).

Tuttavia, come sottolinea Nikitin, nella stessa steppa, nello stesso periodo, nelle stesse terre vergini, minacciate dalle stesse locuste, si erano insediate coltivazioni di coloni tedeschi, mennoniti e bulgari. Anche loro soffrivano degli stessi cattivi raccolti, delle stesse malattie, ma tuttavia la maggior parte di loro aveva sempre pane e bestiame a sufficienza, viveva in belle

---

[140] *Ibidem**, pp. 64, 78-81, 85, 92-97, 112, 116-117, 142-145.
[141] *Ibidem*, pp. 79, 92, 131, 142, 146-149.
[142] *Ibidem**, pp. 36, 106, 145.

case con annessi, gli orti erano abbondanti e le abitazioni circondate dal verde. (La differenza era evidente, soprattutto quando i coloni tedeschi, su richiesta delle autorità, venivano a vivere negli insediamenti ebraici per trasmettere la loro esperienza e dare l'esempio: anche da lontano si potevano distinguere le loro proprietà).

Anche nelle colonie russe le case erano migliori di quelle degli ebrei. (Tuttavia, i russi erano riusciti a indebitarsi con alcuni ebrei più ricchi di loro e pagavano i debiti lavorando nei campi). I contadini russi, spiega Nikitin, "sotto l'oppressione della servitù della gleba, erano abituati a tutto... e sopportavano stoicamente tutte le disgrazie". È così che i coloni ebrei che avevano subito perdite in seguito a varie indignazioni furono aiutati "dai vasti spazi della steppa che attiravano i servi della gleba fuggitivi da tutte le regioni...

Inseguiti dai coloni sedentari, questi ultimi rispondevano con saccheggi, furti di bestiame, incendi di case; ben accolti, però, offrivano il loro lavoro e le loro conoscenze. Come uomini riflessivi e pratici, e per istinto di autoconservazione, i coltivatori ebrei preferivano ricevere questi fuggitivi con gentilezza e zelo; in cambio, questi ultimi li aiutavano volentieri nell'aratura, nella semina e nel raccolto"; alcuni di loro, per nascondersi meglio, abbracciarono la religione ebraica. "Venuti alla luce questi casi", nel 1820 il governo proibì agli ebrei di utilizzare manodopera cristiana.[143]

Nel frattempo, nel 1817, erano trascorsi i dieci anni in cui i coloni ebrei erano stati esentati dalle royalties e dovevano ora pagare, come i contadini della Corona. Le petizioni collettive provenienti non solo dai coloni, ma anche dai funzionari pubblici, chiedevano che il privilegio fosse esteso per altri quindici anni.

Un amico personale di Alessandro I, il principe Golitsyn, ministro dell'Istruzione e degli Affari religiosi, responsabile anche di tutti i problemi riguardanti gli ebrei, prese la decisione di esentarli dal pagamento delle royalties per altri cinque anni e di posticipare la restituzione completa dei prestiti fino a trent'anni. "È importante notare, a onore delle autorità di San Pietroburgo, che nessuna richiesta degli ebrei, prima e ora, è mai stata ignorata".[144]

Tra le richieste dei coloni ebrei, Nikitin ne trovò una che gli sembrò particolarmente caratteristica: "L'esperienza ha dimostrato che, per quanto l'agricoltura sia indispensabile all'umanità, è considerata la più elementare delle occupazioni, che richiede più sforzo fisico che ingegno e intelligenza; e, in tutto il mondo, coloro che sono interessati a questa occupazione sono

---

[143] *Ibidem*, pp. 13, 95, 109, 144, 505.
[144] *Ibidem*, pp. 99-102, 105, 146.

incapaci di professioni più serie, come gli industriali e i commercianti; è quest'ultima categoria, in quanto richiede più talento e istruzione, che contribuisce più di tutte le altre alla prosperità delle nazioni, e in tutte le epoche le è stata accordata molta più stima e rispetto di quella degli agricoltori". Le calunnie degli ebrei nei confronti del governo ebbero come risultato quello di privare gli ebrei della libertà di esercitare la loro attività preferita, quella del commercio, e di costringerli a cambiare il loro status diventando agricoltori, *la cosiddetta plebe*. Tra il 1807 e il 1809, più di 120.000 persone furono cacciate dai villaggi [dove la maggior parte viveva del commercio di alcolici] e furono costrette a stabilirsi in luoghi disabitati". Da qui la loro richiesta di: "restituire loro lo status di borghesi con il diritto, attestato dal passaporto, di potersene andare senza impedimenti, secondo i desideri di ciascuno".[145] Si tratta di formule ben ponderate e inequivocabili. Dal 1814 al 1823, l'agricoltura degli ebrei non prosperò. Le tabelle statistiche mostrano che ogni individuo registrato coltivava meno di due terzi di un ettaro. Poiché "cercavano di tagliare i lavori più duri" (agli occhi degli ispettori), trovarono una compensazione nel commercio e in altri mestieri vari.[146]

Mezzo secolo dopo, il giornalista ebreo I.G. Orchansky propose la seguente interpretazione: "Cosa c'è di più naturale per gli ebrei trapiantati qui per dedicarsi all'agricoltura di aver visto un vasto campo di attività economiche vergini e di esservi precipitati con le loro occupazioni abituali e preferite, che promettevano nelle città un raccolto più abbondante di quello che potevano aspettarsi come agricoltori. Perché, allora, pretendere che si occupino necessariamente di lavori agricoli, che indubbiamente non si rivelerebbero positivi per loro?", considerando "l'attività spumeggiante che attrae gli ebrei nelle città in formazione".[147]

Le autorità russe dell'epoca vedevano le cose in modo diverso: col tempo gli ebrei "potevano diventare utili coltivatori", se avessero ripreso "il loro status di *borghesi*, avrebbero solo aumentato il numero di parassiti nelle città".[148] In archivio: 300.000 rubli spesi per nove insediamenti ebraici, una somma colossale considerando il valore della moneta dell'epoca.

Nel 1822 erano trascorsi gli ulteriori cinque anni di esenzione dalle royalties, ma le condizioni delle fattorie ebraiche richiedevano ancora nuove franchigie e nuovi sussidi: Si notava "*lo stato di estrema povertà dei*

---

[145] *Ibidem*, pp. 99-102, 105, 146.
[146] *Ibidem**, pp. 103-104.
[147] *Orchansky*, pp. 170, 173-174.
[148] *Nikitin*, p. 114.

coloni", legato "alla loro inveterata pigrizia, alle malattie, alla mortalità, ai fallimenti dei raccolti e all'ignoranza dei lavori agricoli".[149]

Tuttavia, la giovane generazione ebraica stava gradualmente acquisendo esperienza nell'agricoltura. Riconoscendo che un buon raccolto regolare non era impossibile, i coloni invitarono i loro compatrioti dalla Bielorussia e dalla Lituania a unirsi a loro, tanto più che in quel Paese si erano verificati cattivi raccolti; le famiglie ebraiche accorsero *in massa*, con o senza autorizzazione, poiché nel 1824 temevano la minaccia di un'espulsione generale nella parte occidentale del Paese; nel 1821, come abbiamo già detto, erano state prese misure per porre fine alle distillerie ebraiche nella provincia di Chernigov, seguita da altre due o tre regioni. I governatori delle province occidentali lasciarono andare tutti i volontari senza indagare più di tanto su quanta terra fosse rimasta nella Nuova Russia per gli ebrei.

Da lì, fu annunciato che le possibilità di accoglienza non superavano le 200 famiglie all'anno, ma 1.800 famiglie avevano già iniziato il viaggio (alcune si erano allontanate in natura, altre si erano stabilite lungo il percorso). Da quel momento in poi, ai coloni furono rifiutati tutti gli aiuti statali (ma con dieci anni di esenzione dalle royalties); tuttavia, i *Kehalim* erano interessati a far partire i più poveri per avere meno royalties da pagare e, in una certa misura, fornivano a coloro che partivano i fondi della comunità. (Incoraggiarono la partenza di anziani, malati e famiglie numerose con pochi adulti abili e utili all'agricoltura; e quando le autorità chiesero un accordo scritto ai partenti, ricevettero una lista di firme priva di qualsiasi significato. [150]Delle 453 famiglie arrivate nei dintorni di Ekaterinoslav nel 1823, solo due riuscirono a stabilirsi a proprie spese. A spingerli lì era stata la folle speranza di ricevere aiuti pubblici, che avrebbero potuto dispensare i nuovi arrivati dal lavoro. Nel 1822, 1.016 famiglie affluirono nella Nuova Russia dalla Bielorussia: le colonie si riempirono rapidamente di immigrati ai quali fu offerta un'ospitalità provvisoria; il confino e la sporcizia generarono malattie.[151]

Inoltre, nel 1825, Alessandro I proibì il trasferimento degli ebrei. Nel 1824 e nel 1825, a seguito di ulteriori cattivi raccolti, gli ebrei furono sostenuti da prestiti (ma, per non dare loro troppe speranze, la loro origine era nascosta: si supponeva che provenissero dalla decisione personale di un ispettore, o come ricompensa per qualche lavoro). Vennero nuovamente rilasciati passaporti affinché gli ebrei potessero stabilirsi nelle città.

---

[149] *Ibidem**, p. 135.
[150] *Ibidem*, p. 118.
[151] *Ibidem**, pp. 110, 120-129, 132, 144, 471.

Per quanto riguarda il pagamento dei diritti d'autore, anche per coloro che si erano stabiliti lì da diciotto anni, non se ne parlava più.[152]

Allo stesso tempo, nel 1823, "un decreto di Sua Maestà ordina... che nelle province della Bielorussia gli ebrei cessino ogni attività di distilleria nel 1824, abbandonino le fattorie e le stazioni di collegamento" e si stabiliscano definitivamente "nelle città e negli agglomerati". Il trasferimento fu attuato. Nel gennaio 1824, circa 20.000 persone erano già state sfollate. L'Imperatore chiese di fare in modo che gli ebrei fossero "provvisti di attività e di sussistenza" durante questo spostamento, "in modo che, senza casa base, non soffrissero, in queste condizioni, di bisogni più pressanti come quello del cibo".[153] La creazione di un comitato composto da quattro ministri (il quarto "gabinetto ministeriale" creato per gli affari ebraici) non produsse alcun risultato tangibile né in termini di finanziamenti, né di capacità amministrative, né di struttura sociale della comunità ebraica, impossibile da ricostruire dall'esterno.

In questo, come in molti altri campi, l'imperatore Alessandro I ci appare debole nei suoi impulsi, incostante e incoerente nei suoi propositi (lo vediamo passivo di fronte al rafforzamento delle società segrete che si preparavano a rovesciare il trono). Ma in nessun caso le sue decisioni devono essere attribuite a una mancanza di rispetto per gli ebrei. Al contrario, egli ascoltava le loro esigenze e, anche durante la guerra del 1812-14, aveva tenuto al quartier generale i delegati ebrei Zindel Sonnenberg e Leisen Dillon che "difendevano gli interessi degli ebrei". (Dillon, è vero, sarebbe stato presto giudicato per essersi appropriato di 250.000 rubli di denaro pubblico e per aver estorto fondi ai proprietari terrieri). Sonnenberg, invece, rimase a lungo uno degli amici intimi di Alessandro. Su ordine dello zar, (1814) per alcuni anni funzionò a San Pietroburgo una deputazione ebraica permanente, per la quale gli ebrei stessi avevano raccolto fondi, "poiché c'erano piani per grandi spese segrete all'interno dei dipartimenti governativi". Questi deputati chiedevano che "in tutta la Russia gli ebrei avessero il diritto di dedicarsi al commercio, all'agricoltura e alla distillazione di alcolici", che venissero loro concessi "privilegi in materia fiscale", che "venissero consegnati gli arretrati", che "non venisse più limitato il numero di ebrei ammessi a far parte del magistrato". L'imperatore li ascoltò benevolmente, fece delle promesse, ma non furono prese misure concrete.[154]

Nel 1817 la Società Missionaria Inglese inviò in Russia l'avvocato Louis Weil, attivista per l'uguaglianza dei diritti degli ebrei, con lo scopo

---

[152] *Ibidem*, pp. 138, 156.
[153] *Assia*, 1.1. pp. 205-206.
[154] *Ibidem*, pp. 176-181; JE, t. 7, pp. 103-104.

specifico di informarsi sulla situazione degli ebrei di Russia: ebbe un colloquio con Alessandro I al quale consegnò una nota. "Profondamente convinto che gli ebrei rappresentassero una nazione sovrana, Weil affermò che tutti i popoli cristiani, dal momento che avevano ricevuto la salvezza degli ebrei, dovevano rendere loro il più alto omaggio e mostrare la loro gratitudine con benefici". In quest'ultimo periodo della sua vita, segnato da disposizioni mistiche, Alessandro dovette essere sensibile a tali argomenti. Sia lui che il suo governo temevano di "toccare con mano imprudente le regole religiose" degli ebrei. Alessandro aveva un grande rispetto per il venerabile popolo dell'Antica Alleanza ed era solidale con la sua situazione attuale. Da qui la sua ricerca utopica di far accedere questo popolo al Nuovo Testamento. A tal fine, nel 1817, con l'aiuto dell'Imperatore, fu creata la Società dei Cristiani d'Israele, ossia gli ebrei che si convertivano al cristianesimo (non necessariamente ortodosso) e che per questo godevano di notevoli privilegi: avevano il diritto, ovunque in Russia, "di commerciare e di esercitare vari mestieri senza appartenere a corporazioni o officine", ed erano "liberati, loro e i loro discendenti, per sempre, da qualsiasi servizio civile e militare". Tuttavia, questa società non registrò alcun afflusso di ebrei convertiti e presto cessò di esistere.[155]

Le buone disposizioni di Alessandro I nei confronti degli ebrei gli fecero esprimere la convinzione di porre fine alle accuse di omicidi rituali che sorgevano contro di loro. (Queste accuse erano sconosciute in Russia fino alla divisione della Polonia, da cui provenivano. In Polonia apparvero nel XVI secolo, trasmesse dall'Europa dove nacquero in Inghilterra nel 1144 per poi riemergere nel XII-XIII secolo in Spagna, Francia, Germania e Gran Bretagna. Papi e monarchi hanno combattuto queste accuse senza farle scomparire nel XIV e XV secolo. Il primo processo in Russia ebbe luogo a Senno, vicino a Vitebsk, nel 1816, non solo fu fermato "per decisione di Sua Maestà", ma incitò il Ministro degli Affari Religiosi, Golitsyn, a inviare alle autorità di tutte le province la seguente ingiunzione: d'ora in poi, non accusare gli ebrei "di aver messo a morte bambini cristiani, sostenuti unicamente da pregiudizi e senza prove".[156] Nel 1822-1823 un'altra vicenda del genere scoppiò a Velije, sempre nella provincia di Vitebsk. Tuttavia, nel 1824 il tribunale decretò che: "Gli ebrei accusati in molte testimonianze cristiane incerte di aver ucciso questo ragazzo, presumibilmente per raccogliere il suo sangue, devono essere scagionati da ogni sospetto".[157]

Tuttavia, nei venticinque anni del suo regno, Alessandro I non studiò a sufficienza la questione per concepire e mettere in pratica una soluzione

---

[155] *Assia*, 1.1, pp. 180, 192-194.
[156] PJE, t. 4, pp. 582-586; Hessen, 1.1, p 183.
[157] *Assia**, t. 1, pp. 211-212.

metodica e soddisfacente per tutti, riguardo al problema ebraico così come si presentava nella Russia di allora.

Come agire, cosa fare con questo popolo separato che non si è ancora innestato nella Russia e che continua a crescere di numero, è anche la domanda a cui il decembrista Pestel, che si opponeva all'Imperatore, cercava una risposta per la Russia del futuro, che si proponeva di dirigere. Ne *La verità della Russia* propose due soluzioni. O far sì che gli ebrei si fondano definitivamente con la popolazione cristiana della Russia: "Soprattutto è necessario deviare l'effetto, dannoso per i cristiani, dello stretto legame che unisce gli ebrei tra loro o che è diretto contro i cristiani, che isola completamente gli ebrei da tutti gli altri cittadini... Convocare i rabbini e le personalità ebraiche più competenti, ascoltare le loro proposte e poi agire... Se la Russia non espelle gli ebrei, a maggior ragione non dovrebbe assumere atteggiamenti ostili verso i cristiani".

La seconda soluzione "consisterebbe nell'aiutare gli ebrei a creare uno Stato separato in una delle regioni dell'Asia Minore. A tal fine, è necessario stabilire un punto di raccolta per il popolo ebraico e inviare diversi eserciti per sostenerlo" (non siamo molto lontani dalla futura idea sionista). Gli ebrei russi e polacchi insieme formeranno un popolo di oltre due milioni di anime. "Una tale massa di uomini in cerca di patria non avrà difficoltà a superare ostacoli come l'opposizione dei turchi. Attraversando la Turchia dall'Europa, passeranno nella Turchia asiatica e vi occuperanno luoghi e terre sufficienti per creare uno Stato specificamente ebraico". Tuttavia, Pestel riconosce che "un'impresa così grande richiede circostanze particolari e uno spirito imprenditoriale di genio".[158]

Nikita Muravyov, un altro decembrista, stabilì nella sua proposta di Costituzione che "gli ebrei possono godere dei diritti civili nei luoghi in cui vivono, ma che la libertà di stabilirsi in altri luoghi dipenderà dalle decisioni particolari dell'Assemblea suprema del popolo".[159]

Tuttavia, le istanze proprie della popolazione ebraica, i *Kehalim*, si opposero con tutte le loro forze all'ingerenza del potere statale e a qualsiasi influenza esterna. Su questo argomento le opinioni divergono. Dal punto di vista religioso, come spiegano molti scrittori ebrei, vivere nella diaspora è una punizione storica che pesa su Israele per i suoi peccati precedenti. La dispersione deve essere assunta per meritare il perdono di Dio e il ritorno in Palestina. Per questo è necessario vivere senza venir meno alla Legge e non mescolarsi con i popoli circostanti: questa è la prova. Ma per uno storico ebreo liberale dell'inizio del XX secolo, "la classe dominante, incapace di qualsiasi lavoro creativo, sorda a le influenze del suo tempo,

---

[158] *Pestel*, pp. 52-53.
[159] *Assia**, t. 2, p. 18.

dedicò tutte le sue energie a preservare dagli attacchi del tempo, sia esterni che interni, una vita nazionale e religiosa pietrificata". Il *Kahal* soffocò drasticamente le proteste dei più deboli. "La riforma culturale ed educativa del 1804 si limitò ad offuscare illusoriamente il carattere distintivo ed estraneo degli ebrei, senza ricorrere alla coercizione" e senza nemmeno "avere pietà dei pregiudizi"; "queste decisioni seminarono un grande turbamento all'interno del *Kahal*... in quanto foriere di una minaccia al potere che esso esercitava sulla popolazione"; nel Regolamento, il punto più sensibile per il *Kahal* "era il divieto di consegnare gli indisciplinati all'*Herem*", o, ancora più grave, l'osservazione che "per mantenere la popolazione in servile sottomissione a un ordine sociale, come era stato per secoli, era vietato cambiare abito".[160] Ma non si può negare che i *Kehalim* avessero anche ragionevoli requisiti normativi per la vita degli ebrei, come la regola del *Khasaki* che permetteva o proibiva ai membri della comunità di intraprendere un particolare tipo di agricoltura o occupazione, che poneva fine all'eccessiva competizione tra ebrei. [161]"Non ti allontanerai dai confini del tuo vicino" (Deuteronomio, XIX, 14).

Nel 1808, un ebreo non identificato trasmise una nota anonima (temendo rappresaglie da parte del *Kahal*) al Ministro degli Affari Interni, intitolata "Alcune osservazioni sulla gestione della vita degli ebrei". Scriveva: "Molti non considerano sacri gli innumerevoli riti e regole... che distolgono l'attenzione da tutto ciò che è utile, rendono il popolo schiavo dei pregiudizi, sottraggono con la loro moltiplicazione un'enorme quantità di tempo e privano gli ebrei del 'vantaggio di essere buoni cittadini'". Egli notava che "i rabbini, perseguendo solo il loro interesse, hanno racchiuso la vita in un intreccio di regole", hanno concentrato nelle loro mani tutta l'autorità di polizia, legale e spirituale; "più precisamente, lo studio del Talmud e l'osservanza dei riti come unico mezzo per distinguersi e acquisire ricchezza sono diventati 'il primo sogno e l'aspirazione degli ebrei'"; e sebbene il regolamento governativo "limiti le prerogative dei rabbini e dei *kelahim*, "lo spirito del popolo è rimasto lo stesso". L'autore di questa nota considerava "i rabbini e il *Kahal* come i principali responsabili dell'ignoranza e della miseria del popolo".[162]

Un altro uomo pubblico ebreo, Guiller Markevich, originario della Prussia, scrisse che i membri del *Kahal* di Vilnius, con l'aiuto dell'amministrazione locale, esercitavano una severa repressione contro tutti coloro che denunciavano le loro azioni illegali; ormai privati del diritto all'*Herem*, tenevano i loro accusatori per lunghi anni in prigione, e se uno di loro riusciva a far arrivare un messaggio dalla sua cella alle autorità superiori,

---

[160] *Assia*, I. 1. pp. 169-170.
[161] *Ibidem*, p. 51; JE, t. 14, p. 491.
[162] *Assia*, t. 1, pp. 171-173.

"lo spedivano senza nessun'altra forma di processo all'altro mondo". Quando questo tipo di crimine veniva rivelato, "il *Kahal* spendeva grandi somme per soffocare la vicenda". [163]Altri storici ebrei forniscono esempi di assassinii commissionati direttamente dal *Kahal* ebraico.

Nella loro opposizione alle misure governative, i *Kehalim* si basavano essenzialmente sul senso religioso della loro azione; così "l'unione del *Kahal* e dei rabbini, desiderosi di mantenere il loro potere sulle masse, fece credere al governo che ogni atto di un ebreo fosse soggetto a tale e tale prescrizione religiosa; il ruolo della religione fu così accresciuto. Di conseguenza, il popolo dell'amministrazione vedeva negli ebrei non i membri di diversi gruppi sociali, ma un'unica entità strettamente unita; i vizi e le infrazioni degli ebrei erano spiegati non da motivi individuali, ma dalla 'presunta amoralità terrestre della religione ebraica'".[164]

"L'unione dei *Kehalim* e dei rabbini non ha voluto vedere né sentire nulla. Estese la sua copertura di piombo sulle masse. Il potere del *Kahal* non fece che aumentare, mentre i diritti degli anziani e dei rabbini furono limitati dal Regolamento del 1804. "Questa perdita è compensata dal fatto che il *Kahal* ha acquisito - è vero, solo in una certa misura - il ruolo di amministrazione rappresentativa di cui aveva goduto in Polonia. Il *Kahal* dovette questo rafforzamento della sua autorità all'istituzione dei deputati". Questa deputazione delle comunità ebraiche stabilite nelle province occidentali, incaricata di discutere a tempo libero con il governo i problemi della vita ebraica, fu eletta nel 1807 e si riunì a intermittenza per diciotto anni. Questi deputati si sforzarono soprattutto di restituire ai rabbini il diritto all'*Herem*; dichiararono che privare i rabbini del diritto di castigare i disobbedienti è contrario al rispetto religioso che gli ebrei sono obbligati per legge ad avere per i rabbini". Questi deputati riuscirono a convincere i membri del Comitato (del senatore Popov, 1809) che l'autorità dei rabbini era un sostegno al potere governativo russo. "I membri del Comitato non hanno opposto resistenza di fronte alla minaccia che gli ebrei si sottraessero all'autorità dei rabbini per darsi alla depravazione"; il Comitato era "disposto a mantenere nella sua integrità tutta questa struttura arcaica per evitare le terribili conseguenze evocate dai deputati... I suoi membri non cercavano di sapere chi i deputati consideravano 'trasgressori della legge spirituale'; non sospettavano che fossero coloro che aspiravano all'istruzione"; i deputati "esercitavano tutti i loro sforzi per rafforzare l'autorità del *Kahal* e per inaridire alla fonte il movimento verso la cultura"." [165]Riuscirono a rinviare le limitazioni precedentemente adottate all'uso degli abiti ebraici tradizionali, che risalivano al Medioevo e

---

[163] *Assia**, t. 2, pp. 11-13.
[164] *Ibidem*, t. 1, p. 195.
[165] *Ibidem*, pp. 173-175.

separavano così palesemente gli ebrei dal mondo circostante. Persino a Riga, "la legge che ordinava agli ebrei di indossare un altro indumento non fu applicata da nessuna parte", e fu riferito dall'Imperatore stesso - in attesa di una nuova legislazione[166] ...

Tutte le richieste dei deputati non furono soddisfatte, tutt'altro. Avevano bisogno di denaro e "per ottenerlo, i deputati spaventavano le loro comunità annunciando minacciosamente le intenzioni del governo e amplificando le voci della capitale". Nel 1820, Markevitch accusò i deputati "di diffondere intenzionalmente notizie false... per costringere la popolazione a pagare al *Kahal* le somme richieste".[167]

Nel 1825, l'istituzione dei deputati ebrei fu soppressa. Una delle fonti di tensione tra le autorità e i *Kehalim* risiedeva nel fatto che questi ultimi, gli unici autorizzati a riscuotere la capitazione sulla popolazione ebraica, "nascondevano le 'anime' durante i censimenti" e ne occultavano una grande quantità. "Il governo pensava di conoscere il numero esatto della popolazione ebraica per poter esigere l'importo corrispondente della capitazione", ma era molto difficile stabilirlo.[168] Ad esempio, a Berdichev, "la popolazione ebraica non registrata... rappresentava regolarmente quasi la metà del numero effettivo di abitanti ebrei".[169] (Secondo i dati ufficiali che il governo era riuscito a stabilire per il 1818, gli ebrei erano 677.000, un numero già importante, ad esempio, se confrontato con i dati del 1812, il numero di individui di sesso maschile era improvvisamente raddoppiato... - ma si trattava comunque di una cifra sottovalutata, perché c'erano da aggiungere circa 40.000 ebrei provenienti dal regno di Polonia). Anche con le cifre ridotte dei *Kehalim*, ogni anno c'erano tasse non recuperate; e non solo non venivano recuperate, ma aumentavano di anno in anno. Alessandro I disse personalmente ai rappresentanti ebrei il suo malcontento nel vedere così tanti occultamenti e arretrati (per non parlare dell'industria del contrabbando). Nel 1817 fu decretata la remissione di tutte le multe e le sovrattasse, le penalità e gli arretrati, e fu concesso il perdono a tutti coloro che erano stati puniti per non aver registrato correttamente le 'anime', ma a condizione che i *Kehalim* fornissero da allora in poi dati onesti".[170] Ma "non ci fu alcun miglioramento". Nel 1820, il Ministro delle Finanze annunciò che tutte le misure volte a migliorare la situazione economica degli ebrei non avevano avuto successo... Molti ebrei vagavano senza documenti d'identità; un nuovo censimento riportò un

---

[166] *Ibidem**, pp. 191-192.
[167] *Ibidem*, p. 209.
[168] *Ibidem*, p. 178.
[169] *Orchansky*, p. 32.
[170] *Assia*, t. 1, pp. 178-179, 184, 186.

numero di anime da due a tre volte superiore (se non di più) a quello fornito in precedenza dalle società ebraiche".[171]

Tuttavia, la popolazione ebraica era in costante aumento. La maggior parte degli studiosi ritiene che una delle ragioni principali di questa crescita sia l'usanza dei matrimoni precoci diffusa all'epoca tra gli ebrei: già a 13 anni per i ragazzi e a partire dai 12 anni per le ragazze. Nella nota anonima del 1808 sopra citata, l'ignoto autore ebreo scrive che questa usanza delle unioni precoci "è alla radice di innumerevoli mali" e impedisce agli ebrei di sbarazzarsi "di usanze e attività inveterate che attirano su di loro l'indignazione dell'opinione pubblica e danneggiano sia loro che gli altri". Secondo la tradizione ebraica, "chi non si sposa in giovane età viene disprezzato e anche i più indigenti attingono alle loro ultime risorse per far sposare i propri figli il prima possibile, anche se questi sposi incorrono nelle vicissitudini di un'esistenza miserabile". I matrimoni precoci sono stati introdotti dai rabbini che ne hanno approfittato . E si potrà contrarre un matrimonio vantaggioso dedicandosi allo studio del Talmud e alla stretta osservanza dei riti. Coloro che si sono sposati presto, infatti, si sono occupati solo dello studio del Talmud e, quando finalmente arriva il momento di condurre un'esistenza autonoma, questi padri, poco preparati al lavoro, ignoranti della vita lavorativa, si dedicano alla produzione di alcolici e al piccolo commercio". Lo stesso vale per l'artigianato: "Sposandosi, l'apprendista quindicenne non impara più il suo mestiere, ma diventa padrone di sé stesso e non fa che rovinare il lavoro". [172]A metà degli anni '20, "nelle province di Grodno e Vilnius girava la voce che sarebbe stato vietato contrarre matrimonio prima di aver raggiunto la maggiore età", motivo per cui "si concludevano frettolosamente matrimoni tra bambini che avevano poco più di 9 anni".[173]

Questi matrimoni precoci debilitarono la vita degli ebrei. Come poteva un tale brulichio, una tale densificazione della popolazione, una tale competizione in occupazioni simili, portare a nient'altro che alla miseria? La politica dei *Kehalim* contribuì al "peggioramento delle condizioni materiali degli ebrei".[174]

Menashe Ilier, illustre talmudista ma anche sostenitore del razionalismo dell'Illuminismo, pubblicò nel 1807 un libro che inviò ai rabbini (fu rapidamente ritirato dalla circolazione dal rabbinato e il suo secondo libro sarebbe stato destinato a un massiccio rogo). Egli affrontava "gli aspetti oscuri della vita ebraica". Dichiarava: "La miseria è disumanamente

---

[171] *Ibidem*, I. 2, pp. 62-63.
[172] *Ibidem**, t. 1, pp. 171-172.
[173] *Ibidem*, t. 2, p. 56.
[174] *Ibidem*, t. 1, p. 210.

grande, ma può essere altrimenti quando gli ebrei hanno più bocche da sfamare che mani da lavorare? È importante far capire alle masse che è necessario guadagnarsi da vivere con il sudore della fronte... I giovani, che non hanno reddito, contraggono matrimonio contando sulla misericordia di Dio e sulla borsa del padre, e quando questo sostegno viene a mancare, carichi di famiglia, si buttano sulla prima occupazione che capita, anche se disonesta. A frotte si dedicano al commercio, ma poiché quest'ultimo non può sfamarli tutti, sono costretti a ricorrere all'inganno. Per questo è auspicabile che gli ebrei si dedichino all'agricoltura. Un esercito di fannulloni, sotto l'apparenza di "persone istruite", vive di carità e a spese della comunità. Nessuno cura il popolo: i ricchi pensano solo ad arricchirsi, i rabbini pensano solo alle dispute tra *hassidim* e *minagdisti* (ebrei ortodossi), e l'unica preoccupazione degli attivisti ebrei è quella di mandare in cortocircuito 'le disgrazie che si presentano sotto forma di decreti governativi, anche se contribuiscono al bene del popolo'".[175]

Così "la grande maggioranza degli ebrei in Russia viveva di piccolo commercio, artigianato e piccole industrie, o serviva come intermediario"; "hanno inondato le città di fabbriche e negozi al dettaglio".[176] Come poteva la vita economica del popolo ebraico essere sana in queste condizioni?

Tuttavia, un autore ebreo molto più tardi della metà del XX secolo ha potuto scrivere, ricordando questo periodo: "È vero che la massa ebraica viveva in modo economico e povero. Ma la comunità ebraica nel suo complesso non era miserabile".[177]

Non mancano le testimonianze piuttosto inaspettate della vita degli ebrei nelle province occidentali, viste dai partecipanti alla spedizione napoleonica del 1812 che passarono per questa regione. Alla periferia di Dochitsa, gli ebrei "sono ricchi e benestanti, commerciano intensamente con la Polonia russa e vanno persino alla fiera di Lipsia". A Gloubokie, "gli ebrei avevano il diritto di distillare l'alcol e di produrre vodka e idromele", "fondavano o possedevano cabaret, locande e relais situati sulle autostrade". Gli ebrei di Mogilev sono benestanti, intraprendono un commercio su larga scala (anche se "in quella zona regna una terribile miseria"). "Quasi tutti gli ebrei di quei luoghi avevano la licenza di vendere alcolici.

Le transazioni finanziarie si sono sviluppate in gran parte lì". Ecco di nuovo la testimonianza di un osservatore imparziale: "A Kiev gli ebrei non si

---

[175] *Ibidem*, pp. 170 171; -JE, t. 10, pp. 855-857.
[176] *Assia*, t. 1, pp. 190, 208.
[177] B. C. *Dinour*, Religiozno-natsionalnyj oblik rousskoo cvreïstva (La fisionomia religiosa e nazionale degli ebrei russi), in BJWR-1, p. 318.

contano più. La caratteristica generale della vita ebraica è l'agio, anche se non è la sorte di tutti".[178]

A livello psicologico e di vita quotidiana, gli ebrei russi presentano i seguenti "tratti specifici": "una costante preoccupazione per... il loro destino, la loro identità... come combattere, difendersi...". "la *coesione* deriva da abitudini consolidate: l'esistenza di una struttura sociale autoritaria e potente incaricata di preservare... l'unicità dello stile di vita"; "l'adattamento alle nuove condizioni è in larga misura collettivo" e non individuale.[179]

Dobbiamo rendere giustizia a questa unità organica della terra, che nella prima metà del XIX secolo "ha dato al popolo ebraico della Russia il suo aspetto originale".

Questo mondo era compatto, organico, soggetto a vessazioni, non risparmiato da sofferenze e privazioni, ma era un mondo a sé stante. L'uomo non era soffocato al suo interno. In questo mondo si poteva sperimentare la *gioia di vivere*, si poteva trovare il proprio cibo... si poteva costruire la propria vita a proprio piacimento e a proprio modo, sia materialmente che spiritualmente... Fatto centrale: la dimensione spirituale della comunità era legata al sapere tradizionale e alla lingua ebraica".[180]

Ma nello stesso libro dedicato al mondo ebraico russo, un altro scrittore osserva che "la mancanza di diritti, la miseria materiale e l'umiliazione sociale difficilmente permettevano al popolo di sviluppare l'autostima".[181]

Il quadro che abbiamo presentato di questi anni è complesso, come quasi tutti i problemi legati al mondo ebraico. D'ora in poi, nel corso della nostra evoluzione, non dovremo perdere di vista questa complessità, ma tenerla costantemente presente, senza lasciarci turbare dalle apparenti contraddizioni tra i vari autori.

"Molto tempo fa, prima di essere espulsi dalla Spagna, gli ebrei [dell'Europa orientale] marciavano alla testa delle altre nazioni; oggi [nella prima metà del XVII secolo], il loro impoverimento culturale è totale. Privati dei diritti, tagliati fuori dal mondo circostante, si sono ritirati in se stessi. Il Rinascimento è passato senza preoccuparsi di loro, così come il movimento intellettuale del XVIII secolo in Europa. Ma questo mondo ebraico era forte di per sé. Ostacolato da innumerevoli comandamenti e divieti religiosi, l'ebreo non solo non ne soffriva, ma anzi vedeva in essi la

---

[178] *Pozner*, in JW-1, pp. 61, 63-64.
[179] *Dinour*, BJWR-1, pp. 61, 63-64.
[180] *Ibidem*, p. 318.
[181] J. *Mark*, Literatoura na idich v Rossii (Letteratura in lingua yiddish in Russia), in BJWR-1, p. 520.

fonte di infinite gioie. L'intelletto trovava soddisfazione nella sottile dialettica del Talmud, il sentimento nel misticismo della Cabala. Persino lo studio della Bibbia era messo in disparte e la conoscenza della grammatica era considerata quasi un crimine".[182]

La forte attrazione degli ebrei verso l'Illuminismo ebbe inizio in Prussia nella seconda metà del XVIII secolo e prese il nome di *Haskala* (Età dei Lumi). Questo risveglio intellettuale traduceva il loro desiderio di iniziarsi alla cultura europea, per accrescere il prestigio dell'ebraismo, che era stato umiliato da altri popoli. Parallelamente allo studio critico del passato ebraico, i militanti *della Haskala* (i *Maskilim*; gli "illuminati", "istruiti") volevano unire armoniosamente la cultura ebraica con il sapere europeo. [183]All'inizio, "intendevano rimanere fedeli all'ebraismo tradizionale, ma nel loro percorso cominciarono a sacrificare la tradizione ebraica e a schierarsi dalla parte dell'assimilazione, mostrando un crescente disprezzo... per la lingua del loro popolo"[184] (lo yiddish, cioè). In Prussia questo movimento durò il tempo di una generazione, ma raggiunse rapidamente le province slave dell'impero, la Boemia e la Galizia. In Galizia, i sostenitori della *Haskala*, ancora più inclini all'assimilazione, erano già pronti a introdurre l'Illuminismo con la forza, e addirittura "vi ricorrevano abbastanza spesso"[185] con l'aiuto delle autorità. Il confine tra la Galizia e le province occidentali della Russia era permeabile sia agli individui che alle influenze. Con un ritardo di un secolo, il movimento penetrò infine in Russia.

All'inizio del XIX secolo in Russia, il governo "si sforzò proprio di superare il 'particolarismo' ebraico al di fuori della religione e del culto", come specifica eufemisticamente un autore ebreo[186], confermando che questo governo non interferì con la religione o la vita religiosa degli ebrei.

Abbiamo già visto che il Regolamento del 1804 aprì le porte delle scuole primarie, delle scuole secondarie e delle università a tutti i bambini ebrei, senza alcuna limitazione o riserva. Tuttavia, "lo scopo di tutti gli sforzi della classe dirigente ebraica fu quello di bloccare sul nascere questa riforma educativa e culturale"[187]; "Il *Kahal* si sforzò di spegnere la minima luce dell'Illuminismo". [188] Per "preservare nella sua integrità l'ordine

---

[182] JE, t. 6, p. 92.
[183] *Ibidem*, pp. 191-192.
[184] J. Kissine, Rasmychlenia o ousskom evreïstve i ego lileraloure (Pensieri sull'ebraismo russo e la sua letteratura), in Evreïskii mir. 2, New York, ed. Dell'Unione Ebraica Russa, 1944, p. 171.
[185] JE, t. 6, pp. 192-193.
[186] *Dinour*, LVJR-1, pag. 314.
[187] *Assia*, pag. 160.
[188] *Ibidem*, p. 160.

religioso e sociale stabilito... il rabbinato e il chassidismo si sforzavano di sradicare le piantine dell'educazione secolare".[189]

Così, "le grandi masse della Pale of Settlement provavano orrore e sospetto per la scuola russa e non volevano sentirne parlare". [190]Nel 1817 e nel 1821, in diverse province, si verificarono casi in cui i *Kehalim* impedirono ai bambini ebrei di imparare la lingua russa in qualsiasi scuola, qualunque essa fosse. I deputati ebrei di San Pietroburgo ripeterono con insistenza che "non ritenevano necessario aprire scuole ebraiche" dove si insegnassero lingue diverse dall'ebraico. [191] Riconoscevano solo l'*Heder* (scuola elementare di lingua ebraica) e la *Yeshiva* (scuola superiore destinata ad approfondire la conoscenza del Talmud); "quasi ogni comunità importante" aveva la sua *Yeshiva*.[192]

Il corpo ebraico in Russia fu così ostacolato e non poté liberarsi da solo.

Ma ne uscirono anche i primi protagonisti culturali, incapaci di muoversi senza l'aiuto delle autorità russe. In primo luogo Isaac-Ber Levinson, uno studioso che aveva vissuto in Galizia, dove era stato in contatto con i militanti della *Haskala*, considerava non solo il rabbinato ma anche i *chassidim* come responsabili di molte disgrazie popolari. Basandosi sul Talmud stesso e sulla letteratura rabbinica, nel suo libro *Istruzioni per Israele* dimostrò che agli ebrei non era proibito conoscere le lingue straniere, soprattutto non la lingua ufficiale del Paese in cui vivevano, se necessario sia nella vita privata che in quella pubblica; che la conoscenza delle scienze secolari non costituisce una minaccia per il sentimento nazionale e religioso; infine, che la predominanza delle occupazioni commerciali è in contraddizione con la Torah come con la ragione, e che è importante sviluppare il lavoro produttivo. Ma per pubblicare il suo libro, Levinson dovette ricorrere a una sovvenzione del Ministero dell'Istruzione; egli stesso era convinto che la riforma culturale all'interno dell'ebraismo potesse essere realizzata solo con il sostegno delle autorità superiori.[193]

Più tardi fu Guesanovsky, insegnante a Varsavia, che in una nota alle autorità, senza basarsi sul Talmud, ma anzi opponendosi ad esso, imputava al *Kahal* e al rabbinato "la stagnazione spirituale che aveva pietrificato il popolo"; affermava che solo l'indebolimento del loro potere avrebbe reso possibile l'introduzione della scuola laica; che era necessario controllare i

---

[189] *Ibidem*, t. 2, p. 1.
[190] M. Troitsky, Evrei v rousskoï chkole (Gli ebrei nelle scuole russe), in LVJR-1, pag. 350.
[191] *Assia**, t. 1, pp. 188-189.
[192] *Dinour*, LVJR-1, pag. 315.
[193] *Assia*, t. 2, pp. 4-7.

Melamed (insegnanti della scuola elementare) e ammettere come insegnanti solo quelli ritenuti pedagogicamente e moralmente adatti; che il *Kahal* doveva essere allontanato dall'amministrazione finanziaria e che l'età dei contratti nuziali doveva essere innalzata. Molto prima di loro, nella sua nota al Ministro delle Finanze, Guiller Markevitch, già citato, scriveva che per salvare il popolo ebraico dal declino spirituale ed economico, era necessario abolire i *Kehalim*, insegnare agli ebrei le lingue, organizzare per loro il lavoro nelle fabbriche, ma anche permettere loro di esercitare liberamente il commercio in tutto il Paese e di utilizzare i servizi dei cristiani.

Più tardi, negli anni '30, Litman Feiguine, un mercante di Chernigov e un importante fornitore, riprese la maggior parte di queste argomentazioni con ancora maggiore insistenza e, attraverso Benkendorff [194], la sua nota finì nelle mani di Nicola I (Feiguine beneficiava dell'appoggio degli ambienti burocratici). Difendeva il Talmud ma rimproverava al *Melamed* di essere "l'ultimo degli incompetenti"... che insegnava una teologia "fondata sul fanatismo", inculcando nei bambini "il disprezzo delle altre discipline così come l'odio per gli eterodossi". Riteneva inoltre essenziale sopprimere i *Kehalim*. (Hessen, nemico giurato del sistema *Kahal*, afferma che quest'ultimo, "con il suo dispotismo", suscitava tra gli ebrei "un oscuro risentimento").[195]

Lungo, lunghissimo, fu il percorso che permise all'educazione laica di penetrare nei circoli ebraici. Nel frattempo, le uniche eccezioni erano a Vilnius, dove, sotto l'influenza dei rapporti con la Germania, si era rafforzato il gruppo intellettuale *dei Maksilim*, e a Odessa, la nuova capitale della Nuova Russia, che ospitava molti ebrei provenienti dalla Galizia (a causa della permeabilità delle frontiere), popolata da varie nazionalità e in preda a un'intensa attività commerciale, per cui il *Kahal* non si sentiva potente lì. L'intellighenzia, al contrario, aveva la sensazione della propria indipendenza e si mescolava culturalmente (per il modo di vestire, per tutti gli aspetti esteriori) alla popolazione circostante. [196] Anche se "la maggioranza degli ebrei odessiti si opponeva alla creazione di un istituto scolastico generale"[197] soprattutto grazie agli sforzi dell'amministrazione locale, negli anni '30, a Odessa come a Kishinev furono create scuole laiche di tipo privato che ebbero successo".[198]

---

[194] Il conte Alexander Benkendorff (1783-1844), nominato nel 1814 da Nicola I comandante dei gendarmi e della sezione 3 (il servizio di intelligence).
[195] *Hessen*, t. 2, pp. 8-10; JE, 1.15, p. 198.
[196] *Assia*, t. 2, pp. 2-3.
[197] JE, t. 11, p. 713.
[198] *Troitsky*, in BJWR-1, p. 351.

Poi, nel corso del XIX secolo, questa svolta degli ebrei russi verso l'istruzione si intensificò irresistibilmente e avrebbe avuto conseguenze storiche per la Russia come per tutta l'umanità nel corso del XX secolo. Grazie a un grande sforzo di volontà, l'ebraismo russo riuscì a liberarsi dallo stato di minacciosa stagnazione in cui si trovava e ad accedere pienamente a una vita ricca e diversificata. Verso la metà dell'Ottocento, si percepirono chiaramente i segni di una rinascita e di uno sviluppo dell'ebraismo russo, un movimento di alto significato storico che nessuno aveva ancora previsto.

Capitolo 3
Durante il regno di Nicola I

Per quanto riguarda gli ebrei, Nicola I fu molto risoluto. Secondo le fonti, fu durante il suo regno che vennero pubblicati più della metà di tutti gli atti legali relativi agli ebrei, da Alessio Mikhailovich alla morte di Alessandro II [199], e l'imperatore esaminò personalmente questo lavoro legislativo per dirigerlo.[200]

La storiografia ebraica ha giudicato la sua politica eccezionalmente crudele e cupa. Tuttavia, gli interventi personali di Nicola I non pregiudicarono necessariamente gli ebrei, anzi. Ad esempio, uno dei primi dossier che ricevette in eredità da Alessandro I fu la riapertura, alla vigilia della sua morte (mentre si recava a Taganrog), dell'"affare Velije" - l'accusa contro gli ebrei di aver perpetrato un omicidio rituale sulla persona di un bambino.

L'Enciclopedia Ebraica scrive che "in larga misura, gli ebrei devono il verdetto di assoluzione all'Imperatore che cercò di conoscere la verità nonostante l'ostruzione da parte delle persone di cui si fidava". In un altro noto caso, legato alle accuse contro gli ebrei (l'"assassinio di Mstislavl"), l'Imperatore si è volutamente avvicinato alla verità: dopo aver, in un momento di rabbia, inflitto sanzioni alla popolazione ebraica locale, non ha rifiutato di riconoscere il suo errore. [201] Firmando il verdetto di assoluzione nel caso Velije, Nicola scrisse che "la vaghezza delle requisizioni non aveva permesso di prendere un'altra decisione", aggiungendo tuttavia: "Non ho la certezza morale che gli ebrei abbiano potuto commettere un tale crimine, o che non abbiano potuto farlo". "Ripetuti esempi di questo tipo di assassinio, con gli stessi indizi", ma sempre senza prove sufficienti, gli suggeriscono che potrebbe esserci una setta fanatica tra gli ebrei, ma "purtroppo, anche tra noi cristiani, esistono

---

[199] (1818-1881), lo zar "liberatore" il cui nome è associato alle "grandi riforme" degli anni Sessanta del XIX secolo (abolizione della servitù della gleba, della giustizia, della stampa, degli zemstvos, ecc.) e all'ascesa del movimento rivoluzionario; assassinato il 13 marzo 1881 da un commando della *Volontà popolare*.
[200] JE, t. 11, p. 709.
[201] *Ibidem*, pp. 709-710.

sette altrettanto terrificanti e incomprensibili." "²⁰²Nicola I e i suoi stretti collaboratori continuarono a credere che alcuni gruppi ebraici praticassero omicidi rituali". ²⁰³Per diversi anni, l'imperatore fu sotto la morsa di una calunnia che puzzava di sangue... perciò si rafforzò il suo pregiudizio che la dottrina religiosa ebraica dovesse rappresentare un pericolo per la popolazione cristiana".²⁰⁴

Questo pericolo fu compreso da Nicolas nel fatto che gli ebrei potevano convertire i cristiani all'ebraismo. Fin dal XVIII secolo, era stata tenuta presente la conversione di alto profilo all'ebraismo di Voznitsyn, un capitano dell'esercito imperiale. In Russia, a partire dalla seconda metà del XVII secolo, si moltiplicarono i gruppi di "giudaizzanti". Nel 1823, il Ministro degli Affari Interni annunciò in un rapporto "l'ampia diffusione dell'eresia dei 'giudaizzanti' in Russia, e stimò il numero dei suoi seguaci in 20.000 persone".

Iniziarono le persecuzioni, dopo le quali "molti membri della setta finsero di tornare nel seno della Chiesa ortodossa pur continuando a osservare in segreto i riti della loro setta".²⁰⁵

"Una conseguenza di tutto ciò fu che la legislazione sugli ebrei prese, all'epoca di Nicola I... una piega religiosa".²⁰⁶ Le decisioni e le azioni di Nicola I nei confronti degli ebrei ne risentirono, come la sua insistenza nel proibire loro di ricorrere a servitori cristiani, specialmente infermiere cristiane, perché "il lavoro tra gli ebrei mina e indebolisce la fede cristiana nelle donne".

Infatti, nonostante i ripetuti divieti, questa disposizione "non fu mai pienamente applicata... e i cristiani continuarono a servire" tra gli ebrei.²⁰⁷

La prima misura contro gli ebrei, che Nicola prese in considerazione fin dall'inizio del suo regno, fu quella di metterli sullo stesso piano della popolazione russa per quanto riguardava l'assoggettamento al servizio obbligatorio per lo Stato e, in particolare, imponendo loro di partecipare fisicamente alla coscrizione, alla quale non erano stati sottoposti fin dal loro attaccamento alla Russia. Gli ebrei *borghesi* non fornivano le reclute,

---

²⁰² *Hessen*, Istoria evreïskogo naroda v Rossii (Storia del popolo ebraico in Russia), in 2 vol., t. 2, Leningrado, 1927, p. 27.
²⁰³ LJE, t. 7, p. 322.
²⁰⁴ JE, t. 11, pp. 709 710.
²⁰⁵ LJE, t. 2, p. 509.
²⁰⁶ JE, 1.11, p. 710.
²⁰⁷ *Assia*, t. 2, pp. 30 31.

ma assolvevano 500 rubli a testa. [208]Questa misura non era dettata solo da considerazioni governative per uniformare gli obblighi della popolazione (le comunità ebraiche erano comunque molto lente a pagare le royalties, e inoltre la Russia riceveva molti ebrei dalla Galizia, dove erano già tenuti a prestare il servizio militare); né dal fatto che l'obbligo di fornire reclute "avrebbe ridotto il numero di ebrei non impegnati in lavori produttivi" - piuttosto, l'idea era che la recluta ebrea, isolata dal suo ambiente chiuso, sarebbe stata più adatta a unirsi allo stile di vita della nazione nel suo complesso, e forse anche all'ortodossia. [209] Considerate queste considerazioni, le condizioni di coscrizione applicate agli ebrei furono notevolmente inasprite, portando a un graduale aumento del numero di reclute e all'abbassamento dell'età dei coscritti.

Non si può dire che Nicolas sia riuscito a far rispettare il decreto sul servizio militare degli ebrei senza incontrare resistenza. Al contrario, tutti i casi di esecuzione procedettero lentamente. Il Consiglio dei Ministri discusse a lungo se fosse eticamente difendibile adottare una tale misura "per limitare il sovraffollamento ebraico"; come dichiarato dal Ministro delle Finanze Georg von Cancrin, "tutti riconoscono che è inappropriato raccogliere esseri umani piuttosto che denaro". I *Kehalim* non risparmiarono i loro sforzi per allontanare questa minaccia dagli ebrei o per rimandarla. Quando, esasperato dalla lentezza dei progressi, Nicola ordinò di presentargli un rapporto finale nel più breve tempo possibile, "questo ordine, a quanto pare, non fece altro che incitare i *Kehalim* a intensificare la loro azione dietro le quinte per ritardare l'avanzamento della questione". E a quanto pare riuscirono a convincere alla loro causa uno degli alti funzionari", per cui "il rapporto non arrivò mai a destinazione"! Ai vertici dell'apparato imperiale, "questo misterioso episodio", conclude J. Hessen, "non avrebbe potuto verificarsi senza la partecipazione del *Kahal*". Anche un successivo recupero del rapporto rimase senza esito e Nicola, senza attendere oltre, introdusse la coscrizione per gli ebrei con un decreto del 1827[210] (poi, nel 1836, l'uguaglianza nell'ottenimento delle medaglie per i soldati ebrei che si erano distinti)[211].

Totalmente esentati dal reclutamento erano "i mercanti di tutte le corporazioni, gli abitanti delle colonie agricole, i capi officina, i meccanici delle fabbriche, i rabbini e tutti gli ebrei con un'istruzione secondaria o

---

[208] *V. N. Nikitin*, Evrei zemlevladeltsy: Istoritcheskoe. zakonodatelnoe, administrativnoe i bytovoe polojenie kolonij so vremeni ikh voznikovenia do nachikh dneï [Contadini ebrei: situazione storica, legislativa, amministrativa e concreta delle colonie dalla loro creazione ai giorni nostri], 1807 1887, San Pietroburgo, 1887, p. 263.
[209] JE, t. 13, p. 371.
[210] *Assia**, t. 2, pp. 32 34.
[211] JE, t. 11, pp. 468 469.

superiore". [212] Da qui il desiderio di molti *borghesi* ebrei di cercare di entrare nella classe dei mercanti, la società *borghese* che si ribellava al fatto che i suoi membri dovessero essere arruolati per il servizio militare, "minando le forze della comunità, sia sotto l'effetto della tassazione che del reclutamento". I mercanti, d'altro canto, cercavano di ridurre la loro "esposizione" visibile per lasciare il pagamento delle tasse ai *borghesi*.

Le relazioni tra mercanti e *borghesi* ebrei erano tese, perché "a quel tempo i mercanti ebrei, che erano diventati più numerosi e più ricchi, avevano stabilito forti relazioni nelle sfere governative". Il *Kahal* di Grodno si rivolse a San Pietroburgo per chiedere che la popolazione ebraica fosse divisa in quattro "classi" - mercanti, *borghesi*, artigiani e coltivatori - e che ognuna non dovesse rispondere delle altre. [213] (In questa idea, proposta all'inizio degli anni '30 dagli stessi *Kehalim*, si può vedere il primo passo verso la futura "categorizzazione" operata da Nicolas nel 1840, che fu accolta così male dagli ebrei).

I *Kehalim* erano anche incaricati di reclutare tra la massa ebraica, di cui il governo non aveva registrato né numeri né profili. Il *Kahal* "fece gravare tutto il peso di questa tassa sulle spalle dei poveri", perché "sembrava preferibile che i più indigenti lasciassero la comunità, mentre una riduzione del numero dei suoi membri ricchi avrebbe potuto portare alla rovina generale". I *Kehalim* di chiesero alle autorità provinciali (ma fu loro negato) il diritto di non tenere conto del fatturato "per poter consegnare al reclutamento i 'barboni', coloro che non pagavano le tasse, gli insopportabili piantagrane", in modo che "i proprietari... che si assumono tutti gli obblighi della società non debbano fornire reclute appartenenti alle loro famiglie"; e in questo modo ai *Kehalim* fu data la possibilità di agire contro alcuni membri della comunità.[214]

Tuttavia, con l'introduzione del servizio militare tra gli ebrei, gli uomini che vi erano sottoposti iniziarono a sottrarsi e il conteggio completo non fu mai raggiunto.

La tassazione in denaro sulle comunità ebraiche era stata notevolmente ridotta, ma si notò che ciò non impediva affatto che continuasse a essere rimborsata solo molto parzialmente. Così, nel 1829, Nicola I accolse la richiesta di Grodno di imporre in alcune province reclute ebraiche in aggiunta alla tariffa imposta per coprire gli arretrati fiscali. "Nel 1830 un decreto del Senato stabilì che l'appello di una recluta aggiuntiva riduceva le somme dovute dal *Kahal* di 1.000 rubli nel caso di un adulto, di 500 rubli

---

[212] LJE, t. n7, p. 318.
[213] *Assia*, t. 2, pp. 68 71.
[214] *Ibidem*, pp. 59-61.

nel caso di un minore".²¹⁵ È vero che in seguito allo zelo intempestivo dei governatori questa misura fu presto denunciata, mentre "le stesse comunità ebraiche chiesero al governo di arruolare reclute per coprire gli arretrati". Negli ambienti governativi "questa proposta fu accolta con freddezza, perché era facile prevedere che avrebbe aperto nuove possibilità di abuso per i *Kehalim*"..²¹⁶" Tuttavia, come possiamo vedere, l'idea maturò sia da una parte che dall'altra. Evocando queste maggiori restrizioni nel reclutamento degli ebrei rispetto al resto della popolazione, Hessen scrive che si trattava di una "clamorosa anomalia" nella legge russa, perché in generale, in Russia, "la legislazione applicabile agli ebrei non tendeva a imporre obblighi maggiori di quelli degli altri cittadini".²¹⁷

L'intelligenza acuta di Nicola I, incline a disegnare prospettive ben leggibili (la leggenda vuole che la ferrovia San Pietroburgo-Mosca sia stata tracciata con un righello!), nella sua tenace determinazione a trasformare gli ebrei particolaristi in normali sudditi russi e, se possibile, in cristiani ortodossi, passò dall'idea del reclutamento militare a quella dei cantonieri ebrei. I cantonieri (il nome risale al 1805) erano un'istituzione che accoglieva i figli dei soldati (alleggerendo a favore dei padri il peso di un servizio che durava... venticinque anni!); avrebbe dovuto estendere le "sezioni per orfani militari" create sotto Pietro il Grande, una sorta di scuola per il governo che forniva agli studenti conoscenze tecniche utili per il loro successivo servizio nell'esercito (cosa che, agli occhi dei funzionari pubblici, sembra oggi del tutto appropriata per i piccoli ebrei, o addirittura altamente auspicabile per tenerli fin da piccoli e per lunghi anni isolati dal loro ambiente. In preparazione all'istituzione cantonale, un decreto del 1827 concedeva "alle comunità ebraiche il diritto di reclutare un minore invece di un adulto", a partire dai 12 anni (cioè prima dell'età della nuzialità tra gli ebrei). La *New Jewish Encyclopedia* ritiene che questo provvedimento fosse "un colpo durissimo".

Ma questa facoltà non significava affatto l'obbligo di chiamare un soldato all'età di 12 anni ²¹⁸, non aveva nulla a che fare con "l'introduzione della coscrizione obbligatoria per i bambini ebrei", ²¹⁹ come scrisse erroneamente l'Enciclopedia, e come finì per essere accreditata nella letteratura dedicata agli ebrei di Russia, poi nella memoria collettiva. I *Kehalim* trovarono addirittura una sostituzione redditizia e la utilizzarono reclutando "gli orfani, i figli delle vedove (a volte aggirando la legge che proteggeva solo i bambini)", spesso "a beneficio della progenie di un uomo

---

[215] LJE, t. 7, p. 317.
[216] *Assia*, t. 2, pp. 64 65.
[217] *Ibidem*, p. 141.
[218] *Ibidem*, p. 34.
[219] LJE, t. 7, p. 317.

ricco". [220] Poi, a partire dai 18 anni, i cantonieri svolgevano il consueto servizio militare, così lungo all'epoca - ma non dimentichiamo che non si limitava alla vita di caserma; i soldati si sposavano, vivevano con le loro famiglie, imparavano a praticare altri mestieri; ricevevano il diritto di stabilirsi nelle province interne dell'impero, dove completavano il loro servizio. Ma, indubbiamente, i soldati ebrei rimasti fedeli alla religione ebraica e al suo rituale soffrivano per l'impossibilità di osservare il sabato o di contravvenire alle regole sul cibo.

I minori collocati presso i cantonieri, separati dal loro ambiente familiare, trovavano naturalmente difficile resistere alle pressioni dei loro educatori (che erano incoraggiati da ricompense per convertire con successo i loro alunni) durante le lezioni di russo, di aritmetica, ma soprattutto di catechismo; venivano anche premiati per la loro conversione, inoltre, essa era facilitata dal loro risentimento verso una comunità che li aveva consegnati al reclutamento. Ma, al contrario, la tenacia del carattere ebraico, la fedeltà alla religione inculcata in tenera età, fecero sì che molti di loro mantenessero le loro posizioni. Inutile dire che questi metodi di conversione al cristianesimo non erano cristiani e non raggiunsero il loro scopo.

D'altra parte, i racconti di conversioni ottenute con la crudeltà, o con minacce di morte ai cantonieri, presunti annegamenti collettivi nei fiumi per coloro che rifiutavano il battesimo (tali storie ricevettero l'attenzione dell'opinione pubblica nei decenni successivi), rientrano nel dominio della pura finzione. Come riporta l'*Enciclopedia Ebraica* pubblicata prima della Rivoluzione, la "leggenda popolare" delle poche centinaia di cantonieri che sarebbero stati uccisi per annegamento nacque dalle informazioni pubblicate da un giornale tedesco, secondo cui "ottocento cantonieri furono portati via un bel giorno per essere battezzati nell'acqua di un fiume, due di loro morirono per annegamento...".[221]

I dati statistici dell'Archivio dell'Ispezione Militare allo Stato Maggiore [222] per gli anni 1847-1854, quando il reclutamento dei cantonieri ebrei era particolarmente elevato, mostravano che essi rappresentavano in media solo il 2,4% dei numerosi cantonieri in Russia, in altre parole, che la loro percentuale non superava quella della popolazione ebraica del Paese, anche tenendo conto dei dati sottovalutati forniti dai *Kehalim* durante i censimenti.

---

[220] LJE. t. 4, pp. 75 76.
[221] JE, t. 9 (che copre gli anni 1847 1854), p. 243.
[222] K. *Korobkov*, Evreïskaïa rekroutchina v tsarstvovanie Nikolaia 1 (Il reclutamento degli ebrei sotto il regno di Nicolò I), in Evreïskaia starina, San Pietroburgo, 1913, t. 6, pp. 79 80.

Senza dubbio i battezzati avevano interesse a scagionarsi dai loro compatrioti esagerando il grado di coercizione che avevano dovuto subire nella loro conversione al cristianesimo, soprattutto perché come parte di questa conversione godevano di alcuni vantaggi nell'adempimento del loro servizio. Inoltre, "molti cantonieri convertiti rimasero segretamente fedeli alla loro religione originaria, e alcuni di loro in seguito tornarono all'ebraismo".[223]

Negli ultimi anni del regno di Alessandro I, dopo una nuova ondata di carestia in Bielorussia (1822), un nuovo senatore era stato inviato in missione: era tornato con le stesse conclusioni di Derzhavin un quarto di secolo prima. Il "Comitato ebraico" istituito nel 1823, composto da quattro ministri, si era proposto di studiare "su quali basi sarebbe opportuno e proficuo organizzare la partecipazione degli ebrei allo Stato" e di "mettere per iscritto tutto ciò che potrebbe contribuire al miglioramento della situazione civile di questo popolo". Ben presto si resero conto che il problema così posto era al di sopra delle loro forze, e nel 1825 questo "Comitato ebraico" a livello ministeriale era stato sostituito da un "Comitato dei direttori" (il quinto), composto dai direttori dei rispettivi ministeri, che si dedicarono allo studio del problema per altri otto anni.[224]

Nella sua foga, Nicola precedette il lavoro di questo comitato con le sue decisioni. Così, come abbiamo visto, introdusse la coscrizione per gli ebrei. Così fissò un termine di tre anni per espellere gli ebrei da tutti i villaggi delle province occidentali e porre fine alla loro attività di produzione di alcolici, ma, come sotto i suoi predecessori, questa misura subì rallentamenti, arresti e alla fine fu denunciata. Successivamente, vietò agli ebrei di tenere taverne e tavole calde, di abitare in questi luoghi e di garantire la vendita al dettaglio di alcolici di persona, ma anche questa misura non fu applicata.[225]

Un altro tentativo fu fatto per negare agli ebrei uno dei loro lavori preferiti: la manutenzione delle case di posta (con le loro locande e taverne), ma ancora una volta invano perché, a parte gli ebrei, non c'erano abbastanza candidati per occuparle.[226]

Nel 1827 fu introdotto in tutto l'impero un sistema di affitto delle attività di distillazione, ma si verificò un notevole calo dei prezzi ottenuti alle aste quando gli ebrei vennero scartati e "accadde che non ci fosse nessun altro candidato a prendere queste operazioni", così che dovettero essere concesse agli ebrei, sia nelle città che nelle campagne, anche al di fuori

---

[223] JE, t. 9, pp. 242 243.
[224] *Ibidem*, t. 7, pp. 443 444.
[225] *Assia*, t. 2. p. 39.
[226] JE, i. 12, p. 787; Hessen, t. 2, p. 39.

della zona di residenza. Il governo stava infatti sollevando gli ebrei dalla responsabilità di organizzare la riscossione delle tasse sui liquori e di ricevere così un regolare ritorno. [227]"Molto prima che ai mercanti della prima corporazione fosse permesso di risiedere in qualsiasi parte dell'impero, tutti i contadini godevano della libertà di movimento e risiedevano nelle capitali e in altre città al di fuori della Pale of Settlement... Dalla cerchia dei contadini uscirono uomini pubblici ebrei di spicco" come Litman Feiguine, già citato, ed Evsel Günzburg ("aveva tenuto un'azienda di produzione di alcolici in una Sebastopoli assediata"); "nel 1859 fondò a San Pietroburgo uno stabilimento bancario... uno dei più importanti della Russia"; in seguito, "partecipò al collocamento dei titoli del Tesoro russo in Europa"; fu il fondatore della dinastia dei baroni Günzburg[228]). A partire dal 1848, tutti "i mercanti ebrei della prima corporazione furono autorizzati ad affittare locali per bere anche dove gli ebrei non avevano il diritto di risiedere in modo permanente".[229]

Gli ebrei ricevettero anche un diritto più esteso per quanto riguarda la distillazione dell'alcol. Come ricordiamo, nel 1819 fu concesso loro di distillarlo nelle province della Grande Russia "fino a quando gli artigiani russi non avessero acquisito una competenza sufficiente". Nel 1826 Nicola decise di rimpatriarli nella Pale of Settlement, ma nel 1827 accolse diverse richieste specifiche per mantenere i distillatori sul posto, ad esempio nelle fabbriche statali di Irkutsk.[230]

Vladimir Solvoyov cita le seguenti riflessioni del signor Katkov: "Nelle province occidentali è l'ebreo che si occupa di alcol, ma la situazione è migliore nelle altre province della Russia? ... I locandieri ebrei che fanno ubriacare la gente, rovinano i contadini e ne causano la rovina, sono presenti in tutta la Russia? Cosa succede altrove in Russia, dove gli ebrei non sono ammessi e dove il flusso di liquori è tenuto da un barista ortodosso o da un kulak?" [231]

Ascoltiamo Leskov, il grande conoscitore della vita popolare russa: "Nelle province della Grande Russia dove non risiedono ebrei, il numero di persone accusate di ubriachezza o di crimini commessi sotto l'effetto di alcolici è regolarmente e significativamente più alto che all'interno della Pale of Settlement. Lo stesso vale per il numero di morti dovute

---

[227] *Ibidem*, t. 5, p. 613.
[228] Enciclopedia ebraica russa, 2nd ed. riveduta, corretta e aumentata, t. 1, Mosca, 1994, p. 317.
[229] JE, t. 12. p. 163.
[230] *Ibidem**, t. 11, p. 710.
[231] Lettera di V. I. Soloviev a T. Gertz, in *V. Soloviev*, Evrcïskij vopros - khristianskij vopros (Il problema ebraico è un problema cristiano), raccolta di articoli, Varsavia, 1906, p. 25.

all'alcolismo... E questo non è un fenomeno nuovo: è così fin dai tempi antichi".[232]

Tuttavia, è vero, le statistiche ci dicono che nelle province occidentali e meridionali dell'impero c'era un locale per 297 abitanti, mentre nelle province orientali ce n'era solo uno per 585. Il giornale *The Voice*, che all'epoca non era privo di influenza, poté affermare che il commercio di alcolici degli ebrei era "la ferita di questa zona" - cioè la regione occidentale di - "e una ferita intrattabile". Nelle sue considerazioni teoriche, I.G. Orchansky cerca di dimostrare che quanto più forte era la densità dei luoghi di consumo, tanto minore era l'alcolismo (dobbiamo capire che, secondo lui, il contadino cederà meno alla tentazione se il flusso di bevande si trova sotto il suo naso e lo sollecita 24 ore su 24 - ricordate Derzhavin: i baristi commerciano notte e giorno; ma il contadino sarà tentato da un cabaret lontano, quando dovrà attraversare diversi campi fangosi per raggiungerlo? No, sappiamo fin troppo bene che l'alcolismo è sostenuto non solo dalla domanda, ma anche dall'offerta di vodka. Orchansky continua comunque la sua dimostrazione: quando l'ebreo si interpone tra il distillatore e il contadino ubriaco, agisce oggettivamente a favore del contadino perché vende la vodka a un prezzo inferiore, ma è vero che lo fa impegnando gli effetti del contadino. Certo, scrive, alcuni credono comunque che gli affittuari ebrei abbiano "una scarsa influenza sulla condizione dei contadini", ma è perché, "nel mestiere di barista, come in tutte le altre occupazioni, si differenziano per il loro know-how, la loro abilità e il loro dinamismo".[233] È vero che altrove, in un altro saggio della stessa raccolta, riconosce l'esistenza di "transazioni fraudolente con i contadini"; "è giusto sottolineare che il commercio ebraico è grossolanamente ingannevole e che il commerciante, il taverniere e l'usuraio ebreo sfruttano una popolazione miserabile, soprattutto nelle campagne"; "di fronte a un proprietario, il contadino si mantiene saldamente sui suoi prezzi, ma è sorprendentemente flessibile e fiducioso quando tratta con un ebreo, soprattutto se quest'ultimo ha una bottiglia di vodka di riserva... il contadino è spesso portato a vendere il suo grano a basso prezzo all'ebreo."[234] Tuttavia, a questa verità cruda, lampante e sorprendente, Orchansky cerca delle attenuanti. Ma questo male che divora la volontà dei contadini, come giustificarlo?...

---

[232] *Nicolas Leskov*, Evrei v Rossii: neskolko zametchanij po evreïskomou voprosou. (Gli ebrei in Russia: alcune osservazioni sul problema ebraico). Pietrogrado, 1919 (riproduzione dell'ed. del 1884). p. 31.
[233] *I. Orchansky*, Evrei v Rossii (Ebrei in Russia, saggi e studi), fasc. 1, San Pietroburgo, 1872, pp. 192,195, 200,207.
[234] *Ibidem*, pp. 114,116, 124,125.

Grazie alla sua insistente energia, Nicola I, durante tutto il suo regno, non dovette affrontare solo fallimenti nei suoi sforzi per trasformare la vita ebraica nei suoi diversi aspetti. Questo fu il caso dell'agricoltura ebraica.

Il "Regolamento sugli obblighi di reclutamento e di servizio militare degli ebrei", datato 1827, stabiliva che gli agricoltori ebrei "trasferiti..." su appezzamenti privati erano esonerati, così come i loro figli, dall'obbligo di fornire reclute per un periodo di cinquant'anni (esonero che scattava dal momento in cui iniziavano effettivamente a "dedicarsi ai lavori agricoli"). Non appena questo regolamento fu reso pubblico, tornarono nelle colonie più ebrei di quelli che si erano assentati di propria iniziativa, che erano stati segnalati come assenti.[235]

Nel 1829 fu pubblicato un regolamento più elaborato e dettagliato riguardante i coltivatori ebrei: esso prevedeva il loro accesso alla classe *borghese* a condizione che fossero pagati tutti i loro debiti; l'autorizzazione ad assentarsi per un massimo di tre mesi per cercare un sostentamento nei periodi in cui la terra non richiedeva il loro lavoro fisico; sanzioni contro coloro che si assentavano senza autorizzazione e ricompense per i capi agricoli illustri. V. Nikitin ammette che: "Se si confrontano i severi vincoli imposti agli agricoltori ebrei, "ma con diritti e privilegi concessi esclusivamente agli ebrei", con quelli delle altre classi imponibili, si deve osservare che il governo trattava gli ebrei con grande benevolenza".[236]

E, dal 1829 al 1833, "gli ebrei lavorano la terra con zelo, la sorte li ricompensa con buoni raccolti, sono soddisfatti delle autorità e viceversa, e la prosperità generale è macchiata solo da incidenti fortuiti, senza grande importanza". Dopo la guerra con la Turchia - 1829 - "gli arretrati delle tasse vengono interamente consegnati ai residenti ebrei come a tutti i coloni... per 'aver sofferto del passare degli anni'". Ma secondo il rapporto della commissione di vigilanza, "il cattivo raccolto del 1833 ha reso impossibile trattenere [gli ebrei] nelle colonie, ha permesso a molti che non avevano né la voglia né il coraggio di dedicarsi al lavoro agricolo di non seminare nulla o quasi, di sbarazzarsi del bestiame, di andarsene di qua e di là, di chiedere sussidi e di non pagare le tasse". Nel 1834, più di una volta, si assistette "alla vendita del grano che avevano ricevuto e alla macellazione del bestiame", che veniva fatta anche da chi non era spinto a farlo dalla necessità; gli ebrei ricevettero cattivi raccolti più spesso degli altri contadini, perché, ad eccezione delle piantine insufficienti, lavoravano la terra in modo disordinato, al momento sbagliato, il che era dovuto all'"abitudine, trasmessa di generazione in generazione, di praticare

---

[235] *Nikitin**, pp. 168-169, 171.
[236] *Ibidem*, pp. 179, 181.

mestieri facili, di gestire male e di trascurare la sorveglianza del bestiame".²³⁷

Si sarebbe potuto pensare che tre decenni di esperienze sfortunate nell'attuazione dell'agricoltura ebraica (rispetto all'esperienza universale) sarebbero bastati al governo per rinunciare a questi tentativi vani e costosi. Ma no! I ripetuti rapporti non giunsero a Nicola I? O sono stati abbelliti dai ministri? Oppure l'inesauribile energia e l'irrefragabile speranza del sovrano lo spingevano a rinnovare questi incessanti tentativi?

In ogni caso, l'agricoltura ebraica, nel nuovo Regolamento ebraico del 1835 approvato dall'Imperatore (frutto del lavoro del "Comitato dei Direttori"), non viene affatto esclusa, ma al contrario valorizzata: "organizzare la vita degli ebrei secondo regole che permettano loro di guadagnarsi una vita decente praticando l'agricoltura e l'industria, dispensando gradualmente un'istruzione alla loro gioventù che impedisca loro di dedicarsi all'ozio o a occupazioni illegali". Se prima la comunità ebraica era tenuta a pagare 400 rubli per famiglia, ora "ogni ebreo poteva diventare agricoltore in qualsiasi momento, tutti gli arretrati delle tasse venivano immediatamente consegnati a lui e alla sua comunità"; veniva dato loro il diritto di ricevere dallo Stato la terra in usufrutto senza limiti di tempo (ma all'interno del Pale of Settlement), di acquistare appezzamenti di terreno, di venderli, di affittarli. Chi diventava agricoltore era esente da tasse per venticinque anni, da imposte sulla proprietà per dieci anni, da assunzioni per cinquant'anni. Al contrario, nessun ebreo "poteva essere costretto a diventare agricoltore". "Anche le industrie e i mestieri praticati nell'ambito della vita di villaggio erano loro consentiti". ²³⁸(Sono passati centocinquant'anni. Dimenticando il passato, un eminente e illuminato fisico ebreo formula la sua visione della vita ebraica di quei tempi: "Una zona di insediamento con il divieto (!) di praticare l'agricoltura".²³⁹ "Lo storico e pensatore M. Guerchenson usa una formulazione più generale: "L'agricoltura è proibita all'ebreo dallo spirito del suo popolo perché, attaccandosi alla terra, l'uomo si radica più facilmente in un determinato luogo".)²⁴⁰

L'influente Ministro delle Finanze Cancrin propose di mettere le terre deserte della Siberia a disposizione dell'agricoltura ebraica; Nicolas diede

---

²³⁷ *Ibidem**, pp. 185-186. 190 191.
²³⁸ *Nikitin**, pp. 193-197.
²³⁹ E. *Gliner*, Stikhia s tchelovctchcskim lilsom? (L'elemento dal volto umano?), in "Vremia i my" (International Review of Literature and Social Problems). New York, 1993, n° 122, p. 133.
²⁴⁰ M. *Guerchenson*, Soudby evreïskogo naroda (I destini del popolo ebraico), in 22, Rivista letteraria e politica dell'intellighenzia ebraica emigrata dall'URSS in Israele, Tel-Aviv, n° 19, 1981, p. 111.

la sua approvazione a questo progetto alla fine dello stesso anno 1835. Si proponeva di attribuire ai coloni ebrei "fino a 15 ettari di buona terra per ogni individuo maschio", con attrezzi e cavalli da lavoro fatturati all'erario e spese di trasporto pagate, compreso il cibo. Sembra che gli ebrei poveri, carichi di famiglie numerose, fossero tentati di intraprendere questo viaggio in Siberia. Ma questa volta i *Kehalim* erano divisi nei loro calcoli: questi ebrei poveri erano effettivamente necessari per soddisfare le esigenze di reclutamento (invece delle famiglie ricche); si nascondeva loro che gli arretrati erano tutti consegnati a loro e che dovevano eseguirli in anticipo. Ma il governo cambiò idea, temendo le difficoltà di un trasferimento così lontano, e che gli ebrei, sul posto, privi di esempi di savoir-faire e di amore per il lavoro, avrebbero ripreso il loro "sterile commercio, che poggia essenzialmente su operazioni disoneste che hanno già fatto tanto male nelle province occidentali dell'impero", le loro "occupazioni da locandieri di rovinare gli abitanti soddisfacendo la loro inclinazione al bere", e così via. Nel 1837, quindi, il trasferimento in Siberia fu interrotto senza che le ragioni fossero rese pubbliche. Nello [241] stesso anno, l'Ispettorato stimò che nella Nuova Russia "gli appezzamenti di terreno riservati ai coloni ebrei contenevano un terriccio nero della migliore qualità, che erano 'perfettamente adatti alla coltivazione dei cereali, che le steppe erano eccellenti per la produzione di fieno e l'allevamento del bestiame'". (Le autorità locali, tuttavia, hanno contestato questa valutazione).[242]

Sempre nel 1837, fu istituito il Ministero dei Beni Pubblici, guidato dal conte P. Kiselyov, al quale fu affidata la misura di transizione destinata a preparare l'abolizione della servitù della gleba, il compito di "proteggere i liberi coltivatori" (i contadini della Corona) - ne erano registrati sette milioni e mezzo, compresi i contadini ebrei - ma erano solo 3.000-5.000 famiglie, ovvero "una goccia d'acqua nel mare, rispetto al numero dei contadini della Corona". Tuttavia, appena creato, questo ministero ricevette numerose petizioni e recriminazioni di ogni tipo da parte degli ebrei. "Sei mesi dopo divenne chiaro che sarebbe stato necessario dare agli ebrei così tanta attenzione che i compiti principali del ministero ne avrebbero risentito".[243] Nel 1840, tuttavia, Kiselyov fu anche nominato presidente di un comitato di nuova creazione (il sesto[244]) "per determinare le misure da adottare per riorganizzare la vita degli ebrei in Russia", il che significa che doveva affrontare anche il problema ebraico.

---

[241] *Nikitin*, pp. 197-199. 202,205, 209, 216.
[242] *Ibidem*, pp. 229-230.
[243] *Ibidem*, pp. 232.234.
[244] JE, t. 9, pp. 488 489.

Nel 1839, Kiselyov fece approvare dal Consiglio di Stato una legge che autorizzava gli ebrei in lista d'attesa per il reclutamento a diventare coltivatori (a condizione che lo facessero con tutta la famiglia), il che significava che avrebbero beneficiato del grande vantaggio di essere dispensati dal servizio militare. Nel 1844, "un accordo ancora più dettagliato riguardante gli agricoltori ebrei" diede loro - anche nella Pale of Settlement - il diritto di assumere per tre anni dei cristiani che avrebbero dovuto insegnare loro come gestire correttamente un'azienda agricola. Nel 1840, "molti ebrei giunsero nella Nuova Russia presumibilmente a proprie spese (produssero sul posto 'attestati' che ne avevano i mezzi), in realtà non avevano nulla e fecero sapere fin dai primi giorni che le loro risorse erano esaurite"; "c'erano fino a 1.800 famiglie, di cui diverse centinaia non possedevano né documenti né alcuna prova da dove provenissero e come si trovassero nella Nuova Russia"; e "non smisero mai di accorrere, implorando di non essere lasciati a marcire nella loro miseria". Kiselyov ordinò di accoglierli, imponendo le spese ai "coloni in generale, senza distinzione di etnia". In altre parole, li assistette ben oltre gli importi previsti. Nel 1847 furono emanate "ordinanze aggiuntive" per rendere più facile agli ebrei diventare agricoltori.[245]

Attraverso il suo ministero, Kiselyov aveva l'ambizione di fondare colonie modello e poi "di insediare questo popolo su larga scala": A questo scopo, creò una dopo l'altra colonie nella provincia di Ekaterinoslav, su terreni fertili, ben irrigati da fiumi e torrenti, con ottimi pascoli e campi di fieno, sperando vivamente che i nuovi coloni potessero beneficiare della notevole esperienza già acquisita dai coloni tedeschi (ma poiché era difficile trovare tra loro dei volontari da insediare in mezzo agli insediamenti ebraici, si decise di impiegarli come salariati). A queste future colonie modello vennero costantemente concessi nuovi crediti; tutti gli arretrati vennero loro restituiti. Nel secondo anno di insediamento, le famiglie ebree dovevano avere almeno un orto e un ettaro seminato e garantire un lento aumento della superficie seminata nel corso degli anni. Poiché non avevano esperienza nella selezione del bestiame, questo compito fu affidato ai curatori. Kiselyov cercò di facilitare le condizioni di viaggio delle famiglie (accompagnate da un piccolo numero di lavoratori a giornata) e di trovare il modo di fornire una formazione agricola specializzata a un certo contingente di coloni. Ma in alcune famiglie c'era ancora poco da preoccuparsi dell'agronomia: con il freddo estremo, non si usciva nemmeno per dare da mangiare alle bestie, tanto da doverle dotare di lunghi cappotti con cappuccio![246]

---

[245] *Nikitin*, pp. 239, 260, 263, 267, 355, 358.
[246] *Ibidem*, pp. 269, 277, 282, 300, 309, 329, 330, 346, 358, 367, 389, 391, 436, 443, 467.

Nel frattempo, il flusso di ebrei che migravano verso l'agricoltura non si esauriva, soprattutto perché le province occidentali soffrivano di cattivi raccolti. Le famiglie che non comprendevano il numero necessario di uomini abili venivano spesso allontanate, "i *Kehalim* mandavano a forza gli indigenti e gli invalidi, trattenendo i ricchi e i sani per avere la possibilità di rispondere meglio alle collette, di pagare le royalties e di mantenere così le loro istituzioni". "Per evitare l'afflusso di un gran numero di indigenti bisognosi", il ministero dovette esigere che i governatori delle province occidentali avessero un controllo rigoroso sulle partenze, ma, sul posto, le partenze dei contingenti venivano affrettate senza nemmeno aspettare di sapere se l'alloggio era pronto; inoltre, venivano trattenuti i crediti assegnati agli avviati, che a volte compromettevano un intero anno di lavoro agricolo. Nella provincia di Ekaterinoslav, non ci fu nemmeno il tempo di distribuire la terra ai volontari: 250 famiglie partirono da sole per stabilirsi a Odessa.[247]

Tuttavia, i rapporti dei vari ispettori provenienti da luoghi diversi si fondono in un unico testo: "Sottomettendosi a questo scopo, [gli ebrei] potrebbero diventare buoni, o addirittura eccellenti, agricoltori, ma approfittano della prima occasione per abbandonare l'aratro, sacrificare le loro fattorie e tornare al commercio di cavalli e alle loro occupazioni preferite". "Per l'ebreo, il lavoro numero uno è l'industria, anche la più umile, di totale insignificanza, ma a condizione che fornisca il maggior margine di profitto... La loro mentalità fondamentalmente laboriosa non trovava soddisfazione nella vita tranquilla del coltivatore", "non creava in loro il minimo desiderio di dedicarsi all'agricoltura; ciò che li attirava lì era innanzitutto l'abbondanza di terra, la scarsità della popolazione ebraica, la vicinanza delle frontiere, il commercio e l'industria lucrativa, per non parlare delle franchigie che li esentavano dalle royalties e dalla coscrizione." Pensavano che sarebbero stati costretti solo a organizzare le loro case; per quanto riguarda le terre, speravano di "affittarle a un tasso apprezzabile, per occuparsi, come in passato, del commercio e dell'industria". (E "fu con totale disgusto che affrontarono il lavoro della terra". Inoltre, "le regole religiose... non favorivano i coltivatori ebrei", li costringevano a lunghi periodi di inattività, come, ad esempio, durante le semine primaverili, la lunga festività della Pasqua; a settembre, quella dei Tabernacoli durava quattordici giorni "nel momento in cui è necessario un intenso lavoro agricolo, come la preparazione del terreno e la semina, anche se, secondo l'opinione di ebrei che meritano tutta la fiducia, la Scrittura richiede una stretta osservanza durante i primi e gli ultimi due giorni delle celebrazioni". D'altra parte, i leader spirituali degli insediamenti ebraici di (a volte c'erano addirittura due case di preghiera,

---

[247] *Ibidem*, pp. 309, 314, 354,359, 364,369.

una per gli ortodossi - o *mitnagdi* - e un'altra per i *chassidim*) nutrivano l'idea che, in quanto popolo eletto, non erano destinati al duro lavoro del contadino, che è l'amara sorte dei *goyim*". "Si alzavano tardi, dedicavano un'ora intera alla preghiera e andavano a lavorare quando il sole era già alto nel cielo", a cui si aggiungeva il sabato, riposando dal venerdì sera alla domenica mattina.[248]

Dal punto di vista ebraico, I. Orchansky giunge a conclusioni simili a quelle degli ispettori: "L'affitto di una fattoria e l'impiego di salariati... incontrano più simpatia tra gli ebrei che il passaggio, per quanto difficile, al lavoro agricolo... Notiamo una crescente tendenza degli ebrei impegnati nell'attività rurale ad esercitarla innanzitutto affittando terreni e utilizzandoli con l'aiuto di salariati". Nella Nuova Russia, gli insuccessi dell'agricoltura ebraica derivano "dalla loro scarsa abitudine al lavoro fisico e dai profitti che traggono dai mestieri urbani nella Russia meridionale". Ma anche per sottolineare il fatto che in una determinata colonia gli ebrei "avevano costruito una sinagoga *con le loro mani*" e che in altre mantenevano orti "con le loro mani".[249]

Tuttavia, i numerosi rapporti degli ispettori concordano sul fatto che negli anni '40 e in queste colonie "modello", come in passato, "il tenore di vita dei coloni, le loro attività e le loro imprese erano ben al di sotto di quelle dei contadini della Corona o dei proprietari terrieri". Nella provincia di Kherson, nel 1845, tra i coloni ebrei, "le fattorie sono in uno stato molto insoddisfacente, la maggior parte di questi coloni è molto povera: temono il lavoro della terra, e pochi la coltivano in modo adeguato; inoltre, anche negli anni di buon raccolto, ottengono solo bassi rendimenti"; "Negli appezzamenti, il terreno è a malapena smosso", le donne e i bambini lavorano a malapena la terra e "un lotto di 30 ettari è appena sufficiente per la loro sussistenza quotidiana". L'esempio dei coloni tedeschi è seguito solo da un numero molto ridotto di residenti ebrei; la maggior parte di loro "mostra una chiara avversione" per l'agricoltura e "si adegua alle richieste delle autorità solo per ricevere un passaporto che permetta loro di partire...".Lasciano molte terre incolte, lavorano la terra solo in alcuni luoghi, secondo la buona volontà di ciascuno... trattano il bestiame con troppa negligenza... tormentano i cavalli fino a farli morire, li nutrono poco, soprattutto nei giorni di sabato"; mungono le delicate mucche di razza tedesca a qualsiasi ora del giorno, tanto che non danno più latte. "Agli ebrei sono stati forniti gratuitamente alberi da frutto, 'ma non hanno piantato frutteti'. Le case erano state costruite in anticipo per loro: alcune erano "eleganti, molto asciutte e calde, solide"; in altri luoghi erano state costruite male e costose, ma anche dove erano state costruite in modo affidabile, con

---

[248] *Nikitin**, pp. 280-285, 307, 420,421, 434, 451, 548.
[249] Orchansky, pp. 176, 182, 185, 191,192.

materiali di buona qualità... la negligenza degli ebrei, la loro incapacità di mantenere i loro alloggi in buone condizioni... li aveva portati a un tale stato di degrado che non potevano più essere abitati senza riparazioni urgenti"; erano invasi dall'umidità che ne determinava il decadimento e favoriva le malattie; molte case erano abbandonate, altre erano occupate da più famiglie contemporaneamente "senza che vi fosse alcun legame di parentela tra di esse e, considerato il carattere impetuoso di questa gente e la loro propensione ai litigi", tale convivenza dava luogo a infinite lamentele."[250]

Le responsabilità dell'impreparazione a questa grande migrazione sono evidenti per entrambe le parti: scarso coordinamento e ritardi nell'azione dell'amministrazione; qua e là, lo sviluppo delle case, scarsamente sorvegliate, lasciava molto a desiderare, dando luogo a molti abusi e sprechi (questo portò al trasferimento di diversi funzionari e a processi per alcuni di loro). (Ma nei villaggi ebraici, gli anziani controllavano con riluttanza anche gli sbadati, la cui fattoria e le cui attrezzature si deterioravano; da qui la nomina di supervisori scelti tra i sottufficiali in pensione che gli ebrei facevano ubriacare e che venivano corrotti con le tangenti. Da qui anche l'impossibilità di riscuotere le royalties dai coloni, sia per l'indigenza - "in ogni comunità c'erano solo una decina di contadini che erano a malapena in grado di pagare per se stessi" - sia per la "naturale inclinazione degli ebrei a sottrarsi al pagamento"; con il passare degli anni, gli arretrati non fecero che aumentare e vennero elargiti di continuo senza richiedere alcun rimborso. Per ogni giorno di assenza senza autorizzazione, il colono pagava solo 1 copeco, che non gli pesava affatto e che compensava facilmente con i guadagni ottenuti in città. (A titolo di paragone: nei villaggi il *Melamed* riceveva da 3.000 a 10.000 rubli all'anno, e parallelamente al *Melamed si* era cercato di introdurre nelle colonie, oltre all'uso della lingua ebraica, un'istruzione generale basata sul russo e sull'aritmetica, ma "la gente semplice" aveva poca "fiducia nelle istituzioni educative fondate dal governo".)[251]

"Divenne sempre più indiscutibile che le "colonie modello" così ardentemente desiderate da Kiselyov erano solo un sogno"; ma, pur frenando (1849) l'invio di nuove famiglie, non perse la speranza e affermò ancora nel 1852 in una delle sue risoluzioni: "Quanto più arduo è l'affare, tanto più bisogna essere fermi e non lasciarsi scoraggiare dai primi mancati successi". Fino a quel momento, il curatore non era il vero leader della colonia, "a volte doveva sopportare lo scherno e l'insolenza dei coloni che capivano benissimo che non aveva alcun potere su di loro"; aveva solo il diritto di consigliarli. Più di una volta, a causa dell'esasperazione provocata

---

[250] *Nikitin*, pp. 259, 280, 283, 286. 301. 304,305, 321, 402,403. 416,419, 610.
[251] *Ibidem**, pp. 290, 301, 321,325, 349, 399, 408, 420,421, 475, 596.

dagli insuccessi, erano stati proposti progetti che consistevano nell'impartire ai coloni lezioni obbligatorie in modo che dovessero metterle in pratica entro un periodo di due o tre giorni, con una verifica dei risultati; nel privarli della libera disponibilità delle loro terre; nell'eliminare radicalmente i permessi di assenza; e persino nell'introdurre punizioni: fino a trenta frustate la prima volta, il doppio in caso di recidiva, poi la prigione e, a seconda della gravità del reato, l'arruolamento nell'esercito. (Nikitin afferma che questo progetto di istruzione, appena conosciuto, "esercitò un tale terrore sui coltivatori ebrei, che essi raddoppiarono i loro sforzi, si affrettarono a procurarsi il bestiame, a dotarsi di attrezzi agricoli... e mostrarono uno zelo sorprendente nel lavoro dei campi e nella cura della casa". Ma Kiselyov approvò un progetto annacquato (1853): "Le lezioni devono corrispondere perfettamente alle capacità e all'esperienza di coloro a cui sono destinate", l'istruttore responsabile dell'organizzazione del lavoro agricolo può discostarsene solo nel senso di una riduzione dei compiti, e per la prima infrazione nessuna punizione, per la seconda e la terza da dieci a venti frustate, non di più. (L'arruolamento nell'esercito non è mai stato applicato, "nessuno... è mai stato fatto soldato per le sue mancanze sul lavoro", e nel 1860 la legge è stata definitivamente abrogata.)[252]

Non dimentichiamo che eravamo ancora nell'epoca della servitù della gleba. Ma mezzo secolo dopo i coscienziosi tentativi del governo di invogliare gli ebrei a fornire manodopera produttiva su terre vergini, cominciarono ad apparire i contorni dei villaggi di Arakcheyev . [253]

È sorprendente che il potere imperiale non abbia compreso, a questo punto, la sterilità delle misure adottate, il carattere disperato di tutta questa impresa di ritorno alla terra.

Inoltre, il processo non si è concluso...

Dopo l'introduzione del servizio militare obbligatorio, tra la popolazione ebraica si diffusero voci allarmanti che annunciavano una nuova e terribile legislazione preparata appositamente dal "Comitato ebraico". Ma nel 1835 fu finalmente promulgato un Regolamento generale sugli ebrei (destinato a sostituire quello del 1804) che, come nota discretamente l'*Enciclopedia ebraica*, "non imponeva nuove limitazioni agli ebrei". [254] Se vogliamo saperne di più: questo nuovo regolamento "conservava per gli ebrei il diritto di acquistare ogni tipo di proprietà immobiliare, escluse le zone

---

[252] *Ibidem**, p. 350-351, 382,385, 390, 425, 547, 679.
[253] Il conte Alexis Araktchev (1769 1834), favorito di Alessandro I, ideatore delle "colonie militari" che dovevano ospitare i soldati con le loro famiglie e sostituire le guarnigioni.
[254] JE, 1.12, p. 695.

abitate, di condurre ogni tipo di commercio su un piano di parità con gli altri soggetti, ma solo all'interno della Pale of Settlement". [255] Questi Regolamenti del 1835 confermarono la tutela di tutti i diritti riconosciuti alla fede ebraica, introdussero distinzioni per i rabbini, conferendo loro i diritti concessi ai mercanti della prima corporazione; stabilirono un'età ragionevole per sposarsi (18 e 16 anni); adottò misure per garantire che l'abbigliamento ebraico non differisse troppo e non isolasse gli ebrei dalla popolazione circostante; orientò gli ebrei verso mezzi di sostentamento attraverso il lavoro produttivo (vietando solo la vendita di alcolici a credito o garantiti su effetti domestici), autorizzò tutti i tipi di attività industriali (compreso l'affitto di distillerie). Avere dei cristiani al proprio servizio era vietato solo per l'impiego regolare, ma autorizzato "per lavori di breve durata" (senza che fossero specificati i limiti di tempo) e "per il lavoro nelle fabbriche e negli stabilimenti", nonché "come aiutante nei lavori dei campi, dei giardini e degli orti"[256] che suonava come una presa in giro dell'idea stessa di "agricoltura ebraica". Il Regolamento del 1835 invitava la gioventù ebraica a istruirsi; non limitava l'iscrizione degli ebrei alle scuole secondarie o all'università. [257]Gli ebrei che avevano ricevuto il grado di dottore in qualsiasi disciplina, una volta riconosciute (non senza formalità) le loro qualità distintive, avevano il diritto di entrare al servizio dello Stato. (Per quanto riguarda le amministrazioni locali, il Regolamento abrogava le precedenti limitazioni: d'ora in poi gli ebrei potevano ricoprire cariche nei consigli locali, nei magistrati e nei comuni "alle stesse condizioni in cui sarebbero stati eletti membri di altre confessioni". (È vero che alcune autorità locali, in particolare in Lituania, hanno obiettato a questa disposizione: in alcune circostanze, il sindaco deve condurre i suoi cittadini in chiesa - come potrebbe farlo un ebreo? Inoltre, può un ebreo sedere tra i giudici quando il giuramento viene prestato sulla croce? Di fronte a queste forti riserve, un decreto del 1836 stabilì che nelle province occidentali gli ebrei potevano occupare nella magistratura e nei comuni solo un terzo dei posti. [258]) Infine, per quanto riguarda lo spinoso problema economico insito nel contrabbando transfrontaliero, così dannoso per gli interessi dello Stato, il Regolamento permetteva agli ebrei già residenti di rimanervi, ma vietava qualsiasi nuova installazione.[259]

---

[255] *M. Kovalevsky*, Ravnopravie evreev i ego vragui (L'uguaglianza dei diritti degli ebrei e dei loro nemici), in Schit: literatournyj sbornik (Raccolta letteraria), sotto la direzione di L. Andreyev, M. Gorky e F. Sologub, 3 ed. accresciuta, Mosca, Società russa per lo studio della vita ebraica, 1916, p. 117.
[256] JE, t. 11, p. 494.
[257] *Kovalevsky*, in Schit, p. 117.
[258] *Assia**, t. 2, pp. 50 52, 105,106.
[259] JE, t. 12, p. 599.

Per uno Stato che ancora manteneva milioni di sudditi nella servitù della gleba, tutto ciò che è stato appena menzionato potrebbe non apparire come un sistema di crudeli costrizioni.

Durante l'esame del regolamento davanti al Consiglio di Stato, le discussioni riguardarono la possibilità di consentire agli ebrei il libero accesso alle province interne della Grande Russia, e le opinioni espresse in merito furono tanto numerose quanto varie. Alcuni sostenevano che "per ammettere gli ebrei a stabilirsi nelle province centrali, essi dovevano essere in grado di giustificare determinate qualità morali e un sufficiente livello di istruzione"; altri rispondevano che "gli ebrei possono essere di grande utilità per la loro attività commerciale e industriale, e che la concorrenza non può essere impedita vietando a chiunque di risiedere e di esercitare il commercio"; "è necessario sollevare il problema... in parole povere: gli ebrei possono essere tollerati in questo paese? Se si ritiene che non possano esserlo, allora bisogna cacciarli tutti", piuttosto che "lasciare questa categoria in mezzo alla nazione in una situazione tale da suscitare in loro continui malumori e mugugni". E "se è necessario tollerare la loro presenza in questo Paese, allora è importante liberarli da qualsiasi limitazione dei loro diritti".[260]

Inoltre, gli "arcaici privilegi polacchi (abbandonati dallo Stato russo fin dal regno di Caterina) che concedevano alle comunità urbane il potere di introdurre restrizioni al diritto di residenza degli ebrei" riapparvero con ulteriore acutezza prima a Vilnius, poi a Kiev. A Vilnius, agli ebrei fu vietato di stabilirsi in alcune zone della città. A Kiev, i mercanti locali erano indignati dal fatto che "gli ebrei, con grande dispiacere di tutti, esercitano il commercio e gli affari tra le mura dei monasteri di Pechersk[261] ... che si impadroniscono di tutti gli stabilimenti commerciali di Pechersk" ed escludono "i cristiani del commercio"; sollecitarono il Governatore generale a ottenere il divieto (1827) "per gli ebrei di vivere permanentemente a Kiev... Solo alcune categorie di individui avrebbero potuto recarvisi per un determinato periodo di tempo". "Come sempre in queste circostanze, il governo fu costretto a rimandare a più riprese la scadenza fissata per l'espulsione". Le discussioni tornarono al "Comitato direttivo", il Consiglio di Stato si divise in due campi uguali, ma ai sensi del Regolamento del 1835 Nicolas confermò l'espulsione degli ebrei da Kiev. Tuttavia, poco dopo, "alcune categorie di ebrei furono nuovamente autorizzate a risiedere temporaneamente a Kiev". (Ma perché gli ebrei erano così fortunati nella competizione commerciale? Spesso vendevano a prezzi più bassi dei cristiani, accontentandosi di un "profitto minore"

---

[260] *Assia*, t. 2. pp. 47, 48.
[261] O "le Grotte": un gruppo di monasteri le cui origini risalgono alla metà dell'XI secolo e che esistono ancora oggi.

rispetto a quello richiesto dai cristiani; ma in alcuni casi si ritenne che la loro merce provenisse dal contrabbando e il governatore di Kiev, che aveva preso le difese degli ebrei, osservò che "se i cristiani fossero stati disposti a prendersi il disturbo, avrebbero potuto estromettere gli ebrei senza queste misure coercitive". [262]) Così, "in Bielorussia, gli ebrei avevano il diritto di risiedere solo nelle città; nella Piccola Russia, potevano vivere ovunque, con l'eccezione di Kiev e di alcuni villaggi; nella Nuova Russia, in tutti i luoghi abitati, con l'eccezione di Nikolayev e Sebastopoli", [263]porti militari dai quali gli ebrei erano stati banditi per motivi legati alla sicurezza dello Stato.

"I Regolamenti del 1835 consentivano ai mercanti e ai fabbricanti [ebrei] di partecipare alle principali fiere delle province interne per potervi commerciare temporaneamente, e concedevano loro il diritto di vendere alcune merci al di fuori della Pale of Settlement".[264] Allo stesso modo, gli artigiani non furono del tutto privati dell'accesso alle province centrali, anche se solo temporaneamente. Secondo il Regolamento del 1827, "le autorità delle province al di fuori della Pale of Settlement avevano il diritto di autorizzare gli ebrei a rimanervi per sei mesi". [265]Hessen sottolinea che il Regolamento del 1835 "e le leggi successive estesero in qualche modo agli ebrei la possibilità di vivere temporaneamente al di fuori della Pale of Settlement", soprattutto perché le autorità locali chiudevano un occhio "quando gli ebrei aggiravano i divieti". [266]Leskov lo conferma in una nota scritta su richiesta del comitato governativo: "Negli anni '40", gli ebrei "si presentavano nei villaggi della Grande Russia appartenenti ai grandi proprietari terrieri per offrire i loro servizi... Durante tutto l'anno, facevano visite puntuali 'ai signori di loro conoscenza'" nelle province vicine della Grande Russia, e ovunque commerciavano e affrontavano lavori. "Gli ebrei non solo non furono cacciati, ma furono mantenuti". "Di solito la gente accoglieva e dava rifugio agli artigiani ebrei...; ovunque le autorità locali li trattavano con gentilezza, perché, come per gli altri abitanti, gli ebrei fornivano importanti vantaggi". [267]"Con l'aiuto di cristiani interessati, gli ebrei violavano i decreti di limitazione. E le autorità erano a loro volta incitate a derogare alle leggi... Nelle province della Russia centrale, si decise di fissare delle multe da imporre ai proprietari che lasciavano che gli ebrei si stabilissero nelle loro case".[268]

---

[262] *Ibidem*, pp. 40-42.
[263] LJE, t. 7, p. 318.
[264] JE, t. 14, p. 944.
[265] *Ibidem*, t. 11, p. 332.
[266] *Assia*, t. 2, pp. 46, 48.
[267] *Leskov*, pp. 45-48.
[268] *Assia*, t. 2, p. 49.

È così che, guidate da considerazioni conservatrici (più specificamente religiose) di non volere la fusione tra cristiani ed ebrei, le autorità dello Stato russo, di fronte alla spinta economica che attirava gli ebrei oltre la Pale of Settlement, non furono in grado né di prendere una decisione chiara né di applicarla chiaramente nella pratica. Per quanto riguarda il carattere dinamico e intraprendente degli ebrei, esso soffriva di un'eccessiva concentrazione territoriale e di una troppo forte concorrenza interna; era naturale per loro debordare il più possibile.

Come ha osservato I. Orchansky: "Più gli ebrei sono sparsi tra la popolazione cristiana, più alto è il loro tenore di vita".[269]

Ma sarebbe difficile negare che, anche nel suo perimetro ufficiale, il Pale of Settlement per gli ebrei in Russia fosse molto vasto: alle province di Vilnius, Grodno, Kaunas, Vitebsk, Minsk, Mogilev, Volhynia, Podolsk e Kiev (oltre alla Polonia e alla Curlandia) si aggiunsero le vaste e fertili province di Poltava, Ikaterinoslav, Chernigov, Tauride, Kherson e Bessarabia, tutte insieme più grandi di qualsiasi Stato o gruppo di Stati europei. (Poco tempo dopo, dal 1804 alla metà degli anni '30, furono aggiunte le ricche province di Astrakhan e del Caucaso, ma gli ebrei vi si stabilirono a malapena; ancora nel 1824, ad Astrakhan, "nessun ebreo fu registrato come soggetto passivo".[270] Le province all'interno della Pale of Settlement erano quindici, contro le trentuno della "Russia profonda". E poche erano più popolose delle province della Russia centrale. Per quanto riguarda la quota di popolazione degli ebrei, essa non superava quella dei musulmani nelle province degli Urali o del Volga. Quindi la densità degli ebrei nella Pale of Settlement non derivava dal loro numero, ma piuttosto dall'uniformità delle loro occupazioni. Solo nell'immensità della Russia un'area del genere poteva sembrare angusta.

Si obietta che l'estensione di quest'area era illusoria: escludeva tutte le zone al di fuori delle città e di altri agglomerati. Ma questi spazi erano aree agricole o destinate all'agricoltura, e si capiva che questo dominio, accessibile agli ebrei, non li attirava; il loro problema era piuttosto come utilizzare questi spazi per il commercio di alcolici. Il che era una deviazione.

E se la grande massa ebraica non si fosse spostata dalla stretta Polonia alla vasta Russia, il concetto stesso di Pale of Settlement non sarebbe mai nato.

Nella Polonia ristretta, gli ebrei avrebbero vissuto densamente ammassati, con maggiore povertà, crescendo rapidamente senza svolgere alcun lavoro

---

[269] *Orchansky*, p. 30.
[270] JE. t. 3, p. 359.

produttivo, l'80% della popolazione praticando il piccolo commercio e il traffico di intermediari.

In ogni caso, in nessuna città russa vennero istituiti ghetti obbligatori per gli ebrei, come era ancora noto qua e là in Europa. (Se non il sobborgo di Glebovo, a Mosca, per coloro che vi si recavano come visitatori).

Ricordiamo ancora una volta che la Pale of Settlement coesistette per tre quarti di secolo con la servitù della gleba della maggior parte della popolazione rurale russa e quindi, in confronto, il peso di queste limitazioni alla libertà di andare e venire era in qualche modo alleggerito. Nell'Impero russo, molti popoli vivevano a milioni in aree ad alta densità all'interno delle rispettive regioni. All'interno dei confini di uno Stato multinazionale, i popoli spesso vivevano compatti più o meno come entità separate. Così è stato per l'esempio dei karaiti e degli ebrei "delle montagne", i quali avevano la libertà di scegliere il loro luogo di residenza, che però non utilizzavano quasi mai. Nessun paragone è possibile con i limiti territoriali, le "riserve" imposte alle popolazioni autoctone dei Paesi conquistati dai colonizzatori (anglosassoni o spagnoli) venuti da altrove.

È proprio l'assenza di un territorio nazionale tra gli ebrei, dato il dinamismo che mostravano nei loro movimenti, il loro senso pratico, il loro zelo nella sfera economica, che prometteva di diventare imminentemente un importante fattore di influenza sulla vita del Paese nel suo complesso. Possiamo dire che sono stati, da un lato, il bisogno della diaspora ebraica di accedere a tutte le funzioni esistenti e, dall'altro, il timore di uno straripamento della loro attività ad alimentare le misure limitative adottate dal governo russo.

Sì, nel complesso gli ebrei di Russia si allontanarono dall'agricoltura. Nell'artigianato, erano preferibilmente sarti, calzolai, orologiai, gioiellieri. Tuttavia, nonostante i vincoli imposti dal Pale, la loro attività produttiva non si limitava a questi piccoli mestieri.

L'*Enciclopedia Ebraica* pubblicata prima della Rivoluzione scrive che per gli ebrei, prima dello sviluppo dell'industria pesante, "ciò che era più importante era il commercio del denaro; indipendentemente dal fatto che l'ebreo intervenisse come banco dei pegni o cambiavalute, come agricoltore di reddito pubblico o privato, come affittuario o locatario, egli era principalmente coinvolto nelle transazioni finanziarie". Infatti, già nel periodo dell'economia rurale in Russia, "la domanda di denaro si faceva sentire in proporzioni sempre maggiori". [271] Da qui, il trasferimento di capitali ebraici in questa industria, affinché vi partecipassero. Già sotto Alessandro I erano state prese disposizioni energiche per incoraggiare la

---

[271] JE, t. 13. p. 646.

partecipazione degli ebrei nell'industria, soprattutto nella tappezzeria. In seguito, questa attività ebbe un ruolo importante nell'accumulo di capitale nelle mani degli ebrei", che "non mancarono di impiegarlo successivamente in fabbriche e impianti, miniere, trasporti e banche". Iniziò così la formazione di una bassa e alta *borghesia* ebraica".[272] Il Regolamento del 1835 "prevedeva anche privilegi per i produttori ebrei".[273]

Negli anni '40 del XIX secolo, l'industria dello zucchero era cresciuta notevolmente nelle province sud-occidentali. I capitalisti ebrei cominciarono dapprima a concedere sovvenzioni alle raffinerie appartenenti ai proprietari terrieri, poi ad assumerne l'amministrazione, quindi a diventarne proprietari e infine a costruire fabbriche proprie. In Ucraina e nella Nuova Russia, potenti "re dello zucchero", tra cui Lazare e Lev Brodski. "La maggior parte di questi produttori di zucchero ebrei aveva iniziato nella distilleria di alcolici... o come affittuari di cabaret". Questa situazione si verificò anche nella macinazione della farina.[274]

All'epoca, nessun contemporaneo capì o si preoccupò di prevedere quale potere si stesse accumulando lì, prima materiale e poi spirituale. Naturalmente, Nicola I fu il primo a non vedere e a non capire. Aveva un'opinione troppo alta dell'onnipotenza del potere imperiale e dell'efficienza dei metodi amministrativi di tipo militare.

Ma si ostinava a desiderare il successo nell'educazione degli ebrei, in modo che questi potessero superare la loro estraneità rispetto al resto della popolazione, situazione in cui vedeva un grande pericolo. Già nel 1831, fece notare al "Comitato dei Direttori" che "tra le misure atte a migliorare la situazione degli ebrei, si dovrebbe prestare particolare attenzione alla loro educazione... con la creazione di fabbriche, la proibizione di matrimoni precoci, una migliore organizzazione dei *Kehalim*..., un cambiamento nei costumi di abbigliamento".[275] E nel 1840, quando fu fondato il "Comitato incaricato di individuare le misure per una trasformazione radicale della vita degli ebrei in Russia", uno dei primi obiettivi previsti da questo comitato fu quello di "promuovere lo sviluppo morale della nuova generazione attraverso la creazione di scuole ebraiche in uno spirito contrario all'insegnamento talmudico attualmente in vigore".[276]

---

[272] *J.M. Dijour*, Evrei v ekonomitcheskoï jizni Rossii (Gli ebrei nella vita economica russa), in BJWR-1, pp. 164,165.
[273] JE, t. 15, p. 153.
[274] *Dijour*, in LJE-1, pp. 165-168.
[275] *Assia**, t. 2, p. 77.
[276] *Ibidem*, p. 84; JE, t. 13. p. 47.

Anche tutti gli ebrei progressisti dell'epoca volevano un'istruzione generale (erano solo divisi sull'opportunità di escludere totalmente il Talmud dal programma o di studiarlo nei gradi superiori, "con l'illuminazione di un approccio scientifico, quindi sollevato da aggiunte indesiderate"[277]). Una scuola di educazione generale appena istituita a Riga era diretta da un giovane laureato dell'Università di Monaco, Max Lilienthal, che aspirava a investire nella "diffusione dell'istruzione tra gli ebrei russi". Nel 1840, ricevuto cordialmente a San Pietroburgo dai ministri dell'Interno e dell'Istruzione, scrisse al "Comitato per la trasformazione della vita degli ebrei" proponendo il progetto di un concistoro e di un seminario di teologia con l'obiettivo di formare rabbini e insegnanti "secondo fondamenti etici puri", in contrapposizione ai "talmudisti calcificati"; tuttavia, "prima di acquisire i principi essenziali della fede, non sarebbe lecito studiare materie profane". Così il progetto ministeriale fu modificato: fu aumentato il numero di ore dedicate all'insegnamento delle materie ebraiche. [278] Lilienthal cercò anche di convincere il governo a prendere misure preventive contro i *chassidim*, ma senza successo: il potere governativo "voleva un fronte che unificasse i vari ambienti sociali ebraici che si facevano la guerra". [279]Lilienthal, che aveva sviluppato la sua scuola a Riga "con sorprendente successo", fu invitato dal Ministero a visitare le province della Pale of Settlement per contribuire all'opera di educazione, attraverso incontri pubblici e conferenze con personalità ebraiche. Il suo viaggio, almeno esternamente, fu un grande successo; in generale, incontrò poca ostilità aperta e sembrò essere riuscito a convincere gli ambienti influenti del mondo ebraico. "I nemici... della riforma... dovettero esprimere esteriormente la loro approvazione". Ma l'opposizione nascosta era, ovviamente, molto importante. E quando la riforma scolastica fu finalmente applicata, Lilienthal rinunciò alla sua missione. Nel 1844 partì inaspettatamente per gli Stati Uniti e non fece più ritorno. "La sua partenza dalla Russia - forse una via di fuga - rimane avvolta nel mistero".[280]

Così, sotto Nicola I, le autorità non solo non si opposero all'assimilazione degli ebrei, ma anzi la sollecitarono; tuttavia, le masse ebraiche rimaste sotto l'influenza del *Kahal* temevano misure costrittive in ambito religioso, e quindi non vi si prestarono.

Tuttavia, la riforma scolastica ebbe inizio nel 1844, nonostante l'estrema resistenza dei leader dei *Kehalim*. (E anche se "nel creare queste scuole ebraiche non si cercò di ridurre il numero di ebrei nelle scuole generali, al contrario, si sottolineò che esse dovevano, come prima, essere aperte agli

---

[277] *Assia*, t. 2, p. 83.
[278] *Ibidem*, p. 84; JE, t. 13. p. 47.
[279] *Assia*, t. 2. pp. 85, 86.
[280] *Ibidem*, pp. 84, 86 87.

ebrei"²⁸¹). Furono creati due tipi di scuole pubbliche ebraiche ("sul modello delle scuole elementari ebraiche in Austria"²⁸²): biennali, corrispondenti alle scuole parrocchiali russe, e quadriennali, corrispondenti alle scuole distrettuali. Solo le discipline ebraiche erano insegnate da insegnanti ebrei (ed ebraici); le altre erano impartite da insegnanti russi. (Come ammette Lev Deitch, un rivoluzionario furioso, "Il mostro coronato ordinò loro [ai bambini ebrei] di imparare il russo". ²⁸³) Per molti anni queste scuole furono dirette da cristiani e solo molto più tardi da ebrei.

"Fedele all'ebraismo tradizionale, avendo appreso o adombrato l'obiettivo segreto di Uvarov [Ministro dell'Istruzione], la maggioranza della popolazione ebraica vedeva in queste misure governative di educazione un mezzo di persecuzione come gli altri". ²⁸⁴(Said Uvarov, che da parte sua cercava di avvicinare gli ebrei alla popolazione cristiana sradicando "i pregiudizi ispirati dai precetti del Talmud", voleva escludere completamente quest'ultimo dal sistema educativo, considerandolo un compendio anticristiano²⁸⁵).

Continuando per molti anni a diffidare delle autorità russe, la popolazione ebraica si allontanò da queste scuole, alimentando una vera e propria fobia nei loro confronti: "Così come la popolazione cercava di sfuggire alla coscrizione, diffidava di queste scuole, temendo di lasciare i propri figli in queste case di "libero pensiero". Le famiglie ebree benestanti spesso mandavano alle scuole pubbliche non i propri figli, ma quelli dei poveri. ²⁸⁶Fu così che venne affidato a una scuola pubblica P. B. Axelrod²⁸⁷ ; poi andò all'università, e quindi ottenne ampia notorietà politica come compagno di Plekhanov e Deitch nella lotta all'interno della Liberazione del Lavoro ²⁸⁸). Se nel 1855 solo gli *Heder* regolarmente registrati contavano 70.000 bambini ebrei, le scuole pubbliche di entrambi i tipi ne ricevevano solo 3.200.²⁸⁹

Questa paura dell'istruzione pubblica è stata perpetuata per molto tempo negli ambienti ebraici. In questo modo, Deitch ricorda gli anni '60, non nel bel mezzo del nulla, ma a Kiev: "Ricordo il tempo in cui i miei compatrioti

---

[281] JE, 1.13, pp. 47, 48.
[282] *Ibidem*, t. 3, p. 334.
[283] *L Deitch*, Roi evreev v rousskom revolioutsionnom dvïjenii, (Il ruolo degli ebrei nel movimento rivoluzionario russo), t. 1, 2nd ed., Mosca-Leningrado, GIZ, 1925, p. 11.
[284] JE, t. 9, p. 111.
[285] *Assia*, t. 2, p. 85.
[286] *Ibidem*, p. 120.
[287] Paul Axelrod (1850-1928), fondatore a Ginevra del piccolissimo gruppo "Liberazione del lavoro", embrione del futuro Partito socialdemocratico russo, fondato nel 1898.
[288] *Deitch*, pagg. 12-13.
[289] *I. M. Trotsky*, Gli ebrei nelle scuole russe, in BJWR-1, pp. 351, 354.

consideravano un peccato imparare il russo" e ne tolleravano l'uso solo "nei rapporti con i *goyim*". [290] A. G. Sliozberg ricorda che, fino agli anni '70, l'ingresso all'università era considerato un tradimento dell'essenza dell'ebraismo, essendo l'uniforme universitaria un segno di apostasia. "Tra ebrei e cristiani c'era un abisso che solo pochi ebrei potevano attraversare, e solo nelle grandi città dove l'opinione pubblica ebraica non paralizzava la volontà di tutti". [291] I giovani legati alle tradizioni ebraiche non aspiravano a studiare nelle università russe, anche se il diploma finale, secondo la legge sul reclutamento del 1827, dispensava dal servizio militare a vita. Tuttavia, Hessen sottolinea che tra gli ebrei russi appartenenti "ai circoli più abbienti", "cresceva il desiderio spontaneo di integrare... le scuole pubbliche".[292]

Aggiunge che nelle scuole pubbliche ebraiche "non solo i sovrintendenti cristiani, ma anche la maggior parte degli insegnanti ebrei che insegnavano le discipline ebraiche in lingua tedesca erano lontani dal livello richiesto". Così, "parallelamente all'istituzione di queste scuole pubbliche, si decise di organizzare una scuola di specializzazione destinata alla formazione degli insegnanti, per formare rabbini più istruiti in grado di agire progressivamente sulle masse ebraiche". Scuole rabbiniche di questo tipo furono fondate a Vilnius e a Zhytomir (1847)". "Nonostante le loro carenze, queste scuole furono di una certa utilità", secondo la testimonianza del liberale J. Hessen, "la generazione nascente stava familiarizzando con la lingua russa e la sua grammatica".[293] Il rivoluzionario Krol era dello stesso parere, ma condannava anche il governo senza riserve: Le leggi di Nicola I che istituivano le scuole pubbliche primarie e le scuole rabbiniche erano reazionarie e ostili agli ebrei; le scuole, volenti o nolenti, permettevano a un piccolo numero di bambini ebrei di apprendere l'educazione secolare". Per quanto riguarda gli intellettuali "illuminati" (i *Maskilim*) e coloro che ora disprezzavano le "superstizioni delle masse", essi "non avevano un posto dove andare", secondo Krol, e rimasero estranei tra di loro. "Tuttavia, questa evoluzione giocò un ruolo enorme nel risveglio spirituale degli ebrei russi durante la seconda metà del XIX secolo", anche se i *Maskilim*, che volevano illuminare le masse ebraiche, incontrarono "la feroce opposizione di credenti ebrei fanatici che vedevano nella scienza profana un'alienazione del diavolo".[294]

---

[290] *Deitch*, pag. 10.
[291] JE, 1.11, p. 713.
[292] *Assia*, t. 11, p. 112.
[293] *Ibidem*, p. 121.
[294] M. Krol, Natsionalism i assimiliatsia v evreïskoï islorii (Nazionalismo e assimilazione nella storia ebraica), in JW, p. 188.

Nel 1850 fu creata una sorta di sovrastruttura: un istituto di "studiosi ebrei" e un ispettorato di consulenza tra i direttori delle accademie.

Coloro che provenivano dalle scuole rabbiniche appena create occupavano nel 1857 le funzioni di "rabbini pubblici"; eletti non volentieri dalla loro comunità, la loro designazione era soggetta all'approvazione delle autorità della loro provincia.

Ma la loro responsabilità rimaneva puramente amministrativa: le comunità ebraiche li consideravano degli ignoranti nelle scienze ebraiche e i rabbini tradizionali venivano mantenuti come autentici "rabbini spirituali". [295](Numerosi diplomati delle scuole rabbiniche, "non trovando posizioni, né come rabbini né come insegnanti", proseguirono gli studi all'università [296], diventando poi medici o avvocati). Nicola I non allentò la sua pressione per regolare la vita interna della comunità ebraica. Il *Kahal*, che già possedeva un immenso potere sulla comunità, si rafforzò ancora di più dal momento in cui fu introdotta la coscrizione: gli fu dato il diritto di "dare per arruolato in qualsiasi momento ogni ebreo che non pagava i suoi diritti, che non aveva una fissa dimora o che commetteva misfatti intollerabili nella società ebraica", e usò questo diritto a vantaggio dei ricchi. "Tutto ciò alimentò l'indignazione delle masse verso i governanti dei *Kehalim* e divenne una delle cause dell'irrimediabile declino del *Kahal*". Così, nel 1844, i *Kehalim* "furono sciolti ovunque, e le loro funzioni furono trasmesse ai comuni e ai municipi"[297] ; in altre parole, le comunità ebraiche urbane si trovarono soggette alla legislazione uniforme dello Stato. Ma anche questa riforma non fu completata: la riscossione degli arretrati, faticosa ed evanescente, e il sollevamento delle reclute furono nuovamente affidati alla comunità ebraica, i cui "reclutatori" ed esattori furono sostituiti agli antichi *Kehalim*. Quanto al registro delle nascite, e quindi al conteggio della popolazione, rimasero nelle mani dei rabbini.

Il governo di Nicolas prese posizione anche sull'inestricabile problema del prelievo fiscale interno alle comunità ebraiche, in primo luogo sulla cosiddetta "cassa" (imposta indiretta sul consumo di carne kosher). Una disposizione del 1844 specificava che parte del ricavato doveva essere utilizzato per coprire gli arretrati pubblici della comunità, per finanziare l'organizzazione di scuole ebraiche e per distribuire sussidi agli ebrei che si dedicavano all'agricoltura. [298]Ma ci fu anche un imprevisto imbroglio: sebbene gli ebrei "fossero soggetti alla capitazione al pari dei *borghesi cristiani*", cioè a un'imposta diretta, "la popolazione ebraica, grazie

---

[295] LJE, t. 4, p. 34; B. C. *Dinour*. Religiosno-natsionalnyj oblik rousskogo evreïstva (Il profilo religioso e nazionale degli ebrei russi) in BJWR-1. p. 314.
[296] *Assia*, t. 2, p. 179.
[297] LJE*, 1.4, pp. 20 21.
[298] *Assia*, t. 2, pp. 89 90.

all'ammontare della "cassa", si trovava, cioè, in una posizione privilegiata per il pagamento del regio"; infatti, da quel momento in poi "gli ebrei, compresi i più ricchi, coprivano con i pagamenti personali solo una parte insignificante delle imposte dovute al fisco, trasformando il saldo in arretrati", e questi non cessarono di accumularsi: a metà degli anni '50, superavano gli 8 milioni di rubli.

Seguì un nuovo decreto imperiale dettato dall'esasperazione: "per ogni 2.000 rubli di nuovi arretrati, "si doveva fornire un adulto come recluta".[299] Nel 1844 fu fatto un nuovo ed energico tentativo, nuovamente abortito, di espellere gli ebrei dai villaggi.

Hessen scrive pittorescamente che "nelle leggi russe concepite per normalizzare la vita degli ebrei, si sente come un grido di disperazione: nonostante tutta la sua autorità, il governo non riesce a estirpare l'esistenza degli ebrei dal profondo della vita russa".[300]

No, i leader della Russia non si erano ancora resi conto di tutto il peso e persino della "inassimilabilità" dell'immensa eredità ebraica ricevuta in dono con le successive spartizioni della Polonia: cosa fare con questo gruppo intrinsecamente resistente e in rapida espansione nel corpo nazionale russo? Non riuscivano a trovare regole affidabili ed erano ancora più incapaci di prevedere il futuro. Le energiche misure di Nicola I si susseguivano, ma la situazione non faceva che complicarsi.

Un fallimento simile, che si stava aggravando, seguì Nicola I nella sua lotta contro i contrabbandieri ebrei alle frontiere. Nel 1843 ordinò categoricamente l'espulsione di tutti gli ebrei da una zona cuscinetto di cinquanta chilometri di profondità adiacente all'Austria e alla Prussia, nonostante il fatto che "in alcune dogane di frontiera i mercanti che commerciavano erano praticamente tutti ebrei".[301] Il provvedimento fu subito corretto con numerose esenzioni: dapprima fu concesso un periodo di due anni per la vendita delle merci, poi la durata fu estesa e fu offerta assistenza materiale agli espulsi per il loro nuovo insediamento; inoltre, essi furono esentati per cinque anni da tutti i diritti d'autore. Per diversi anni il trasferimento non fu nemmeno avviato, e presto "il governo di Nicola I smise di insistere sull'espulsione degli ebrei da questa striscia di confine di cinquanta chilometri, il che permise ad alcuni di loro di rimanere dove vivevano".[302]

Fu in questa occasione che Nicola ricevette un nuovo avvertimento di cui non misurò la portata e le conseguenze per l'intera Russia: questo

---

[299] JE, t. 12, p. 640.
[300] Assia, t. 2, p. 19.
[301] Assia, 1.1, p. 203.
[302] LJE, t. 7. p. 321.

provvedimento formidabile ma applicato molto parzialmente, volto a espellere gli ebrei dalla zona di frontiera, motivato da un contrabbando che aveva assunto un'estensione pericolosa per lo Stato, aveva suscitato in Europa una tale indignazione che ci si può chiedere se non sia stato questo provvedimento a confondere drasticamente l'opinione pubblica europea con la Russia. Si può dire che questo particolare decreto del 1843 deve risalire proprio all'inizio dell'epoca in cui il mondo ebraico occidentale, nella difesa dei suoi correligionari in Russia, cominciò a esercitare un'influenza decisiva che, da quel momento in poi, non sarebbe più caduta.

Una delle manifestazioni di questa nuova attenzione fu l'arrivo in Russia, nel 1846, di Sir Moses Montefiore, portatore di una lettera di raccomandazione della Regina Vittoria che lo incaricava di ottenere il "miglioramento della sorte della popolazione ebraica" della Russia. Egli si recò in diverse città ad alta densità ebraica; poi, dall'Inghilterra, inviò una lunga lettera all'imperatore in cui raccomandava l'emancipazione degli ebrei da ogni legislazione limitante, per concedere loro "pari diritti con tutti gli altri sudditi" (ad eccezione, ovviamente, dei servi della gleba), "a breve termine: di abolire ogni vincolo nell'esercizio del diritto di stabilirsi e di circolare tra i confini della Palude di Insediamento", di consentire a mercanti e artigiani di visitare le province, "di permettere ai cristiani di essere impiegati al servizio degli ebrei..., di ripristinare il *Kahal*...".[303]

Ma, al contrario, Nicola non rinunciò alla sua determinazione di mettere ordine nella vita degli ebrei di Russia. Egli assomigliava a Pietro il Grande nella sua risoluzione di strutturare per decreto l'intero Stato e l'intera società secondo il suo piano, e di ridurre la complessità della società a categorie semplici e facilmente comprensibili, come Pietro aveva precedentemente "tagliato" tutto ciò che disturbava la chiara configurazione delle classi imponibili.

Questa volta si trattava di differenziare la popolazione ebraica da quella cittadina e *borghese*. Questo progetto iniziò nel 1840; quando si volle andare oltre la singolarità nazionale e religiosa degli ebrei (si esaminarono allora le opinioni di Levinson, Feiguine e Guesanovsky), si cercò di "studiare la radice del loro ostinato isolamento" in relazione all'"assenza di qualsiasi lavoro produttivo in loro", alla loro "dannosa pratica di piccoli mestieri, accompagnata da ogni sorta di frodi e trucchi". Per quanto riguarda l'"ozio" di molti ebrei, i circoli governativi lo imputavano a "abitudini inveterate"; ritenevano che "la massa ebraica avrebbe potuto trovare mezzi di sostentamento, ma tradizionalmente si rifiutava di esercitare certi tipi di occupazione".[304]

---

[303] *Assia*, I. 2, pp. 107 108.
[304] *Ibidem**, pp. 79-80.

Il conte Kiselyov propose all'Imperatore la seguente misura: senza colpire i mercanti ebrei, perfettamente sistemati, preoccuparsi dei cosiddetti ebrei *borghesi*, più precisamente dividerli in due categorie: annoverare nella prima coloro che beneficiano di beni e di una solida vita sedentaria, e includere nella seconda coloro che sono privi di questi fattori e stabilire un periodo di cinque anni per farli diventare artigiani in officine, o agricoltori. (Si considerava artigiano colui che si iscriveva per sempre a una bottega: *borghese* sedentario colui che si era iscritto a una bottega per un certo tempo.)[305]

Per quanto riguarda coloro che non avessero soddisfatto queste condizioni alla fine del periodo di cinque anni e fossero rimasti confinati nel loro stato precedente, sarebbero stati considerati "inutili" e sottoposti al servizio militare e a un periodo di lavoro di tipo particolare: sarebbero stati arruolati nell'esercito (quelli dai 20 anni in poi) in numero tre volte superiore allo standard richiesto, non per i soliti venticinque anni di servizio militare, ma per soli dieci. E, nel frattempo, "sarebbero stati utilizzati nell'esercito o nella marina instillando in loro soprattutto diversi mestieri e poi, con il loro consenso, sarebbero diventati artigiani o contadini". In altre parole, avrebbero ricevuto un'educazione professionale forzata. Ma il governo non aveva i fondi per farlo e stava pensando di utilizzare la tassa sulla "cassa", poiché la società ebraica non poteva che essere interessata a questo sforzo di riabilitazione dei suoi membri attraverso il lavoro.[306]

Nel 1840, Nicola I diede la sua approvazione al progetto. (L'espressione "ebrei non necessari" fu sostituita da "che non svolgono un lavoro produttivo"). Tutte le misure per trasformare la vita degli ebrei furono ridotte a un unico decreto che prevedeva le seguenti fasi: 1) "regolarizzazione della raccolta della 'cassa' e soppressione del *Kahal*"; 2) creazione di scuole di istruzione generale per gli ebrei; 3) istituzione di "rabbini parrocchiali"; 4) "insediamento degli ebrei su terreni appartenenti allo Stato" per scopi agricoli; 5) categorizzazione; 6) divieto di indossare l'abito lungo. Kiselyov pensava di introdurre la categorizzazione sociale in un futuro abbastanza lontano; Nicola la anteponeva all'agricoltura, che da un quarto di secolo non aveva smesso di essere un fallimento.[307]

Tuttavia, la categorizzazione prevedeva un periodo di cinque anni per la scelta delle occupazioni e la misura stessa fu annunciata solo nel 1846, il che significa che non poté diventare realtà fino al gennaio 1852. (Nel 1843 il governatore generale della Nuova Russia, conte Vorontsov, insorse contro questa misura: Vorontsov scrisse che le occupazioni "di questa

---

[305] JE, t. 13, p. 439.
[306] *Assia**, t. 2. pp. 81, 82.
[307] *Ibidem*, pp. 82-83.

numerosa classe di mercanti e intermediari erano 'vilipese' e che [l'80%] della popolazione ebraica era annoverata tra gli elementi 'inutili'", il che significa che l'80% degli ebrei era principalmente impegnato nel commercio, e Vorontsov sperava che, dato il vasto potenziale economico della Nuova Russia, "ogni forma di costrizione potesse essere limitata", non riteneva necessario espellere gli ebrei dai villaggi, ma pensava che fosse sufficiente intensificare la loro istruzione. Avvertì che la categorizzazione avrebbe probabilmente suscitato indignazione in Europa.)[308]

Scottato dal modo in cui l'Europa aveva reagito al tentativo di espellere gli ebrei dalla zona di confine, il governo russo redasse nel 1846 una dichiarazione dettagliata sulla nuova misura: in Polonia, gli ebrei non avevano né la cittadinanza né il diritto di possedere beni immobili, ed erano quindi limitati al piccolo commercio e alla vendita di alcolici; incorporati in Russia, vedevano estendere i limiti della loro residenza, ricevevano i diritti civili, l'accesso alla classe dei mercanti nelle città, il diritto di possedere beni immobili, di entrare nella categoria degli agricoltori, il diritto all'istruzione, compreso l'accesso alle università e alle accademie.[309]

Bisogna ammettere che gli ebrei ricevettero tutti questi diritti fin dai primi decenni della loro presenza nella famosa "prigione dei popoli". Tuttavia, un secolo dopo, in una raccolta scritta da autori ebrei, si trova la seguente valutazione: "Al momento dell'annessione alla Russia delle province polacche con la loro popolazione ebraica, furono fatte *promesse* sui diritti e *tentativi* di realizzarli [il corsivo è mio, A. S.; le promesse furono mantenute e i tentativi non furono senza successo]. Ma allo stesso tempo erano iniziate le espulsioni di massa al di fuori dei villaggi (in realtà erano state delineate, ma non furono mai efficaci), fu attuata la doppia tassazione [che non fu applicata in modo sistematico, e alla fine fu abbandonata] e fu intrapresa l'istituzione della Pale of Settlement"[310] [abbiamo visto che i confini di quest'area erano in origine un'eredità geografica]. Se si pensa che questo modo di esporre la storia sia oggettivo, non si raggiungerà mai la verità.

Purtroppo, però, il comunicato governativo del 1846 sottolineava che gli ebrei non approfittavano di molte di queste misure: "Sfidando costantemente l'integrazione con la società civile in cui vivono, la maggior parte ha mantenuto il vecchio stile di vita, approfittando del lavoro degli altri che, da tutte le parti, comporta legittimamente le lamentele degli

---

[308] *Ibidem*, pp. 100 103.
[309] *Ibidem*, p. 103.
[310] *Dinour*, in BJWR-1. p. 319.

abitanti". "Allo scopo [di elevare il tenore di vita degli ebrei], è importante liberarli dalla loro dipendenza dagli anziani della comunità, gli eredi dei vecchi capi del *Kahal*, diffondere l'istruzione e la conoscenza pratica nella popolazione ebraica, creare scuole ebraiche di istruzione generale, fornire mezzi per il loro passaggio all'agricoltura, attenuare le differenze di abbigliamento che sono ingiuste per molti ebrei". Per quanto riguarda il governo, "si ritiene autorizzato a sperare che gli ebrei abbandonino tutti i loro riprovevoli modi di vivere e si dedichino a un lavoro veramente produttivo e utile". Solo coloro che si rifiutano di farlo saranno soggetti a "misure incentivanti per i membri parassiti che influenzano la società e la danneggiano".[311]

Nella sua risposta a questo testo, Montefiore condannò la categorizzazione insistendo sul fatto che tutte le disgrazie derivavano dalle limitazioni imposte alla libera circolazione degli ebrei e al loro commercio. Nicolas replicò che se il passaggio degli ebrei al lavoro produttivo avesse avuto successo, il tempo, "di per sé, avrebbe gradualmente mitigato queste limitazioni".[312] Egli contava sulla possibilità di rieducazione attraverso il lavoro... Tenuto in scacco qua e là, e altrove, nei suoi sforzi di trasformare lo stile di vita degli ebrei, aveva l'ambizione di spezzare la tendenza degli ebrei a chiudersi in se stessi e di risolvere il problema della loro integrazione con la popolazione circostante attraverso il lavoro, e il problema del lavoro con un drastico rafforzamento della coscrizione. La riduzione della durata del servizio militare per gli ebrei (da 25 a dieci anni) e l'intenzione di fornire loro una formazione professionale erano poco chiari; ciò che si percepiva concretamente era il prelievo di reclute, ora proporzionalmente tre volte più numerose che tra i cristiani: "Dieci reclute all'anno per mille abitanti maschi, e per i cristiani sette reclute per mille una volta ogni due anni".[313]

Di fronte a questo aumento del reclutamento, sempre più persone cercarono di fuggire. Coloro che erano stati designati per la coscrizione si nascosero. Per rappresaglia, alla fine del 1850, un decreto stabilì che tutte le reclute non consegnate in tempo dovevano essere compensate da tre reclute aggiuntive oltre all'inadempiente! Ora le comunità ebraiche erano interessate a *catturare* i fuggitivi o a sostituirli con persone innocenti. (Nel 1853 fu emanato un decreto che permetteva alle comunità ebraiche e ai privati di presentare come recluta qualsiasi persona presa senza documenti). Le comunità ebraiche si videro pagare dei "prenditori" o "scippatori" che catturavano le loro "catture"[314]; ricevevano dalla

---

[311] *Assia**. t. 2. pp. 103 104.
[312] *Ibidem*, pp. 107 110.
[313] LJE. t. 4. p. 75.
[314] JE, t. 9. p. 243.

comunità una ricevuta che attestava che la comunità si era avvalsa dei loro servizi per consegnare coloro che non rispondevano all'appello, o che avevano passaporti scaduti - anche se provenivano da un'altra provincia - o adolescenti senza famiglia.

Ma questo non era sufficiente a compensare le reclute mancanti. Nel 1852 furono aggiunti due nuovi decreti: il primo prevedeva che per ogni recluta fornita in eccesso rispetto alla quota imposta, si sgravassero le comunità di 300 rubli di arretrati ;[315]il secondo "proibiva l'occultamento degli ebrei che si sottraevano al servizio militare e chiedeva pene severe per quelli che erano sfuggiti alla coscrizione, imponeva multe alle comunità che li avevano nascosti e, al posto delle reclute mancanti, di arruolare i loro parenti o i capi delle comunità responsabili della consegna delle reclute entro i termini previsti. Cercando in tutti i modi di sfuggire al reclutamento, molti ebrei fuggirono all'estero o si recarono in altre province".[316]

Da quel momento in poi, il reclutamento diede luogo a un vero e proprio baccanale: gli "scippatori" divennero sempre più agguerriti; al contrario, gli uomini in buona salute e in grado di lavorare scappavano, si nascondevano, e gli arretrati delle comunità crescevano. La parte sedentaria e produttiva espresse proteste e richieste: se il reclutamento cominciasse a colpire in egual misura gli "elementi utili" e quelli che non esercitano un lavoro produttivo, allora i vagabondi troverebbero sempre i mezzi per nascondersi e tutto il peso del reclutamento ricadrebbe sugli "utili", che spargerebbero tra loro il disordine e la rovina".[317]

Gli straripamenti amministrativi hanno reso evidente l'assurdità della situazione per le difficoltà che ne sono derivate; sono state sollevate domande, ad esempio, sui diversi tipi di attività: sono "utili" o no? Questo ha fatto infuriare i ministeri di San Pietroburgo. [318]Il Consiglio di Stato chiese di ritardare la categorizzazione sociale finché non fossero stati elaborati i regolamenti dei laboratori. L'Imperatore, tuttavia, non volle aspettare. Nel 1851 furono pubblicate le "Regole provvisorie per la categorizzazione degli ebrei" e le "Regole speciali per le officine ebraiche". La popolazione ebraica era profondamente preoccupata, ma secondo la testimonianza del Governatore generale del Sud-Ovest, non credeva più che questa categorizzazione sarebbe entrata in vigore".[319]

---

[315] *Assia*, 1.2. p. 115.
[316] LJE, t. 7, p. 323.
[317] *Assia*, t. 2, pp. 114-118.
[318] *Ibidem*, p. 112.
[319] JE, 1.13, p. 274.

E, in effetti, "... non ebbe luogo; la popolazione ebraica non fu divisa in categorie". [320] Nel 1855, Nicola I morì improvvisamente e la categorizzazione fu abbandonata per sempre.

Nel corso degli anni 1850-1855, il sovrano aveva dato prova, nel complesso, di un senso illimitato di orgoglio e di fiducia in se stesso, accumulando errori grossolani che ci portarono stupidamente alla guerra di Crimea contro una coalizione di Stati, prima di morire improvvisamente mentre il conflitto infuriava.

La morte improvvisa dell'imperatore salvò gli ebrei da una situazione difficile, così come un secolo dopo li avrebbe salvati la morte di Stalin.

Così finirono i primi sei decenni di presenza massiccia di ebrei in Russia. Bisogna riconoscere che né il loro livello né la loro mancanza di chiarezza prepararono le autorità russe dell'epoca ad affrontare un problema così radicato, spinoso e complesso. Ma affibbiare a questi leader russi l'etichetta di "persecutori degli ebrei" equivale a distorcere le loro intenzioni e ad aggravare le loro capacità.

---

[320] *Assia*, t. 2, p. 118.

Capitolo 4
Nell'era delle riforme

Al momento dell'ascesa al trono di Alessandro II, la questione contadina in Russia era matura da un secolo e richiedeva una soluzione immediata. Poi, all'improvviso, emerse la questione ebraica, che esigeva anch'essa una soluzione non meno urgente. In Russia, la questione ebraica non era antica come la radicata e barbara istituzione della servitù della gleba e fino a quel momento non sembrava incombere così tanto sul Paese. Eppure d'ora in poi, per il resto del secolo e fino all'anno 1917 nella Duma di Stato, la questione ebraica e quella contadina si sarebbero incrociate più e più volte, si sarebbero contese e si sarebbero intrecciate nel loro destino concorrente.

Alessandro II era salito al trono durante la difficile impasse della guerra di Crimea contro l'Europa unita. La situazione richiedeva una decisione difficile: resistere o arrendersi.

Dopo alcune settimane, Sua Maestà diede ordine di "rendere gli ebrei uguali al resto della popolazione per quanto riguarda il servizio militare e di porre fine all'accettazione di reclute minorenni". (Poco dopo, la leva per "categoria di abilità" dei filistei ebrei fu cancellata; ciò significava che "tutte le classi della popolazione ebraica furono rese uguali rispetto al servizio militare obbligatorio".)[321]

Questa decisione fu confermata nel Manifesto dell'Incoronazione del 1856: "Le reclute ebree della stessa età e delle stesse qualità definite per le reclute di altri gruppi di popolazione devono essere ammesse, mentre l'accettazione di reclute ebree minorenni deve essere abolita". [322]Proprio allora fu completamente abolita anche l'istituzione dei cantonieri militari; i cantonieri ebrei che avevano meno di 20 anni furono restituiti ai loro genitori anche se erano già stati trasformati in soldati. [I cantonieri erano i

---

[321] *Evreyskaya Entsiklopediya* [Enciclopedia ebraica] (d'ora in poi EE [JE]): V 16 T. Sankt-St.Petersburg...: Obshchestvo dlya Nauchnikh Evreyskikh Izdaniy I Izd-vo Brokrauz-Efron [Società per le pubblicazioni scientifiche ebraiche e casa editrice Brokrauz-Efron], 1906-1913. T 13, p. 373-374.
[322] *EE** [JE], T 3, pag. 163.

figli dei coscritti russi che, a partire dal 1721, venivano educati in speciali "scuole cantonali" per il futuro servizio militare.

I gradi inferiori che avevano svolto l'intero mandato (e i loro discendenti) ricevevano il diritto di vivere ovunque sul territorio dell'Impero russo (di solito si stabilivano dove avevano terminato il servizio). (Di solito si stabilivano dove avevano terminato il servizio. Potevano stabilirsi permanentemente sul sito e spesso erano diventati i fondatori di nuove comunità ebraiche.[323]

Per uno scherzo del destino e come punizione storica, la Russia e la dinastia Romanov hanno avuto Yakov Sverdlov dai discendenti di uno di questi coloni cantonieri.)[324]

Con lo stesso manifesto la popolazione ebraica "fu perdonata di tutte le [considerevoli] tasse arretrate" degli anni precedenti. ("Eppure già nel corso dei cinque anni successivi si accumularono nuovi debiti fiscali per un ammontare pari al 22% della somma totale prevista per le tasse.)[325]

Più in generale, Alessandro II espresse la sua intenzione di risolvere la questione ebraica - e nel modo più favorevole. Per questo, l'approccio alla questione fu drasticamente cambiato. Se durante il regno di Nicola I il governo vedeva il proprio compito come una prima riforma della vita interna degli ebrei, sgombrandola gradualmente attraverso il lavoro produttivo e l'istruzione con la conseguente rimozione delle restrizioni amministrative, durante il regno di Alessandro II la politica era opposta: iniziare "con l'intenzione di integrare questa popolazione con gli abitanti autoctoni del Paese", come dichiarato nel decreto imperiale del 1856.[326]

Il governo aveva quindi iniziato a rimuovere rapidamente i vincoli e le restrizioni esterne senza cercare le possibili cause interne dell'isolamento e della morbilità degli ebrei, sperando così che tutti i problemi rimanenti si sarebbero risolti da soli.

A tal fine, nel 1856 fu istituito un altro Comitato per l'organizzazione della vita ebraica. (Si trattava già del settimo comitato per gli affari ebraici, ma non certo dell'ultimo). Il suo presidente, il già citato conte Kiselyov, riferì

---

[323] Ibid. T 11, p. 698; *Yu Gessen*. Istoriya evreyskogo naroda v Rossii* [Storia del popolo ebraico in Russia] (d'ora in poi *Yu. Gessen*): V 2 T. L., 1925-1927. T 2, p. 160.
[324] *Kratkaya Evreyskaya Entsiklopedia* [Enciclopedia ebraica breve] (d'ora in poi *KEE* [SJE]): [V 10 T.] Gerusalemme, 1976-2001. T 4, p. 79.
[325] *Yu. Gessen*. T 2, pag. 183.
[326] M. *Kovalevskiy*. Ravnopravie evreyev i ego vragi* [L'uguaglianza dei diritti degli ebrei e i suoi oppositori]// *Shchit: Literaturniy sbornik* [Shchit: Antologia letteraria]/ Sotto la direzione di L. Andreyev, M Gor'kiy e F. Sologub. 3a edizione, dop. M.: *Russkoe Obshchestvo dly izucheniya evreyskoy zhizni* [Società russa per lo studio della vita ebraica], 1916, p. 117-118.

a Sua Maestà che "l'obiettivo di integrare gli ebrei con la popolazione generale" "è ostacolato da varie restrizioni temporanee che, se considerate nel contesto delle leggi generali, contengono molte contraddizioni e generano sconcerto". In risposta, Sua Maestà ordinò "una revisione di tutti gli statuti esistenti sugli ebrei per armonizzarli con la strategia generale diretta all'integrazione di questo popolo con gli abitanti nativi, nella misura consentita dalla condizione morale degli ebrei", cioè "dal fanatismo e dalla nocività economica loro attribuita".[327]

No, non per niente Herzen aveva lottato con il suo *Kolokol*, o Belinsky e Granovsky, o Gogol! (Perché questi ultimi, pur non avendo tali obiettivi, agivano nella stessa direzione dei primi tre). Sotto l'involucro dell'austero regno di Nicola I, la richiesta di riforme decisive e la volontà di attuarle e il popolo si stavano accumulando e, sorprendentemente, i nuovi progetti venivano accolti dagli alti dignitari governativi istruiti con maggiore entusiasmo rispetto al pubblico istruito in generale. E questo ebbe un impatto immediato sulla questione ebraica. Di volta in volta, i ministri degli Interni (prima Lanskoi e poi Valuev) e i governatori generali dei Krais occidentali e sudoccidentali [divisioni amministrative della Russia zarista] condivisero i loro suggerimenti con Sua Maestà, che si dimostrò piuttosto interessato. "Parziali miglioramenti nella situazione legale degli ebrei furono emanati dal governo di propria iniziativa, ma sotto la diretta supervisione di Sua Maestà".[328] Questi cambiamenti andavano di pari passo con le riforme liberatorie generali che riguardavano gli ebrei come il resto della popolazione.

Nel 1858, il governatore generale di Novorossijsk Stroganov suggerì un'immediata, istantanea e completa equiparazione degli ebrei in tutti i diritti, ma il Comitato, ora presieduto da Bludov, si fermò, trovandosi impreparato a una tale misura. Nel 1859 sottolineò, a titolo di paragone, che "mentre gli ebrei dell'Europa occidentale hanno iniziato a mandare i loro figli alle scuole pubbliche al primo invito del governo, dedicandosi più o meno a occupazioni utili, il governo russo deve lottare con i pregiudizi e il fanatismo degli ebrei"; pertanto, "la parificazione degli ebrei in termini di diritti con gli abitanti nativi non può avvenire in altro modo se non con un cambiamento graduale, in seguito alla diffusione del vero illuminismo tra di loro, ai cambiamenti nella loro vita interiore e all'orientamento della loro attività verso occupazioni utili".[329]

Il Comitato sviluppò anche argomenti contro la parità di diritti. Ha suggerito che la questione in esame non è tanto una questione ebraica,

---

[327] *EE* [JE], T 1, pagg. 812-813.
[328] Ibid. p. 808.
[329] Ibid. p. 814-815; *Yu Gessen**, T 2, p. 147-148.

quanto russa; che sarebbe precipitoso concedere pari diritti agli ebrei prima di aver innalzato il livello educativo e culturale della popolazione russa, le cui masse oscure non sarebbero in grado di difendersi di fronte alla pressione economica della solidarietà ebraica; che gli ebrei difficilmente aspirano all'integrazione con il resto dei cittadini del Paese, che si sforzano di ottenere tutti i diritti civili mantenendo il loro isolamento e la coesione che i russi non possiedono tra di loro.

Tuttavia, queste voci non hanno raggiunto l'influenza. Una dopo l'altra, le restrizioni furono rimosse. Nel 1859 fu rimosso il divieto del 1835, che aveva proibito agli ebrei di prendere in affitto o gestire le terre dei proprietari terrieri. (E quindi il diritto di governare sui contadini; anche se tale divieto fu "in alcuni casi... segretamente violato". Anche se dopo il 1861 le terre rimaste di proprietà dei proprietari terrieri non erano formalmente "popolate"). I nuovi cambiamenti avevano lo scopo di "rendere più facile per i proprietari terrieri rivolgersi agli ebrei, se necessario", in caso di deterioramento dell'economia padronale, ma anche "per ampliare in qualche modo il ristretto campo di attività economica degli ebrei". Ora gli ebrei potevano affittare queste terre e stabilirvisi, ma non potevano acquistarle.[330]

Nel frattempo nel Krai sud-occidentale "il capitale che poteva essere destinato all'acquisto di terreni era concentrato nelle mani di alcuni ebrei... tuttavia gli ebrei si rifiutarono di fare credito ai proprietari terrieri a fronte della garanzia della proprietà, perché le proprietà non potevano essere acquistate dagli ebrei". Poco dopo agli ebrei fu concesso il diritto di acquistare terreni dai proprietari terrieri all'interno della Pale of Settlement.[331]

Con lo sviluppo delle ferrovie e dei piroscafi, le attività ebraiche, come la gestione di locande e stazioni postali, erano diminuite. Inoltre, a causa delle nuove tariffe doganali liberali introdotte nel 1857 e nel 1868, che hanno abbassato i dazi doganali sulle merci importate in Russia, i "profitti del commercio di contrabbando" sono immediatamente e fortemente diminuiti.[332]

Nel 1861 fu abolito il divieto per gli ebrei di acquisire diritti esclusivi su alcune fonti di reddito delle proprietà. Nello stesso anno furono aboliti i sistemi dell'agricoltura fiscale e della "viticoltura" [nota del traduttore: concessioni dello Stato a imprenditori privati per la vendita di vodka alla popolazione in particolari regioni]. Questo fu un duro colpo per un'importante impresa ebraica. "Tra gli ebrei, 'esattore' e 'appaltatore'

---

[330] *Yu Gessen*, T 2, pag. 163.
[331] *Yu Gessen*, T 2, pag. 164.
[332] Ibidem, pagg. 161-162.

erano sinonimi di ricchezza"; ora, scrive Orshansky, potevano solo sognare "il tempo della guerra di Crimea, quando gli appaltatori facevano milioni, grazie alla coscienza flessibile e alla particolare visione del Tesoro in certi ambienti"; "migliaia di ebrei vivevano e si arricchivano sotto l'ala benefica dell'agricoltura fiscale". Ora gli interessi dello Stato avevano cominciato a essere applicati e i contratti erano diventati molto meno redditizi. E "il commercio di alcolici" era diventato "molto meno redditizio che... sotto... il sistema dell'agricoltura fiscale". [333]Tuttavia, poiché l'accisa era stata introdotta nell'industria vinicola al posto del sistema di coltivazione del vino, non erano state imposte restrizioni speciali agli ebrei, che potevano così vendere e affittare fabbriche di distillazione su base comune nelle province del Pale of Settlement. [334]Nei due decenni successivi esercitarono con successo questo diritto di affitto e di acquisto, tanto che negli anni Ottanta del XIX secolo tra il 32% e il 76% di tutte le fabbriche di distillazione nella Pale of Settlement appartenevano a ebrei, e quasi tutte rientravano nella categoria di "grande impresa". [335]Nel 1872, l'89% delle fabbriche di distillazione nel Krai sud-occidentale erano affittate da ebrei. [336]Dal 1863 gli ebrei furono autorizzati a gestire la distillazione nella Siberia occidentale e orientale (perché "i più notevoli specialisti dell'industria della distillazione provenivano quasi esclusivamente dagli ebrei"), e dal 1865 i distillatori ebrei furono autorizzati a risiedere ovunque.[337]

Per quanto riguarda il commercio di alcolici nei villaggi, all'inizio degli anni Ottanta del XIX secolo circa un terzo dell'intera popolazione ebraica del Pale viveva nei villaggi, con due o tre famiglie in ogni villaggio, [338]come resti del *korchemstvo* [da "taverna" - l'attività di vendita di alcolici al dettaglio regolamentata dallo Stato]. Un rapporto ufficiale del governo del 1870 affermava che "l'attività di vendita di alcolici nel Krai occidentale è quasi esclusivamente concentrata nelle mani degli ebrei, e gli abusi riscontrati in queste istituzioni superano ogni limite di tolleranza". [339]Si chiedeva quindi agli ebrei di esercitare l'attività di consumo di alcolici solo

---

[333] *I. Orshanskiy. Evrei v Rossii: Ocherki i issledovaniya* [Gli ebrei in Russia: saggi e ricerche]. Vip. 1 (d'ora in poi *I. Orshanskiy*). Sankt-San Pietroburgo, 1872, p. 10-11.
[334] *V.N. Nikitin. Evrei zemledel'tsi: Istoricheskoe, zakonodatel'noe, administrativnoe i bitovoe polozhenie kolonii co vremeni ikh vozniknoveniya do nashikh dney 1807-1887* [Contadini ebrei: la condizione storica, legale, amministrativa e quotidiana delle colonie, dal tempo della loro origine ai nostri giorni. 1807-1887]. (d'ora in poi *V.N. Nikitin*). Sankt-San Pietroburgo, 1887, p. 557.
[335] *EE* [JE], T 5, pagg. 610-611.
[336] Ibid. T 13, p. 663.
[337] Ibid*, T 5, p. 622.
[338] *Yu. Larin. Evrei i antisemitizm v SSSR* [Gli ebrei e l'antisemitismo nell'URSS]. Mosca; Leningrado: GIZ, 1929, p. 49.
[339] *I. Orshanskiy*, p. 193.

nelle loro case. La logica di questa richiesta è stata spiegata da G. B. Sliozberg: nei villaggi della Piccola Russia [Ucraina], cioè al di fuori dei limiti legali dell'autonomia polacca, i proprietari terrieri non avevano il diritto di esercitare il commercio di alcolici - e questo significava che gli ebrei non potevano acquistare alcolici dai proprietari terrieri per rivenderli. Allo stesso tempo, però, gli ebrei non potevano acquistare nemmeno un piccolo appezzamento di terra dei contadini; pertanto, gli ebrei affittavano le case dei contadini e vi svolgevano l'attività di vendita di alcolici.

Quando anche questo tipo di commercio era proibito, il divieto veniva spesso eluso utilizzando un'attività "di facciata": un brevetto fittizio per un'attività di vendita di alcolici veniva rilasciato a un cristiano al quale un ebreo avrebbe dovuto servire solo come "addetto".[340]

Inoltre, la "clausola punitiva" (come è formulata nell'*Enciclopedia Ebraica*), cioè una punizione che accompagnava il divieto per gli ebrei di assumere un cristiano come domestico personale, fu abrogata nel 1865 in quanto "incompatibile con lo spirito generale della politica ufficiale di tolleranza". E così "dalla fine degli anni Sessanta del XIX secolo molte famiglie ebree cominciarono ad assumere servitori cristiani".[341]

Purtroppo, è tipico di molti studiosi che studiano la storia dell'ebraismo in Russia non tenere conto delle vittorie faticosamente conquistate: se ieri tutte le forze e l'attenzione erano concentrate sulla lotta per un qualche diritto civile e oggi quel diritto è stato raggiunto - molto rapidamente dopo quella vittoria viene considerata un'inezia. Si è parlato tanto della "doppia tassa" sugli ebrei, come se esistesse da secoli e non da pochissimi anni, e anche allora non è mai stata realmente applicata nella pratica. La legge del 1835, che all'epoca fu accolta dagli ebrei con un senso di sollievo, alle soglie del 20 secolo fu definita da S. Dubnov una "Carta dell'arbitrio". Al futuro rivoluzionario Leo Deutsch, che negli anni Sessanta dell'Ottocento era un giovane suddito ancora fedele, sembrava che l'amministrazione "non [applicasse] rigorosamente alcune restrizioni essenziali... sui... diritti" degli ebrei, "chiudeva un occhio sulle... violazioni"; "in generale, la vita degli ebrei in Russia negli anni Sessanta non era cattiva". Tra i miei coetanei ebrei non ho visto nessuno che soffrisse di depressione, sconforto o allontanamento a causa dell'oppressione dei loro compagni cristiani". [342] Ma poi improvvisamente si ricorda del suo dovere rivoluzionario e

---

[340] G.B. Sliozberg. *Dela minuvshikh dney: Zapiski russkogo evreya* [Affari del passato: le note di un ebreo russo] (d'ora in poi *G.B. Sliozberg*): V 3 T. Parigi, 1933-1934. T 1, p. 95.
[341] *EE**, T 11, pag. 495.
[342] L. Deych. *Rol' evreyev v russkom revolyutsionnom dvizhenii* [Il ruolo degli ebrei nel movimento rivoluzionario russo]. T 1. Seconda edizione. Mosca; Leningrado: GIZ, 1925, p. 14, 21-22.

definisce tutto ciò che è stato dato agli ebrei durante il regno di Alessandro I come "in sostanza, alleviazioni insignificanti" e, senza perdere un colpo, menziona "i crimini di Alessandro II" - anche se, a suo parere, lo zar non avrebbe dovuto essere ucciso. [343]E dalla metà del 20 secolo sembra già che per tutto il 19° secolo siano stati creati vari comitati e commissioni per la revisione delle restrizioni legali degli ebrei "e sono giunti alla conclusione che le restrizioni legali esistenti non raggiungevano i loro scopi e dovevano essere... abolite.... Eppure non uno solo dei progetti elaborati dai comitati... fu realizzato".[344] È stato eliminato, dimenticato e non si è brindato.

Dopo le prime riforme ebraiche di Alessandro II, l'esistenza della Pale of Settlement era diventata la questione più dolorosa. "Una volta emersa la speranza di una possibilità di future riforme statali, e dopo che i primi segnali di un atteso rinnovamento della vita pubblica erano appena apparsi, l'intellighenzia ebraica iniziò a contemplare l'audace passo di sollevare la questione dell'abolizione totale del Pale of Settlement ebraico". [345] Tuttavia, ancora fresca nella memoria ebraica era l'idea della "selettività": imporre obblighi aggiuntivi agli ebrei non stabilmente insediati e improduttivi. Così, nel 1856, l'idea di presentare una petizione a Sua Maestà apparve negli strati sociali dei "mercanti ebrei, dei cittadini di San Pietroburgo e dei forestieri", che "per la loro posizione sociale e per la natura della loro attività, interagivano più strettamente con le autorità centrali". La [346] petizione chiedeva a Sua Maestà di "non concedere privilegi a tutta la popolazione ebraica, ma solo ad alcune categorie", alla giovane generazione "cresciuta nello spirito e sotto la supervisione del governo", "alla classe mercantile superiore" e "ai bravi artigiani, che si guadagnano il pane con il sudore della fronte"; in modo che fossero "distinti dal governo con maggiori diritti rispetto a coloro che non mostrano ancora nulla di speciale nelle loro buone intenzioni, nella loro utilità e nella loro laboriosità"..... La nostra petizione è affinché il Monarca Misericordioso, distinguendo il grano dalla pula, sia ben disposto a concedere alcuni privilegi, per quanto modesti, ai meritevoli e ai colti tra noi, incoraggiando così le azioni buone e lodevoli". [347](Anche con tutte le loro eccitate speranze, non potevano nemmeno immaginare quanto rapidamente i cambiamenti nella posizione degli ebrei sarebbero stati

---

[343] Ibid. p. 28.
[344] A.A. Gal'denveyzer. Pravovoe polozhenie evreyev v Rossii // [Sb.] *Kniga o russkom evreystve: Ot 1860-kh godov do Revolyutsii 1917g* [La posizione giuridica degli ebrei in Russia//[Antologia] Il libro dell'ebraismo russo: dagli anni '60 del XIX secolo alla rivoluzione del 1917]. (d'ora in poi KRE-1). New York: *Soyuz Russkikh Evreyev* [Unione degli ebrei russi], 1960, p. 119.
[345] *Yu Gessen*. T 2, pag. 143.
[346] *EE* [JE], T 1, pag. 813.
[347] *Yu. Gessen**, T 2, pag. 144-145; *EE* [JE] T 1, pag. 813.

attuati nella pratica - già nel 1862 alcuni degli autori di questa petizione avrebbero chiesto "di estendere la parità di diritti a tutti coloro che si diplomano presso le istituzioni educative secondarie ", poiché i diplomati del ginnasio "naturalmente, devono essere considerati persone con un'educazione europea".[348]

E sì, "in linea di principio, lo zar non si curava delle violazioni delle leggi riguardanti la Pale of Settlement ebraica a favore di singoli gruppi della popolazione ebraica". Nel 1859 i mercanti ebrei della prima corporazione ottennero il diritto di residenza in tutta la Russia (e la seconda corporazione a Kiev dal 1861; e anche per tutte e tre le corporazioni a Nikolayev, Sebastopoli e Yalta) [349]con il diritto di organizzare attività manifatturiere, contratti e acquistare beni immobili. Già in precedenza, i medici e i titolari di master in materie scientifiche avevano goduto del diritto di residenza universale (compreso il diritto di occupare posti nel servizio governativo; a questo proposito va ricordato il professore di medicina G.A. Zakharyin, che in futuro avrebbe pronunciato la sentenza fatale sulla malattia di Alessandro III). Dal 1861 questo diritto fu concesso ai "candidati delle università", cioè ai semplici laureati, [350]e anche "alle persone di libera professione".[351]

Le restrizioni della Pale of Settlement vennero ora tolte anche alle "persone che desiderano ottenere un'istruzione superiore... cioè alle persone che entrano nelle accademie di medicina, nelle università e negli istituti tecnici". [352]Poi, in seguito alle petizioni di singoli ministri, governatori e influenti mercanti ebrei (ad esempio, Evzel Ginzburg), a partire dal 1865 l'intero territorio della Russia, compresa San Pietroburgo, fu aperto agli artigiani ebrei, anche se solo per il periodo di effettiva attività professionale. (La nozione di artigiani fu poi ampliata per includere tutti i tipi di tecnici, come i tipografi e gli operai tipografici).[353]

A questo proposito vale la pena ricordare che i mercanti si trasferirono con i loro impiegati, impiegati, assistenti vari, personale di servizio ebreo, artigiani e anche con apprendisti e allievi. Complessivamente, si trattava già di un flusso notevole. Quindi, un ebreo con diritto di residenza fuori dal Pale era libero di spostarsi dal Pale, e non solo con la sua famiglia.

Tuttavia, le nuove agevolazioni furono superate da nuove petizioni. Nel 1861, subito dopo aver concesso privilegi ai "candidati delle università", il

---

[348] *Yu Gessen*, T 2, pag. 158.
[349] *Yu Gessen*, T 2, pag. 144, 154-155.
[350] *EE* [JE], T 1, pag. 817.
[351] *KEE* [SJE], T 4, pag. 255.
[352] Sm: *M. Kovalevskiy* // Shchit, p. 118.
[353] *EE* [JE], T 1, pag. 818; T 11, pag. 458-459; T 14, pag. 841.

Governatore generale del Krai sud-occidentale aveva chiesto di consentire l'uscita dal Pale a coloro che avevano completato le scuole professionali statali per gli ebrei, cioè gli istituti di livello liceale incompleti. Egli aveva descritto vividamente la condizione di questi diplomati: "I giovani che si diplomano in queste scuole si trovano completamente tagliati fuori dalla società ebraica.... Se non trovano occupazioni adeguate alle loro qualifiche all'interno dei loro circoli, si abituano all'ozio e quindi, essendo rappresentanti indegni della loro professione, spesso screditano il prestigio dell'istruzione agli occhi delle persone con cui vivono".[354]

Nello stesso anno, i ministri degli Interni e dell'Educazione dichiararono all'unisono "che una causa fondamentale della disastrosa condizione degli ebrei si nasconde nella quota abnorme di ebrei occupati nel commercio e nell'industria rispetto al resto impegnato nell'agricoltura"; e a causa di ciò "il contadino è inevitabilmente predato dagli ebrei come se fosse obbligato a cedere una parte del suo reddito al loro mantenimento". Tuttavia, la competizione interna tra gli ebrei crea una "situazione quasi impossibile per provvedere a se stessi con mezzi legali". Perciò è necessario "concedere il diritto di residenza universale ai mercanti" delle 2nd e delle 3 Corporazioni, e anche ai diplomati delle scuole superiori o equivalenti.[355]

Nel 1862 il governatore generale di Novorossijsk chiese nuovamente la "completa abolizione del Pale of Settlement ebraico", chiedendo di "concedere il diritto di residenza universale a *tutto il* popolo [ebraico]".[356]

I permessi mirati per la residenza universale di alcuni gruppi ebraici venivano rilasciati a un ritmo più lento ma costante. Dal 1865 fu consentita l'accettazione degli ebrei come medici militari e subito dopo (1866-1867) fu permesso ai medici ebrei di lavorare nei ministeri dell'Istruzione e degli Interni. [357]Dal 1879 furono autorizzati a prestare servizio come farmacisti e veterinari; il permesso fu concesso anche "a coloro che si preparano per il tipo di attività corrispondente", [358]e anche a ostetriche e feldshers, e "a coloro che desiderano studiare arti di assistenza medica".[359]

---

[354] *Yu Gessen*, T 2, pag. 150.
[355] Ibid*, p. 148.
[356] Ibidem, p. 150.
[357] Ibid. p. 169.
[358] *Yu Gessen*, T 2, pag. 208.
[359] *EE* [JE], T 15, pag. 209; T 1, pag. 824.

Infine, fu emanato un decreto del Ministro degli Affari Interni Makov che consentiva la residenza fuori dal Pale a tutti gli ebrei che vi si erano già stabiliti illegalmente.[360]

A questo proposito è opportuno aggiungere che negli anni Sessanta del XIX secolo "gli avvocati ebrei... in assenza di un collegio forense ufficiale, in quel periodo potevano ottenere posti di lavoro nel servizio pubblico senza alcuna difficoltà".[361]

Le agevolazioni riguardarono anche gli ebrei che vivevano nelle regioni di confine. Nel 1856, quando, in base al Trattato di Parigi, il confine dello Stato russo si ritirò vicino a Kishinev e Akkerman, gli ebrei non furono costretti a lasciare questa nuova zona di frontiera. E nel 1858 "i decreti di Nicola I, che imponevano agli ebrei di abbandonare la zona di confine di cinquanta verste [una misura russa obsoleta, una versta è poco più di un chilometro], furono definitivamente abrogati".[362] E dal 1868 fu consentito il movimento degli ebrei tra le province occidentali della Russia e il Regno di Polonia (dove prima era formalmente vietato).[363]

Accanto agli allentamenti ufficiali delle restrizioni legali, vi erano anche eccezioni e scappatoie nei regolamenti. Ad esempio, nella capitale San Pietroburgo "nonostante... i divieti, gli ebrei si stabilirono lo stesso per lunghi periodi"; e "con l'ascesa di Alessandro II... il numero di ebrei a San Pietroburgo cominciò a crescere rapidamente. Emersero capitalisti ebrei che cominciarono a dedicare una notevole attenzione all'organizzazione della comunità ebraica"; "il barone Goratsy Ginzburg, per esempio... L. Rozental, A Varshavsky e altri".[364] Verso la fine del regno di Alessandro II, E. A. Peretz (figlio dell'agricoltore fiscale Abram Peretz) divenne Segretario di Stato russo. Negli anni Sessanta dell'Ottocento "San Pietroburgo cominciò ad attrarre parecchi membri dei [circoli] commerciali, industriali e intellettuali dell'ebraismo".[365]

Secondo i dati della Commissione per l'organizzazione della vita ebraica, nel 1880-81, 6.290 ebrei erano ufficialmente registrati a San Pietroburgo, [366] mentre secondo altre cifre ufficiali, 8.993; e secondo un censimento

---

[360] Perezhitoe: Sbornik, posvyashchenniy obshchestvennoy i kul'turnoy istorii evreyev v Rossii [Esperienze passate: Antologia dedicata alla storia sociale e culturale degli ebrei in Russia]. T 2, Sankt-St. Petersburg, 1910, p. 102.
[361] *G.B. Sliozberg*, T 1, pag. 137.
[362] *KEE* [SJE], T 7, pag. 327.
[363] *EE* [JE], T 1, pag. 819.
[364] Inoltre, T 13, pagg. 943-944.
[365] *I.M. Trotskiy. Samodeyatel'nost i samopomoshch' evreyev v Rossii* [L'iniziativa individuale e l'autoaiuto degli ebrei in Russia] (OPE, ORT, EKO, OZE, EKOPO) // KRE-1, p. 471.
[366] *Yu. Gessen*. T 2, pag. 210.

locale del 1881, gli ebrei a San Pietroburgo erano 16.826, cioè circa il 2% della popolazione totale della città.[367]

A Mosca nel 1856 fu abrogato l'obbligo per i mercanti ebrei in arrivo di risiedere esclusivamente nel Quartiere Glebovskij; "agli ebrei fu permesso di stare in qualsiasi parte della città. Durante il regno di Alessandro II... la popolazione ebraica di Mosca crebbe rapidamente"; nel 1880 era di circa 16.000 persone".[368]

La situazione era simile a Kiev. Dopo il 1861, "era iniziata una rapida crescita della popolazione ebraica di Kiev" (da 1.500 nel 1862, a 81.000 nel 1913). A partire dagli anni Ottanta del XIX secolo si verificò un afflusso di ebrei a Kiev. Nonostante le frequenti retate della polizia, per le quali Kiev era famosa, il numero degli ebrei superava notevolmente le cifre ufficiali". Alla fine del XIX secolo, gli ebrei rappresentavano il 44% dei commercianti di Kiev".[369]

Yu. I. Hessen definisce "la concessione del diritto di residenza universale (1865) agli artigiani" la più importante. Eppure, a quanto pare, gli ebrei non si affrettarono a lasciare il Pale. Ebbene, se era così sovraffollato lì dentro, così vincolante e così privo di mercati e di guadagni, perché allora non fecero "quasi nessun uso del diritto di lasciare il Pale of Settlement?". Nel 1881, in trentuno province dell'interno, gli artigiani ebrei erano complessivamente 28.000 (e gli ebrei in generale 34.000). Hessen spiega questo paradosso nel modo seguente: gli artigiani benestanti non avevano bisogno di cercare nuovi luoghi, mentre gli indigenti non avevano i mezzi per spostarsi, e il gruppo intermedio, "che in qualche modo riusciva a cavarsela da un giorno all'altro senza sopportare una particolare povertà", temeva che dopo la loro partenza gli anziani della loro comunità si sarebbero rifiutati di estendere loro un passaporto annuale per motivi fiscali, o addirittura "avrebbero preteso che le parti in uscita tornassero a casa".[370]

Ma si può dubitare fortemente di tutte queste statistiche. Abbiamo appena letto che solo a San Pietroburgo c'era un numero di ebrei almeno doppio rispetto ai dati ufficiali. La lentezza dell'apparato statale russo poteva davvero spiegare la rapidità della popolazione ebraica in un tempo definito e in tutti i luoghi?

La crescita della popolazione ebraica in Russia fu rapida e sicura. Nel 1864 ammontava a 1.500.000 senza contare gli ebrei in Polonia.[371] Nel 1850,

---

[367] *EE* [JE], T 13, pag. 947; *KEE* [SJE], T 4, pag. 770.
[368] *KEE* [SJE], T 5, pag. 473.
[369] Inoltre, T 4, pag. 255.
[370] *Yu Gessen*. T 2, pag. 159-160, 210.
[371] Inoltre, pag. 159.

insieme alla Polonia, era di 2.350.000 persone e nel 1860 era già di 3.980.000 persone. Dalla popolazione iniziale di circa 1.000.000 al momento delle prime spartizioni della Polonia, si è passati a 5.175.000 al censimento del 1897 - cioè, dopo un secolo, è cresciuta più di *cinque* volte. (All'inizio del 19 secolo l'ebraismo russo ammontava al 30% della popolazione ebraica mondiale, mentre nel 1880 era già il 51%).[372]

Si trattò di un grande evento storico. All'epoca, il suo significato non fu colto né dalla società russa né dall'amministrazione russa. Questa rapida crescita numerica da sola, senza tutte le altre peculiarità della questione ebraica, aveva già posto alla Russia un enorme problema di stato. E qui è necessario, come sempre in ogni questione, cercare di capire entrambi i punti di vista.

Con questa enorme crescita dell'ebraismo russo, due esigenze nazionali si scontravano sempre più fortemente. Da un lato c'era la necessità degli ebrei (e una caratteristica distinta della loro dinamica esistenza di 3.000 anni) di diffondersi e insediarsi il più possibile tra i non ebrei, in modo che un numero maggiore di ebrei fosse in grado di impegnarsi nella produzione, nel commercio e di servire come intermediari (e di essere coinvolti nella cultura della popolazione circostante). Dall'altro c'era l'esigenza dei russi, come la intendeva il governo, di avere il controllo sulla propria vita economica (e poi culturale) e di svilupparla da soli al proprio ritmo.

Non dimentichiamo che contemporaneamente a tutte queste misure di sgravio per gli ebrei, le riforme liberatorie universali di Alessandro II furono attuate una dopo l'altra, a beneficio sia degli ebrei che di tutti gli altri popoli della Russia. Ad esempio, nel 1863 fu abrogata l'imposta di capitazione [cioè il sondaggio o la testa] della popolazione urbana, il che significò uno sgravio fiscale per la maggior parte delle masse ebraiche; da allora rimasero solo le imposte fondiarie, che venivano pagate con la tassa kosher raccolta.[373]

Tuttavia, proprio la più importante di queste riforme alessandrine, il punto di svolta storicamente più significativo della storia russa - la liberazione dei contadini e l'abolizione della servitù della gleba nel 1861 - si rivelò altamente svantaggiosa per gli ebrei russi, e addirittura rovinosa per molti. "I cambiamenti sociali ed economici generali derivanti dall'abolizione della servitù contadina... avevano peggiorato significativamente la situazione materiale di ampie masse ebraiche durante quel periodo di transizione ".[374] Il cambiamento *sociale* fu tale che la classe dei contadini,

---

[372] *B.Ts. Dinur. Religiozno-natsional'niy oblik russkogo evreystva* [Lo sguardo religioso-nazionale dell'ebraismo russo] // KRE-1, p. 311-312.
[373] *EE* [JE], T 12, pag. 640.
[374] *Yu Gessen*, T 2, pag. 161.

multimilionaria e immobile, cessò di esistere, riducendo il vantaggio relativo della libertà personale degli ebrei. E il cambiamento *economico* fu tale che "il contadino, liberato dalla servitù, ... aveva meno bisogno di servizi da parte dell'ebreo"; cioè, il contadino era ora libero dal rigido divieto di commerciare i suoi prodotti e di acquistare beni da solo - cioè, attraverso chiunque non fosse un intermediario preassegnato (nelle province occidentali, quasi sempre un ebreo). E ora, poiché i proprietari terrieri erano stati privati della manodopera gratuita dei servi della gleba, per non essere rovinati, "erano costretti a impegnarsi personalmente nell'economia delle loro proprietà - un'occupazione in cui prima gli ebrei svolgevano un ruolo cospicuo come affittuari e intermediari in tutti i tipi di affari commerciali e manifatturieri".[375]

È da notare che il credito fondiario introdotto in quegli anni stava soppiantando l'ebreo "come gestore finanziario dell'economia padronale".[376] Lo sviluppo delle associazioni di consumo e di credito portò alla "liberazione della gente dalla tirannia dell'usura".[377]

Un contemporaneo intelligente ci trasmette lo stato d'animo ebraico dell'epoca. Sebbene l'accesso ai servizi governativi e alle libere professioni fosse aperto agli ebrei e sebbene "i diritti industriali degli ebrei fossero stati ampliati" e ci fossero "più opportunità di istruzione" e "ad ogni... angolo" il "riavvicinamento tra la popolazione ebraica e quella cristiana fosse visibile" e sebbene le restanti "restrizioni... fossero ben lungi dall'essere applicate rigorosamente" e "i funzionari trattassero ora la popolazione ebraica con molto più rispetto di prima", tuttavia la situazione degli ebrei in Russia "al momento attuale... è molto triste". "Non senza ragione, gli ebrei "esprimono rimpianto... per i bei tempi andati".

Ovunque nella Pale of Settlement si potevano sentire "i lamenti degli ebrei sul passato". Infatti, sotto la servitù della gleba si verificò uno "straordinario sviluppo della mediazione"; il pigro proprietario terriero non poteva fare un passo senza il "commerciante o agente ebreo", e anche il contadino oppresso non poteva farcela senza di lui; poteva vendere il raccolto solo attraverso di lui, e anche prendere in prestito da lui. Prima la classe imprenditoriale ebraica "traeva enormi vantaggi dall'impotenza, dallo spreco e dall'impraticabilità dei proprietari terrieri", ma ora il proprietario terriero doveva fare tutto da solo. Inoltre, il contadino è diventato "meno arrendevole e timido"; ora è lui stesso a stabilire contatti con i commercianti all'ingrosso e a bere meno; e questo "ha naturalmente un effetto dannoso sul commercio di alcolici, di cui vive un numero enorme

---

[375] Inoltre.
[376] Inoltre.
[377] Yu. Orshanskiy, *pag. 12*.

di ebrei". L'autore conclude con l'augurio che gli ebrei, come è successo in Europa, "si schierino con le classi produttive e non diventino superflui nell'economia nazionale".[378]

Ora gli ebrei avevano iniziato ad affittare e ad acquistare terreni. Il governatore generale di Novorossijsk (1869) chiese in un rapporto di servizio di proibire agli ebrei della sua regione di acquistare terreni, come era già vietato in nove province occidentali. Nel 1872, poi, il Governatore generale del Krai sud-occidentale ha redatto un memorandum in cui si afferma che "gli ebrei affittano la terra non per occupazioni agricole, ma solo per scopi industriali; consegnano la terra affittata ai contadini, non per denaro ma per una certa quantità di lavoro, che supera il valore dell'affitto abituale di quella terra, e in questo modo "stabiliscono una sorta di loro forma di servitù". E anche se "indubbiamente rinvigoriscono le campagne con il loro capitale e il loro commercio", il Governatore generale "considerava la concentrazione della manifattura e dell'agricoltura nelle stesse mani come una cosa non conveniente, poiché solo in regime di libera concorrenza le aziende agricole e le imprese contadine possono evitare la "gravosa subordinazione del loro lavoro e della loro terra al capitale ebraico, che equivale alla loro inevitabile e imminente perdizione materiale e morale". Tuttavia, pensando di limitare l'affitto di terre agli ebrei nel suo Krai, propose di "dare agli ebrei l'opportunità di stabilirsi in tutte le province della Grande Russia".[379]

Il memorandum fu presentato alla Commissione per l'organizzazione dello stile di vita ebraico, appena istituita (l'ottava delle "Commissioni ebraiche", secondo Conte), che all'epoca era molto solidale con la situazione degli ebrei. Ricevette una valutazione negativa che fu poi confermata dal governo: vietare agli ebrei l'affitto di terreni sarebbe stata "una completa violazione dei diritti" dei ... proprietari terrieri. Inoltre, gli interessi del principale affittuario ebreo "si fondono completamente con quelli degli altri proprietari terrieri.... È vero che i proletari ebrei si raggruppano attorno ai grandi affittuari [ebrei] e vivono del lavoro e dei mezzi della popolazione rurale. Ma lo stesso accade anche nelle tenute gestite dagli stessi proprietari terrieri che, a tutt'oggi, non possono fare a meno dell'aiuto degli ebrei".[380]

Tuttavia, nelle zone abitate dai cosacchi del Don, l'energico avanzamento economico degli ebrei era limitato dal divieto di possedere o affittare beni immobili nel 1880. Il governo provinciale ritenne che "in considerazione della situazione esclusiva della provincia del Don, della popolazione

---

[378] *I. Orshanskiy*, pagg. 1-15.
[379] *Yu. Gessen*, T 2, pag. 224-225.
[380] *EE* [JE], T 3, pag. 83-84.

cosacca che è obbligata al servizio militare, [questo] è l'unico modo affidabile per salvare l'economia cosacca dalla rovina, per assicurare la nascente attività manifatturiera e commerciale della zona". Perché "uno sfruttamento troppo frettoloso delle ricchezze di una regione e un rapido sviluppo dell'industria... sono di solito accompagnati da una distribuzione estremamente diseguale del capitale, e dal rapido arricchimento di alcuni e dall'impoverimento di altri". Nel frattempo, i cosacchi devono prosperare, poiché svolgono il loro servizio militare sui propri cavalli e con il proprio equipaggiamento". [381] In questo modo avevano evitato una possibile esplosione cosacca.

Cosa accadde dunque con la coscrizione degli ebrei al servizio militare dopo tutte le misure di soccorso alessandrine del 1856? Per il 1860, questo era il quadro: "Quando gli ebrei riescono a scoprire l'imminente manifesto imperiale sull'arruolamento delle reclute prima che sia ufficialmente pubblicato... tutti i membri di famiglie ebree idonee al servizio militare fuggono dalle loro case in tutte le direzioni....". A causa delle peculiarità della loro fede e "della mancanza di cameratismo e del perpetuo isolamento del soldato ebreo... il servizio militare per gli ebrei era il più minaccioso, il più rovinoso e il più gravoso dei doveri". [382] Sebbene dal 1860 fosse consentito il servizio ebraico nelle Guardie e dal 1861 le promozioni ai gradi di sottufficiale e il servizio come commesso, [383] non c'era ancora accesso ai gradi di ufficiale.

I. G. Orshansky, un testimone degli anni '60 del XIX secolo, certifica che: "È vero, ci sono molti dati che supportano l'opinione che negli ultimi anni gli ebrei non abbiano di fatto adempiuto agli obblighi di leva in termini di numero. Acquistano vecchi congedati di recluta e li presentano alle autorità"; i contadini a volte li conservano senza conoscerne il valore già dal 1812; così ora l'intraprendenza ebraica li mette a frutto. Oppure, "assumono volontari" al posto loro e "pagano una certa somma all'erario". "Inoltre cercano di dividere le loro famiglie in unità più piccole", e in questo modo ogni famiglia rivendica il privilegio del "figlio unico" (il figlio unico era esentato dal servizio militare). Tuttavia, egli nota che "tutti i trucchi per evitare il reclutamento... si riscontrano in modo simile tra i russi 'purosangue'" e fornisce dati comparativi per la Guberniya di Ekaterinoslav. I. G. Orshansky aveva persino espresso sorpresa per il fatto che i contadini russi preferissero "tornare all'occupazione preferita del

---

[381] *EE** [JE], T 7, pag. 301-302.
[382] *G.B. Sliozberg*, T 2, pag. 155-156.
[383] *EE* [JE], T 3, pag. 164.

popolo russo, l'agricoltura", invece di voler rimanere nel servizio militare altamente retribuito.[384]

Nel 1874 un regolamento unificato sul servizio militare universale aveva sostituito il vecchio obbligo di leva, dando agli ebrei un "significativo sollievo".

"Il testo del regolamento non conteneva alcun articolo che discriminasse gli ebrei".[385] Tuttavia, ora agli ebrei non era consentito rimanere in residenza nelle province interne dopo il completamento del servizio militare. Inoltre, furono introdotti regolamenti speciali volti a "specificare la cifra della popolazione ebraica maschile", che fino ad allora era rimasta in gran parte indeterminata e non contabilizzata".

I governatori ricevettero "informazioni sugli abusi della legge da parte di ebrei che desideravano sottrarsi al servizio militare"[386]. Nel 1876 furono adottate le prime "misure per assicurare il corretto adempimento del dovere militare da parte degli ebrei"[387]. L'*Enciclopedia Ebraica* vi vede "una pesante rete di misure repressive". "Furono emanati regolamenti sulla registrazione degli ebrei presso i distretti di leva e sulla sostituzione degli ebrei non idonei al servizio con ebrei idonei"; e sulla verifica della validità delle esenzioni per condizioni familiari: per la violazione di questi regolamenti "era consentita la coscrizione... dei soli figli maschi".[388]

Un giornale contemporaneo e allora influente di San Pietroburgo, *Golos* [*La Voce*], cita cifre piuttosto sorprendenti tratte dal "Rapporto sui risultati della coscrizione nel 1880.... ufficiale del governo. Per tutto [l'Impero russo] la mancanza di reclute è stata di 3.309; di queste, la mancanza di ebrei è stata di 3.054, pari al 92%".[389]

Shmakov, un importante avvocato, non ben disposto nei confronti degli ebrei, cita queste statistiche dal *Pravitelstvenniy Vestnik* [Bollettino del Governo]: per il periodo 1876-1883: "su 282.466 *ebrei* soggetti alla coscrizione, 89.105 - cioè il 31,6% - non si sono presentati". (L'Amministrazione non poté fare a meno di notare questo fatto e furono introdotte una serie di "misure per l'eliminazione di tali abusi". Questo ebbe un effetto, ma solo a breve termine. Nel 1889 46.190 ebrei furono sottoposti a chiamata, e 4.255 non si presentarono, cioè il 9,2%. Ma nel 1891 "su un numero generale di 51.248 ebrei registrati sulla lista di leva, 7.658, ovvero il 14,94%, non si presentarono; a quel tempo la percentuale

---

[384] *I. Orshanskiy*, pagg. 65-68.
[385] *KEE* [SJE], T 7, pag. 332.
[386] *EE* [JE], T 1, pag. 824.
[387] Anche*, T 3, pag. 164.
[388] Inoltre, T 1, pag. 824; *KEE* [SJE], T 7, pag. 332.
[389] *Golos* [La voce], 1881, n. 46, 15 (27) febbraio, p. 1.

di cristiani che non si presentarono era appena del 2,67%. Nel 1892, il 16,38% degli ebrei non si presentò, contro il 3,18% dei cristiani. Nel 1894 6.289 ebrei non si presentarono alla leva, cioè il 13,6%. Si confronti questo dato con la media russa del 2,6%.[390]

Tuttavia, lo stesso documento sulla leva del 1894 afferma che "in totale dovevano essere arruolati 873.143 cristiani, 45.801 ebrei, 27.424 maomettani e 1.311 pagani". Sono cifre impressionanti: in Russia i musulmani erano l'8,7% (secondo il conteggio del 1870), ma la loro quota nella leva era solo del 2,9%! Gli ebrei si trovavano in una posizione sfavorevole non solo rispetto ai maomettani, ma anche rispetto alla popolazione generale: la loro quota di leva era assegnata al 4,8%, sebbene costituissero solo il 3,2% della popolazione russa (nel 1870). (La quota dei cristiani nella leva era del 92% (87% della popolazione russa).[391]

Da tutto ciò che è stato detto non si deve concludere che all'epoca della guerra russo-turca del 1877-1878 i soldati ebrei non mostrassero coraggio e intraprendenza durante i combattimenti. Nella rivista *Russkiy Evrei* [*L'ebreo russo*] possiamo trovare esempi convincenti di entrambe le virtù. [392]Tuttavia, durante quella guerra, nell'esercito nacque una forte irritazione nei confronti degli ebrei, soprattutto a causa di quartiermastri disonesti - e "questi erano quasi esclusivamente ebrei, a partire dai principali appaltatori della compagnia Horovits, Greger e Kagan". [393]I quartiermastri fornivano (senza dubbio sotto la protezione di ambienti più elevati) equipaggiamenti di scarsa qualità a prezzi eccessivi, tra cui le famose "suole di cartone", a causa delle quali i piedi dei soldati russi che combattevano al Passo Shipka si congelavano.

Nell'era di Alessandro II, la spinta ufficiale di mezzo secolo fa per abituare gli ebrei all'agricoltura si stava risolvendo in un fallimento.

Dopo l'abrogazione del reclutamento sproporzionato degli ebrei, l'agricoltura aveva "immediatamente perso ogni attrattiva" per gli ebrei o, per dirla con le parole di un funzionario del governo, si era verificata una "falsa interpretazione del Manifesto da parte loro", "in base alla quale si consideravano ormai liberi dall'obbligo di dedicarsi all'agricoltura" e potevano ora migrare liberamente. "Le richieste degli ebrei di reinsediarsi con l'intento di lavorare nell'agricoltura erano finite quasi del tutto".[394]

---

[390] *A. Shmakov. "Evreyskie" rechi* ["Domande ebraiche"]. Mosca, 1897, p. 101-103.
[391] *Entsiklopedicheskiy slovar'* [Dizionario enciclopedico]: V 82 T. Sankt-San Pietroburgo...: Brokgauz i Efron, 1890-1904. T 54, p. 86.
[392] *EE* [JE], T 3, pag. 164-167.
[393] *G.B. Sliozberg*, T 1, pag. 116.
[394] *V.N. Nikitin**, pagg. 448, 483, 529.

Le condizioni nelle colonie esistenti rimasero le stesse, se non peggiori: "i campi... venivano arati e seminati in modo patetico, solo per ridere, o solo per apparenza". Ad esempio, nel 1859 "la resa del grano in diverse colonie era addirittura inferiore alla quantità seminata". Nelle nuove colonie "paradigmatiche", non solo mancavano i granai, ma addirittura non c'erano tettoie o recinti per il bestiame. I coloni ebrei affittavano la maggior parte delle loro terre ad altri, a contadini locali o a coloni tedeschi. Molti chiedevano il permesso di assumere cristiani come lavoratori, minacciando altrimenti di ridurre ulteriormente le semine - e questo diritto veniva loro concesso, indipendentemente dalle dimensioni del raccolto effettivo.[395]

Naturalmente, tra i coloni c'erano anche agricoltori ebrei benestanti. Anche l'arrivo dei coloni tedeschi fu molto utile, perché la loro esperienza poteva essere adottata dagli ebrei. Inoltre, la giovane generazione nata lì era già più aperta all'agricoltura e all'esperienza tedesca; erano più "convinti dei vantaggi dell'agricoltura rispetto alla loro vita precedente nella congestione e nell'esasperante competizione degli shtetl e delle città".[396]

Tuttavia, la maggioranza incomparabilmente più numerosa cercava di allontanarsi dall'agricoltura. Gradualmente, i rapporti degli ispettori divennero invariabilmente monotoni: "Ciò che colpisce di più è la generale avversione degli ebrei per il lavoro agricolo e il loro rimpianto per le loro precedenti occupazioni artigianali, il commercio e gli affari"; essi mostravano "uno zelo instancabile per qualsiasi opportunità di business", per esempio, "al punto più alto del lavoro nei campi... potevano lasciare i campi se scoprivano che potevano comprare o vendere con profitto un cavallo, un bue o qualcos'altro nelle vicinanze". [Avevano una predilezione per il commercio al centesimo", chiedendo, secondo la loro "convinzione, meno lavoro e dando più mezzi per vivere". "Fare soldi era più facile per gli ebrei nei vicini villaggi tedeschi, russi o greci, dove i coloni ebrei si dedicavano all'osteria e al piccolo commercio". Ancora più dannose per la terra coltivabile erano le lunghe assenze dei lavoratori che lasciavano la zona per luoghi lontani, lasciando solo uno o due membri della famiglia a casa nelle colonie, mentre gli altri andavano a guadagnare nelle agenzie di intermediazione. Negli anni Sessanta dell'Ottocento (mezzo secolo dopo la fondazione delle colonie) questa partenza era consentita a intere famiglie o a molti membri della famiglia contemporaneamente; nelle colonie erano registrate parecchie persone che non avevano mai vissuto lì. Dopo aver lasciato le colonie, spesso evitavano di registrarsi presso la loro corporazione commerciale nel nuovo luogo, e "molti rimanevano lì per diversi anni consecutivi, con la famiglia, senza essere registrati ad alcuna corporazione, e quindi non soggetti ad alcun tipo

---

[395] Inoltre*, p 473, 490, 501, 506-507, 530-531, 537-538, 547-548, 667.
[396] Inoltre, pagg. 474-475, 502, 547.

di tassa o obbligo". Nelle colonie, le case costruite per loro rimasero vuote e caddero in rovina. Nel 1861, agli ebrei fu permesso di mantenere case da bere nelle colonie.[397]

Infine, la situazione dell'agricoltura ebraica si era presentata alle autorità di San Pietroburgo in tutta la sua cruda e desolante realtà. Le tasse arretrate (condonate in numerose occasioni, come ad esempio un matrimonio imperiale) aumentavano e ogni amnistia aveva incoraggiato gli ebrei a non pagare le tasse e a non rimborsare i prestiti d'ora in poi. (Nel 1857, allo scadere dei dieci anni concessi per riscuotere le tasse arretrate, furono aggiunti altri cinque anni. Ma anche nel 1863 il debito non era ancora stato riscosso). A cosa servivano dunque tutti questi reinsediamenti, privilegi e prestiti? Da un lato, l'intero progetto epico durato 60 anni aveva temporaneamente fornito agli ebrei i mezzi "per evitare i loro doveri di fronte allo Stato", mentre allo stesso tempo non era riuscito a instillare l'amore per l'agricoltura tra i coloni". "Il fine non era degno dei mezzi". D'altra parte, "il semplice permesso di vivere fuori dal Pale, anche senza alcun privilegio, attirava un numero enorme di agricoltori ebrei" che non si fermavano davanti a nulla pur di arrivarci.[398]

Se nel 1858 c'erano ufficialmente 64.000 coloni ebrei, cioè otto-diecimila famiglie, nel 1880 il Ministero ne aveva trovate solo 14.000, cioè meno di duemila famiglie. [399]Ad esempio, in tutto il Krai sud-occidentale nel 1872 la commissione incaricata di verificare se la terra fosse in uso o incustodita aveva trovato meno di 800 famiglie di coloni ebrei.[400]

Le autorità russe avevano ormai capito chiaramente che l'intero progetto di trasformare gli ebrei in agricoltori era fallito. Non credevano più che "la loro cara speranza di prosperità delle colonie potesse essere realizzata". Fu particolarmente difficile per il ministro Kiselyov abbandonare questo sogno, ma si ritirò nel 1856. I documenti ufficiali ammettevano il fallimento, uno dopo l'altro: il reinsediamento degli ebrei per l'occupazione agricola "non è stato accompagnato da risultati favorevoli".

Nel frattempo "enormi aree di terreno nero ricco e produttivo rimangono nelle mani degli ebrei senza essere sfruttate". Dopo tutto, il terreno migliore era stato selezionato e riservato per la colonizzazione ebraica. Quella porzione, che veniva temporaneamente affittata ai volenterosi, dava un grande reddito (le colonie ebraiche vivevano di questo) mentre la popolazione del Sud cresceva e tutti chiedevano terra. E ora anche la terra peggiore della riserva, oltre a quella assegnata alla colonizzazione ebraica,

---

[397] *V.N. Nikitin**, pagg. 502-505, 519, 542, 558, 632, 656, 667.
[398] Anche*, p. 473, 510, 514, 529-533, 550, 572.
[399] Inoltre, pagg. 447 e 647.
[400] *EE* [JE], T 7, pag. 756.

era salita rapidamente di valore. [401] Il Krai di Novorossijsk aveva già assorbito molti coloni attivi e "non aveva più bisogno di alcuna colonizzazione promossa dallo Stato".[402]

La colonizzazione ebraica era quindi diventata irrilevante ai fini dello Stato. Nel 1866 Alessandro II aveva ordinato di porre fine all'applicazione di diverse leggi volte a trasformare gli ebrei in agricoltori. Ora si trattava di equiparare gli agricoltori ebrei al resto degli agricoltori dell'Impero. Ovunque, le colonie ebraiche si rivelarono incapaci di esistere in modo indipendente nella nuova situazione di libertà. Era quindi necessario fornire agli ebrei i mezzi legali per abbandonare l'agricoltura, anche individualmente e non in intere famiglie (1868), in modo che potessero diventare artigiani e commercianti. Era stato permesso loro di riscattare i propri appezzamenti di terreno; e così riscattarono e rivendettero le loro terre con profitto.[403]

Tuttavia, nella disputa sui vari progetti del Ministero del Demanio, la questione della riforma delle colonie ebraiche si trascinò e si interruppe del tutto nel 1880. Nel frattempo, con un nuovo statuto di reclutamento del 1874, gli ebrei vennero privati dei loro privilegi di reclutamento, e con ciò ogni traccia del loro interesse per l'agricoltura andò definitivamente perduta. Nel 1881 "nelle colonie "c'era una preponderanza di cascine con un solo appartamento, intorno alle quali non c'era alcun segno di insediamento; cioè, nessun recinto, nessun alloggiamento per il bestiame, nessun edificio agricolo, nessuna aiuola per gli ortaggi, e nemmeno un solo albero o arbusto; c'erano pochissime eccezioni"".[404]

Il consigliere di Stato Ivashintsev, un funzionario con 40 anni di esperienza nel settore agricolo, fu inviato nel 1880 a indagare sulla situazione delle colonie. Egli aveva riferito che in tutta la Russia "nessun'altra comunità contadina godeva di benefici così generosi come quelli concessi [agli ebrei]" e "questi benefici non erano un segreto per gli altri contadini, e non potevano non suscitare in loro sentimenti ostili". I contadini adiacenti alle colonie ebraiche "erano indignati... perché a causa della carenza di terra dovevano affittare la terra dagli ebrei a un prezzo costoso, la terra che era stata data agli ebrei a basso costo dallo Stato in quantità di fatto superiore alle effettive necessità degli ebrei". Fu proprio questa circostanza a spiegare in parte... "l'ostilità dei contadini verso gli agricoltori ebrei, che si

---

[401] V.N. Nikitin*, pagg. 478-479, 524, 529-533, 550-551.
[402] EE [JE], T 7, pag. 756.
[403] V.N. Nikitin, pagg. 534, 540, 555, 571, 611-616, 659.
[404] V.N. Nikitin, pagg. 635, 660-666.

manifestò con la distruzione di diversi insediamenti ebraici"" (nel 1881-82).⁴⁰⁵

In quegli anni, c'erano commissioni che assegnavano ai contadini la terra in eccesso degli insediamenti ebraici. I settori inutilizzati o trascurati venivano ripresi dal governo. "Nelle gubernie di Volynsk, Podolsk e Kiev, su 39.000 desyatin [un desyatin = 2,7 acri] ne rimanevano solo 4.082 [coltivati da ebrei]". ⁴⁰⁶Tuttavia, sono rimasti diversi insediamenti agricoli ebraici piuttosto estesi: Yakshitsa, nella Guberniya di Minsk, non nota per le sue terre ricche, aveva 740 desyatin per 46 famiglie [ebree]; ⁴⁰⁷cioè una media di 16 desyatin per famiglia, cosa raramente riscontrabile tra i contadini della Russia centrale; nel 1848 ad Annengof, nella Gubernia di Mogilyov, anch'essa non molto estesa, venti famiglie ebree ricevettero 20 desyatin di terra statale ciascuna, ma nel 1872 si scoprì che erano rimaste solo dieci famiglie e che gran parte della terra non era coltivata ed era invasa dalle erbacce. ⁴⁰⁸A Vishenki, nella Guberniya di Mogilyov, avevano 16 desyatins per famiglia; ⁴⁰⁹e a Ordynovshchina, nella Guberniya di Grodno, 12 desyatins per famiglia [ebraica]. Nelle gubernie meridionali più spaziose, negli insediamenti originari, rimanevano: 17 desyatins per famiglia [ebraica] a Bolshoi Nagartav; 16 desyatins per famiglia [ebraica] a Seidemenukh; e 17 desyatins per famiglia a Novo-Berislav. Nell'insediamento di Roskoshnaya, nella Guberniya di Ekaterinoslav, avevano 15 desyatins per famiglia, ma se si considera il terreno totale della colonia, allora 42 desyatins per famiglia. ⁴¹⁰A Veselaya (nel 1897) c'erano 28 desyatins per famiglia. A Sagaidak c'erano 9 desyatin, che era considerato un piccolo appezzamento. ⁴¹¹E a Elyuvka, nella provincia di Kiev, c'erano 6 famiglie ebree con 400 desyatins, ovvero 67 desyatins per famiglia! E la terra veniva affittata ai tedeschi".⁴¹²

Eppure, da un autore sovietico degli anni Venti leggiamo un'affermazione categorica: "Lo zarismo aveva quasi completamente vietato agli ebrei di dedicarsi all'agricoltura".⁴¹³

Nelle pagine che riassumono il suo accurato lavoro, lo studioso dell'agricoltura ebraica V. N. Nikitin conclude: "I rimproveri contro gli

---

⁴⁰⁵ Anche*, pagg. 658-661.
⁴⁰⁶ *EE* [JE], T 7, pag. 756.
⁴⁰⁷ Inoltre, T 16, pag. 399.
⁴⁰⁸ Inoltre, T 2, pag. 596.
⁴⁰⁹ Inoltre, T 5, pag. 650.
⁴¹⁰ Inoltre, T 13, pag. 606.
⁴¹¹ Inoltre, T 5, pag. 518; T 13, pag. 808.
⁴¹² Inoltre, T 16, pag. 251.
⁴¹³ Yu Larin. *Evrei i antisemitizm v SSSR* [Gli ebrei e l'antisemitismo nell'URSS], p. 36.

ebrei per la loro scarsa diligenza nell'agricoltura, per aver lasciato senza permesso ufficiale le città per dedicarsi a occupazioni commerciali e artigianali, sono del tutto giustificati... Non neghiamo affatto la responsabilità degli ebrei per il fatto che un numero così esiguo di loro abbia effettivamente lavorato in agricoltura negli ultimi 80 anni". Tuttavia, egli avanza diverse scuse per loro: "[Le autorità] non avevano fiducia negli ebrei; le regole della colonizzazione furono cambiate ripetutamente"; a volte "funzionari che non sapevano nulla di agricoltura o che erano completamente indifferenti agli ebrei furono mandati a regolare le loro vite.... Gli ebrei, che prima erano abitanti indipendenti delle città, venivano trasformati in abitanti dei villaggi senza alcuna preparazione per la vita in campagna".[414]

Più o meno nello stesso periodo, nel 1884, N. S. Leskov, in un memorandum destinato all'ennesima commissione governativa sugli affari ebraici presieduta da Palen, aveva suggerito che la "mancanza di abitudine alla vita agricola degli ebrei si è sviluppata nel corso delle generazioni" e che è "così forte che è pari alla perdita di abilità nell'agricoltura", e che l'ebreo non tornerà ad essere un aratore a meno che l'abitudine non venga ripristinata gradualmente.[415]

(Lev Tolstoj avrebbe riflettuto: chi sono coloro che "confinano l'intera nazione nella stretta della vita di città, e non le danno la possibilità di stabilirsi sulla terra e di iniziare a svolgere l'unica occupazione naturale dell'uomo, l'agricoltura. In fondo, è come non dare al popolo l'aria per respirare. ... Cosa c'è di male se gli ebrei si stabiliscono nei villaggi e iniziano a vivere una vita lavorativa pura, che, probabilmente, questo antico, intelligente e meraviglioso popolo ha già desiderato? ..."[416] - Su quale pianeta viveva? Che cosa sapeva degli 80 anni di esperienza pratica di colonizzazione agricola [ebraica]?

Eppure, l'esperienza dello sviluppo della Palestina, dove i coloni ebrei si sentivano a casa, aveva dimostrato la loro eccellente capacità di lavorare la terra; inoltre, lo facevano in condizioni molto più sfavorevoli che in Novorossia. Eppure, tutti i tentativi di persuadere o costringere gli ebrei a coltivare la terra in Russia (e in seguito nell'URSS) erano falliti (e da lì è nata la leggenda degradante secondo cui gli ebrei in generale sono incapaci di coltivare).

---

[414] *V.N. Nikitin*, p. xii-xiii.
[415] *N.S. Leskov. Evrei v Rossii: Neskol'ko zamechaniy po evreyskomu voprosu* [Gli ebrei in Russia: diverse osservazioni sulla questione ebraica]. Pg., 1919 [ristampa del 1884], p. 61, 63.
[416] *L.N. Tolstoj o evreyakh/Predisl. O.Ya. Pergamenta* [L.N. Tolstoj sugli ebrei/Predisl. O.Ya. Pergamenta], Sankt-PeterburgSt: *Vremya* [Tempo], 1908, p. 15.

E così, dopo 80 anni di sforzi da parte del governo russo, si è scoperto che tutta la colonizzazione agricola era un affare grandioso ma vuoto; tutti gli sforzi, tutte le spese massicce, il ritardo dello sviluppo della Novorossia - tutto è stato inutile. L'esperienza che ne è derivata dimostra che non avrebbe dovuto essere intrapresa affatto.

Esaminando in generale l'imprenditoria commerciale e industriale ebraica, I. G. Orshansky scrisse giustamente all'inizio degli anni Settanta del XIX secolo che la questione dell'attività imprenditoriale ebraica è "l'essenza della Questione ebraica", da cui "dipende il destino del popolo ebraico in qualsiasi Paese". "Un imprenditore della tribù ebraica, veloce, mercantile e pieno di risorse, gira un rublo cinque volte, mentre un russo lo gira due volte. C'è stagnazione, sonnolenza e monopolio tra i mercanti russi. (Ad esempio, dopo l'espulsione degli ebrei da Kiev, la vita lì era diventata più costosa). Il lato forte della partecipazione ebraica alla vita commerciale sta nell'accelerazione della rotazione del capitale, anche del più insignificante capitale circolante. Sfatando l'opinione che il cosiddetto spirito corporativo ebraico dia loro un vantaggio cruciale in ogni competizione, che "i [commercianti] ebrei si sostengono sempre a vicenda, avendo i loro banchieri, appaltatori e trasportatori", Orshansky attribuiva lo spirito corporativo ebraico solo alle questioni sociali e religiose, e non al commercio, dove, sosteneva, gli ebrei competono ferocemente l'uno contro l'altro (il che è in contraddizione con l'Hazaka che prescrive la separazione delle sfere di attività, che, secondo lui, "era gradualmente scomparsa in seguito al cambiamento della posizione legale degli ebrei"[417]). Aveva anche contestato l'opinione secondo cui qualsiasi commercio ebraico non arricchisce il Paese, che "consiste esclusivamente nello sfruttamento delle classi produttive e lavoratrici" e che "il profitto degli ebrei è una pura perdita per la nazione". Non era d'accordo, suggerendo che gli ebrei cercano e trovano costantemente nuovi mercati di vendita e quindi "aprono nuove fonti di guadagno anche per la povera popolazione cristiana".[418]

L'imprenditoria commerciale e industriale ebraica in Russia si era rapidamente ripresa dai due colpi notevoli del 1861, l'abolizione della servitù della gleba e l'abolizione della viticoltura. "Il ruolo finanziario degli ebrei era diventato particolarmente significativo negli anni Sessanta del XIX secolo, quando le attività precedenti avevano accumulato capitali nelle loro mani, mentre la liberazione dei contadini e il conseguente impoverimento dei proprietari terrieri avevano creato un'enorme domanda di denaro da parte dei proprietari terrieri di tutto lo Stato. I capitalisti ebrei ebbero un ruolo di primo piano nell'organizzazione delle banche

---

[417] *EE* [JE], T 15, pag. 492.
[418] *I. Orshanskiy*, pagg. 71-72, 95-98, 106-107, 158-160.

fondiarie". [419]L'intera vita economica del Paese cambiò rapidamente in molte direzioni e l'invariabile determinazione, l'inventiva e il capitale ebraico stavano al passo con i cambiamenti e addirittura li anticipavano. Il capitale ebraico confluì, ad esempio, nell'industria dello zucchero del sud-ovest (tanto che nel 1872 un quarto di tutti gli zuccherifici aveva un proprietario ebreo, così come un terzo delle società per azioni produttrici di zucchero), nel sito[420] e nell'industria della macinazione della farina e di altre fabbriche sia nella Pale of Settlement che fuori. Dopo la guerra di Crimea fu avviata "un'intensa costruzione di ferrovie"; "nacquero imprese industriali e commerciali di ogni tipo, società per azioni e banche" e "molti ebrei... trovarono ampio impiego per le loro forze e i loro talenti in queste imprese... e alcuni di loro si arricchirono incredibilmente in fretta".[421]

"Gli ebrei erano coinvolti nel commercio del grano da molto tempo, ma il loro ruolo era diventato particolarmente significativo dopo la liberazione dei contadini e dall'inizio della costruzione di ferrovie su larga scala". "Già nel 1878, il 60% delle esportazioni di grano era nelle mani degli ebrei e in seguito fu quasi completamente controllato dagli ebrei". E "grazie agli industriali ebrei, il legname era diventato il secondo articolo più importante dell'esportazione russa (dopo il grano)". I contratti di taglio del legno e l'acquisizione di proprietà forestali da parte degli ebrei non erano vietati dal 1835. "L'industria del legname e il commercio del legname furono sviluppati dagli ebrei. Inoltre, gli ebrei avevano stabilito l'esportazione del legname". "Il commercio del legname è uno dei principali aspetti del commercio ebraico e, allo stesso tempo, un'importante area di concentrazione di capitali.... La crescita intensiva del commercio ebraico di legname iniziò negli anni 1860-1870, quando, in seguito all'abolizione della servitù della gleba, i proprietari terrieri scaricarono sul mercato un gran numero di proprietà e di foreste". "Gli anni Settanta dell'Ottocento furono gli anni del primo massiccio afflusso di ebrei in industrie come quella manifatturiera, del lino, dei prodotti alimentari, del cuoio, dell'ebanisteria e dei mobili, mentre "l'industria del tabacco era già da tempo concentrata nelle mani degli ebrei".[422]

Nelle parole degli autori ebrei: "All'epoca di Alessandro II, la ricca borghesia ebraica era... completamente fedele... alla monarchia. La grande ricchezza dei Gintsburg, dei Polyakov, dei Brodsky, degli Zaitsev, dei Balakhovskys e degli Ashkenazis fu accumulata proprio in quel periodo".

---

[419] *EE* [JE], T 13, pag. 646.
[420] I.M. Dizhur. *Evrei v ekonomicheskoy zhizni Rossii* [Gli ebrei nella vita economica della Russia] // KRE-1, p. 168; *EE* [JE], T 13, p.662.
[421] L. Deych. *Rol' evreyev*...[Il ruolo degli ebrei...], T 1, p. 14-15.
[422] *EE* [JE], T 13, pagg. 647, 656-658, 663-664; G.B. Sliozberg, T 3, pag. 93; *KEE* [SJE], T 7, pag. 337.

Come già detto, "il contadino Evzel Gintsburg aveva fondato la sua banca a San Pietroburgo". Samuil Polyakov aveva costruito sei linee ferroviarie; ai tre fratelli Polyakov furono concessi titoli nobiliari ereditari. [423]"Grazie alla costruzione di ferrovie, garantite e in gran parte sovvenzionate dal governo, furono creati i capitali di spicco dei Polyakov, di I. Bliokh, di A. Varshavsky e di altri". Inutile dire che si crearono anche molte altre piccole fortune, come quella di A. I. Zaks, l'ex assistente di E. Gintsburg nella gestione delle tasse, che si era trasferito a San Pietroburgo e vi aveva creato la Cassa di Risparmio e Prestito; "aveva organizzato posti di lavoro per i suoi numerosi parenti e per quelli della moglie presso le imprese di cui era responsabile".[424]

Non solo l'economia, ma l'intera vita pubblica era stata trasformata nel corso delle riforme alessandrine, aprendo nuove opportunità per il mercuriale ebraico.

"Nelle risoluzioni governative che consentivano ad alcuni gruppi di ebrei con un'istruzione superiore di entrare nel servizio governativo, non c'era alcuna restrizione per quanto riguardava l'avanzamento nella scala dei posti di lavoro. Con il raggiungimento del grado di Consigliere di Stato a pieno titolo, un ebreo poteva essere elevato allo status di nobiltà ereditaria su basi comuni".[425]

Nel 1864 iniziò la riforma agraria. Essa "riguardava tutte le classi e gli strati sociali. Il suo statuto... non limitava in alcun modo l'eleggibilità degli ebrei alle elezioni amministrative del paese o alle cariche elettive del paese. Nel corso dei ventisei anni in cui lo statuto fu in vigore, gli ebrei potevano essere visti in molti luoghi tra i consiglieri comunali e nei consigli esecutivi municipali".[426]

Allo stesso modo, gli statuti giudiziari del 1864 non prevedevano alcuna restrizione per gli ebrei. A seguito della riforma giudiziaria, fu creata un'autorità giudiziaria indipendente e, al posto dei mediatori privati, fu istituita la corporazione degli avvocati come classe indipendente con una struttura societaria speciale (e, in particolare, anche con il diritto inappellabile di rifiutare l'assistenza legale a un richiedente "sulla base di una valutazione morale della sua persona", compresa la valutazione delle sue opinioni politiche).

E non c'erano restrizioni all'ingresso degli ebrei in questa classe. Gessen scrive: "A parte la professione legale, in cui gli ebrei erano venuti alla

---

[423] M.A. Aldanov. *Russkie evrei v 70-80-kh godakh: Istoricheskiy etyud* [Gli ebrei russi negli anni 1870-1880: un saggio storico] // KRE-1, p. 45-46.
[424] G.B. Sliozberg, T 1, pag. 141-142.
[425] *KEE* [SJE], T 7, pag. 328, 331.
[426] *EE* [JE], T 7, pag. 762.

ribalta, cominciamo a notarli nei registri dei tribunali tra i funzionari investigativi e nei ranghi dei pubblici ministeri; in alcuni luoghi vediamo già degli ebrei negli uffici dei magistrati e dei tribunali distrettuali"; servivano anche come giurati"[427] senza alcuna restrizione di quote (durante i primi decenni dopo la riforma). (È notevole che durante i processi civili gli ebrei prestavano il giuramento convenzionale senza alcuna disposizione relativa alla religione ebraica).

Allo stesso tempo si stava attuando la riforma municipale. Inizialmente era stato proposto di limitare la rappresentanza ebraica tra i consiglieri comunali e nei consigli esecutivi municipali del cinquanta per cento, ma a causa delle obiezioni del Ministro degli Affari Interni, lo Statuto comunale del 1870 aveva ridotto la quota massima a un terzo; inoltre, agli ebrei era vietato occupare la carica di sindaco. [428] Si temeva "che altrimenti la coesione interna e l'autosegregazione degli ebrei avrebbe permesso loro di ottenere un ruolo di primo piano nelle istituzioni cittadine e li avrebbe avvantaggiati nella risoluzione delle questioni pubbliche". [429]D'altra parte, gli ebrei furono equiparati nei diritti elettorali (prima potevano votare solo come fazione), il che portò a "una maggiore influenza degli ebrei in tutte le questioni di governo della città (anche se nella città libera di Odessa queste regole erano in vigore fin dall'inizio; più tardi, fu adottata anche a Kishinev. "In generale, nel sud della Russia l'atmosfera sociale non era permeata dal disprezzo verso gli ebrei, a differenza della Polonia, dove era diligentemente coltivato"[430]).

Così "forse... il miglior periodo della storia russa per gli ebrei". "Agli ebrei fu aperto l'accesso al servizio civile.... L'alleggerimento delle restrizioni legali e l'atmosfera generale dell'"Età delle grandi riforme" avevano influenzato positivamente lo spirito del popolo ebraico".[431] Sembrava che sotto l'influenza dell'Età delle grandi riforme "la tradizionale vita quotidiana del popolo ebraico si fosse rivolta verso il mondo circostante" e che l'ebraismo "avesse iniziato a partecipare per quanto possibile alla lotta per i diritti e la libertà.... Non c'era un solo settore della vita economica, pubblica e spirituale della Russia che non fosse influenzato dalle energie creative degli ebrei russi".[432]

---

[427] *Yu. Gessen*, T 2, p. 168.
[428] Inoltre, pag. 168.
[429] Inoltre, pag. 206.
[430] *EE* [JE], T 6, pag. 712, 715-716.
[431] Inoltre, T 13, pag. 618.
[432] KRE-1, *Predislovie* [Prefazione], pag. iii-iv.

E ricordate che dall'inizio del secolo le porte dell'istruzione generale russa furono spalancate agli ebrei, anche se ci volle molto tempo perché gli ebrei riluttanti entrassero.

Più tardi, un noto avvocato e personaggio pubblico, Ya. L. Teytel ricordò così il ginnasio di Mozyr degli anni Sessanta dell'Ottocento: "Il direttore della scuola... spesso... si rivolgeva agli ebrei di Mozyr, parlando loro dei benefici dell'istruzione e del desiderio del governo di vedere più ebrei nei ginnasi".

Purtroppo questi appelli erano caduti nel vuoto". [433] Perciò non erano entusiasti di iscriversi nei primi anni dopo la riforma, anche quando fu offerta loro l'istruzione gratuita pagata dallo Stato e quando le carte scolastiche (1864) dichiararono che le scuole erano aperte a tutti, indipendentemente dalla confessione. "Il [434] Ministero dell'Educazione Nazionale... cercò di rendere più facile l'ammissione degli ebrei negli istituti di istruzione generale"; mostrò "benevolenza verso i giovani studenti ebrei ". [435](Qui L. Deutsch si era particolarmente distinto per il famoso chirurgo N. I. Pirogov, allora fiduciario del distretto scolastico di Novorossijsk, suggerendo che egli aveva "fortemente contribuito ad alleviare l'ostilità delle mie tribù verso le scuole e le scienze 'goyish'". [436]) Poco dopo l'ascesa di Alessandro II, il Ministro dell'Istruzione formulò così il piano del governo: "È necessario diffondere, con ogni mezzo, l'insegnamento delle materie di istruzione generale, evitando però di interferire con l'educazione religiosa dei bambini, permettendo ai genitori di occuparsene senza alcuna restrizione o impedimento da parte del governo". L'[437]istruzione nelle scuole pubbliche statali fu resa obbligatoria per i figli di mercanti e cittadini onorari ebrei.[438]

Eppure tutte queste misure, privilegi e inviti, non portarono a un drastico aumento delle ammissioni degli ebrei. Nel 1863 la percentuale di studenti ebrei nelle scuole russe raggiunse il 3,2%, [439]cioè pari alla loro percentuale nella popolazione dell'impero. Oltre al rifiuto dell'istruzione russa da parte degli ebrei, vi fu una certa influenza da parte dei leader pubblici ebrei che ora vedevano il loro compito in modo diverso: Con l'avvento dell'età delle grandi riforme, gli "amici dell'illuminismo" avevano fuso la questione dell'istruzione di massa con quella della situazione legale degli ebrei",

---

[433] *Y.L. Teytel'. Iz moey zhizni za 40 let* [Dalla mia vita di 40 anni]. Parigi: Y. Povolotskiy and Company, 1925, p. 15.
[434] *I.M. Trotskiy. Evrei v russkoy shkole* [Gli ebrei nella scuola russa] // KRE-1, p. 354.
[435] *Yu. Gessen*. T 2, pag. 179.
[436] L. Deych. Rol' evreyev..., *T 1, p. 14*.
[437] *EE* [JE]*, T 13, pag. 48.
[438] Inoltre, pag. 49.
[439] *Yu. Gessen*, T 2, p. 179.

⁴⁴⁰cioè avevano iniziato a lottare per l'immediata rimozione di tutte le restrizioni ancora esistenti. Dopo lo shock della guerra di Crimea, una tale possibilità liberale sembrava piuttosto realistica.

Ma dopo il 1874, in seguito alla promulgazione del nuovo statuto militare che "concedeva i privilegi del servizio militare agli individui istruiti", si verificò un cambiamento quasi magico nell'istruzione ebraica. Gli ebrei cominciarono ad entrare in massa nelle scuole pubbliche. "⁴⁴¹Dopo la riforma militare del 1874, anche le famiglie ebree ortodosse cominciarono a mandare i loro figli nelle scuole superiori e negli istituti di istruzione superiore per ridurre la durata del servizio militare". ⁴⁴²Tra questi privilegi non c'erano solo il rinvio della leva e l'alleggerimento del servizio ma anche, secondo i ricordi di Mark Aldanov, la possibilità di sostenere l'esame da ufficiale "e di ricevere il grado di ufficiale". "A volte ottenevano titoli di nobiltà".⁴⁴³

Negli anni Settanta del XIX secolo si verificò "un enorme aumento del numero di studenti ebrei negli istituti di istruzione pubblica", che portò alla creazione di una numerosa intellighenzia ebraica diplomata. Nel 1881 gli ebrei costituivano circa il 9% di tutti gli studenti universitari; nel 1887 la loro quota era salita al 13,5%, cioè uno studente su sette. In alcune università la rappresentanza ebraica era molto più alta: nel Dipartimento di Medicina dell'Università di Kharkov gli ebrei costituivano il 42% del corpo studentesco; nel Dipartimento di Medicina dell'Università di Odessa il 31% e nella Scuola di Legge di il 41%. ⁴⁴⁴In tutte le scuole del Paese, la percentuale di ebrei raddoppiò al 12% dal 1870 al 1880 (e rispetto al 1865 era quadruplicata).

Nel distretto scolastico di Odessa la percentuale raggiunse il 32% nel 1886, e in alcune scuole era del 75% e anche di più. ⁴⁴⁵(Quando D. A. Tolstoj, ministro dell'Istruzione dal 1866, aveva avviato le riforme scolastiche nel 1871 introducendo lo standard dell'istruzione classica con enfasi sull'antichità, l'intellighenzia etnica russa si ribellò, mentre agli ebrei non dispiacque).

Tuttavia, per un certo periodo, questi sviluppi educativi interessarono solo "la borghesia e l'intellighenzia ebraica. Le grandi masse rimasero fedeli... alle loro scuole materne e alle loro yeshivas", poiché la scuola elementare

---

⁴⁴⁰ *EE* [JE], T 13, pag. 48.
⁴⁴¹ *Yu. Gessen*, T 2, p. 208.
⁴⁴² *KEE* [SJE], T 7, pag. 333.
⁴⁴³ *M.A. Aldanov* // KRE-1, p. 45.
⁴⁴⁴ *I.M. Trotskiy. Evrei v russkoy shkole* [Gli ebrei nelle scuole russe] // KRE-1, p. 355-356.
⁴⁴⁵ *EE* [JE], T 13, pag. 50.

russa non offriva alcun privilegio". "Le [446]masse ebraiche rimasero isolate come prima a causa delle condizioni specifiche della loro vita interna ed esterna". La [447] diffusione della cultura moderna universale fu estremamente lenta e le novità attecchirono con grande difficoltà tra le masse di persone che vivevano negli shtetl e nelle città della Pale of Settlement in un'atmosfera di tradizioni religiose e di disciplina molto rigide". [448] "Concentrate all'interno del Pale of Settlement, le masse ebraiche non sentivano il bisogno della lingua russa nella loro vita quotidiana.... Come in precedenza, le masse erano ancora confinate nell'ambito familiare della primitiva educazione scolastica". [449]E chi aveva appena imparato a leggere doveva immediatamente passare alla lettura della Bibbia in ebraico.[450]

Dal punto di vista del governo, l'apertura dell'istruzione generale agli ebrei rendeva superflue le scuole ebraiche statali. A partire dal 1862 gli ebrei furono autorizzati ad occupare posti di supervisori senior in tali scuole e così "il personale di queste scuole fu gradualmente rimpinguato con pedagoghi ebrei impegnati, che, agendo nello spirito del tempo, lavorarono per migliorare la padronanza della lingua russa e ridurre l'insegnamento di materie specificamente ebraiche". [451]Nel 1873 queste scuole specializzate furono in parte abolite e in parte trasformate, alcune in scuole ebraiche primarie specializzate di livello generale, con corsi di studio di 3 o 6 anni, e due scuole rabbiniche specializzate a Vilna e Zhitomir furono trasformate in scuole di formazione per insegnanti. [452]Il governo ... cercò di superare l'alienazione ebraica attraverso l'istruzione integrata; tuttavia, la Commissione per l'organizzazione dello stile di vita ebraico ricevette rapporti sia dai sostenitori degli ebrei, spesso di alto rango, sia dagli oppositori della riforma che insistevano sul fatto che "gli ebrei non devono mai essere trattati... allo stesso modo degli altri gruppi etnici dell'Impero, che non dovrebbe essere loro permesso di risiedere senza restrizioni in tutto il Paese; ciò potrebbe essere permesso solo dopo che siano state tentate tutte le misure possibili per trasformare gli ebrei in utili cittadini produttivi

---

[446] I.M. Trotskiy. Evrei v russkoy shkole [Gli ebrei nelle scuole russe] // KRE-1, p. 355-356.
[447] EE [JE], T 13, pag. 618.
[448] G.Ya. Aronson. V bor'be za grazhdanskie i natsional'nie prava: Obshchestvennie techeniya v russkom evreystve [Nella lotta per i diritti civili e nazionali: Correnti sociali nell'ebraismo russo] // KRE-1, p. 207.
[449] Yu. Gessen. T 2, pagg. 178, 180.
[450] Ya.G. Frumkin. Iz istorii russkogo evreystva: Vospominaniya, materiali, dokumenti [Dalla storia dell'ebraismo russo: memorie, materiali e documenti] // KRE-1, p. 51.
[451] Yu. Gessen, T 2, p. 180.
[452] EE [JE], T 1, pag. 823.

nei luoghi in cui vivono ora e quando queste misure dimostreranno il loro successo al di là di ogni dubbio".“[453]

Nel frattempo, grazie allo shock delle riforme in corso, in particolare l'abolizione dell'oneroso obbligo di reclutamento nel 1856 (e attraverso di esso la negazione del corrispondente potere dei capi ebraici sulle loro comunità), e poi l'abrogazione della relativa tassazione speciale nel 1863, "il potere amministrativo dei capi delle comunità fu significativamente indebolito rispetto alla loro autorità quasi illimitata del passato" ereditata dal Qahal (abolito nel 1844), l'onnipotente arbitro della vita ebraica.[454]

Fu allora, alla fine degli anni Cinquanta e durante gli anni Sessanta dell'Ottocento, che l'ebreo battezzato Yakov Brafman si presentò al governo e in seguito uscì pubblicamente in un energico tentativo di riforma radicale dello stile di vita ebraico.

Aveva presentato una petizione allo zar con un memorandum ed era stato convocato a San Pietroburgo per le consultazioni del Sinodo. Si accinse a esporre e spiegare il sistema del Qahal (anche se un po' in ritardo, dato che il Qahal era già stato abolito). A questo scopo fece tradurre in russo le risoluzioni del Qahal di Minsk emanate nel periodo compreso tra la fine del 18 e l'inizio del 19 secolo. Inizialmente pubblicò i documenti in parti e successivamente (nel 1869 e nel 1875) in una raccolta, *Il libro del Qahal*, che rivelava l'assolutezza dell'impotenza personale e materiale del membro della comunità. Il libro "aveva acquisito un peso eccezionale agli occhi delle autorità e fu accettato come guida ufficiale; ottenne il riconoscimento (spesso per sentito dire) in ampi circoli della società russa"; fu definito "il trionfo di Brafman" e lodato come un "successo straordinario".[455] (In seguito il libro fu tradotto in francese, tedesco e polacco).[456] *Il Libro di Qahal* riuscì a instillare in un gran numero di individui un odio fanatico verso gli ebrei come 'nemico mondiale dei cristiani'; riuscì a diffondere idee sbagliate sullo stile di vita ebraico".[457]

La "missione" di Brafman, la raccolta e la traduzione degli atti emessi dal Qahal, aveva "allarmato la comunità ebraica"; su loro richiesta, fu creata una commissione governativa che includeva la partecipazione di rappresentanti della comunità ebraica per verificare il lavoro di Brafman. Alcuni "scrittori ebrei non tardarono a presentare le prove che Brafman aveva distorto alcuni documenti del Qahal e ne aveva interpretato erroneamente altri"; un detrattore aveva persino dubitato della loro

---

[453] *Yu Gessen**, T 2, pag. 205.
[454] Inoltre, pag. 170.
[455] Inoltre, pagg. 200-201.
[456] *KEE* [JEE], T 1, pag. 532.
[457] *Yu. Gessen*, T 2, pag. 200-201.

autenticità". [458](Un secolo dopo, nel 1976, *la Short Jewish Encyclopedia* confermò l'autenticità dei documenti di Brafman e la buona qualità della sua traduzione, ma lo incolpò di false interpretazioni.[459] *L'Enciclopedia ebraica russa* (1994) ha sottolineato che "i documenti pubblicati da Brafman sono una fonte preziosa per studiare la storia degli ebrei in Russia alla fine del 18 e all'inizio del 19 secolo". [460] (A proposito, il poeta Khodasevich era il nipote di Brafman).

Brafman sosteneva "che le leggi governative non possono distruggere la forza maligna che si annida nell'auto-amministrazione ebraica... Secondo lui, l'auto-governo ebraico non è limitato ai Qahal... ma presumibilmente coinvolge l'intero popolo ebraico in tutto il mondo... e per questo i popoli cristiani non possono sbarazzarsi dello sfruttamento ebraico finché non viene eliminato tutto ciò che consente l'auto-segregazione ebraica". Inoltre, Brafman "considera il Talmud non come un codice nazionale e religioso, ma come un 'codice civile e politico' che va 'contro lo sviluppo politico e morale delle nazioni cristiane'" [461] e crea una "repubblica talmudica". Insisteva sul fatto che "gli ebrei formano una nazione all'interno di una nazione"; che essi "non si considerano soggetti alle leggi nazionali"; [462] che uno dei principali obiettivi della comunità ebraica è quello di confondere i cristiani per trasformare questi ultimi in semplici proprietari fittizi delle loro proprietà".[463] Su scala più ampia, "ha accusato la Società per il progresso dell'illuminazione tra gli ebrei di Russia e l'Alliance Israélite Universelle per il loro ruolo nella 'cospirazione mondiale ebraica'". [464]Secondo l'opinione di Yu. Gessen, "l'unica richiesta del *Libro di Qahal*... era lo sterminio radicale dell'autogoverno ebraico", a prescindere da tutta la loro impotenza civile.[465]

Il Consiglio di Stato, "dopo aver mitigato lo stile intransigente *del Libro di Qahal*, ha dichiarato che anche se le misure amministrative riusciranno a cancellare le differenze esteriori tra gli ebrei e il resto della popolazione, "non elimineranno minimamente gli atteggiamenti di isolamento e quasi di vera e propria ostilità verso i cristiani che prosperano nelle comunità ebraiche. Questa separazione ebraica, dannosa per il Paese, può essere distrutta, da un lato, attraverso l'indebolimento dei legami sociali tra gli ebrei e la riduzione del potere abusivo degli anziani ebrei, per quanto

---

[458] *EE* [JE], T 4, pag. 918.
[459] *KEE* [SJE], T 1, pag. 532.
[460] *Rossiyskaya Evreyskaya Entsiklopediya* [Enciclopedia ebraica russa] (d'ora in poi REE). Mosca, 1994-...T 1, p. 164.
[461] *Yu. Gessen*. T 2, pag. 200-201.
[462] *EE* [JE], T 4, pag. 918, 920.
[463] *KEE* [SJE], T 1, pag. 532.
[464] *REE* [RJE], T 1, pag. 164.
[465] *Yu. Gessen*, T 2, p. 202.

possibile, e, dall'altro, attraverso la diffusione dell'istruzione tra gli ebrei, che è in realtà più importante".[466]

E proprio quest'ultimo processo - l'educazione - era già in corso nella comunità ebraica. Un precedente illuminismo ebraico, il Movimento *Haskalah degli* anni '40 del XIX secolo, si basava prevalentemente sulla cultura tedesca; essi ignoravano completamente la cultura russa (conoscevano Goethe e Schiller, ma non Pushkin e Lermontov) [467]"Fino alla metà del XIX secolo anche gli ebrei istruiti, con rare eccezioni, avendo padronanza della lingua tedesca, allo stesso tempo non conoscevano la lingua e la letteratura russa" [468]

Tuttavia, poiché i Maskilim cercavano l'auto-illuminazione e non l'educazione di massa del popolo ebraico, il movimento si estinse negli anni Sessanta del XIX secolo. [469]"Negli anni Sessanta del XIX secolo, le influenze russe irrompono nella società ebraica. Fino ad allora gli ebrei non vivevano, ma risiedevano in Russia, [470]percependo i loro problemi come completamente estranei alla vita russa circostante. Prima della guerra di Crimea l'intellighenzia ebraica in Russia riconosceva esclusivamente la cultura tedesca, ma dopo le riforme iniziò a gravitare verso la cultura russa.

La padronanza della lingua russa "aumenta... l'autostima". [471]D'ora in poi l'Illuminismo ebraico si sviluppò sotto la forte influenza della cultura russa. "I migliori... intellettuali ebrei russi non abbandonarono più il loro popolo"; non si allontanarono nell'"area degli interessi esclusivamente personali", ma si preoccuparono "di rendere più facile la sorte del loro popolo". Del resto, la letteratura russa insegnava che i forti devono dedicarsi ai deboli.[472]

Tuttavia, questo nuovo illuminismo delle masse ebraiche fu notevolmente complicato dalla forte religiosità di tali masse, che agli occhi dei progressisti era senza dubbio un fattore regressivo, [473]mentre l'emergente

---

[466] Anche*, pagg. 202-203.
[467] S.M. Sliozberg. O russko-evreyskoy intelligentsia *[Sull'intellighenzia russo-ebraica]* // Evreyskiy mir: Ezhegodnik na 1939g. [Mondo ebraico: annuario del 1939] (d'ora in poi-EM-1 [JW-1]). Parigi: Ob'edinenie russko-evreyskoy intelligentsia [Associazione dell'intellighenzia russo-ebraica], p. 34.
[468] EE [JE], T 3, pag. 334.
[469] Yudl. Mark. Literatura na idish v Rossii [Letteratura in yiddish in Russia] // KRE-1, p. 521; G.Ya. Aronson. Russko-Evreyskaya pechat' [Stampa russo-ebraica] // Anche, p. 548.
[470] B. Orlov. Ne te vi uchili alfaviti // Vremya i mi: Mezhdunarodniy zhurnal literature i obshchestvennikh problem *(d'ora in poi VM)*. *Tel'-Aviv, 1975, n. 1, p. 130.*
[471] M. Oserovich. Russkie evrei v Soedinennikh Shtatakh Ameriki [Ebrei russi negli Stati Uniti d'America] // KRE-1, p. 289-290.
[472] S.M. Sliozberg//EM-1, pag. 35.
[473] G.Ya. Aronson*. V bor'be za...[Nella lotta per...] // KRE-1, p 210.

movimento illuminista ebraico era piuttosto laico per l'epoca. La secolarizzazione della coscienza pubblica ebraica "era particolarmente difficile a causa del ruolo eccezionale che la religione aveva svolto nella diaspora come fondamento della coscienza nazionale ebraica nel corso di molti secoli". E così "l'ampio sviluppo della coscienza nazionale ebraica laica" iniziò, in sostanza, solo alla fine del secolo. [474]"Non fu per inerzia, ma per una presa di posizione del tutto deliberata, poiché l'ebreo non voleva rischiare la separazione dal suo Dio".[475]

L'intellighenzia ebraica russa ha quindi incontrato la cultura russa al momento della nascita. Inoltre, ciò avvenne nel momento in cui anche l'intellighenzia russa si stava sviluppando in modo espansivo e nel momento in cui la cultura occidentale si riversava nella vita russa (Buckle, Hegel, Heine, Hugo, Comte e Spencer). È stato sottolineato che diverse figure di spicco della prima generazione dell'intellighenzia ebraica russa (S. Dubnov, M. Krol, G. Sliozberg, O. Gruzenberg e Saul Ginzburg) sono nate in quel periodo, 1860-1866 [476](anche se i loro coetanei rivoluzionari ebrei altrettanto illustri - M. Gots, G. Gershuni, F. Dan, Azef e L. Akselrod - erano nati in quegli anni e molti altri rivoluzionari ebrei, come P. Akselrod e L. Deych, erano nati ancora prima, negli anni Cinquanta del XIX secolo).

A San Pietroburgo, nel 1863, le autorità permisero la fondazione della Società per la diffusione dell'Illuminismo tra gli ebrei in Russia (SSE), sostenuta dai ricchi Evzel Gintsburg e A. M. Brodsky. Inizialmente, durante il primo decennio della sua esistenza, i suoi membri e le sue attività erano limitati; la Società si preoccupava delle attività editoriali e non dell'educazione scolastica; tuttavia le sue attività provocarono una violenta reazione da parte dei conservatori ebrei[477] (che protestarono anche contro la pubblicazione del Pentateuco in russo come un'invasione blasfema della santità della Torah). A partire dagli anni Settanta del XIX secolo, la SSE fornì un sostegno finanziario alle scuole ebraiche. Il loro lavoro culturale era condotto in russo, con una concessione per l'ebraico, ma non per l'yiddish, che allora era universalmente riconosciuto come un "gergo".

---

[474] S. Shvarts. *Evrei v Sovetskom Soyuze c nachala Vtoroy mirovoy voyni. 1939-1965* [Gli ebrei in Unione Sovietica dall'inizio della Seconda guerra mondiale. 1939-1965]. New York: *Amerikanskiy evreyskiy rabochiy komitet* [Comitato americano dei lavoratori ebrei], 1966, p. 290.

[475] I.M. Bikerman. K samopoznaniyu evreya: Chem mi bili, chem mi stali, chem mi dolzhni bit'. *[Ciò che eravamo, ciò che siamo diventati e ciò che dovremmo essere].* Parigi, *1939, p. 48.*

[476] K. Leytes. Pamyati M.A. Krolya [Le memorie di M.A. Krol'] // *Evreyskiy mir* [Mondo ebraico]: Antologia 2 (d'ora in poi *EM-2* [JW-2]). New York: *Soyuz russkikh evreyev v N'yu Yorke* [Unione degli ebrei russi a New York], 1944, p. 408-411.

[477] *EE* [JE], T 13, pag. 59.

[478]Secondo Osip Rabinovich, un belletrista, il "gergo viziato" usato dagli ebrei in Russia non può "facilitare l'illuminazione, perché non solo è impossibile esprimere nozioni astratte in esso, ma non si può nemmeno esprimere un pensiero decente con esso". "[479]Invece di padroneggiare la meravigliosa lingua russa, noi ebrei in Russia ci atteniamo al nostro gergo viziato, cacofonico, irregolare e povero". [480](Ai loro tempi, i Maskilim tedeschi ridicolizzavano il *gergo in modo* ancora più aspro).

E così "una nuova forza sociale sorse nell'ebraismo russo, che non esitò a entrare nella lotta contro l'unione... del capitale e della sinagoga", come si espresse il liberale Yu. I. Gessen. Questa forza, nascente e per il momento debole, era la stampa periodica ebraica in lingua russa.[481]

Il suo primogenito fu la rivista *Rassvet* [Alba] di Odessa, pubblicata per due anni dal 1859 al 1861 dal già citato O. Rabinovich. La rivista doveva servire "come mezzo di diffusione di "conoscenze utili, vera religiosità, regole di vita comunitaria e moralità"; si supponeva che predisponesse gli ebrei a imparare la lingua russa e a "diventare amici dell'erudizione nazionale "".[482] *Rassvet si occupava* anche di politica, esprimendo "l'amore per la Patria" e l'intenzione di promuovere "le opinioni del governo"[483] con l'obiettivo "di vivere in comune con gli altri popoli, partecipando alla loro educazione e condividendo i loro successi, e allo stesso tempo di preservare, sviluppare e perfezionare il nostro distinto patrimonio nazionale".[484] Il principale pubblicista di *Rassvet*, L. Levanda, ha definito l'obiettivo della rivista come duplice: "agire in modo difensivo e offensivo: in modo difensivo contro gli attacchi dall'esterno, quando i nostri diritti umani e gli interessi confessionali (religiosi) devono essere difesi, e in modo offensivo contro il nostro nemico interno: l'oscurantismo, la quotidianità, i problemi della vita sociale e i nostri vizi e debolezze tribali".[485]

Quest'ultima direzione, "rivelare i luoghi malati della vita ebraica interiore", suscitò il timore nei circoli ebraici che "potesse portare a nuove repressioni legislative". Così i giornali ebraici esistenti (in yiddish) "consideravano *la* direzione *del Rassvet* estremamente radicale". Eppure questi stessi giornali moderati, con la loro sola apparizione, avevano già

---

[478] *I.M. Trotskiy. Samodeyatel'nost'*...[Iniziativa individuale...] // KRE-1, p. 471-474.
[479] *Yu. Gessen*, T 2, p. 172.
[480] *EE* [JE]*, T 3, pag. 335.
[481] *Yu. Gessen*, T 2, p. 170.
[482] Inoltre, pag. 171.
[483] *G.Ya. Aronson**. *Russko-Evreyskaya pechat'* [Stampa russo-ebraica] // KRE-1, p. 562.
[484] *S.M. Ginzburg** // *EM-1* [JW-1], p. 36.
[485] *Yu. Gessen**, T 2, pag. 173.

scosso "la struttura patriarcale" della vita comunitaria [ebraica] mantenuta dal silenzio del popolo". [486] Inutile dire che la lotta tra il rabbinato e l'ebraismo chassidico proseguì senza sosta in quel periodo e che questa nuova lotta degli anni Sessanta del XIX secolo dei principali pubblicisti contro le basi stagnanti della vita quotidiana vi si aggiunse. Gessen ha notato che "negli anni Sessanta del XIX secolo, il sistema di misure repressive contro gli oppositori ideologici non sembrava offensivo nemmeno per la coscienza delle persone intelligenti". Ad esempio, il pubblicista A. Kovner, "l'ebreo Pisarev" [scrittore e critico sociale russo radicale], non poté trattenersi dal fare una soffiata su un giornale ebraico al governatore generale di Novorossijsk. [487](Negli anni '70 del XIX secolo Pisarev "era estremamente popolare tra gli intellettuali ebrei").[488]

M. Aldanov ritiene che la partecipazione degli ebrei alla vita culturale e politica russa sia effettivamente iniziata alla fine degli anni Settanta del XIX secolo (e forse un decennio prima nel movimento rivoluzionario).[489]

Negli anni Settanta del XIX secolo, nuovi pubblicisti ebrei (L. Levanda, il critico S. Vengerov, il poeta N. Minsky) iniziarono a collaborare con la stampa russa generale. (Secondo G. Aronson, Minsky espresse il desiderio di partecipare alla guerra russo-turca per combattere per i suoi fratelli slavi). Il Ministro dell'Istruzione Conte Ignatiev espresse allora la sua fiducia nella lealtà degli ebrei verso la Russia. Dopo la guerra russo-turca del 1877-1878, tra gli ebrei iniziarono a circolare voci su importanti riforme di buon auspicio. Nel frattempo, il centro della vita intellettuale ebraica si spostò da Odessa a San Pietroburgo, dove nuovi scrittori e avvocati si affermarono come leader dell'opinione pubblica. In questo clima di speranza, la pubblicazione di *Rassvet* fu ripresa a San Pietroburgo nel 1879. Nell'editoriale di apertura, M. I. Kulisher scrisse: "La nostra missione è quella di essere un organo di espressione delle necessità degli ebrei russi... di promuovere il risveglio dell'enorme massa di ebrei russi dal letargo mentale... è anche nell'interesse della Russia.... In questo obiettivo l'intellighenzia ebraica russa non si separa dal resto dei cittadini russi".[490]

Parallelamente allo sviluppo della stampa ebraica, la letteratura ebraica non poteva fare a meno di progredire: prima in ebraico, poi in yiddish e infine in russo, ispirata dal meglio della letteratura russa. [491] Sotto Alessandro II,

---

[486] Anche*, p. 174.
[487] Inoltre, pagg. 174-175.
[488] *EE* [JE], T 3, pag. 480.
[489] *M.A. Aldanov//KRE-1*, pag. 44.
[490] *G.Ya. Aronson*. Russko-evreyskaya pechat'* [Stampa russo-ebraica] // KRE-1, p. 558-561.
[491] *M. Krol'. Natsionalizm i assimilyatsiya v evreyskoy istorii* [Nazionalismo e assimilazione nella storia ebraica] // EM-1 [JW-1], p. 188-189.

"non furono pochi gli autori ebrei che convinsero i loro correligionari a studiare la lingua russa e a guardare alla Russia come alla loro patria".[492]

Naturalmente, nelle condizioni degli anni Sessanta-Settanta del XIX secolo, gli educatori ebrei, ancora poco numerosi e immersi nella cultura russa, non potevano evitare di muoversi verso l'assimilazione, nella stessa direzione "che in condizioni analoghe portò gli ebrei intelligenti dell'Europa occidentale all'assimilazione unilaterale con il popolo dominante".[493] C'era però una differenza: in Europa il livello culturale generale delle popolazioni autoctone era costantemente più alto e quindi in Russia questi ebrei non potevano assimilarsi con il popolo russo, ancora debolmente toccato dalla cultura, né con la classe dirigente russa (che li rifiutava); potevano solo assimilarsi con l'intellighenzia russa, allora numericamente molto ridotta ma già completamente laica, rifiutando, tra l'altro, il loro Dio. Ora anche gli educatori ebrei si staccavano dalla religiosità ebraica e, "non riuscendo a trovare un legame alternativo con il loro popolo, se ne stavano allontanando completamente e si consideravano spiritualmente solo come cittadini russi".[494]

Si stava sviluppando un "riavvicinamento mondano tra le intelligenze russa ed ebraica".[495] Questo è stato facilitato dalla generale rivitalizzazione della vita ebraica, con diverse categorie di ebrei che ora possono vivere al di fuori della Pale of Settlement. Lo sviluppo delle comunicazioni ferroviarie e delle possibilità di viaggiare all'estero - "tutto ciò contribuì a un contatto più stretto del ghetto ebraico con il mondo circostante".[496] Inoltre, negli anni Sessanta del XIX secolo "fino a un terzo... degli ebrei di Odessa era in grado di parlare russo". La [497] popolazione crebbe rapidamente, "a causa del massiccio reinsediamento a Odessa di ebrei russi e stranieri, questi ultimi provenienti soprattutto dalla Germania e dalla Galizia".[498] La fioritura di Odessa a metà del 19 secolo presagisce la prosperità di tutto l'ebraismo russo verso la fine del 19 e l'inizio del 20 secolo. La libera Odessa si sviluppò secondo le proprie leggi speciali, diverse dagli statuti di tutta la Russia, fin dall'inizio del 19 secolo. Era un porto franco e fu persino aperto alle navi turche durante la guerra con la Turchia. "La principale occupazione degli ebrei di Odessa in questo periodo era il commercio di cereali. Molti ebrei erano piccoli commercianti e intermediari (soprattutto

---

[492] *James Parkes*. L'ebreo e il suo vicino: uno studio sulle cause dell'antisemitismo. Parigi: YMCA-Press, 1932, p. 41.
[493] *Yu Gessen*, T 2, pag. 198.
[494] Inoltre.
[495] Inoltre, pag. 177.
[496] *EE* [JE], T 13, pag. 638.
[497] *G.Ya. Aronson. Russko-Evreyskaya pechat'* [Stampa russo-ebraica]//KRE-1, p. 551.
[498] *KEE* [SJE], T 6, pag. 117.

tra i proprietari terrieri e gli esportatori), nonché agenti di importanti società straniere e locali (soprattutto greche) che commerciavano il grano.

Alla borsa del grano, gli ebrei lavoravano come agenti di cambio, periti, cassieri, scalatori e caricatori"; "gli ebrei avevano una posizione dominante nel commercio del grano: nel 1870 la maggior parte delle esportazioni di grano era nelle loro mani. Nel 1910... l'89,2% delle esportazioni di grano era sotto il loro controllo". [499] Rispetto ad altre città della Pale of Settlement, a Odessa viveva un maggior numero di ebrei con professioni indipendenti, che intrattenevano migliori relazioni con i circoli russi istruiti e che erano visti con favore e protetti dall'alta amministrazione della città.... N. Pirogov [un importante scienziato e chirurgo russo], fiduciario del distretto scolastico di Odessa dal 1856 al 1858, aveva un particolare riguardo per gli ebrei". [500] Un osservatore contemporaneo aveva descritto vividamente questa Odessa in preda a una feroce concorrenza tra commercianti ebrei e greci, dove "in alcuni anni metà della città, dai grandi del pane ai proprietari di negozi dell'usato, viveva della vendita di prodotti a base di grano". A Odessa, con il suo continuo viavai di affari legato alla lingua russa, "era impossibile tracciare una linea di demarcazione, separare nettamente un commerciante di 'grano' o un banchiere da un uomo di professione intellettuale". [501]

Così, in generale, "tra gli ebrei istruiti... il processo di adozione di tutto ciò che è russo... si era accelerato". L'[502]istruzione europea e la conoscenza della lingua russa erano diventate una necessità"; "tutti si affrettavano a imparare la lingua e la letteratura russa; pensavano solo ad accelerare l'integrazione e la completa fusione con il loro ambiente sociale"; aspiravano non solo alla padronanza della lingua russa, ma alla "completa russificazione e all'adozione dello 'spirito russo'", in modo che "l'ebreo non si differenziasse dal resto dei cittadini in nulla, tranne che nella religione". L'osservatore contemporaneo M. G. Morgulis scrisse: "Tutti avevano cominciato a pensare a se stessi come cittadini della loro patria; tutti avevano ora una nuova Patria". [503]

I membri dell'intellighenzia ebraica ritenevano che "per lo Stato e il bene pubblico dovevano liberarsi dei loro tratti etnici e... fondersi con la nazionalità dominante". Un progressista ebreo contemporaneo scrisse che 'gli ebrei, come nazione, non esistono', che essi 'si considerano russi di

---

[499] Inoltre, pagg. 117-118.
[500] Inoltre, pag. 118.
[501] K. Itskovich. *Odessa-khlebniy gorod* [Odessa-città del pane]//*Novoe russkoe slovo* [La nuova parola russa], New York, 1984, 21 marzo, p. 6.
[502] *EE* [JE], T 3, pag. 334-335.
[503] Inoltre*, T 13, pag. 638.

fede mosaica...' 'Gli ebrei riconoscono che la loro salvezza sta nella fusione con il popolo russo'".[504]

Vale forse la pena nominare qui Veniamin Portugalov, medico e pubblicista. In gioventù nutrì sentimenti rivoluzionari e per questo trascorse anche un periodo di prigionia nella Fortezza di Pietro e Paolo. Dal 1871 visse a Samara. "Svolse un ruolo di primo piano nello sviluppo del servizio sanitario rurale e della scienza della salute pubblica. Fu uno dei pionieri della terapia dell'alcolismo e della lotta contro l'abuso di alcol in Russia". Organizzò anche conferenze pubbliche. "Fin da giovane condivideva le idee dei *Narodniks* [un segmento dell'*intellighenzia* russa che lasciava le città e si recava dal popolo ('narod') nei villaggi, predicando il diritto morale di ribellarsi all'ordine costituito] sul ruolo pernicioso degli ebrei nella vita economica dei contadini russi. Queste idee gettarono le basi dei dogmi del movimento giudeo-cristiano degli anni Ottanta del XIX secolo" (The Spiritual Biblical Brotherhood).

Portugalov riteneva necessario liberare la vita ebraica dal ritualismo e credeva che "l'ebraismo potesse esistere e sviluppare una cultura e una civiltà solo dopo essere stato sciolto nei popoli europei" (intendeva il [popolo] russo).[505]

Durante il regno di Alessandro II si osservò una sostanziale riduzione del numero di conversioni ebraiche al cristianesimo, divenute superflue dopo l'abolizione dell'istituzione dei cantonieri militari e l'ampliamento dei diritti degli ebrei. D'ora in poi [506] anche la setta degli ebrei di Skhariya iniziò a essere professata apertamente.[507]

Un tale atteggiamento da parte degli ebrei benestanti, soprattutto di quelli che vivevano fuori dalla Pale of Settlement e di quelli con un'istruzione russa, nei confronti della Russia come innegabile patria è degno di nota. E così doveva essere notato e lo fu. "In vista delle grandi riforme, tutti gli ebrei russi responsabili erano, senza esagerare, patrioti e monarchici e adoravano Alessandro II. M. N. Muravyov, allora governatore generale del Krai nordoccidentale, famoso per la sua spietatezza nei confronti dei polacchi [che si ribellarono nel 1863], patrocinava gli ebrei nel perseguire il sano obiettivo di conquistare la fedeltà di una parte significativa della

---

[504] *G.Ya. Aronson. V bor'be za...*[Nella lotta per...]//KRE-1, p. 207.
[505] *KEE* [SJE], T 6, pag. 692-693.
[506] *EE*, T 11, pag. 894.
[507] *KEE* [SJE], T 2, pag. 510.

popolazione ebraica allo Stato russo".⁵⁰⁸ Sebbene durante la rivolta polacca del 1863 l'ebraismo polacco fosse principalmente dalla parte dei polacchi;⁵⁰⁹ "un sano istinto nazionale spinse" gli ebrei delle Gubernie di Vilnius, Kaunas e Grodno "a schierarsi con la Russia perché si aspettavano più giustizia e trattamento umano dai russi che dai polacchi, i quali, pur avendo storicamente tollerato gli ebrei, li avevano sempre trattati come una razza inferiore".⁵¹⁰ (Questo è il modo in cui Ya. Teitel ha descritto la situazione: "Gli ebrei polacchi erano sempre distaccati dagli ebrei russi"; guardavano agli ebrei russi dalla prospettiva polacca. D'altra parte, i polacchi in privato condividevano la loro opinione sugli ebrei russi in Polonia: "I migliori di questi ebrei sono il nostro vero nemico. Gli ebrei russi, che hanno infestato Varsavia, Lodz e altri centri importanti della Polonia, hanno portato con sé la cultura russa, che a noi non piace").⁵¹¹

In quegli anni, la russificazione degli ebrei sul territorio era "altamente auspicabile" per il governo zarista. Le ⁵¹²autorità russe riconoscevano "la socializzazione con la gioventù russa... come un metodo sicuro di rieducazione dei giovani ebrei per sradicare la loro 'ostilità verso i cristiani'".⁵¹³

Tuttavia, questo neonato patriottismo russo tra gli ebrei aveva chiari limiti. L'avvocato e pubblicista I. G. Orshansky specificò che per accelerare il processo "era necessario creare condizioni per gli ebrei tali da potersi considerare liberi cittadini di un libero Paese civile".⁵¹⁴ Il già citato Lev Levanda, "uno studioso ebreo" che viveva sotto la giurisdizione del governatore di Vilnius, scrisse: "Diventerò un patriota russo solo quando la questione ebraica sarà risolta in modo definitivo e soddisfacente". Un autore ebreo moderno che aveva vissuto il lungo e amaro secolo 20 e poi era finalmente emigrato in Israele, gli rispose guardando indietro attraverso l'abisso di un secolo: "Levanda non si accorge che non si possono porre condizioni alla Madrepatria. Deve essere amata incondizionatamente, senza condizioni o precondizioni; è amata semplicemente perché è la Madre. Questa clausola - l'amore senza condizioni - è stata mantenuta con

---

⁵⁰⁸ *V.S. Mandel'. Konservativnie i razrushitel'nie elemente v evreystve* [Elementi conservatori e distruttivi nell'ebraismo] // *Rossiya i evrei: Sb. 1* [La Russia e gli ebrei: Antologia 1 (d'ora in poi *RiE* [RandJ])/*Otechestvennoe obedinenie russkikh evreyev za granitsey* [Unione patriottica degli ebrei russi all'estero]. Parigi: YMCA-Press, 1978 [1 Publication-Berlin: Osnova, 1924], p. 195.
⁵⁰⁹ *I.M. Trotskiy. Evrei v russkoy shkole* [Gli ebrei nelle scuole russe] // KRE-1, p. 356.
⁵¹⁰ *V.S. Mandel"* // *RiE* [RandJ], p. 195.
⁵¹¹ *Ya. Teytel'. Iz moey zhizni...*[Dalla mia vita...], p. 239.
⁵¹² Cfr: *EE* [JE], T 3, p. 335; e altri.
⁵¹³ *Yu. Gessen*, T 2, p. 208.
⁵¹⁴ *EE* [JE], T 3, pag. 335.

estrema coerenza dall'intellighenzia russo-ebraica per cento anni, sebbene sotto tutti gli altri aspetti fossero russi ideali".[515]

Eppure nel periodo descritto "solo piccoli e isolati gruppi di ebrei si integrarono nella 'società civile russa; inoltre, ciò avveniva nei più grandi centri commerciali e industriali... portando alla comparsa di un'idea esagerata sull'avanzata vittoriosa della lingua russa nel profondo della vita ebraica", mentre "le ampie masse ebraiche non erano toccate dalle nuove tendenze... isolate non solo dalla società russa ma anche dall'intellighenzia ebraica". [516] Negli anni Sessanta e Settanta del XIX secolo, il popolo ebraico *in massa* non era ancora influenzato dall'assimilazione e il pericolo che l'intellighenzia ebraica si staccasse dalle masse ebraiche era reale. (In Germania, l'assimilazione degli ebrei è stata più agevole perché non c'erano "masse popolari ebraiche" - gli ebrei stavano meglio socialmente e storicamente non vivevano in enclavi così affollate).[517]

Tuttavia, già alla fine degli anni Sessanta del XIX secolo, alcuni membri dell'intellighenzia ebraica cominciarono ad opporsi alla conversione degli intellettuali ebrei in semplici patrioti russi. Perets Smolensky fu il primo a parlarne su nel 1868: che l'assimilazione con il carattere russo è irta di 'pericolo nazionale' per gli ebrei; che sebbene l'istruzione non debba essere temuta, è necessario mantenere il passato storico ebraico; che l'accettazione della cultura nazionale circostante richiede ancora la conservazione del carattere nazionale ebraico[518] ; e che gli ebrei non sono una setta religiosa, ma una nazione".[519]

Se l'intellighenzia ebraica si allontana dal suo popolo, quest'ultimo non si libererà mai dall'oppressione amministrativa e dal torpore spirituale. (Il poeta I. Gordon l'aveva definita così: "Sii un uomo per strada e un ebreo a casa"). Le riviste pietroburghesi *Rassvet* (1879-1882) e *Russkiy Evrei* [Ebreo russo] avevano già seguito questa direzione. [520]Promuovevano con successo lo studio della storia ebraica e della vita contemporanea tra i giovani ebrei. Alla fine degli anni Settanta e all'inizio degli anni Ottanta del XIX secolo, gli orientamenti cosmopoliti e nazionali dell'ebraismo russo divennero distinti. "[521]In sostanza, i proprietari di *Rassvet* avevano già abbandonato la convinzione della verità dell'assimilazione.... *Rassvet* percorreva inconsapevolmente la strada... del risveglio dell'identità

---

[515] *B. Orlov* // VM, 1975, n. 1, p. 132.
[516] *Yu. Gessen*, T 2, p. 181.
[517] *G.Ya. Aronson. V bor'be za...*[Nella lotta per...] // KRE-1, p. 208-209.
[518] *Yu. Gessen*, T 2, pag. 198-199.
[519] *EE* [JE], T 3, pag. 336.
[520] *Yu. Gessen*, T 2, pag. 232-233.
[521] S.M. Ginzburg. Nastroeniya evreyskoy molodezhi v 80-kh godakh proshlogo stoletiya. //*EM-2*, p. 380.

etnica... esprimeva chiaramente un pregiudizio nazionale ebraico.... Le illusioni della russificazione... stavano scomparendo".[522]

La situazione generale europea della seconda metà del 19 secolo facilitò lo sviluppo dell'identità nazionale. Ci fu una violenta rivolta polacca, la guerra per l'unificazione dell'Italia, e poi della Germania, e in seguito degli Slavi balcanici. L'idea nazionale divampò e trionfò ovunque. Ovviamente, questi sviluppi sarebbero continuati nell'intellighenzia ebraica anche senza gli eventi del 1881-1882.

Nel frattempo, negli anni Settanta del XIX secolo, l'atteggiamento generalmente favorevole dei russi nei confronti degli ebrei, che si era sviluppato durante le riforme alessandrine, cominciò a cambiare. La società russa si preoccupa delle pubblicazioni di Brafman, che vengono prese molto sul serio.

Tutto ciò coincise con la rumorosa creazione dell'Alliance Israélite Universelle a Parigi nel 1860, il cui obiettivo era "difendere gli interessi dell'ebraismo" in tutto il mondo; il suo Comitato centrale era guidato da Adolphe Cremieux.[523]

"Insufficientemente informata... sulla situazione degli ebrei in Russia", l'Alleanza "si interessò all'ebraismo russo" e presto "iniziò a lavorare coerentemente per conto degli ebrei russi". L'Alleanza non aveva filiali russe e non operava all'interno della Russia. Oltre al lavoro caritatevole ed educativo, l'Alleanza, nel difendere gli ebrei russi, si rivolse più volte direttamente al governo russo, anche se spesso in modo inappropriato. (Ad esempio, nel 1866 l'Alleanza si appellò per impedire l'esecuzione di Itska Borodai, condannato per incendio doloso a sfondo politico. Tuttavia, non fu affatto condannato a morte, e altri ebrei coinvolti nella vicenda furono assolti anche senza la petizione.

In un altro caso, Cremieux protestò contro il reinsediamento degli ebrei nel Caucaso e nella regione dell'Amur, sebbene non esistesse alcun piano del governo russo. Nel 1869 protestò nuovamente, questa volta contro l'inesistente persecuzione degli ebrei a San Pietroburgo.[524] Cremieux aveva anche denunciato al Presidente degli Stati Uniti le inesistenti persecuzioni contro la religione ebraica da parte del governo russo).

Tuttavia, secondo il rapporto dell'ambasciatore russo a Parigi, la neonata Alleanza (con le Tavole del Mosaico sulla Terra come emblema) aveva già

---

[522] G.Ya. Aronson. *Russko-evreyskaya pechat'* [Stampa russo-ebraica] // KRE-1, p. 561-562.
[523] *EE* [JE], T 1, pag. 932; *KEE* [SJE], T 1, pag. 103.
[524] *EE* [JE], T 1, pagg. 945-950.

goduto di una "straordinaria influenza sulle società ebraiche di tutti i Paesi". Tutto ciò allarmò il governo russo e l'opinione pubblica russa.

Yakov Brafman ha condotto una campagna attiva contro l'Alleanza Ebraica Universale. Egli sostenne che l'Alleanza, "come tutte le società ebraiche, è double face (i suoi documenti ufficiali proclamano una cosa mentre quelli segreti ne dicono un'altra)" e che il compito dell'Alleanza è "proteggere l'ebraismo dalla pericolosa influenza della civiltà cristiana". Di conseguenza[525], la Società per la diffusione dell'Illuminismo tra gli ebrei in Russia è stata anche accusata di avere la missione di "raggiungere e promuovere la solidarietà universale degli ebrei e l'isolamento di casta".)[526]

I timori nei confronti dell'Alleanza furono alimentati anche dall'emozionante proclama di apertura dei suoi fondatori "agli ebrei di tutte le nazioni" e dalla diffusione di falsi documenti dell'Alleanza. Per quanto riguarda l'unità degli ebrei, il proclama conteneva le seguenti parole: "Ebrei! ... Se credete che l'Alleanza sia un bene per voi, che pur facendo parte di nazioni diverse possiate tuttavia avere sentimenti, desideri e speranze comuni... se pensate che i vostri sforzi disparati, le vostre buone aspirazioni e le vostre ambizioni individuali possano diventare una forza importante quando sono uniti e si muovono in un'unica direzione e verso un unico obiettivo... allora vi preghiamo di sostenerci con la vostra simpatia e assistenza".[527]

In seguito, in Francia è emerso un documento contenente un presunto proclama "Agli ebrei dell'universo" dello stesso Aldolphe Cremieux. Molto probabilmente si trattava di un falso. Forse si trattava di una delle bozze del proclama di apertura non accettate dai fondatori dell'Alleanza. Tuttavia, aveva risuonato bene con le accuse di Brafman, secondo cui l'Alleanza aveva obiettivi nascosti: "Viviamo in terre aliene e non possiamo interessarci alle variabili preoccupazioni di quelle nazioni finché i nostri interessi morali e materiali non sono messi in pericolo... gli insegnamenti ebraici devono riempire l'intero mondo....". A questo proposito sono state scambiate accese discussioni sulla stampa russa. I. S. Aksakov ha concluso nel suo giornale *Rus* che "la questione che il documento in discussione sia... un falso è piuttosto irrilevante in questo caso a causa della veridicità delle opinioni e delle aspirazioni ebraiche qui espresse".[528]

---

[525] Inoltre, pagg. 948-950.
[526] Anche*, T 2, pag. 742.
[527] Inoltre, T 1, pagg. 933-936.
[528] *EE* [JE], T 1, p. 950-951; *I.S. Aksakov. Soch.* [Saggi]: V7 T Moscow., 1886-1887. T 3, p. 843-844.

L'*Enciclopedia Ebraica* pre-rivoluzionaria scrive che a partire dagli anni Settanta del XIX secolo "si sentirono meno voci in difesa degli ebrei" nella stampa russa. "L'idea di ebrei presumibilmente uniti sotto l'egida di una potente organizzazione politica amministrata dall'Alliance Israélite Universelle stava prendendo piede nella società russa". [529] Così la fondazione dell'Alleanza produsse in Russia (e forse non solo in Russia) una reazione controproducente per gli obiettivi che l'Alleanza aveva specificato.

Se i fondatori dell'Alleanza avessero potuto prevedere la portata delle condanne contro l'idea di solidarietà ebraica mondiale e persino le accuse di cospirazione che sono scoppiate dopo la creazione dell'organizzazione, forse si sarebbero astenuti dal seguire quella strada, soprattutto considerando che l'Alleanza non ha modificato il corso della storia ebraica.

Dopo il 1874, quando entrò in vigore una nuova carta militare che introduceva l'obbligo del servizio militare universale in Russia, "numerosi articoli di cronaca sull'elusione della leva da parte degli ebrei iniziarono ad alimentare il risentimento contro gli ebrei nella società russa". L[530]'Alliance Israélite Universelle fu accusata di avere l'intenzione di "preoccuparsi che i giovani ebrei lasciassero la Russia per sfuggire alla coscrizione imposta dalla nuova legge", in modo che "utilizzando il sostegno dall'estero, gli ebrei avrebbero avuto più opportunità di altri soggetti di lasciare il Paese". (La questione si sarebbe riproposta esattamente un secolo dopo, negli anni '70). Cremieux rispose che la missione dell'Alleanza era "la lotta contro la persecuzione religiosa" e che l'Alleanza aveva deciso "d'ora in poi di non assistere gli ebrei che cercavano di sottrarsi agli obblighi militari in Russia". Piuttosto avrebbe lanciato "un appello ai nostri correligionari in Russia per motivarli a rispettare tutti i requisiti della nuova legge".[531]

Oltre ad attraversare il confine, un altro modo per eludere il servizio militare era l'automutilazione. Il generale Denikin (che era piuttosto liberale prima e anche durante la rivoluzione) ha descritto centinaia di amari casi di automutilazione che ha visto personalmente durante diversi anni di servizio presso la commissione medica militare di Volyn Guberniya. Tali numerose e disperate autolesioni sono ancora più impressionanti se si considera che era già l'inizio del 20 secolo.[532]

---

[529] *EE* [JE], T 2, pag. 738.
[530] Inoltre, pagg. 738-739.
[531] Inoltre, T 1, pagg. 948-949.
[532] A.I. Denikin. *Put' russkogo ofitsera* [Il cammino di un ufficiale russo]. New York: Publisher-named-Chekov, 1953, p. 284.

Come già accennato in precedenza, l'afflusso di ebrei nelle scuole pubbliche, nelle scuole professionali e negli istituti di istruzione superiore è aumentato notevolmente dopo il 1874, quando è entrato in vigore un nuovo statuto militare che prevedeva privilegi educativi. Questo aumento fu drammatico. Sebbene gli appelli a limitare l'iscrizione degli ebrei alle istituzioni scolastiche pubbliche si fossero fatti sentire già prima, nel 1875 il Ministero dell'Istruzione pubblica informò il governo che era impossibile ammettere tutti gli ebrei che cercavano di entrare nelle istituzioni scolastiche pubbliche senza limitare la popolazione cristiana".[533]

Vale la pena di citare la nota rammaricata di G. Aronson, secondo cui persino D. Mendeleev dell'Università di San Pietroburgo "si mostrò antisemita". L[534]'*Enciclopedia Ebraica* riassume tutto il periodo del 1870 come "una svolta negli atteggiamenti di una parte dell'intellighenzia russa... che rifiutava gli ideali del decennio precedente soprattutto per quanto riguarda... la questione ebraica".[535]

Una caratteristica interessante di quel periodo è che era la stampa (quella di destra, ovviamente) e non i circoli governativi a essere molto scettica (e in nessun modo ostile) nei confronti del progetto di piena emancipazione legale degli ebrei. Le seguenti citazioni sono tipiche. Come si possono "concedere tutti i diritti di cittadinanza a questa... tribù ostinatamente fanatica, permettendo loro di occupare le più alte cariche amministrative? ... Solo l'istruzione ... e il progresso sociale possono veramente unire ebrei e cristiani.... Introducendoli nella famiglia universale della civiltà, saremo i primi a dire loro parole d'amore e di riconciliazione". "La civiltà trarrà generalmente beneficio da un tale avvicinamento, poiché la tribù intelligente ed energica vi contribuirà molto. Gli ebrei... capiranno che i tempi sono maturi per liberarsi dal giogo dell'intolleranza che ha origine nelle interpretazioni troppo rigide del Talmud". "Finché l'educazione non porterà gli ebrei a pensare che è necessario vivere non solo a spese della società russa, ma anche per il bene di questa società, non si potrà discutere di concedere loro più diritti di quelli che hanno ora". "Anche se fosse possibile concedere agli ebrei tutti i diritti civili, in ogni caso non si potrebbe permettere loro di occupare posizioni ufficiali "in cui i cristiani sarebbero soggetti alla loro autorità e in cui potrebbero avere influenza sull'amministrazione e sulla legislazione di un Paese cristiano"".[536]

L'atteggiamento della stampa russa dell'epoca è ben riflesso nelle parole dell'importante giornale pietroburghese *Golos*: "Gli ebrei russi non hanno

---

[533] *EE* [JE], T 13, pag. 50-51.
[534] G.Ya. Aronson. *Russko-evreyskaya pechet'* [Stampa russo-ebraica] // KRE-1, p. 558.
[535] *EE* [JE], T 12, pagg. 525-526.
[536] *EE* [JE]*, T 2, pag. 736, 740.

il diritto di lamentarsi che la stampa russa sia prevenuta contro i loro interessi. La maggior parte dei periodici russi è favorevole alla parità di diritti civili per gli ebrei"; è comprensibile "che gli ebrei si sforzino di espandere i loro diritti verso l'uguaglianza con il resto dei cittadini russi"; tuttavia... "alcune forze oscure spingono la gioventù ebraica alla follia dell'agitazione politica. Perché solo pochi processi politici non annoverano gli ebrei tra gli imputati e, soprattutto, tra gli imputati più importanti? ... Questo e la comune pratica ebraica di sottrarsi al servizio militare sono controproducenti per la causa dell'espansione dei diritti civili degli ebrei"; "chi aspira a ottenere dei diritti deve dimostrare in anticipo la sua capacità di adempiere ai doveri che derivano da tali diritti" ed "evitare di mettersi in una posizione estremamente sfavorevole e desolante rispetto agli interessi dello Stato e della società".[537]

Tuttavia, osserva l'*Enciclopedia*, "nonostante tutta questa propaganda, i circoli burocratici erano dominati dall'idea che la questione ebraica potesse essere risolta solo attraverso l'emancipazione. Per esempio, nel marzo 1881 la maggioranza dei membri della Commissione per la sistemazione del modo di vita ebraico tendeva a pensare che fosse necessario equiparare gli ebrei nei diritti al resto della popolazione".[538] Cresciuti durante i due decenni di riforme alessandrine, i burocrati di quel periodo erano per molti aspetti presi dai progressi trionfali delle riforme. E così proposte piuttosto radicali e favorevoli agli ebrei furono avanzate a più riprese dai governatori generali delle regioni che costituivano la Pale of Settlement.

Non dimentichiamo le nuove iniziative dell'influente Sir Moses Montefiore, che si recò nuovamente in Russia nel 1872, e le pressioni esercitate da Benjamin Disraeli e Bismarck sul cancelliere russo Gorchakov al Congresso di Berlino del 1878. Gorchakov dovette spiegare con disagio che la Russia non era affatto contraria alla libertà religiosa e la concedeva pienamente, ma "la libertà religiosa non deve essere confusa con la parità di diritti politici e civili degli ebrei".[539]

Tuttavia, la situazione in Russia si sviluppò verso l'emancipazione. E quando nel 1880 il conte Loris-Melikov fu nominato Ministro degli Interni con poteri eccezionali, le speranze di emancipazione degli ebrei russi erano diventate davvero grandi e fondate. L'emancipazione sembrava imminente e inevitabile.

---

[537] *Golos* [La voce], 1881, n. 46, 15 (27) febbraio, p. 1.
[538] *EE* [JE], T 2, pag. 740.
[539] Inoltre, T 4, pag. 246, 594.

E proprio in quel momento i membri di Narodnaya Volya assassinarono Alessandro II, distruggendo così sul nascere molti sviluppi liberali in Russia, tra cui le speranze di una piena uguaglianza civile degli ebrei.

Sliozberg notò che lo zar fu ucciso alla vigilia di Purim. Dopo una serie di tentativi, gli ebrei non si stupirono di questa coincidenza, ma divennero inquieti per il futuro.[540]

---

[540] *G.B. Sliozberg*, T 1, pag. 99.

Capitolo 5
Dopo l'assassinio di Alessandro II

L'assassinio dello zar-liberatore, Alessandro II, sconvolse la coscienza del popolo - cosa voluta dai *Narodovol'tsi*, ma che con il passare dei decenni è stata intenzionalmente o meno ignorata dagli storici. Le morti degli eredi o zar del secolo precedente - Aleksei Petrovich, Ivan Antonovich, Pietro III e Paolo - erano state violente, ma questo era sconosciuto al popolo. L'omicidio del 1 marzo 1881 provocò il panico negli animi di tutta la nazione. Per la gente comune, e in particolare per le masse contadine, era come se le fondamenta stesse della loro vita fossero state scosse. Anche in questo caso, come calcolò il Narodovol'tsi, ciò non poteva non provocare un'esplosione. E un'esplosione ci fu, ma imprevedibile: I pogrom ebraici in Novorossia e in Ucraina.

Sei settimane dopo il regicidio, i pogrom contro i negozi, le istituzioni e le case degli ebrei "hanno improvvisamente inghiottito un vasto territorio, con una forza tremenda ed epidemica".[541]

"In effetti, fu piuttosto spontaneo. ... La gente del posto, che per i motivi più diversi desiderava vendicarsi degli ebrei, affisse manifesti incendiari e organizzò quadri di base di pogromisti, ai quali si unirono rapidamente centinaia di volontari, che aderirono senza alcuna esortazione, presi dall'atmosfera generalmente selvaggia e dalla promessa di denaro facile. In questo c'era qualcosa di spontaneo. Tuttavia, ... anche la folla, alimentata dall'alcol, mentre commetteva furti e violenze, dirigeva i suoi colpi in una sola direzione: in direzione degli ebrei - la sregolatezza si fermava solo alle soglie delle case cristiane".[542]

Il primo pogrom si verificò a Elizavetgrad, il 15 aprile. "Il disordine si intensificò quando arrivarono i contadini degli insediamenti vicini, per approfittare dei beni degli ebrei". All'inizio i militari non agirono, a causa

---

[541] *Evreyskaya Entsiklopediya* (dalee - EE). [L'Enciclopedia Ebraica (da qui - JE)]. V 16 T. Sankt-Peterburg..: *Obshchestvo dlya Nauchnikh Evreyskikh Izdaniy i Izdatel'stvo Brokgauz-Efron*, 1906-1913. T. 12, s. 611. Società per le pubblicazioni scientifiche ebraiche ed editore Brokgauz-Efron.

[542] Yu. Gessen. Istoriya evreyskogo naroda v Rossii *(dalee - Yu. Gessen): V2 T. L., 1925-1927*. T2., s. 215-216. Storia del popolo ebraico di Russia (da qui - Yu. Gessen).

dell'incertezza; alla fine "forze significative di cavalleria riuscirono a porre fine al pogrom". "[543]L'arrivo di forze fresche pose fine al pogrom". [544]"Non ci furono stupri e omicidi in questo pogrom".[545] Secondo altre fonti: "un solo ebreo è stato ucciso. Il pogrom fu sedato il 17 aprile dalle truppe, che spararono sulla folla di teppisti". [546]Tuttavia, "da Elizavetgrad l'agitazione si diffuse negli insediamenti vicini; nella maggior parte dei casi, i disordini si limitarono al saccheggio delle taverne". Dopo una settimana, si verificò un pogrom nell'Uezd [distretto] di Anan'evskiy della Guberniya [provincia] di Odessa, poi nella stessa Anan'ev, "dove fu causato da alcuni piccoli borghesi, che misero in giro la voce che lo zar era stato ucciso da ebrei e che c'era un ordine ufficiale per il massacro degli ebrei, ma le autorità lo nascondevano". [547]Il 23 aprile ci fu un breve pogrom a Kiev, ma fu presto fermato dalle forze militari. Tuttavia, il 26 aprile a Kiev scoppiò un nuovo pogrom, che il giorno seguente si estese ai sobborghi di Kiev - e questo fu il più grande pogrom di tutta la catena; ma si concluse senza vittime umane". [548](Un altro tomo della stessa *Enciclopedia* riporta il contrario, cioè che "diversi ebrei furono uccisi".)[549]

Dopo Kiev, si verificarono di nuovo pogrom in circa cinquanta insediamenti della Guberniya di Kiev, durante i quali "le proprietà degli ebrei furono oggetto di saccheggio e, in casi isolati, si verificarono pilamenti". Alla fine dello stesso aprile si verificò un pogrom a Konotop, "causato principalmente da operai e ferrovieri, accompagnato da un morto; a Konotop ci furono casi di autodifesa da parte degli ebrei". C'era ancora un'eco del pogrom di Kiev a Zhmerinka, in "diversi insediamenti della Guberniya di Chernigov"; all'inizio di maggio, nella piccola città di Smel, dove "è stato represso con l'arrivo delle truppe il giorno successivo" ("un negozio di abbigliamento è stato saccheggiato"). Con un'eco nel corso di maggio, all'inizio dell'estate i pogrom scoppiarono ancora in aree separate delle gubernie di Ekaterinoslav e Poltava (Aleksandrovsk, Romni, Nezhin, Pereyaslavl e Borisov). Disordini insignificanti si verificarono anche a

---

[543] Ibidem. Pagine 216-217.
[544] EE, T 12, pagina 612.
[545] *L. Praysman* [Priceman]. *Pogromi i samooborona.* [Pogrom e autodifesa] //"22": Obshchestvenno-politicheskiy i literaturniy zhurnal evreyskoy intelligentsii iz SSSR v Izraile [Giornale pubblico-politico e letterario dell'intellighenzia ebraica dell'URSS in Israele]. Tel-Aviv, 1986/87, n. 51, p. 174.
[546] *Kratkaya Evreyskaya Entsiklopediya (dale - KEE)* [Enciclopedia ebraica breve (da qui - SJE)]: [V10 T.] Gerusalemme, 1976-2001. T 6, p. 562.
[547] *EE* [JE], T 12, pag. 612.
[548] *KEE* [SJE], T 4, p.256.
[549] Ibid. T 6, p. 562.

Melitopol Uezd. Ci furono casi in cui i contadini risarcirono immediatamente gli ebrei per le perdite subite".[550]

"Il movimento di pogrom a Kishinev, iniziato il 20 aprile, fu stroncato sul nascere". [551]Non ci furono pogrom in tutta la Bielorussia - né in quell'anno, né negli anni successivi, [552]anche se a Minsk si scatenò il panico tra gli ebrei a causa di voci che parlavano di pogrom nel Krai sud-occidentale - a causa di un evento del tutto inaspettato.[553] E poi a Odessa. Solo Odessa conosceva già i pogrom ebraici del 19 secolo: nel 1821, nel 1859 e nel 1871. "Si trattava di eventi sporadici, causati principalmente dalla scortesia verso gli ebrei da parte della popolazione greca locale",[554] cioè dalla competizione commerciale tra ebrei e greci; nel 1871 ci fu un pogrom di tre giorni di centinaia di taverne, negozi e case ebraiche, ma senza vittime umane.

I.G. Orshanskiy scrive in modo più dettagliato su questo pogrom e afferma che le proprietà ebraiche venivano distrutte intenzionalmente: cumuli di orologi dei gioiellieri - non li rubavano, ma li portavano sulla strada e li distruggevano. Concorda sul fatto che il "centro nevralgico" del pogrom fu l'ostilità verso gli ebrei da parte dei mercanti greci, soprattutto a causa del fatto che, dopo la guerra di Crimea, gli ebrei di Odessa avevano sottratto ai greci il commercio di generi alimentari e le merci coloniali. Ma c'era "un'antipatia generale verso gli ebrei da parte della popolazione cristiana di Odessa. ... Questa ostilità si manifestava in modo molto più consapevole e prominente tra la classe intelligente e benestante che tra la gente comune che lavorava". Si vede, tuttavia, che a Odessa popoli diversi vanno d'accordo; "perché allora solo gli ebrei hanno suscitato un'antipatia generale nei loro confronti, che a volte si è trasformata in un forte odio?". Un insegnante di scuola superiore ha spiegato alla sua classe: "Gli ebrei sono impegnati in relazioni economiche scorrette con il resto della popolazione". Orshanskiy obietta che una tale spiegazione elimina "il pesante fardello della responsabilità morale". Vede la stessa ragione nell'influenza psicologica della legislazione russa, che individua gli ebrei solo per imporre loro delle restrizioni. E nel tentativo degli ebrei di liberarsi

---

[550] *EE* [JE], T 12, pagg. 612-613.
[551] Ibidem, p. 612.
[552] *KEE* [SJE], T 1, pag. 325.
[553] S. Ginzburg. *Nastroeniya evreyskoy molodezhi v 80-kh godakh proshlogo stoletiya.* [Gli atteggiamenti della gioventù ebraica negli anni '80 del secolo precedente] // *Evreyskiy mir* [Mondo ebraico]: Sb 2 [Antologia 2] (*dalee - EM-2*) [da qui - JW-2]. New York: *Soyuz russkikh evreyev v N'yu Yorke* [Unione degli ebrei russi a New York], 1944, p. 383.
[554] *EE* [EJ], T 12, pag. 611.

dalle restrizioni, la gente vede "impudenza, insaziabilità e accaparramento".[555]

Di conseguenza, nel 1881 l'amministrazione di Odessa, avendo già esperienza di pogrom - che altre autorità locali non avevano - sedò immediatamente i disordini che si riaccesero più volte, e "le masse di teppisti vennero messe su imbarcazioni e trascinate via dalla riva" [556]- un metodo estremamente ingegnoso. (In contraddizione con il periodo pre-rivoluzionario, l'*Enciclopedia* moderna scrive che questa volta il pogrom di Odessa continuò per tre giorni).[557]

L'*Enciclopedia* pre-rivoluzionaria riconosce che "il governo ritenne necessario reprimere con decisione i tentativi violenti contro gli ebrei"; [558]fu quindi il nuovo Ministro degli Interni, il conte N.P. Ignatiev, (che sostituì Loris-Melikov nel maggio del 1881), che represse con fermezza i pogrom; anche se non fu facile far fronte a disordini crescenti di "forza epidemica" - vista la totale inaspettatezza degli eventi, il numero estremamente ridotto di poliziotti russi all'epoca (le forze di polizia russe erano allora incomparabilmente più piccole delle forze di polizia degli Stati dell'Europa occidentale, molto meno di quelle dell'Unione Sovietica), e il raro stazionamento di guarnigioni militari in quelle aree. "Le armi da fuoco furono usate per difendere gli ebrei dai pogromisti". [559]Si sparava sulla folla e [le persone] venivano uccise". Ad esempio, a Borisov "i soldati hanno sparato e ucciso diversi contadini". [560]Inoltre, a Nezhin "le truppe hanno fermato un pogrom, aprendo il fuoco sulla folla di contadini pogromisti; diverse persone sono state uccise e ferite". [561]A Kiev sono state arrestate 1.400 persone.[562]

L'insieme di questi elementi indica un quadro di applicazione molto energico. Ma il governo ha riconosciuto la sua insufficiente preparazione. In una dichiarazione ufficiale si legge che durante il pogrom di Kiev "le misure per contenere le folle non sono state prese con sufficiente tempestività ed energia". [563]In un rapporto a Sua Maestà del giugno 1881, il direttore del Dipartimento di Polizia, V.K. Plehve, indicava il fatto che

---

[555] I. Orshanskiy. *Evrei v Rossii: Ocherki i issledovaniya* [Gli ebrei in Russia: saggi e ricerche]. Vip. 1. Sankt-Peterburg, 1872, p 212-222.
[556] *EE* [EJ] T 12, p.613.
[557] *KEE* [SJE], T 6, pag. 562.
[558] *EE* [JE] T 1, pag. 826.
[559] Yu. Gessen, T 12, p. 222.
[560] *EE* [JE], T 12, pag. 613.
[561] *KEE* [SJE], T 6, pag. 562-563.
[562] S.M. Dubnov. *Noveyshaya Istoriya: Ot frantsuzkoy revolutsii 1789 goda do mirovoy voyni 1914 goda* [Una nuova storia: dalla rivoluzione francese del 1789 alla prima guerra mondiale del 1914]: V3 T. Berlino: Grani, 1923. T3 (1881-1914), p. 107.
[563] *EE* [JE], T 6, pag. 612.

le corti marziali "trattavano gli accusati con estrema indulgenza e in generale si occupavano della questione in modo piuttosto superficiale" come "una delle ragioni dello sviluppo e della non sufficientemente rapida repressione dei disordini".

Alessandro III ha fatto una nota nel rapporto: "Questo è imperdonabile".[564] Ma subito e in seguito non mancò l'accusa che i pogrom fossero stati organizzati dal governo stesso - un'accusa del tutto infondata e tanto meno assurda, visto che nell'aprile del 1881 lo stesso riformatore liberale Loris Melikov era a capo del governo e tutti i suoi collaboratori erano al potere nell'amministrazione superiore. Dopo il 1917, un gruppo di ricercatori - S. Dubnov, G. Krasniy-Admoni e S. Lozinskiy - cercò accuratamente le prove in tutti gli archivi governativi aperti - e trovò solo il contrario, a cominciare dal fatto che lo stesso Alessandro III richiese un'indagine approfondita. (Ma per rovinare completamente la reputazione dello zar Alessandro III qualcuno senza nome ha inventato una calunnia maligna: che lo zar - non si sa quando e in quali circostanze - avrebbe detto: "E ammetto che io stesso sono felice quando picchiano gli ebrei!". Questa affermazione è stata accettata e stampata negli opuscoli della liberazione degli emigrati, è entrata nel folklore liberale e ancora oggi, dopo 100 anni, è stata pubblicata come storicamente attendibile.[565] E persino nella *Breve Enciclopedia Ebraica* : "Le autorità agivano in stretto contatto con gli arrivati",[566] cioè con i forestieri. E per Tolstoj a Yasnaya Polyana era "evidente": tutte le questioni erano nelle mani delle autorità. Se "lo volevano, potevano provocare un pogrom; se non lo volevano, non ci sarebbe stato alcun pogrom").[567]

In realtà, non solo non vi fu alcuna istigazione da parte del governo, ma come sottolinea Gessen: "il sorgere di numerose brigate del pogrom in breve tempo in una vasta area e il carattere stesso delle loro azioni, elimina il pensiero della presenza di un unico centro organizzativo."[568]

Ed ecco un'altra testimonianza contemporanea e vivente, proveniente da una parte piuttosto inaspettata: dal *Foglio dei Lavoratori* della Ripartizione Nera, cioè un proclama al popolo, del giugno 1881. Il volantino rivoluzionario descriveva così il quadro: "Non solo tutti i governatori, ma

---

[564] R. Kantor*. *Aleksandr III o evreyskikh pogromakh 1881-1883 gg.* [Aleksandr III sui pogrom ebraici, 1881-1883]// *Evreyskaya letopis'* [Cronaca ebraica]: Sb. [Antologia] 1. M.; Pg: Paduga, 1923, p. 154.
[565] A. L'vov//*Novaya gazeta* [Nuova Gazzetta], New York, 1981, n. 70, 5-11 settembre, p. 26.
[566] *KEE* [SJE], T 6, pag. 563.
[567] *Mezhdunarodnaya evreyskaya gazeta* [Gazzetta ebraica internazionale], 1992, marzo, n. 6 (70), p. 7.
[568] *Yu. Gessen*, T 2, p. 215.

anche tutti gli altri funzionari, la polizia, le truppe, i sacerdoti, gli zemstvo [consigli distrettuali eletti] e i giornalisti - si sono schierati a favore degli ebrei kulaki... Il governo protegge la persona e la proprietà degli ebrei"; i governatori annunciano la minaccia "che gli autori dei disordini saranno trattati secondo la piena portata della legge...".La polizia ha cercato le persone che erano nella folla [dei pogromisti], le ha arrestate, le ha trascinate alla stazione di polizia... I soldati e i cosacchi hanno usato il calcio del fucile e la frusta... hanno picchiato le persone con i fucili e le fruste... Alcuni sono stati perseguiti e rinchiusi in prigione o mandati ai lavori forzati, e altri sono stati picchiati con le betulle sul posto dalla polizia."[569]

L'anno successivo, nella primavera del 1881, "i pogrom si rinnovarono, ma già non nello stesso numero e non nella stessa scala dell'anno precedente". "[570]Gli ebrei della città di Balta sperimentarono un pogrom particolarmente pesante", e si verificarono disordini anche nell'Uezd di Baltskiy e in pochi altri. "Tuttavia, in base al numero di incidenti e al loro carattere, i disordini del 1882 furono significativamente inferiori al movimento del 1881 - la distruzione delle proprietà degli ebrei non era un fenomeno così frequente". L'[571]*Enciclopedia Ebraica* pre-rivoluzionaria riporta che all'epoca del pogrom di Balta fu ucciso un ebreo.[572]

Un famoso ebreo contemporaneo scrisse: nei pogrom del 1880, "derubavano gli ebrei sfortunati e li picchiavano, ma non li uccidevano".[573] (Secondo altre fonti, si registrarono 6-7 morti) All'epoca degli anni 1880-1890, nessuno ricordava uccisioni e stupri di massa. Tuttavia, è passato più di mezzo secolo - e molti pubblicisti, non avendo la necessità di approfondire gli antichi fatti russi [ufficiali], ma avendo un pubblico vasto e credulone, hanno iniziato a scrivere di atrocità massicce e premeditate. Ad esempio, leggiamo nel libro di Max Raisin, spesso pubblicato, che i pogrom del 1881 portarono allo "stupro di donne, all'omicidio e alla mutilazione di migliaia di uomini, donne e bambini". In seguito si scoprì

---

[569] *Zerno: Rabochiy listok* [La verità, (granello di)]: Volantino operaio, giugno 1881, n. 3/*Istoriko-Revolyutsioniy Sbornik* (dalee - IPC) [Antologia storico-rivoluzionaria (da qui - HRA)]/Sotto la direzione di V.I. Nevskiy: V 3 T.M.; L.: GIZ, 1924-1926. T 2, p. 360-361.
[570] *Yu. Gessen*, T 2, p. 217.
[571] *EE* [JE], T 12, pag. 614.
[572] Ibid. T 3, p. 723.
[573] *M. Krol'. Kishinevskiy pogrom 1903 goda i Kishinevskiy pogromniy protsess* [Il pogrom di Kishinev del 1903 e il processo del pogrom di Kishinev] // EM-2, p. 370.

che questi disordini erano stati ispirati e pensati proprio dal governo, che aveva incitato i pogromisti e ostacolato gli ebrei nella loro autodifesa".."[574]

Un certo G.B. Sliozberg, che conosceva così razionalmente il funzionamento dell'apparato statale russo, nel 1933 dichiarò improvvisamente fuori dal paese che i pogrom del 1881 non avevano avuto origine dal basso, ma dall'alto, con il ministro Ignatiev (che a quel tempo non era ancora ministro - la memoria del vecchio lo abbandonava), e "non c'era alcun... dubbio che i fili dell'opera del pogrom potessero essere trovati nel Dipartimento di Polizia" [575]- così l'esperto giurista si permise una pericolosa e brutta infondatezza.

E sì, qui, in una seria rivista ebraica dei giorni nostri - da un autore ebreo moderno - troviamo che, contrariamente a tutti i fatti e senza portare nuovi documenti: che a Odessa nel 1881 ebbe luogo un "pogrom di tre giorni"; e che nel pogrom di Balta ci fu "la partecipazione diretta di soldati e polizia"; "40 ebrei furono uccisi e gravemente feriti, 170 feriti in modo leggero".[576] (Abbiamo appena letto nella vecchia Enciclopedia Ebraica: a Balta fu ucciso *un* ebreo e ne furono feriti diversi. Ma nella nuova *Enciclopedia Ebraica,* dopo un secolo dagli eventi, leggiamo: a Balta "i soldati si unirono ai pogromisti... Diversi ebrei furono uccisi, centinaia feriti, molte donne furono violentate".[577]) I pogrom sono una forma di rappresaglia troppo selvaggia e orribile, perché si possano manipolare con tanta leggerezza le cifre delle vittime.

Lì - schizzato, imbastito - è necessario ricominciare a scavare?

Le cause di questi primi pogrom furono costantemente esaminate e discusse dai contemporanei. Già nel 1872, dopo il pogrom di Odessa, il generale-governatore del Krai sud-occidentale avvertì in un rapporto che eventi simili avrebbero potuto verificarsi anche nel suo Krai, perché "qui l'odio e l'ostilità verso gli ebrei ha una base storica, e solo la dipendenza materiale dei contadini dagli ebrei insieme alle misure dell'amministrazione attualmente trattengono un'esplosione indignata della popolazione russa contro la tribù ebraica". Il Generale-Governatore ha ridotto l'essenza della questione all'economia, in quanto "ha calcolato e valutato le proprietà commerciali e manifatturiere in mano agli ebrei nel Krai sud-occidentale, e ha sottolineato il fatto che, essendo sempre più impegnati nell'affitto di proprietà terriere, gli ebrei hanno riaffittato e

---

[574] *Max Raisin.* Storia degli ebrei nei tempi moderni. 2nd , New York: Hebrew Publishing Company, 1923, p. 163.

[575] *G.B. Sliozberg. Dela minuvshikh dney: Zapiski russkogo evreya* [Cose dei giorni passati: appunti di un ebreo russo]: V 3 T. Parigi, 1933-1934. T 1, p. 118; T 3, p. 53.

[576] *L. Praysman//*"22", 1986, n. 51, p. 175.

[577] *KEE* [SJE] T 6, pag. 562-563.

spostato queste terre ai contadini a condizioni molto difficili". E tale causa "ha ricevuto un ampio riconoscimento nel 1881, anno in cui si sono verificati numerosi pogrom".[578]

Nella primavera del 1881, Loris-Melikov riferì anche a Sua Maestà: "Il profondo odio della popolazione locale verso gli ebrei che la rendono schiava è alla base degli attuali disordini, ma persone malintenzionate hanno indubbiamente sfruttato questa opportunità".[579]

E così spiegavano i giornali dell'epoca: "Esaminando le cause che hanno provocato i pogrom, solo pochi organi della stampa periodica fanno riferimento all'odio tribale e religioso; gli altri pensano che il movimento dei pogrom sia sorto per motivi economici; così facendo, alcuni vedono nei comportamenti indisciplinati una protesta diretta in particolare contro gli ebrei, alla luce del loro predominio economico sulla popolazione russa". Altri ancora sostengono che la massa del popolo, in generale schiacciata economicamente, "cercava qualcuno su cui sfogare la propria rabbia" e gli ebrei si adattavano a questo scopo perché avevano pochi diritti. [580]Un contemporaneo di questi pogrom, il citato educatore V. Portugalov, disse anche: "Nei pogrom ebraici del 1880 ho visto un'espressione di protesta dei contadini e dei poveri delle città contro l'ingiustizia sociale".[581]

Dieci anni dopo, Yu. I. Gessen sottolineava che "la popolazione ebraica delle Gubernie meridionali" in generale era in grado di "trovare fonti di sostentamento tra i capitalisti ebrei, mentre i contadini locali attraversavano momenti estremamente difficili" perché non avevano abbastanza terra, "a cui gli ebrei ricchi contribuivano in parte, raffittando le terre dei proprietari terrieri e aumentando il canone d'affitto al di là delle possibilità dei contadini".[582]

Non tralasciamo un altro testimone, noto per la sua imparzialità e ponderatezza, che nessuno ha accusato di essere "reazionario" o di "antisemitismo": Gleb Uspenskiy. All'inizio degli anni '80 scrisse: "Gli ebrei sono stati picchiati perché hanno accumulato una fortuna sui bisogni degli altri, sul lavoro degli altri, e non hanno fatto il pane con le proprie mani"; "sotto le canne e le frustate... vedete, il popolo ha sopportato il

---

[578] *Yu. Gessen.* T 2, pag. 216, 220.
[579] *R. Kantor** // Evreyskaya letopis' [Il libro ebraico]: Sb. [Antologia] 1, M.; Pg: Raduga, 1923, p. 152.
[580] *Yu. Gessen.* T 2, p 218.
[581] *KEE* [SJE], T 6, pag. 692.
[582] *Yu. Gessen,* T 2, pag. 219-220.

dominio dei tartari e dei tedeschi, ma quando gli yid hanno cominciato a tormentare il popolo per un rublo - non l'hanno accettato!".[583]

Ma dobbiamo notare che quando, subito dopo i pogrom, una deputazione di ebrei di spicco della capitale, guidata dal barone G. Gintsburg, si recò da Alessandro III all'inizio di maggio del 1881, Sua Maestà valutò con sicurezza che "nei disordini criminali nel sud della Russia, gli ebrei servivano solo come pretesto, che questo affare era opera degli anarchici".[584] E in quegli stessi giorni, il fratello dello Zar, il Gran Principe Vladimir Alexandrovich, annunciò allo stesso Gintsburg che: "i disordini, come è ormai noto al governo, non hanno come fonte esclusivamente l'agitazione contro gli ebrei, ma l'aspirazione all'opera di sedizione in generale". Anche il governatore generale del Krai sud-occidentale ha riferito che "lo stato di eccitazione generale della popolazione è responsabilità dei propagandisti". [585]E in questo le autorità si sono rivelate ben informate. Queste dichiarazioni così rapide rivelano che le autorità non hanno perso tempo nelle indagini. Ma a causa della solita incomprensione dell'amministrazione russa dell'epoca e della sua incomprensione del ruolo della pubblicità, non riferirono i risultati dell'indagine al pubblico. Sliozberg attribuisce la colpa all'autorità centrale, che non fece nemmeno "tentativi di vendicarsi delle accuse di aver permesso i pogrom". [586](È vero, ma dopo tutto ha accusato il governo, come abbiamo visto, di aver deliberatamente istigato e guidato i pogrom. È assurdo iniziare con la prova che non si è un criminale).

Tuttavia, non tutti volevano credere che gli incitamenti provenissero dai rivoluzionari. Come ricorda un memorialista ebreo di Minsk, per gli ebrei Alessandro II non era un "liberatore" - non aveva eliminato il Pale of Settlement ebraico, e sebbene gli ebrei piangessero sinceramente la sua morte, non dicevano una sola parola cattiva contro i rivoluzionari; parlavano di loro con rispetto, dicendo che erano animati da eroismo e purezza di pensiero. E durante i pogrom della primavera e dell'estate del 1881, non credettero affatto che i socialisti incitassero contro di loro: era tutta colpa del nuovo zar e del suo governo. "Il governo desiderava i pogrom, doveva avere un capro espiatorio". E ora, quando in seguito testimoni attendibili del Sud confermarono effettivamente che i socialisti li avevano organizzati, continuarono a credere che fosse colpa del governo.[587]

---

[583] *Gleb Uspenskiy*. Vlast' zemli [L'autorità della terra]. L.: Khudozh. Lit., 1967, p. 67, 88.
[584] *EE** [JE], T 1, pag. 826.
[585] Ibid*, T 12, p. 614.
[586] *G.B. Sliozberg. Dela minuvshikh dney...* [Cose dei giorni passati], T 1, p. 106.
[587] *A. Lesin. Epizodi iz moey zhizni* [Episodi della mia vita] // EM-2, p. 385-387.

Tuttavia, verso l'inizio del 20 secolo, gli autori ammisero: "Nella stampa si trovano informazioni sulla partecipazione di alcuni membri del partito *Narodnaya Vol'ya* [Volontà popolare] ai pogrom; ma la portata di questa partecipazione non è ancora chiara. ... A giudicare dall'organo di partito, i membri del partito consideravano i pogrom come una sorta di attività rivoluzionaria, suggerendo che i pogrom stavano addestrando il popolo all'azione rivoluzionaria"; [588]"che l'azione che era più facile da dirigere contro gli ebrei ora, avrebbe potuto, nel suo ulteriore sviluppo, abbattersi sui nobili e sui funzionari. Di conseguenza, furono preparati proclami che invitavano ad attaccare gli ebrei". [589] Oggi se ne parla solo superficialmente, come se si trattasse di qualcosa di generalmente noto: "la propaganda attiva dei *narodniki* (sia i membri della Narodnaya Vol'ya che della Ripartizione Nera) era pronta a fomentare la ribellione su qualsiasi terreno fertile, compreso l'antisemitismo".[590] Dall'emigrazione, Tkachev, incontenibile predecessore di Lenin nelle tattiche cospiratorie, accolse con favore l'allargarsi del movimento dei pogrom.

In effetti, i Narodovol'tsi (e i più deboli Chernoperedel'tsi [membri della Ripartizione Nera]) non potevano aspettare ancora a lungo dopo l'assassinio dello Zar che non aveva provocato l'istantanea rivoluzione di massa da loro prevista e attesa. Con un tale stato di smarrimento generale delle menti dopo l'assassinio dello zar-liberatore, bastava una leggera spinta perché le menti in preda al panico si reinclinassero in una qualsiasi direzione.

In quell'epoca generalmente non illuminata, questa reinclinazione sarebbe potuta avvenire in modi diversi. (Per esempio, all'epoca c'era la concezione popolare che lo zar fosse stato ucciso dai nobili, per vendicare la liberazione dei contadini). In Ucraina esistevano motivi antiebraici. Tuttavia, è possibile che i primi movimenti della primavera del 1881 abbiano anticipato il complotto dei Narodovol'tsi - ma proprio in quel momento hanno suggerito da che parte sarebbe soffiato il vento: contro gli ebrei - mai perdere il contatto con il popolo! Un movimento dal cuore delle masse - Certo! Perché non usarlo? Battiamo gli ebrei e poi arriveremo ai proprietari terrieri! E ora i pogrom di Odessa e di Ekaterinoslav, che non ebbero successo, furono molto probabilmente esagerati dai narodniki. E gli spostamenti dei pogromisti lungo le ferrovie e la partecipazione dei ferrovieri ai pogrom - tutto fa pensare che i pogrom siano stati istigati da agitatori facilmente trasportabili, soprattutto con quella voce particolarmente incitante secondo cui "stanno nascondendo l'ordine dello zar", cioè di picchiare gli ebrei per l'omicidio del padre. (Il pubblico

---

[588] *EE* [JE], T 12, pagg. 617-618.
[589] *Yu. Gessen*, T 2, p. 218.
[590] *L. Praisman*//"22", 1986, n. 51, p. 173.

ministero dell'Ufficio giudiziario di Odessa ha quindi sottolineato che "nel perpetrare i pogrom ebraici, la gente era completamente convinta della legalità delle proprie azioni, credendo fermamente nell'esistenza di un decreto dello zar, che permetteva e addirittura autorizzava la distruzione delle proprietà ebraiche".[591] Secondo Gessen, "la consapevolezza che si era radicata nel popolo, che gli ebrei si trovavano al di fuori della legge e che le autorità che difendevano gli ebrei non potevano mettersi contro il popolo"[592] - aveva ormai fatto effetto. I Narodovol'tsi volevano utilizzare questa nozione immaginaria). Alcuni di questi volantini rivoluzionari sono stati conservati per la storia. Un volantino del 30 agosto 1881 è firmato dal Comitato esecutivo della Narodnaya Vol'ya e recita subito in ucraino: "Chi ha sequestrato la terra, le foreste e le taverne? - Gli Yid - A chi, muzhik [contadino], devi chiedere l'accesso alla tua terra, a volte nascondendo le lacrime?... Agli Yid. - Ovunque si guardi, ovunque si chieda, gli Yid sono ovunque. Lo yid insulta le persone e le imbroglia; beve il loro sangue"... e si conclude con un appello: "Lavoratori onesti! Liberatevi!...". [593] E più tardi, nel giornale Narodnaya Vol'ya, n. 6: "Tutta l'attenzione del popolo che si difende si concentra ora, frettolosamente e appassionatamente, sui mercanti, i tavernieri e gli usurai; in una parola, sugli ebrei, su questa "borghesia" locale, che avidamente deruba i lavoratori come in nessun altro luogo". E dopo, in un'anticipazione di un opuscolo della Narodnaya Vol'ya (già nel 1883), alcune "correzioni": "i pogrom sono iniziati come movimento a livello nazionale, 'ma non contro gli ebrei in quanto ebrei, bensì contro gli *yid*, cioè i popoli sfruttatori'". [594] E nel suddetto volantino, *Zerno*, il Chernoperedel'tsi: "Il popolo lavoratore non può più resistere alla rapina ebraica. Ovunque si vada, quasi ovunque si incontra l'ebreo-kulak. L'ebreo è il proprietario delle taverne e dei pub; l'ebreo affitta la terra dai proprietari terrieri, per poi riaffittarla al contadino a un prezzo tre volte superiore; acquista i raccolti all'ingrosso e si dedica all'usura, applicando tassi d'interesse tali che la gente li chiama apertamente "tassi yiddish"... "Questo è il nostro sangue!", dicevano i contadini ai funzionari di polizia che venivano a sequestrare le proprietà degli ebrei". Ma la stessa "correzione" è a *Zerno*: "... e non tutti gli ebrei sono ricchi... non tutti sono kulaki... Abbandonate l'ostilità verso i diversi popoli e le diverse fedi" - e unitevi a loro "contro il nemico comune": lo zar, la polizia, i proprietari terrieri e i capitalisti.[595]

---

[591] *EE* [JE]*, T 1, pag. 826.
[592] *Yu. Gessen*, T 2, p. 215.
[593] *Katorga i ssilka: Istoriko-revolyutsioniy vestnik* [Lavoro duro ed esilio: il bollettino storico-rivoluzionario] Libro 48, Mosca, 1928, p. 50-52.
[594] *D. Shub. Evrei v russkoy revolyutsii* [Gli ebrei nella rivoluzione russa] // EM-2, p. 129-130.
[595] *IPC* [IRS], T 2, pagg. 360-361.

Tuttavia queste "correzioni" arrivarono già in ritardo. Tali opuscoli furono poi riprodotti a Elizavetgrad e in altre città del Sud; e nel "Soviet operaio della Russia del Sud" di Kiev, dove i pogrom erano già finiti, i narodniki cercarono di suscitarli di nuovo nel 1883, sperando di rinnovare, e attraverso di essi - di diffondere la rivoluzione russa in tutta la Russia.

Naturalmente, l'ondata di pogrom nel Sud fu ampiamente trattata dalla stampa contemporanea della capitale. Nel "reazionario" *Moskovskiye Vedomosti*, M.N. Katkov, che ha sempre difeso gli ebrei, ha bollato i pogrom come originati da "malintenzionati", "che hanno intenzionalmente oscurato la coscienza popolare, costringendo la gente a risolvere la questione ebraica, anche se non attraverso un percorso di studio approfondito, ma con l'aiuto di "pugni alzati"".[596]

Spiccano gli articoli di importanti scrittori. I.S. Aksakov, un fermo oppositore della completa libertà civile per gli ebrei, cercò di mettere in guardia il governo "contro passi troppo audaci" su questa strada, già alla fine degli anni Cinquanta del XIX secolo. Quando fu emanata una legge che permetteva agli ebrei con titoli di studio superiori di essere impiegati nell'amministrazione, egli si oppose (1862) dicendo che gli ebrei sono "un gruppo di persone che rifiutano completamente gli insegnamenti cristiani, l'ideale e il codice morale cristiano (e, quindi, l'intero fondamento della società russa), e praticano una fede ostile e antagonista". Era contrario all'emancipazione politica degli ebrei, anche se non rifiutava la loro equiparazione nei diritti puramente civili, affinché al popolo ebraico fosse garantita la completa libertà nella vita quotidiana, l'autogestione, lo sviluppo, l'illuminazione, il commercio, e persino la possibilità di risiedere in tutta la Russia". Nel 1867 scrisse che, dal punto di vista economico, "non dovremmo parlare di emancipazione degli ebrei, ma piuttosto di emancipazione dei russi dagli ebrei". Notò la vuota indifferenza della stampa liberale nei confronti delle condizioni di vita dei contadini e dei loro bisogni. E ora Aksakov spiegò l'ondata di pogrom del 1881 come una manifestazione della rabbia popolare contro "il giogo ebraico sulla popolazione locale russa"; ecco perché durante i pogrom c'era "un'assenza di furti", solo la distruzione di proprietà e "una sorta di convinzione di cuore semplice nella giustezza delle loro azioni"; e ribadì che valeva la pena di porre la questione "non sulla parità di diritti tra ebrei e cristiani, ma sulla parità di diritti tra cristiani ed ebrei, sull'abolizione della disuguaglianza di fatto della popolazione russa nei confronti degli ebrei".[597]

---

[596] *EE* [JE], T 9, pag. 381.
[597] *I.S. Aksakov. Sochineniya* [*Saggi*]: V 7 T. Mosca, 1886-1887. T 3, p. 690, 693, 708, 716, 717, 719, 722.

D'altra parte, un articolo di M.E. Saltykov-Shchedrin era pieno di indignazione: "La storia non ha mai disegnato sulle sue pagine una questione più difficile, più priva di umanità e più tortuosa della questione ebraica... Non c'è leggenda più disumana e folle di quella che esce dagli oscuri anfratti del lontano passato... che porta il marchio del disonore, dell'alienazione e dell'odio... Qualsiasi cosa l'ebreo intraprenda, rimane sempre stigmatizzato". [598] Shchedrin non ha negato "che un contingente significativo di usurai e sfruttatori di vario genere sia arruolato tra gli ebrei", ma si è chiesto: "Possiamo davvero dare la colpa all'intera tribù ebraica a causa di un solo tipo?[599]

Esaminando l'intera discussione dell'epoca, un autore ebreo dei giorni nostri scrive: "la stampa liberale, e condizionatamente parlando, progressista, difendeva i teppisti". [600] E l'Enciclopedia Ebraica pre-rivoluzionaria giunge a una conclusione simile: "Tuttavia, nei circoli progressisti, la simpatia per i guai del popolo ebraico non era sufficientemente manifestata... Essi guardavano a questa catastrofe dal punto di vista dell'aggressore, presentandolo come un contadino indigente, e ignorando completamente le sofferenze morali e la situazione materiale del popolo ebraico assediato". E anche le *Note Patriottiche* radicali la valutarono così: il popolo si sollevò contro gli ebrei perché "si assunsero il ruolo di pionieri del capitalismo, perché vivono secondo la nuova *verità* e traggono fiduciosamente la loro comoda prosperità da quella nuova fonte a spese della comunità circostante", e quindi "era necessario che 'il popolo fosse protetto dall'ebreo, e l'ebreo dal popolo', e per questo la condizione del contadino deve essere migliorata".[601]

In *Una lettera di un cristiano sulla questione ebraica*, pubblicata sulla rivista ebraica *Rassvet*, D. Mordovtsev, uno scrittore simpatico agli ebrei, esortava pessimisticamente gli ebrei "a emigrare in Palestina e in America, vedendo solo in questo una soluzione alla questione ebraica in Russia".[602]

Il giornalismo socio-politico ebraico e le memorie di questo periodo esprimono il loro dolore perché le pubblicazioni a stampa *contro gli* ebrei, sia da destra che dalla sinistra rivoluzionaria, seguirono immediatamente dopo i pogrom. Di lì a poco (e a maggior ragione a causa dei pogrom) il

---

[598] *M.E. Saltykov-Shchedrin. Iyul'skoe veyanie* [Lo spirito di luglio]//Otechestvennie zapiski [Note sulla patria], 1882, n. 8.
[599] *EE* [JE], T 16, pag. 142.
[600] *Sh. Markish. O evreyskoy nenavisti k Rossii* [Sull'odio degli ebrei verso la Russia]//"22", 1984, n. 38, p. 216.
[601] *EE* [JE], T 2, pag. 741.
[602] *KEE* [SJE], T 5, pag. 463.

governo avrebbe rafforzato le misure restrittive *contro gli* ebrei. È necessario prendere atto e comprendere questo insulto.

È necessario esaminare a fondo la posizione del governo. Le soluzioni generali al problema venivano ricercate nelle discussioni in ambito governativo e amministrativo. In una relazione a Sua Maestà, N.P. Ignatiev, il nuovo Ministro degli Affari Interni, ha delineato la portata del problema per tutto il regno precedente: "Riconoscendo il danno alla popolazione cristiana derivante dall'attività economica degli ebrei, la loro esclusività tribale e il loro fanatismo religioso, negli ultimi 20 anni il governo ha cercato di amalgamare gli ebrei con il resto della popolazione utilizzando tutta una serie di iniziative, e ha quasi reso gli ebrei uguali nei diritti agli abitanti nativi". Tuttavia, l'attuale movimento antiebraico "dimostra in modo incontrovertibile che, nonostante tutti gli sforzi del governo, le relazioni tra gli ebrei e la popolazione autoctona di queste regioni rimangono anormali come in passato", a causa delle questioni economiche: dopo l'allentamento delle restrizioni civili, gli ebrei non solo si sono impadroniti del commercio e degli scambi, ma hanno acquisito importanti proprietà terriere. "Inoltre, grazie alla loro coesione e solidarietà, hanno, con poche eccezioni, diretto tutti i loro sforzi non verso l'aumento della forza produttiva dello Stato, ma principalmente verso lo sfruttamento delle classi più povere della popolazione circostante". E ora, dopo aver stroncato i disordini e difeso gli ebrei dalla violenza, "sembra "giusto e urgente adottare misure non meno energiche per l'eliminazione di queste condizioni anormali... tra gli abitanti nativi e gli ebrei, e per proteggere la popolazione da quella dannosa attività degli ebrei"".[603]

In conformità a ciò, nel novembre 1881, le commissioni governative, composte da "rappresentanti di tutti gli strati e gruppi sociali (compresi gli ebrei), furono istituite in 15 gubernie della Pale of Settlement ebraica, e anche nella gubernia di Kharkov". Le [604] commissioni dovrebbero esaminare la questione ebraica e proporre le loro idee sulla sua risoluzione".[605] Ci si aspetta che le commissioni forniscano risposte su molte domande concrete, come ad esempio: "In generale, quali aspetti dell'attività economica ebraica sono più dannosi per lo stile di vita della popolazione autoctona della regione?". Quali difficoltà ostacolano l'applicazione delle leggi che regolano l'acquisto e l'affitto di terreni, il commercio di alcolici e l'usura da parte degli ebrei? Quali cambiamenti sono necessari per eliminare l'elusione di queste leggi da parte degli ebrei?

---

[603] *Yu. Gessen**, T 2, pag. 220-221.
[604] *EE* [JE], T 1, pag. 827.
[605] *Yu. Gessen*, T 2, p. 221.

"Quali misure legislative e amministrative in generale sono necessarie per eliminare l'influenza dannosa degli ebrei?

in vari tipi di attività economica? L'" [606] Alta Commissione" interministeriale liberale "Palenskaya", istituita due anni dopo per la revisione delle leggi sugli ebrei, notò che "il danno degli ebrei, le loro cattive qualità e i loro tratti" erano in qualche modo riconosciuti a priori nel programma che veniva dato alle commissioni provinciali.[607]

Tuttavia, molti amministratori di quelle commissioni erano piuttosto liberali, in quanto cresciuti nell'epoca burrascosa delle riforme dello zar Alessandro II, e inoltre vi partecipavano anche delegati pubblici. E il ministero di Ignatiev ricevette risposte piuttosto incoerenti. Diverse commissioni erano favorevoli all'abolizione del Pale of Settlement ebraico. "Singoli membri [delle commissioni] - e non erano pochi" - dichiararono che l'unica soluzione giusta alla questione ebraica era l'abrogazione generale di tutte le restrizioni. [608]D'altra parte, la Commissione di Vilnius affermò che "a causa di una nozione erroneamente intesa di uguaglianza umana, erroneamente applicata all'ebraismo a scapito del popolo nativo, gli ebrei sono riusciti a "impadronirsi della supremazia economica"; che la legge ebraica permette loro di "trarre profitto da qualsiasi debolezza e credulità dei gentili". "Lasciate che gli ebrei rinuncino alla loro solitudine e al loro isolamento, lasciate che rivelino i segreti della loro organizzazione sociale permettendo la luce dove solo le tenebre apparivano agli estranei; e solo allora si potrà pensare di aprire nuove sfere di attività agli ebrei, senza temere che gli ebrei vogliano usare i benefici della nazione, [pur] non essendo membri della nazione, e non prendendo su di sé una parte del fardello nazionale".[609]

"Per quanto riguarda la residenza nei villaggi e nelle frazioni, le commissioni ritennero necessario limitare i diritti degli ebrei": vietare del tutto la residenza o subordinarla al consenso delle comunità dei villaggi. Alcune commissioni raccomandarono di privare completamente gli ebrei del diritto di possedere beni immobili al di fuori delle città e dei piccoli centri, mentre altre proposero di stabilire delle restrizioni. Le commissioni mostrarono la massima unanimità nel proibire qualsiasi monopolio ebraico sulla vendita di alcolici nei villaggi. Il Ministero raccolse le opinioni dei governatori e "con rare eccezioni, i commenti delle autorità regionali non furono favorevoli agli ebrei": proteggere la popolazione cristiana "da una tribù così altezzosa come gli ebrei"; "non ci si può mai aspettare che la tribù

---

[606] *EE* [JE], T 1, pag. 827.
[607] *Yu. Gessen*, T 2, p. 221.
[608] *EE* [JE], T 1, pag. 827-828.
[609] Ibid*. T 2, pagg. 742-743.

ebraica dedichi i suoi talenti... al beneficio della patria"; "la morale talmudica non pone alcun ostacolo agli ebrei se si tratta di fare soldi a spese di qualcuno al di fuori della tribù".

Tuttavia il generale-governatore di Kharkov non riteneva possibile adottare misure restrittive contro l'intera popolazione ebraica, "senza distinguere i legittimi dai colpevoli"; proponeva di "ampliare il diritto di movimento degli ebrei e di diffondere l'illuminazione tra loro".[610]

Nell'autunno dello stesso anno, per iniziativa di Ignatiev, fu istituita una speciale "Commissione sugli ebrei" (già la nona per numero di voti, con tre membri permanenti, due dei quali professori), con il compito di analizzare i materiali delle commissioni provinciali e di redigere un progetto di legge. [611] (La precedente "Commissione per l'organizzazione della vita degli ebrei" - cioè l'ottava commissione sugli ebrei, che esisteva dal 1872 - fu presto abolita, "a causa della mancata corrispondenza tra il suo scopo e lo stato attuale della questione ebraica"). Il nuovo Comitato procedeva con la convinzione che l'obiettivo dell'integrazione degli ebrei con il resto della popolazione, verso il quale il governo si era impegnato negli ultimi 25 anni, si era rivelato irraggiungibile. [612] Pertanto, "la difficoltà di risolvere la complicata questione ebraica ci costringe a rivolgerci per l'istruzione ai vecchi tempi, quando le varie novità non penetravano ancora né nelle nostre legislazioni né in quelle straniere, e non portavano con sé le deplorevoli conseguenze che di solito si manifestano con l'adozione di cose nuove che sono contrarie allo spirito nazionale del Paese".

Da sempre gli ebrei sono stati considerati stranieri e come tali devono essere considerati.[613] Gessen commenta: "il reazionario non poteva andare oltre". E se era così preoccupata per le basi nazionali, perché non si è preoccupata dell'autentica emancipazione dei contadini negli ultimi 20 anni? Ed è anche vero che l'emancipazione dei contadini dello zar Alessandro II è avvenuta in un ambiente confuso, malsano e corrotto.

Tuttavia: "negli ambienti governativi c'erano ancora persone che non ritenevano possibile, in generale, cambiare la politica del regno precedente"[614] - ed erano in posizioni importanti e forti. E alcuni ministri si opposero alle proposte di Ignatiev. Vedendo le resistenze, egli divise le misure proposte in *fondamentali* (per le quali l'approvazione regolare richiedeva il passaggio attraverso il governo e il Consiglio di Stato) e *provvisorie*, che per legge potevano essere adottate attraverso un processo

---

[610] Ibid*, T 1, pagg. 827-828.
[611] Ibidem, T 9, pagg. 690-691.
[612] *EE* [JE], T 2, pag. 744.
[613] *Yu. Gessen*, T 2, pag. 222.
[614] *EE* [JE] T 2, pag. 744.

accelerato e semplificato. "Per convincere la popolazione rurale che il governo la protegge dallo sfruttamento degli ebrei, fu proibita la residenza permanente degli ebrei al di fuori delle loro città e degli shtetl (e il "governo era impotente a proteggerli dai pogrom nei villaggi sparsi"), e l'acquisto e l'affitto di immobili in quei luoghi, nonché il commercio di alcolici. E per quanto riguarda gli ebrei che già vi risiedevano, la legge concedeva alle comunità rurali il diritto di "sfrattare gli ebrei dai villaggi, sulla base di un verdetto dell'assemblea del villaggio". Ma altri ministri - in particolare il Ministro delle Finanze, N. Kh. Bunge, e il Ministro della Giustizia, D.N. Nabokov, non permisero a Ignatiev di attuare queste misure: respinsero il progetto di legge, sostenendo che era impossibile adottare misure proibitive così ampie, "senza discuterle nell'ambito del consueto processo legislativo".[615] Questo per quanto riguarda l'arbitrarietà sconfinata e maligna dell'autocrazia russa.

Le misure fondamentali di Ignatiev non passarono e quelle provvisorie passarono solo in forma molto ridotta. Furono respinte le disposizioni che prevedevano lo sfratto degli ebrei che già vivevano nei villaggi, il divieto di commerciare alcolici e di affittare e acquistare terreni nei villaggi. E solo per il timore che i pogrom potessero ripetersi intorno alla Pasqua del 1882, fu approvata una misura temporanea (fino all'approvazione di una legislazione completa sugli ebrei) che proibiva agli ebrei di risiedere e di entrare in proprietà o di fare uso di proprietà immobiliari al di fuori delle loro città e shtetl (cioè nei villaggi), e proibiva loro anche "di commerciare la domenica e le feste cristiane".[616] Per quanto riguarda la proprietà ebraica di beni immobili locali, il governo ha agito "per sospendere temporaneamente il perfezionamento di contratti di compravendita e di prestiti a nome degli ebrei... l'autenticazione notarile... di contratti di affitto di beni immobili... e la gestione e l'alienazione di proprietà per procura da parte loro".[617] Questa semplice reliquia delle misure proposte da Ignatiev fu approvata il 3 maggio 1882, sotto il titolo di *Regolamento temporaneo* (noto come *Regolamento di maggio*). Lo stesso Ignatiev andò in pensione dopo un mese, il suo "Comitato sugli ebrei" cessò la sua breve esistenza e un nuovo Ministro degli Affari Interni, il conte D.A. Tolstoj, emanò una severa direttiva contro possibili nuovi pogrom, attribuendo alle autorità provinciali la piena responsabilità della tempestiva prevenzione dei disordini.[618]

Così, secondo i *Regolamenti temporanei* del 1882, gli ebrei che si erano stabiliti nelle regioni rurali prima del 3 maggio non furono sfrattati; la loro

---

[615] Ibid. T 1, pagg. 829-830.
[616] *Yu. Gessen*, T 2, pagg. 226-227; *KEE* [SJE], T 7, pag. 341.
[617] *EE* [JE], T 5, pagg. 815-817.
[618] Ibid. T 12, p. 616.

attività economica era essenzialmente libera. Inoltre, questi regolamenti si applicavano solo alle "gubernie di insediamento ebraico permanente", non alle gubernie dell'interno della Russia. E queste restrizioni non si estendevano a medici, avvocati e ingegneri, cioè a persone con "il diritto di residenza universale in base ai requisiti di istruzione". Queste restrizioni non riguardavano nemmeno le "colonie ebraiche esistenti impegnate nell'agricoltura"; e c'era ancora un elenco considerevole (e in seguito in crescita) di insediamenti rurali, in base ai quali, "in deroga" ai *Regolamenti temporanei*, gli ebrei erano autorizzati a stabilirsi.[619]

Dopo l'emanazione dei "Regolamenti", cominciarono ad affluire richieste di informazioni dalle regioni e in risposta vennero emesse le spiegazioni del Senato. Ad esempio: che "i viaggi attraverso le regioni rurali, le soste temporanee e anche i soggiorni temporanei di persone senza diritto di residenza permanente non sono proibiti dalla legge del 3 maggio 1882"; che "è proibito solo l'affitto di immobili e terreni agrari, mentre non è proibito l'affitto di tutti gli altri tipi di proprietà immobiliari, come impianti di distillazione, ... edifici per il commercio e l'industria, e abitazioni". Inoltre, "il Senato ritiene ammissibile l'autenticazione di accordi di legname con gli ebrei, anche se il disboscamento di una foresta è stato programmato per un periodo prolungato, e anche se all'acquirente della foresta è stato concesso l'uso del terreno sottobosco"; e infine, che le violazioni della Legge del 3 maggio non saranno soggette a procedimenti penali.[620]

È necessario riconoscere questi chiarimenti del Senato come attenuanti e, per molti aspetti, bonari; "negli anni '80 del XIX secolo il Senato lottò con... l'interpretazione arbitraria delle leggi".[621] Tuttavia, i regolamenti che proibivano agli ebrei di stabilirsi "al di fuori delle città e degli shtetl" e/o di possedere "proprietà immobiliari"... "limitavano estremamente l'attività di distillazione dell'alcol da parte degli ebrei", poiché "la partecipazione degli ebrei alla distillazione prima del Regolamento del 3 maggio era molto significativa".[622]

Fu proprio questa misura di limitazione degli ebrei nel commercio rurale del vino (proposta per la prima volta già nel 1804) a suscitare l'indignazione universale per la "straordinaria severità" "dei *Regolamenti di maggio*", anche se fu attuata, e per giunta in modo incompleto, solo nel 1882. Il governo si trovò di fronte a una scelta difficile: espandere l'industria del vino di fronte alla propensione dei contadini

---

[619] *EE** [JE], T 5, pag. 815-817.
[620] Ibidem, pagg. 816-819.
[621] *KEE* [SJE], T 7, pag. 342.
[622] *EE* [JE], T 5, pagg. 610-611.

[all'ubriachezza] e quindi approfondire la povertà dei contadini, oppure limitare la libera crescita di questo commercio permettendo agli ebrei che già vivevano nei villaggi di rimanere e impedendo ad altri di arrivare. E questa scelta - la restrizione - fu ritenuta crudele.

Ma quanti ebrei vivevano nelle regioni rurali nel 1882? Abbiamo già trovato stime post-rivoluzionarie negli archivi di Stato: un *terzo* dell'intera popolazione ebraica del "Pale" viveva nei villaggi, un altro terzo negli shtetl, il 29% nelle città di media grandezza e il 5% nelle grandi città. [623]Quindi i *Regolamenti* ora impedivano al terzo dei "villaggi" di crescere ulteriormente?

Oggi il *Regolamento di maggio* viene dipinto come un confine decisivo e irrevocabilmente repressivo della storia russa. Un autore ebreo scrive: questa fu la prima spinta all'emigrazione! - Prima l'emigrazione "interna", poi la massiccia emigrazione all'estero. - [624] La prima causa dell'emigrazione ebraica fu il "*Regolamento temporaneo di* Ignatiev, che gettò violentemente circa un milione di ebrei fuori dalle frazioni e dai villaggi e nelle città e negli shtetl del Pale ebraico".[625]

Aspettate un attimo, come hanno fatto a *buttare fuori gli ebrei*, per di più un intero milione? Non hanno apparentemente *impedito* solo i nuovi arrivi? No, no! Era già stato raccolto e fatto circolare: dal 1882 agli ebrei non solo fu *proibito di vivere nei villaggi*, ma anche in tutte le *città*, tranne che nelle 13 gubernie; *furono riportati* negli shtetl del "Pale" - ecco perché iniziò l'emigrazione di massa degli ebrei dalla Russia![626]

Bene, mettiamo le cose in chiaro. La prima volta che si parlò di emigrazione ebraica dalla Russia all'America fu già nel 1869 alla Conferenza dell'Alleanza (dell'Unione Ebraica Mondiale) - con l'idea che i primi che si fossero stabiliti lì con l'aiuto dell'Alleanza e degli ebrei locali "sarebbero diventati una calamita per i loro correligionari russi". [627]Inoltre, "l'inizio dell'emigrazione [degli ebrei dalla Russia] risale alla metà del XIX secolo e acquista uno slancio significativo... dopo i pogrom del 1881. Ma solo a partire dalla metà degli anni Novanta del Novecento

---

[623] *Yu. Larin. Evrei i antisemitizm v SSSR* [Ebrei e antisemitismo nell'URSS]. M.; L.: GIZ, 1929, p. 49-50.

[624] I.M. Dizhur. Evrei v ekonomicheskoy zhizni Rossii *[Gli ebrei nella vita economica della Russia] // [Sankt-Peterburg.]* Kniga o russkom evreystve: Ot 1860-kh godov do Revolyutsii 1917 g. [Il libro dell'ebraismo russo: dagli anni '60 del XIX secolo alla Rivoluzione del 1917]. *(dalee - KRE-1)* [d'ora in poi - KRE-1]. New York: *Soyuz Russkikh Evreyev* [Unione degli ebrei russi], 1960, p. 160.

[625] *I.M. Dizhur. Itogi i perspektivi evreyskoy emigratsii* [Esiti e prospettive dell'emigrazione ebraica] // EM-2, p. 34.

[626] *Yu. Larin.* Gli ebrei e l'antisemitismo in URSS, pagg. 52-53.

[627] *EE* [JE] T 1, pag. 947.

l'emigrazione diventa un fenomeno importante della vita economica ebraica, assumendo una dimensione massiccia"[628] - si noti che si parla di vita *economica*, non di vita politica.

Da un punto di vista globale, l'immigrazione ebraica negli Stati Uniti nel 19 secolo fa parte di un enorme processo storico secolare e mondiale. Ci furono tre ondate successive di emigrazione ebraica in America: prima l'ondata ispano-portoghese (sefardita), poi l'ondata tedesca (dalla Germania e dall'Austria-Ungheria) e solo successivamente dall'Europa orientale e dalla Russia (ashkenazita). [629] Per ragioni che non vengono affrontate in questa sede, un importante movimento storico di emigrazione ebraica verso gli Stati Uniti ha avuto luogo nel 19 secolo, e non solo dalla Russia. Alla luce della lunghissima storia ebraica, è difficile sopravvalutare l'importanza di questa emigrazione.

E dall'Impero russo "un fiume di emigrazione ebraica passò da tutte le gubernie che costituivano la Pale of Settlement ebraica; ma la Polonia, la Lituania e la Bielorussia diedero il maggior numero di emigranti"; [630] significa che non provenivano dall'Ucraina, che stava appena vivendo i pogrom. La ragione di questa emigrazione era la stessa in tutti i paesi: il sovraffollamento, che creava una competizione economica tra ebrei. Inoltre, basandosi sulle statistiche statali russe, V. Tel'nikov rivolge la sua attenzione agli ultimi due decenni del XIX secolo, subito dopo i pogrom del 1881-1882, confrontando il reinsediamento degli ebrei dal Krai occidentale, dove non c'erano pogrom, a quello sud-occidentale, dove c'erano. Quest'ultimo non fu numericamente inferiore e fu forse superiore alla partenza degli ebrei dalla Russia. [631] Inoltre, nel 1880, secondo i dati ufficiali, 34.000 ebrei vivevano nelle gubernie interne, mentre diciassette anni dopo (secondo il censimento del 1897) erano già 315.000 - un aumento di nove volte.[632]

Certo, i pogrom del 1881-1882 causarono uno shock, ma fu davvero uno shock per tutta l'Ucraina? Ad esempio, Sliozberg scrive: "I pogrom del 1881 non allarmarono gli ebrei di Poltava, che presto se ne dimenticarono".

---

[628] Ibid. T 16, p. 264.

[629] *M. Osherovich. Russkie evrei v Soedinenikh Shtatakh Ameriki* [Ebrei russi negli Stati Uniti d'America] // KRE-1, p. 287.

[630] *Ya. D. Leshchinskiy. Evreyskoe naselenie Rossii i evreyskii trud.* La popolazione ebraica della Russia e i problemi degli ebrei]//KRE-1, p. 190.

[631] *Sbornik materialov ob ekonomicheskom polozheniya evreyev v Rossii* [Antologia di materiali sulla condizione economica degli ebrei in Russia]. Sankt-Peterburg: *Evreyskoe Kolonizatsionnoe Obshchestvo* [Società di colonizzazione ebraica], 1904. T 1. p. xxxiii-xxxv, xiv-xivi.

[632] *Yu. Gessen*, T 2, pag. 210; *EE* [JE], T 11, pag. 534-539.

Negli anni Ottanta del XIX secolo a Poltava "la gioventù ebraica non sapeva dell'esistenza della questione ebraica e, in generale, non si sentiva isolata dalla gioventù russa". [633]I pogrom del 1881-82, nella loro totale repentinità, potevano sembrare irripetibili, e prevaleva l'immutabile attrazione economica ebraica: andate a stabilirvi qui, dove vivono meno ebrei. Ma indubbiamente e indiscutibilmente, nel 1881 iniziò una svolta decisiva dell'ebraismo progressista e istruito, che si allontanò dalle speranze di una completa integrazione con la nazione "Russia" e la popolazione russa. G. Aronson ha persino concluso frettolosamente che "il Pogrom di Odessa del 1871" "infranse le illusioni di assimilazione". [634]No, non era ancora così! Ma se, ad esempio, seguiamo le biografie degli ebrei russi più importanti e istruiti, noteremo in molti di loro, intorno al 1881-1882, un drastico cambiamento di atteggiamento nei confronti della Russia e delle possibilità di una completa assimilazione. A quel punto era già chiaro e non contestato che l'ondata di pogrom era indubbiamente spontanea, senza alcuna prova della complicità delle autorità. Al contrario, il coinvolgimento dei *narodnik* rivoluzionari era provato. Tuttavia, gli ebrei non perdonarono il governo russo per questi pogrom - e non lo hanno mai fatto da allora.

E sebbene i pogrom abbiano avuto origine principalmente dalla popolazione ucraina, i russi non sono stati perdonati e i pogrom sono sempre stati legati al nome della Russia.

"I pogrom degli anni Ottanta del XIX secolo... fecero passare la sbornia a molti [sostenitori] dell'assimilazione" (ma non a tutti: l'idea dell'assimilazione rimaneva ancora viva). E qui, altri pubblicisti ebrei si spostarono all'altro estremo: in generale era impossibile per gli ebrei vivere tra gli altri popoli, [perché] saranno sempre guardati come alieni. E il "Movimento palestinese... cominciò... a crescere rapidamente".[635]

Fu sotto l'influenza dei pogrom del 1881 che il medico di Odessa, Lev Pinsker, pubblicò il suo opuscolo, *Auto-emancipazione. L'appello di un ebreo russo ai suoi compagni di tribù* (a Berlino nel 1882, in forma anonima). "Fece un'enorme impressione sull'ebraismo russo e dell'Europa occidentale". Si trattava di un appello su , in cui si sottolineava l'ineliminabile estraneità degli ebrei agli occhi dei popoli circostanti. [636]Ne parleremo ulteriormente nel capitolo 7. P. Aksel'rod sostiene che fu allora

---

[633] G.B. Sliozberg. Dela minuvshikh dney... *T 1, p. 98, 105.*
[634] *G.Ya. Aronson. V bor'be za grazhdanskie i natsional'nie prava: Obshchestvennie techeniya v russkom evreystve* [Nella lotta per i diritti civili e nazionali: Correnti sociali nell'ebraismo russo] // KRE-1, p. 208.
[635] *Gershon Svet. Russkie evrei v sionizme i v stroitel'stve Palestini i Izrailya* [Ebrei russi nel sionismo e nella costruzione della Palestina e di Israele] // KRE-1, p. 241-242.
[636] *EE* [JE], T 12, pag. 526.

che i giovani ebrei radicali scoprirono che la società russa non li avrebbe accettati come propri e quindi iniziarono ad allontanarsi dal movimento rivoluzionario. Tuttavia, questa affermazione appare troppo inverosimile. Nei circoli rivoluzionari, ad eccezione della Narodnaya Vol'ya, gli ebrei sono sempre stati considerati come propri.

Tuttavia, nonostante il raffreddamento degli atteggiamenti dell'intellighenzia ebraica verso l'assimilazione, il governo, per inerzia del regno di Alessandro II, mantenne per un certo periodo un atteggiamento comprensivo nei confronti del problema ebraico e non lo sostituì ancora completamente con un approccio duramente restrittivo. Dopo un anno di attività ministeriale del conte Ignatiev, che sperimentò una persistente opposizione sulla questione ebraica da parte delle forze liberali nelle alte sfere governative, all'inizio del 1883 fu istituita una "Alta Commissione imperiale per la revisione delle leggi attive sugli ebrei nell'Impero" - o come fu chiamata dal suo presidente, il conte Palen - "La Commissione Palenskaya" (che divenne così il decimo "Comitato ebraico"). Era composta da quindici o venti persone dell'alta amministrazione, membri dei consigli ministeriali, direttori di dipartimenti (alcuni erano membri di grandi famiglie, come Bestuzhev-Ryumin, Golytsin e Speranskiy), e comprendeva anche sette "esperti ebrei" - influenti finanzieri, tra cui il barone Goratsiy Gintsburg e Samuil Polyakov, e personaggi pubblici di spicco, come Ya. Gal'pern, il fisiologo e pubblicista N. Bakst ("è molto probabile che l'atteggiamento favorevole della maggior parte dei membri della Commissione alla risoluzione della questione ebraica sia stato causato, in una certa misura, dall'influenza" di Bakst) e il rabbino A. Drabkin. Furono [637]in gran parte questi esperti ebrei a preparare il materiale da sottoporre all'esame della Commissione.

La maggioranza della Commissione Palenskaya espresse la convinzione che "l'obiettivo finale della legislazione sugli ebrei [dovesse] essere nient'altro che la sua abolizione", che "c'è un solo risultato e una sola strada: la strada della liberazione e dell'unificazione degli ebrei con l'intera popolazione, sotto la protezione delle stesse leggi".[638] (In effetti, raramente nella legislazione russa si sono accumulate leggi così complicate e contraddittorie come quelle sugli ebrei che si sono accumulate nel corso dei decenni: 626 statuti nel 1885! E ancora più tardi se ne aggiunsero altre, e in Senato si cercò e interpretò costantemente la loro formulazione...). E anche se gli ebrei non svolgevano i loro doveri di cittadini in egual misura rispetto agli altri, tuttavia era impossibile "privare l'ebreo di quei fondamenti, su cui si basava la sua esistenza - i suoi uguali diritti di suddito". Concordando "sul fatto che diversi aspetti della vita ebraica

---

[637] Ibidem. T 5, pag. 862, T 3, pag. 700.
[638] Ibid*, T 1, pagg. 832-833.

interna richiedono una riforma e che alcune attività ebraiche costituiscono uno sfruttamento della popolazione circostante", la maggioranza della Commissione ha condannato il sistema di "misure repressive ed escludenti". La Commissione fissò come obiettivo legislativo "l'equiparazione dei diritti degli ebrei a quelli di tutti gli altri soggetti", pur raccomandando "la massima cautela e gradualità".[639]

In pratica, però, la Commissione riuscì a mitigare solo in parte le leggi restrittive. I suoi sforzi maggiori furono rivolti ai *Regolamenti temporanei* del 1882, in particolare per quanto riguarda l'affitto di terreni da parte degli ebrei. La Commissione argomentò come in difesa dei proprietari terrieri, non degli ebrei: proibire agli ebrei di affittare terre padronali non solo impedisce lo sviluppo dell'agricoltura, ma porta anche a una situazione in cui alcuni tipi di agricoltura rimangono in completo ozio nel Krai Occidentale - a danno dei proprietari terrieri, poiché non c'è nessuno a cui affittarle. Tuttavia, il Ministro degli Interni, D.A. Tolstoj, si è detto d'accordo con la minoranza della Commissione: il divieto di nuove transazioni di affitto di terreni non sarà abrogato.[640]

La Commissione Palenskaya durò cinque anni, fino al 1888, e nel suo lavoro la maggioranza liberale si scontrò sempre con la minoranza conservatrice. Fin dall'inizio, "il conte Tolstoj non aveva certo intenzione di rivedere le leggi per aumentare le misure repressive", e i cinque anni di esistenza della Commissione Palenskaya lo confermano. In quel momento "Sua Maestà [inoltre] non voleva influenzare le decisioni del suo governo sulla questione dell'aumento delle repressioni contro gli ebrei". Salito al trono in un momento così drammatico, Alessandro III non si affrettò né a sostituire i funzionari liberali, né a scegliere una linea politica dura: per molto tempo esaminò attentamente le cose. "Nel corso dell'intero regno di Alessandro III, la questione di una revisione generale della legislazione sugli ebrei rimase aperta". [641]Ma già nel 1886-87 l'opinione di Sua Maestà propendeva per un inasprimento delle restrizioni parziali sugli ebrei e quindi il lavoro della Commissione non produsse alcun risultato visibile.

Una delle prime motivazioni per un controllo più severo o una maggiore costrizione degli ebrei rispetto al regno del padre fu la costante carenza di coscritti ebrei per il servizio militare, particolarmente evidente se confrontata con la coscrizione dei cristiani. Secondo la Carta del 1874, che abolì il reclutamento, il servizio militare obbligatorio era ora imposto a tutti i cittadini, senza alcuna differenza di posizione sociale, ma con la clausola che coloro che non erano idonei al servizio sarebbero stati sostituiti: i

---

[639] *Yu. Gessen**, T2, pagg. 227-228.
[640] *EE* [JE], T 3, pag. 85.
[641] Ibid. T 1, pagg. 832-834.

cristiani con i cristiani e gli ebrei con gli ebrei. Nel caso degli ebrei, l'applicazione di questa regola fu difficile, in quanto si verificarono sia l'emigrazione diretta dei coscritti che la loro evasione, il tutto a vantaggio di una grande confusione e negligenza nei registri ufficiali sulla popolazione ebraica, nella tenuta delle statistiche vitali, nell'affidabilità delle informazioni sulla situazione familiare e sul luogo esatto di residenza dei coscritti. (La tradizione di tutte queste incertezze risaliva ai tempi dei *Qahal* (una struttura organizzativa teocratica che aveva origine nell'antica società israelita), ed era consapevolmente mantenuta per alleggerire il carico fiscale). "Nel 1883 e nel 1884, ci furono molte occasioni in cui le reclute ebree, contrariamente alla legge, furono arrestate semplicemente per il sospetto che potessero scomparire".[642] (Questo metodo fu applicato prima alle reclute cristiane, ma sporadicamente). In alcuni luoghi cominciarono a richiedere fotografie alle reclute ebree - un requisito molto insolito per l'epoca. Nel 1886 fu emanata una legge "molto restrittiva", "relativa a diverse misure per il regolare adempimento del servizio di leva da parte degli ebrei", che stabiliva una "multa di 300 rubli ai parenti di ogni ebreo che si fosse sottratto alla chiamata militare". "[643]Dal 1887 non fu più consentito agli ebrei di presentare domanda per l'esame per il grado di ufficiale [i soldati istruiti avevano privilegi nella scelta della specialità militare durante il servizio]". [644](Durante il regno di Alessandro II, gli ebrei potevano servire nei ranghi degli ufficiali). Ma le posizioni di ufficiale nella medicina militare rimasero sempre aperte agli ebrei.

Ma se consideriamo che nello stesso periodo fino a 20 milioni di altri "stranieri" dell'Impero furono completamente liberati dal servizio militare obbligatorio, allora non sarebbe stato meglio liberare del tutto gli ebrei, compensando così le loro altre costrizioni con un simile privilegio? ... Oppure si trattava dell'eredità dell'idea di Nicola I che continuava qui: innestare gli ebrei nella società russa attraverso il servizio militare? Per occupare gli oziosi?".

Allo stesso tempo, gli ebrei si riversarono in massa negli istituti di istruzione. Dal 1876 al 1883, il numero di ebrei nei ginnasi e nelle scuole preparatorie è quasi raddoppiato, e dal 1878 al 1886 - per un periodo di otto anni - il numero di studenti ebrei nelle università è aumentato di sei volte, raggiungendo il 14,5%. [645]Alla fine del regno di Alessandro II le autorità regionali si lamentavano in modo allarmante di questa situazione. Così, nel 1878 il governatore della Gubernia di Minsk riferì che "essendo più ricchi, gli ebrei possono educare i loro figli meglio dei russi; che la condizione

---

[642] Ibidem, T 3, p. 167.
[643] Ibid. T 1, p. 836.
[644] Ibid. T 3, p. 167.
[645] *Yu. Gessen*, T 2, p. 230.

materiale degli alunni ebrei è migliore di quella dei cristiani, e quindi, affinché l'elemento ebraico non sopraffaccia la restante popolazione, è necessario introdurre un sistema di quote per l'ammissione degli ebrei nelle scuole secondarie". [646]Successivamente, dopo i disordini avvenuti nel 1880 in alcuni ginnasi del sud, il fiduciario del distretto scolastico di Odessa presentò pubblicamente un'idea simile. Nel 1883 e nel 1885 due successivi governatori generali di Novorossijsk (Odessa) dichiararono che si stava verificando un "eccessivo riempimento degli istituti scolastici con ebrei" e che era necessario "limitare il numero di ebrei nei ginnasi e nelle scuole preparatorie ginnasiali" al 15% "del numero generale di alunni", oppure "a una norma più equa, pari alla proporzione della popolazione ebraica sul totale". [647](Nel 1881, gli ebrei costituivano il 75% del numero generale di alunni in diversi ginnasi del distretto di Odessa. [648]) Nel 1886, il governatore della Gubernia di Kharkov fece un rapporto "lamentando l'afflusso di ebrei nelle scuole comuni".[649] In tutti questi casi, i ministri non ritennero possibile adottare soluzioni restrittive generali e si limitarono a indirizzare i rapporti all'esame della Commissione Palenskaya, dove non ricevettero alcun sostegno.

A partire dagli anni Settanta del XIX secolo gli studenti diventano i principali protagonisti dell'agitazione rivoluzionaria. Dopo l'assassinio di Alessandro II, l'intenzione generale di stroncare il movimento rivoluzionario non poteva evitare i "nidi rivoluzionari" studenteschi (e le classi superiori dei ginnasi li stavano già rifornendo). All'interno del governo emerse l'allarmante connessione che, insieme all'aumento degli ebrei tra gli studenti, aumentava sensibilmente la partecipazione degli studenti al movimento rivoluzionario. Tra gli istituti di istruzione superiore, l'Accademia medico-chirurgica (poi Accademia medico-militare) fu particolarmente rivoluzionata. Gli ebrei erano molto desiderosi di entrarvi e i nomi degli studenti ebrei di questa accademia cominciarono a comparire già nei processi giudiziari degli anni Settanta del XIX secolo.

Così la prima misura restrittiva speciale del 1882 limitò le ammissioni degli ebrei all'Accademia medico-militare a un limite massimo del 5%. Nel 1883, un ordine simile seguì per l'Istituto minerario; e nel 1884 una quota simile fu stabilita per l'Istituto delle comunicazioni. [650] Nel 1885, l'ammissione degli ebrei all'Istituto Tecnologico di Kharkov fu limitata al 10%, e nel 1886 la loro ammissione all'Istituto Veterinario di Kharkov fu completamente interrotta, poiché "la città di Kharkov è sempre stata un

---

[646] *Yu. Gessen*, T 2, p. 229.
[647] *EE* [JE], T 13, pag. 51; T 1, pag. 834-835.
[648] *Yu. Gessen*, T 2, p. 231.
[649] *EE* [JE], T 1, pag. 835.
[650] Ibid. p. 834.

centro di agitazione politica, e la residenza di ebrei lì in numero più o meno significativo è generalmente indesiderabile e persino pericolosa".[651] In questo modo, si pensava di indebolire il crescendo delle ondate rivoluzionarie.

---

[651] Ibid*, T 13, p. 51.

Capitolo 6
Nel Movimento rivoluzionario russo

Nella Russia degli anni 60-70 dell'Ottocento, quando le riforme si muovevano rapidamente, non c'erano motivi economici o sociali per un movimento rivoluzionario di ampio respiro. Eppure fu proprio sotto Alessandro II, fin dall'inizio della sua opera riformatrice, che questo movimento nacque, come frutto prematuro dell'ideologia: nel 1861 ci furono le manifestazioni studentesche a San Pietroburgo; nel 1862, violenti incendi di origine criminale anche a San Pietroburgo e la sanguinaria proclamazione della Giovane Russia[652] (*Molodaia Rossiia*); nel 1866, il colpo di pistola di Karakozov[653], prodromo dell'era terroristica, con mezzo secolo di anticipo.

E fu anche sotto Alessandro II, quando le restrizioni sui diritti degli ebrei furono così allentate, che tra i rivoluzionari comparvero nomi di ebrei. Né nei circoli di Stankyevich, [654] Herzen [655] e Ogariov [656] né in quello di Petrachevskij c'era stato un solo ebreo. (Ma alle manifestazioni

---

[652] *Molodaia Rossiia*: Proclama rivoluzionario dei giacobini russi del maggio 1862, scritto da P. G. Zaychnevsky.
[653] Dmitri Vladimirovich Karakozov (1840 1866) sparò un colpo ad Alessandro II il 4/16 aprile 1866: il primo di una lunga serie di attacchi. Condannato a morte e giustiziato.
[654] Nikolai Vladimirovich Stankevich (1813 1840): filosofo e poeta, umanista. Fondò nel 1831 il "circolo Stankevich" dove si riunivano grandi intellettuali come Bielinskij, Aksakov, Granovskij, Katkov, ecc. Emigrò nel 1837.
[655] Alexander Ivanovich Herzen (1812-1870): scrittore, filosofo e rivoluzionario russo "occidentalista". Trascorse sei anni in esilio. Emigrò nel 1847 e fondò il primo giornale contro la guerra pubblicato all'estero, *Kolokol* (La campana). Autore di Memorie sul suo tempo, *Passato e pensieri*.
[656] Nikolai Platonovich Ogariov (1813 1877): poeta, pubblicista rivoluzionario russo. Amico e compagno d'armi di Herzen. Emigrato nel 1856. Partecipa alla fondazione di Terra e Libertà.

studentesche del 1861 parteciperanno Mikhoels, Outine [657] e Guen. E troveremo Outine nella cerchia di Nechayev[658].

La partecipazione degli ebrei al movimento rivoluzionario russo deve attirare la nostra attenzione; infatti, l'azione rivoluzionaria radicale divenne una forma di attività sempre più diffusa tra i giovani ebrei. Il movimento rivoluzionario ebraico è una componente qualitativamente importante del movimento rivoluzionario russo in generale. Il rapporto tra rivoluzionari ebrei e russi nel corso degli anni ci sorprende. Naturalmente, se nelle pagine che seguono parleremo principalmente di ebrei, ciò non implica affatto che tra i russi non ci fosse un gran numero di rivoluzionari influenti: la nostra attenzione è giustificata dall'oggetto del nostro studio.

In effetti, fino ai primi anni '70, solo un numero molto ridotto di ebrei si era unito al movimento rivoluzionario, per di più in ruoli secondari. (In parte, senza dubbio, perché c'erano ancora pochi ebrei tra gli studenti). Si apprende, ad esempio, che Leon Deutsch all'età di dieci anni si indignava per il colpo di pistola di Karakozov perché si sentiva "patriottico". Allo stesso modo, pochi ebrei aderirono al nichilismo russo degli anni '60 che, tuttavia, per il loro razionalismo, assimilarono facilmente. "Il nichilismo ha avuto un ruolo ancora più benefico nella gioventù studentesca ebraica che in quella cristiana".[659]

Tuttavia, già all'inizio degli anni '70, la cerchia dei giovani ebrei della scuola rabbinica di Vilnius iniziò a svolgere un ruolo importante. (Tra questi, V. Yokhelson, che citeremo più avanti, e il noto terrorista A. Zundelevich - entrambi allievi brillanti, destinati a diventare ottimi rabbini -, A. Liebermann, futuro redattore de *La Pravda* di Vienna, e Anna Einstein, Maxim Romm, Finkelstein). Questo circolo era influente perché era in stretto contatto con i "contrabbandieri" [660] e permetteva alla

---

[657] Nikolai Isaakovich Outine (1841 1883): rivoluzionario, membro di spicco di Terra e Libertà. Condannato a morte *in contumacia*. Emigrato nel 1863, tornò in Russia nel 1878.

[658] Sergei Gennadyevich Nechayev (1847 1882): rivoluzionario e cospiratore russo, autore del famoso *Catechismo del rivoluzionario*. Organizza nel 1869 l'omicidio dello studente Ivanov, presunto traditore della Causa (che ispirerà *I demoni* di Dostoevskij). Parte all'estero. Consegnato dalla Svizzera alla Russia, viene condannato a vent'anni di reclusione. Muore in prigione.

[659] L. Deutsch, King evreiev v rousskom revolioutsionnom dvijenii (Il ruolo degli ebrei nel movimento rivoluzionario russo), vol. 1, 2nd ed., M.L., GIZ, 1925, pp. 20 22.

[660] Le persone che riescono a far passare, illegalmente attraverso le frontiere, scritti rivoluzionari vietati in Russia.

letteratura clandestina, così come agli stessi immigrati clandestini, di attraversare il confine.[661]

Nel 1868, dopo il liceo, Mark Natanson entra nell'Accademia di Medicina e Chirurgia (che diventerà l'Accademia di Medicina Militare). Sarà un organizzatore e una figura di spicco del movimento rivoluzionario. Ben presto, con la giovane studentessa Olga Schleisner, sua futura moglie (che Tikhomirov chiama "la seconda Sophia Perovskaya", anche se all'epoca era piuttosto la prima **), gettò le basi di un sistema di circoli cosiddetti "pedagogici", cioè di propaganda ("lavoro *preparatorio*, culturale e rivoluzionario con la gioventù intellettuale"[662]) in diverse grandi città. (Questi circoli furono erroneamente soprannominati "Tchaikovskyists", dal nome di uno dei loro membri meno influenti, N.V. Tchaikovsky). Natanson si distinse molto rapidamente e con decisione dal circolo di Nechayev (e non esitò, successivamente, a presentare le sue opinioni al giudice istruttore). Nel 1872 si recò a Zurigo con Pierre Lavrov, il principale rappresentante della "corrente di propaganda pacifica"[663] , che rifiutava la ribellione; Natanson voleva fondarvi un organo rivoluzionario permanente. Nello stesso anno fu inviato a Shenkursk in stretto esilio e, per intercessione del suocero, padre di Olga Schleiser, fu trasferito a Voronezh, poi in Finlandia e infine rilasciato a San Pietroburgo. Lì non trovò altro che scoraggiamento, fatiscenza, inerzia. Si sforzò di visitare i gruppi disuniti, di collegarli, di saldarli, fondando così la prima organizzazione di Terra e Libertà e spendendo centinaia di migliaia di rubli.

Tra i principali organizzatori del populismo russo, Natanson è il rivoluzionario più eminente. Sulla sua scia è apparso il famoso Leon Deutsch; quanto al populista di ferro Alexander Mikhailov, era un discepolo di "Marco il Saggio". Natanson conosceva personalmente molti rivoluzionari. Non era un oratore né uno scrittore, ma un organizzatore nato, dotato di una qualità sorprendente: non teneva conto delle opinioni e dell'ideologia, non entrava in discussioni teoriche con nessuno, era in accordo con tutte le tendenze (ad eccezione delle posizioni estremiste di Tkachev, predecessore di Lenin), collocava tutti e ciascuno dove potevano essere utili. In quegli anni in cui i sostenitori di Bakunin e quelli di Lavrov erano inconciliabili, Natanson propose di porre fine alle "discussioni sulla musica del futuro" e di concentrarsi invece sulle reali necessità della causa.

---

[661] D. *Schub*, Evro vrousskoï revolyutsii (Gli ebrei nella rivoluzione russa). JW-2; *Hessen*, t. 2, p. 213.

[662] O. V. *Aptekman*, Dvc doroguiie teni (Due care ombre); Byloie: giornale Posviaschionnyi istorii osvoboditclnogo dvijeniia (Passato: rassegna della storia del movimento di liberazione), M. 1921, n. 16, p. 9.

[663] Piotr Lavrovich Lavrov (1823-1900): famoso teorico del populismo. Emigrato nel 1870. Pubblicò la rivista *Vperiod* (Forward).

Fu lui che, nell'estate del 1876, organizzò la clamorosa fuga di Piotr Kropotkin * sul "barbaro", quel mezzosangue di cui si sarebbe spesso parlato. Nel dicembre dello stesso anno, ideò e organizzò il primo incontro pubblico davanti alla Cattedrale di Nostra Signora di Kazan, al termine della Messa, nel giorno di San Nicola: lì si riunirono tutti i rivoluzionari e per la prima volta fu esposta la bandiera rossa di Terra e Libertà. Natanson fu arrestato nel 1877, condannato a tre anni di detenzione, poi relegato in Yakutia e allontanato dall'azione rivoluzionaria fino al 1890.[664]

C'era un certo numero di ebrei nella cerchia dei "ciaikovskiani" di San Pietroburgo e nelle sue filiali di Mosca, Kiev e Odessa. (A Kiev, in particolare, P.B. Axelrod, che abbiamo già citato, il futuro editore e diplomatico danese Grigori Gurevitch, i futuri insegnanti Semion Lourie e Leiser Lœwenthal, suo fratello Nahman Lœwenthal e le due sorelle Kaminer). Quanto al primo circolo nichilista di Leon Deutsch a Kiev, era "costituito esclusivamente da giovani studenti ebrei"[665]. Dopo la manifestazione davanti alla Cattedrale di Nostra Signora di Kazan, tre ebrei furono processati, ma non Natanson stesso. Al processo dei "cinquanta"[666] che si svolse nell'estate del 1877 a Mosca, diversi ebrei furono accusati di aver diffuso la propaganda tra gli operai. Al processo dei "centonovantatré[667]", gli ebrei accusati furono tredici. Tra i primi populisti, possiamo citare anche Lossif Aptekman e Alexander Khotinsky, che furono molto influenti.[668]

L'idea di Natanson era che i rivoluzionari dovessero coinvolgere il popolo (i contadini) ed essere per loro come guide spirituali laiche. Questa "marcia verso il popolo", che da allora è diventata così famosa, iniziò nel 1873 nel circolo "dolgushiniano" (Dolgushin, Dmokhovsky, Gamov, ecc.) dove non si contavano ebrei.

In seguito, anche gli ebrei "andarono dal popolo". (Successe anche il contrario: a Odessa, P. Axelrod cercò di attirare Jeliabov[669] in un'organizzazione rivoluzionaria segreta, ma lui rifiutò: all'epoca era ancora un Kulturtrasser). A metà degli anni '70, c'erano solo una ventina di questi "populisti", tutti o quasi Lavrov e non Bakunin. (Solo i più

---

[664] L. *Deutsch*, pp. 97, 108, 164, 169, 174, 196.
[665] *Ibidem*, pp. 20, 130, 139.
[666] Nel marzo 1877 si tenne anche il processo ai "moscoviti", di cui sedici donne.
[667] Si svolse dall'ottobre 1877 al febbraio 1878: il più importante processo politico della Russia prima del 1917 (ci furono quattromila arresti tra i populisti della "marcia del popolo").
[668] *Ibidem*, pp. 33, 86 88, 185.
[669] Andrei Ivanovich Jeliabov (1851 1881): uno dei fondatori de La volontà del popolo. Definito il "Robespierre russo". Organizzatore degli attentati contro Alessandro II. Giustiziato nell'aprile 1881.

estremisti davano ascolto agli appelli all'insurrezione di Bakunin, come Deutsch, che, con l'aiuto di Stefanovitch, aveva sollevato la "rivolta tchiguirina[670] " avendo spinto i contadini a pensare che lo zar, circondato dal nemico, avesse il popolo che diceva: respingete tutte queste autorità, impadronitevi della terra e instaurate un regime di libertà). È interessante notare che quasi nessun rivoluzionario ebreo si lanciò nella rivoluzione a causa della povertà, ma la maggior parte di loro proveniva da famiglie benestanti. (Nei tre volumi dell'*Enciclopedia ebraica russa gli* esempi non mancano). Solo Paul Axelrod proveniva da una famiglia molto povera e, come abbiamo già detto, era stato mandato dal *Kahal* in un istituto solo per integrare la quota stabilita. (Da lì, molto naturalmente, entrò nel ginnasio di Mogilev, poi nel liceo di Nejine). Provenivano da ambienti mercantili benestanti: Natanson, Deutsch, Aptekman (la cui famiglia aveva molti talmudisti, dottori della legge - tra cui tutti i suoi zii. Khotinsky, Gurevitch, Semion Lourie (la cui famiglia, anche in questo ambiente, era considerata "aristocratica", "anche il piccolo Simon era destinato a diventare rabbino", ma sotto l'influenza dell'Illuminismo, il padre, Gerts Lourie, aveva affidato il figlio all'università per diventare professore); la prima marxista italiana, Anne Rosenstein (circondata fin dall'infanzia da governanti che parlavano diverse lingue), le tragiche figure di Moses Rabinovitch e Betty Kaminskaya, Felicie Cheftel, Joseph Guetsov, membro della Ripartizione Nera, e molti altri. E poi ancora Khrystyna (Khasia) Grinberg, "di una ricca famiglia di commercianti tradizionalisti", che nel 1880 si unì alla Volontà del Popolo: la sua abitazione ospitava riunioni clandestine, fu complice degli attentati ad Alessandro II e divenne persino proprietaria, nel 1882, di una fabbrica clandestina di dinamite - per cui fu condannata alla deportazione. [671] Nemmeno Fanny Moreinis proveniva da una famiglia povera; anche lei "partecipò ai preparativi degli attentati contro l'imperatore Alessandro II", e trascorse due anni nella prigione di Kara. [672] Alcuni provenivano da famiglie di rabbini, come il futuro dottore in filosofia Lioubov Axelrod o Ida Axelrod. C'erano anche famiglie della piccola *borghesia*, ma abbastanza ricche da far frequentare ai propri figli l'università, come Aizik Aronchik (dopo l'università, entrò nella Scuola degli Ingegneri di San Pietroburgo, che abbandonò presto per dedicarsi alle attività rivoluzionarie), Alexander Bibergal, Vladimir Bogoraz, Lazarus Goldenberg, i fratelli Lœwenthal. Spesso, nelle biografie dei suddetti, si fa riferimento all'Accademia di Medicina Militare, in particolare a Natanson,

---

[670] Nel 1876-77. Un gruppo di populisti rivoluzionari tentò di sollevare un'insurrezione contadina nel distretto di Tchiguirine, in Ucraina.
[671] RJE, t. 1, M. 1994, p. 377.
[672] RJE, t. 2, p. 309.

Bibergal, Isaac Pavlovsky (futuro controrivoluzionario) [673], M. Rabinovitch, A. Khotinsky, Solomon Chudnovsky, Solomon Aronson (che si trovò coinvolto in questi ambienti), tra gli altri.[674]

Non erano quindi i bisogni materiali a spingerli, ma la forza delle loro convinzioni. Non è privo di interesse notare che in queste famiglie ebraiche l'adesione dei giovani alla rivoluzione ha raramente - o per nulla - provocato una rottura tra "padri e figli", tra genitori e figli. "I 'padri' non andavano molto dietro ai 'figli', come accadeva allora nelle famiglie cristiane.

(Anche se Gesya Gelfman ha dovuto lasciare la sua famiglia, una famiglia tradizionale della Vecchia Alleanza, in segreto). I "padri" erano spesso molto lontani dall'opporsi ai loro figli. Così Guerz Lourie, così come Isaac Kaminer, un medico di Kiev: tutta la famiglia partecipò al movimento rivoluzionario degli anni '70 e lui stesso, come "simpatizzante..., rese un grande servizio"[675] ai rivoluzionari; tre di loro divennero i mariti delle sue figlie. (Negli anni '90 aderì al movimento sionista e divenne amico di Achad-Haam.)[676]

Non possiamo nemmeno attribuire a questi primi rivoluzionari ebrei motivazioni anti-russe, come fanno alcuni in Russia oggi. In nessun modo!

Tutto ebbe inizio con lo stesso "nichilismo" degli anni Sessanta. "Avendosi iniziato all'educazione russa e alla cultura 'goy'", essendosi imbevuta di letteratura russa, "la gioventù ebraica non tardò ad aderire al movimento più progressista dell'epoca", il nichilismo, e con una facilità tanto maggiore quanto maggiore era la rottura con le prescrizioni del passato. Anche "il più fanatico degli studenti di una *yeshiva*, immerso nello studio del Talmud", dopo "due o tre minuti di conversazione con un nichilista", rompeva con il "modo di pensare patriarcale". "Egli [l'ebreo, anche se pio] aveva appena sfiorato la superficie della cultura 'goy', aveva fatto solo una breccia nella sua visione del mondo tradizionale, ma già era in grado di andare lontano, molto lontano, fino agli estremi". Questi giovani furono improvvisamente afferrati dai grandi ideali universali, sognando di vedere

---

[673] Isaac Yakovlevich Pavlovsky, noto come I. Yakovlev: giornalista, uno degli imputati del processo dei centonovantatré. Emigrato, protetto da Turgenev, divenne corrispondente a Parigi del *New Times*.
[674] *Deutsch*, pp. 77-79, 85, 89,112, 140, 21X: V. I. Iohelsohn, Daliokoie prochloie (Un passato lontano); Byloie, 1918, n. 13, pp. 54 55.
[675] *Deutsch*, pp. 18, 149, 151, 154.
[676] Ahad-Haam (cioè "Uno del suo popolo"), dice Asher Finzberg: Scrittore yiddish molto coinvolto nel movimento sionista.

tutti gli uomini diventare fratelli e tutti godere della stessa prosperità. Il compito era sublime: liberare l'umanità dalla miseria e dalla schiavitù![677]

E qui gioca il ruolo della letteratura russa. Pavel Axelrod, al liceo, ebbe come insegnanti Turgenev, Bielinskij, Dobrolyubov (e più tardi Lassalle [678] che lo avrebbe fatto passare alla rivoluzione). Aptekman amava Chernyshevsky, Dobrolyubov, Pissarev (e anche Bukle). Anche Lazare Goldenberg aveva letto e riletto Dobrolyubov, Chernyshevsky, Pissarev, Nekrasov e Rudin , [679] morto sulle barricate, era il suo eroe. Solomon Tchudnovsky, grande ammiratore di Pissarev, pianse alla sua morte. Il nichilismo di Semion Lourie era nato dalla letteratura russa, se ne era nutrito. Questo è stato il caso di un numero molto grande di persone: l'elenco sarebbe troppo lungo.

Ma oggi, un secolo dopo, sono in pochi a ricordare l'atmosfera di quegli anni. Nella "via degli ebrei", come veniva chiamata allora, non si svolgeva alcuna azione politica seria, mentre nella "via dei russi" il populismo stava crescendo. Era abbastanza semplice: bastava "affondare, e fondersi nel movimento di liberazione russo"[680] ! Ora questa fusione era più facilmente facilitata, accelerata dalla letteratura russa e dagli scritti dei pubblicisti radicali.

Rivolgendosi al mondo russo, questi giovani si allontanarono dal mondo ebraico. "Molti di loro concepirono ostilità e disprezzo verso l'ebraismo dei loro padri, proprio come verso un'anomalia parassitaria".[681] Negli anni '70 "c'erano piccoli gruppi di giovani ebrei radicali che, in nome degli ideali del populismo, si allontanavano sempre più dal loro popolo..., cominciavano ad assimilarsi vigorosamente e ad appropriarsi dello spirito nazionale russo". [682] Fino alla metà degli anni '70, gli ebrei socialisti non ritenevano necessario svolgere un lavoro politico con i loro simili, perché, pensavano, gli ebrei non hanno mai posseduto la terra e quindi non possono assimilare le idee socialiste. Gli ebrei non hanno mai avuto contadini propri.

---

[677] *Ibidem*, pp. 17-18.
[678] Ferdinand Lassalle (1825 1864): filosofo, economista, giurista e famoso socialista tedesco.
[679] Rudin, l'eroe del romanzo di Turgenev, *Rudin* (1856), che l'autore mise a morte sulle barricate di Parigi nel 1848.
[680] *K. Leites*, Pamiati M. A. Krolia (Il ricordo di M. A. Krol), JW-2, p. 410.
[681] *B. Frumkin*. Iz istorii revolioutsionnogo dvijeniia sredi evreiev v 1870-x godakh (Pagine di storia del movimento rivoluzionario tra gli ebrei negli anni '70) Sb. Soblazn Sotsializma: Revolutionsiia v Rossii i evrei (Rec. La tentazione della rivoluzione socialista in Russia e negli ebrei), composto da A. Serebrennikov, Parigi, YMCA Press; Rousskii Put (La via russa), 1995. p. 49.
[682] JE, L 3, p. 336.

"Nessuno dei rivoluzionari ebrei degli anni '70 poteva concepire l'idea di agire solo per la propria nazione". Era chiaro che si agiva solo nella lingua dominante e solo per i contadini russi. "Per noi... non c'erano lavoratori ebrei. Li guardavamo con gli occhi dei russificatori: l'ebreo deve assimilarsi completamente alla popolazione autoctona"; anche gli artigiani erano considerati potenziali sfruttatori, poiché avevano apprendisti e dipendenti. In realtà, agli operai e agli artigiani russi non veniva riconosciuta alcuna importanza come classe autonoma: esistevano solo come futuri socialisti che avrebbero facilitato il lavoro nel mondo contadino.[683]

Una volta accettata l'assimilazione, questi giovani, per la loro situazione, tendevano naturalmente al radicalismo, avendo perso su questo nuovo terreno le solide radici conservatrici del loro precedente ambiente.

"Ci stavamo preparando per andare verso il popolo e, naturalmente, verso il popolo russo. Negavamo la religione ebraica, come qualsiasi altra religione; consideravamo il nostro gergo una lingua artificiale e l'ebraico una lingua morta... Eravamo sinceri assimilatori e vedevamo nell'educazione e nella cultura russa la salvezza per gli ebrei... Perché allora cercavamo di agire tra il popolo russo e non tra quello ebraico? Perché eravamo diventati estranei alla cultura spirituale degli ebrei di Russia e rifiutavamo i loro pensatori che appartenevano a una *borghesia* tradizionalista... dalla quale ci eravamo allontanati... Pensavamo che, quando il popolo russo si sarebbe liberato dal dispotismo e dal giogo delle classi dominanti, sarebbe sorta la libertà economica e politica di tutti i popoli della Russia, compreso il popolo ebraico. E bisogna ammettere che anche la letteratura russa ha in qualche modo inculcato l'idea che il popolo ebraico non fosse un popolo ma una classe parassitaria".[684]

Entrò in gioco anche il sentimento di *debito* nei confronti del popolo della Grande Russia, così come "la fede dei ribelli populisti nell'imminenza di un'insurrezione popolare".[685] Negli anni '70, "la gioventù intellettuale ebraica... 'andò al popolo' nella speranza di lanciare, con le sue deboli mani, la rivoluzione contadina in Russia".[686] Come scrive Aptekman, Natanson, "come l'eroe del *Mtsyri* di Lermontov,

Conosceva la presa di un solo pensiero, viveva *una sola*, ma bruciante passione.

---

[683] *Deutsch*, pp. 56, 67-68.
[684] *Iohelson*, Byloie, 1918, n. 13, pp. 56 57.
[685] *Ibidem*, pp. 61, 66.
[686] G. J. Aronson, V. borbe za grajdanskiie i nalsionalnyie prava: obschcstvcnnyie tetcheniia v rousskom evreistve (Nella lotta per i diritti civili nazionali: le correnti sociali tra gli ebrei di Russia), UR-1, p. 210.

Questo pensiero era la felicità del popolo; questa passione, la lotta per la liberazione". [687] Aptekman stesso, come descritto da Deutsch, era "emaciato, di bassa statura, di carnagione pallida", "con tratti nazionali molto pronunciati"; divenuto infermiere di villaggio, annunciò il socialismo ai contadini attraverso il Vangelo.[688]

Fu un po' sotto l'influenza dei loro predecessori, i membri del circolo di Dolgouchin, che incidevano sui rami del crocifisso: "Nel nome di Cristo, Libertà, Uguaglianza, Fraternità", e quasi tutti predicavano il Vangelo, che i primi populisti ebrei si rivolsero al cristianesimo, che usarono come punto di appoggio e come strumento. Aptekman scrive di sé: "Mi sono convertito al cristianesimo per un moto del cuore e per amore di Cristo".[689]

(Da non confondere con le motivazioni di Tan Bogoraz, che negli anni '80 si era convertito al cristianesimo "per sfuggire alle vessazioni della sua origine ebraica". [690]Né con la finzione di Deutsch che andava a predicare i molokanes [691]presentandosi come un 'buon ortodosso'"). Ma, aggiunge Aptekman, "per darsi al popolo, non c'è bisogno di pentirsi": nei confronti del popolo russo, "non ho avuto traccia di pentimento. Del resto, da dove poteva venire? Non spetta piuttosto a me, discendente di una nazione oppressa, chiedere la liquidazione di questo affare, invece di pagare la restituzione di qualche, non so bene quale, fantastico prestito? Né ho osservato questo sentimento di pentimento tra i miei compagni di nobiltà che camminavano con me sulla stessa strada".[692]

Notiamo a questo proposito che l'idea di un avvicinamento tra l'auspicato socialismo e il cristianesimo storico non era estranea a molti rivoluzionari russi dell'epoca, e come giustificazione per la loro azione, e come conveniente procedura tattica. V. V. Flerovsky [693]scrisse: "Ho sempre avuto in mente il paragone tra questa gioventù che si preparava all'azione e i primi cristiani". E, subito dopo, il passo successivo: "Rivoltando continuamente questa idea nella mia testa, sono giunto alla convinzione che raggiungeremo il nostro obiettivo solo con un mezzo: *creando una nuova religione...* È necessario insegnare al popolo a dedicare tutte le sue

---

[687] *Aptekman*. Byloie, 1921, n. 16, pp. 11 12.
[688] *Deutsch*, pp. 183-185.
[689] *O. V. Aptekman*, Flerovski-Bervi i kroujok Dolgouchina (Bervi-Flerovsky e il circolo di Dolgouchine), Byloie, 1922, n. 18, p. 63.
[690] JE, t. 4, p. 714.
[691] I Molokanes o "bevitori di latte" (consumano latte durante la Quaresima) sono una setta russa che risale al XVIII secolo. Sono stati perseguitati, esiliati nel 1800 a nord del Mar d'Azov e alcuni sono emigrati negli Stati Uniti.
[692] *Aptekman*, Byloie, 1922, n. 18, p. 63.
[693] Vassili Vasilievich Bervi-Flerovsky (1829 1918): Pubblicista, sociologo ed economista russo. Partecipa al populismo degli anni '60. In esilio dal 1862 al 1887. Scrisse le *Note di un utopista rivoluzionario*.

forze esclusivamente a se stesso... Volevo creare *la religione della fratellanza*" - e i giovani discepoli di Flerovskij cercarono di "condurre l'esperimento chiedendosi come una religione che non avesse né Dio né santi sarebbe stata accolta dal popolo".

Il suo discepolo Gamov, della cerchia di Dolgouchine, scrisse ancora più crudamente: "Dobbiamo inventare una religione che sia contro lo zar e il governo... Dobbiamo scrivere un catechismo e delle preghiere in questo spirito".[694]

L'azione rivoluzionaria degli ebrei in Russia è spiegata anche in un altro modo. Lo troviamo esposto e poi confutato da A. Srebrennikov: "C'è un'opinione secondo la quale se, attraverso le riforme degli anni 1860-1863, fosse stato abolito il "Pale of Settlement", tutta la nostra storia si sarebbe svolta diversamente... Se Alessandro II avesse abolito il "Pale of Settlement", non ci sarebbero stati né il Bund [695] né il trotskismo!". Poi accenna alle idee internazionaliste e socialiste che provenivano dall'Occidente e scrive: "Se la soppressione del "Pale of Settlement" fosse stata di capitale importanza per loro, tutta la loro lotta si sarebbe protesa verso di essa. Ora erano occupati da tutto il resto: sognavano di rovesciare lo zarismo!".[696]

E, uno dopo l'altro, spinti dalla stessa passione, abbandonarono gli studi (in particolare l'Accademia di Medicina Militare) per "andare dal popolo". Ogni diploma era marchiato con il sigillo dell'infamia come strumento di sfruttamento del popolo. Rinunciarono a qualsiasi carriera e alcuni ruppero con le loro famiglie. Per loro, "ogni giorno non messo a frutto [costituisce] una perdita irreparabile, criminale per la realizzazione del benessere e della felicità delle masse diseredate".[697]

Ma per "andare al popolo", era necessario "semplificarsi", sia internamente, per se stessi, sia praticamente, "per ispirare fiducia alle masse del popolo, bisognava infiltrarsi sotto le spoglie di un operaio o di un *moujik*".[698] Tuttavia, scrive Deutsch, come si può andare dal popolo, essere ascoltati e creduti, quando si è traditi dal proprio linguaggio, dal proprio aspetto e dai propri modi? E ancora, per sedurre gli ascoltatori, bisogna lanciare battute e belle parole in un linguaggio popolare! E bisogna anche essere abili nel lavoro dei campi, così doloroso per i cittadini. Per

---

[694] *Ibidem*.
[695] *Il Bund* (in yiddish: l'Unione): "Unione generale dei lavoratori ebrei di Lituania, Polonia e Russia", fondata a Vilnius nel 1897, legata al partito SD nel 1898 1903; poi di nuovo nel 1906-1918 vicina ai menscevichi. Sciolta nel 1921.
[696] Obschaia gazela (*Gazzetta generale*), n. 35, 31 agosto-6 settembre 1995, pag. 11.
[697] *Deutsch*, pp. 106, 205 206.
[698] *Iohelson*, Byloie, 1918, n. 13, p. 74.

questo motivo, Khotinsky lavorava nella fattoria con suo fratello, e vi lavorava come aratore. I fratelli Lœwenthal impararono a fare i calzolai e i falegnami. Betty Kamenskaya entrò come operaia in una filanda in una posizione molto dura. Molti divennero badanti. (Deutsch scrive che, nel complesso, altre attività erano più adatte a questi ebrei rivoluzionari: lavoro all'interno delle fazioni, cospirazione, comunicazione, tipografia, attraversamento delle frontiere).[699]

La "marcia verso il popolo" è iniziata con visite brevi, soggiorni di pochi mesi, una marcia "fluida". All'inizio ci si affidava solo al lavoro di agitazione. Si pensava che sarebbe bastato convincere i contadini ad aprire gli occhi sul regime al potere e sullo sfruttamento delle masse, promettendo che la terra e gli strumenti di produzione sarebbero diventati proprietà di tutti.

In realtà, l'intera "marcia verso il popolo" dei populisti si risolse in un fallimento. E non solo a causa di qualche colpo di pistola involontario diretto contro lo zar (Solovyov, 1879), che li costrinse tutti a fuggire dal paese e a nascondersi molto lontano dalle città. Ma soprattutto perché i contadini, perfettamente sordi alle loro prediche, erano addirittura talvolta pronti a consegnarli alle autorità. I populisti, i russi (appena più fortunati) come gli ebrei, persero "la fede... in una spontanea volontà rivoluzionaria e negli istinti socialisti dei contadini", e "si trasformarono in pessimisti impenitenti".[700]

L'azione clandestina, tuttavia, funzionò meglio. Tre abitanti di Minsk, Lossif Guetsov, Saul Levkov e Saul Grinfest, riuscirono a creare nella loro città una stampa clandestina che avrebbe servito l'intero Paese. Sopravvisse fino al 1881. Fu lì che venne stampato a caratteri d'oro il volantino sull'"esecuzione di Alessandro II". Stampò il giornale *La Ripartizione Nera*[701], e poi i proclami della Volontà del Popolo. Deutsche li definì "propagandisti pacifici". A quanto pare, il termine "pacifico" abbracciava tutto ciò che non era un bombardamento, il contrabbando, l'attraversamento illegale delle frontiere e persino l'invito a non pagare le tasse (appello ai contadini di Lazare Goldenberg).

Molti di questi rivoluzionari ebrei furono condannati pesantemente (pesantemente, anche per le misure del nostro tempo). Alcuni beneficiarono di una riduzione della pena, come Semion Lourie, grazie al padre che ottenne per lui un regime carcerario meno severo. C'era anche un'opinione pubblica che propendeva per l'indulgenza. Aptekman

---

[699] *Deutsch*, pp. 34-37, 183.
[700] *Ibidem*, pp. 194 e seguenti; *Iohelson*, Byloie, 1918, n. 13, p. 69.
[701] *La Ripartizione Nera*, un giornale clandestino con lo stesso nome dell'organizzazione, che conobbe cinque numeri nel 1880 1881 Minsk-Ginevra.

racconta che nel 1881 - dopo l'assassinio di Alessandro II - "vivevano relativamente liberi nella prigione di Krasnojarsk", dove "il direttore della prigione, una vera bestia selvaggia, fu improvvisamente addomesticato e ci diede ogni tipo di permesso per contattare i deportati e i nostri amici". Poi "siamo stati accolti nelle prigioni di transito non come detenuti, ma come nobili prigionieri"; "il direttore della prigione è entrato, accompagnato da soldati che portavano vassoi con tè, biscotti, marmellata per tutti e, come premio, un piccolo bicchiere di vodka". Non era idilliaco? Ci siamo commossi".[702]

Le biografie di questi primi populisti rivelano una certa esaltazione, una certa mancanza di equilibrio mentale. Leo Deutsch lo testimonia: Leon Zlatopolsky, un terrorista, "non era una persona mentalmente equilibrata". Lo stesso Aptekman, nella sua cella, dopo l'arresto, "non era lontano dalla follia, poiché i suoi nervi erano scossi". Betty Kamenskaya, "... dal secondo mese di detenzione... perse la testa"; fu trasferita in ospedale, poi il padre, un commerciante, la riprese su cauzione. Avendo letto nell'atto d'accusa che non sarebbe stata portata in tribunale, volle dire al procuratore che era in buona salute e poteva comparire, ma poco dopo ingerì del veleno e morì. [703]Moses Rabinovitch, nella sua cella, "aveva le allucinazioni... i suoi nervi erano esauriti"; decise di fingere il pentimento, di fare *i nomi di* coloro che l'istruzione sicuramente conosceva già, per essere liberato. Stilò una dichiarazione in cui prometteva di dire tutto ciò che sapeva e persino, una volta uscito di prigione, di cercare e trasmettere informazioni. Il risultato fu che confessò tutto senza essere liberato e che fu mandato nella provincia di Irkutsk dove impazzì e morì "appena sopra i 20 anni". Gli esempi di questo tipo non mancano. Leiser Tsukerman, emigrato a New York, pose fine alla sua vita. Nahman Lœwenthal, dopo essere emigrato a Berlino, "fu mandato nella vertiginosa spirale discendente di un esaurimento nervoso", a cui si aggiunse un amore infelice; "ingoiò acido solforico e si gettò nel fiume" - all'età di circa 19 anni. [704]Questi giovani si erano buttati via sopravvalutando le loro forze e la resistenza dei loro nervi.

E persino Grigori Goldenberg, che, a sangue freddo, aveva sconfitto il governatore di Kharkov e aveva chiesto ai suoi compagni, come supremo onore, di uccidere di sua mano lo zar (ma i suoi compagni, temendo l'ira popolare, lo avevano apparentemente liquidato come ebreo; a quanto pare, questo argomento spingeva spesso i populisti a designare il più delle volte dei russi, per perpetrare attentati): dopo essere stato arrestato mentre trasportava una carica di dinamite, fu colto da un'angoscia insopportabile nella sua cella del bastione Troubetskoy, il suo spirito era spezzato, fece

---

[702] *Aptekman*, Byloie. 1922, n. 18. pp. 73, 75.
[703] *Deutsch*, pp. 38, 41, 94, 189.
[704] *Ibidem*, pp. 78-79, 156, 157.

una confessione completa che colpì l'intero movimento, chiedendo che Aaron Zundelevich venisse a condividere la sua cella (che mostrò più indulgenza di altri verso le sue azioni). Al suo rifiuto, si suicidò.[705]

Altri, non direttamente coinvolti, hanno sofferto, come Moses Edelstein, che non era affatto un ideologo, che aveva "rifilato", per un prezzo, letteratura clandestina; ha sofferto molto in prigione, ha pregato Yahweh per sé e la sua famiglia: si è pentito durante il giudizio: "Non immaginavo che potessero esistere libri così cattivi". O S. Aronson che, dopo il processo dei "centonovantatré", scomparve completamente dalla scena rivoluzionaria.[706]

Un altro aspetto degno di nota è la facilità con cui molti di loro lasciarono quella Russia che da tempo intendevano salvare. Negli anni '70, infatti, nei circoli rivoluzionari l'emigrazione era considerata come una diserzione: anche se la polizia ti cerca, vai in clandestinità, ma non scappare![707] -Tan Bogoraz partì per vivere vent'anni a New York.Anche Lazar Goldenberg-Getroitman "partì per New York nel 1885, dove tenne lezioni sulla storia del movimento rivoluzionario in Russia"; tornò in Russia nel 1906, dopo l'amnistia, per ripartire piuttosto rapidamente per la Gran Bretagna, dove rimase fino alla morte".[708] - A Londra, uno dei fratelli Vayner divenne proprietario di un laboratorio di mobili e i signori Aronson e Romm divennero medici clinici a New York.-Dopo alcuni anni in Svizzera, I. Guetsov andò a vivere in America, dopo aver rotto radicalmente con il movimento socialista.-Leiser Lœwenthal, emigrato in Svizzera, completò gli studi di medicina a Ginevra, divenne assistente di un grande fisiologo prima di ottenere una cattedra di istologia a Losanna.Anche Semion Lourie terminò i suoi studi in una facoltà di medicina in Italia, ma morì poco dopo.-Liubov Axelrod ("l'ortodosso" [709]) rimase a lungo nell'immigrazione, dove ottenne il titolo di Dottore in Filosofia dall'Università di Berlino (in seguito inculcò il materialismo dialettico agli studenti delle scuole di specializzazione sovietiche). Anche A. Khotinsky entrò nella Facoltà di Medicina di Berna (ma morì l'anno successivo per una tisi galoppante). Grigory Gurayev fece una bella carriera in Danimarca;

---

[705] Grigori Goldenberg v Petropavolvskoi kreposti (Grigori Goldenberg nella prigione di Saint-Pierre-el-Saint-Paul); Krasnyi arkhiv: istorilcheskii journal Tsentrarkhiva RSFSR (L'Archivio Rosso: rivista storica del Centro Archivi della FSSR), M., 1922 1941, t. 10; 1925, pp. 328-331.
[706] *Deutsch**, pp. 85-86.
[707] *Ibidem*, p. 132.
[708] RJE, t. 1. p. 344.
[709] Liubov Issaakovna Axelrod: filosofa, scrittrice, membro del partito menscevico. Il suo nome d'arte è "l'ortodosso" (nel senso non confessionale del termine).

tornò in Russia come ambasciatore del Paese a Kiev, dove rimase fino al 1918.[710]

Tutto ciò dimostra anche quanti uomini di talento ci fossero tra questi rivoluzionari. Uomini come questi, dotati di un'intelligenza così vivace, quando si trovarono in Siberia, lungi dal disperdere o perdere la ragione, aprirono gli occhi sulle tribù che li circondavano, studiarono le loro lingue e i loro costumi, e scrissero studi etnografici su di loro: Leon Sternberg sui Ghiliak,[711] Tan-Bogoraz sui Tchouktches,[712] Vladimir Yokhelson sugli Yukaghir,[713] e Naoum Guekker sulla tipologia fisica dei Iakut..[714] [715]

Alcuni studi sui Buryat [716]sono dovuti a Moses Krohl. Alcuni di questi rivoluzionari ebrei si unirono volentieri al movimento socialista in Occidente. Così V. Yokhelson e A. Zundelevich, durante le elezioni del Reichstag in Germania, fecero campagna elettorale dalla parte dei socialdemocratici. Zundelevich fu persino arrestato per aver usato metodi fraudolenti.

Anne Rosenstein, in Francia, fu condannata per aver organizzato una manifestazione di piazza in spregio alle norme che regolavano la circolazione stradale; Turgenev intervenne in suo favore e lei fu espulsa in Italia dove fu condannata due volte per agitazione anarchica (in seguito sposò F. Turati, [717]lo convertì al socialismo e divenne lei stessa la prima marxista d'Italia). Abram Valt-Lessine, originario di Minsk, pubblicò per diciassette anni a New York articoli sull'organo socialista americano *Vorwarts* ed esercitò una grande influenza sulla formazione del movimento operaio americano. [718](Questa strada sarebbe stata intrapresa da molti altri nostri socialisti...).

Talvolta accadeva che gli emigranti rivoluzionari venissero delusi dalla rivoluzione. Così Moses Veller, dopo aver preso le distanze dal movimento , riuscì, grazie all'intervento di Turgenev presso Loris-Melikov, a tornare

---

[710] *Deutsch*, pp. 61-62, 198 201, 203 216.
[711] I Ghiliak sono una tribù del nord dell'isola di Sakhalin e della valle del basso Amur.
[712] I Tchouktches, una tribù della Siberia orientale che occupa un territorio che va dal Mare di Behring alla Kolyma. Nomadi e sedentari. Si opponevano alla conquista russa.
[713] Gli Yukaghir sono una tribù del nord-est della Siberia, molto poco numerosa.
[714] JE, t. 6, p. 284.
[715] I Iakut sono un popolo della Siberia nord-orientale, che occupa entrambe le sponde della Lena, estendendosi a est fino al fiume Kolyma, a nord fino all'Oceano Artico, a sud fino alle montagne Yablovoi.
[716] I Buryat, popolo della Siberia intorno al lago Baikal, in parte respinto verso la Mongolia.
[717] Filippo Turati (1857 1932): uno dei fondatori del Partito Socialista Italiano. Emigrato nel 1926.
[718] RJE, t. 2, p. 166; t. l, p. 205.

in Russia. Più stravagante fu il viaggio di Isaac Pavlovsky: vivendo a Parigi, come "illustre rivoluzionario", ebbe contatti con Turgenev, che gli fece conoscere Emile Zola e Alphonse Daudet; scrisse un romanzo sui nichilisti russi che Turgenev pubblicò sul *Vestnik Evropy*[719] (Il Messaggero d'Europa), e poi divenne corrispondente a Parigi di *Novoye Vremia*[720] "il Nuovo Times" con lo pseudonimo di I. Iakovlev - e addirittura, come già detto, di I. Iakovlev. Iakovlev - e addirittura, come scrive Deutsch, si ritrasse come "antisemita", inviò una petizione nelle alte sfere, fu graziato e tornò in Russia.[721]

Tuttavia, la maggior parte dei rivoluzionari ebrei si mescolò, proprio come i russi, e le loro tracce si persero. "Ad eccezione di due o tre figure di spicco... tutti gli altri miei compatrioti erano attori minori", scrive Deutsch. [722]Una raccolta sovietica, pubblicata all'indomani della rivoluzione con il titolo di "Collezione storica e rivoluzionaria", [723]cita molti nomi di umili soldati sconosciuti alla rivoluzione. Vi troviamo decine, persino centinaia di nomi di ebrei. Chi li ricorda ora? Tuttavia, tutti hanno agito, tutti hanno portato il loro contributo, tutti hanno scosso più o meno fortemente l'edificio dello Stato.

Aggiungiamo: questo primo contingente di rivoluzionari ebrei non si unì completamente alle file della rivoluzione russa, tutti non rinnegarono il loro ebraismo. A. Liebermann, grande conoscitore del Talmud, un po' più anziano dei suoi compagni populisti, si propose nel 1875 di condurre una campagna specifica a favore del socialismo tra la popolazione ebraica. Con l'aiuto di G. Gurevich, nel 1877 pubblicò a Vienna una rivista socialista in yiddish chiamata *Emes* (*Pravda* = Verità). Poco prima, negli anni '70, A. Zundelevich "intraprese una pubblicazione in lingua ebraica", anch'essa intitolata *Verità*. (L. Shapiro ipotizza che questa pubblicazione fosse "il lontano antenato *della Pravda* di Trotsky". [724]La tradizione di questo appellativo era duratura). Alcuni, come Valt-Lessine, insistevano sulla convergenza dell'internazionalismo con il nazionalismo giudaico. "Nelle sue conferenze e sermoni improvvisati, il profeta Isaia e Karl Marx

---

[719] Il Messaggero d'Europa: 1) rivista fondata da Karamzin e pubblicata dal 1802 al 1830; 2) mensile di orientamento liberale, apparso dal 1866 al 1918 a San Pietroburgo.

[720] *Il New Times*: quotidiano ultraconservatore di Pietroburgo fondato dal pubblicista Suvorin. Apparso dal 1868 al 1917.

[721] *Deutsch*, pp. 84-85; Lohelsohn. Byloe, 1918, n. 13, pp. 53 75; L. Goumtch. Pervyie evreiskiie rabotchiie kroujki (I primi circoli operai ebraici), Byloie, 1907, n. 6/18, p. 68.

[722] *Deutsch*, p. 231.

[723] RHC, t. 1, 2.

[724] *Leonard Schapiro*, The Role of the Jews in the Russian Revolutionary Movement, The Slavonic and East European Review, Vol. 40, London, Athlone Press, 1961 62, p. 157.

figuravano come autorità di pari importanza".[725] A Ginevra fu fondata la Tipografia Libera Ebraica, [726]destinata a stampare volantini indirizzati alla popolazione operaia ebraica.

In alcune città si formarono circoli ebraici specifici. Uno "Statuto per l'organizzazione di un'unione social-rivoluzionaria degli ebrei di Russia", formulato all'inizio del 1876, indicava la necessità di fare propaganda in lingua ebraica e anche di organizzare tra gli ebrei della regione occidentale "una rete di sezioni social-rivoluzionarie, federate tra loro e con altre sezioni dello stesso tipo trovate all'estero". "I socialisti di tutto il mondo formano un'unica fratellanza" e questa organizzazione si chiamerà Sezione ebraica del Partito social-rivoluzionario russo.[727]

Hessen commenta: l'azione di questa Unione tra le masse ebraiche "non ha incontrato sufficienti simpatie", ed è per questo che questi socialisti ebrei, nella loro maggioranza, "hanno dato una mano alla causa comune", cioè alla causa russa. Vennero infatti [728]creati circoli a Vilnius, Grodno, Minsk, Dvinsk, Odessa, ma anche, ad esempio, a Elts, Saratov, Rostov-sul-Don.

Nell'atto di fondazione molto dettagliato di questa "Unione social-rivoluzionaria di tutti gli ebrei in Russia", si possono leggere idee sorprendenti, affermazioni come: "*Niente di ordinario ha il diritto di esistere* se non ha una giustificazione razionale"[729] (!) Alla fine degli anni '70, il movimento rivoluzionario russo stava già scivolando verso il terrorismo. L'appello alla rivolta di Bakunin aveva definitivamente prevalso sulla preoccupazione per l'istruzione delle masse di Lavrov. A partire dal 1879, l'idea della presenza populista tra i contadini - idea che dominava ne La volontà del popolo - ebbe il sopravvento sul rifiuto del terrore da parte della Ripartizione nera. Terrore, nient'altro che terrore! Molto di più: un terrore sistematico! (Il fatto che il popolo non avesse voce in capitolo, che le file dell'intelligenzia fossero così scarse, non li disturbava). Gli atti terroristici, anche contro lo zar in persona, si susseguivano così.

Secondo la valutazione di Leo Deutsch, solo dieci o dodici ebrei parteciparono a questo crescente terrore, a partire da Aron Gobst (giustiziato), Solomon Wittenberg (preparò un attentato ad Alessandro II nel 1878, giustiziato nel 1879), Aizik Aronchik (fu coinvolto nell'esplosione del treno imperiale, condannato a vita in una colonia penale) e Gregory Goldenberg, già citato. Come Goldenberg, anche A.

---

[725] JW.-2, pag. 392.
[726] JE, t. 13, p. 644.
[727] *Assia*, t. 2, pp. 213 214.
[728] *Ibidem*, p. 214.
[729] RHC, 1.1, p. 45.

Zundelevich - brillante organizzatore del terrore, ma che non ebbe il tempo di partecipare all'assassinio dello zar - fu arrestato molto presto. C'era anche un altro terrorista piuttosto attivo: Mlodetsky. Rosa Grossman, Krystyna Grinberg e i fratelli Leo e Saveli Zlatopolsky ebbero un ruolo secondario. (In realtà, Saveli, dal 1° marzo 1881 , [730] era membro del Comitato esecutivo); quanto a Gesya Gelfman, faceva parte del gruppo di base degli "attori del 1° marzo ".[731]

Poi gli anni '80 hanno visto il declino e la dissoluzione del populismo. Il potere governativo prese il sopravvento; appartenere a un'organizzazione rivoluzionaria costava otto-dieci anni di carcere. Ma se il movimento rivoluzionario fu colto dall'inerzia, i suoi membri continuarono a esistere. Si può citare Sofia Ginzburg: non si impegnò in azioni rivoluzionarie fino al 1877; cercò di ripristinare la Volontà del Popolo, che era stata decimata dagli arresti; preparò, subito dopo il gruppo Ulyanov[732], un attacco ad Alessandro III.[733] Così e così fu dimenticato nella deportazione, un altro stava tornando da essa, un terzo stava solo partendo per essa, ma continuarono la battaglia.

Così è stata descritta dai memorialisti una famosa deflagrazione: la ribellione nella prigione di Yakutsk nel 1889. A un importante contingente di prigionieri politici era stato comunicato che sarebbero stati trasferiti a Verkhoyansk e, da lì, ancora più lontano, a Srednie-Kolymsk, che volevano evitare a tutti i costi. La maggior parte del gruppo era composta da detenuti ebrei. Inoltre, vennero informati che la quantità di bagagli consentita era stata ridotta: invece di cinque[734] pood di libri, vestiti, biancheria, cinque pood anche di pane e farina, due pood di carne, più olio, zucchero e tè (il tutto, ovviamente, caricato su cavalli o renne), una riduzione di cinque pood in tutto. I deportati decisero di resistere. In effetti, erano già sei mesi che giravano liberamente per la città di Yakutsk e alcuni si erano procurati delle armi dagli abitanti. "Già che ci siete, tanto vale che periate così, e che il popolo scopra tutto l'abominio del governo russo - perire in modo che lo spirito di combattimento si ravvivi tra i vivi!". Quando furono prelevati per essere portati alla stazione di polizia, aprirono prima il fuoco contro gli ufficiali, e i soldati risposero con una salva. Condannati a morte, insieme a

---

[730] 1 , 1881: giorno dell'assassinio di Alessandro II.

[731] *Deutsch*, pp. 38-39, Protses dvadtsati narodovoltsev v 1882 g. (Il processo ai membri della Volontà del popolo nel 1882), Byloie, 1906, n. 1, pp. 227 234.

[732] Il "gruppo Ulyanov", dal nome di Alexander Ilyich Ulyanov, fratello maggiore di Lenin. Fazione della Volontà del Popolo. Alexander Ulyanov preparò un attentato ad Alessandro III nel 1887. Fu condannato a morte e giustiziato.

[733] RJE, t. 1, p. 314.

[734] Un pood equivale a 16,38 chili.

N. Zotov, furono coloro che spararono i primi colpi al vicegovernatore: L. Kogan-Bernstein e A. Gausman.

Condannati ai lavori forzati in perpetuo furono: il memorialista stesso, O. Minor, il celebre M. Gotz, [735]e anche "A. Gurevitch e M. Orlov, il signor Bramson, il signor Braguinsky, il signor Fundaminsky, il signor Ufland, S. Ratine, O. Estrovitch, Sofia Gurevitch, Vera Gotz, Pauline Perly, A. Bolotina, N. Kogan-Bernstein". L'*Enciclopedia Ebraica* ci informa che per questo ammutinamento furono processati ventisei ebrei e sei russi.[736]

Nello stesso anno, il 1889, Mark Natanson tornò dall'esilio e si impegnò a fondare, al posto delle vecchie organizzazioni populiste smantellate, una nuova organizzazione chiamata La destra del popolo (*Narodnoie Pravo*). Natanson era già stato testimone dell'emergere del marxismo in Russia, importato dall'Europa, e della sua competizione con il populismo. Fece ogni sforzo per salvare il movimento rivoluzionario dalla decadenza e per mantenere i legami con i liberali ("i migliori liberali sono anche semi-socialisti"). Non guardò più di prima alle sfumature delle convinzioni: ciò che contava per lui era che tutti si unissero per rovesciare l'autocrazia, e quando la Russia fosse stata democratica, allora si sarebbe capito. Ma l'organizzazione che ha messo in piedi questa volta si è rivelata amorfa, apatica ed effimera. Inoltre, rispettare le regole della cospirazione non era più necessario. Come ha sottolineato in modo molto eloquente Isaac Gurvitch, "a causa dell'assenza di cospirazione, una massa di persone cade nelle grinfie della polizia, ma i rivoluzionari sono ormai così numerosi che queste perdite non contano: gli alberi vengono abbattuti e le patatine volano!".[737]

La frattura che si era verificata nella coscienza ebraica dopo il 1881-1882 non poteva non riflettersi in qualche modo nella coscienza dei rivoluzionari ebrei in Russia. Questi giovani avevano iniziato allontanandosi dall'ebraismo, e molti vi erano tornati. Avevano "lasciato la 'strada degli ebrei' e poi erano tornati al loro popolo": "Il nostro intero destino storico è legato al ghetto ebraico, è da esso che è stata forgiata la nostra essenza nazionale".[738] Fino ai pogrom del 1881 e del 1882, - "nessuno di noi rivoluzionari pensò nemmeno per un momento" di dover spiegare pubblicamente la partecipazione degli ebrei al movimento rivoluzionario. Ma poi arrivarono i pogrom, che provocarono "tra... la maggioranza dei nostri compatrioti un'esplosione di indignazione". E ora "non solo gli ebrei

---

[735] Mikhail Rafaelovich Gotz (1866 1906): membro del partito S.-R. Emigrato nel 1900.
[736] O. S. *Minor*, Iakutskaia drama 22 marta 1889 goda (Il dramma della Yakutia del 22 marzo 1889), Byloie, 1906, n. 9, pp. 138,141, 144; JE, t. 5, p. 599.
[737] *Gounitch*, Byloie. 1907, n. 6/18, p. 68.
[738] I. *Mark*, Pamiati I. M. Tcherikover (In memoria di I. M. Tcherikover), JW-2, pp. 424, 425.

colti, ma anche alcuni rivoluzionari ebrei che non avevano alcuna affinità con la loro nazione, si sentirono improvvisamente obbligati a dedicare le loro forze e i loro talenti ai loro fratelli ingiustamente perseguitati". [739]"I pogrom hanno risvegliato sentimenti assopiti, hanno reso i giovani più sensibili alle sofferenze del loro popolo e il popolo più ricettivo alle idee rivoluzionarie.

Che questo serva da base per un'azione autonoma della massa ebraica": "Perseguiamo ostinatamente il nostro obiettivo: la distruzione dell'attuale regime politico".[740]

Ma ecco l'inaspettato sostegno ai pogrom antiebraici portato dai volantini de La volontà del popolo! Leo Deutsch esprime la sua perplessità in una lettera ad Axelrod, che si chiede anche: "La questione ebraica è ora, in pratica, davvero insolubile per un rivoluzionario. Cosa si farebbe, ad esempio, a Balta, dove gli ebrei vengono attaccati? Difenderli equivale a "suscitare odio contro i rivoluzionari che non solo hanno ucciso lo zar, ma sostengono anche gli ebrei"... La propaganda di riconciliazione è ora estremamente difficile per il partito".[741]

Questa perplessità, lo stesso P. L. Lavrov, il venerato capo, la esprime a sua volta: "Riconosco che la questione ebraica è estremamente complessa e per il partito, che intende avvicinarsi al popolo e sollevarlo contro il governo, è difficile al massimo grado... a causa dell'appassionato stato in cui si trova il popolo e della necessità di averlo *dalla nostra parte*".[742]

Non fu l'unico dei rivoluzionari russi a ragionare in questo modo. Negli anni '80, tra i socialisti ricomparve una corrente che sosteneva la necessità di rivolgere l'attenzione e la propaganda ai circoli specificamente ebraici, e preferibilmente a quelli degli operai. Ma, come proletariato, non c'era molta gente tra gli ebrei - qualche falegname, raccoglitore, calzolaio. La cosa più semplice era certamente agire tra i tipografi più istruiti. Racconta Isaac Gurvitch: con Moses Khourguine, Leon Rogaller, Joseph Reznik, "a Minsk ci eravamo proposti di creare un nucleo di lavoratori istruiti". Ma se prendiamo, ad esempio, Belostok o Grodno, "non abbiamo trovato nessuna classe operaia": il reclutamento era troppo debole.

La creazione di questi circoli non avveniva apertamente; bisognava cospirare o per organizzare la riunione fuori città, o per tenerla in un appartamento privato in città, ma poi sistematicamente iniziando con lezioni di grammatica russa o di scienze naturali... e poi solo reclutando

---

[739] *Deutsch*, pp. 3-4.
[740] I. *Iliacheviich* (I. Rubinovilch), Chto delay evreiam v Rossii? (Cosa possono fare gli ebrei in Russia?), Soblazn Sotsializma (La tentazione del socialismo), pp. 185.186.
[741] *Schub*, JW-2*, pag. 134.
[742] *Ibidem*, pp. 133,134.

volontari per predicare il socialismo a loro. Come spiega I. Martar, erano queste lezioni preliminari ad attirare le persone nei circoli rivoluzionari. "Abili e saggi", capaci di diventare padroni di sé stessi, "coloro che avevano partecipato alle nostre riunioni vi avevano ricevuto un'istruzione, e soprattutto la padronanza del russo, perché la lingua è un'arma preziosa nella lotta competitiva del piccolo commercio e dell'industria"; dopodiché, i nostri "ragazzi fortunati", liberati dal ruolo di operai salariati e che giuravano ai loro grandi dei che non avrebbero mai impiegato manodopera salariata, dovettero farvi ricorso, a causa delle esigenze del mercato". [743] Oppure, una volta formatosi in questi ambienti, "l'operaio abbandonava il suo mestiere e se ne andava a prendere esami 'all'esterno'".[744]

La borghesia ebraica locale non vedeva di buon occhio la partecipazione dei giovani ai circoli rivoluzionari, perché aveva capito, prima e meglio della polizia, dove tutto questo avrebbe portato.[745]

Qua e là, tuttavia, le cose progredirono; con l'aiuto di opuscoli e proclami socialisti forniti dalla tipografia di Londra, i giovani rivoluzionari stessi elaborarono "formulazioni socialdemocratiche su tutte le questioni programmatiche". Così, per dieci anni, una lenta propaganda portò a poco a poco alla creazione del Bund.

Ma "ancor più della persecuzione poliziesca, è stata la nascente immigrazione in America a ostacolare il nostro lavoro. In realtà, noi formavamo lavoratori socialisti per l'America". Le concise memorie di Isaac Gurvitch sui primi circoli operai ebraici sono infarcite di obiter dicta come: Schwartz, uno studente che partecipò all'agitazione rivoluzionaria, "in seguito emigrò in America; vive a New York"; e ancora, in una riunione nell'appartamento di Joseph Reznik: "Erano presenti due operai, un falegname e un carpentiere: entrambi sono ora in America ". E, due pagine dopo, apprendiamo che lo stesso Reznik, dopo il suo ritorno dall'esilio, "è andato a vivere in America". Al contrario, un giovane di nome Guirchfeld, venuto dall'America per svolgere un lavoro rivoluzionario, "è attualmente medico a Minneapolis" ed è stato candidato socialista alla carica di governatore.

-Uno dei membri più attivi del primo circolo Abramovich, un certo Jacob Zvirine..., dopo aver scontato i suoi dodici mesi nella prigione di Kresty... emigrò in America e ora vive a New York"; "Shmulevich ("Kivel")... nel

---

[743] *I. Martov*, Zapiski sotsial-demokrata (Quaderni di un socialdemocratico), Berlino, ed. Grjebine, 1922, pp. 187, 189. Grjebine, 1922, pp. 187, 189.
[744] *N. A. Buchbinder*, Rabotchiie o propagandistskikh kroujkakh (Lavoratori nei confronti dei circoli di propagandisti), Soblazn sotsializma (La tentazione del socialismo), p. 230.
[745] *Gurvitch*, Byloie, op. cit., pp. 65 68, 74.

1889... fu costretto a fuggire dalla Russia; visse fino al 1896 in Svizzera dove fu un membro attivo delle organizzazioni socialdemocratiche", poi "si trasferì in America... e vive a Chicago". Infine, il narratore stesso:

"Nel 1890 io stesso lasciai la Russia", anche se pochi anni prima "le cose erano considerate in modo diverso. Condurre una propaganda socialista tra i lavoratori è *l'obbligo* di ogni uomo onesto e istruito: è il nostro modo di pagare il nostro "debito storico" al popolo. E poiché ho l'obbligo di fare propaganda, ne consegue ovviamente che ho il diritto di chiedere che mi venga data l'opportunità di adempiere a questo obbligo". Arrivato a New York nel 1890, Gurvich vi trovò una "associazione operaia russa di autosviluppo", composta quasi esclusivamente da artigiani di Minsk, e per festeggiare il Capodanno russo organizzò a New York "Il ballo dei socialisti di Minsk". [746] A New York, "il movimento socialista locale... era prevalentemente ebraico".[747]

Come si vede, da quel momento l'oceano non costituì un ostacolo importante alla coesione e al perseguimento dell'azione rivoluzionaria portata avanti dagli ebrei. Questo legame vivo avrebbe avuto effetti eclatanti in Russia.

Tuttavia, tutti i giovani ebrei non avevano abbandonato la tradizione rivoluzionaria russa, tutt'altro; molti vi rimasero persino negli anni '80 e '90. Come mostra D. Schub, i pogrom e le misure restrittive di Alessandro III non fecero altro che eccitarli ancora di più alla lotta.

Allora divenne necessario spiegare al meglio al piccolo popolo russo perché così tanti ebrei partecipavano al movimento rivoluzionario.

Rivolti a persone non istruite, i pamphlet popolari forgiarono gradualmente un'intera fraseologia che ebbe i suoi effetti fino al 1917, compreso il 1917. È un opuscolo di questo tipo che ci permette di ricostruire i loro argomenti.

Duro è il destino del russo, suddito dello zar; il governo lo tiene nel suo pugno di ferro. Ma "ancora più amara è la sorte dell'ebreo indigente": "il governo si prende gioco di lui, lo pressa a morte. La sua esistenza è solo una vita di carestia, una lunga agonia", e "i suoi fratelli di miseria e di fatica, i contadini e gli operai russi..., finché sono nell'ignoranza, lo trattano come uno straniero". Seguono, una dopo l'altra, domande didascaliche: "I capitalisti ebrei sono nemici del popolo lavoratore della Russia?". I nemici sono tutti i capitalisti senza distinzione, e per il popolo lavoratore è di poca importanza essere depredato da tale o talaltro: non bisogna concentrare la propria rabbia su coloro che sono ebrei". Se gli ebrei non si dedicano al

---

[746] Ibidem, pp. 66-68, 72-77.
[747] J. Krepliak, Poslesloviie k statie Lessina (Postfazione all'articolo di Lessine), JW-2, p. 392.

lavoro della terra, è perché "il governo russo non ha permesso loro di risiedere in campagna"; ma nelle loro colonie sono "eccellenti coltivatori". I campi sono superbamente valorizzati... dal lavoro delle loro braccia. Non ricorrono a manodopera esterna e non praticano alcun commercio extra... amano il duro lavoro della terra". "Gli ebrei indigenti danneggiano gli interessi economici dei lavoratori russi? Se gli ebrei fanno affari, "è per necessità, non per gusto; tutte le altre vie sono chiuse per loro, e bisogna vivere"; "cesserebbero con gioia di commerciare se gli fosse permesso di lasciare la loro gabbia". E se tra loro ci sono dei ladri, dobbiamo accusare il governo zarista. "Gli operai ebrei hanno iniziato la lotta per il miglioramento della loro condizione nel momento in cui il popolo operaio russo era sottomesso". Gli operai ebrei "prima di tutti gli altri hanno perso la pazienza"; "E ancora oggi decine di migliaia di ebrei sono iscritti ai partiti socialisti russi. Essi diffondono l'odio del sistema capitalista e del governo zarista in tutto il Paese"; hanno reso "un servizio orgoglioso al popolo operaio russo", ed è per questo che i capitalisti russi li odiano. Il governo, attraverso la polizia, ha contribuito alla preparazione dei pogrom; ha mandato la polizia e l'esercito a dare una mano ai saccheggiatori"; "fortunatamente, tra loro c'erano pochissimi operai e contadini" - "Sì, le masse ebraiche odiano questo irresponsabile governo zarista", perché "era volontà del governo che il cranio dei bambini ebrei venisse spaccato contro i muri... che le donne ebree, anziane e bambine, venissero violentate nelle strade". Eppure, "mente spudoratamente, colui che tratta gli ebrei come nemici del popolo russo... E poi, come potrebbero odiare la Russia? Potrebbero avere un altro Paese?".[748]

Ci sono sorprendenti risorgenze nella tradizione rivoluzionaria. Nel 1876, A. Biebergal era stato condannato per aver partecipato alla manifestazione sulla piazza di fronte alla Madonna di Kazan. E fu lì che sua figlia maggiore, studentessa di San Pietroburgo, fu arrestata nello stesso punto di Kazan nell'anniversario di questa manifestazione, venticinque anni dopo, nel 1901. (Nel 1908, membro di un gruppo S.-R.[749], fu condannata alle colonie penali per l'attentato al granduca Vladimir Alexandrovich.)[750]

In effetti, nel corso degli anni, i rivoluzionari russi ebbero sempre più bisogno dell'apporto degli ebrei; capirono sempre di più quale vantaggio ne traevano - la loro duplice lotta: contro le vessazioni sul piano della

---

[748] *Abramova*, Vragi li trudovomou narodou evrei? (Gli ebrei sono nemici del popolo lavoratore?), Tiflis, Izdatelskaia Komissiia Kraicvogo Soveta Kavkazskoi armii (Commissione editoriale del Soviet regionale dell'Esercito del Caucaso), 1917, pp. 331.
[749] S.-R.: partito social-rivoluzionario. Nato nel 1901, predicava il terrore. Subisce scissioni dopo la rivoluzione del 1905. Rimase potente tra l'intellighenzia.
[750] Granduca Vladimir Alexandrovich (1847 1909): fratello di Alessandro III, padre del granduca Cirillo.

nazionalità e contro quelle di ordine economico - come detonatore per la rivoluzione.

Nel 1883, a Ginevra, appare quella che può essere considerata la testa della nascente socialdemocrazia: il gruppo "Liberazione del lavoro". I suoi fondatori furono, insieme a Plekhanov e Vera Zasulich, L. Deutsch e P. Axelrod.[751] (Quando Ignatov morì nel 1885, fu sostituito da Ingerman).

In Russia nasce una corrente che li sostiene. Costituita da ex membri della smantellata Ripartizione Nera (superavano notevolmente quelli della Volontà Popolare), si chiameranno "liberisti" (*osvobojdentsy*).

Tra loro ci sono alcuni giovani ebrei, tra i quali possiamo citare i due più noti: Israel Guelfand (il futuro e famoso Parvus) e Raphael Soloveitchik. Nel 1889 Soloveitchik, che aveva viaggiato attraverso la Russia per avviare azioni rivoluzionarie in diverse città, fu arrestato e processato con altri membri del gruppo di Liberazione del Lavoro, che comprendeva diversi nomi ebrei.[752]

Altri appartenenti a questa tendenza social-rivoluzionaria furono David Goldendach, il futuro e noto bolscevico "Riazanov" (fuggito da Odessa nel 1889 e rifugiatosi all'estero per sfuggire al servizio militare).[753]

Tuttavia, ciò che rimase della Volontà Popolare dopo il suo crollo fu un gruppo piuttosto numeroso. Tra loro c'erano Dembo, Rudevitch, Mandelstam, Boris Reinchtein, Ludwig Nagel, Bek, Sofia Chentsis, Filippeo, Leventis, Cheftel, Barnekhovsky, ecc.[754]

Così una certa quantità di energia era stata conservata per alimentare le rivalità tra piccoli gruppi - la Volontà del Popolo, la Ripartizione Nera, la Liberazione del Lavoro - e i dibattiti teorici. I tre volumi della "Collezione storica e rivoluzionaria" pubblicati negli anni '20 (sovietici), che qui utilizziamo, ci offrono, in un'interminabile e tediosa logorrea, un resoconto del taglio e della spinta, presumibilmente molto più importante e sublime di tutte le questioni del pensiero e della storia universale. I dettagli di questi dibattiti costituiscono un materiale micidiale sul tessuto spirituale dei rivoluzionari russi degli anni '80-'90, e attendono ancora il loro storico.

Ma a partire dagli anni Trenta dell'era sovietica, non fu più possibile enumerare con orgoglio e con dovizia di particolari tutti coloro che avevano avuto la loro parte nella rivoluzione; nelle pubblicazioni storiche e politiche si stabilì una sorta di tabù, il ruolo e il nome degli ebrei nel movimento rivoluzionario russo cessarono di essere evocati - e ancora oggi

---

[751] *Deutsch*, p. 136.
[752] RHC, t. 2, pp. 36, 38 40.
[753] *Ibidem*, t. 2, pp. 198, 199.
[754] *Ibidem*, p. 36.

questo tipo di evocazione crea disagio. Ora, non c'è nulla di più immorale e pericoloso che tacere qualcosa quando si scrive la Storia: si crea solo una distorsione di senso opposto.

Se, come si legge nell'*Enciclopedia Ebraica*, "rendere conto dell'autentica importanza della componente ebraica nel movimento di liberazione russo, esprimerla in cifre precise, non sembra possibile",[755] si può comunque, sulla base di varie fonti, fornire un quadro approssimativo.

Hessen ci informa che "dei 376 imputati, accusati di crimini contro lo Stato nella prima metà del 1879, c'era solo il 4% di ebrei", e "delle 1.054 persone processate davanti al Senato durante l'anno 1880..., c'era il 6,5% di ebrei".[756] Stime simili si trovano presso altri autori.

Tuttavia, di decennio in decennio, il numero di ebrei che partecipano al movimento rivoluzionario aumenta, il loro ruolo diventa più influente, più riconosciuto. Nei primi anni del dominio sovietico, quando era ancora una questione di orgoglio, un comunista di spicco, Lourie-Larine, disse: "Nelle prigioni zariste e in esilio, gli ebrei di solito costituivano quasi un quarto di tutti i prigionieri e gli esiliati". Lo [757] storico marxista M. N. Pokrovsky, basandosi sulla forza lavoro dei vari congressi, conclude che "gli ebrei rappresentano tra un quarto e un terzo delle organizzazioni di tutti i partiti rivoluzionari". [758](*La moderna Enciclopedia Ebraica* ha qualche riserva su questa stima).

Nel 1903, in un incontro con Herzl, Witte cercò di dimostrare che, pur rappresentando solo il 5% della popolazione russa, cioè 6 milioni su 136 milioni, gli ebrei avevano in mezzo a loro non meno del 50% di rivoluzionari.[759]

Il generale N. Sukhotin, comandante in capo della regione siberiana, il 1° gennaio 1905 compilò una statistica dei prigionieri politici sotto sorveglianza per tutta la Siberia e per nazionalità. Ne risultarono 1.898 russi (42%), 1.678 ebrei (37%), 624 polacchi (14%), 167 caucasici, 85 baltici e 94 di altre nazionalità. (Sono conteggiati solo gli esiliati, le prigioni e i detenuti delle colonie penali non sono presi in considerazione e le cifre sono valide solo per l'anno 1904, ma questo dà comunque una certa visione d'insieme). C'è, inoltre, un'interessante precisione in

---

[755] JE, t. 13, p. 645.

[756] *Assia*, t. 2, p. 212.

[757] *I. Larme*, Evrei i Anti-Semitism v SSSR (Gli ebrei e l'antisemitismo in URSS), ML, 1929, p. 31.

[758] SJE, t. 7*, 1994, p. 258.

[759] *G. Svet*, Rousskiie evrei v sionizme i v stroitelstve Palestiny i Izrailia (Gli ebrei russi nel sionismo e l'edificazione di Israele), pag. 258.

relazione a coloro che si sono "nascosti": 17% di russi, 64% di ebrei, 19% di altre nazionalità.[760]

Ecco la testimonianza di V. Choulguine: nel 1889, le notizie relative alle manifestazioni studentesche di San Pietroburgo arrivarono a Kiev. "I lunghi corridoi dell'università brulicavano di una folla di giovani in effervescenza. Mi colpì la predominanza degli ebrei. Se fossero più o meno numerosi dei russi, non saprei dirlo, ma "predominavano" incontestabilmente, perché erano loro a dirigere questa tumultuosa mischia di giacche. Qualche tempo dopo, i professori e gli studenti non scioperanti cominciarono a essere cacciati dalle aule. Poi questa "gioventù pura e santa" scattò false fotografie dei cosacchi che picchiavano gli studenti; si disse che queste fotografie erano state scattate "al volo", quando erano state fatte da disegni: "Non tutti gli studenti ebrei sono di sinistra, alcuni erano dalla nostra parte, ma quelli hanno sofferto molto dopo, sono stati perseguitati dalla società". Choulguine aggiunge: "Il ruolo degli ebrei nell'effervescenza rivoluzionaria all'interno delle università era notorio e non correlato al loro numero in tutto il Paese".[761]

Milyukov descrisse tutto questo come "leggende sullo spirito rivoluzionario degli ebrei... Essi [i funzionari governativi] hanno bisogno di leggende, proprio come l'uomo primitivo ha bisogno di prosa in rima".[762] Al contrario, G. P. Fedotov scrisse: "La nazione ebraica, liberata moralmente a partire dagli anni '80, come l'intellighenzia russa sotto Pietro il Grande, è in massimo grado sradicata, internazionalista e attiva... Assunse immediatamente il ruolo di guida nella rivoluzione russa... Segnò il profilo morale del rivoluzionario russo con il suo carattere incisivo e cupo".[763] A partire dagli anni '80, le élite russe ed ebraiche si fondono non solo in una comune azione rivoluzionaria, ma anche in tutte le mode spirituali, e soprattutto nella passione per il non radicamento.

Agli occhi di una contemporanea, semplice testimone dei fatti (Zinaida Altanskaya, che dalla città di Orel corrispondeva con Fyodor Kryukov)[764],

---

[760] Iz islorii borby s revoltoutsici v 1905 g. (Frammenti di storia della lotta con la rivoluzione del 1905), Krasnyi arkhiv (Archivio rosso), 1929, vol. 32, p. 229.
[761] V. V. Choulguine, "Chto nam v nikh ne nravitsa...": Ob antisemitizme v Rossii. ("Ciò che non ci piace di loro": l'antisemitismo in Russia), Parigi, 1929, pp. 53 54, 191.
[762] Stato della Duma, 4 Legislatura, Trascrizioni delle riunioni, Sessione 5, Riunione 18, 16 dicembre 1916, p. 1174.
[763] G. P. *Fedotov*, Litso Rossii; Sbornik stratei (Il volto della Russia, raccolta di articoli) (1918-1931), Parigi, YMCA Press, 1967, pp. 113, 114.
[764] Fyodor Dmitrievich Kryukov (1870 1920): scrittore del Dono, populista, morì di tifo durante la guerra civile. Gli è stata attribuita la vera paternità del *Dono pacifico* del premio Nobel Cholokov.

questa gioventù ebraica di inizio secolo appariva così: "... con loro c'è l'arte e l'amore per la lotta. E quali progetti!

Hanno qualcosa di proprio, un alone di sofferenza, qualcosa di prezioso. Noi li invidiamo, siamo irritati" (dal fatto che la gioventù russa non è la stessa).

M. Agursky avanza la seguente ipotesi: "La partecipazione al movimento rivoluzionario era, per così dire, una forma di assimilazione [più] 'adatta' della comune assimilazione attraverso il battesimo"; e appare tanto più meritevole in quanto significava anche una sorta di rivolta contro la propria *borghesia* ebraica [765]- e contro la propria religione, che per i rivoluzionari non contava nulla.

Tuttavia, questa "corretta" assimilazione non è stata né completa né reale: molti di questi giovani, nella loro fretta, si sono strappati dalla loro terra senza radicarsi realmente in quella russa, e sono rimasti al di fuori di queste due nazioni e di queste due culture, per essere nient'altro che quel materiale di cui l'*internazionalismo* è tanto appassionato.

Ma poiché l'uguaglianza dei diritti degli ebrei rimaneva una delle principali rivendicazioni del movimento rivoluzionario russo, questi giovani, imbarcandosi nella rivoluzione, mantennero nei loro cuori e nelle loro menti l'idea di servire ancora gli interessi del loro popolo. Questa era la tesi che Parvus aveva adottato come linea d'azione durante tutta la sua vita, che aveva formulato, difeso e inculcato ai giovani: la liberazione degli ebrei dalla Russia può avvenire solo rovesciando il regime zarista.

Questa tesi ha trovato un sostegno significativo per un particolare strato della società ebraica: persone di mezza età, benestanti, ambientate, incredibilmente estranee allo spirito di avventura, ma che, dalla fine del XIX secolo, nutrivano un'irritazione permanente contro il modo di governo russo. È in questo campo ideologico che i loro figli sono cresciuti prima ancora di ricevere la linfa dell'ebraismo da cui sussistere. Un influente membro del Bund, il signor Raies, sottolinea che a cavallo tra il XIX e il XX secolo "la *borghesia* ebraica non nascondeva le speranze e le aspettative che riponeva nel progresso del movimento rivoluzionario... esso, che un tempo respingeva, ora godeva *dei* favori *della borghesia*".[766]

---

[765] *M. Agursky*, Sovmcslimy li sionizm i sotsializm? (Sionismo e socialismo sono compatibili?), "22", Obschestvenno-polititchcskii i literaturnyi journal evreiskoi intellignntsii iz SSSR V Izrail ("22": rivista sociale e politica degli intellettuali ebrei emigrati dall'URSS in Israele), Tel-Aviv, 1984, n. 36. p. 130.

[766] *M. Rafes*, Natsionalistitcheskii "ouklon" Bunda (La "tendenza" nazionalista del Bund), Soblazn Sotsializma (La tentazione del socialismo), p. 276.

G. Gershuni ha spiegato ai suoi giudici: "Sono le *vostre* persecuzioni che ci hanno spinto alla rivoluzione". In realtà, la spiegazione si trova sia nella storia ebraica che in quella russa, al loro incrocio.

Ascoltiamo G. A. Landau, un famoso pubblicista ebreo. Egli scrisse dopo il 1917: "C'erano molte famiglie ebree, sia piccole che borghesi, in cui i genitori, anch'essi *borghesi*, vedevano con i loro occhi benevoli, a volte orgogliosi, sempre tranquilli, che la loro prole era segnata dal sigillo in voga di una delle ideologie social-rivoluzionarie in voga". Anche loro, infatti, "propendevano vagamente per questa ideologia che protestava contro i persecutori, ma senza chiedersi quale fosse la natura di questa protesta o quali fossero queste persecuzioni". Fu così che "a poco a poco, l'egemonia del socialismo si radicò nella società ebraica..." - la negazione della società civile e dello Stato, il disprezzo per la cultura *borghese* e per l'eredità dei secoli passati, un'eredità da cui gli ebrei avevano meno difficoltà a staccarsi poiché avevano già rinunciato, europeizzandosi, alla loro stessa eredità". Le idee rivoluzionarie "nell'ambiente ebraico... erano... doppiamente distruttive", per la Russia e per loro stessi. Ma penetrarono nell'ambiente ebraico molto più profondamente di quello russo".[767]

Un gioielliere di Kiev, Marchak (che ha persino creato alcuni pezzi per decorare le chiese della città), testimonia che "mentre frequentavo la *borghesia*, sono stato contaminato [dallo spirito rivoluzionario]".[768] Del resto, è quello che vediamo nel giovane Bogrov :[769] quell'energia, quella passione che cresce in lui durante la giovinezza trascorsa nel seno di una famiglia molto ricca. Suo padre, un ricco liberale, diede piena libertà al suo giovane figlio terrorista. E i fratelli Gotz, anch'essi terroristi, ebbero per nonni due moscoviti ricchi come Creso, Gotz da una parte e Vyssotsky dall'altra, un multimilionario produttore di tè, e questi, lungi dal trattenere i loro nipoti, pagarono alle S.R. centinaia di migliaia di rubli.

"Molti ebrei sono venuti a ingrossare le file dei socialisti", continua Landau. [770]In uno dei suoi discorsi alla Duma (1909), A. I. Guchkov cita la

---

[767] G. A. *Landau*, Rcvolioutsionnyie idei v evreiskoi obschestvennosti (Idee rivoluzionarie nell'opinione pubblica ebraica), Rossiia i evrei: Sb. 1 (La Russia e gli ebrei, Collezione 1). Otetchestvennoie obiedineniie ruskikh evreiev zagranitsei (Unione patriottica degli ebrei russi all'estero), Parigi, YMCA Press, 1978 (Berlino, Osnova, 1924), pp. 106 109.

[768] A. O. *Marchak*, Inlerviou radiostanlsii "Svoboda" (Intervista a "Radio Liberty"), Vospominaniia o revolioutsii 1917 goda (Ricordi sulla rivoluzione del 1917), Int. N. 17, Monaco, 1965, p. 9.

[769] Dmitry Grigoryevich Bogrov: giovane agente dei servizi segreti. Sparò e uccise il ministro A. Stolypine a Kiev (1911). Condannato a morte e giustiziato.

[770] Landau, op. cit., p. 109.

testimonianza di una giovane S.-R.: tra le altre cause del suo disincanto, "diceva che il movimento rivoluzionario era interamente monopolizzato dagli ebrei e che essi vedevano nel trionfo della rivoluzione il proprio trionfo".[771]

L'entusiasmo per la rivoluzione si è impadronito della società ebraica dal basso verso l'alto, afferma I. O. Levin: "Non sono solo gli strati più bassi della popolazione ebraica della Russia ad essersi dedicati alla passione rivoluzionaria", ma questo movimento "non poteva non coinvolgere gran parte degli intellettuali e dei semi-intellettuali. O. Levin: "Non sono solo gli strati più bassi della popolazione ebraica della Russia ad essersi dedicati alla passione rivoluzionaria", ma questo movimento "non poteva non coinvolgere gran parte degli intellettuali e dei semi-intellettuali del popolo ebraico" (semi-intellettuali che, negli anni '20, costituivano i quadri attivi del regime sovietico). "Erano ancora più numerosi tra le professioni liberali, dai dentisti agli insegnanti universitari, quelli che potevano stabilirsi al di fuori del Pale of Settlement.

Avendo perso l'eredità culturale dell'ebraismo tradizionale, queste persone erano comunque estranee alla cultura russa e a qualsiasi altra cultura nazionale. Questo vuoto spirituale, nascosto sotto una cultura europea superficialmente assimilata, rendeva gli ebrei, già inclini al materialismo, per il loro mestiere di commercianti o artigiani, molto ricettivi alle teorie politiche materialiste... Il modo di pensare razionalista proprio degli ebrei... li predispone ad aderire a dottrine come quella del marxismo rivoluzionario".[772]

Il coautore di questa raccolta, V. S. Mandel, osserva: "Il marxismo russo nel suo stato più puro, copiato dall'originale tedesco, non è mai stato un movimento nazionale russo, e gli ebrei in Russia, animati da uno spirito rivoluzionario per il quale nulla poteva essere più facile che assimilare una dottrina esposta in libri in tedesco, furono naturalmente portati a prendere una parte importante nel lavoro di trapianto di questo frutto straniero sul suolo russo". [773] F. A. Stepun si esprime così: "La gioventù ebraica discuteva audacemente, citando Marx a sostegno, la questione della forma in cui il *moujik* russo avrebbe dovuto possedere la terra. Il movimento

---

[771] A. *Guchkov*, Retch v Gosoudarstvennoi Doume 16 dek. 1909; Po zaprosou o vzryvc na Astrakhanskoi oulitse (Discorso alla Duma di Stato del 16 dicembre 1909, inchiesta sull'esplosione di via Astrakhan), A. I. Goutchkov v Tretei Gosoudarstvennoi Doume (1907-1912 Gg.): Cb. Retchei (A. I. Guchkov alla terza Duma di Stato) (1907 1912), Raccolta di discorsi, San Pietroburgo, 1912, pp. 143,144.
[772] I. O. *Levin*, Evrei u revolioutsi (*Gli ebrei e la rivoluzione*), Rossia i evrei (La *Russia e gli ebrei*), op. Cit., pp. 130-132.
[773] V. S. *Mandel*, Konservativnyiei i razrouchitelnyiei idei v evreistve (idee conservatrici e idee distruttive nella società ebraica), *ibidem*, p 199.

marxista è nato in Russia con la gioventù ebraica all'interno della Pale of Settlement".

Sviluppando questa idea, V. S. Mandel ricorda "I Protocolli degli Anziani di Sion"..., questa stupida e odiosa falsità". Ebbene, "questi ebrei vedono nelle illusioni dei "Protocolli" l'intenzione malevola degli antisemiti di sradicare l'ebraismo", ma essi stessi sono "pronti, in varia misura, a organizzare il mondo su nuovi principi, e credono che la rivoluzione segni un passo avanti verso l'instaurazione del Regno celeste sulla terra, e attribuiscono al popolo ebraico, per la sua più grande gloria, il ruolo di leader dei movimenti popolari per la libertà, l'uguaglianza e la giustizia - un leader che, naturalmente, non esita ad abbattere il regime politico e sociale esistente". E riporta come esempio una citazione dal libro di Fritz Kahn, *Gli Ebrei come razza e popolo di cultura*: "Mosè, milleduecentocinquanta anni prima di Gesù Cristo, proclamò i diritti dell'uomo... Cristo pagò con la vita la predicazione di *manifesti comunisti* in uno Stato capitalista", poi "nel 1848, la stella di Betlemme sorse per la seconda volta... e sorse di nuovo sopra i tetti della Giudea: Marx".[774]

Così, "da questa comune venerazione per la rivoluzione emergono e si distinguono alcune correnti di opinione nella società ebraica, tutte disperatamente irrealistiche, infantilmente pretenziose, che aspirano irresistibilmente a un'epoca travagliata, e non solo in Russia, ma che abbraccia l'intero secolo".[775]

Con quale disinvoltura e con quale gravità allo stesso tempo, con quali belle promesse il marxismo penetra nella coscienza della Russia colta! Finalmente la rivoluzione ha trovato il suo fondamento scientifico con il suo corredo di deduzioni infallibili e previsioni inevitabili!

Tra i giovani marxisti, c'è Julius Tsederbaum; Martov, il futuro grande leader dei menscevichi che, insieme al suo migliore amico Lenin, fonderà per primo l'"Unione per la lotta di liberazione della classe operaia" (di tutta la Russia) - solo che non godrà della stessa protezione di Lenin, esiliato nel misericordioso Paese di Minousine: dovrà scontare i suoi tre anni nella dura regione di Tourukhan. È stato anche lui, insieme a Lenin, a progettare l'*Iskra*[776] e a creare un'intera rete per la sua diffusione.

Ma ancor prima di collaborare con Lenin per fondare il Partito Socialdemocratico di tutta la Russia, Martov, allora esiliato a Vilnius, aveva gettato le basi ideologiche e organizzative di una "Unione mista del

---

[774] Mandel, *ibidem*, pp. 172-173.
[775] I. M. Biekerman, Rossiya i rouskoie evreistvo (La Russia e gli ebrei di Russia), *ibidem*, p. 34.
[776] *L'Iskra* (La Scintilla) è il primo giornale marxista creato da Lenin all'estero. Fu pubblicato dal 1900 al 1903. Ripreso dai menscevichi, fu pubblicato fino al 1905.

lavoro ebraico per la Lituania, la Polonia e la Russia". L'idea di Martov era che, d'ora in poi, la propaganda all'interno delle masse dovesse essere favorita come il lavoro all'interno dei circoli e, per questo, renderla "più specificamente ebraica" e, in particolare, tradurla in yiddish. Nella sua conferenza, Martov ha descritto i principi della nuova Unione: "Ci aspettavamo tutto dal movimento della classe operaia russa e ci consideravamo un'appendice del movimento operaio panrusso... avevamo dimenticato di mantenere il legame con la massa ebraica che non conosce il russo". Ma allo stesso tempo, "senza sospettarlo, abbiamo issato il movimento ebraico a un'altezza ineguagliata dai russi". Ora è il momento di liberare il movimento ebraico "dall'oppressione mentale a cui l'ha sottoposto la *borghesia* [ebraica]", che è "la più bassa e infima *borghesia* del mondo", "per creare un'organizzazione operaia specificamente ebraica, che serva da guida e da istruttore per il proletariato ebraico". Nel "carattere nazionale del movimento", Martov vedeva una vittoria sulla *borghesia,* e con questo "siamo perfettamente al sicuro... dal nazionalismo". L'[777]anno successivo Plekhanov, al Congresso dell'Internazionale Socialista, descrisse il movimento socialdemocratico ebraico come "l'avanguardia dell'esercito della classe operaia in Russia".[778] Quest'ultimo diventerà il Bund (Vilnius, 1897), sei mesi prima della creazione del Partito socialdemocratico russo. La tappa successiva è il Primo Congresso del Partito socialdemocratico russo, che si svolge a Minsk (dove aveva sede il Comitato centrale del Bund) nel 1898. L'*Enciclopedia Ebraica* ci dice che "su otto delegati, cinque erano ebrei: gli inviati di un giornale di Kiev, *La Gazzetta dei Lavoratori,* B. Eidelman, N. Vigdorchik, e quelli del Bund: A. Kremer, A. Mutnik, S. Katz [erano presenti anche Radchenko, Petruyvitch e Vannovsky]. Nel Comitato centrale del partito (di tre membri) che fu costituito in questo Congresso entrarono A. Kremer e B. Eidelman".[779] Nacque così il Partito socialdemocratico del lavoro di Russia, in stretta relazione con il Bund. (Aggiungiamo: già prima della creazione dell'*Iskra,* era stata proposta a Lenin la direzione del giornale del Bund.)[780]

Il fatto che il Bund sia stato creato a Vilnius non sorprende: Vilnius era "la Gerusalemme lituana", una città abitata da un'intera élite ebraica colta, e

---

[777] I. Martov, Povorotnyi punkt v istorii evreiskogo rabotchego dvijeniia (Un punto di svolta nella storia del movimento operaio Soblazn Sotsializma (La tentazione del socialismo), pp. 249, 259-264, JE, t. 5, p. 94.

[778] G. V. Plekhanov o sotsialistitcheskom dvijenii sredi evreiev (G. V. Plekhanov sul movimento socialista tra gli ebrei), Soblazn Sotsializma (La tentazione del socialismo), pag. 266.

[779] SJE, t. 7, p. 396.

[780] V. I. Lenin, Sotchincniia (Opere in 45 volumi, 4a ed.), Gospolitizdat, 1941 1967, vol. 5, pp. 463-464, 518.

attraverso la quale transitava, in provenienza dall'Occidente, tutta la letteratura illegale diretta a San Pietroburgo e a Mosca.[781]

Ma il Bund, nonostante la sua ideologia internazionalista, "divenne un fattore di unità nazionale della vita ebraica", anche se "i suoi leader si guardavano dal nazionalismo come se fosse la peste" (come i socialdemocratici russi che riuscirono a guardarsi da esso fino alla fine). Mentre i sussidi affluivano dall'estero, su consenso dei ricchi ambienti ebraici, il Bund sosteneva il principio che non esiste un unico popolo ebraico e rifiutava l'idea di una "nazione ebraica universale", [782]sostenendo, al contrario, l'esistenza di due classi antagoniste all'interno del popolo ebraico (il Bund temeva che le disposizioni nazionalistiche potessero "oscurare la coscienza di classe del proletariato").

Tuttavia, non esisteva quasi un proletariato ebraico in senso stretto: gli ebrei entravano raramente nelle fabbriche, come spiega F. Kohn, "consideravano vergognoso non essere il proprio padrone", anche se molto modestamente - come un artigiano o addirittura un apprendista, quando si può nutrire la speranza di aprire una propria bottega. "Essere assunti in una fabbrica significava perdere ogni illusione sulla possibilità di diventare un giorno il proprio padrone, ed è per questo che lavorare in una fabbrica era un'umiliazione, una vergogna". [783](Un altro ostacolo era la riluttanza dei datori di lavoro ad assumere lavoratori il cui giorno di riposo fosse il sabato e non la domenica). Di conseguenza, il Bund dichiarò "proletariato ebraico" sia gli artigiani, sia i piccoli commercianti, sia gli impiegati (ogni lavoratore dipendente non era forse un proletario, secondo Marx?), sia gli intermediari commerciali. A tutti questi individui poteva essere inculcato lo spirito rivoluzionario e dovevano unirsi alla lotta contro l'autocrazia. Il Bund dichiarò persino che gli ebrei "sono il miglior proletariato del mondo". [784](Il Bund non rinunciò mai all'idea di "rafforzare il suo lavoro tra i lavoratori cristiani").

Non sospettato di simpatie per il socialismo, G. B. Sliosberg scrive a questo proposito che l'enorme propaganda messa in atto dal Bund e alcuni dei suoi interventi "hanno arrecato danni, e in particolare un danno immediato al

---

[781] *Schub*, JW-2, p. 137.
[782] *Aronson*, V borbe za... (In lotta per...), BJWR-1, pag. 222.
[783] Revolioutsionnoie dvijeniie sredi evreiev (Il movimento rivoluzionario tra gli ebrei) Sb. 1, M.; Vsesoiouznoie Obschestvo Politkatorjan i Ssylno-poselentsev (Raccolta 1, M., Associazione per l'Unione Sovietica dei prigionieri e degli esuli politici), 1930, p. 25.
[784] *S. Dimanstein*, Revolioutsionnoie dvijeniie sredi evreiev (Il movimento rivoluzionario tra gli ebrei), Sb. 1905: Istoriia rcvolioutsionnogo dvijeniii v otdelnykh otcherkakh (Collezione 1905: Storia del movimento rivoluzionario, alcuni studi separati), diretta da N. Pokrovsky, T. 3, Libro 1, M-L., 1927, pp. 127, 138, 156.

commercio ebraico e alle sue industrie di avviamento". Il Bund si scagliava contro l'assunzione di istruttori di giovanissimi apprendisti, ragazzi di 14-15 anni; i suoi membri rompevano le piastrelle di "case ebraiche più o meno opulente". Inoltre, "durante lo Yom-Kippur, i giovani del Bund entrarono nella grande sinagoga [di Vilnius], interruppero la preghiera e diedero vita a un'incredibile festa, con birra che scorreva a fiumi...".[785]

Ma, nonostante il suo fanatismo di classe, il Bund si basava sempre più su una corrente universale ugualmente caratteristica del liberalismo *borghese*: "Nel mondo colto si capiva sempre più che l'idea nazionale svolge un ruolo essenziale nel risveglio dell'autocoscienza in ogni uomo, il che obbligava gli stessi teorici dei circoli proletari a sollevare più ampiamente la questione nazionale"; così, nel Bund, "le tendenze assimilazioniste furono gradualmente soppiantate da quelle nazionali".[786] - Questo, Jabotinsky lo conferma: "Man mano che cresce, il Bund sostituisce l'ideologia nazionale con il cosmopolitismo". [787]Abram Amsterdam, "uno dei primi importanti leader del Bund", morto prematuramente, "cercò di conciliare la dottrina marxista con le idee del nazionalismo"[788] - Nel 1901, a un congresso del Bund, uno dei futuri leader dell'anno diciassette, Mark Lieber (M. I. Goldman), allora ventenne, dichiarò: "Finora siamo stati credenti cosmopoliti.

Dobbiamo diventare nazionali. Non abbiate paura di questa parola. Nazionale non significa nazionalista". (E, sebbene questo congresso avesse approvato una risoluzione contro "l'esaltazione del sentimento nazionale che porta allo sciovinismo", si pronunciò anche per l'autonomia nazionale degli ebrei "indipendentemente dal territorio da loro abitato".[789]

Questo slogan dell'autonomia nazionale, il Bund lo sviluppò per alcuni anni, sia nella sua propaganda che nella sua campagna di banchetti politici del 1904... anche se nessuno sapeva esattamente cosa potesse significare autonomia senza territorio.

Così, a ogni ebreo è stato concesso il diritto di usare solo la propria lingua nei rapporti con l'amministrazione locale e gli organi dello Stato... ma come? (Perché questo diritto non dovrebbe essere concesso anche ai cittadini di altre nazioni?).

---

[785] *G. B. Sliosberg*, Dela minouvehikh dnei: Zapiski ruskogo evreia (Cose del passato: appunti di un ebreo russo), 3 voll., Parigi, 1933 1934, vol. 3, pp. 136 137.
[786] JE, t. 3, p. 337.
[787] *V. Jabotinski*, Vvdeniie (Prefazione) a Kh. N. Bialik, Pesni i poemy (Canti e poesie), San Pietroburgo, ed. Zaltsman, 1914, p. 36. Zaltsman, 1914, p. 36.
[788] JE, t. 2, p. 354.
[789] Aronson, V borbe za... (In lotta per...), BJWR-1*, pp. 220-222.

Va anche notato che, nonostante le sue tendenze socialiste, il Bund, "nel suo programma socialdemocratico", si pronunciò "contro la richiesta di restaurazione della Polonia... e contro le assemblee costituenti per le marce di Russia". [790]Nazionalismo sì, ma per se stessi?

Così, il Bund ammetteva solo ebrei al suo interno. E una volta preso questo orientamento, pur essendo radicalmente anticlericale, non accettava gli ebrei che avevano rinnegato la loro religione. Le organizzazioni parallele socialdemocratiche russe, il Bund, li chiamano "cristiani" - e, del resto, come potrebbero essere rappresentati diversamente? Ma che crudele offesa per Lenin [791]essere così catalogato tra i "cristiani"!

Il Bund incarna quindi il tentativo di difendere gli interessi ebraici, in particolare contro quelli russi. Anche in questo caso, Sliosberg riconosce che: "L'azione del Bund ha prodotto un senso di dignità e di consapevolezza dei diritti dei lavoratori ebrei".[792]

In seguito, i rapporti del Bund con il Partito socialdemocratico russo non furono facili. Come con il Partito socialista polacco, che al momento della nascita del Bund aveva un atteggiamento "estremamente sospettoso" nei suoi confronti e dichiarava che "l'isolazionismo del Bund lo pone in una posizione avversaria rispetto a noi". [793]Date le sue tendenze sempre più nazionalistiche, il Bund non poteva che avere rapporti conflittuali con gli altri rami della socialdemocrazia russa.

Lenin descrive così la discussione che lui e Martov ebbero con Plekhanov a Ginevra nel settembre del 1900: "G. V. [794]dà prova di un'intolleranza fenomenale dichiarando che [cioè il Bund] non è affatto un'organizzazione socialdemocratica, ma che è semplicemente un'organizzazione di sfruttamento che si approfitta dei russi; dice che il nostro obiettivo è quello di cacciare questo Bund dal Partito, che gli ebrei sono un'organizzazione di sfruttamento. il Bund] non è in alcun modo un'organizzazione socialdemocratica, ma che è semplicemente un'organizzazione di sfruttatori che approfitta dei russi; dice che il nostro obiettivo è quello di cacciare questo Bund dal Partito, che gli ebrei sono tutti, senza eccezione, sciovinisti e nazionalisti, che il partito russo deve essere russo e non consegnarsi "legato mani e piedi" alla tribù di Gad[795] ... G. V. è rimasto fermo sulle sue posizioni senza volerle riconsiderare, dicendo che

---

[790] JE, t. 5, p. 99.
[791] *Lenin*, 4a ed., vol. 6, p. 298.
[792] *Sliosberg*, t. 2, p. 258.
[793] JE*, t. 5, p. 95.
[794] G. V.: Georgiy Valentinovich Plekhanov (1856 1918). Socialdemocratico, marxista, membro di spicco de La volontà del popolo. Emigrato nel 1880. Leader del partito menscevico.
[795] Gad. Uno dei dodici figli di Giacobbe. Una delle dodici tribù di Israele.

semplicemente ci manca la conoscenza del mondo ebraico e l'esperienza nel trattare con esso". [796](Da quale orecchio Martov, il primo iniziatore del Bund, deve aver sentito questa diatriba?!).

Nel 1898 il Bund, nonostante la sua maggiore anzianità, accettò di aderire al Partito socialdemocratico russo, ma nel suo *insieme*, con piena autonomia sugli affari ebraici. Accettò quindi di essere membro del partito russo, ma a condizione di non interferire nei suoi affari. Questo era l'accordo tra i due.

Tuttavia, all'inizio del 1902, il Bund ritenne che l'autonomia, così facilmente ottenuta al 1° Congresso del Partito Socialdemocratico, non fosse più sufficiente e che ora volesse aderire al partito su base *federale*, beneficiando di piena indipendenza, anche in materia di programmi. A questo proposito pubblicò un opuscolo contro l'*Iskra*. [797] L'argomento centrale, spiega Lenin, era che il proletariato ebraico "è una parte del popolo ebraico, che occupa un posto speciale tra le nazioni".[798]

A questo punto, Lenin vede rosso e si sente costretto a scontrarsi con il Bund stesso. Non chiede più solo di "mantenere la pressione [contro l'autocrazia] evitando la frammentazione del partito in diverse formazioni indipendenti",[799] ma si imbarca in un'appassionata argomentazione per dimostrare (seguendo, certo, Kautsky) che gli ebrei non sono affatto una nazione: non hanno né lingua né territorio comuni (un giudizio piattamente materialista: gli ebrei sono una delle nazioni più autentiche, la più unita che si trovi sulla terra. Uniti è nello spirito. Nel suo superficiale e volgare internazionalismo, Lenin non poteva capire la profondità o le radici storiche della questione ebraica). "L'idea di un popolo ebraico separato è politicamente reazionaria",[800] e giustifica il particolarismo ebraico. (E tanto più "reazionari" erano per lui i sionisti!) Lenin vedeva una soluzione per gli ebrei solo nella loro totale assimilazione, il che equivale a dire, di fatto, di smettere di essere ebrei.

Nell'estate del 1903, al 2nd Congresso del Partito socialdemocratico russo a Bruxelles, su 43 delegati, c'erano solo cinque del Bund (tuttavia, "molti ebrei parteciparono"). E Martov, "sostenuto da dodici ebrei" (tra cui Trotsky, Deutsch, Martynov, Liadov, solo per citarne alcuni), parlò a nome del partito contro il principio "federale" richiesto dal Bund. I membri del Bund abbandonarono quindi il Congresso (che permise di far prevalere lo

---

[796] *Lenin*, 4 ed., Vol. 4, p. 311.
[797] JE, t. 5, pp. 96, 97.
[798] *Lenin*, 4 ed., t.7, p.77.
[799] *Ibidem*, t. 6, p. 300.
[800] *Ibidem*, t. 7, pp. 83 84.

statuto proposto da Lenin al paragrafo 1) e poi anche il partito. [801](Dopo la scissione del Partito Socialdemocratico in bolscevichi e menscevichi, "i leader dei menscevichi furono A. Axelrod, A. Deutsch, L. Martov, M. Lieber, L. Trotsky", [802]e F. Dan, R. Abramovich-Plekhanov rimasero in disparte).

Nella "via degli ebrei", come veniva chiamata allora, il Bund divenne rapidamente un'organizzazione potente e attiva. "Fino alla vigilia degli eventi del 1905, il Bund era la più potente organizzazione socialdemocratica in Russia, con un apparato ben consolidato, una buona disciplina, membri uniti, flessibilità e grande esperienza nella cospirazione". In nessun altro luogo esiste una disciplina come nel Bund. Il "bastione" del Bund era la regione del Nord-Ovest.[803]

Tuttavia, una concorrenza formidabile sorse con il "Partito Operaio Ebraico Indipendente", creato nel 1901 sotto l'influenza e le esortazioni di Zubatov : [804]esso persuase gli operai ebrei e tutti coloro che volevano ascoltare che non era necessaria l'ideologia socialdemocratica, ma la lotta contro la *borghesia* che difendeva i loro interessi economici: il governo era interessato al loro successo, potevano agire legalmente, la loro autorità sarebbe stata un arbitro benevolo. A capo di questo movimento c'era la figlia di un mugnaio, l'intrepida Maria Vilbouchevitch. "I sostenitori di Zubatov... ebbero un grande successo a Minsk con gli operai (ebrei)"; si opposero appassionatamente ai membri del Bund e ottennero molto organizzando scioperi economici. Agirono anche, non senza successo, a Odessa (Khuna Shayevich). Ma così come, in tutto il Paese, il governo impaurito (e Plehve) [805]sventò il progetto di Zubatov, lo stesso accadde agli "indipendenti": Shayevich fu arrestato nel 1903, condannato a una pena piuttosto breve, ma poi arrivò la notizia del pogrom di Kishinev e gli "indipendenti" ebbero le mani legate.[806]

Nel frattempo, "il Bund riceveva aiuti da gruppi stranieri", prima dalla Svizzera e poi da Parigi, Londra, Stati Uniti, dove "i gruppi d'azione... avevano raggiunto proporzioni considerevoli". Si organizzarono "club,

---

[801] JE, t. 5, p. 97; SJE, I. 7, p. 397.
[802] SJE, t. 7, p. 397.
[803] *Dimanstein*, "1905", vol. 3, libro I, pp. 127, 138, 156.
[804] Sergei Vasilyevich Zubatov (1864 1917): Capo della polizia di Mosca e del Dipartimento speciale di polizia (1902-1905).
[805] Viatcheslav Konstantinovich Plehve (1846 1904): astuto ministro degli Interni, ucciso dal terrorista S. R. Sozonov.
[806] *N. A. Buchbinder,* Nezavissimaia evreiskaia rabolchaia partiia (Il partito dei lavoratori ebrei indipendenti). Krasnaia letopis: lstoritcheskii journal (Cronaca rossa: rivista storica), 1922, n. 2-3, pp. 208-241.

gruppi d'azione rotariani, associazioni di aiuto al lavoro del Bund in Russia. Questo aiuto era principalmente finanziario".[807]

Dal 1901, il Bund rinunciò al "terrore economico" (scagliarsi contro i datori di lavoro, controllare le fabbriche), perché "oscurava la coscienza socialdemocratica dei lavoratori", e pretese ugualmente di condannare il terrore politico".[808] Ciò non impedì a Guirsh Lekkert, un ciabattino membro del Bund, di sparare al governatore di Vilnius e di essere impiccato per questo. Anche il giovane Mendel Deutsch, ancora minorenne, sparò colpi il cui significato segnò "l'apogeo del movimento delle masse ebraiche".[809] E già il Bund si chiedeva se non fosse il caso di tornare al terrore. Nel 1902, la Conferenza di Berdichev approvò una risoluzione sulla "vendetta organizzata". Ma nel Bund scoppiò un dibattito e l'anno successivo il Congresso annullò formalmente la decisione della Conferenza.[810] Secondo Lenin, il Bund, nel 1903, ha attraversato "tentazioni terroristiche, che poi ha superato".[811]

Il terrore, che si era già manifestato più di una volta in Russia, godeva di un'indulgenza generale, un'indulgenza che era nell'aria dell'epoca e che, con l'abitudine sempre più diffusa di detenere, "per ogni evenienza", un'arma da fuoco (ed era facile procurarsene una tramite il contrabbando) non poteva non suscitare, nelle menti dei giovani della Pale of Settlement, l'idea di formare i propri reggimenti da combattimento.

Ma il Bund aveva concorrenti attivi e pericolosi. È una coincidenza storica, o semplicemente era arrivato il momento della rinascita della coscienza nazionale ebraica, in ogni caso, è nel 1897, l'anno della creazione del Bund, appena un mese prima, che si svolge il Primo Congresso Universale del Sionismo. Ed è nei primi anni del '900 che i giovani ebrei aprono una nuova strada, "una strada di servizio pubblico... all'incrocio tra *Iskra* e Bne Moshe" ("i figli di Mosè"), alcuni girando a destra, gli altri a sinistra".[812] "Nei programmi di tutti i nostri raggruppamenti apparsi tra il 1904 e il 1906, il tema nazionale occupava il posto che gli spettava".[813] Abbiamo visto che il Bund socialista non l'aveva tagliato fuori, e che ora doveva solo condannare il sionismo con maggiore fermezza per eccitare il sentimento nazionale a scapito della coscienza di classe.

---

[807] JE, t. 5, p. 101; SJE, t. 1, pp. 559,560.
[808] JE, t.5, p.96.
[809] *Dimanstein*, "1905", T. 3, Libro I, pp. 149,150.
[810] JE*, t. 5, p. 97.
[811] *Lenin*, 4 ed. 6, p. 288.
[812] I. Ben-Tsvi.
[813] *S. M. Ginzburg*, O roussko-evreiskoi intelligentsii (Dall'intelligence russo-ebraica), Sb. Evreiski mir; Ejegodnik na 1939 g. (Rcc. Il mondo ebraico, Annuale per l'anno 1939), Parigi, Associazione dell'intelligence russo-ebraica, p. 39.

È vero che "i numeri dei circoli sionisti tra i giovani hanno ceduto il passo al numero di giovani che aderiscono ai partiti socialisti rivoluzionari".[814]

(Anche se non mancarono i controesempi: così l'editore del socialista ebreo *La Pravda* di Ginevra, G. Gurevitch, si era riconvertito per dedicarsi interamente alla questione dell'insediamento degli ebrei in Palestina). Il fossato scavato tra il sionismo e il Bund fu gradualmente riempito da un nuovo partito, poi un altro, poi un terzo - Poalei-Tsion, Zeirei-Tsion, i "sionisti-socialisti", i *serpovtsy (seimovtsy)* -, ognuno dei quali combinava a suo modo sionismo e socialismo.

È comprensibile che tra partiti così vicini si sviluppasse una lotta feroce, che non facilitò il compito del Bund. Né lo fece l'emigrazione degli ebrei dalla Russia verso Israele, che prese piede in quegli anni: perché emigrare? Che senso ha quando il proletariato ebraico deve lottare per il socialismo a fianco della classe operaia di tutti i Paesi..., il che risolverebbe automaticamente la questione ebraica ovunque?

Gli ebrei sono stati spesso criticati nel corso della storia per il fatto che molti di loro erano usurai, banchieri, mercanti. Sì, gli ebrei costituivano un distacco significativo, creatore del mondo del capitale - e principalmente nelle sue forme finanziarie. Questo, il grande economista politico Werner Sombart lo ha descritto con una penna vigorosa e convincente. Nei primi anni della Rivoluzione questa circostanza fu, al contrario, attribuita agli ebrei, come una *formazione* inevitabile sulla strada del socialismo. E in una delle sue requisitorie, nel 1919, Krylenko trovò necessario sottolineare che "il popolo ebraico, fin dal Medioevo, ha tolto dalle sue fila i detentori di una nuova influenza, quella del capitale... ha precipitato... la dissoluzione di forme economiche di un'altra epoca".[815] Sì, certo, il sistema capitalistico in campo economico e commerciale, il sistema democratico in campo politico sono in gran parte debitori del contributo costruttivo degli ebrei, e questi sistemi sono a loro volta i più favorevoli allo sviluppo della vita e della cultura ebraica.

Ma - e questo è un enigma storico insondabile - questi sistemi non erano gli unici favoriti dagli ebrei. Come ricorda V. S. Mandel, se facciamo riferimento alla Bibbia, scopriamo che "l'idea stessa di monarchia è stata inventata da nessun altro popolo se non gli Ebrei, che l'hanno trasmessa al mondo cristiano. Il monarca non è scelto dal popolo, è l'eletto da Dio. Da qui il rito che i popoli cristiani hanno ereditato dell'incoronazione e

---

[814] *Sliosberg*, t. 3, p. 133.
[815] *N. V. Krylenko*, Za piat lct. 1918-1922: Obvinitelnyie retchi po naibolee kroupnym protsessam, zaslouchannym v Moskovskom i Verkhovnom Revolioutsionnykh Tribounalakh (Oltre cinque anni, 1918 1922: Le deposizioni nei più alti processi davanti alla Corte Suprema e al Tribunale Rivoluzionario di Mosca), 1923, p. 353.

dell'unzione dei re".⁸¹⁶ (Si potrebbe rettificare ricordando che anche i faraoni, molto tempo fa, erano unti e portatori della volontà divina). Da parte sua, l'ex rivoluzionario russo A. Valt-Lessine ricorda che: "Gli ebrei non davano grande importanza al movimento rivoluzionario . Riponevano tutte le loro speranze nelle petizioni indirizzate a San Pietroburgo, o anche nelle tangenti pagate ai funzionari dei ministeri, ma non nella rivoluzione".⁸¹⁷ Questo tipo di approccio alle sfere influenti ricevette, da parte dell'impaziente gioventù ebraica, il soprannome, noto fin dal Medioevo e ormai tristemente famoso, di *chtadlan*. Uno come G. B. Sliosberg, che ha lavorato per molti anni al Senato e al Ministero degli Interni, e che ha dovuto pazientemente risolvere problemi ebraici di natura privata, pensava che questa strada fosse la più sicura, con il futuro più ricco per gli ebrei, e si sentiva in ansia nel constatare l'impazienza di questi giovani.

Sì, era perfettamente irragionevole, da parte degli ebrei, unirsi al movimento rivoluzionario, che aveva rovinato il corso della vita normale in Russia e, di conseguenza, quello degli ebrei di Russia. Eppure, nella distruzione della monarchia e nella distruzione dell'ordine *borghese* - come, qualche tempo prima, nel suo rafforzamento - gli ebrei si trovarono all'avanguardia. Questa è l'innata mobilità del carattere ebraico, la sua estrema sensibilità alle tendenze sociali e all'avanzamento del futuro.

Non sarà la prima volta nella storia dell'umanità che gli impulsi più naturali degli uomini porteranno improvvisamente alle mostruosità più contrarie alla loro natura.

---

[816] *Mandel*, Rossia i evrei (La Russia e gli ebrei), op. Cit., p. 177.
[817] A. *Lessine*, Epizody iz moei jizni (Episodi della mia vita), JW-2, p. 388.

Capitolo 7

La nascita del sionismo

Come si è evoluta la coscienza ebraica in Russia nella seconda metà del XIX secolo? Verso il 1910, Vladimir Jabotinsky descrive questa evoluzione nel suo modo un po' appassionato: all'inizio, la massa degli ebrei si opponeva all'Illuminismo, "al pregiudizio fanatico di una specificità sopravvalutata". Ma il tempo ha fatto il suo lavoro, e "tanto gli ebrei, storicamente, hanno fuggito la cultura umanista, tanto vi aspirano ora... e questa sete di conoscenza è così diffusa che forse fa di noi, ebrei di Russia, la prima nazione del mondo". Tuttavia, "correndo verso la meta, l'abbiamo superata. Il nostro obiettivo era quello di formare un ebreo che, rimanendo ebreo, potesse vivere una vita che fosse quella dell'uomo universale", e "ora abbiamo completamente dimenticato che dobbiamo rimanere ebrei", "abbiamo smesso di attribuire un prezzo alla nostra essenza ebraica, e questo ha cominciato a pesarci". Dobbiamo "estirpare questa mentalità di disprezzo di sé e far rivivere la mentalità del rispetto di sé... Ci lamentiamo di essere disprezzati, ma non siamo lontani dal disprezzare noi stessi".[818]

Questa descrizione riflette la tendenza generale all'assimilazione, ma non tutti gli aspetti del quadro. Come abbiamo già visto (capitolo 4), alla fine degli anni Sessanta del XIX secolo, il pubblicista e letterato Smolenskin si era pronunciato con forza contro la tendenza all'assimilazione degli intellettuali ebrei, così come l'aveva osservata a Odessa o come si era diffusa in Germania. E subito aveva dichiarato guerra ai "bigotti e ai falsi devoti che vogliono scacciare ogni conoscenza della casa d'Israele". No! Non bisogna vergognarsi delle proprie origini, bisogna avere a cuore la propria lingua nazionale e la propria dignità; tuttavia, la cultura nazionale può essere preservata solo attraverso la lingua, l'ebraico antico. Questo è tanto più importante perché "l'ebraismo privato del territorio" è un fenomeno particolare, "una nazione spirituale".[819] Gli ebrei sono infatti una

---

[818] V. *Jabotinsky*, O natsionalnom vospitanii (Dall'educazione del sentimento nazionale), Sb. Felietony (Collezione di riviste). San Pietroburgo. Tipografia "Herold", 1913, pp. 57.

[819] JE*, t. 14, pp. 403 404.

nazione, non una congregazione religiosa. Smolenskin avanzò la dottrina del "nazionalismo ebraico progressivo".[820]

Per tutti gli anni '70, la voce di Smolenskin rimase praticamente inascoltata. Alla fine di questo periodo, tuttavia, la liberazione degli slavi dai Balcani contribuì al risveglio nazionale degli stessi ebrei di Russia. Ma i pogrom di del 1881 1882 fecero crollare gli ideali della *Haskala*: "La convinzione che la civiltà avrebbe posto fine alle persecuzioni di un'altra epoca contro gli ebrei e che questi, grazie all'Illuminismo, sarebbero stati in grado di avvicinarsi ai popoli europei, questa convinzione fu notevolmente scossa." [821](L'esperienza dei pogrom nel sud dell'Ucraina viene così estrapolata a tutti gli ebrei d'Europa)? Tra gli ebrei di Russia "apparve il tipo dell'"intellettuale pentito", di coloro che aspiravano a tornare all'ebraismo tradizionale".[822]

Fu allora che Lev Pinsker, noto medico e pubblicista, già sessantenne, rivolse agli ebrei di Russia e Germania un vigoroso appello all'*autoemancipazione*. [823]Pinsker scrisse che la fede nell'emancipazione era crollata, che era ormai necessario soffocare ogni briciolo di speranza nella fratellanza tra i popoli. Oggi "gli ebrei non costituiscono una nazione viva; sono stranieri ovunque; subiscono l'oppressione e il disprezzo dei popoli che li circondano". Il popolo ebraico è "lo spettro di un morto che vaga tra i vivi". Bisogna essere ciechi per non vedere che gli ebrei sono il 'popolo eletto' dell'odio universale". Gli ebrei non possono "assimilarsi a nessuna nazione e di conseguenza non possono essere tollerati da nessuna nazione". "Volendo mescolarsi con altri popoli, hanno sacrificato frivolamente la propria nazionalità", ma "da nessuna parte hanno ottenuto che gli altri li riconoscessero come abitanti nativi uguali a loro". Il destino del popolo ebraico non può dipendere dalla benevolenza di altri popoli. La conclusione pratica sta quindi nella creazione di "un popolo sul proprio territorio". Occorre quindi trovare un territorio appropriato, "non importa dove, in quale parte del mondo", [824]e che gli ebrei vengano a popolarlo.

Inoltre, la creazione nel 1860 dell'Alleanza [Israelita Universale] non fu altro che il primo segno del rifiuto ebraico di un'unica opzione: l'assimilazione. Esisteva già tra gli ebrei di Russia un movimento di *palestinofilia*, l'aspirazione a tornare in Palestina. (Conforme, in sostanza,

---

[820] I.L. *Klauzner*, Literatura na ivril v Rossii (Letteratura in ebraico moderno in Russia). BJWR, pag. 506.
[821] JE, 1.12, p. 259.
[822] *Ibidem*, t. 13, p. 639.
[823] Titolo della sua famosa opera.
[824] *Ibidem*, t. 12, pp. 526,527; *Hessen**, t. 2, pp. 233 234; G. *Svet,* Rousskiie evrei v sionizme i v stroilelstve Palestiny i Izrailia (*Gli ebrei di Russia nel sionismo e l'edificazione della Palestina e di Israele*). BJWR-1 *, pp. 244 245.

al tradizionale saluto religioso: "L'anno prossimo a Gerusalemme"). Questo movimento prese slancio dopo il 1881 1882.

"Gli slogan che gli illuministi avevano diffuso in precedenza, incitando a combattere "il tradizionalismo, il chassidismo e i pregiudizi religiosi, lasciarono il posto a un appello alla riconciliazione e all'unione di tutti gli strati della società ebraica per la realizzazione degli ideali" della Palestina, "per il ritorno all'ebraismo di nostri padri". In molte città della Russia si formarono dei circoli, chiamati circoli degli "Amanti di Sion" - Khovevei-Tsion. [825][826]

E fu così che un'idea si unì a un'altra per correggerla. Andare a stabilirsi altrove, sì, ma non da nessuna parte: in Palestina. Ma cosa era successo in Palestina? "La prima crociata ebbe come conseguenza la quasi scomparsa dei pochi ebrei rimasti in Palestina".

Tuttavia, "una minuscola comunità religiosa ebraica era riuscita a sopravvivere al crollo dello Stato crociato, alla conquista del Paese da parte dei Mamelucchi e all'invasione delle orde mongole". Nei secoli successivi, la popolazione ebraica fu in qualche modo rimpinguata da un modesto flusso migratorio di "fedeli provenienti da diversi Paesi". Alla fine del XVIII secolo un certo numero di chassidim emigrò dalla Russia. "A metà del XIX secolo, gli ebrei in Palestina erano dodicimila, mentre alla fine dell'XI secolo erano venticinquemila.

"Queste città ebraiche nella terra d'Israele costituivano il cosiddetto *Yishuv*. Tutti i loro abitanti (uomini) studiavano solo l'ebraismo e nient'altro. Vivevano con le *sovvenzioni Haluka* inviate dalle comunità ebraiche in Europa.

Questi fondi erano distribuiti dai rabbini, da cui l'autorità assoluta dei rabbini. I leader dell'*Yishuv* "rifiutarono qualsiasi tentativo di creare nel Paese anche solo un embrione di lavoro produttivo di origine ebraica". Studiavano esclusivamente il Talmud, nient'altro, e a un livello piuttosto elementare. "Il grande storico ebreo G. Gretz, che visitò la Palestina nel 1872, trovò che "solo una minoranza studiava sul serio, gli altri preferivano passeggiare per le strade, rimanere inattivi, dedicarsi ai pettegolezzi e alle maldicenze". Egli riteneva che "questo sistema favorisce l'oscurantismo,

---

[825] JE*, t. 12, pp. 259 260.
[826] Movimento sionista pionieristico fondato prima di Herzl.

la povertà e la degenerazione della popolazione ebraica della Palestina" - e per questo egli stesso "ha dovuto sottoporsi all'*Herem*[827] ".[828]

Nel 1882, a Kharkov, gli studenti palestinesi fondarono il circolo di Biluim. Si proposero di "creare in Palestina una colonia agricola modello", per dare "il tono alla colonizzazione generale della Palestina da parte degli ebrei"; si impegnarono a fondare circoli in diverse città della Russia. (In seguito crearono un primo insediamento in Palestina, ma si scontrarono con l'ostilità e l'opposizione dell'*Yishuv* tradizionale: i rabbini chiesero che, secondo l'antica usanza, la coltivazione della terra fosse sospesa un anno su sette.)[829]

Pinsker sostenne i sostenitori del ritorno in Palestina: nel 1887 convocò il primo Congresso dei Palestinofili a Katovice, poi a Druskeniki, e il secondo nel 1887. I propagandisti iniziarono a coprire la Pale of Settlement, parlando nelle sinagoghe e nelle riunioni pubbliche. (Deutsch testimonia che dopo il 1882 lo stesso P. Axelrod contribuì alla palestinofilia...[830])

Naturalmente Smolenskin è uno degli appassionati apostoli del ritorno in Palestina: frizzante e vivace, si mette in contatto con gli attori politici anglo-ebraici, ma si scontra con l'opposizione dell'Alleanza, che non vuole promuovere la colonizzazione della Palestina, ma piuttosto dirigere l'ondata migratoria verso l'America. Descrive quindi la tattica dell'Alleanza come "tradimento della causa del popolo". La sua morte prematura ha interrotto i suoi sforzi.[831]

Notiamo, tuttavia, che questo movimento verso la Palestina fu accolto piuttosto debolmente dagli ebrei di Russia; fu addirittura ostacolato. "L'idea di una rinascita politica del popolo ebraico portò dietro di sé un piccolo manipolo di intellettuali dell'epoca, e si scontrò presto con avversari agguerriti". [832] I circoli conservatori, il rabbinato e gli *Tzadikim*[833] vedevano in questa corrente verso la Palestina un attacco alla

---

[827] Herem (parola ebraica): lo stato di chi è tagliato fuori dalla comunità a causa dell'impurità o della consacrazione. L'individuo in stato di Herem è un fuorilegge. Una sorta di scomunica.

[828] M. *Wartburg*, Plata za sionism (Il salario del sionismo), in "22": Obschestvenno-politicianski i liieratournyi journal evreiskoi intelligenlsii iz SSSR V Izraile ("22": rivista politico-sociale e letteraria dell'intellighenzia ebraica emigrata dall'URSS in Israele), Tel Aviv, 1987, n. 56, pp. 112.114; *Svet*, SJE-1, pp. 235.243.

[829] JE, t. 4, pp. 577, 579; *Warthurg*, in "22", 1987, no. 56, p. 115.

[830] L. *Deulsch*, King evreiev v rousskom revolioutsionnom dvijenii (Il ruolo degli ebrei nel movimento rivoluzionario russo), t. 1, 2a ed., ML., 1925, pp. 5, 161.

[831] JE, t. 14, pp. 406 407.

[832] *Assia*, t. 2, p. 234.

[833] Tzadikim (parola ebraica): i giusti.

volontà divina, "un attacco alla fede nel Messia che solo deve riportare gli ebrei in Palestina". Quanto ai progressisti assimilazionisti, essi vedevano in questa corrente un desiderio reazionario di isolare gli ebrei dal resto dell'umanità illuminata".[834]

Anche gli ebrei d'Europa non appoggiarono il movimento. Nel frattempo, sul posto, il successo del ritorno si rivelò "troppo attenuato": "molti coloni scoprirono la loro incompetenza nel lavoro della terra"; "l'ideale di rinascita dell'antico Paese si stava sgretolando in meschini atti di pura benevolenza"; "le colonie sopravvissero solo grazie alle sovvenzioni inviate dal barone Rothschild". E all'inizio degli anni '90, "la colonizzazione attraversò... una grave crisi a causa di un sistema anarchico di acquisto delle terre" e della decisione della Turchia (proprietaria della Palestina) di vietare agli ebrei della Russia di sbarcare nei porti palestinesi.[835]

È in questo periodo che si fa conoscere il pubblicista, pensatore e organizzatore Asher Ginzberg, con l'eloquente pseudonimo di Ahad Haam ("Uno del suo popolo"). Egli criticava aspramente la palestinofilia pratica così come era stata costituita; ciò che sosteneva era, "prima di lottare per una rinascita su un territorio", preoccuparsi di "una 'rinascita dei cuori', un miglioramento intellettuale e morale del popolo": "installare al centro della vita ebraica un'aspirazione viva e spirituale, un desiderio di coesione nazionale, di rinascita e di libero sviluppo in uno spirito nazionale, ma sulla base di tutti gli uomini". [836]Questo verrà poi chiamato "sionismo spirituale" (ma non "religioso", e questo è importante).

Nello stesso anno, il 1889, per unire tra loro coloro che avevano a cuore l'idea di una rinascita del sentimento nazionale, Ahad Haam fondò una lega o, come si chiama, un *ordine*: Bne-Moshe [837]("I figli di Mosè"), il cui statuto "assomigliava fortemente a quello delle logge massoniche; il richiedente faceva la promessa solenne di eseguire rigorosamente tutte le richieste dell'ordine; i nuovi membri venivano iniziati da un maestro, il "grande fratello"; il neofita si impegnava a servire senza riserve l'ideale della rinascita nazionale, anche se c'erano poche speranze che questo ideale si realizzasse presto". [838]Nel manifesto d'ordine si stabiliva che "la coscienza nazionale ha la precedenza su quella religiosa, gli interessi personali sono subordinati a quelli nazionali" e si raccomandava che il sentimento di amore incondizionato per l'ebraismo fosse posto al di sopra di tutti gli altri obiettivi del movimento. Così fu preparato "il terreno per la

---

[834] JE, t. 12, p. 261.
[835] *Ibidem*, pp. 261.262.
[836] JE*, t. 3, pp. 480, 482.
[837] Associazione fondata da Ahad Haam a Odessa.
[838] *Ibidem*, t. 4, pp. 683, 684.

ricezione del sionismo politico" di Herzl ... [839] di cui Ahad Haam non voleva assolutamente far parte.

Compì diversi viaggi in Palestina: nel 1891, nel 1893 e nel 1900. Per quanto riguarda la colonizzazione, denunciò un carattere anarchico e un insufficiente radicamento nella tradizione. [840] "Critica severamente la condotta dittatoriale degli emissari del barone Rothschild".[841]

È così che il sionismo è nato in Europa, con un decennio di ritardo rispetto alla Russia. Il primo leader del sionismo, Theodor Herzl, era stato, fino all'età di trentasei anni (ne visse solo quarantaquattro), uno scrittore, un drammaturgo, un giornalista. Non si era mai interessato alla storia ebraica né, *a maggior ragione*, alla lingua ebraica e, caratteristicamente, da buon liberale austriaco, considerava *reazionarie* le aspirazioni delle varie "minoranze etniche" dell'Impero austro-ungarico all'autodeterminazione e all'esistenza nazionale e trovava normale soffocarle. [842] Come scrive Stefan Zweig, Herzl sognava di vedere gli ebrei di Vienna entrare nella cattedrale per essere battezzati e di vedere la questione ebraica risolta una volta per tutte dalla fusione di ebraismo e cristianesimo. Ma i sentimenti antiebraici si svilupparono in Austria-Ungheria parallelamente all'ascesa del pangermanesimo, mentre a Parigi, dove Herzl risiedeva all'epoca, scoppiò l'affare Dreyfus. Herzl ebbe modo di assistere alla "pubblica degradazione del capitano Dreyfus"; convinto della sua innocenza, ne fu profondamente scosso e cambiò rotta. "Se la separazione è inevitabile", disse, "allora che sia radicale!

... Se soffriamo di essere senza patria, costruiamoci una patria!". [843] Herzl ebbe allora una rivelazione: era necessario creare uno Stato ebraico! "Come colpito da un fulmine, Herzl fu illuminato da questa nuova idea: l'antisemitismo non è un fenomeno fortuito soggetto a condizioni particolari, è un male permanente, è l'eterno compagno dell'eterno errante" e "l'unica soluzione possibile alla questione ebraica" è uno Stato ebraico sovrano". [844] (Per concepire un progetto del genere dopo quasi duemila anni di diaspora, che forza immaginativa ci voleva, che audacia eccezionale). Tuttavia, secondo S. Zweig, il pamphlet di Herzl intitolato *Uno Stato ebraico* ricevette dalla *borghesia* viennese un'accoglienza "perplessa e irritata... Cosa è successo a questo scrittore, così intelligente, così colto e spirituale? La nostra lingua è il tedesco e non l'ebraico, la nostra patria la

---

[839] *Svet*, op. cit., pp. 250 251.
[840] JE, t. 3, p. 481.
[841] SJE, t. 1, pp. 248,249.
[842] JE, t. 6, pp. 407 409.
[843] *Stefan Zweig*, Vtchrachnii mir. Vospominaniia evropeitsa (*Il mondo di ieri: ricordi di un europeo*), in "22", 1994, n. 92, pp. 215-216.
[844] JE, t. 6, p. 409.

bella Austria", Herzl, "non dà forse ai nostri peggiori nemici argomenti contro di noi: vuole isolarci?". Di conseguenza, "Vienna... lo abbandonò e lo derise". Ma la risposta gli venne da altrove; scoppiò come un fulmine, così improvvisa, carica di un tale peso di passione e di una tale estasi che quasi si spaventò di aver risvegliato, in tutto il mondo, un movimento con le sue decine di pagine, un movimento così potente e attraverso il quale si trovò sopraffatto. La risposta non gli venne, è vero, dagli ebrei dell'Occidente... ma dalle formidabili masse dell'Oriente. Herzl, con il suo pamphlet, aveva infiammato questo nucleo dell'ebraismo, che stava bruciando sotto le ceneri dello straniero".[845]

D'ora in poi, Herzl si dedica anima e corpo alla sua nuova idea. Egli "rompe con le persone a lui più vicine, frequenta solo il popolo ebraico... Colui che, anche di recente, disprezzava la politica, ora fonda un movimento politico; vi introduce uno spirito e una disciplina di partito, forma il quadro di un futuro esercito e trasforma i congressi [sionisti] in un vero parlamento del popolo ebraico". Al primo Congresso di Basilea, nel 1897, produsse un'impressione molto forte "sugli ebrei che si riuniscono per la prima volta in un ruolo parlamentare" e "durante il suo primissimo discorso, fu proclamato all'unanimità e con entusiasmo... leader e capo del movimento sionista". Egli dimostra "un'arte consumata nel trovare le formule di conciliazione" e, al contrario, "chi critica il suo obiettivo... o si limita a biasimare alcune misure da lui adottate..., è nemico non solo del sionismo, ma dell'intero popolo ebraico".[846]

L'energico scrittore Max Nordau (Suedfeld) lo sostenne esprimendo l'idea che l'emancipazione è fallace, poiché ha introdotto semi di discordia nel mondo ebraico: l'ebreo emancipato crede di aver davvero trovato una patria, quando "tutto ciò che è vivo e vitale nell'ebraismo, che rappresenta l'ideale ebraico, il coraggio e la capacità di avanzare, tutto questo non è altro che il sionismo".[847]

A questo 1 Congresso, i delegati del sionismo russo "costituivano un terzo dei partecipanti... 66 su 197". Agli occhi di alcuni, la loro presenza poteva essere considerata un gesto di opposizione al governo russo. Al sionismo avevano aderito tutti i Khovevei-Tsion russi, "contribuendo così all'affermazione del sionismo globale".[848] Così "il sionismo trasse la sua forza da le comunità di ebrei oppressi in Oriente, avendo trovato solo un sostegno limitato tra gli ebrei dell'Europa occidentale".[849] Ma ne consegue

---

[845] *Zweig*, in "22", op. cil., pp. 216,217.
[846] JE, t. 6, pp. 410 411.
[847] JE, 1.11, pp. 788 792.
[848] SJE, t. 7, p. 940.
[849] J. *Parks*, Evrei sredi narodov: Obzor pritchin antisemitima (*Gli ebrei tra i popoli: una panoramica delle cause dell'antisemitismo*), Parigi, YMCA Press, 1932, p. 45.

anche che i sionisti russi rappresentavano per Herzl un'opposizione molto seria. Ahad Haam condusse una lotta feroce contro il sionismo politico di Herzl (insieme alla maggioranza dei palestinesi), criticando fortemente il pragmatismo di Herzl e Nordau e denunciando quella che definiva "la loro indifferenza per i valori spirituali della cultura e della tradizione ebraica". [850]Trovava chimerica la speranza del sionismo politico di fondare uno *Stato* ebraico autonomo *in un futuro prossimo*; considerava tutto questo movimento estremamente dannoso per la causa della rinascita spirituale della nazione... "Non si preoccupano della salvezza dell'ebraismo in perdizione perché non si preoccupano del patrimonio spirituale e culturale; non aspirano alla *rinascita* dell'antica nazione, ma alla *creazione* di un nuovo popolo dalle particelle disperse dell'antica materia". [851](Se usa e addirittura enfatizza la parola "ebraismo", è quasi evidente che non è nel senso della religione giudaica, ma nel senso del sistema spirituale ereditato dagli antenati. L'*Enciclopedia Ebraica* ci dice di Ahad Haam che negli anni '70 "era sempre più impregnato di razionalismo e si allontanava dalla religione". [852]Se l'unica vocazione della Palestina è quella di "diventare il centro spirituale che potrebbe unire, attraverso legami nazionali e spirituali, le nazioni disperse", [853]un centro che "riverserebbe la sua 'luce' sugli ebrei di tutto il mondo", creerebbe "un nuovo legame spirituale tra i membri dispersi del popolo", non sarebbe tanto uno "Stato degli ebrei" quanto "una comunità spirituale d'élite".[854]

Le discussioni agitano i sionisti. Ahad Haam criticò fortemente Herzl, che Nordau sostenne accusando Ahad Haam di "sionismo occulto". Ogni anno si tenevano congressi sionisti mondiali; nel 1902 si tenne quello dei sionisti russi a Minsk e le discussioni ripresero. È qui che Ahad Haam lesse la sua famosa esposizione: Una rinascita spirituale.[855]

Il sionismo non incontrava più l'amenità dell'esterno. Herzl se lo aspettava: non appena il programma dei sionisti avrebbe preso una forma concreta e non appena fosse iniziata la vera partenza per la Palestina, l'antisemitismo sarebbe finito ovunque.

Ma molto prima che questo risultato fosse raggiunto, "più forte di altre, la voce di coloro che... temevano che l'assunzione di una posizione pubblica in senso nazionalista di un ebreo assimilato avrebbe dato agli antisemiti l'opportunità di dire che ogni ebreo assimilato nasconde sotto la sua maschera un ebreo autentico... incapace di integrarsi nella popolazione

---

[850] SJE, t. 1, p. 249.
[851] JE, t. 3, p. 482.
[852] SJE, I. 1, p. 248.
[853] JE, 1.12, p. 262.
[854] *Wartburg*, in "22", 1987, no. 56, pp. 116, 117.
[855] JE, t. 3, p. 482.

locale".⁸⁵⁶ E non appena fu creato uno Stato indipendente, gli ebrei furono ovunque sospettati e accusati di slealtà civica, di isolazionismo ideologico - cosa di cui i loro nemici li avevano sempre sospettati e accusati.

In risposta, al Secondo Congresso Sionista (1898), Nordau dichiarò: "Rifiutiamo con disprezzo il nome di 'partito'; i sionisti non sono un partito, sono il popolo ebraico stesso... Coloro che, al contrario, si trovano a loro agio nella servitù e nel disprezzo, si tengono accuratamente separati, a meno che non ci combattano ferocemente".⁸⁵⁷

Come osserva uno storico inglese: Sì, "il sionismo ha reso un grande servizio agli ebrei restituendo loro un senso di dignità", ma "lascia irrisolta la questione del loro atteggiamento nei confronti dei Paesi in cui vivono".⁸⁵⁸

In Austria, un compatriota di Herzl, Otto Weininger, si schierò con lui: "Il sionismo e l'ebraismo sono incompatibili con il fatto che il sionismo intende costringere gli ebrei ad assumersi la responsabilità di uno Stato proprio, il che contraddice l'essenza stessa di ogni ebreo".⁸⁵⁹ E prevedeva il fallimento del sionismo.

Nella Russia del 1899, I. M. Biekerman si schierò con forza contro il sionismo, in quanto idea ritenuta "stravagante, ispirata dall'antisemitismo, di ispirazione reazionaria e dannosa per natura"; è necessario "respingere le illusioni dei sionisti e, senza rinunciare in alcun modo al particolarismo spirituale degli ebrei, lottare mano nella mano con le forze culturali e progressiste della Russia in nome della rigenerazione della patria comune".⁸⁶⁰

All'inizio del secolo, il poeta N. Minsky aveva espresso questa critica: Il sionismo segna la perdita della nozione di uomo universale, abbassa le dimensioni cosmopolite, la vocazione universale dell'ebraismo al livello di un nazionalismo ordinario. "I sionisti, parlando instancabilmente di nazionalismo, si allontanano dal volto genuinamente nazionale dell'ebraismo e in realtà cercano solo di essere come tutti gli altri, non peggio degli altri".⁸⁶¹

È interessante confrontare queste frasi con l'osservazione fatta prima della rivoluzione dal pensatore ortodosso S. Bulgakov: "La difficoltà più grande

---

⁸⁵⁶ *Ibidem*, t. 6, p. 409.
⁸⁵⁷ *Ibidem**, t. 11, p. 792.
⁸⁵⁸ *Parks*, p. 186.
⁸⁵⁹ *N. Goulina*, Kto boilsa Otto Veiningcra? (Chi ha paura di Otto Weininger?). In "22"*, 1983, n. 31, p. 206.
⁸⁶⁰ JE, t. 4, p. 556.
⁸⁶¹ *N. Minsky*, Natsionalnyi lik i patriotism (Il volto nazionale e il patriottismo), Slovo, San Pietroburgo, 1909, 28 marzo (10 aprile), pag. 2.

per il sionismo è che non è in grado di recuperare la fede perduta dei padri, ed è costretto a fare affidamento su un principio che è nazionale, culturale o etnico, un principio su cui nessuna vera grande nazione può fare affidamento in modo esclusivo".[862]

Ma i primi sionisti russi - "è dalla Russia che è uscita la maggior parte dei fondatori dello Stato d'Israele e dei pionieri dello Stato d'Israele", [863]ed è in russo che "sono state scritte le migliori pagine del giornalismo sionista "[864] - erano pieni di un entusiasmo incontenibile per l'idea di restituire al loro popolo la patria perduta, l'antica terra della Bibbia e dei loro antenati, di creare uno Stato di qualità ineguagliabile e di farvi crescere uomini di qualità eccezionale.

E questo impulso, questo appello rivolto a tutti a dedicarsi al lavoro fisico, al lavoro della terra, non riecheggia forse le esortazioni di un Tolstoj, la dottrina dell'*ascetismo*?[865] Tutti i ruscelli portano al mare. Ma, in ultima analisi, come può comportarsi un sionista nei confronti del Paese in cui risiede per il momento?

Per i sionisti russi, che dedicavano tutte le loro forze al sogno palestinese, era necessario escludersi dagli affari che agitavano la Russia in quanto tale. Il loro statuto prevedeva: "Non impegnarsi in politica, né interna né esterna". Potevano partecipare solo debolmente, senza convinzione, alla lotta per la parità di diritti in Russia. Quanto alla partecipazione al movimento di liberazione nazionale, sarebbe stato come togliere le castagne dal fuoco agli altri![866]

Tali tattiche attirarono i feroci rimproveri di Jabotinsky: "Anche i viaggiatori di passaggio hanno interesse che la locanda sia pulita e ordinata".[867] E poi, in *quale lingua* i sionisti avrebbero dovuto esporre la loro propaganda? Non conoscevano l'ebraico e, comunque, chi l'avrebbe capito? Di conseguenza: o in russo o in yiddish. E questo avvicinò ancora una volta i radicali della Russia [868]e i rivoluzionari ebrei.

---

[862] *Prou S. Bulgakov*, Khristianstvo i evreiskij vopros (Il cristianesimo e la questione ebraica), Parigi. YMCA Press, 1991, p. 11.
[863] *F. Kolker*, Novyj plan pomoschi sovietskomou cvrcistvou (*Un nuovo piano di aiuti agli ebrei di Russia*), in "22", 1983, n. 31, p. 149.
[864] *N. Goulina*, V poiskakh outratchennoi samoidenlilikatsii (*Alla ricerca dell'identità perduta*), in "22", 1983, n. 29, p. 216.
[865] *Amos Oz*, Spischaia krasaviisa: griozy i prubouјdeniia (*La bella addormentata: sogni e risvegli*), in "22", 1985, n. 42. p. 117.
[866] *G. J. Iaronson*, V borbe za granjdanskiie i nalsionalnyie prava: Obschestvennyie tetcheniia v rousskom evreistve (Nella lotta per i diritti civili e nazionali: le correnti sociali tra gli ebrei di Russia), BJWR-1, pp. 218, 219.
[867] *Ibidem**, p. 219.
[868] *Ibidem* pp. 219-220.

Evidentemente, la gioventù rivoluzionaria ebraica si è scontrata con i sionisti: no e no! La soluzione della questione ebraica non sta nella partenza dalla Russia, ma nella lotta politica per la parità di diritti qui! Invece di andare a stabilirci al di là dei mari, dobbiamo sfruttare la possibilità di affermarci qui in questo Paese". E le loro argomentazioni non potevano non scuotere più di uno per la loro chiarezza.

Nei circoli bolscevichi, i sionisti venivano denunciati come "reazionari"; erano trattati come "il partito del più cupo e disperato pessimismo".[869]

Inevitabilmente, dovevano emergere correnti intermedie. Così il partito sionista di sinistra Poalei-Tsion ("Lavoratori di Sion"). Fu fondato in Russia nel 1899 e combinava "l'ideologia socialista con il sionismo politico". Si trattava di un tentativo di trovare una linea mediana tra coloro che si occupavano esclusivamente di problemi di classe e coloro che si occupavano solo di problemi nazionali. "All'interno di Poalei-Tsion esistevano profondi disaccordi sulla questione della partecipazione all'azione rivoluzionaria in Russia".[870] (E gli stessi rivoluzionari erano divisi: alcuni propendevano per i socialdemocratici, altri per i socialrivoluzionari).

"Altri gruppi Tseirei-Tsion, ideologicamente vicini al sionismo socialista non marxista, cominciarono a formarsi a partire dal 1905".[871] Nel 1904, una scissione all'interno del Poalei-Tsion diede vita a un nuovo partito, i "Sionisti socialisti", in rottura con l'ideale della Palestina: l'estensione dell'yiddish come lingua parlata a tutte le masse ebraiche, questo è abbastanza, e disprezziamo l'idea di autonomia nazionale!

Il sionismo inizia ad assumere una tinta *borghese* e reazionaria. È necessario creare da esso un movimento socialista, per risvegliare gli istinti politici rivoluzionari nelle masse ebraiche. Il partito "sostiene con forza" il "contenuto sociale ed economico" del sionismo, ma nega la necessità di "far rivivere la terra di Giudea, la cultura, le tradizioni ebraiche". Certo, l'emigrazione ebraica è troppo caotica, deve essere orientata verso un territorio specifico, ma "non c'è un legame essenziale tra sionismo e Palestina". Lo Stato ebraico deve basarsi su fondamenta socialiste e non capitaliste. L'emigrazione è un processo storico a lungo termine; la maggior parte delle masse ebraiche rimarrà anche in futuro nei loro attuali luoghi di residenza. "Il partito ha approvato la partecipazione degli ebrei

---

[869] S. *Dimanstein*. Revolioulsionnyie dvijeniia sredi evreiev (La rivoluzione tra gli ebrei), Sb. 1905: Istoriia revolioutsionnogo dvijeniia v otdclnykh otcherkakh (Collezione 1905: Storia del movimento rivoluzionario in saggi separati), diretta da N. Pokrovsky, vol. 3, libro 1, M.L., 1927, pp. 107, 116.
[870] SJE, t. 6, p. 551.
[871] *Ibidem*, t. 7, p. 941.

alla lotta politica in Russia"[872] - cioè alla lotta per i loro diritti in questo Paese. Quanto all'ebraismo e alla fede, li disprezzavano.

Tutto questo guazzabuglio dovette generare un gruppo "socialista ebraico" chiamato "Renaissance", che "credeva che il fattore nazionale fosse progressivo per natura", e nel 1906 i membri di questo gruppo che avevano rotto con il Partito Socialista Sionista costituirono il Partito Socialista Sovietico dei Lavoratori, il SERP. (Erano chiamati *serpoviy* o *seymovtsy*, perché chiedevano l'elezione di un Sejm nazionale ebraico - il *Seim - destinato* a essere "l'organo supremo dell'autogoverno nazionale ebraico".[873]). Per loro, il russo e l'ebraico erano, in quanto lingue d'uso, uguali. E sostenendo l'"autonomismo" all'interno dello Stato russo, il SERP, socialista, si distingueva dal Bund, anch'esso socialista.[874]

Nonostante i disaccordi che dividevano i sionisti tra loro, in Russia si verificò un generale spostamento del sionismo verso il socialismo, che attirò l'attenzione del governo russo. Fino ad allora non aveva interferito con la propaganda sionista, ma nel 1903 il Ministro degli Interni Plehve indirizzò ai governatori delle province e ai sindaci delle grandi città un bollettino in cui si affermava che i sionisti avevano relegato in secondo piano l'idea di lasciare la Palestina e si erano concentrati sull'organizzazione della vita ebraica nei loro luoghi di residenza, che tale orientamento non poteva essere tollerato e che, di conseguenza, sarebbe stata vietata qualsiasi propaganda pubblica a favore del sionismo, così come riunioni, conferenze, ecc.[875]

Messo al corrente di ciò, Herzl (che aveva già sollecitato un'udienza con Nicola II nel 1899) si recò immediatamente a San Pietroburgo per chiedere di essere ricevuto da Plehve. (Era appena trascorso il pogrom di Kichinev, avvenuto in primavera, di cui Plehve era stato fortemente accusato e che gli aveva quindi attirato il biasimo e le invettive dei sionisti russi...).

Plehve fece capire a Herzl (secondo gli appunti di quest'ultimo) che la questione ebraica per la Russia è grave, se non vitale, e "ci sforziamo di risolverla correttamente... lo Stato russo desidera avere una popolazione omogenea", e richiede un atteggiamento patriottico da parte di tutti... "Vogliamo assimilare [gli ebrei], ma l'assimilazione... è lenta... Non sono nemico degli ebrei. Li conosco bene, ho trascorso la mia giovinezza a Varsavia e, da bambino, ho sempre giocato con bambini ebrei.

---

[872] *Ibidem**, pp. 1021-1022.
[873] *Aronson*, SJE-1, pp. 226, 229.
[874] SJE, 1.1, p. 705, t. 7, p. 1021.
[875] S. *Ginzburg*, Poezdka Teodora Gertzla v Petersburg (Il *viaggio di Theodor Herzl a San Pietroburgo*), JW, New York, Union of Russian Jews in New York, 1944, p. 199.

Mi piacerebbe molto fare qualcosa per loro. Non voglio negare che la situazione degli ebrei in Russia non sia felice. Se fossi un ebreo, probabilmente anch'io sarei un oppositore del governo". "La formazione di uno Stato ebraico [che accolga] diversi milioni di immigrati sarebbe per noi estremamente auspicabile. Ciò non significa, tuttavia, che vogliamo perdere tutti i nostri cittadini ebrei.

Le persone istruite e ricche le terremmo volentieri. Gli indigenti senza istruzione, li lasceremmo volentieri andare. Non avevamo nulla contro il sionismo finché predicava l'emigrazione, ma ora "notiamo grandi cambiamenti" [876]

nei suoi obiettivi. Il governo russo vede con occhio benevolo l'immigrazione dei sionisti in Palestina e, se questi tornano ai loro progetti iniziali, è pronto a sostenerli di fronte all'Impero Ottomano. Ma non può tollerare la propagazione del sionismo, che sostiene un separatismo di ispirazione nazionale all'interno della Russia stessa [877]: ciò comporterebbe la formazione di un gruppo di cittadini a cui il patriottismo, che è il fondamento stesso dello Stato, sarebbe estraneo. (Secondo N. D. Lyubimov, allora direttore del gabinetto del ministro, Plehve gli disse che Herzl, durante il colloquio, aveva riconosciuto che i banchieri occidentali stavano aiutando i partiti rivoluzionari della Russia. Sliosberg, tuttavia, ritiene che ciò sia improbabile.)[878]

Plehve fece il suo rapporto all'Imperatore, che fu approvato e Herzl ricevette una lettera di conferma dello stesso tenore. Ritenne che la sua visita a Plehve fosse stata un successo. Nessuno dei due sospettava che gli rimanessero solo undici mesi di vita... La Turchia non aveva intenzione di fare alcuna concessione ai sionisti e il governo britannico, in quello stesso anno 1905, propose di colonizzare non la Palestina, ma l'Uganda.

Nell'agosto del 1903, al sesto congresso dei sionisti a Basilea, Herzl si fece portavoce di questa variante "che, naturalmente, non è Sion", ma che poteva essere accettata in via provvisoria, affinché si creasse al più presto uno Stato ebraico.[879]

Questo progetto ha suscitato dibattiti burrascosi. Sembra che abbia incontrato un certo sostegno, nell'*Yishuv*, per i nuovi immigrati, scoraggiati dalle dure condizioni di vita in Palestina. I sionisti russi - che sostenevano di avere più di tutte le necessità di trovare rapidamente un rifugio - si opposero duramente al progetto. Guidati da M. M. Oussychkine (fondatore

---

[876] *Ibidem**, pp. 202-203.
[877] SJE, t. 6, p. 533.
[878] G. B. *Sliosberg*, Dela minouvehikh dnei: Zapiski ruskogo evreia (Note di un ebreo di Russia) in 3 volumi, Parigi, 1933, 1934, t. 2, p. 301
[879] JE*, t. 6, p. 412.

del gruppo Biluim e, in seguito, braccio destro di Ahad Haam nella Lega Bne-Moshe), ricordavano che il sionismo era inseparabile da Sion e che nulla poteva sostituirlo![880]

Il Congresso costituì comunque una commissione che si recò in Uganda per studiare il territorio. [881]Il Settimo Congresso, nel 1905, ascoltò il suo rapporto e la variante ugandese fu respinta. [882]Sopraffatto da tutti questi ostacoli, Herzl soccombe a un attacco di cuore prima di conoscere la decisione finale.[883]

Ma questo nuovo dilemma provocò una nuova frattura nel sionismo: si divisero i cosiddetti "territorialisti", guidati da Israel Zangwill, ai quali si unirono i delegati inglesi. Costituirono il loro Consiglio Internazionale; quest'ultimo tenne le sue riunioni, ricevendo sovvenzioni da Jacob Schiff e dal barone Rothschild. Avevano rinunciato a chiedere "Palestina e nient'altro". Sì, era necessario realizzare una colonizzazione di massa da parte degli ebrei, ma ovunque fosse. Anno dopo anno, nelle loro ricerche, passarono in rassegna una dozzina di Paesi. Avevano quasi scelto l'Angola, ma "il Portogallo è troppo debole, non sarà in grado di difendere gli ebrei", e quindi "gli ebrei rischiano di diventare vittime delle tribù vicine".[884] Erano persino pronti ad accettare un territorio all'interno della Russia, anche se avrebbero potuto creare un'entità autonoma con un'amministrazione indipendente.

Questa argomentazione: un Paese forte deve essere in grado di difendere gli immigrati nei luoghi della loro nuova residenza, ha rafforzato coloro che hanno insistito sulla necessità di creare *rapidamente* uno Stato indipendente in grado di ospitare l'immigrazione di massa.

Lo suggeriva - e lo suggerirà in seguito - Max Nordau, quando disse di non temere "l'impreparazione economica del Paese [cioè della Palestina] ad accogliere i nuovi arrivati". [885]Tuttavia, per questo, era necessario avere la meglio sulla Turchia e trovare una soluzione al problema arabo. Gli aderenti a questo programma capirono che, per attuarlo, era necessario ricorrere all'assistenza di potenti alleati. Ora questa assistenza, nessun Paese, per il momento, l'ha proposta. Per arrivare alla creazione dello Stato di Israele, dobbiamo passare attraverso altre due guerre mondiali.

---

[880] *Ibidem*, t. 15, p. 135.
[881] *Ibidem*, t. 3, p. 679.
[882] *Ibidem*, pp. 680, 681.
[883] JE, t. 6, p. 407.
[884] *Ibidem*, t. 14, pp. 827, 829.
[885] SJE, t. 7, pp. 861, 892.

Capitolo 8

Al volgere del 20 secolo

Sembra che dopo sei anni di riflessioni ed esitazioni, lo zar Alessandro III scelse irrevocabilmente, a partire dal 1887, di contenere gli ebrei di Russia con restrizioni di natura civile e politica, e mantenne questa posizione fino alla sua morte.

Le ragioni erano probabilmente, da un lato, l'evidente ruolo svolto dagli ebrei nel movimento rivoluzionario, dall'altro, il fatto non meno evidente che molti giovani ebrei evitavano il servizio militare: "solo tre quarti di coloro che avrebbero dovuto essere arruolati servirono nell'esercito". [886]Si notava "il numero sempre crescente di ebrei che non rispondevano all'appello", così come l'aumento delle multe non pagate relative a queste assenze: solo 3 milioni di rubli su 30 milioni venivano restituiti ogni anno alle casse dello Stato. (In realtà, il governo non disponeva ancora di statistiche precise sulla popolazione ebraica, sul suo tasso di natalità e sul suo tasso di mortalità prima dei 21 anni. Ricordiamo che nel 1876 [vedi capitolo 4], a causa di questo assenteismo, era stata introdotta una restrizione del "favore accordato a certe persone in virtù della loro situazione familiare" - il che significava che i figli unici delle famiglie ebraiche erano ora soggetti, come gli altri, alla coscrizione generale, e di conseguenza la percentuale di coscritti ebrei era diventata maggiore di quella dei non ebrei. Questa situazione fu corretta solo all'inizio del 1900 sotto Nicola II.)[887]

Per quanto riguarda l'istruzione pubblica, l'auspicio dello zar, formulato nel 1885, era che il numero di ebrei ammessi negli istituti al di fuori della Pale of Settlement fosse pari al numero di ebrei della popolazione totale. Ma le autorità perseguivano contemporaneamente due obiettivi: non solo rallentare il crescente flusso di ebrei verso l'istruzione, ma anche combattere la rivoluzione, per far sì che la scuola, come veniva definita, "non fosse un bacino di rivoluzionari, ma un terreno di coltura per la

---

[886] *J. Larine*, Evrei i antisemitizm v SSSR (Gli ebrei e l'antisemitismo in URSS), M.L., 1929, pag. 140.
[887] *G.V. Sliosberg*, Diela minouvchikh dniei: Zapiski ruskogo evreia (Appunti di un ebreo di Russia), 3 volumi, Parigi, 1933, 1934, vol. 2, pagg. 206 209.

scienza". [888]Nelle cancellerie si stava preparando una misura più radicale che consisteva nel proibire l'accesso all'istruzione agli elementi suscettibili di servire la rivoluzione, una misura contraria allo spirito di Lomonosov [889] e profondamente viziosa, pregiudizievole per lo Stato stesso: consisteva nel negare ai figli degli strati svantaggiati della popolazione generale (i "figli dei cuochi") l'ammissione ai collegi. La formulazione, falsamente ragionevole, falsamente dignitosa, era: "Lasciare ai direttori scolastici la libertà di accettare solo i bambini che sono affidati a persone che possono garantire loro una buona sorveglianza a casa e fornire loro tutto il necessario per il proseguimento degli studi" - inoltre, negli istituti di istruzione superiore, si prevedeva di aumentare il diritto di accesso alle classi.[890]

Questa misura provocò una forte indignazione negli ambienti liberali, ma meno violenta e duratura di quella suscitata nel 1887 da un nuovo provvedimento: la riduzione del numero di ebrei ammessi alle scuole superiori e alle università. Inizialmente si era pensato di pubblicare queste due disposizioni nell'ambito della stessa legge. Ma il Consiglio dei Ministri si oppose, sostenendo che "la pubblicazione di una decisione generale accompagnata da restrizioni per gli ebrei avrebbe potuto essere male interpretata". Nel giugno 1887, quindi, fu promulgata solo una parte, quella che riguardava i non ebrei: "Misure volte a regolare il contingente di alunni nell'istruzione secondaria e superiore" - misure dirette di fatto contro la gente comune... Per quanto riguarda la riduzione della quota degli ebrei, essa fu affidata al Ministro dell'Istruzione Delianov, che la attuò nel luglio 1887 con un bollettino indirizzato ai rettori dei consigli scolastici. Egli fissò per le scuole secondarie e superiori il *numerus clausus* degli ebrei al 10% per la Pale of Settlement, al 5% al di fuori di essa e al 3% nelle due capitali.

"Seguendo l'esempio del Ministero dell'Istruzione Pubblica", altre organizzazioni iniziarono a introdurre "quote di ammissione nelle loro istituzioni, e alcune furono chiuse agli ebrei". (Come la Scuola Superiore di Elettricità, la Scuola di Comunicazione di San Pietroburgo e, soprattutto, l'Accademia di Medicina Militare che vietò temporaneamente, ma "per molti anni", l'accesso agli ebrei.)[891]

Questa legge del *numerus clausus*, che non era stata istituita durante i novantatré anni di presenza massiccia degli ebrei in Russia e che si sarebbe protratta per ventinove anni (praticamente fino al 1916), colpì la società

---

[888] *Assia*, t. 2, p. 231.
[889] Mikhail Vasilyevich Lomonosov (1711-1765): grande studioso e poeta russo, rappresentante dell'Illuminismo in Russia. Di origini modeste, è il prototipo del genio nato nel popolo. L'Università di Mosca porta il suo nome.
[890] JE*, t. 13, p. 52.
[891] *Ibidem*, t. 13, pp. 52, 53.

ebraica russa tanto più dolorosamente perché negli anni 1870-1880 c'era stato un "notevole impulso degli ebrei a entrare nelle scuole e nei collegi", un fenomeno che Sliosberg spiega in particolare essere "non dovuto alla presa di coscienza delle masse della necessità dell'istruzione [...], ma piuttosto al fatto che, per un ebreo senza capitale, capire come impiegare le proprie forze in campo economico era molto difficile, e al fatto che la coscrizione era diventata obbligatoria per tutti, ma che c'erano dei gruppi di lavoro che si occupavano di istruzione...". ma piuttosto al fatto che, per un ebreo senza capitale, capire come impiegare le proprie forze in campo economico era molto difficile, e al fatto che il servizio di leva era diventato obbligatorio per tutti, ma che c'erano delle dispense per gli studenti"." Così, se prima studiavano solo i giovani ebrei benestanti, ora si stava creando un "proletariato studentesco ebraico"; se tra i russi, ora come in passato, erano le classi sociali favorite a ricevere l'istruzione superiore, tra gli ebrei, oltre ai benestanti, iniziarono a studiare anche i giovani delle classi meno abbienti.[892]

Vorremmo aggiungere che in quegli anni c'era stata una svolta in tutto il mondo e in tutti i campi della cultura, verso un'educazione non più elitaria ma generalizzata - e gli ebrei, particolarmente intuitivi e ricettivi, erano stati i primi a sentirla, almeno istintivamente. Ma come trovare il modo di soddisfare, senza provocare attriti, senza scontri, la costante e crescente aspirazione degli ebrei all'istruzione? Considerando che la popolazione indigena, nella sua massa, rimaneva piuttosto addormentata e arretrata, come evitare di pregiudicare lo sviluppo di una delle due parti?

Naturalmente, l'obiettivo del governo russo era la lotta contro la rivoluzione, poiché tra i giovani studenti molti ebrei si erano fatti notare per il loro attivismo e il loro totale rifiuto del regime in vigore. Tuttavia, se conosciamo l'enorme influenza esercitata da Pobedonostsev [893] durante il regno di Alessandro III, bisogna ammettere che l'obiettivo era anche quello di difendere la nazione russa dallo squilibrio che si sarebbe verificato nel campo dell'istruzione. Questo è quanto testimonia il barone Morits von Hirsch, un grande banchiere ebreo che visitò la Russia e al quale Pobedonostsev espresse il suo punto di vista: la politica del governo non è ispirata dall'idea che gli ebrei siano una "minaccia", ma dal fatto che, ricchi della loro cultura plurimillenaria, sono spiritualmente e intellettualmente più potenti del popolo russo, ancora ignorante e poco raffinato - per questo motivo si dovevano prendere misure per bilanciare la "scarsa capacità di resistenza della popolazione locale." (Pobedonostsev chiese a Hirsch, noto

---

[892] *Sliosberg*, t. 1, p. 92; t. 2, p. 89.
[893] Konstantin Petrovich Pobedonostsev (1827-1907) Statista, membro del Consiglio dell'Impero dal 1872, procuratore generale del Santo Sinodo, precettore di Nicola II. Esercitò una grande influenza su Alessandro III.

per la sua filantropia, di promuovere l'istruzione del popolo russo per realizzare la parità di diritti degli ebrei di Russia. Secondo Sliosberg, il barone Hirsch stanziò un milione di rubli per le scuole private.)[894]

Come ogni fenomeno storico, questo provvedimento può essere visto da varie angolazioni, in particolare dalle due diverse angolazioni che seguono. Per un giovane studente ebreo, la più elementare correttezza sembrava violata: aveva dimostrato capacità, domanda, doveva essere ammesso... Ma non lo era!

Ovviamente, per questi giovani dotati e dinamici, incontrare una simile barriera era più che mortificante; la brutalità di una simile misura li rendeva indignati. Coloro che fino a quel momento erano stati confinati nei mestieri del commercio e dell'artigianato erano ora impossibilitati ad accedere agli studi ardentemente desiderati che avrebbero portato a una vita migliore.

Al contrario, la "popolazione autoctona" non vedeva in queste quote una violazione del principio di uguaglianza, anzi. Le istituzioni in questione erano finanziate dall'erario pubblico, quindi da tutta la popolazione, e se gli ebrei erano più numerosi, significava che era a spese di tutti; e si sapeva che, in seguito, le persone istruite avrebbero goduto di una posizione privilegiata nella società. E gli altri gruppi etnici, dovevano anch'essi avere una rappresentanza proporzionale all'interno dello "strato istruito"? A differenza di tutti gli altri popoli dell'impero, gli ebrei aspiravano ormai quasi *esclusivamente* all'istruzione, e in alcuni luoghi questo poteva significare che il contingente ebraico nelle scuole superava il 50%. Il *numerus clausus* fu indiscutibilmente istituito per proteggere gli interessi dei russi e delle minoranze etniche, non certo per vessare gli ebrei. (Negli anni '20 del XX secolo, negli Stati Uniti si è cercato di adottare un approccio simile per limitare il contingente ebraico nelle università e sono state stabilite anche quote di immigrazione, ma su questo torneremo. Inoltre, la questione delle quote, oggi posta in termini di "non meno di"[895], è diventata un tema scottante in America). In pratica, in Russia ci sono state molte eccezioni all'applicazione del *numerus clausus*. Le prime ad evitarlo sono state le scuole superiori *femminili*: "Nella maggior parte delle scuole superiori per ragazze, le quote non erano in vigore, né in diversi istituti pubblici di istruzione superiore: i conservatori di San Pietroburgo e Mosca, la Scuola di pittura, scultura e architettura di Mosca, la Scuola di commercio di Kiev, ecc.[896] *A maggior ragione le* quote non erano applicate

---

[894] *Ibidem*, t. 2, p. 33.
[895] Un'allusione all'*azione affermativa* che stabilisce quote minime per l'ammissione delle minoranze etniche negli Stati Uniti.
[896] SJE, t. 6, p. 854.

in nessun istituto privato; e questi erano numerosi e di alta qualità. [897](Ad esempio, al Liceo Kirpitchnikova, uno dei migliori licei di Mosca, un quarto degli studenti era ebreo. [898]Erano numerosi anche al famoso liceo Polivanovskaya di Mosca e alla scuola femminile Androyeva di Rostov, dove mia madre era allieva, nella sua classe c'era più della metà di ragazze ebree). Le scuole commerciali (sotto il Ministero delle Finanze), alle quali i bambini ebrei erano ansiosi di iscriversi, furono inizialmente aperte a loro senza alcuna restrizione, e quelle che si svolsero dopo il 1895 furono relativamente leggere (ad esempio: nelle scuole commerciali della Pale of Settlement, finanziate con fondi privati, il numero di ebrei ammessi dipendeva dalla quantità di denaro stanziato dai commercianti ebrei per il mantenimento di queste scuole, e in molte di esse la percentuale di studenti ebrei era del 50% o più).

Se lo standard ufficiale è stato rispettato rigorosamente al momento dell'ammissione alle classi secondarie, spesso è stato ampiamente superato nelle classi più grandi.

Sliosberg spiega questo fatto in particolare con il fatto che i bambini ebrei che entravano nella scuola superiore la portavano avanti fino alla fine, mentre i non ebrei spesso abbandonavano gli studi prima di completarli. Per questo motivo, nelle classi numerose, gli alunni ebrei erano spesso molto più del 10%. [899]Ha confermato che erano numerosi, ad esempio, al liceo di Poltava. Su 80 ragazzi, otto erano ebrei. Nelle [900]scuole maschili di Mariupol, all'epoca in cui esisteva già una Duma locale, circa il 14-15% degli alunni erano ebrei, e nei licei femminili la percentuale era ancora più alta. [901]A Odessa, dove gli ebrei costituivano un terzo della popolazione, [902]erano nel 1894, il 14% nel prestigioso liceo Richelieu, più del 10% nel ginnasio n. 2, il 37% nel ginnasio n. 3; nei licei femminili la proporzione era del 40%; nelle scuole commerciali, del 72%, e nell'università, del 19%.[903]

Nella misura in cui i mezzi finanziari lo permettevano, nessun ostacolo impediva questa sete di istruzione. "In alcune scuole secondarie delle province della Russia centrale c'erano pochi alunni ebrei e i genitori ne

---

[897] I. M. *Troitsky*, Evrei v rousskoi chkole (Gli ebrei nella scuola russa), BJWR-1, p. 359.
[898] P. D. *Ilinsky*, Vospominaniya (Memorie), Biblioteka-fund "Ruskie Zarubejnie" (Biblioteca e Archivio), "Emigrazione russa" (BFER), collezione 1, A-90, pag. 2.
[899] *Sliosberg*, t. 2, p. 90.
[900] N. V. *Volkov-Mouromtsev*, Iounost. Ot Viazmy do Feodosii (Gioventù, dalla Viazma alla Feodosiia), 2nd ed., M., Rousski Pout, Graal, 1997, p. 101.
[901] I. E. *Temirov*, Vospominaniia (Memorie). BFER, raccolta 1, A-29, pag. 24.
[902] JE, t. 12, p. 58.
[903] A. *Lvov*, Novaia gazeta, New York, 5-11 sett. 1981, n. 70, pag. 26.

approfittavano per mandarvi i loro figli... I genitori più ricchi facevano studiare i loro figli a casa: si preparavano agli esami per accedere al grado successivo e raggiungevano così l'ultimo anno". [904]Nel periodo tra il 1887 e il 1909, i bambini ebrei erano liberi di superare gli esami di maturità e "si diplomavano alla pari con coloro che avevano seguito il programma di studi". [905]La maggior parte degli alunni "esterni" erano ebrei. Una famiglia come quella di Jacob Marchak (un gioielliere senza grande fortuna, padre del poeta [906]), i cui cinque figli ebbero un'istruzione superiore, non era rara prima della rivoluzione.

Inoltre, "furono aperti ovunque istituti privati, sia misti per ebrei e cristiani, sia per soli ebrei... Alcuni di questi istituti godevano degli stessi diritti degli istituti pubblici; gli altri erano autorizzati a rilasciare certificati che davano diritto all'iscrizione in istituti di istruzione superiore".[907] "Fu istituita una rete di insediamenti ebraici privati, che costituivano la base di un'istruzione di tipo nazionale", [908]"Gli ebrei erano anche orientati verso gli istituti di istruzione superiore all'estero: gran parte di loro, al loro ritorno in Russia, superava gli esami davanti alle Commissioni di Stato". Lo [909] stesso Sliosberg ha osservato che negli anni '80, all'Università di Heidelberg, "la maggior parte degli uditori russi erano ebrei" e che alcuni, tra loro, non avevano il diploma di laurea.[910]

Ci si può giustamente chiedere se le restrizioni, dettate dalla paura di fronte agli umori rivoluzionari degli studenti, non abbiano contribuito ad alimentare tali umori. Se questi non fossero aggravati dall'indignazione per il *numerus clausus* e dai contatti mantenuti all'estero con gli emigrati politici.

Cosa accadde nelle università russe dopo la pubblicazione del bollettino? Non ci fu un brusco calo, ma il numero di ebrei diminuì quasi ogni anno, dal 13,8% nel 1893 al 7% nel 1902. La percentuale di ebrei che studiava nelle università di San Pietroburgo e Mosca rimase non inferiore alla norma imposta del 3% per tutto il periodo di validità della suddetta norma.[911]

---

[904] JE, t. 13, pp. 54 55.
[905] *Ibidem*, t. 16, p. 205.
[906] Samufi Yakovlevich Marchak (1887-1964) letterato russo di epoca sovietica.
[907] *Ibidem*, t. 13, p. 55.
[908] SJE, t. 6, p. 854.
[909] JE, t. 13, p. 55.
[910] *Sliosberg*, t. 1, p. 161.
[911] S. V. *Pozner*, Evrei v obschei chkole K istorii zakonodatelstva i pravitelstvennoi politiki v oblasti evreiskogo voprosa (*Gli ebrei nella scuola comune. Per la storia della legislazione e della politica statale nel campo della questione ebraica*), San Pietroburgo, Razum, 1914, pp. 54-55.

Il ministro Delianov ha accolto più volte le richieste che gli sono state presentate, autorizzando l'ammissione all'università oltre il *numerus clausus*.[912]

In questo modo furono ammessi "centinaia di studenti". (La flessibilità di Delianov succederà in seguito alla rigidità del ministro Bogolepov - e non è escluso che questo possa aver contribuito a renderlo il bersaglio dei terroristi[913] . [914]) Sliosberg fornisce questa panoramica: la percentuale di donne nelle corti superiori di medicina superava quella dell'Accademia di medicina militare e quella dell'università, e "tutte le ragazze ebree dell'impero si riversavano qui". Diverse centinaia di ebrei si iscrissero alla Scuola di psico-neuropatologia di San Pietroburgo, dove potevano entrare senza diploma di maturità, e così furono migliaia nel corso degli anni. Si chiamava Scuola di Neuropatologia, ma ospitava anche una facoltà di legge. Il Conservatorio imperiale di San Pietroburgo era "pieno di studenti ebrei di entrambi i sessi". Nel 1911, a Ekaterinoslav fu aperta una scuola mineraria privata.[915]

L'ammissione alle scuole specializzate, come quella per ufficiali sanitari, avveniva con grande libertà. J. Teitel racconta che alla scuola per infermieri di Saratov (di alta qualità, molto ben attrezzata) gli ebrei provenienti dalla Pale of Settlement furono ammessi senza alcuna limitazione e senza l'autorizzazione preventiva rilasciata dalla polizia per lo sfollamento. Coloro che venivano ammessi ricevevano così pieni diritti. Questa prassi fu confermata dall'allora governatore di Saratov, Stolypin. In questo modo la percentuale di studenti ebrei poteva arrivare al 70%. Negli altri istituti tecnici di Saratov, gli ebrei provenienti dalla Pale of Settlement furono ammessi senza alcuna norma, e molti di loro proseguirono gli studi nell'istruzione superiore...

Dalla Pale of Settlement arrivò anche "una massa di studenti esterni che non trovavano posto all'università e per i quali la comunità ebraica della città faticava a trovare lavoro".[916]

A tutto ciò va aggiunto che il numero di istituti in cui l'insegnamento era impartito in ebraico non era limitato. Nell'ultimo quarto del XIX secolo c'erano 25.000 scuole primarie (*Heder*) con 363.000 alunni nella Pale of

---

[912] *Cfr. Sliosberg*, t. 2, p. 93.

[913] Nikolai Pavlovich Bogolepov (1847-1901) avvocato, ministro dell'Educazione nazionale. Ferito a morte nell'attacco perpetrato da P. Karpovitch.

[914] A. *Goldenweiser*, Pravovoie polojeniie evreiev v rossii (La situazione giuridica degli ebrei in Russia), LMJR-1, p. 149.

[915] *Sliosberg*, t. 1, pp. 127, 128; t. 3, pp. 290, 292, 301.

[916] J. L. *Teitel*, Iz moiei jizni za 40 let (Storie della mia vita per quarant'anni), Parigi, J. Povolotsky and Co, 1925, pp. 170-176.

Settlement (il 64% di tutti i bambini ebrei). [917]È vero che nel 1883 i vecchi "stabilimenti ebraici dello Stato" vennero chiusi perché non avevano alcun uso : nessuno ci andava più. (Ma si noti: un tempo l'apertura di questi istituti era stata interpretata dai pubblicisti ebrei come un atto e un espediente della "reazione avversa", e oggi la loro chiusura è stata anch'essa un "atto di reazione avversa").

In sintesi: le quote di ammissione non ostacolarono l'aspirazione degli ebrei all'istruzione. Né hanno contribuito a innalzare il livello di istruzione dei popoli non ebrei dell'impero; hanno solo suscitato amarezza e rabbia tra i giovani ebrei. Ma questa, nonostante i divieti, avrebbe costituito un'intellighenzia d'avanguardia. Furono gli immigrati dalla Russia a costituire il nucleo della prima élite intellettuale del futuro Stato di Israele. (Quante volte leggiamo nell'*Enciclopedia Ebraica Russa* le diciture "figlio di piccolo artigiano", "figlio di piccolo commerciante", "figlio di commerciante" e, più avanti, "completato l'università").

Il diploma universitario inizialmente conferiva il diritto di risiedere in tutto l'impero e di prestare servizio nell'amministrazione (in seguito, l'accesso all'istruzione nelle accademie, nelle università e nelle scuole pubbliche fu nuovamente limitato). I laureati della Facoltà di Medicina - medici e farmacisti - potevano "risiedere ovunque, sia che esercitassero la loro professione sia che non la esercitassero" e, come tutti coloro che avevano conseguito un titolo di studio superiore, potevano anche "dedicarsi al commercio o ad altri mestieri", "essere membri del corpo mercantile senza aver precedentemente trascorso cinque anni nella prima corporazione della Pale of Settlement" come era richiesto agli altri mercanti. "Gli ebrei in possesso del titolo di dottore in medicina" potevano esercitare la loro professione in qualsiasi distretto dell'impero, assumere un segretario medico e due assistenti tra i loro correligionari facendoli venire dalla Pale of Settlement. Il diritto di risiedere in qualsiasi luogo, così come il diritto al commercio, fu attribuito a tutti coloro che esercitavano professioni paramediche senza aver completato un'istruzione superiore - dentisti, infermieri, ostetriche. A partire dal 1903, fu aggiunto un requisito: queste persone dovevano esercitare obbligatoriamente il loro campo di specializzazione.[918]

Le restrizioni riguardarono anche l'ordine degli avvocati, il corpo indipendente di avvocati istituito nel 1864. Questa professione apriva la strada a una carriera di successo, sia finanziario che personale, e a trasmettere le proprie idee: le arringhe degli avvocati in tribunale non erano soggette ad alcuna censura, venivano pubblicate sulla stampa, così che gli

---

[917] *J. M. Troitsky*, Evrei v rousskoi chkole (Gli ebrei nella scuola russa), *op. cit.*, p. 358.
[918] JE, t. 10, pp. 780-781.

oratori godevano di una libertà di espressione maggiore di quella dei giornali stessi. La sfruttavano ampiamente per la critica sociale e per l'"edificazione" della società. La classe degli avvocati si era trasformata in un quarto di secolo in una potente forza di opposizione: si ricordi la trionfale assoluzione di Vera Zasulich nel 1878. [919](Il lassismo morale delle argomentazioni degli avvocati all'epoca preoccupava fortemente Dostoevskij: lo spiegò nei suoi scritti. [920]) All'interno di questa influente confraternita, gli ebrei occuparono ben presto un posto preponderante, rivelandosi i più dotati di tutti.

Quando, nel 1889, il Consiglio degli avvocati giurati di San Pietroburgo pubblicò "per la prima volta nel suo rapporto i dati relativi al numero di ebrei che esercitano questo mestiere", il grande avvocato pietroburghese A. J. Passover "rinunciò al titolo di membro del Consiglio e non fu più candidato alle elezioni".[921]

Nello stesso anno 1889, il ministro della Giustizia Manasse presentò un rapporto allo zar Alessandro III; vi si leggeva che "l'avvocatura è invasa dagli ebrei, che soppiantano i russi; applicano i loro metodi e violano il codice deontologico a cui gli avvocati giurati devono obbedire". (Il documento non fornisce alcun chiarimento. [922]) Nel novembre 1889, su ordine dello zar, fu emanata una disposizione, presumibilmente provvisoria (e di conseguenza in grado di sfuggire alla procedura legale), che imponeva che "l'ammissione ai numeri di quelle autorità dichiarate e delegate di confessione non cristiana... sarà d'ora in poi, e fino alla promulgazione di una legge speciale in materia, possibile solo con l'autorizzazione del Ministro della Giustizia". [923]Ma poiché apparentemente né i musulmani né i buddisti si avvalevano in gran numero del titolo di avvocato, questa disposizione si rivelò di *fatto* diretta contro gli ebrei.

Da quell'anno, e per altri quindici anni, praticamente nessun ebreo non battezzato ricevette questa autorizzazione dal ministro, nemmeno personalità brillanti - e futuri grandi avvocati - come M. M. Winaver [924]o O. O. Gruzenberg: essi rimasero confinati per un decennio e mezzo nel

---

[919] Vera Ivanovna Zasulich (1849-1919): populista rivoluzionaria legata a Netchayev. Fucilata al comandante della piazza di San Pietroburgo (1873). Assolta. Divenuta marxista, fu una dei leader del partito menscevico.
[920] Nel *Diario di uno scrittore* per il mese di febbraio 1876.
[921] JE, t. 6, p. 118.
[922] S. L. *Kutcherov*, Evrei v rousskoi advokatoure (*Gli ebrei nel foro russo*), BJWR-1, p. 402.
[923] JE*, t. 1, pp. 469, 470.
[924] Maxime Moiseyevich Winaver (1862-1926): avvocato nato a Varsavia, tra i fondatori del Partito costituzionale-democratico, del partito Cadetto (1905), deputato alla Duma (1906). Immigrato in Francia nel 1919.

ruolo di "impiegati di legge". (Winaver ha persino perorato più di una volta la causa in Senato, ed è stato molto ascoltato). I "commessi", infatti, peroravano con la stessa libertà e lo stesso successo degli avvocati stessi: in questo caso, non c'erano restrizioni.[925]

Nel 1894, il nuovo Ministro della Giustizia, N. V. Muraviev, volle dare a questo divieto temporaneo il valore di legge permanente. La sua argomentazione era la seguente:

"Il vero pericolo non è la presenza nel corpo degli avvocati di un certo numero di persone di fede ebraica che hanno rifiutato in larga misura le nozioni contrarie alle norme cristiane che riguardano la loro nazione, ma sta nel fatto che il numero di tali persone diventa così grande che è probabile che acquisiscano un'importanza preponderante e che esercitino un'influenza negativa sul livello generale di moralità e sulle attività di tale corporazione".[926] Nel disegno di legge si chiedeva di limitare al 10% la percentuale di sollecitatori non cristiani in ogni giurisdizione di . Il governo dello zar respinse questo progetto, ma, come dice Krohl, "questa idea... non incontrò la condanna che meritava nell'opinione pubblica russa", e all'interno della Società dei Giuristi di San Pietroburgo, "solo poche persone protestarono vigorosamente...; il resto, la grande maggioranza, era chiaramente a favore del progetto al momento della sua discussione".[927] Questo dà un'idea inaspettata dello stato d'animo dell'intellighenzia della capitale a metà degli anni '90. (Nella giurisdizione di San Pietroburgo, il 13,5% degli avvocati erano ebrei, mentre a Mosca erano meno del 5%.)[928]

Il divieto per gli impiegati degli avvocati di diventare avvocati di se stessi è stato sentito in modo ancora più doloroso perché ha fatto seguito a limitazioni nelle carriere scientifiche e nel servizio dello Stato.[929] Non sarebbe stato abolito prima del 1904.

Negli anni '80, nelle province della Pale of Settlement fu introdotta una limitazione del numero di giurati ebrei, in modo che non avessero la maggioranza all'interno delle giurie.

A partire dagli anni '80 cessò anche l'assunzione di ebrei nell'amministrazione giudiziaria. Ci furono tuttavia delle eccezioni: così J. Teitel, che era stato nominato poco dopo gli studi universitari, rimase lì per venticinque anni. Terminò la sua carriera nobilitato con il grado civile di generale.

---

[925] *Goldenweizer*, BJWR-1, p. 131.
[926] *Kurcherov*, BJWR-1*, pag. 404.
[927] JE, t. 1, pp. 471-472.
[928] Kurcherov, Ibidem, *p. 405.*
[929] Ibidem.

(Va aggiunto che, in seguito, Cheglovitov [930]lo costrinse a ritirarsi "di sua spontanea volontà"). Nell'esercizio delle sue funzioni, egli dovette spesso, lui israelita, amministrare giuramenti a testimoni ortodossi, e non incontrò mai alcuna obiezione da parte del clero. J. M. Halpern, anch'egli funzionario dell'amministrazione giudiziaria, era salito all'alta carica di vicedirettore del Ministero della Giustizia e al grado di consigliere segreto. [931]Halpern faceva parte della Commissione Pahlen in qualità di esperto. (In precedenza, il primo procuratore del Senato era stato G. I. Trahtenberg, e il suo vice G. B. Sliosberg si era impegnato a difendere i diritti degli ebrei). Era anche primo procuratore del Senato S. J. Outine, ma era stato battezzato e, di conseguenza, non fu preso in considerazione.

Il criterio religioso non è mai stato un falso pretesto per il governo zarista, ma è sempre stato un motivo reale. È per questo che i vecchi credenti, [932]di etnia russa, sono stati ferocemente perseguitati per due secoli e mezzo, così come, più tardi, i ducatisti [933]e i molokani, [934]anch'essi russi.

Gli ebrei battezzati erano numerosi al servizio dello Stato russo; non ne parleremo in questo libro. Citiamo, sotto Nicola I, il conte K. Nesselrod, che ebbe una lunga carriera a capo del Ministero degli Affari Esteri; Ludwig Chtiglits, che ricevette la baronia in Russia ; [935]Maximilian Heine, fratello del poeta e medico militare, che concluse la sua carriera con il grado di consigliere di Stato; il governatore generale Bezak, generale del seguito di Sua Maestà Adelberto, il colonnello della Guardia a cavallo Meves, i diplomatici Hirs, uno dei quali fu ministro sotto Alessandro III. In seguito, vi furono il Segretario di Stato Perets (nipote dell'esattore delle tasse Abram Perets)[936], i generali Kaufman-Turkestansky e Khrulyov; il signorotto Salomon, direttore del liceo Alexandrovsky; i senatori Gredinger, Posen; nel Dipartimento di Polizia, Gurovich, Vissarionov, tra molti altri.

La conversione al cristianesimo, in particolare al luteranesimo, era agli occhi di alcuni considerata facile? Tutte le strade sono aperte in una volta

---

[930] Ivan Grigorievich Cheglovitov (1861-1918) Ministro della Giustizia nel 1906-1915, Presidente del Consiglio dell'Impero. Fucilato senza giudizio dai bolscevichi come rappresaglia per il fallito assassinio di Fanny Kaplan contro Lenin.
[931] JE, t. 6, p. 118.
[932] I vecchi credenti sono adepti della "vecchia fede", quella precedente alle riforme imposte dal patriarca Nikon nel XVII secolo. Sono stati perseguitati.
[933] I doukhobor sono "combattenti dello spirito", una setta religiosa risalente al XVII secolo, che nega la Chiesa come istituzione, lo Stato e professa una sorta di spiritualismo razionalistico.
[934] Cfr. *supra* (p. 245).
[935] JE, t. 16, p. 116.
[936] *Ibidem*, t. 12, pp. 394-395.

sola? Sliosberg ha osservato a un certo punto una "negazione quasi massiccia" da parte dei giovani.[937]

Ma, naturalmente, visto dalla parte ebraica, questo appariva come un grave tradimento, "un premio all'abiura della sua fede... Quando si pensa al numero di ebrei che resistono alla tentazione di essere battezzati, si acquista un grande rispetto per questo popolo infelice".[938]

Un tempo era con candore: dividevamo le persone in due categorie, "i nostri" e "gli altri", secondo il solo criterio della fede. Questo stato d'animo, lo Stato russo, lo rifletteva ancora nelle sue disposizioni. Ma, all'alba del XX secolo, non avrebbe potuto riflettere un po' e chiedersi se una simile procedura fosse moralmente ammissibile e praticamente efficace? Si poteva continuare a offrire agli ebrei un benessere materiale a costo di negare la loro fede?

E poi quale vantaggio poteva derivare dal cristianesimo? Molte di queste conversioni erano per pura convenienza. (Alcuni si giustificavano adescando se stessi: "In questo modo posso essere molto più utile al mio popolo".)[939]

Per coloro che avevano ottenuto la parità di diritti al servizio dello Stato, "non esistevano più restrizioni di alcun tipo che impedissero loro di accedere alla nobiltà ereditaria" e di ricevere le più alte ricompense.

"Gli ebrei erano comunemente iscritti senza difficoltà nei registri genealogici". [940]E addirittura, come vediamo dal censimento del 1897, 196 membri della nobiltà ereditaria contavano l'*ebraico* come lingua madre (tra i nobili a titolo personale e i funzionari pubblici, erano 3.371 nello stesso caso [941]). Tra i Brodskij c'era persino una famiglia di modesti artigiani, marescialli della nobiltà della provincia di Ekaterinoslav.

Ma a partire dagli anni '70 dell'Ottocento, gli ebrei che cercavano incarichi nell'amministrazione dello Stato cominciarono a incontrare ostacoli (e la situazione si aggravò a partire dal 1896); va detto che erano pochi quelli che aspiravano a questo tipo di attività routinaria e mal pagata. Inoltre, a partire dagli anni '90, gli ostacoli riguardarono anche le funzioni elettive.

---

[937] *Sliosberg*, t. 2, p. 94.
[938] V. *Posse,* Evreiskoi zassiliie (La violenza ebraica), Slovo, San Pietroburgo, 1909, 14 (27) marzo, pag. 2.
[939] *Sliosberg*, t. 1, p. 198.
[940] JE, t. 7, p.34.
[941] Obschii svod po Imperii rezoultatov razrabotki dannykh pervoi vseobschei perepisi naseleniia, proizvedionnoi 28 ianvaria 1897 g. (Corpus generale dei risultati per l'impero dei dati del primo censimento generale della popolazione effettuato il 28 gennaio 1897), t. 2, San Pietroburgo, 1905, pp. 374-386.

Nel 1890 fu emanata una nuova ordinanza dello Zemstvo, secondo la quale gli ebrei erano esclusi dall'autogestione dello Zemstvo, cioè al di fuori delle aree urbane delle province e dei distretti. Si prevedeva di "non permettere [agli ebrei] di partecipare alle riunioni elettorali e alle assemblee degli zemstvo"[942] (questi ultimi non esistevano ancora nelle province occidentali). La motivazione era che "gli ebrei, che di solito perseguono i loro interessi particolari, non soddisfano la richiesta di un collegamento reale, vivo e sociale con la vita locale". [943]Allo stesso tempo, lavorare nello Zemstvo come contraente indipendente, a titolo di quello che veniva chiamato "elemento esterno" (elemento che avrebbe introdotto nello Zemstvo, con diversi anni di anticipo, l'esplosiva carica di radicalismo), non era proibito agli ebrei - ed erano molti.

Le restrizioni degli Zemstvos non riguardavano gli ebrei delle province della Russia centrale, perché la grande maggioranza di loro risiedeva nelle città ed era più interessata all'amministrazione urbana. Ma nel 1892 apparve questa volta una nuova disposizione per le città: gli ebrei persero il diritto di eleggere e di essere eletti delegati ai Dumas e agli uffici municipali, così come di ricoprire qualsiasi carica di responsabilità, o di svolgere servizi economici e amministrativi.

Questo rappresentava una limitazione più che ragionevole. Come delegati, gli ebrei erano ammessi solo nelle città della Pale of Settlement, ma anche in questo caso con una restrizione: non più di un decimo del numero della duma municipale, e ancora "su incarico" dell'amministrazione locale che selezionava i candidati ebrei - una procedura a dir poco fastidiosa. (Soprattutto per i padri di famiglia *borghesi*, come sottolinea giustamente Sliosberg: che umiliazione per loro nei confronti dei figli... come possono, dopo di ciò, rimanere fedeli a un simile governo?[944]) "Non c'è stato momento più difficile nella storia degli ebrei russi in Russia. Furono espulsi da tutte le posizioni che avevano conquistato". [945]In un altro passaggio, lo stesso autore parla senza ambiguità delle tangenti ricevute dai funzionari del Ministero degli Interni per agire a favore degli ebrei.[946] (Questo per ammorbidire un po' il rigore dei tempi).

Sì, gli ebrei di Russia sono stati indubbiamente vittime di prepotenze, di disuguaglianze nei diritti civili. Ma questo è ciò che ci ricorda l'eminente cadetto V. A. Maklakov, che si trovò ad emigrare dopo la rivoluzione: "La "disuguaglianza nei diritti" degli ebrei perdeva naturalmente la sua acutezza in uno stato in cui l'enorme massa della popolazione (82%),

---

[942] *JE**, t. 7, p. 763.
[943] *Ibidem**, t. 1, p. 836.
[944] *Sliosberg*, t. 3, p. 220.
[945] *Ibidem*, t. 1, p. 259.
[946] *Ibidem*, t. 2, pp. 177-178.

quella da cui dipendeva la prosperità del Paese, i contadini - ottusi, muti, sottomessi - era anch'essa *esclusa* dal diritto comune, uguale per tutti"[947] - e rimase nella stessa situazione dopo l'abolizione della servitù della gleba; Anche per essa il servizio militare era ineludibile, l'istruzione secondaria e superiore inaccessibile, e non ottenne quell'autoamministrazione, quello Zemstvo rurale di cui aveva tanto bisogno. Un altro emigrante, D. O. Linsky, ebreo, concludeva addirittura amaramente che, in confronto al livellamento dei soviet, quando l'intera popolazione russa fu privata di tutti i diritti, "la disuguaglianza dei diritti della popolazione ebraica prima della rivoluzione appare come un ideale inaccessibile".[948]

Ci siamo abituati a dire: la *persecuzione* degli ebrei in Russia. Ma la parola non è corretta. Non fu una persecuzione, in senso stretto. Era tutta una serie di restrizioni, di prepotenze. Inquietante, certo, dolorosa, persino scandalosa.

Tuttavia, nel corso degli anni, il Pale of Settlement è diventato sempre più permeabile.

Secondo il censimento del 1897, 315.000 ebrei risiedevano già *al di fuori dei* suoi confini, vale a dire, in sedici anni, un aumento di nove volte (e questo rappresentava il 9% della popolazione ebraica totale della Russia, a parte il regno di Polonia. [949]Facciamo un confronto: c'erano 115.000 ebrei in Francia e 200.000 in Gran Bretagna [950]). Consideriamo anche che il censimento fornì cifre sottostimate, in considerazione del fatto che in molte città della Russia molti artigiani, molti domestici al servizio di ebrei "autorizzati" non avevano un'esistenza ufficiale, essendo al riparo dalla registrazione.

Né i vertici della finanza né l'élite istruita erano soggetti alle restrizioni del "Pale", ed entrambi si stabilirono liberamente nelle province centrali e nelle capitali. È noto che il 14% della popolazione ebraica esercitava "professioni liberali"[951] - non necessariamente di tipo intellettuale. Una cosa, tuttavia, è certa: nella Russia pre-rivoluzionaria, gli ebrei "occupavano un posto di rilievo in queste occupazioni intellettuali". Lo stesso famoso insediamento nel Pale non impedì in alcun modo a una

---

[947] *V. A. Maklakov* (1905-1906), Sb. M. M. Winaver i rousskaia obschestvennost natchala XX veka (Collezione M. M. Winaver e la società civile russa all'inizio del XX secolo), Parigi, 1937, p. 63.
[948] *D. O. Linsky*, O natsionalnom samosoznanii ruskogo evreia-Rossia i evrei (Sulla coscienza nazionale dell'ebreo di Russia), in RaJ, p. 145.
[949] *Hessen*, t. 2, p. 210; JE, t. 11, pp. 537, 538.
[950] SJE, t. 2, pp. 313-314.
[951] *Larine*, p. 71.

grande frazione di ebrei di penetrare sempre più nelle province della Russia centrale".[952]

I cosiddetti mestieri "artigianali" in cui gli ebrei erano più numerosi erano i dentisti, i sarti, le infermiere, gli speziali e pochi altri, mestieri di grande utilità ovunque, dove erano sempre benvenuti. "Nel 1905, in Russia, più di 1.300.000 ebrei erano impegnati in attività artigianali", .[953]

il che significava che potevano vivere al di fuori della "palude". E non bisogna nemmeno dimenticare che "in nessuna parte delle leggi era stabilito, ad esempio, che l'artigiano che esercita un mestiere non ha il diritto di dedicarsi contemporaneamente al commercio"; inoltre, "la nozione di "fare affari" non è definita dalla legge": ad esempio, la "vendita di depositi" con commissione, è commercio? Così, per esercitare qualsiasi forma di commercio (anche su larga scala), per impegnarsi nell'acquisto di immobili, nello sviluppo di fabbriche, bisognava passare per "artigiano" (o "dentista"!) Ad esempio, l'"artigiano" Neimark possedeva una fabbrica di sessanta operai; i tipografi aprirono così la loro tipografia.[954] Esisteva anche un altro modo: più persone si raggruppavano e solo una pagava la quota della prima corporazione, mentre gli altri fingevano di essere i suoi "commessi". O ancora, farsi "adottare" in una provincia centrale da soldati ebrei in pensione (il padre "adottato" riceveva in cambio una pensione)[955]. A Riga, migliaia di famiglie ebree vivevano del commercio del legname fino a quando non furono espulse a causa di false attestazioni.[956] All'alba del XX secolo, insediamenti ebraici si trovavano in tutte le città russe di una certa importanza.

J. Teitel ha testimoniato che "la costruzione della linea ferroviaria Samara-Orenburg provocò l'afflusso di un gran numero di ebrei a Samara. I supervisori di questa ferrovia erano ebrei: Varchavsky, Gorvitch. Per molto tempo ne furono anche i proprietari. Occupavano le stazioni di controllo e un gran numero di posti di lavoro subordinati. Portarono le loro famiglie dal Pale of Settlement, e così si formò una colonia ebraica molto numerosa. Si occuparono anche dell'esportazione di grano dalla ricca provincia di Samara verso l'estero. Da notare che furono i primi a esportare uova dalla Russia all'Europa occidentale. Tutte queste attività erano svolte dai cosiddetti 'artigiani'". Teitel elenca tre successivi governatori della provincia di Samara e un capo della polizia (che in precedenza, nel 1863, era stato "escluso dall'Università di San Pietroburgo per aver partecipato a

---

[952] V. S. *Mandel*, Konservativnyie i razrouchitelnyie elementy v evreistve (Elementi conservatori ed elementi distruttivi tra gli ebrei), RaJ, p. 202.
[953] *Goldenweiser*, RaJ, p. 148.
[954] *Sliosberg*, t. 2, pp. 51, 197, 188, 193, 195.
[955] *Ibidem*, pp. 22-24.
[956] *Ibidem*, pp. 183 185.

disordini studenteschi") che "chiusero gli occhi su questi cosiddetti artigiani". Così, intorno al 1889, a Samara vivevano "più di 300 famiglie ebree, senza permesso di soggiorno"[957], il che significa che a Samara, oltre alle cifre ufficiali, c'erano in realtà circa 2.000 ebrei.

Le storie ci giungono da un'altra parte della Russia: a Viazma, "i tre farmacisti, i sei dentisti, alcuni medici, i notai, molti negozianti, quasi tutti i parrucchieri, i sarti, i calzolai erano ebrei. Tutti quelli che si presentavano come tali non erano dentisti o sarti, molti commerciavano e nessuno glielo impediva". Dei suoi 35.000 abitanti, Viazma contava anche circa duemila ebrei.[958]

Nella regione dell'Armata del Don, dove nel 1880 furono imposte severe restrizioni agli ebrei e fu loro vietato di risiedere nei villaggi cosacchi e nei sobborghi delle città, c'erano comunque 25.000 custodi di locande e buffet, barbieri, orologiai, sarti. Da loro dipendeva qualsiasi consegna di una quantità di merci, indipendentemente dalle dimensioni.

Il sistema di restrizioni ai diritti degli ebrei, con tutta la gamma di correzioni, riserve ed emendamenti, era stato costruito strato dopo strato nel corso degli anni. Le disposizioni rivolte agli ebrei erano sparse nelle varie raccolte di leggi promulgate in tempi diversi, mal armonizzate tra loro, mal amalgamate con le leggi comuni dell'impero.

I governatori se ne lamentavano. [959]Dobbiamo cercare di penetrare i misteri delle innumerevoli deroghe, dei casi speciali, delle eccezioni delle eccezioni, che pullulavano nella legislazione sugli ebrei, per capire quale viaggio del combattente rappresentasse per l'ebreo comune e quale rompicapo per l'amministrazione. Una tale complessità non poteva che generare formalismo, con il suo susseguirsi di crudeltà; così, quando un capofamiglia domiciliato in una provincia della Russia centrale perdeva il diritto di residenza (dopo la sua morte o in seguito a un cambiamento di professione), tutta la sua famiglia lo perdeva con lui. Le famiglie venivano così espulse dopo la morte del capofamiglia (ad eccezione delle persone sole di età superiore ai 70 anni).

Tuttavia, la complessità non giocava sempre a sfavore degli ebrei; a volte giocava a loro vantaggio. Gli autori scrivono che "erano i commissari di polizia e i loro vice ad avere la responsabilità di risolvere gli infiniti tentennamenti nell'applicazione delle misure restrittive", che portavano all'uso di tangenti e all'aggiramento della legge[960] - sempre favorevole agli

---

[957] *Teirel*, pp. 36-37, 47.
[958] *Volkov-Mouromrsev*, pp. 98, 101.
[959] S. *Dimanstein*, Revolioutsionnoie dvijeniie sredi evreiev (Il movimento rivoluzionario tra gli ebrei), *op. cit.*, p. 108.
[960] *Goldenweiser*, BJWR-1, p. 114.

ebrei. Esistevano anche canali legali perfettamente praticabili. "La natura contraddittoria delle innumerevoli leggi e disposizioni sugli ebrei offre al Senato un ampio spettro di interpretazioni della legislazione... Negli anni '90, la maggior parte delle disposizioni impugnate dagli ebrei furono annullate" dal Senato. [961] I più alti dignitari spesso chiudevano gli occhi di fronte all'inosservanza delle restrizioni antiebraiche - come testimoniò, ad esempio, G. Sliosberg: "In ultima analisi, gli affari ebraici dipendevano dal capo del dipartimento di polizia, Pyotr Nikolayevich Durnovo... Quest'ultimo era sempre aperto alle argomentazioni dei denuncianti e devo dire, ad essere sincero, che se l'applicazione di un regolamento restrittivo era contraria alla carità umana, [Dournovo] avrebbe esaminato la questione e l'avrebbe risolta favorevolmente".[962]

"Più che le nuove leggi, furono le disposizioni che tendevano a un'applicazione più dura delle vecchie leggi a essere avvertite con maggior dolore da ampi settori della popolazione ebraica". [963] Il processo, discreto ma irreversibile, con cui gli ebrei penetrarono gradualmente nelle province della Russia centrale fu talvolta fermato dall'amministrazione, e alcuni episodi debitamente orchestrati passarono alla storia.

Questo fu il caso di Mosca dopo il ritiro dell'onnipotente e quasi inamovibile governatore generale V. A. Dolgorukov, che aveva considerato con grande benevolenza l'arrivo degli ebrei in città e la loro attività economica.

(La chiave di questo atteggiamento risiede ovviamente nella persona del grande banchiere Lazar Solomonovich Poliakov, "con cui il principe Dolgorukov aveva legami di amicizia e che, affermano le malelingue, gli aveva aperto nella sua banca una linea di credito illimitata. Che il principe avesse bisogno di denaro, non c'era dubbio", perché aveva ceduto tutta la sua fortuna al genero, mentre lui stesso "amava vivere di rendita e aveva anche grandi spese". Di conseguenza, L. Poliakov "fu ricoperto anno dopo anno di onori e distinzioni". Grazie a ciò, gli ebrei di Mosca sentivano un terreno solido sotto i piedi: "Ogni ebreo poteva ricevere il diritto di residenza nella capitale" senza mettersi "al servizio di uno dei suoi correligionari, un mercante della prima corporazione".)[964]

G. Sliosberg ci informa che "Dolgorukov fu accusato di aver ceduto troppo all'influenza di Poliakov". E spiega: Poliakov era il proprietario dell'istituto di credito ipotecario di Mosca, per cui né nella provincia di

---

[961] JE, t. 14, p. 157.
[962] *Sliosberg*, t. 2, pp. 175 176.
[963] *Assia*, t. 2, p. 232.
[964] *Principe B. A. Chetinine*, Khoziaine Moskvy (Il Maestro di Mosca), Istoritcheski vestnik (Il Messaggero storico), 1917, t. 148, p. 459.

Mosca né in quelle limitrofe poteva operare un altro istituto di credito ipotecario (cioè che concedesse anticipi su fondi ipotecari immobiliari). Ora, "non c'era nobile che possedesse terre che non ipotecasse i suoi beni". (Tale era la sconfitta della nobiltà russa alla fine del XIX secolo: e, dopo di allora, di quale utilità poteva ancora essere per la Russia?...) Questi nobili si trovavano "in una certa dipendenza dalle banche"; per ottenere grandi prestiti, tutti cercavano i favori di Lazar Poliakov.[965]

Sotto la magistratura di Dolgorukov, intorno agli anni '90, "ci furono molti reclutamenti di ebrei nel corpo dei mercanti della prima corporazione. Ciò si spiega con la riluttanza dei mercanti moscoviti di confessione cristiana a pagare le alte tasse d'ingresso di questa prima corporazione. Prima dell'arrivo degli ebrei, l'industria moscovita lavorava solo per la parte orientale del Paese, per la Siberia, e le sue merci non correvano verso ovest. Furono i mercanti e gli industriali ebrei a creare un collegamento tra Mosca e i mercati della parte occidentale del Paese. (Teitel conferma che gli ebrei di Mosca erano considerati i più ricchi e influenti della Russia). Minacciati dalla concorrenza, i mercanti tedeschi si indignano e accusano Dolgorukov di favoritismo nei confronti degli ebrei.[966]

Ma la situazione cambiò radicalmente nel 1891. Il nuovo governatore generale di Mosca, il granduca Sergej Alexandrovich, [967] uomo onnipotente per la sua posizione e non dipendente da nessuno per la sua fortuna, prese la decisione di espellere tutti gli artigiani ebrei da Mosca, senza alcuna indagine preliminare su chi fosse veramente un artigiano e chi fingesse di esserlo. Interi quartieri - Zariadie, Marina Roscha - furono svuotati dei loro abitanti.

Si stima che siano stati espulsi fino a 20.000 ebrei. Fu concesso loro un massimo di sei mesi per liquidare le loro proprietà e organizzare la partenza, e coloro che dichiararono di non avere i mezzi per assicurare il loro spostamento furono spediti in furgoni-prigione. (Al culmine delle espulsioni e per controllarne l'esecuzione, una commissione governativa americana - il colonnello Weber e il dottor Kamster - si recò in Russia. La cosa sorprendente è che Sliosberg li portò a Mosca, dove indagarono su ciò che stava accadendo, su come venivano applicate le misure per arginare l'"afflusso di ebrei", dove visitarono persino la prigione di Butyrka in incognito, dove gli vennero offerti alcuni paia di manette, dove gli vennero consegnate le fotografie delle persone che erano state mandate nei furgoni... e la polizia russa non si accorse di nulla! (Questi erano i "Krylov

---

[965] *Sliosberg*, t. 2, pp. 44, 45.
[966] *Ibidem*, pp. 43-44.
[967] Sergej Alexandrovich: granduca, fratello di Alessandro III, governatore generale di Mosca. Assassinato nel febbraio 1905.

mores"[968] !) Visitarono di nuovo, per molte altre settimane, altre città russe. Il rapporto di questa commissione fu pubblicato nel 1892 nei documenti del Congresso americano... con grande vergogna della Russia e con grande sollievo dell'immigrazione ebraica negli Stati Uniti. È [969]a causa di queste molestie che i circoli finanziari ebraici, il barone de Rothschild in testa, rifiutarono nel 1892 di sostenere i prestiti russi all'estero. [970]Già nel 1891 c'erano stati tentativi in Europa di fermare l'espulsione degli ebrei da Mosca. Il banchiere americano-ebraico Seligman, ad esempio, si recò in Vaticano per chiedere al Papa di intercedere presso Alessandro III ed esortarlo a una maggiore moderazione. [971]Nel 1891, "una parte degli ebrei espulsi si stabilì senza permesso nei sobborghi di Mosca". Ma nell'autunno del 1892, in seguito alle misure adottate, fu emanato l'ordine di "espellere da Mosca gli ex soldati del contingente in pensione e i membri delle loro famiglie non registrati nelle comunità". [972](Va notato che nel 1893 le grandi imprese commerciali e industriali russe intervennero per ammorbidire queste misure). Poi, a partire dal 1899, non ci furono quasi più nuove iscrizioni di ebrei alla prima corporazione dei mercanti di Mosca.[973]

Nel 1893 si verificò un nuovo aggravamento della sorte degli ebrei: il Senato si accorse per la prima volta dell'esistenza di un bollettino emesso dal Ministero degli Interni, in vigore dal 1880 (la "Carta della Libertà Ebraica") che consentiva agli ebrei che si erano già stabiliti al di fuori della Palude di Insediamento, peraltro illegalmente, di rimanere dove si trovavano. Questo bollettino fu abrogato (tranne che in Curlandia e Livonia, dove fu mantenuto). Il numero di famiglie che si erano stabilite negli ultimi dodici anni ammontava a 70.000! Fortunatamente, grazie a Dournovo, "furono emanati articoli salvavita che, alla fine, impedirono l'immensa catastrofe che minacciava".[974]

Nel 1893, "alcune categorie di ebrei" furono espulse a turno da Yalta, poiché la residenza estiva della famiglia imperiale non era lontana, e fu loro vietato qualsiasi nuovo insediamento: "L'afflusso sempre crescente di ebrei nella città di Yalta, l'appetito per le proprietà immobiliari, minaccia questa località di villeggiatura di diventare, puramente e semplicemente,

---

[968] Ivan Andreyevich Krylov (1769-1844): famoso pubblicista e favolista russo che denuncia nei suoi scritti i difetti della società e la negligenza dei governanti.
[969] *Ibidem*, pp. 31, 42, 50, 60, 63.
[970] *Ibidem*, pp. 7, 174.
[971] Doneseniie ruskogo posla Izvolskogo iz Vatikana (Rapporto dell'ambasciatore russo in Vaticano, Lzvolski), 7 (19) aprile 1892, Izvestia, 1930, 23 maggio, p. 2.
[972] SJE, t. 5, p. 474.
[973] JE, t. 11, pp. 336, 338.
[974] *Sliosberg*, t. 2, pp. 180, 182.

una città ebraica". ⁹⁷⁵(Qui potrebbe essere in gioco, dopo tutti gli attacchi terroristici in Russia, la sicurezza della famiglia imperiale nella sua residenza di Livadia. Alessandro III aveva tutte le ragioni per credere - mancava solo un anno alla sua morte - di essere cordialmente odiato dagli ebrei. Non è possibile escludere come movente l'idea di vendicare la persecuzione degli ebrei, come si può dedurre dalla scelta degli obiettivi terroristici (Sipiagin, Plehve, il granduca Serge). Ciò non impedì a molti ebrei di rimanere nella regione di Yalta - a giudicare da quanto scrissero gli abitanti di Alushta nel 1909, lamentando che gli ebrei, acquirenti di vigneti e frutteti, "sfruttano 'per favorire il loro sviluppo' il lavoro della popolazione locale", approfittando della situazione precaria di tale popolazione e concedendo prestiti "a tassi esorbitanti" che rovinano i tartari, abitanti del luogo.⁹⁷⁶

Ma c'era anche un altro elemento a favore dell'instancabile lotta al contrabbando: il diritto di residenza degli ebrei nella zona di frontiera occidentale era limitato. Di fatto, non vi fu più alcuna espulsione, ad eccezione delle persone colte in flagranza di contrabbando. (Secondo i memorialisti, questo contrabbando, che consisteva nel far passare la frontiera ai rivoluzionari e alle loro opere stampate, continuò fino alla Prima Guerra Mondiale). Nel 1903-1904 si aprì un dibattito: il Senato prevede che il Regolamento provvisorio del 1882 non si applichi alla zona di frontiera e che quindi gli ebrei residenti in quella zona possano "stabilirsi liberamente nelle zone rurali". Il Consiglio della Provincia di Bessarabia ha quindi presentato una protesta, informando il Senato che "l'intera popolazione ebraica" nella zona di confine, comprese quelle in cui gli ebrei si erano insediati illegalmente, stava ora cercando di ottenere l'accesso alle campagne dove c'erano già "più ebrei del necessario", e che la zona di confine "rischiava ora di diventare per gli ebrei la 'Zona Promessa'". La protesta passò al vaglio del Consiglio di Stato che, tenendo conto del caso particolare delle località rurali, abolì di netto il regime speciale della zona di confine, riportandolo al regime generale della Pale of Settlement.⁹⁷⁷

Questo ammorbidimento, tuttavia, non trovò un'eco significativa nella stampa o nella società. Non più della revoca, nel 1887, del divieto per gli ebrei di assumere servitori cristiani. Né lo fece la legge del 1891 che introduceva nel Codice Penale un nuovo articolo sulla "responsabilità in caso di attacco aperto a una parte della popolazione da parte di un'altra", un articolo che le circostanze della vita in Russia non avevano mai

---

⁹⁷⁵ JE*, t. 7, p. 594.
⁹⁷⁶ Novoie Vremia, 1909, 9 (22) dic., p. 6.
⁹⁷⁷ JE, t. 12, pp. 601, 602.

richiesto, ma che era stato fortemente carente durante i pogrom del 1881. Per maggiore cautela è stato ora introdotto.

E ancora, ripetiamo: le limitazioni ai diritti degli ebrei non assunsero mai un carattere razziale in Russia. Non si applicavano né ai karaiti, [978]né agli ebrei delle montagne, né agli ebrei dell'Asia centrale, che, sparsi e fusi con la popolazione locale, avevano sempre scelto liberamente il loro tipo di attività.

Gli autori più diversi ci spiegano, l'uno più dell'altro, che le cause profonde delle restrizioni subite dagli ebrei in Russia sono di natura economica. L'inglese J. Parks, il grande difensore di queste restrizioni, esprime tuttavia questa riserva: "Prima della guerra [del 14-18], alcuni ebrei avevano concentrato una notevole ricchezza nelle loro mani... Questo aveva portato a temere che l'abolizione di queste limitazioni avrebbe permesso agli ebrei di diventare padroni del Paese". Il [979]professor V. Leontovitch, un liberale perfettamente coerente, osserva: "Fino a poco tempo fa, sembrava che non fossimo consapevoli del fatto che le misure restrittive imposte agli ebrei derivassero molto più da tendenze anticapitalistiche che da discriminazioni razziali. Il concetto di razza non era di alcun interesse per la Russia di quegli anni, se non per gli specialisti di etnologia... È stata decisiva la paura del rafforzamento degli elementi capitalistici, che avrebbero potuto aggravare lo sfruttamento dei contadini e di tutti i lavoratori. Molte fonti lo dimostrano". [980]Non dimentichiamo che il contadino russo aveva appena subito lo shock di una mutazione improvvisa: dal passaggio dai rapporti feudali a quelli di mercato, un passaggio al quale non era affatto preparato e che lo avrebbe gettato in un vortice economico a volte più impietoso della stessa servitù della gleba.

V. Choulguine scrive a questo proposito quanto segue: La limitazione dei diritti degli ebrei in Russia era sostenuta da un "pensiero umanistico"... Si presumeva che il popolo russo, nel suo complesso (o almeno alcuni dei suoi strati sociali) fosse, in un certo senso, immaturo, effeminato..., che si lasciasse facilmente sfruttare..., che per questo motivo dovesse essere protetto da misure statali contro elementi stranieri più forti di lui. La Russia settentrionale cominciò a guardare gli ebrei con gli occhi della Russia

---

[978] I Karaiti o Karaïmes (parola che significa "attaccato" alla lettera): una setta ebraica che rifiuta la dottrina ortodossa dei rabbini, ammettendo solo l'Antico Testamento e alcune tradizioni orali. I karaiti sopravvivono in piccoli insediamenti in Crimea, Odessa, Russia meridionale, oltre che in Polonia e Lituania.
[979] *J. Parks*, Evrei sredi narodov Obzor pritchin antisemitima (*Gli ebrei tra i popoli: una panoramica delle cause dell'antisemitismo*), Paris, YMCA Press, 1932, p. 182.
[980] *V. V. Leontovitch*, Istoriia liberalizma v Rossii 1762-1914 (Storia del liberalismo in Russia: 1762-1914), trad. del tedesco, 2nd ed., M., Rousski Pout, 1995, pp. 251, 252. Traduzione francese per Fayard Ed., Parigi, 1987.

meridionale. I piccoli russi avevano sempre visto gli ebrei, che conoscevano bene ai tempi della loro coesistenza con la Polonia, sotto le sembianze dei 'banchi di pegno' che succhiano il sangue dello sfortunato russo".[981]

Le restrizioni erano state pensate dal governo per combattere la massiccia pressione economica che metteva a rischio le fondamenta dello Stato. Parks individua in questa visione delle cose anche una parte di verità; osserva "l'effetto disastroso che può avere la facoltà di sfruttare il prossimo" e "il ruolo eccessivo di locandieri e usurai nelle zone rurali dell'Europa orientale", anche se percepisce le ragioni di tale stato di cose "nella natura del contadino più che negli ebrei stessi". A suo avviso, il commercio della vodka, in quanto "attività principale degli ebrei" nell'Europa orientale, ha dato origine all'odio, e tra i contadini ancor più che tra gli altri. Fu lui ad alimentare più di un pogrom, lasciando una profonda e ampia cicatrice nella coscienza dei popoli ucraino e bielorusso, oltre che nella memoria del popolo ebraico.[982]

Leggiamo in molti autori che i locandieri ebrei vivevano molto duramente, senza un soldo, che erano quasi ridotti a chiedere l'elemosina. Ma il mercato dell'alcol era così ristretto? Molte persone si ingrassarono con le intemperanze del popolo russo - i proprietari terrieri della Russia occidentale, i distillatori, i gestori dei locali... e il governo! L'ammontare delle entrate può essere stimato dal momento in cui furono registrate come entrate nazionali. Dopo l'introduzione del monopolio statale sugli alcolici in Russia nel 1896, con l'abolizione di tutti gli addebiti privati e la vendita delle bevande tramite accise, l'anno successivo il Tesoro incassò 285 milioni di rubli, da riferire ai 98 milioni dell'imposta diretta prelevata sulla popolazione. Ciò conferma che non solo la produzione di alcolici era "una fonte importante di contributi indiretti", ma anche che le entrate dell'industria degli alcolici, che fino al 1896 pagava solo "4 copechi di accisa per ogni grado di alcol prodotto", erano molto più alte delle entrate dirette dell'impero.[983]

Ma qual era all'epoca la partecipazione ebraica in questo settore? Nel 1886, durante i lavori della Commissione Pahlen, furono pubblicate delle statistiche in merito. Secondo queste cifre, gli ebrei detenevano il 27% (i decimali non compaiono qui: i numeri sono stati arrotondati ovunque) di

---

[981] V. V. *Choulguine*, "Chto nam v nikh ne nravitsa": Ob antisemitismo v Rossii ("Ciò che non ci piace di loro": sull'antisemitismo in Russia), Parigi, 1929, pp. 185, 186.
[982] *Parks*, pp. 153, 155, 233.
[983] Sbornik materalov ob ekonomitcheskom polojenii evreiev v Rossii (Raccolta di materiali sulla situazione economica degli ebrei in Russia), vol. 2, St., Evreiskoie Kolonizatsionnoie Obschestvo (Associazione per la colonizzazione ebraica), 1904, p. 64.

tutte le distillerie della Russia europea, il 53% nella Pale of Settlement (in particolare l'83% nella provincia di Podolsk, il 76% in quella di Grodno, il 72% in quella di Kherson). Detengono il 41% dei birrifici nella Russia europea, il 71% nella Pale of Settlement (94% nella provincia di Minsk, 91% nella provincia di Vilnius, 85% nella provincia di Grodno). La percentuale di punti di produzione e vendita del commercio ebraico è del 29% nella Russia europea, del 61% nella Pale of Settlement (95% nella provincia di Grodno, 93% a Mogilev, 91% nella provincia di Minsk).[984]

È comprensibile che la riforma che istituiva il monopolio statale sugli alcolici fosse "accolta con orrore... dagli ebrei della Pale of Settlement".[985]

È incontestabile: l'istituzione di un monopolio di Stato sugli alcolici diede un colpo durissimo all'attività economica degli ebrei di Russia. E fino alla Prima Guerra Mondiale (terminata in quel periodo), questo monopolio rimase il bersaglio preferito dell'indignazione generale, mentre si limitava a istituire un rigoroso controllo della quantità di alcolici prodotti nel Paese e della loro qualità. Dimenticando che raggiungeva allo stesso modo gli inquilini cristiani (si vedano le statistiche di cui sopra), viene sempre presentata come una misura antiebraica: "L'introduzione alla fine degli anni '90 della vendita di alcolici da parte dello Stato nella Pale of Settlement ha privato più di 100.000 ebrei del loro sostentamento"; "Il potere significava... costringere gli ebrei a lasciare le zone rurali", e da allora "questo commercio ha perso per gli ebrei l'importanza che aveva un tempo".[986]

È stato infatti il momento - a partire dalla fine del XIX secolo - in cui l'emigrazione ebraica dalla Russia è cresciuta notevolmente. C'è un legame tra questa emigrazione e l'istituzione del monopolio statale sulla vendita di alcolici?

È difficile dirlo, ma la cifra di 100.000 citata sopra lo suggerisce. Il fatto è che l'emigrazione ebraica (in America) rimase bassa fino al 1886 1887; ebbe una breve impennata nel 1891 1892, ma fu solo dopo il 1897 che divenne massiccia e continua.[987]

Il "Regolamento provvisorio" del 1882 non aveva impedito ulteriori infiltrazioni di alcolici ebraici nelle campagne. Così come, negli anni '70, avevano trovato una scappatoia al divieto di vendere al di fuori del proprio

---

[984] Evreiskaia piteïnaia torgovlia v Rossii. Statistitcheski Vremennik Rossiiskoy Imperii (*Il commercio ebraico di alcolici in Russia, Annuario statistico dell'Impero russo*), Serie III, Libro 9, San Pietroburgo, 1886, p. V-X.
[985] *Sliosberg*, t. 2, p. 230.
[986] Evreiskaya piteinaia torgovlia v Rossii (*Commercio ebraico di alcolici in Russia*), *op. cit.*
[987] JE, t. 2, pp. 235, 238.

domicilio inventando il commercio "ambulante". Era stato escogitato per aggirare la legge del 3 maggio 1882 (che vietava anche il commercio di vodka con contratto stipulato con un ebreo), affittando "di nascosto": per aprire una locanda, si affittava un terreno con contratto orale e non scritto, in modo che le tasse fossero coperte dal proprietario, e il ricavato della vendita di bevande andava all'ebreo. [988]Fu attraverso questo e altri mezzi che l'impianto degli ebrei nelle campagne poté continuare dopo il divieto categorico del 1882. Come scrive Sliosberg, fu a partire dal 1889 che iniziò "l'ondata di espulsioni" degli ebrei al di fuori dei villaggi della Pale of Settlement, che sfociò in "una competizione spietata, generando un male terribile: la delazione" (in altre parole, gli ebrei iniziarono a denunciare coloro che tra loro vivevano illegalmente). Ma ecco le cifre presentate da P. N. Miliukov: se nel 1881 gli ebrei che vivevano nei villaggi erano 580.000, nel 1897 erano 711.000, il che significa che il tasso di nuovi arrivi e nascite superava di gran lunga quello degli sfratti e dei decessi. Nel 1899 fu istituito un nuovo Comitato per gli Affari Ebraici, l'undicesimo di questo nome, con a capo il barone Lexhull von Hildebrandt, per rivedere il Regolamento Provvisorio. Questo Comitato, scrive Miliukov, respinse la proposta di espellere dalle campagne gli ebrei che vi si erano stabiliti illegalmente e ammorbidì la legge del 1882.[989]

Pur "riconoscendo che i contadini, poco sviluppati, privi di spirito imprenditoriale e di mezzi di sviluppo, devono essere protetti da qualsiasi contatto con gli ebrei", il Comitato insisteva sul fatto che "i proprietari terrieri non hanno bisogno della tutela del governo; la limitazione del diritto dei proprietari di gestire la loro proprietà come meglio credono deprezza tale proprietà e costringe i proprietari a ricorrere, di concerto con gli ebrei, a ogni sorta di espediente per aggirare la legge"; l'abolizione dei divieti nei confronti degli ebrei permetterà ai proprietari terrieri di trarre maggiori benefici dai loro beni. [990]Ma i proprietari non avevano più il prestigio che avrebbe potuto dare peso a questa argomentazione agli occhi dell'amministrazione.

Nel 1903-1904 fu intrapresa seriamente la revisione dei regolamenti del 1882. Dalle province giunsero rapporti (in particolare da Sviatopolk Mirsky, che era governatore generale e presto sarebbe diventato ministro liberale degli Interni), in cui si affermava che i Regolamenti non si erano dimostrati validi, che era imperativo che gli ebrei lasciassero le città e i

---

[988] Cfr. Sliosberg, t. 2, p. 55.
[989] P. Miliukov, Evreiski vopros v rossii (La questione ebraica in Russia), Schit: Literatourny sbornik (Lo scudo: collezione letteraria) a cura di L. Andreev, M. Gorky e F. Sologoub, 3a ed., M. Rousskoie Obschestvo dlia izoutcheniia evreiskoi jizni (Associazione russa per lo studio della vita ebraica), 1916, p. 170.
[990] JE, t. 5, pp. 821-822.

villaggi in cui la loro concentrazione era troppo alta e che, grazie all'istituzione di un monopolio statale sulle bevande, era stata eliminata la minaccia dello sfruttamento ebraico della popolazione rurale. Queste proposte furono approvate dal ministro Sipyagin (che sarebbe stato presto abbattuto da un terrorista) e, nel 1908, appoggiate da Plehve (presto assassinato a sua volta). Era stato redatto e pubblicato un elenco di centouno villaggi, a cui presto se ne sarebbero aggiunti altri cinquantasette, in cui gli ebrei acquisivano il diritto di stabilirsi, di acquistare beni immobili e di affittarli. (Nell'*Enciclopedia Ebraica,* risalente a prima della rivoluzione, si leggono i nomi di queste località, alcune delle quali, già abbastanza importanti, si sarebbero diffuse rapidamente: Yuzovka, Lozovaya, Ienakievo, Krivoy Rog, Sinelnikovo, Slavgorod, Kakhovka, Zhmerynka, Chepetovka, Zdolbuniv, Novye Senjary, tra le altre). Al di fuori di questo elenco e degli insediamenti agricoli ebraici, gli ebrei non avevano il diritto di acquistare terreni. Tuttavia, i regolamenti furono presto abrogati per alcune categorie: laureati, farmacisti, artigiani ed ex soldati in pensione. A queste persone fu concesso il diritto di risiedere in campagna, di dedicarsi al commercio e a vari altri mestieri.[991]

Se la vendita di alcolici e i vari tipi di agricoltura, compresa quella della terra, erano le principali fonti di reddito per gli ebrei, ve ne erano altre, tra cui in particolare la proprietà della terra. Tra gli ebrei, "l'aspirazione a possedere la terra si esprimeva con l'acquisizione di grandi aree in grado di ospitare diversi tipi di attività, piuttosto che con l'utilizzo di piccoli appezzamenti che devono essere sviluppati dal proprietario stesso". [992]Quando la terra, che dà vita al contadino, raggiunge un prezzo superiore a quello di una proprietà puramente agricola, non era raro che un imprenditore ebreo la acquistasse.

Come abbiamo visto, l'affitto e l'acquisto diretto della terra da parte degli ebrei non fu vietato fino al 1881, e gli acquirenti non furono privati dei loro diritti dai nuovi divieti. Così, ad esempio, il padre di Trotsky, David Bronstein, possedeva nella provincia di Kherson, non lontano da Elizabethgrad, e ne era in possesso fino alla rivoluzione un'importante attività commerciale (una "economia", come veniva chiamata nel Sud). Possedeva anche, in seguito, la miniera "Nadejda" nel sobborgo di Krivoi Rog. [993]Sulla base di quanto aveva osservato nello sfruttamento di suo padre - e, a quanto gli risulta, "in tutte le fattorie è lo stesso" - Trotsky racconta che i lavoratori stagionali, giunti a piedi dalle province centrali

---

[991] *Ibidem,* t. 5, pp. 821-822.
[992] *Ibidem,* t. 1, p. 422.
[993] Fabritchno-zavodskie predpriatia Rossiskoi Imperii (Fabbriche e impianti dell'Impero russo), 2nd ed., Consiglio dei Congressi dell'Industria e del Commercio, 1914, n. 590.

per essere assunti, erano molto malnutriti: mai carne né pancetta, olio ma pochissimo, verdure e farina d'avena, tutto qui, e questo, durante il duro lavoro estivo, dall'alba al tramonto, e addirittura, "un'estate, fu dichiarata un'epidemia di hemeralopia [994]tra i lavoratori"." [995]Da parte mia, sosterrò che in una "economia" dello stesso tipo, nel Kuban, con mio nonno Scherbak (anch'egli membro di una famiglia di lavoratori agricoli), ai lavoratori a giornata veniva servita, durante il raccolto, carne tre volte al giorno.

Ma un nuovo divieto cadde nel 1903: "Una disposizione del Consiglio dei Ministri privò tutti gli ebrei del diritto di acquistare beni immobili in tutto l'impero, al di fuori delle aree urbane, cioè nelle zone rurali".[996] Questo limitò in una certa misura l'attività industriale degli ebrei, ma, come sottolinea l'*Enciclopedia Ebraica*, in nessun modo la loro attività agricola; in ogni caso, "per utilizzare il diritto di acquistare la terra, gli ebrei avrebbero senza dubbio delegato meno coltivatori che proprietari e affittuari". Sembra dubbio che una popolazione così urbana come quella ebraica fosse in grado di fornire un gran numero di agricoltori".[997]

Nei primi anni del XX secolo, il quadro era il seguente: "Circa due milioni di ettari che sono ora di proprietà o in affitto da parte degli ebrei nell'Impero e nel Regno di Polonia... solo 113.000... sono sede di insediamenti agricoli ebraici".[998]

Sebbene i Regolamenti provvisori del 1882 vietassero agli ebrei di acquistare o affittare fuori dalle città e dai villaggi, si trovarono anche in questo caso mezzi subdoli, in particolare per l'acquisizione di terreni destinati all'industria dello zucchero.

Così gli ebrei che possedevano vaste aree terriere si opposero alla riforma agraria di Stolypin, che concedeva la terra ai contadini su base personale. (Non erano gli unici: ci si stupisce dell'ostilità con cui questa riforma fu accolta dalla *stampa* di quegli anni, e non solo da quella di estrema destra, ma anche da quella perfettamente liberale, per non parlare di quella rivoluzionaria). L'*Enciclopedia Ebraica* sostiene che: "Le riforme agrarie che prevedevano di cedere la terra esclusivamente a chi la coltivava avrebbero danneggiato gli interessi di una parte della popolazione ebraica, quella che lavorava nelle grandi fattorie dei proprietari ebrei".[999] Solo dopo

---

[994] Emeralopia (in russo: kourinaïa slepota = cecità da pollo) indebolimento o perdita della vista in condizioni di scarsa illuminazione, soprattutto al crepuscolo.
[995] L. *Trotsky*, Moia jizn: Opyt avtobiografii (La mia vita: autobiografica), t. 1, Berlino, Granit, 1930, pp. 42-43.
[996] JE, t. 7, p. 734.
[997] JE, t. 1, p. 423.
[998] *Ibidem*.
[999] *Ibidem*.

la Rivoluzione un autore ebreo si guardò indietro e, già bollente di indignazione proletaria, scrisse: "I proprietari terrieri ebrei possedevano sotto il regime zarista più di due milioni di ettari di terra (soprattutto intorno agli zuccherifici ucraini, oltre a grandi proprietà in Crimea e Bielorussia)", e, inoltre, "possedevano più di due milioni di ettari della terra migliore, la terra nera". Così, il barone Ginzburg possedeva nel distretto di Dzhankoy 87.000 ettari; l'industriale Brodsky possedeva decine di migliaia di ettari per i suoi zuccherifici, e altri possedevano proprietà simili, così che in totale i capitalisti ebrei combinavano 872.000 ettari di terra coltivabile.[1000]

Dopo la proprietà terriera venne il *commercio del grano* e dei *prodotti cerealicoli*. (Ricordiamo che l'esportazione di grano "era effettuata principalmente dagli ebrei".[1001] "Sul totale della popolazione ebraica dell'URSS, non meno del 18%, prima della rivoluzione (cioè più di un milione di persone!) era impegnato nel commercio del grano, sia i padroni che i membri delle loro famiglie, il che ha causato una vera e propria animosità dei contadini nei confronti della popolazione ebraica" (perché i grandi acquirenti facevano di tutto per abbassare il prezzo del grano al fine di rivenderlo con maggiore profitto.[1002]). Nelle province occidentali e in Ucraina, gli ebrei acquistavano in massa altri prodotti agricoli. (Inoltre, come non sottolineare che in luoghi come Klintsy, Zlynka, Starodub, Ielenovka, Novozybkov, i vecchi credenti, lavoratori e operosi, non lasciavano mai che il commercio passasse per altre mani). Biekerman ritiene che il divieto per i mercanti ebrei di operare in tutto il territorio della Russia abbia favorito l'apatia, l'immobilismo, il dominio dei kulaki. Tuttavia, "se il commercio russo di grano è diventato parte integrante del commercio mondiale, la Russia lo deve agli ebrei". Come abbiamo già visto, "già nel 1878, il 60% delle esportazioni di grano dal porto di Odessa erano effettuate dagli ebrei. Furono i primi a sviluppare il commercio del grano a Nikolayev", Kherson, Rostov-sul-Don, così come nelle province di Orel, Kursk e Chernigov. Erano "ben rappresentati nel commercio del grano a San Pietroburgo". E nella regione nord-occidentale, su 1.000 commercianti di prodotti cerealicoli c'erano 930 ebrei".[1003]

Tuttavia, la maggior parte delle nostre fonti non fa luce su come questi mercanti ebrei si comportassero con i loro partner commerciali. In effetti, spesso erano molto duri e praticavano procedure che oggi considereremmo illecite; potevano, ad esempio, accordarsi tra loro e rifiutarsi di acquistare il raccolto per abbassare i prezzi. È comprensibile che negli anni '90, per

---

[1000] *Larine*, pp. 27, 68, 69, 170.
[1001] SJE, t. 7, p. 337.
[1002] *Larine*, p. 70.
[1003] *I. M. Dijour*, Evrei v ekonomitchesköjizni Rossii (Gli ebrei nella vita economica della Russia), BJWR-l *, p. 172.

la prima volta in Russia e un passo avanti rispetto all'Europa, siano state create nelle province meridionali delle cooperative di agricoltori (sotto la guida del conte Heiden e di Bekhteyev). La loro missione era quella di contrastare questi acquisti massicci e monopolistici di grano contadino.

Ricordiamo un'altra forma di commercio in mano agli ebrei: "l'esportazione di legname veniva dopo il grano". [1004]Dal 1813 al 1913, queste esportazioni sono state moltiplicate per 140! E il comunista Larinus fulminava: "I proprietari ebrei possedevano... vaste aree boschive, e ne affittavano una parte, anche nelle province in cui gli ebrei non erano normalmente autorizzati a risiedere". [1005]

L'*Enciclopedia Ebraica* lo conferma: "Gli ebrei acquistarono le terre, soprattutto nelle province centrali, principalmente per sfruttare le ricchezze forestali". [1006]Tuttavia, poiché non avevano il diritto di installare segherie in alcuni luoghi, il legname se ne andava all'estero allo stato grezzo, con una perdita mortale per il Paese. (Esistevano altri divieti: l'accesso all'esportazione del legname nei porti di Riga, Revel, Pietroburgo; l'installazione di magazzini lungo le ferrovie).[1007]

Questa è l'immagine. C'è tutto. E l'instancabile dinamismo del commercio ebraico, che muove interi Stati. E i divieti di una burocrazia timorosa e sclerotica che non fa che ostacolare il progresso. E la crescente irritazione che questi divieti provocano tra gli ebrei. E la vendita della foresta russa, esportata all'estero allo stato grezzo, come materia prima. E il piccolo agricoltore, il piccolo operatore che, stretto in una morsa spietata, non ha né le relazioni né le capacità per inventare altre forme di commercio. E non dimentichiamo il Ministero delle Finanze, che riversa le sue sovvenzioni sull'industria e sulle ferrovie e abbandona l'agricoltura, mentre il carico fiscale è a carico della classe dei contadini, non dei commercianti. Ci si chiede: nelle condizioni della nuova dinamica economica che veniva a rimpinguare l'erario e che era in gran parte dovuta agli ebrei, c'era qualcuno che si preoccupava del danno arrecato alla gente comune, dello shock subito dalla rottura del suo modo di vivere, del suo stesso essere?

Per mezzo secolo la Russia è stata accusata - dall'interno come dall'esterno - di aver schiavizzato economicamente gli ebrei e di averli costretti alla miseria. Era necessario che gli anni passassero, che questa Russia abominevole sparisse dalla superficie della terra, sarà necessario attraversare il tumulto rivoluzionario perché un autore ebreo degli anni '30 guardi al passato, oltre il muro sanguinoso della Rivoluzione, e riconosca:

[1004] *Ibidem*, p. 173.
[1005] *Larine*, p. 69.
[1006] JE, t. 1, p. 423.
[1007] *Dijour*, SJE-1, pag. 173.

"Il governo zarista non ha perseguito una politica di totale estromissione degli ebrei dalla vita economica. A parte le ben note limitazioni... nelle campagne..., nel complesso il governo zarista ha tollerato l'attività economica degli ebrei". Le tensioni della lotta nazionale, "gli ebrei non le sentivano nella loro attività economica. La nazione dominante non voleva prendere le parti di un particolare gruppo etnico, cercava solo di svolgere il ruolo di arbitro o mediatore".[1008]

Inoltre, accadeva che il governo si intromettesse nell'economia per motivi nazionali. Allora adottò misure che, il più delle volte, erano destinate a fallire. Così, "nel 1890, fu diffuso un bollettino in base al quale gli ebrei perdevano il diritto di essere amministratori di società che intendevano acquistare o affittare terreni". [1009]Ma era l'infanzia dell'arte di aggirare questa legge: rimanere anonimi. Questo tipo di divieto non ostacolò in alcun modo l'attività degli imprenditori ebrei. "Il ruolo degli ebrei era particolarmente importante nel commercio estero, dove la loro egemonia era assicurata dalla loro posizione geografica (vicino ai confini) e dai loro contatti all'estero, nonché dalle loro capacità di intermediari commerciali".[1010]

Per quanto riguarda l'industria dello zucchero, alla fine del secolo più di un terzo delle fabbriche erano ebraiche. [1011]Abbiamo visto nei capitoli precedenti come l'industria si fosse sviluppata sotto la guida di Israel Brodsky e dei suoi figli Lazar e Leon ("all'inizio del XX secolo controllavano direttamente o indirettamente diciassette zuccherifici"[1012]). Galperine Moses, "all'inizio del XX secolo aveva otto fabbriche e tre raffinerie... Possedeva anche 50.000 ettari di terreni coltivati a barbabietole da zucchero".[1013]

"Centinaia di migliaia di famiglie ebree vivevano dell'industria dello zucchero, facendo da intermediari, venditori e così via". Quando apparve la concorrenza e il prezzo dello zucchero cominciò a scendere, un sindacato di produttori di zucchero a Kiev chiese il controllo della produzione e della vendita, affinché i prezzi non scendessero. [1014]I fratelli Brodsky furono i fondatori dell'Unione dei raffinatori nel 1903.[1015]

[1008] A. Menes, Evreiski vopros v Vostotchnoï Evrope (La questione ebraica nell'Europa orientale), JW-1, pag. 146.
[1009] SJE, t. 7, p. 368.
[1010] JE, t. 13, p. 646.
[1011] Ibidem, p. 662.
[1012] RJE, t. 1, p. 171.
[1013] Ibidem, p. 264.
[1014] Sliosberg, t. 2, p. 231.
[1015] RJE, t. 1, p. 171.

Oltre al commercio di cereali, al commercio del legno e all'industria dello zucchero, in cui occupavano una posizione predominante, vanno citati altri settori in cui gli ebrei contribuirono ampiamente allo sviluppo: la macinazione della farina, il commercio di pellicce, le filande, i dolciumi, l'industria del tabacco, la birreria. [1016]Nel 1835 erano presenti anche alle principali fiere di Nizhny Novgorod. [1017]In Transbaikalia lanciarono un commercio di bestiame che decollò negli anni '90, e lo stesso accadde in Siberia per la produzione di carbone - il carbon fossile di Andjero-Soudji - e l'estrazione dell'oro, dove svolsero un ruolo importante. Dopo il 1892, i Ginzburg "si dedicarono quasi esclusivamente all'estrazione dell'oro". L'impresa più prospera fu la Lena Gold Mining Company, che "fu controllata di fatto (dal 1896 fino alla sua morte nel 1909) dal barone Horace Ginzburg, figlio di Evzel Ginzburg, fondatore dell'omonima banca e presidente della sua filiale a San Pietroburgo". (Il figlio di Orazio, David, anch'egli barone, rimase a capo della comunità ebraica di San Pietroburgo fino alla sua morte nel 1910. I suoi figli Alexander e Alfred facevano parte del consiglio di amministrazione della Lena, la società di estrazione dell'oro.

Un altro figlio, Vladimir, sposò la figlia del proprietario dello zuccherificio di Kiev, L. I. Brodsky). Orazio Ginzburg fu anche "il fondatore... delle compagnie di estrazione dell'oro della Transbaikalia, di Miias, di Berezovka, di Altai e di alcune altre". [1018]Nel 1912 scoppiò un enorme scandalo sulle miniere di Lena che fece scalpore in tutto il Paese: le condizioni operative erano abominevoli, i lavoratori erano stati ingannati... Opportunamente, il governo zarista fu accusato di tutto e demonizzato. Nessuno, nella furiosa stampa liberale, menzionò i principali azionisti, in particolare i figli di Ginzburg.

All'inizio del XX secolo, gli ebrei rappresentavano il 35% della classe mercantile russa. [1019] Choulguine ci racconta cosa ha osservato nella regione sud-occidentale: "Dove sono andati, i commercianti russi, dov'è la terza proprietà russa? ... Nel tempo, avevamo una forte *borghesia* russa... Dove sono finiti?". "Sono stati spodestati dagli ebrei, abbassati nella scala sociale, allo stato di *moujiks*". [1020] I russi della regione sud-occidentale hanno scelto il loro destino: è chiaro. E all'inizio del secolo, l'eminente

---

[1016] *Dijour*, BJWR-1, pp. 163, 174.
[1017] JE, t. 11, p. 697.
[1018] SJE, t. 7, p. 369; RJE, t. 1, pp. 315 316; JE, t. 6, p. 527.
[1019] M. *Vernatsky*, Evrei i rousskoie narodnoie khoziaistvo (Gli ebrei e l'economia russa), p. 30.
[1020] *Choulguine*, pp. 128-129.

politico V. I. Gourko [1021]osservava: "Il posto del mercante russo è sempre più spesso occupato da un ebreo".[1022]

Gli ebrei acquisirono influenza e autorità anche nel settore in espansione del sistema cooperativo. Più della metà delle società di mutuo credito e di risparmio e prestito si trovavano nella Pale of Settlement (l'86% dei loro membri nel 1911 erano ebrei).[1023]

Abbiamo già parlato della costruzione e della gestione delle ferrovie russe da parte dei fratelli Poliakov, Bliokh e Varshavsky. Ad eccezione delle primissime linee (la linea Tsarskoselskaya e la linea Nikolaevskaya), quasi tutte le ferrovie costruite in seguito furono realizzate da società concessionarie in cui gli ebrei occupavano i posti di comando; "ma, a partire dagli anni '90 del XIX secolo, lo Stato fu il primo costruttore". D'altra parte, è sotto la guida di David Margoline che fu creata nel 1883 la grande compagnia di navigazione "sul Dnieper e i suoi affluenti", i cui principali azionisti erano ebrei. Nel 1911, la compagnia possedeva una flotta di 78 navi e rappresentava il 71% del traffico sul Dnieper. [1024]Altre compagnie operavano sulla Dvina occidentale, sul Niemen, sul Canale Mariinskij e sul Volga.

C'erano anche una decina di compagnie petrolifere appartenenti a ebrei di Baku. "Le più grandi erano la compagnia petrolifera appartenente ai fratelli S. e M. Poliak e a Rothschild, e la società per azioni del Mar Caspio-Mar Nero, dietro la quale si trovava anche il nome di Rothschild". Queste società non erano autorizzate a estrarre petrolio, ma erano specializzate nella raffinazione e nell'esportazione.[1025]

Ma è nella finanza che l'attività economica degli ebrei è stata più brillante. "Il credito è un settore in cui gli ebrei si sentono da tempo a casa. Hanno creato nuovi metodi e perfezionato i vecchi. Hanno svolto un ruolo di primo piano nelle mani di alcuni grandi capitalisti e nell'organizzazione delle banche commerciali d'investimento. Gli ebrei hanno fatto uscire dai loro ranghi non solo l'aristocrazia bancaria, ma anche la massa dei dipendenti".[1026] La banca di Evzel Ginzburg, fondata nel 1859 a San Pietroburgo, crebbe e si rafforzò grazie ai suoi legami con la Mendelssohn di Berlino, la Warburg di Amburgo, la Rothschild di Parigi e Vienna. Ma

---

[1021] Vladimir Yossifovich Gourko (1863-1917): Vice ministro degli Interni nel 1906, membro eletto del Consiglio dell'Impero dal 1912. Emigrato dopo la guerra civile.
[1022] Vf Gourko, Oustoi narodnogo khoziastva v Rossii: Agrarno-ekonomitcheskie etiudy (I fondamenti dell'economia nazionale in Russia: Studi agrari ed economici), San Pietroburgo, 1902, p. 199.
[1023] *Dijour*, BJWR-1, pag. 176.
[1024] SJE, t. 7, p. 369.
[1025] *Dijour*, BJWR-1, pp. 178, 179; JE, t. 13, p. 660; SJE, t. 7, p. 369.
[1026] JE, t. 13, pp. 651, 652.

quando scoppiò la crisi finanziaria del 1892 e "a causa del rifiuto del governo di sostenere la sua banca con prestiti", come era già successo due volte, E. Ginzburg si ritirò dagli affari. [1027]Negli anni '70 esisteva una rete di banche fondate dai tre fratelli Poliakov, Jacob, Samuel e Lazar. Si tratta della Banca Commerciale Azov-Don (che sarà poi gestita da B. Kaminka), della Banca di Prestito Ipotecario di Mosca, della Banca Fondiaria del Don, della Banca Poliakov, della Banca Internazionale e di "alcune altre case che in seguito formeranno la Banca Unificata" - la Banca di Siberia aveva a capo A. Soloveitchik, la Banca Commerciale di Varsavia era diretta da I. Bliokh. In molti altri grandi istituti, gli ebrei occupavano posti importanti (Zak, Outine, Khesine, A. Dobryi, Vavelberg, Landau, Epstein, Krongold). "Solo in due grandi banche, la Banca Commerciale di Mosca e quella del Volga-Kama, non c'erano ebrei né nella direzione né nel personale". [1028]I fratelli Poliakov avevano tutti il grado di consigliere segreto e, come abbiamo detto, a tutti e tre fu concessa la nobiltà ereditaria.[1029]

Così, all'alba del XX secolo, il Pale of Settlement si era già completamente svuotato della sua sostanza. Non aveva impedito agli ebrei di occupare posizioni solide nei settori vitali della vita del Paese, dall'economia e dalla finanza alla sfera intellettuale. Il "Pale" non aveva più alcuna utilità pratica; il suo scopo economico e politico era superato. Aveva solo riempito gli ebrei di rancore e risentimento antigovernativo; aveva gettato olio sul fuoco del malcontento sociale e aveva colpito il governo russo con il sigillo dell'infamia agli occhi dell'Occidente.

Ma siamo chiari: questo Impero russo, con la lentezza e la sclerosi della sua burocrazia, la mentalità dei suoi dirigenti, dove e in che modo è rimasto indietro per tutto il XIX secolo e nei decenni precedenti la rivoluzione? Non era stata in grado di risolvere una dozzina di problemi importanti per la vita del Paese. Non era stata in grado di organizzare l'autogoverno civile locale, di installare zemstvos nei distretti rurali, di realizzare la riforma agraria, di porre rimedio al pernicioso stato di umiliazione della Chiesa, né di comunicare con la società civile e far comprendere la propria azione. Non aveva gestito né il boom dell'istruzione di massa né lo sviluppo della cultura ucraina. A questo elenco aggiungiamo un altro punto in cui il ritardo si è rivelato catastrofico: la revisione delle condizioni reali della Pale of Settlement, la consapevolezza della loro influenza su tutti i posizionamenti dello Stato. Le autorità russe hanno avuto cento anni e più per risolvere i problemi della popolazione ebraica e non sono state in grado di farlo, né nel senso di un'aperta assimilazione né permettendo agli ebrei

---

[1027] JE, t. 6, p. 527.
[1028] *Dijour*, BJWR-1, pp. 174, 175; SJE, t. 6, pp. 670-671.
[1029] JE, t. 12, p. 734; SJE, t. 6, pp. 670-671.

di rimanere in un isolamento volontario, quello che era già loro un secolo prima.

Nel frattempo, nei decenni che vanno dagli anni '70 all'inizio del XX secolo, l'ebraismo russo conobbe un rapido sviluppo, un'innegabile fioritura della sua élite, che già si sentiva stretta, non solo nei limiti della Pale of Settlement, ma in quelli dell'impero.

Nell'analizzare gli aspetti concreti della disuguaglianza dei diritti degli ebrei in Russia, nella Pale of Settlement e nel *numerus clausus*, non dobbiamo perdere di vista questo quadro generale. Infatti, se l'ebraismo americano cresceva di importanza, gli ebrei della Russia all'inizio del XX secolo costituivano ancora quasi la metà della popolazione ebraica del pianeta. [1030] Questo va ricordato come un fatto importante nella storia dell'ebraismo. Ed è sempre il signor Biekerman che, guardandosi alle spalle oltre il fossato della rivoluzione, scriveva nel 1924: "La Russia zarista ospitava più della metà del popolo ebraico. È naturale, di conseguenza, che la storia ebraica delle generazioni a noi più vicine sia principalmente la storia degli ebrei di Russia". E anche se nel XIX secolo "gli ebrei dell'Occidente erano più ricchi, più influenti e più colti di noi, la vitalità dell'ebraismo era comunque in Russia. E questa vitalità si è rafforzata sempre di più nello stesso momento in cui l'Impero russo è fiorito... È stato solo quando le province popolate da ebrei sono state unite alla Russia che è iniziata questa rinascita. La popolazione ebraica crebbe rapidamente di numero, tanto da poter lasciare una colonia molto numerosa oltreoceano; aveva accumulato e possedeva importanti capitali; una classe media era cresciuta e aveva acquisito autorità; anche il tenore di vita degli strati inferiori era cresciuto incessantemente. Con una serie di sforzi, gli ebrei di Russia erano stati in grado di superare l'abiezione fisica e morale che si erano portati dietro dalla Polonia; la cultura e l'istruzione europee avevano raggiunto i circoli ebraici... e siamo andati così avanti in questa direzione, abbiamo accumulato una tale ricchezza spirituale che abbiamo potuto permetterci il lusso di avere una letteratura in tre lingue...". Tutta questa cultura, tutta questa ricchezza, è in Russia che gli ebrei dell'Europa orientale l'hanno ricevuta. L'ebraismo russo, "per i suoi numeri e per il verde delle energie che conteneva, si è rivelato la spina dorsale di tutto il popolo ebraico".[1031]

Un autore più recente, nostro contemporaneo, conferma nel 1989 la correttezza di questo quadro tracciato dal più anziano, testimone dell'epoca. Scrive: "La vita pubblica degli ebrei di Russia aveva raggiunto,

---

[1030] SJE, t. 2, pp. 313-314.
[1031] *I. M. Bickerman*, Rossiia i rousskoie evreistvo (Russia ed ebraismo russo), RJE, pp. 84-85, 87.

al volgere dei due secoli, un grado di maturità e ampiezza che molti piccoli popoli europei avrebbero potuto invidiare".[1032]

Se c'è un rimprovero che non si può fare alla "prigione del popolo", è quello di aver denazionalizzato il popolo, che si tratti di ebrei o di altri. Alcuni autori ebrei, è vero, deplorano il fatto che negli anni '80 "gli ebrei colti della capitale non si erano quasi mai impegnati nella difesa degli interessi ebraici", che solo il barone Ginzburg e pochi altri ricchi ebrei con buone relazioni."[1033]Gli ebrei di Pietroburgo (da 30.000 a 40.000 nel 1900) vivevano senza legami tra loro e l'intellighenzia ebraica, nella sua maggioranza, rimaneva in disparte, indifferente ai bisogni e agli interessi della comunità nel suo complesso". [1034]Ma era anche il periodo in cui "lo spirito santo del Rinascimento... aleggiava sulla Pale of Settlement e risvegliava nelle giovani generazioni le forze che erano rimaste sopite per molti secoli tra il popolo ebraico...".

Fu una vera e propria rivoluzione spirituale". Tra le ragazze ebree, "la sete di istruzione mostrava segni letterariamente religiosi". E già a San Pietroburgo "un gran numero di studenti ebrei frequentava gli istituti di istruzione superiore". All'inizio del XX secolo, "gran parte dell'intellighenzia ebraica... sentiva... che era suo dovere tornare al suo popolo".[1035]

Grazie a questo risveglio spirituale alla fine del XIX secolo, nell'ebraismo russo emersero tendenze molto diverse e talvolta contraddittorie. Alcune di esse saranno chiamate a determinare in larga misura i destini della nostra terra per tutto il XX secolo.

All'epoca, gli ebrei di Russia prevedevano almeno sei possibili orientamenti, per quanto incompatibili tra loro. Vale a dire:

- la salvaguardia della propria identità religiosa attraverso l'isolamento, come era stato praticato per secoli (ma questa strada divenne sempre più impopolare);

- assimilazione;

- la lotta per l'autonomia nazionale e culturale, la presenza attiva dell'ebraismo in Russia come elemento distinto;

[1032] E. *Finkelstein*, Evrei v SSSR. Pout v XXI vek (Gli ebrei in URSS. Ingresso nel XXI secolo), Strana i mir: Obschetv. Polititcheski, ekonomitcheski i koultournofilosfski journal (Il Paese e il mondo: Rivista socio-politica, economica, culturale e filosofica), Monaco, 1989, n. 1 (49), pag. 70.
[1033] *Sliosberg*, t. 1, p. 145.
[1034] M.A. *Krol*, Stranitsy moeï jizni (Pagine della mia vita), t. 1, New York, Union of Russian Jews in New York, 1944, p. 267.
[1035] *Krol., op. cit.*, pp. 260-261, 267, 299.

- emigrazione;

- adesione al sionismo;

- adesione alla rivoluzione.

In effetti, i fautori di queste diverse tendenze erano spesso uniti nell'opera di acculturazione delle masse ebraiche in tre lingue - ebraico, yiddish e russo - e nelle opere assistenziali, nello spirito della teoria dei "piccoli gesti" in voga in Russia negli anni '80.

L'aiuto reciproco si concretizzò in associazioni ebraiche, alcune delle quali, dopo la rivoluzione, furono in grado di continuare la loro azione nell'emigrazione. È il caso della Società per la diffusione dell'istruzione tra gli ebrei di Russia, fondata nel 1863. A metà degli anni '90, questa Società stava già aprendo le proprie scuole, con corsi di ebraico oltre che di russo. Convocava conferenze panrussiane sul tema dell'educazione popolare ebraica.[1036]

Nel 1891 iniziarono i lavori di una Commissione di Storia ed Etnografia Ebraica, che nel 1908 divenne la Società di Storia ed Etnografia Ebraica. Essa coordinava lo studio della storia ebraica in Russia e la raccolta degli archivi.[1037]

Nel 1880, il "re delle ferrovie", Samuel Poliakov, fondò la Società dell'artigianato e del lavoro agricolo tra gli ebrei (SCAL). Quest'ultima raccolse una buona quantità di denaro e "dedicò la maggior parte dei suoi sforzi, all'inizio, al trasferimento degli artigiani ebrei fuori dalla Pale of Settlement nelle province centrali". [1038] Abbiamo visto che dopo l'autorizzazione iniziale data (nel 1865) a questo trasferimento gli artigiani si spostarono solo in numero ridotto. Cosa accadde dopo i pogrom del 1881-1882? Potremmo pensare: ora se ne andranno di sicuro, hanno l'aiuto dello SCAL, più un sussidio del governo per lo spostamento, non resteranno lì, a bighellonare, confinati in questa maledetta Pale dove si era condannati a una morte miserabile, ma no: dopo più di dieci anni di sforzi da parte dello SCAL, solo 170 artigiani si sono trasferiti! Lo SCAL decise allora di aiutare gli artigiani all'interno del Pale acquistando strumenti, creando laboratori e poi scuole professionali.[1039]

L'emigrazione fu presa in carico dalla Società per la Colonizzazione degli Ebrei (SCJ), la cui creazione seguì un percorso inverso: prima all'estero, poi in Russia.

[1036] JE, t. 1, pp. 60-61.
[1037] *Ibidem*, t. 8, p. 466.
[1038] *Ibidem*, t. 11, p. 924.
[1039] *Ibidem*, pp. 924-925.

Fu fondata a Londra nel 1891 dal barone Moritz von Hirsch, che a questo scopo fece una donazione di 2.000.000 di sterline. La sua idea era la seguente: sostituire l'emigrazione caotica degli ebrei dell'Europa orientale con una colonizzazione ordinata, orientata verso i Paesi che necessitano di coltivatori, e riportare così almeno una parte degli ebrei alla coltivazione della terra, per liberarli da questa "anomalia... che suscita l'animosità dei popoli europei".[1040] "Cercare per gli ebrei che lasciano la Russia 'una nuova patria e cercare di distoglierli dalla loro attività abituale, il commercio, farne degli agricoltori e contribuire così all'opera di rinascita del popolo ebraico'".[1041]

Questa nuova patria sarebbe stata l'Argentina. (Un altro obiettivo era quello di distogliere l'ondata di immigrazione ebraica dalle coste degli Stati Uniti dove, a causa dell'afflusso di immigrati e del calo salariale indotto dalla loro concorrenza, era sorto lo spettro dell'antisemitismo). Poiché si proponeva di popolare questa terra con gli ebrei di Russia, nel 1892 fu aperto a San Pietroburgo un ufficio della Società per la colonizzazione. Esso "istituì 450 uffici di informazione e 20 comitati di quartiere. Ricevevano i candidati all'emigrazione per aiutarli a ottenere i documenti di uscita dal territorio, negoziavano con i messaggeri marittimi, procuravano ai viaggiatori biglietti a prezzi ridotti, pubblicavano opuscoli" sui Paesi suscettibili di accogliere nuovi coloni.[1042]

(Sliosberg denuncia di sfuggita il fatto che "nessuna persona che non avesse il doppio titolo di banchiere o milionario aveva accesso alla loro direzione".)[1043]

Dalla fine dell'Ottocento, l'emigrazione degli ebrei dalla Russia era in costante aumento per vari motivi, alcuni dei quali sono già stati citati in questa sede. Uno dei più gravi era la coscrizione obbligatoria: se tanti giovani (è Denikin a scriverlo) sceglievano di mutilarsi, non era meglio emigrare? Soprattutto se sappiamo che negli Stati Uniti la coscrizione non esisteva! (Gli autori ebrei tacciono su questo motivo e la stessa *Enciclopedia Ebraica*, nell'articolo "L'emigrazione degli ebrei di Russia", non ne parla.[1044] È vero che questo motivo non spiega da solo il boom dell'emigrazione negli anni '90). Un'altra ragione, anch'essa importante: il Regolamento provvisorio del 1882. Il terzo grande shock fu l'espulsione degli artigiani ebrei da Mosca nel 1891.

[1040] *Sliosberg*, t. 2, pp. 32, 96-102.
[1041] JE, t. 7, p. 504.
[1042] SJE, t. 2, p. 365.
[1043] *Sliosberg*, t. 2, pp. 29, 98, 100.
[1044] JE, t. 16, pp. 264, 268.

E anche quest'altro, molto violento: l'istituzione del monopolio statale sugli alcolici in Russia nel 1896, che privò tutti gli affittuari di locali da bere del loro reddito e ridusse le entrate dei distillatori. (Sliosberg: coloro che erano stati espulsi dai villaggi o dalle province dell'interno erano volontari per l'emigrazione). G. Aronson osserva che negli anni '80 emigravano in media 15.000 ebrei all'anno, e che negli anni '90 erano fino a 30.000.[1045]

L'atteggiamento delle autorità russe di fronte a questa crescente emigrazione, autentica manna per lo Stato, fu benevolo. Il governo russo acconsentì prontamente all'istituzione del CSMG a San Pietroburgo e alle misure che esso adottò per promuovere l'emigrazione; non interferì in nessuna delle sue azioni, autorizzando la fascia d'età dei coscritti a emigrare con le loro famiglie; rilasciò visti di uscita gratuiti e concesse tariffe speciali sui treni, a una condizione però: una volta partiti, gli emigranti non dovevano più tornare in Russia.[1046]

Per attraversare l'oceano, all'epoca era necessario passare per l'Inghilterra, il che significava che nelle città portuali inglesi c'era provvisoriamente una folla di emigranti ebrei, alcuni dei quali rimasero e si stabilirono in Gran Bretagna, mentre altri vi tornarono dopo un tentativo di stabilirsi negli Stati Uniti. Già nel 1890, l'opinione pubblica inglese si ribellò alla politica del governo russo: "La questione ebraica occupa costantemente le colonne dei giornali britannici... Anche in America la questione della situazione degli ebrei in Russia rimane giorno dopo giorno di attualità".[1047] Dopo aver valutato le proporzioni che questo flusso migratorio avrebbe assunto, la Gran Bretagna chiuse presto le porte.[1048]

Anche l'immigrazione in Argentina si era fermata nel 1894. L'*Enciclopedia Ebraica* descrive questo fatto come una "crisi che cova... nella questione argentina".[1049] Sliosberg parlò del "disincanto degli immigrati in Argentina" (gli scontenti si ribellarono e inviarono petizioni collettive all'amministrazione del barone Hirsch). I dibattiti della Duma evidenziarono una situazione simile all'esperienza della Nuova Russia: "L'immigrazione in Argentina fornisce esempi che confermano che in molti casi le persone hanno ricevuto terre a condizioni molto vantaggiose,

---

[1045] G. I. *Aronson*, V borbe za natsionalnye i granjdanskie prava: Obschestvennye telchénia v rousskom evreistve (Nella lotta per i diritti civili e nazionali: Correnti sociali tra gli ebrei di Russia), BJWR-1, p. 212.
[1046] JE, t. 7, p. 507; *Sliosberg*, t. 2, pp. 34-41; SJE, t. 7, p. 366.
[1047] *Sliosberg*, t. 2, pp. 27, 30.
[1048] JE, t. 2, pp. 534 535.
[1049] *Ibidem*, t. 7, p. 504.

ma le hanno abbandonate per dedicarsi ad altri mestieri più consoni alle loro capacità".[1050]

In seguito, sebbene la sua vocazione rimanesse nel principio di spingere gli ebrei a diventare "coloni" agricoli, la Società per la Colonizzazione rinunciò a questo obiettivo. Si pose il compito di aiutare "l'emigrazione troppo disordinata degli ebrei dalla Russia", "si occupò di fornire informazioni agli emigranti, di difendere i loro interessi, di essere il collegamento con i Paesi ospitanti", e dovette modificare i suoi statuti, che erano stati lasciati in eredità dal barone Hirsch.

Furono stanziate ingenti somme "per innalzare il tenore di vita degli ebrei nei loro luoghi di residenza"; a partire dal 1898 "si intervenne sulla popolazione all'interno della Russia stessa" e nelle colonie agricole ebraiche esistenti "si introdussero strumenti e metodi di coltivazione più moderni", "si concesse un credito vantaggioso per il miglioramento del terreno". Tuttavia, ancora una volta, "nonostante le grandi somme investite in questo settore, l'attività agricola rimase relativamente stagnante".[1051] Al contrario, i flussi migratori al di fuori della Russia continuarono ad aumentare, "in diretta connessione con la crisi dell'artigianato e la graduale eliminazione del piccolo commercio e delle fabbriche"; questo flusso "raggiunse il suo picco... nel 1906", ma non fu "in grado di assorbire il surplus annuale della popolazione" degli ebrei. Va notato che "la grande massa degli emigranti era destinata agli Stati Uniti": nel 1910, ad esempio, erano il 73%."[1052] Dal 1881 al 1914, il 78,6% degli emigranti dalla Russia sbarcò negli Stati Uniti".[1053] Da questo periodo possiamo quindi vedere quale sarà il movimento generale del nostro secolo. (Si noti che all'ingresso nel territorio americano non era richiesto alcun documento che attestasse l'artigianato, e ne consegue che nei primi sei anni del secolo il 63% degli immigrati russi "si impegnava nell'industria". Questo significa che coloro che lasciarono la Russia per l'America erano esclusivamente artigiani? Questo potrebbe spiegare perché gli artigiani non andarono nelle province centrali, che ora erano aperte a loro? Ma bisogna anche considerare che per molti immigrati, e soprattutto per quelli che non avevano né risorse né commercio, non era possibile altra risposta che quella di riconoscersi nella "categoria notoriamente ben accetta dagli americani".)[1054]

[1050] Gosudarslvcnnaia Duma-Vtoroi sozyv (Duma di Stato, 2nd Legislatura), Stenogramma, Sessione 2, San Pietroburgo, 1907, Riunione 24, 9 aprile 1907, p. 1814.
[1051] JE, t. 7, p. 505, 509; *I. M. Troilsky*, Samodeiatelnost i samopomosch evreiev v Rossii (attività autonoma e assistenza reciproca degli ebrei in Russia), BJWR-1, pp. 491, 495.
[1052] JE, t. 16, p. 265.
[1053] SJE, t. 7, p. 366.
[1054] JE, t. 2, pp. 246 248.

Colpisce il fatto che pochi degli emigranti siano gli individui appartenenti allo strato coltivato, quello presumibilmente più perseguitato in Russia. Queste persone non sono emigrate. Dal 1899 al 1907, sono stati appena l'1% a farlo.[1055]

L'intellighenzia ebraica non tendeva in alcun modo a emigrare: era, ai suoi occhi, un modo per sfuggire ai problemi e al destino della Russia proprio nel momento in cui si aprivano opportunità di azione. Già nel 1882, la risoluzione di un congresso di personalità ebraiche "invitava a respingere decisamente l'idea di organizzare un'emigrazione, poiché questa idea contraddice la dignità dello Stato russo".[1056] Negli ultimi anni del XIX secolo, "la nuova generazione ha voluto partecipare attivamente alla storia... e in tutti i settori, dall'esterno come dall'interno, è passata dalla difesa all'offensiva... I giovani ebrei vogliono ora scrivere la loro storia, apporre il sigillo della loro volontà sul loro destino e anche, in giusta misura, sul destino del Paese in cui vivono".[1057]

Anche l'ala religiosa dell'ebraismo russo ha denunciato l'emigrazione, considerandola una rottura con le radici vivificanti dell'ebraismo dell'Europa orientale.

Gli sforzi laici della nuova generazione si concentrarono soprattutto su un vasto programma di istruzione, cultura e letteratura specificamente ebraica in yiddish, le uniche in grado di creare un legame con la massa del popolo. (Secondo il censimento del 1897, solo il 3% degli ebrei russi riconosceva il russo come lingua madre, mentre l'ebraico sembrava dimenticato e nessuno pensava che potesse rinascere). Si propose di creare una rete di biblioteche appositamente pensate per gli ebrei, giornali in yiddish (il quotidiano *Der Freynd* apparve nel 1903; e andò a ruba nei villaggi; non appartenendo ad alcun partito politico, cercava comunque di dare una formazione politica)[1058]. È negli anni '90 che prende forma "la grandiosa metamorfosi dell'amorfa massa ebraica in una nazione, il Rinascimento ebraico".[1059]

Uno dopo l'altro, gli autori che scrivevano in yiddish divennero molto popolari: Mendele Mocher-Sefarim, Scholom-Aleichem, Itzhak-Leibush Peretz. E il poeta Bialik, per seguire il movimento, tradusse le proprie poesie in yiddish. Nel 1908, questa tendenza raggiunse il suo apice con la

---

[1055] *Ibidem*, pp. 247-248.
[1056] SJE, t. 7, p. 365.
[1057] V. *Jabotinsky*, Vvedenie (Prefazione a K. N. Bialik, Pesni i poemy (Canti e poesie), San Pietroburgo, ed. Zaltsman, 1914, p. 36). Zaltsman, 1914, p. 36.
[1058] I. *Mark*, Literatoura na idish v Rossii (Letteratura in yiddish in Russia), BJWR-1, pp. 537-539.
[1059] *Aronson, op. cit.*, BJWR-1, pag. 216.

Conferenza di Tchernovtsy, che proclamò lo yiddish come "lingua nazionale del popolo ebraico" e sostenne la traduzione di tutti i testi stampati in yiddish.[1060]

Allo stesso tempo, furono compiuti notevoli sforzi per la cultura ebraica in lingua russa. Nascono così i dieci volumi della *Biblioteca Ebraica*, di contenuto storico e letterario[1061] ; le riviste pietroburghesi nate a partire dal 1881, *Rassvet* ("L'alba"), poi *Rousski Evrei* ("L'ebreo russo"). (Ben presto smisero di apparire: "queste pubblicazioni non incontrarono il favore del pubblico ebraico stesso"[1062]). La rivista *Voskhod* ("L'alba del giorno") aprì le sue pagine a tutti gli autori ebrei, traducendo tutte le novità, offrendo un luogo d'elezione per gli studi sulla storia ebraica, [1063] (che noi russi possiamo mostrare lo stesso interesse per la nostra storia!). Per il momento, "il ruolo dominante nella vita pubblica dell'ebraismo russo" era detenuto dalla "Pietroburgo ebraica": "verso la metà degli anni '90, [è a Pietroburgo che] si è formata quasi tutta l'alta dirigenza, l'aristocrazia intellettuale ebraica"; tutti i talenti sono a Pietroburgo. [1064] Secondo un calcolo approssimativo, nel 1897 solo 67.000 ebrei parlavano correntemente il russo, ma si trattava dell'élite colta. E già "l'intera generazione più giovane" in Ucraina negli anni '90 era cresciuta in russo, e chi andava a studiare nei licei perdeva completamente il contatto con l'educazione ebraica.[1065]

Non c'era, in senso stretto, uno slogan del tipo: *Assimilazione*! Dobbiamo fonderci con l'elemento russo! Né un appello a rinunciare alla propria nazionalità. L'assimilazione era un fenomeno comune, ma creava un legame tra l'ebraismo russo e il futuro della Russia. [1066]Inoltre, Sliosberg rifiuta il termine *assimilazione*: "Nulla era più contrario alla verità" che dire che "le persone assimilate si consideravano... russe secondo la Legge mosaica". Al contrario, "l'appetito per la cultura russa non escludeva la confessione delle tradizioni della cultura ebraica". [1067]Tuttavia, dopo la disillusione degli anni '80, "alcuni intellettuali ebrei, profondamente impregnati dell'idea di assimilazione, sentirono una rottura nella loro

---

[1060] *Mark*, LJE-1, pp. 519, 541.
[1061] G. I. Aronson, Rousskо-evreiskaïa pclchat (The Russian-Jewish Press), BJWR-1, pag. 563.
[1062] *Sliosberg*, t. 1, pp. 105, 260.
[1063] Aronson, La stampa russo-ebraica, *op. cit.*, pp. 563-568.
[1064] S. M. Ginzburg, O roussko-evrciskoï intelligentsii (De l'intelligentsia russo-juive), JW-1. pp. 35-36.
[1065] I. Ben-Tvi, Iz istorii rabotchego sionizma v Rossii (Sulla storia del sionismo operaio in Russia). BJWR-1, pag. 272.
[1066] *Ginzburg*, Sull'intellighenzia russo-ebraica, *op. cit.*, pp. 37-39.
[1067] *Sliosberg*, t. 2, pp. 301, 302.

concezione della vita pubblica". [1068] Ben presto "rimase solo un'organizzazione ebraica, un partito che difendeva l'assimilazione. Tuttavia... pur avendo rinunciato alle armi come teoria, rimaneva una parte molto reale della vita degli ebrei di Russia, almeno tra quelli che vivevano nelle grandi città". [1069] Ma si decise di "rompere il legame tra emancipazione... e... assimilazione" - in altre parole: ottenere l'una e non l'altra, ottenere l'uguaglianza ma senza la perdita dell'ebraicità. [1070]Negli anni '90, l'obiettivo principale del *Voskhod* era quello di lottare per la parità di diritti degli ebrei in Russia.[1071]

All'inizio del secolo era stato costituito a San Pietroburgo un "Ufficio di difesa" per gli ebrei di Russia, i cui membri erano eminenti avvocati e letterati (prima di loro, il barone Hirsch era stato l'unico a lavorare come loro: era a lui che si rivolgevano tutte le lamentele degli ebrei). (Prima di loro, il barone Hirsch era stato l'unico a lavorare come loro: era a lui che andavano tutte le lamentele degli ebrei). Sliosberg ci parla in dettaglio dei suoi fondatori.[1072]

In quegli anni, "lo spirito ebraico si risveglia per la lotta", gli ebrei sono assistiti da "una forte spinta della loro coscienza di sé, pubblica e nazionale" - ma una coscienza ormai priva di qualsiasi forma religiosa: "I villaggi abbandonati dai più fortunati..., i villaggi abbandonati dai giovani, andati a raggiungere la città..., l'urbanizzazione galoppante" minarono la religione "in ampi settori della popolazione ebraica a partire dagli anni '90", e fecero cadere l'autorità dei rabbini. Gli stessi studiosi delle scuole talmudiche furono sedotti dalla secolarizzazione. [1073](Detto questo, le note biografiche dell'*Enciclopedia Ebraica* relative alla generazione cresciuta a cavallo tra il XIX e il XX secolo includono spesso le parole "ha ricevuto un'educazione religiosa tradizionale").

D'altra parte, come abbiamo sottolineato, ciò che si sviluppò con forza imprevedibile e in forma inaspettata fu la *palestinofilia*.

Gli eventi in Russia non potevano non essere percepiti dagli ebrei russi e dai russi impegnati nella vita pubblica alla luce di quanto accadeva contemporaneamente in Europa: i contatti erano allora liberi e frequenti tra persone istruite e le frontiere erano permeabili alle idee e agli eventi.

[1068] *Assia*, t. 2, p. 232.
[1069] JE, t. 3, p. 232.
[1070] *I. Mark*, Pamiati I. M. Tcherkover (Alla memoria di I. M. Tcherkover), JW-2, New York, 1944, p. 425.
[1071] *Aronson*, La stampa russo-ebraica, *op. cit.*, pp. 564-568.
[1072] *Sliosberg*, L 3, pp. 110-135.
[1073] *Aronson*, La stampa russo-ebraica, *op. cit.*, pp. 213-215.

Gli storici europei segnalano un "antisemitismo ottocentesco... una crescente animosità verso gli ebrei nell'Europa occidentale, dove però sembrava che si stessero facendo grandi passi verso la sua scomparsa".[1074] Fino alla Svizzera dove gli ebrei, a metà del secolo, non erano riusciti a ottenere la libertà di residenza nei comuni, la libertà di commerciare o di esercitare l'artigianato. In Francia, fu l'esplosione dell'Affare Dreyfus. In Ungheria, "la vecchia aristocrazia terriera... accusava gli ebrei... di averla rovinata"; in Austria e nell'attuale Repubblica Ceca, alla fine del XIX secolo, si diffondeva un "movimento antisemita" e "la piccola *borghesia*... combatteva il proletariato socialdemocratico con slogan antiebraici".[1075] Nel 1898, in Galizia si verificarono sanguinosi pogrom. L'ascesa della *borghesia* in tutti i Paesi "aumentò l'influenza degli ebrei, raggruppati in gran numero nelle capitali e nei centri industriali... In città come Vienna e Budapest..., la stampa, il teatro, l'avvocatura, la professione medica, trovarono nei loro ranghi una percentuale di ebrei molto superiore alla loro proporzione nell'insieme della popolazione". Quegli anni segnano l'inizio della grande fortuna di alcuni mercanti e banchieri ebrei".[1076]

Ma fu in Germania che le tendenze antiebraiche si manifestarono con maggiore insistenza. Citiamo innanzitutto Richard Wagner (già nel 1869). Negli anni '70 i circoli conservatori e clericali chiesero di limitare i diritti degli ebrei tedeschi e di vietare qualsiasi nuova immigrazione ebraica. Dalla fine degli anni '70, gli stessi "circoli intellettuali", il cui portavoce era lo storico prussiano Heinrich von Treitschke, dissero: "Gli agitatori di oggi hanno ben percepito la mentalità della società che considera gli ebrei come la nostra disgrazia nazionale"; "Gli ebrei non riescono mai a fondersi con i popoli dell'Europa occidentale", e mostrano odio verso il germanesimo. Poi arriva Karl Eugen Duhring, reso famoso per la sua polemica con Marx ed Engels[1077] : "La questione ebraica è una semplice questione di razza, e gli ebrei sono una razza non solo estranea, ma irrimediabilmente e ontologicamente cattiva". Poi arriva il filosofo Edward Hartman. In ambito politico, questo movimento portò al primo congresso internazionale antiebraico del 1882 (a Dresda), che adottò il "Manifesto indirizzato ai popoli e ai governi cristiani che stanno morendo di giudaismo" e chiese l'espulsione degli ebrei dalla Germania.- Ma all'inizio

---

[1074] *Parks*, p. 161.
[1075] Istoria XIX veka v 8-mi t. (traduzione russa della Storia del XIX secolo in 8 volumi, di Lavisse e Rambaud, t. 7), M., 139, pp. 186, 203.
[1076] *Parks*, pag. 164.
[1077] Karl Eugen Dühring (1833-1921): Filosofo tedesco. Le sue tesi, opposte alle teorie economiche e sociali di Marx ed Engels, furono fortemente criticate da questi ultimi nell'opera intitolata appunto l'Anti-Dühring.

degli anni '90 i partiti antiebraici erano regrediti e avevano subito una serie di battute d'arresto sulla scena politica.[1078]

La Francia fu anche teatro se non dell'emergere di una teoria razziale altrettanto aggressiva, almeno di un'ampia propaganda politica antiebraica: quella trasmessa da Edouard Drumont nel suo *Libre Parole* del 1892. Si arrivò quindi a "una vera e propria competizione tra socialismo e antisemitismo"; "I socialisti non esitarono ad abbellire i loro discorsi di uscita contro gli ebrei e ad abbassarsi fino alla demagogia antisemita... Una nebbia sociale antisemita avvolse tutta la Francia".[1079] (Molto simile alla propaganda dei populisti in Russia negli anni 1881-1882).

Fu allora che nel 1894 scoppiò il clamoroso Affare Dreyfus. "Nel 1898 [l'antisemitismo] raggiunse il suo apice in tutta l'Europa occidentale: Germania, Francia, Gran Bretagna e Stati Uniti".[1080]

Anche la stampa russa degli anni 1870-1890 pubblicò alcune dichiarazioni antiebraiche, ma senza la forte coloritura teorica che avevano in Germania, né l'esacerbazione della violenza sociale in Austria-Ungheria e Francia. Ricordiamo le testimonianze di Vsevolod Krestovsky (*Tenebre egiziane*, tra gli altri) e alcuni crudi articoli di giornale.

È opportuno distinguere il giornale *Novoïe Vremia* ("Il nuovo tempo"), che doveva il suo successo alle posizioni impegnate nel "movimento slavo" legato alla guerra russo-turca per la difesa dei Balcani. Ma quando "dal teatro delle operazioni giungevano notizie su atti di saccheggio perpetrati da intendenti e fornitori, questi fornitori "di origine ebraica" apparivano come l'incarnazione di tutto l'ebraismo russo, e *Novoïe Vremia* assumeva una posizione francamente antisemita". A partire dagli anni '80, il giornale non si limitò a "entrare nel campo dei reazionari", "ma superò tutti i limiti dell'odio e dell'improbabilità nella questione ebraica. Il grido d'allarme "Attenti all'ebreo!" risuonò per la prima volta sulle colonne di *Novoïe Vremia*. Il giornale insisteva sulla necessità di prendere misure decise contro la "morsa" degli ebrei sulla scienza, la letteratura e l'arte russa...". Non perdeva occasione per denunciare il fatto di "ritirarsi dal servizio militare".[1081]

Questi attacchi contro gli ebrei, sia all'estero che in Russia, hanno suscitato la reazione di Vladimir Solovyov, che nel 1884 li ha criticati vigorosamente: "I Giudei si sono sempre comportati con noi alla maniera dei Giudei, e noi, cristiani, non abbiamo ancora imparato a comportarci con

---

[1078] JE*, t. 2, pp. 696 708.
[1079] *Ibidem*, pp. 676-677.
[1080] R. Noudelman, Prizrak brodit po Evrope (Uno spettro perseguita l'Europa), in "22", Tel-Aviv, 1992, n. 84, pag. 128.
[1081] JE, t. 11, p. 758-759.

l'ebraismo in modo cristiano"; "Nei confronti dell'ebraismo, il mondo cristiano *nella sua massa* ha finora mostrato solo un'irrazionale gelosia o una debole indifferenza". No, "non è l'Europa cristiana a essere tollerante nei confronti degli ebrei, è l'Europa degli infedeli".[1082]

La crescente importanza della questione ebraica per la Russia, la società russa la comprese solo mezzo secolo dopo il suo governo. Fu solo dopo la guerra di Crimea che "l'opinione pubblica russa emergente cominciò a concepire l'esistenza di un problema ebraico in Russia". [1083] Ma dovettero passare ancora alcuni decenni prima che comprendesse il *primato della questione*. "La Provvidenza ha portato nel nostro Paese la maggior parte del popolo ebraico e il più forte", scriveva Vladimir Solovyov nel 1891.[1084]

L'anno prima, con l'appoggio di alcuni simpatizzanti, Solovyov aveva scritto una "Protesta" in cui si diceva che "l'unica causa della cosiddetta questione ebraica" era l'abbandono di ogni rettitudine e umanità, "un'insensata mania di cieco egoismo nazionale". "Fomentare l'odio razziale e religioso, che è così contrario allo spirito del cristianesimo..., perverte profondamente la società e può portare a un ritorno alla barbarie...". "Dobbiamo denunciare con forza il movimento antisemita, "anche se solo per istinto di sopravvivenza nazionale"".[1085]

Secondo il resoconto fornitogli da M. Doubnov, Solovyov raccolse più di cento firme, tra cui quelle di Tolstoj e Korolenko. [1086]

Ma i direttori di tutti i giornali avevano ricevuto l'ordine di non pubblicare questa protesta. Solovyov scrisse una lettera scottante allo zar Alessandro

---

[1082] V. S. *Solovyov*, Evreistvo i khristianski vopros (Il giudaismo e la questione cristiana), Opere complete in 10 volumi, 2nd ed., San Pietroburgo, 1911-1914, vol. 4, pagg. 135, 136, 138.

[1083] *Aronson*, La stampa russo-ebraica, op. cit., p. 549.

[1084] Lettera di V. Solovyov a F. Hetz, in V. S. Solovyov. Evreiski vopros-Khristianski vopros/Sobranie statei (*La questione ebraica-La questione cristiana-Raccolta di articoli*), Varsavia, Pravda, 1906. p. 34.

[1085] Neopoublikovannyi protest protiv antisemitizma (Protesta contro l'antisemitismo, inedita [a cura di Vladimir Solovyov]), BJWR-1, pp. 574-575. Il testo di questa protesta fu originariamente pubblicato nel libro di F. Hetz, Ob otnoshenii V. Solovyova k evreiskomou voprosou (L'atteggiamento di V. Solovyov nei confronti della questione ebraica) (M., 1920), dove figura con il titolo "Ob antisemititcheskom dvijenii v petchati: Neizdannaïa statia V. Solovyova" (Sul movimento antisemita nella stampa: un articolo inedito di V. Solovyov), poi ristampato nell'opuscolo "libero" di Varsavia citato sopra.

[1086] Vladimir Galaktionovich Korolenko (1853-1921) famoso scrittore russo, grande democratico. Esule politico, trascorre dieci anni nella Siberia orientale. Denuncia la violenza della polizia e l'antisemitismo. Rimarrà inorridito dal terrore e dal dispotismo dei bolscevichi.

III, ma gli fu detto che se avesse insistito, sarebbe stato punito con un provvedimento amministrativo. Si arrese.[1087]

Proprio come in Europa, la spinta multiforme delle ambizioni ebraiche non poteva non suscitare ansia tra gli attori della vita pubblica russa qui, una feroce opposizione lì, e lì ancora, al contrario, simpatia. E, in alcuni, un calcolo politico. Come la Volontà del Popolo nel 1881, che aveva capito il profitto che si poteva trarre dalla questione ebraica (all'epoca, era nella direzione della persecuzione), i circoli radicali e liberali dell'epoca, cioè l'ala sinistra della società, concepirono e fecero propria per molto tempo ancora l'idea che la questione ebraica potesse essere usata come mappa politica della lotta contro l'autocrazia : bisognava ripetere in continuazione che l'unico modo per ottenere l'uguaglianza dei diritti per gli ebrei era il rovesciamento definitivo del potere degli zar. Dai liberali ai bolscevichi. Passando per la S.R., tutti non hanno mai smesso di coinvolgere gli ebrei - alcuni con vera simpatia - per usarli come una comoda risorsa nella lotta antimonarchica. Questa risorsa, i rivoluzionari non l'hanno mai lasciata andare, l'hanno sfruttata senza il minimo scrupolo fino al 1917.

Tuttavia, queste diverse tendenze e dibattiti sui giornali non hanno influenzato l'atteggiamento della *popolazione* nei confronti degli ebrei nella *Grande Russia*. Molte testimonianze lo confermano.

Così J. Teitel, un uomo che ha vissuto a lungo nella Russia profonda e ha frequentato la gente comune, afferma che "qualsiasi ostilità razziale o nazionale è estranea alla gente comune". [1088]Oppure, nei ricordi lasciati dai principi Viazemsky, questo episodio: all'ospedale di Korobovka, un quartiere di Ousmansky, c'era un medico russo un po' scostante, il dottor Smirnov; i contadini non lo amavano, e il suo successore, il devoto dottor Szafran, beneficiò subito dell'affetto e della gratitudine di tutti i contadini del quartiere. Un'altra conferma, ispirata dall'esperienza dei prigionieri degli anni 1880-1890: P. F. Iakoubovitch-Melchine scrive: "Sarebbe un compito ingrato cercare, anche nella feccia del nostro popolo, la minima traccia di antisemitismo". [1089]Ed è proprio per questo che gli ebrei di una piccola città della Bielorussia, all'inizio del XX secolo, indirizzarono un telegramma alla signora F. Morozova, moglie di un ricco commerciante, che si occupava di beneficenza: "Dacci questo. La sinagoga è bruciata. Sai che abbiamo lo stesso Dio". E lei inviò la somma richiesta.

In fondo, né la stampa liberale russa né quella ebraica hanno mai accusato il popolo russo di antisemitismo terrestre. Ciò che entrambi ripetevano incessantemente era che l'antisemitismo nella massa popolare era stato

---

[1087] *Cfr.* BJWR-1*, pag. 565.
[1088] *Teitel*, p. 176.
[1089] JE, t. 10, p. 827.

completamente fabbricato e alimentato dal governo. La stessa formula "Autocrazia, Ortodossia, Nazionalità" era sentita nei circoli ebraici come una formula diretta contro gli ebrei.

A metà del XX secolo, possiamo leggere di uno scrittore ebreo:

"Nella Russia zarista l'antisemitismo non aveva radici profonde tra il popolo... Nelle grandi masse del popolo l'antisemitismo era praticamente assente; inoltre, la questione stessa dei rapporti con l'ebraismo non si poneva... Solo in alcune parti di quella che veniva chiamata la Pale of Settlement, e principalmente in Ucraina dal tempo della dominazione polacca, a causa di alcune circostanze sulle quali non è necessario soffermarsi qui, si manifestò nei contadini una certa tendenza all'antisemitismo", [1090] che è perfettamente vero. E si potrebbe aggiungere: Bessarabia.

(Si può giudicare dell'antichità di questi sentimenti e circostanze leggendo Karamzin : [1091] i cosacchi che circondavano il falso Dmitrij [1092] - dei cosacchi del Don, ovviamente - trattavano i russi di *Jidy* (ebrei) [1093], il che significa che nelle province occidentali questa parola era un insulto).

E che dire del folklore russo? Il dizionario Dahl comprende la Grande Russia, le province occidentali e l'Ucraina. Le edizioni precedenti alla rivoluzione contengono un gran numero di parole ed espressioni formate dalla radice *jid-* (giudeo-). (Particolare significativo: nell'edizione sovietica del 1955, l'intera tipografia della pagina contenente queste parole è stata rivista, [1094] e l'intera "nicchia" lessicale tra *jidkii* e *jigalo* è stata interamente soppressa). Tuttavia, tra queste espressioni citate da Dahl, ve ne sono alcune che sono state ereditate dalla Chiesa slava, dove la parola *jid* non era affatto peggiorativa: era il nome di un popolo. Ce ne sono anche alcune che provengono dalla pratica polacca e post-polacca all'interno della Pale of Settlement. Altre ancora sono state introdotte nella lingua all'epoca dei Problemi, nel XVII secolo, in un periodo in cui, nella Grande Russia, i contatti con gli ebrei erano quasi inesistenti. Queste eredità si riflettono anche nei dicta che Dahl cita nella loro forma russa, ma possiamo

---

[1090] S. M. Schwartz, Antisemitizm v Sovetskom Soiouze (L'antisemitismo nell'Unione Sovietica), New York, ed. Chekhov, 1952, p. 13.

[1091] Nikolai Mikhailovich Karamzin (1766-1826): Scrittore russo. La sua grande Storia dello Stato russo fece dire a Pushkin che era il "Cristoforo Colombo dell'antica Russia".

[1092] Il Falso-Dmitrij, detto l'Usurpatore: nel 1601, questo personaggio apparve in Polonia spacciandosi per il figlio di Ivan IV. Marciò su Mosca e occupò il trono dal 1905 al 1906. Fu ucciso dai boiardi cospiratori.

[1093] N. M. Karamzin, Istoria Gosudarsva Rossiiskogo (Storia dello Stato russo), 12 voll., 5 ed., San Pietroburgo, Einerling, 1842-1844, t. 11, p. 143.

[1094] *Dahl*, Toljovyi slovar jivogo velokorousskogo iazyka (*Dizionario della lingua viva grande-russa*), t. 1, 1955, p. 541.

intuire sotto quest'ultima la forma meridionale. (E, quel che è certo, è che non sono usciti dalle viscere del Ministero degli Interni! ...) E poi, confrontiamo questi detti con altri: oh come il popolo ha creato adagi malevoli contro il clero ortodosso! Non uno, quasi, è favorevole ad esso!

Un testimone di Mariupol [1095](e non è l'unico, è un fatto noto) ci racconta che tra loro, prima della rivoluzione, c'era una netta distinzione tra le due parole *evrei* (ebraico) e *jid* (ebreo). L'*evrei* era un cittadino rispettoso della legge, la cui morale, condotta e comportamento verso gli altri non differivano in alcun modo dall'ambiente circostante. Mentre il *jid* era il *jivoder* (l'imbroglione). E non era raro sentire dire: "Non sono un *Jid*, sono un *evrei* onesto, non intendo ingannarvi". (Queste parole messe in bocca agli ebrei le troviamo nella letteratura e le abbiamo lette anche nei pamphlet dei populisti).

Questa differenziazione semantica non va mai persa di vista quando si interpretano i detti. Tutto ciò è la traccia di un'antica disputa nazionale sul territorio dell'Occidente e del Sud-Ovest.

Infatti, né nella Russia centrale né nel Nord e nell'Est, nemmeno durante lo shock generale dell'ottobre 1905, non ci furono pogrom antiebraici (se ci fu indignazione, fu contro gli intellettuali rivoluzionari in generale, contro la loro esultanza e ridicolizzazione del Manifesto del 17 ottobre). Ma questo non impedisce che, agli occhi del mondo intero, la Russia pre-rivoluzionaria - non l'impero, ma la *Russia* - porti per sempre il sigillo dell'infamia, quello dei pogrom e dei Cento Neri. Ed è indelebile, incrostato nelle menti per quanti secoli ancora?

I pogrom antiebraici sono sempre ed esclusivamente scoppiati nella Russia sud-occidentale, come nel 1881. E il pogrom di Kichinev del 1903 era della stessa natura.

Non dimentichiamo che all'epoca la popolazione della Bessarabia era in gran parte analfabeta, che a Kishinev c'erano 50.000 ebrei, 50.000 moldavi, 8.000 russi (in realtà soprattutto ucraini, ma la differenza non fu notata) e qualche altra migliaia di persone. Quali furono le principali forze responsabili dei pogrom? "I responsabili dei pogrom erano soprattutto moldavi".[1096]

Il pogrom di Kishinev è iniziato il 6 aprile, ultimo giorno della Pasqua ebraica e primo della Pasqua ortodossa. (Non è la prima volta che osserviamo questo tragico legame tra i pogrom antiebraici e la Pasqua dei

---

[1095] *I. E. Temirov*, Vospominania (Ricordi), BFRZ, f. 1, A-29, pag. 23.
[1096] SJE, t. 4, p. 327.

cristiani: nel 1881, 1882 e 1899 a Nikolaev[1097] - e ci riempie di estremo dolore e ansia).

Utilizziamo l'unico documento che si basa su un'indagine rigorosa condotta subito dopo gli eventi. Si tratta dell'atto di accusa emesso dal procuratore del tribunale locale, V. N. Goremykine, che "non chiamò un solo ebreo come imputato, per cui fu duramente diffamato dalla stampa reazionaria".[1098] (Come vedremo, il tribunale si riunì dapprima a porte chiuse per "non esacerbare le passioni", e l'atto d'accusa fu originariamente pubblicato all'estero nell'organo di stampa emigrato di Stoccarda *Osvobojdenie* ["Liberazione"].)[1099]

Il documento inizia con un resoconto dei "soliti scontri tra ebrei e cristiani, come è accaduto negli ultimi anni a Pasqua" e "l'animosità della popolazione locale nei confronti degli ebrei". Si legge che "due settimane prima della Pasqua... in città circolavano voci che annunciavano che ci sarebbero state, durante le future festività, aggressioni contro gli ebrei". Un giornale, il *Bessarabets* ("il Bessarabiano"), aveva svolto il ruolo di blaster pubblicando "giorno dopo giorno, per tutte le ultime settimane, articoli incendiari, fortemente antiebraici, che non passavano inosservati tra i piccoli impiegati, gli scribacchini, il intero popolino della Bessarabia". Tra gli ultimi articoli provocatori del giornale c'era quello sull'omicidio di un bambino cristiano nel villaggio di Doubossary, che sarebbe stato compiuto dagli ebrei per scopi rituali" (e un'altra voce correva sul fatto che un ebreo avesse ucciso la sua serva cristiana mentre in realtà si era suicidata)[1100].

E la polizia di Kishinev, cosa ha fatto? "Non ha tenuto in particolare considerazione le voci", e nonostante il fatto che "negli ultimi anni ci siano stati regolarmente scontri tra ebrei e cristiani, la polizia di Kishinev non ha preso alcuna seria misura preventiva", ma ha solo rafforzato le pattuglie "per le festività, nei luoghi dove la folla sarebbe stata più numerosa", aggiungendo uomini reclutati dalla guarnigione locale.[1101] Il capo della polizia non ha dato istruzioni chiare ai suoi agenti.

Questa è chiaramente la cosa più imperdonabile: risse ripetute ogni anno per la Pasqua ebraica, voci di contenuti di questo tipo e la polizia che piega

---

[1097] L. Praisman, Pogromy i samooborona (Pogrom e autodifesa), in "22", 1986-1987, no. 51, p. 176.
[1098] JE, t. 9, p. 507.
[1099] Kichinevski pogrom: Obvinitelnyi akt (*Il pogrom di Kichinev: l'atto d'accusa*), Osvobojdenie, Stoccarda, 19 ottobre 1903, n. 9 (33), supplemento, pp. 14.
[1100] I. G. Froumkine, Iz istorii rousskogo evreistva: vospominaniia, materialy, dokoumenty (sulla storia degli ebrei di Russia: memorie, materiali, documenti), BJWR-1, p. 59.
[1101] Kichinevski pogrom: Obvinitelnyi akt (Il pogrom di Kichinev: l'atto d'accusa), Osvobojdenie, *op. cit.*

le braccia. Un ulteriore segno dello stato di declino della macchina governativa. Perché le cose sono due, una: o si lascia andare l'impero (quante guerre, quanti sforzi sono stati fatti per unire, per oscuri motivi, la Moldavia alla Russia), o si salvaguarda il buon ordine che deve regnare su tutto il suo territorio.

Il pomeriggio del 6 aprile, le strade della città sono invase da "gente in festa", con "molti adolescenti" che si aggirano tra la folla, oltre a persone arrabbiate. I ragazzi iniziano a lanciare pietre contro le case ebraiche vicine, lanciando sempre più forte, e quando il commissario e i suoi ispettori cercano di arrestare uno di loro, "ricevono a loro volta pietre". Vengono quindi coinvolti gli adulti. "La polizia non ha preso misure decise per fermare i disordini" e questi hanno portato al saccheggio di due negozi ebraici e di alcuni capannoni. La sera i disordini si placarono, "quel giorno non era stata perpetrata alcuna aggressione contro gli ebrei"; la polizia aveva arrestato sessanta persone durante la giornata.

Tuttavia, "la mattina presto del 7 aprile, la popolazione cristiana molto agitata cominciò a riunirsi in varie parti della città e nei sobborghi, in piccoli gruppi che provocarono gli ebrei a scontri di crescente violenza". Allo stesso modo, fin dalla prima ora al Mercato Nuovo, "si erano radunati più di cento ebrei, armati di pali e picchetti, fucili anche qua e là, che sparavano qualche colpo. I cristiani non avevano armi da fuoco. Gli ebrei dicevano: "Ieri non avete disperso i russi, oggi ci difenderemo". E alcuni tenevano in mano bottiglie di vetriolo che lanciavano contro i cristiani che incontravano".

(Le farmacie erano tradizionalmente tenute dagli ebrei). "Le voci si diffondono in tutta la città, riferendo che i cristiani sono stati assaliti dagli ebrei; si gonfiano di bocca in bocca ed esasperano la popolazione cristiana": si trasforma "sono stati picchiati" in "sono stati massacrati", si dice che gli ebrei hanno saccheggiato la cattedrale e ucciso il prete. E ora, "in varie parti della città, piccoli gruppi di quindici o venti persone ciascuno, soprattutto operai, con adolescenti in testa che lanciano pietre contro i vetri delle finestre, cominciano a saccheggiare le botteghe, i locali, le abitazioni degli ebrei, spaccando tutto quello che c'è dentro.

Questi gruppi vengono gradualmente allargati dai passanti". Verso le due, tre del mattino, "i disordini si diffondono in un raggio sempre più esteso"; "le case in cui sono state esposte icone o croci alle finestre non vengono colpite". "Nei locali saccheggiati, tutto è stato completamente distrutto, le merci espulse dai negozi per essere calpestate o rubate da individui che scortavano gli aggressori". Si sono spinti fino a "saccheggiare le case di preghiera degli ebrei e a gettare i rotoli sacri [la Torah] per strada". I luoghi in cui si beveva, naturalmente, furono saccheggiati; "il vino fu versato in strada o bevuto sul posto dai banditi".

L'inerzia della polizia, dovuta all'assenza di un comando adeguato, fece sì che questi crimini venissero perpetrati impunemente, e ciò non mancò di incoraggiare ed eccitare i malfattori. Le forze di polizia, abbandonate a se stesse, lungi dall'unire gli sforzi, hanno agito secondo il loro istinto... "e i poliziotti subordinati sono stati per lo più muti spettatori del pogrom". Tuttavia, fu fatta una telefonata alla guarnigione locale per chiedere rinforzi, ma "ogni volta che i soldati si recavano in un certo punto, non vi trovavano nessuno" e "in assenza di nuove istruzioni, rimanevano inattivi"; "Erano sparsi per la città in gruppi isolati, senza un obiettivo chiaro e senza coordinamento tra loro"; "Si limitavano a disperdere le folle eccitate". (Questa guarnigione non era la più efficiente e, inoltre, era appena passata la Pasqua: molti ufficiali e soldati erano in licenza. [1102]) "L'inerzia della polizia... generò nuove voci, dicendo che il governo avrebbe permesso di attaccare gli ebrei, in quanto nemici del Paese" - e il pogrom, scatenato, inebriato, diventò infuocato. "Gli ebrei, temendo per i loro beni e per le loro vite, persero la calma, la paura li fece impazzire.

Molti di loro, armati di rivoltelle, passarono al contrattacco per difendersi. Imboscati agli angoli delle strade, dietro le recinzioni, sui balconi, cominciarono a sparare ai saccheggiatori, ma in modo maldestro, senza mirare ai loro bersagli, così che non servì a nulla e suscitò nei facinorosi del pogrom solo una terribile esplosione di rabbia. "La folla dei saccheggiatori fu presa dalla rabbia e, dove erano risuonati gli spari, arrivò subito a fare a pezzi tutto e ad essere violenta nei confronti degli ebrei che si trovavano lì. "Un colpo fu particolarmente fatale per gli ebrei: quello che strappò un ragazzino russo, il piccolo Ostapov". "Dall'una, due del pomeriggio, i colpi degli ebrei divennero sempre più violenti", e dalle cinque furono accompagnati da "una serie di omicidi".

Alle tre e mezza del pomeriggio, il governatore Von Raaben, completamente sopraffatto, diede un ordine al capo della guarnigione, il generale Bekman, autorizzando "l'uso delle armi". Bekman fece immediatamente ispezionare la città e le truppe, che da quel momento si erano "avventurate", camminarono in buon ordine.

"Da quel momento le truppe furono in grado di effettuare arresti di massa" e furono prese misure energiche. Al calar della notte, il pogrom era sotto controllo.

L'atto stabilisce il bilancio delle vittime: "Ci furono 42 morti, tra cui 38 ebrei"; "tutti i corpi portavano tracce di colpi di oggetti contundenti - mazze, pale, pietre - e alcuni, colpi di ascia"; "quasi tutti erano feriti alla

---

[1102] Materialy dlia istorii antievreiskikh pogromov v Rossii (Materiali per la storia 12 vol., 5 ed., San Pietroburgo, Einerling, 1842-1844, 11, pp. 143, S. M. Dubnov e G. I. Krasnyi-Admoni, t. 1, pag. 1919 (Materiali...), p. 340.

testa, alcuni anche al petto. Non c'erano tracce di proiettili, né prove di torture o stupri (ciò è stato confermato dalle perizie e dalle autopsie dei medici, nonché dal rapporto del Dipartimento medico-legale dell'Amministrazione centrale della Bessarabia); "ci furono 456 feriti, di cui 62 tra i cristiani...; otto furono feriti da proiettili... dei 394 feriti ebrei, solo cinque erano gravemente feriti. Nessuna traccia di abusi... tranne che per un uomo con un occhio solo a cui era stato strappato l'occhio sano... tre quarti degli uomini aggrediti erano adulti; ci furono tre denunce di stupro, due delle quali furono perseguite". Sette soldati sono stati feriti, tra cui un soldato che "ha avuto il volto bruciato dal vetriolo"; 68 poliziotti hanno ricevuto ferite minori. "Le case saccheggiate sono state 1.350, quasi un terzo delle case di Kishinev: una cifra enorme, l'equivalente di un bombardamento... Per quanto riguarda gli arresti, "sono stati 816 la mattina del 9 aprile", e oltre alle indagini sugli omicidi, 664 persone sono comparse in tribunale.

In alcuni autori, le cifre delle vittime tra gli ebrei differiscono dalle statistiche ufficiali, ma il divario non è molto grande. Il *Libro degli ebrei di Russia* stima che ci furono 45 ebrei uccisi, 86 feriti gravi, 1.500 case e negozi saccheggiati o distrutti. [1103]Biekerman propone la cifra di 53 morti, ma forse non tutti gli ebrei. [1104]La recente *Enciclopedia Ebraica* (1988) afferma che: "49 persone sono state uccise, 586 ferite, più di 1.500 case e negozi saccheggiati".[1105]

Questa è la descrizione ufficiale. Ma percepiamo cosa si nasconde dietro di essa. Ci viene detto: "Solo a una persona, un ebreo con un occhio solo" è stato strappato l'altro.

Ne sappiamo un po' di più da Korolenko nel suo saggio *Dom no 13* ("Casa n. 13"). [1106] Questo poveretto si chiamava Meer Weisman: "Alla mia domanda - scrive Korolenko - se sapeva chi era stato?", rispose con perfetta serenità che non lo sapeva, ma che "un ragazzino", il figlio dei suoi vicini, si era vantato di averlo fatto con un peso di piombo attaccato a una corda". Vediamo quindi che carnefici e vittime si conoscevano piuttosto bene... Korolenko ha ripreso: "È vero che ciò che sostengo, lo ritengo degli stessi ebrei, ma non c'è motivo di non credere alle loro affermazioni... Perché avrebbero dovuto inventare questi dettagli? ..."

E, infatti, perché la famiglia di Bentsion Galanter, colpito mortalmente alla testa, avrebbe inventato che gli assassini avevano piantato chiodi su tutto

---

[1103] *Froumkine*, BJWR-1, pag. 59.
[1104] *Biekerman*, RJE, pag. 57.
[1105] SJE, t. 4, p. 327.
[1106] V. G. *Korolenko*, Dom n. 13, Sobr. sotch. (Opere complete), t. 9, M. 1995, pp. 406-422.

il suo corpo? La famiglia del contabile Nisenson non era forse sufficientemente provata, perché avrebbe aggiunto che era stato "sciacquato" in una pozzanghera prima di essere massacrato? Questi dettagli non sono una finzione.

Ma a coloro che erano lontani dagli eventi, agli agitatori dell'opinione pubblica, questi orrori *non bastavano*. Ciò che ricordavano non era la tragedia, la disgrazia, i morti, ma piuttosto: come sfruttarli per colpire il potere zarista? E ricorsero a terrificanti esagerazioni. Superare le reazioni di orrore, cercare di vedere chiaro nelle versioni costruite nei mesi e negli anni successivi, non sarebbe stato minimizzare la tragedia? E attirarsi molti insulti?

Ma vederci chiaro è un dovere, perché abbiamo approfittato del pogrom di Kishinev per oscurare la Russia e marchiarla per sempre con il sigillo dell'infamia. Oggi, ogni onesto lavoro storico sull'argomento esige una distinzione tra l'orribile verità e le infide menzogne. La conclusione dell'atto d'accusa è la seguente: i disordini "hanno raggiunto l'ampiezza descritta solo a causa dell'inerzia della polizia, privata di un comando adeguato... L'indagine preliminare non ha trovato prove che i disordini fossero premeditati".[1107]

Anche questi indizi non sono stati trovati da altre indagini. Ma tant'è: l'Ufficio per la Difesa degli Ebrei, di cui abbiamo già parlato (vi parteciparono personalità eminenti come Winaver, G. Sliosberg, Bramson, Koulicher, A. Braoudo, S. Pozner, Krohl), non appena [1108] ricevette la notizia del pogrom di Kishinev, escluse fin dall'inizio tutte le possibili cause, a parte quella di una cospirazione fomentata dall'alto: "Chi ha dato l'ordine di organizzare il pogrom, chi ha preso la direzione delle forze oscure che lo hanno perpetrato?".[1109] "Non appena siamo venuti a conoscenza del clima in cui si sono svolte le uccisioni di Kishinev, non abbiamo dubitato che questa impresa diabolica fosse stata architettata dal Dipartimento di Polizia e portata a termine su suo comando". Anche se, naturalmente, "i disgraziati hanno tenuto segreto il loro progetto", scriveva Krohl negli anni '40 del XX secolo.[1110] Ma, per quanto siamo convinti che gli omicidi di Kishinev siano stati premeditati in alto loco, con il tacito accordo e forse su iniziativa di Plehve, possiamo smascherare questi assassini di alto rango ed esporli alla luce del mondo solo a una condizione: se abbiamo le prove più indiscutibili contro di loro".

[1107] Il pogrom di Kichinev: l'atto d'accusa, *op. cit.*, pp. 3, 202.
[1108] *Krohl*, Stranitsy... (Pagine...), p. 299.
[1109] *Sliosberg*, t. 3, p. 49.
[1110] M. *Krohl*, Kishinevski pogrom 1903 goda i Kishinevski pogromnyi protses (Il pogrom di Kichinev del 1903 e il processo del pogrom di Kichinev), Mi-2, p. 372.

Per questo abbiamo deciso di inviare a Kishinev il famoso avvocato Zaroudny".[1111]

"Era la persona più adatta per la missione che gli avevamo affidato", "si impegnò a rivelare le fonti nascoste del massacro di Kishinev, dopo il quale la polizia, per sviare l'attenzione, arrestò alcune decine di ladri e saccheggiatori".[1112] (Ricordiamo che all'indomani del pogrom furono arrestate 816 persone). Zaroudny raccolse informazioni e riportò "materiale di eccezionale importanza".

Vale a dire che "il principale responsabile, l'organizzatore del pogrom, era stato il capo della sicurezza locale, K. Lewendal", un ufficiale della gendarmeria che era stato nominato a Kishinev poco prima del pogrom. È stato "al suo comando che la polizia e le truppe hanno dato apertamente una mano agli assassini e ai saccheggiatori".[1113] Egli avrebbe "completamente paralizzato l'azione del governatore".[1114] (È noto, tuttavia, che in Russia né la polizia né le truppe erano agli ordini dell'Okhrana).

Questo materiale "eccezionalmente importante", che denunciava i colpevoli "con assoluta certezza", non è mai stato pubblicato né all'epoca né in seguito. Perché?

Ma perché, se così fosse, come potrebbero Lewendal e i suoi complici sfuggire alla punizione e al disonore? Questo materiale è noto solo per sentito dire: un commerciante di nome Pronine e un notaio di nome Pissarjevsky si sarebbero trovati più volte in un certo caffè e, su istruzioni di Lewendal, avrebbero pianificato il pogrom.[1115] E fu dopo questi incontri che tutta la polizia e le truppe optarono per il pogrom. Il procuratore Goremykine esaminò le accuse contro Lowendal e le dichiarò infondate. [1116](Il giornalista Kruchevane, i cui articoli incendiari avevano davvero favorito il pogrom, fu accoltellato a Pietroburgo due mesi dopo da Pinhas Dachevsky che voleva ucciderlo.)[1117]

Le autorità, in quel periodo, continuarono le indagini. Il direttore del dipartimento di polizia, A. A. Lopoukhine (con le sue simpatie liberali, era insospettabile agli occhi dell'opinione pubblica) fu rapidamente inviato a Kishinev.

[1111] *Ibidem*, pp. 372-373.
[1112] *Krohl*, Stranitsy... (Pagine...), *op. cit.*, pp. 301, 303.
[1113] *Ibidem*, pp. 301-304.
[1114] *Krohl, op. cit.*, Mi-2, p. 374.
[1115] Ibidem.
[1116] Rapporto al procuratore n. 1392 del 20 novembre 1903; Rapporto al procuratore n. 1437 del 1° dicembre 1903, in Materialy... [Materiali...], *op. cit.*, pp. 319, 322-323.
[1117] RJE, t. 1, p. 417.

Il governatore Von Raaden fu licenziato, insieme a molti altri alti funzionari della Bessarabia; fu nominato un nuovo governatore, il principe S. Urusov (che presto sarebbe diventato un importante K.D. e avrebbe firmato l'appello alla ribellione chiamato "Appello di Vyborg"). Nel *Messaggero del Governo* del 29 aprile fu pubblicato un bollettino del Ministro degli Interni, Plehve, in cui si dichiarava indignato per l'inazione delle autorità di Kishinev; invitava tutti i governatori provinciali, i governatori delle città e i capi della polizia a fermare energicamente ogni violenza adottando tutte le misure possibili.[1118]

Anche la Chiesa ortodossa si è espressa. Il Santo Sinodo emanò un bollettino che invitava il clero a prendere misure per estirpare i sentimenti di ostilità verso gli ebrei. Alcuni gerarchi, in particolare padre Giovanni da Kronstadt, molto ascoltato e venerato dai fedeli, si appellarono al popolo cristiano, esprimendo la loro disapprovazione, le loro esortazioni, i loro appelli alla pacificazione. "Hanno sostituito alla festa cristiana un'orgia sanguinaria e satanica".[1119] E il vescovo Antonio (Krapovitsky) ha dichiarato: "Il castigo di Dio colpirà i miserabili che hanno versato sangue legato a quello dell'Uomo-Dio, della Sua pura Madre, degli apostoli e dei profeti... affinché sappiate quanto lo Spirito Divino abbia a cuore il popolo ebraico, ancora oggi rifiutato, e sappiate qual è la Sua ira contro coloro che vorrebbero offenderLo".[1120] Un testo sull'argomento è stato distribuito al popolo. (Le lunghe esortazioni e spiegazioni della Chiesa, tuttavia, non erano estranee a uno stato d'animo arcaico, congelato da secoli e destinato a essere superato dalle formidabili evoluzioni in corso).

Nei primi giorni di maggio, un mese dopo gli eventi, sulla stampa russa e su quella europea e americana si scatenò una campagna di informazione ma anche di intossicazione sul pogrom. A Pietroburgo, articoli fanatici parlavano di assassinii di madri e neonati, di stupri - a volte di ragazze minorenni, a volte di donne sotto gli occhi dei loro mariti o dei loro padri e madri; si parlava di "lingue strappate; un uomo è stato squartato, la testa di una donna è stata trafitta con chiodi conficcati nelle narici".[1121] Era trascorsa meno di una settimana quando questi orribili dettagli apparvero sui giornali dell'Ovest.

[1118] In Materialy... [Materiali...], *op. cit.*, pp. 333-335; Pravitelstvennyi vestnik (Messaggero del Governo). San Pietroburgo, n. 97, 1903, 29 aprile (12 maggio).

[1119] *J. de Cronstadt*: I miei pensieri sulla violenza perpetrata dai cristiani contro gli ebrei a Kishinev, in Materialy... [Materiali...], *op. cit.*, pp. 354, 356.

[1120] Omelia del vescovo Antoine del 30 aprile 1903, in Materialy... [Materiali...], *op. cit.*, pp. 354, 356.

[1121] Sankt-Petersburgskie vedomosti (*Notizie da San Pietroburgo*), 24 aprile (7 maggio 1903), p. 5.

L'opinione pubblica occidentale gli diede pieno credito. Gli influenti ebrei inglesi si sono basati su queste falsificazioni e le hanno inserite parola per parola nella loro protesta pubblica. [1122]Ripetiamo: "Sui *corpi non è stata osservata alcuna prova di abuso o stupro*". A causa di una nuova ondata di articoli di giornale, ai patologi forensi fu chiesto di presentare relazioni supplementari. Il medico del Servizio sanitario cittadino, di nome Frenkel (che aveva esaminato i corpi nel cimitero ebraico), e un altro di nome Tchorba (che aveva ricevuto i morti e i feriti all'ospedale dello Zemstvo di Kishinev tra le 17, il secondo giorno dopo la Pasqua, e mezzogiorno, il terzo giorno, e poi all'ospedale ebraico), e il medico Vassiliev (che aveva effettuato l'autopsia di trentacinque cadaveri) - tutti attestarono l'assenza di tracce di tortura o di violenza sui corpi descritti dai giornali. Al [1123]processo si è poi appreso che il medico Dorochevsky - colui che, si pensava, avesse fornito questi spaventosi resoconti - non aveva visto nulla di queste atrocità e ha declinato ogni responsabilità per la pubblicazione dei tabloid. [1124]Quanto al procuratore della Camera Penale di Odessa, in risposta a una domanda di Lopoukhine sugli stupri, aveva "condotto segretamente la propria indagine": i racconti delle famiglie delle stesse vittime non confermavano alcun caso di stupro; i casi concreti, nella perizia, sono positivamente esclusi. [1125]Ma chi ha prestato attenzione agli esami e alle conclusioni dei medici? Chi si preoccupa delle ricerche specifiche del pubblico ministero? Tutti questi documenti possono rimanere, ingialliti, negli armadi!

Tutto ciò che i testimoni non avevano confermato, tutto ciò che Korolenko non aveva raccontato, le autorità non ebbero la presenza di spirito di confutarlo. E tutti questi *dettagli* si diffusero in tutto il mondo e assunsero la forma di un *fatto* nell'opinione pubblica, che sarebbe rimasto per tutto il ventesimo secolo e che probabilmente sarà ancora per tutto il ventunesimo secolo: freddo, congelato, stivato per sempre nel nome della Russia.

Tuttavia, la Russia, da molti anni ormai, ma con sempre maggiore acutezza, conosceva una distorsione folle e mortale tra la "società civile" e il governo. Era una lotta all'ultimo sangue: per i circoli liberali e radicali, e ancor più per i rivoluzionari, qualsiasi episodio (vero o falso) che screditasse il governo era una benedizione, e per loro tutto era permesso: qualsiasi esagerazione, qualsiasi distorsione, qualsiasi trucco dei fatti; l'importante

---

[1122] Baltimore Sun, 16 maggio 1903, p. 2; The Jewish Chronicle, 15 maggio 1903, p. 2; Protesta del Board of Deputies e dell'Anglo-Jewish Association, Times, 18 maggio 1903, p. 10.
[1123] In Materialy... [Materiali...], *op. cit.*, pp. 174-175.
[1124] *Ibidem*, p. 279.
[1125] *Ibidem*, pp. 172-173.

era umiliare il potere il più gravemente possibile. Per i radicali russi, un pogrom di questa gravità era un'*opportunità* nella loro lotta!

Il governo decise di proibire ogni pubblicazione sui giornali del pogrom, ma fu un errore, perché le voci vennero riprese con maggior forza dalla stampa europea e americana; tutte le farneticazioni si intensificarono ancora più impunemente, esattamente come se non ci fosse mai stato alcun rapporto di polizia.

Ed ecco la grande offensiva lanciata contro il governo dello zar. L'Ufficio per la difesa degli ebrei inviò telegrammi a tutte le capitali: organizzate riunioni di protesta ovunque! [1126] Un membro del Bureau scrisse: "Abbiamo comunicato i dettagli delle atrocità... in Germania, Francia, Inghilterra, Stati Uniti... L'impressione che le nostre informazioni hanno suscitato è stata sconvolgente; a Parigi, Berlino, Londra e New York, ci sono state riunioni di protesta in cui gli oratori hanno dipinto un quadro spaventoso dei crimini commessi dal governo zarista". [1127] Eccolo, pensarono, l'orso russo come è stato dalla notte dei tempi! "Queste atrocità hanno sconvolto il mondo. E ora, senza alcun ritegno, la polizia e i soldati hanno *assistito* con ogni mezzo *gli assassini e i saccheggiatori* nel perpetrare i loro atti disumani". [1128]La "maledetta autocrazia" si è segnata con uno stigma indelebile! Nelle riunioni, hanno stigmatizzato il nuovo piano dello zarismo, "da esso premeditato". Nelle sinagoghe di Londra, hanno accusato... il Santo Sinodo di aver commesso questo omicidio per ispirazione religiosa. Anche alcuni gerarchi della Chiesa cattolica dichiararono la loro disapprovazione. Ma fu di gran lunga la stampa europea e americana a mostrarsi più virulenta (in particolare il magnate della stampa William Hearst): "Accusiamo il potere zarista di essere responsabile del massacro di Kishinev. Dichiariamo che la sua colpa in questo olocausto è totale. È davanti alla sua porta e davanti a qualsiasi altra che sono esposte le vittime di questa violenza. "Che il Dio della Giustizia scenda quaggiù per finire con la Russia come ha finito con Sodoma e Gomorra... e che faccia evacuare questo fuoco pestilenziale dalla faccia della terra". "L'uccisione di Kishinev supera in crudeltà insolente tutto ciò che è mai stato registrato in qualsiasi nazione civilizzata"[1129] ... (compreso, si deve credere, lo sterminio degli ebrei nell'Europa medievale?).

Ahimè, ebrei più o meno avveduti, più o meno sbalorditi, si unirono alla stessa valutazione degli eventi. E non meno di trent'anni dopo gli eventi, il rispettabile giurista G. Sliosberg conserva gli stessi dettagli nelle

---

[1126] *Krohl, op. cit.,* RW-2, pp. 376-377.
[1127] *Krohl,* Stranitsy... (Pagine...), *op. cit.,* p. 302.
[1128] *Krohl, op. cit.,* RW-2, pp. 371-372.
[1129] "Remember Kichineff" (editoriale), *The Jewish Chronicle,* 15 maggio 1903, p. 21; 22 maggio 1903, p. 10; *Baltimore Sun,* 16 maggio 1903, p. 4.

pubblicazioni sull'emigrazione (anche se lui stesso non si recò mai a Kishinev, né allora né in seguito): i chiodi piantati nella testa della vittima (arriva ad attribuire questa informazione al racconto di Korolenko!), gli stupri e la presenza di "diverse migliaia di soldati" (la modesta guarnigione di Kishinev non ne aveva mai visti così tanti!) che "sembravano essere lì per proteggere gli autori del pogrom".[1130]

Ma la Russia, nel campo della comunicazione, era inesperta, non riusciva a giustificarsi in modo coerente perché non conosceva ancora i metodi utilizzati per farlo.

Nel frattempo, la cosiddetta "fredda premeditazione" del pogrom non era supportata da alcuna prova solida, nessuna commisurata all'infuriare della campagna. E sebbene l'avvocato Zaroudny avesse già "chiuso la sua indagine e... stabilito con fermezza che l'organizzatore principale e lo sponsor del pogrom non era altro che il capo dell'Okhrana locale, il barone Lewendal"."[1131]"-eanche in questa variante, il personaggio di Lewendal non raggiunse sufficientemente il governo, fu necessario attingere un po' di più per raggiungere il potere centrale.

Ma eccoci qui!-Sei settimane dopo il pogrom, per fomentare ulteriormente l'indignazione generale e per disonorare la figura chiave del potere, si "scopre" (non si sa da chi, ma molto opportunamente) una "lettera segretissima" del ministro degli Interni Plehve al governatore di Kishinev, Von Raaben (non un bollettino indirizzato a tutti i governatori della Pale of Settlement, no, ma una lettera indirizzata a lui solo dieci giorni prima del pogrom), in cui il ministro, in termini piuttosto evasivi, dà un consiglio: in caso di gravi disordini nella provincia di Bessarabia, di non reprimerli con le armi, ma di usare solo la persuasione. E ora un individuo, molto tempestivo anche lì, ha trasmesso il testo di questa lettera a un corrispondente inglese a San Pietroburgo, D. D. Braham, e quest'ultimo si è affrettato a pubblicarla a Londra sul *Times* del 18 maggio 1903.[1132]

A priori: qual è il peso di una singola pubblicazione su un singolo giornale, che nulla conferma, né sul posto né in seguito? Ma pesa quanto volete! Anzi, enormemente! E in questo caso, la pubblicazione del *Times* fu sostenuta dalla protesta di importanti ebrei britannici, con Montefiore in testa (appartenente a una famiglia di fama internazionale).[1133]

Grazie al clima che regnava in tutto il mondo, questa lettera ebbe un successo colossale: le intenzioni sanguinarie contro gli ebrei

---

[1130] *Sliosberg*, vol. 3, pp. 48 49, 61, 64.
[1131] *Ibidem*.
[1132] *Times*, 18 maggio 1903, p. 10.
[1133] "Protesta del Board of Deputies e dell'Anglo-Jewish Association", *Times*, 18 maggio 1903, p. 10.

dell'universalmente aborrito zarismo, che non erano ancora state provate, furono improvvisamente "attestate con documenti di supporto". Articoli e riunioni ebbero una nuova impennata in tutto il mondo. Il terzo giorno dopo la pubblicazione, il *New York Times* sottolineava che "sono già tre giorni che la lettera è stata divulgata - e non c'è stata alcuna smentita", e la stampa britannica l'ha già dichiarata autentica. "Cosa possiamo dire del livello di civiltà di un Paese, di cui un ministro può dare la sua firma a simili esazioni?". [1134] Il governo russo, nella sua goffaggine e incomprensione della gravità della questione, non ha trovato di meglio da fare che abbandonare per negligenza una laconica smentita firmata dal capo del Dipartimento di Polizia, A. Lopoukhine, e solo il nono giorno dopo la scandalosa pubblicazione del *Times*, [1135] ma invece di indagare sulla falsificazione, si è semplicemente accontentato di espellere Braham dal territorio.

Si può affermare con certezza che si tratta di un falso, per diversi motivi. Non solo perché Braham non ha mai esibito alcuna prova dell'autenticità della lettera. Non solo perché Lopoukhine, nemico dichiarato di Plehve, aveva lui stesso negato questo testo. Non solo perché il principe Urusov, il grande simpatizzante degli ebrei che era succeduto a Von Raaben e controllava gli archivi del governatorato, non trovò alcuna "lettera di Plehve". Non solo perché il povero Von Raaben, licenziato, con la vita e la carriera distrutte, non si lamentò mai, nei suoi disperati sforzi per ripristinare la sua reputazione, di aver ricevuto istruzioni "dall'alto" - cosa che avrebbe immediatamente ripristinato la sua carriera e fatto di lui l'idolo della società liberale. La ragione principale risiede nel fatto che gli archivi di Stato in Russia non avevano nulla in comune con gli archivi truccati dell'era sovietica, quando ogni documento veniva inventato su richiesta o altri bruciati in segreto. No, negli archivi russi tutto era conservato, inviolabilmente e per sempre. Immediately after the February Revolution, an extraordinary commission of inquiry of the Provisional Government, and, still more zealously, the "Special Commission for the Study of the History of the Pogroms," with investigators as serious as S. Dubnov, Krasny-Admoni, non trovarono il documento a Pietroburgo o a Kishinev, né la sua registrazione all'ingresso o all'uscita; trovarono solo la *traduzione* in inglese del testo inglese di Braham (oltre a documenti contenenti "indicazioni di severe punizioni e licenziamenti... che sanzionavano qualsiasi azione illegale da parte di agenti responsabili della questione ebraica").[1136]

[1134] *New York Times*, 19 maggio 1903, p. 10; 21 maggio 1903, p. 8.
[1135] *Times*, 27 maggio 1903, p. 7.
[1136] P. P. *Zavarsine*, Rabota taino politsii (L'opera della vostra polizia segreta), Parigi, 1924, pp. 68-69.

Dopo il 1917, cosa c'era ancora da temere? Ma non un solo testimone, non un solo memorialista, fu in grado di raccontare dove fosse caduto questo telegramma immortale, o di vantarsi di aver fatto da intermediario. E lo stesso Braham, né all'epoca né in seguito, non disse una sola parola al riguardo.

Ma questo non impedì al giornale costituzional-democratico *Retch* ("La Parola") di scrivere con sicurezza, il 19 marzo 1917: "Il bagno di sangue di Kishinev, i pogrom controrivoluzionari del 1905 sono stati organizzati, come è stato definitivamente stabilito da , dal Dipartimento di Polizia". E, nell'agosto del 1917, alla Conferenza di Stato di Mosca, il presidente della Commissione speciale d'inchiesta dichiarò pubblicamente che avrebbe "presto presentato i documenti del dipartimento di polizia sull'organizzazione dei pogrom antiebraici" - ma né presto né tardi, né la Commissione né, successivamente, i bolscevichi esibirono alcun documento di questo tipo. Così la menzogna si è incrostata, praticamente fino ad oggi! ... (Nel mio *16 novembre,* uno dei personaggi evoca il pogrom di Kishinev, e nel 1986 l'editore tedesco aggiunge una nota esplicativa a questo proposito che recita: "Pogrom antiebraico, accuratamente preparato, durato due giorni.

Il Ministro degli Interni Plehve aveva pregato il governatore della Bessarabia, in caso di pogrom, di non usare le armi da fuoco".[1137]) Nella recente *Enciclopedia Ebraica* (1996) si legge questa affermazione: "Nell'aprile 1903, il nuovo ministro degli Interni, Plehve, organizzò con i suoi agenti un pogrom a Kishinev".[1138]

(Paradossalmente, leggiamo nel tomo precedente: "Il testo del telegramma di Plehve pubblicato dal *Times* di Londra... è ritenuto dalla maggior parte degli studiosi un falso"[1139]). E qui: la falsa storia del pogrom di Kishinev ha fatto molto più rumore di quella vera, crudele e autentica. Un giorno verrà fatta chiarezza? O ci vorranno ancora cento anni?

L'incompetenza del governo zarista, la decrepitezza del suo potere, si era manifestata in varie occasioni, in Transcaucasia, ad esempio, durante il massacro tra armeni e azeri, ma il governo fu dichiarato colpevole solo nella vicenda di Kishinev.

"Gli ebrei", ha scritto D. Pasmanik, "non hanno mai imputato il pogrom al popolo, hanno sempre accusato esclusivamente il potere e l'amministrazione... Nessun fatto potrebbe mai scuotere questa opinione,

---

[1137] November sechzehn, München-Zürich, Piper, 1986, p. 1149. Traduzione francese, ed. Fayard, Parigi, 1985.
[1138] SJE, t. 7, p. 347.
[1139] *Ibidem*, t. 6, p. 533.

per di più perfettamente superficiale". [1140]E Biekerman sottolineava che era di dominio pubblico che i pogrom erano per il governo una forma di lotta contro la rivoluzione. Menti più avvedute ragionavano così: se nei recenti pogrom non è attestata alcuna preparazione tecnica da parte del potere, "lo stato d'animo che regna a San Pietroburgo è tale che qualsiasi giudeofobo virulento troverà tra le autorità, dal ministro all'ultimo sergente di città, un atteggiamento benevolo nei suoi confronti". Eppure il processo di Kishinev, svoltosi nell'autunno del 1903, dimostrò esattamente il contrario.

Per l'opposizione liberale e radicale, questo processo doveva trasformarsi in una battaglia contro l'autocrazia. Furono inviati come "parti civili" eminenti avvocati, ebrei e cristiani: Karabchevsky, O. Gruzenberg, S. Kalmanovitch, A. Zaroudny, N. Sokolov. Il "brillante avvocato di sinistra" P. Pereverzev e pochi altri si unirono ai *difensori degli* accusati "perché non avessero paura di dire alla corte... chi li aveva spinti a iniziare la carneficina"[1141] - per chiarire: per dire che era il potere che li aveva armati. Le "parti civili" chiesero che venissero condotte ulteriori indagini e che i "veri colpevoli" venissero messi alla sbarra. Le autorità non pubblicarono le trascrizioni per non esacerbare le passioni nella città di Kishinev e quelle già incandescenti dell'opinione pubblica mondiale. Le cose furono più facili: il drappello di attivisti che circondava le "parti civili" fece i propri rapporti e li inviò in tutto il mondo, attraverso la Romania, per la pubblicazione. Questo, però, non modificò il corso del processo.

I volti degli assassini sono stati scrutati, ma i colpevoli sono senza dubbio le autorità, colpevoli solo, è vero, di non essere intervenute tempestivamente.

A quel punto, il gruppo di avvocati ha diviso una dichiarazione collettiva in cui si affermava che "se il tribunale si rifiuta di consegnare alla giustizia e punire i principali colpevoli del pogrom" - cioè non il governatore Von Raaben (che non interessa più a nessuno), ma lo stesso ministro Plehve e il governo centrale della Russia - "loro [i difensori] non avranno più nulla da fare in questo processo". Infatti, "hanno incontrato una tale ostilità da parte del tribunale che non ha dato loro la possibilità... di difendere liberamente e in coscienza gli interessi dei loro clienti e quelli della giustizia". [1142] Questa nuova tattica degli avvocati, che costituiva un approccio puramente politico, si rivelò alquanto fertile e promettente; fece grande

---

[1140] *D. S. Pasmanik, Rousskaïa revolioutisiia i evreistvo (Bolchevisme ioudaïsme)* (La rivoluzione russa e l'ebraismo [Il bolscevismo e l'ebraismo]), Parigi, 1923, p. 142.
[1141] *Krohl, Stranitsy... (Pagine...) op. cit.*, p. 303.
[1142] *Krohl, op. cit.*, JW2*, pp. 379-380.

impressione al mondo intero. "L'azione degli avvocati è stata approvata da tutte le migliori menti della Russia".[1143]

Il processo davanti alla Divisione Penale di Odessa procedeva ormai con ordine. Le previsioni dei giornali occidentali secondo cui "il processo di Kishinev sarà solo una mascherata, una parodia della giustizia", [1144]non sono state confermate in alcun modo. Gli imputati, visto il loro numero, dovettero essere divisi in diversi gruppi a seconda della gravità dell'accusa. Come già detto, tra gli accusati non c'erano ebrei. [1145] Il capo della gendarmeria della provincia aveva già annunciato in aprile che su 816 persone arrestate, 250 erano state allontanate per inconsistenza delle accuse a loro carico, 446 erano state immediatamente oggetto di decisioni giudiziarie (come evidenziato dal *Times*), e "le persone condannate dal tribunale sono state condannate alle pene più pesanti"; circa 100 erano gravemente accusate, tra cui 36 accusate di omicidio e stupro (a novembre saranno 37). A dicembre, lo stesso capo della gendarmeria ha annunciato i risultati del processo: privazione dei diritti, dei beni e colonia penale (sette anni o cinque anni), privazione dei diritti e battaglione disciplinare (un anno e un anno e mezzo). In totale, 25 condanne e 12 assoluzioni. [1146]Erano stati condannati i veri colpevoli di crimini reali, quelli che abbiamo descritto. Le condanne, tuttavia, non furono tenere: "il dramma di Kishinev si conclude su una contraddizione abituale in Russia: a Kishinev i criminali sembrano essere sottoposti a una rigorosa repressione giudiziaria", affermava stupito l'*American Jewish Yearbook*.[1147]

Nella primavera del 1904, il procedimento della Cassazione a Pietroburgo fu reso pubblico. [1148] Nel 1905 il pogrom di Kishinev fu nuovamente esaminato in Senato; Winaver prese la parola per dimostrare che non c'erano novità.

In realtà, la vicenda del pogrom di Kishinev aveva inflitto una dura lezione al governo zarista, rivelandogli che uno Stato che tollera una simile infamia è uno Stato scandalosamente impotente. Ma la lezione sarebbe stata altrettanto chiara senza velenose falsificazioni o false aggiunte. Perché la semplice verità sul pogrom di Kichinev sembrava insufficiente? Presumibilmente perché questa verità avrebbe rispecchiato la vera natura del governo: un'organizzazione sclerotica, colpevole di aver vessato gli ebrei, ma che rimaneva instabile e incoerente. Invece, con l'aiuto della

---

[1143] *Sliosberg*, t. 3, p. 69.
[1144] *Times*, 10 novembre 1903, p. 4.
[1145] JE, t. 9, p. 507.
[1146] Materialy... (Materiali...), *op. cit.*, p. 147; *Times*, 18 maggio 1903, p. 8; Materialy..., *op. cit.*, p. 294.
[1147] *The American Jewish Year Book*, 5664 (1903-1904), Philadelphia, 1903, pag. 22.
[1148] *Froumkine*, BJWR-1, pp. 60, 61.

menzogna, fu rappresentato come un persecutore saggio, infinitamente sicuro di sé e malvagio. Un tale *nemico* non poteva che meritare l'annientamento.

Il governo russo, che già da molto tempo era stato ampiamente superato sulla scena internazionale, non capì, né sul posto né in seguito, quale sconvolgente sconfitta avesse appena cancellato. Questo pogrom macchiò *tutta la* storia russa, tutte le idee che il mondo aveva della Russia nel suo *complesso;* il sinistro bagliore di fuoco che ne scaturì annunciò e fece precipitare gli sconvolgimenti che presto avrebbero scosso il Paese.

Capitolo 9

Durante la Rivoluzione del 1905

Il pogrom di Kishinev ebbe un effetto devastante e indelebile sulla comunità ebraica in Russia. Jabotinsky: Kishinev traccia "il confine tra due epoche, due psicologie". Gli ebrei di Russia non hanno sperimentato solo un profondo dolore, ma, cosa ancora più profonda, "qualcosa che aveva quasi fatto dimenticare il dolore - e questa era la vergogna". "[1149]Se la carneficina di Kishinev ha giocato un ruolo importante nella realizzazione della nostra situazione, è stato perché allora ci siamo resi conto che gli ebrei erano dei codardi".[1150]

Abbiamo già accennato al fallimento della polizia e all'imbarazzo delle autorità; era quindi naturale che gli ebrei si ponessero la domanda: dobbiamo continuare a fare affidamento sulla protezione delle autorità pubbliche?

Perché non creare le nostre milizie armate e difenderci armi alla mano? Sono stati incitati da un gruppo di importanti uomini pubblici e scrittori: Doubnov, Ahad Haam, Rovnitsky, Ben-Ami, Bialik: "Fratelli... smettete di piangere e di implorare pietà. Non aspettatevi alcun aiuto dai vostri nemici. Fate affidamento solo sulle vostre braccia!".[1151]

Questi appelli "produssero sulla gioventù ebraica l'effetto di una scossa elettrica".[1152] E nell'atmosfera surriscaldata che iniziò a regnare dopo il pogrom di Kishinev, "gruppi armati di autodifesa" videro rapidamente la luce in varie località della Pale of Settlement. Erano generalmente

---

[1149] V. *Jabotinsky*, Vvedenie (Prefazione a Kh. N. Bialik, Pesni i poemy (Canti e poesie), San Pietroburgo, ed. Zalzman, 1914, pp. 42 43.
[1150] V. *Jabotinsky*, V traournye dni (Giorni di lutto), Felietony, San Pietroburgo, Tipografia "Guerold", 1913, pag. 25.
[1151] M. *Krohl*, Kishinovsky pogrom 1903 goda Kishinëvskiy pogromnyi protsess (Il pogrom di Kishinev del 1903), BJWR-2, New York, 1944, p. 377.
[1152] *Ibidem*.

finanziati "dalla comunità ebraica"[1153], e l'introduzione illegale di armi dall'estero non costituiva un problema per gli ebrei. Non era raro che queste armi finissero nelle mani di persone molto giovani.

I rapporti ufficiali non indicano l'esistenza di gruppi armati tra la popolazione cristiana. Il governo ha lottato come ha potuto contro le bombe dei terroristi. Quando le milizie armate hanno cominciato a svilupparsi, ha visto in esse - è naturale - manifestazioni totalmente illegali, premesse della guerra civile, e le ha vietate con i mezzi e le informazioni che aveva a disposizione. (Anche oggi, tutto il mondo condanna e proibisce le "formazioni paramilitari illegali"). A Gomel si formò un gruppo armato altamente operativo sotto la direzione del comitato locale del Bund. Il 1° marzo 1903, quest'ultimo aveva organizzato "festeggiamenti" per l'anniversario dell'"esecuzione di Alessandro II".[1154]

In questa città, dove cristiani ed ebrei erano quasi in numero uguale[1155] e gli ebrei socialisti erano più che determinati, la costituzione di gruppi armati di autodifesa era particolarmente forte. Ciò è stato notato durante gli eventi del 29 agosto e del 1° settembre 1903 - il pogrom di Gomel.

Secondo i risultati dell'indagine ufficiale, la responsabilità del pogrom di Gomel è condivisa: Cristiani ed ebrei si sono attaccati a vicenda.

Osserviamo più da vicino i documenti ufficiali dell'epoca, in questo caso l'atto d'accusa dell'affare Gomel, basato sui rapporti di polizia redatti sul posto. (I rapporti di polizia, che in Russia risalgono all'inizio del XX secolo, hanno ripetutamente dimostrato la loro accuratezza e la loro ineccepibile precisione - e questo fino al trambusto dei giorni del febbraio 1917, fino al momento in cui i commissariati di Pietrogrado furono presi d'assalto dagli insorti e bruciati - da allora questo flusso di informazioni minuziosamente registrate fu interrotto, e tale rimase per noi).

Al processo di Gomel, l'atto d'accusa afferma che: "La popolazione ebraica... cominciò a procurarsi armi e a organizzare circoli di autodifesa in caso di problemi diretti agli ebrei... Alcuni residenti di Gomel ebbero l'opportunità di partecipare a sessioni di addestramento della gioventù

[1153] S. *Dimanstein*, Revoloutsionnoïe dvijenie sredi ievreyev (La rivoluzione di San Pietroburgo del 1905: Istoria rcvoloutsionnovo dvijenia v otdelnykh otcherkakh (Storia del movimento rivoluzionario - abbreviato: "1905") / pod redaktskiei M. N. Pokrovskovo, vol. 3, vyp. 1, M. L., 1927, p. 150.

[1154] N. A. *Buchbinder*, Ivrevskoye rabotchee dvijenie v Gomele (1890-1905) (Il movimento operaio ebraico a Gomel [1890-1905]), Krasnaya lelopis: Istoritcheskii journal, Pg., 1922, nn. 2-3, pp. 659.

[1155] *Ibidem*, p. 38.

ebraica fuori dalla città e che raccoglievano fino a un centinaio di persone che si esercitavano a sparare con le armi".[1156]

"La generalizzazione del possesso di armi, da un lato, la consapevolezza della propria superiorità numerica e della coesione, dall'altro, hanno imbaldanzito la popolazione ebraica al punto che, tra i suoi giovani, si parlava non solo di autodifesa, ma di indispensabile vendetta per il pogrom di Kishinev". Così l'odio espresso in un luogo si riflette in un altro, lontano, e contro gli innocenti.

"Da qualche tempo a questa parte, l'atteggiamento degli ebrei di Gomel è diventato non solo sprezzante, ma francamente provocatorio; le aggressioni - sia verbali che fisiche - nei confronti di contadini e operai sono diventate comuni, e gli ebrei manifestano il loro disprezzo in tutti i modi anche nei confronti dei russi appartenenti a strati sociali più elevati, ad esempio obbligando i soldati a cambiare marciapiede". Il 29 agosto, 1903, tutto iniziò con un banale incidente in un mercato: un alterco tra la commerciante di aringhe Malitskaya e il suo cliente Chalykov; lei gli sputò in faccia, la disputa si trasformò in una rissa, "immediatamente diversi ebrei si precipitarono su Chalykov, lo gettarono a terra e cominciarono a colpirlo con tutto ciò su cui potevano mettere le mani. Una dozzina di contadini volevano difendere Chalykov, ma gli ebrei emisero immediatamente dei fischi precedentemente concordati, provocando un notevole afflusso di altri ebrei... Senza dubbio questi fischi erano una richiesta di aiuto... così mobilitarono immediatamente l'intera popolazione ebraica della città"; "a piedi, in macchina, armati come potevano, gli ebrei si riversarono ovunque al mercato. Ben presto la via del Mercato, il mercato stesso e tutte le strade adiacenti brulicavano di persone; gli ebrei erano armati di pietre, bastoni, martelli, mazze appositamente costruite o anche semplicemente di sbarre di ferro. Dappertutto si sentivano grida: "Andiamo, ebrei! Al mercato! È il pogrom dei russi!" E tutta questa massa si divise in piccoli gruppi per inseguire i contadini e colpirli" - e questi ultimi erano numerosi, in un giorno di mercato. "Lasciando lì i loro acquisti, i contadini - quando avevano tempo - saltavano sui loro carri e si affrettavano a lasciare la città... I testimoni raccontano che quando catturavano i russi, gli ebrei li picchiavano senza pietà, picchiavano vecchi, donne e persino bambini. Ad esempio, una bambina fu tirata fuori da un carro e trascinata per i capelli sulla carreggiata". "Un contadino di nome Silkov si era messo a distanza per godersi lo spettacolo mentre sgranocchiava un pezzo di pane. In quel momento, un ebreo che correva dietro di lui lo colpì alla gola con una coltellata mortale, poi scomparve tra la folla". Vengono elencati altri episodi. Un ufficiale si salvò solo grazie all'intervento del rabbino Maiants

---

[1156] Kievskaya soudebnaya palata: Delo o gomelskom pogrom (Il tribunale di Kiev: il caso del pogrom di Gomel), Pravo, San Pietroburgo, 1904, no. 44, pp. 3041, 3042.

e del proprietario della casa vicina, Rudzievsky. All'arrivo sul posto, la polizia fu accolta "da parte degli ebrei, da una pioggia di pietre e di colpi di rivoltella... che partivano non solo dalla folla ma anche dai balconi degli edifici vicini"; "la violenza contro la popolazione cristiana continuò quasi fino a sera, e solo con l'arrivo di un distaccamento dell'esercito la folla di ebrei fu dispersa"; "gli ebrei colpirono i russi, e soprattutto i contadini, che... erano incapaci di opporre resistenza, sia per il loro numero ridotto rispetto a quello degli ebrei, sia per la mancanza di difese... Quel giorno, tutte le vittime erano russi... molti feriti, persone picchiate a sangue"." L'[1157]atto d'accusa conclude, per quanto riguarda gli eventi del 29 agosto, che essi "avevano innegabilmente il carattere di un 'pogrom antirusso'".[1158]

Questi fatti provocarono "una profonda indignazione tra la popolazione cristiana", che rafforzò "lo stato d'animo euforico" degli ebrei, il loro "entusiasmo" [...]: "Non siamo più a Kishinev!". Il 1° settembre, dopo la sirena di mezzogiorno, i ferrovieri uscirono dalle officine con un rumore anomalo, si udirono grida ed esclamazioni e il capo della polizia ordinò di bloccare il ponte che portava in città. Poi gli operai si diffusero nelle strade vicine e "pietre volarono alle finestre delle case abitate da ebrei", mentre "in città cominciarono a formarsi grandi assembramenti di ebrei" che "lanciarono da lontano pezzi di legno e pietre sulla folla di operai"; "due pietre di pavimentazione lanciate dalla folla ebraica" colpirono alla schiena un commissario di polizia che cadde svenuto. La folla russa cominciò a gridare: "I kikes hanno ucciso il commissario!" e si impegnò a saccheggiare case e negozi degli ebrei. L'intervento della truppa, che separò gli avversari e si schierò di fronte a entrambi, evitò lo spargimento di sangue. Da parte degli ebrei furono lanciate pietre e colpi di rivoltella contro i soldati "con una pioggia di insulti". Il comandante chiese al rabbino Maiants e al dottor Zalkind di intervenire presso gli ebrei, ma "i loro appelli alla calma non sortirono alcun effetto e la folla continuò ad agitarsi"; fu possibile richiamarla solo puntando le baionette. Il principale successo dell'esercito fu quello di impedire "ai demolitori di raggiungere il centro della città, dove si trovavano i negozi e le case degli ebrei più ricchi". Poi il pogrom si spostò alla periferia della città. Il capo della polizia cercò ancora di esortare la folla, ma questa gridò: "Siete con gli ebrei, ci avete traditi! Le salve tirate dalle truppe sui russi e sugli ebrei frenarono il pogrom, ma due ore dopo esso riprese nei sobborghi: di nuovo spari sulla folla, diversi morti e feriti, e poi il pogrom cessò. Tuttavia, l'atto d'accusa fa riferimento alla presenza nel centro della città di "gruppi di ebrei che si comportavano in modo molto provocatorio e si opponevano all'esercito e alla polizia...

[1157] *Ibidem*, pp. 3041-3043.
[1158] *Ibidem*, p. 3041.

Come il 29 agosto, tutti erano armati... molti brandivano rivoltelle e pugnali", "arrivando a sparare colpi o a lanciare pietre contro le truppe incaricate di proteggere le loro proprietà"; "attaccavano i russi che si avventuravano da soli nelle strade, compresi i soldati": un contadino e un mendicante furono uccisi. Durante quella giornata, tre ebrei della classe media soccombettero a "ferite mortali". Verso sera i disordini cessarono. Cinque ebrei e quattro cristiani erano stati uccisi. "Quasi 250 locali commerciali o residenziali appartenenti a ebrei erano stati colpiti dal pogrom". Da parte ebraica, "la stragrande maggioranza dei partecipanti attivi agli eventi era costituita esclusivamente da... giovani", ma molte persone "più mature", così come i bambini, avevano consegnato loro pietre, tavole e tronchi".[1159]

Non si trova alcuna descrizione di questi eventi da parte di alcuno scrittore ebreo.

"Il pogrom di Gomel non aveva colto di sorpresa i suoi organizzatori. Era stato preparato da tempo, la formazione di autodifesa era stata messa in atto subito dopo gli eventi di Kishinev".[1160] Solo pochi mesi dopo Kishinev, gli ebrei non potevano più disprezzarsi per l'atteggiamento rassegnato di cui erano accusati, tra gli altri, dal poeta Bialik. E, come sempre accade per i gruppi armati di questo tipo, il confine tra difesa e attacco divenne sempre più labile. La prima era alimentata dal pogrom di Kishinev, la seconda dallo spirito rivoluzionario degli organizzatori.

(L'attivismo della gioventù ebraica si era già manifestato in precedenza. Così, nel 1899, fu rivelato l'"affare Chklov": in questa città, dove c'erano nove ebrei per un russo, i soldati russi disarmati - erano stati smobilitati - furono duramente picchiati dagli ebrei. Dopo aver esaminato questo episodio, il Senato lo considerò una manifestazione di odio etnico e religioso degli ebrei verso i russi, ai sensi dello stesso articolo del Codice penale che era stato applicato al processo dei responsabili del pogrom di Kishinev).

Questo attivismo non deve essere attribuito solo al Bund. "Alla testa di questo processo [di creazione, a ritmo costante, di organizzazioni di autodifesa] si trovano i sionisti e i partiti vicini al sionismo, i sionisti-socialisti e il 'Poalei Zion'". Così, è come a Gomel, nel 1903, "la maggior parte dei distaccamenti era organizzata dal partito 'Poalei Zion'".[1161] (Il che

---

[1159] *Ibidem*, pp. 3043-3046.
[1160] Buchbinder, op. cit., *p*. 69.
[1161] L. Praisman, Pogromy i samooborona (I pogrom e l'autodifesa), "22": Obchtchestvenno-polititcheskii literatoumyi newspaper Ivreiskoi intelligentsii iz SSSR v Izraele, Tel Aviv, 1986-1987, no. 51, p. 178.

contraddice Buchbinder, fervente ammiratore del Bund: non so davvero a chi credere).

Quando la notizia del pogrom di Gomel giunse a San Pietroburgo, l'Ufficio di Difesa Ebraica inviò due avvocati - ancora Zaroudny e N. D. Sokolov - a procedere a un'indagine privata il prima possibile. Zaroudny raccolse ancora una volta "prove inconfutabili" che il pogrom era stato organizzato dal Dipartimento di Sicurezza, [1162]ma anche in questo caso non furono rese pubbliche. (Trent'anni dopo, anche Sliosberg, che partecipò ai processi di Gomel, ne seguì l'esempio nelle sue Memorie in tre volumi, affermando, senza alcuno straccio di prova - il che sembra incomprensibile da parte di un avvocato -, sbagliando le date - e quegli errori che possono essere attribuiti all'età, non trovò nessuno che li correggesse -, che il pogrom di Gomel era stato deliberatamente organizzato dalla polizia. Egli esclude anche ogni azione offensiva da parte dei distaccamenti di autodifesa del Bund e del Poalei Zion. (Ne parla in modo incoerente e confuso, ad esempio: "I giovani dei gruppi di autodifesa misero rapidamente fine al comportamento scorretto e cacciarono i contadini", "i giovani ebrei si riunirono prontamente e, in più di un'occasione, riuscirono a respingere i rivoltosi", [1163]così, senza usare armi? ...) L'inchiesta ufficiale procedeva seriamente, passo dopo passo, e in quel periodo la Russia stava precipitando nella guerra giapponese. E solo nell'ottobre 1904 si svolse il processo di Gomel, in un'atmosfera politica incandescente.

Quarantaquattro cristiani e 36 ebrei sono comparsi davanti al tribunale; quasi mille persone sono state chiamate a testimoniare. [1164]L'ufficio della difesa era rappresentato da diversi avvocati: Sliosberg, Kupernik, Mandelstam, Kalmanovich, Ratner, Krohl. Dal loro punto di vista, era ingiusto che anche un solo ebreo fosse incluso nel banco degli accusati: per l'intera comunità ebraica in Russia "era come un avvertimento contro il ricorso alla difesa personale ". [1165]Dal punto di vista del governo, non si trattava di "autodifesa".

Ma gli avvocati degli imputati ebrei non si occuparono dei dettagli, né delle proprietà ebraiche che erano state realmente saccheggiate - si concentrarono solo su una cosa: scoprire i "motivi politici" del pogrom, per esempio, sottolineare che i giovani ebrei, nel mezzo della mischia, gridavano: "Abbasso l'autocrazia!". Infatti, poco dopo, hanno deciso di abbandonare i loro clienti e di lasciare collettivamente l'aula per lanciare

---

[1162] Dal libro Minouvehikh dnei: Zapiski ruskovo ievreia (Cose del passato: ricordi di un ebreo russo), V 3-kh t. Parigi, 1933 1934. t. 3, pp. 78 79.
[1163] *Ibidem*, p. 77.
[1164] Delo o gomelskom pogrom (Tribunale di Kiev: il caso del pogrom di Gomel), *op. cit.*, p. 3040.
[1165] JE, t. 6, p. 666.

un messaggio ancora più forte: ripetere il precedente del processo di Kishinev.[1166]

Questo metodo, tanto abile quanto rivoluzionario, era del tutto nell'aria dell'epoca nel dicembre 1904: questi sostenitori liberali volevano far esplodere il sistema giudiziario stesso!

Dopo la loro partenza, "il processo si concluse rapidamente", in quanto era ormai possibile esaminare i fatti. Alcuni ebrei furono assolti, gli altri furono condannati a pene non superiori a cinque mesi; "le condanne che toccarono ai cristiani furono uguali a quelle degli ebrei".[1167] Alla fine, le condanne da una parte e dall'altra furono circa altrettante.[1168]

Immergendosi nella guerra giapponese, adottando una posizione rigida e perspicace nel conflitto per la Corea, né l'imperatore Nicola II né gli alti dignitari che lo circondavano si resero conto di quanto, sul piano internazionale, la Russia fosse vulnerabile nei confronti dell'Occidente e soprattutto dell'America "tradizionalmente amica".

Né tennero conto dell'ascesa dei finanzieri occidentali, che stavano già influenzando la politica delle grandi potenze, sempre più dipendenti dal credito. Nel XIX secolo le cose non andavano ancora così e il governo russo, sempre lento a reagire, non sapeva come percepire questi cambiamenti.

Tuttavia, dopo il pogrom di Kishinev, nell'opinione pubblica occidentale si era consolidato un atteggiamento di repulsione nei confronti della Russia, considerata come un vecchio spaventapasseri, un Paese asiatico e dispotico dove regna l'oscurantismo, dove il popolo è sfruttato, dove i rivoluzionari sono trattati senza pietà, sottoposti a sofferenze e privazioni disumane, e ora stanno massacrando gli ebrei "a migliaia", e dietro tutto questo c'è la mano del governo! (Come abbiamo visto, il governo non è stato in grado di rettificare in tempo, con energia ed efficienza, questa versione distorta dei fatti). Così, in Occidente, si cominciò a ritenere opportuno, addirittura degno di considerazione, sperare che la rivoluzione scoppiasse in Russia il prima possibile: sarebbe stata una cosa buona per tutto il mondo e per gli ebrei di Russia in particolare.

E, soprattutto, l'incompetenza, l'incapacità, l'impreparazione a condurre operazioni militari lontane contro un Paese che all'epoca appariva piccolo

---

[1166] *Sliosberg*, t. 3, pp. 78-87.
[1167] JE, t. 6, p. 667.
[1168] I. G. Froumkine, Iz istorii ruskovo ievreïstva-(Sb.) Kniga o rousskom cvrcïve: Ot 1860 godov do Revolutsii 1917 g. (Aspetti della storia degli ebrei russi), in BJWR-1, p. 61.

e debole, nel contesto di un'opinione pubblica agitata e apertamente ostile, che desiderava la sconfitta del proprio Paese.

La simpatia degli Stati Uniti per il Giappone si espresse abbondantemente sulla stampa americana. Essa "salutava ogni vittoria giapponese e non nascondeva il desiderio di vedere la Russia subire una rapida e decisiva battuta d'arresto". [1169] Witte cita due volte nelle sue Memorie che il presidente Theodore Roosevelt era dalla parte del Giappone e lo sosteneva. [1170] E Roosevelt stesso: "Non appena è scoppiata questa guerra ho fatto presente alla Germania e alla Francia, con la massima cortesia e discrezione, che in caso di accordo anti-giapponese" con la Russia "mi sarei immediatamente schierato dalla parte del Giappone e avrei fatto di tutto in futuro per servire i suoi interessi". Si [1171] può supporre che le intenzioni di Roosevelt non fossero sconosciute al Giappone.

E fu lì che apparve il potentissimo banchiere Jakob Schiff, uno dei più grandi ebrei, colui che poté realizzare i suoi ideali grazie alla sua eccezionale posizione nella sfera economica".[1172] "Fin da piccolo Schiff si occupò di affari"; emigrò dalla Germania a New York e divenne presto capo della banca Kuhn, Loeb & Co. Nel 1912, "è in America il re delle ferrovie, proprietario di ventiduemila miglia di ferrovie"; "ha anche una reputazione di filantropo energico e generoso; è particolarmente sensibile ai bisogni della comunità ebraica".[1173] Schiff aveva particolarmente a cuore la sorte degli ebrei russi, da cui la sua ostilità nei confronti della Russia fino al 1917.

Secondo l'*Encyclopædia Judaica* (in inglese), "Schiff diede un notevole contributo all'assegnazione di crediti al proprio governo e a quello di altri Paesi, segnalando in particolare un prestito di 200 milioni di dollari al Giappone durante il conflitto che lo oppose alla Russia nel 1904 1905.

Indignato per la politica antisemita del regime zarista in Russia, sostenne con entusiasmo lo sforzo bellico giapponese. Rifiutò costantemente di partecipare ai prestiti alla Russia e usò la sua influenza per dissuadere altre istituzioni dal farlo, pur concedendo aiuti finanziari ai gruppi di autodifesa degli ebrei russi". [1174] Ma se è vero che questo denaro permise al Bund e ai

---

[1169] F. R. Dulles, *The Road to Tehran: The Story of Russia and America*, 1781 1943, Princeton, NJ, Princeton University Press, 1944, pp. 88 89.

[1170] S. I. Witte, Vospominania. Tsarstvovanie Nikolaïa (Memorie, Il regno di Nicola II). In 2 volumi, Berlino, Slovo, 1922, t. 1, pp. 376, 393.

[1171] T. Dennett, Roosevelt and the Russo-Japanese War, Doubleday, Page and Company, 1925 (ristampa: Gloucester, Mass., Peter Smith, 1959), pag. 2.

[1172] Sliosberg, t. 3, p. 155.

[1173] JE, t. 16, p. 41.

[1174] *Encyclopædia Judaica*, vol. 14, Gerusalemme, Keter Publishing House, Ltd., 1971, p. 961.

Poalei Zion di rifornirsi di armi, non è meno probabile che essi abbiano beneficiato anche di altre organizzazioni rivoluzionarie in Russia (tra cui la S.R. che, all'epoca, praticava il terrorismo). È provato che Schiff, in un colloquio con un funzionario del Ministero delle Finanze russo, G. A. Vilenkine, che era anche un suo lontano parente, "riconobbe di aver contribuito al finanziamento del movimento rivoluzionario in Russia" e che "le cose erano andate troppo oltre"[1175] per porvi fine.

In Russia, tuttavia, il barone G. O. Ginzburg continuò a intervenire a favore della parità di diritti per gli ebrei. A tal fine, nel 1903 visitò Witte a capo di una delegazione ebraica. Quest'ultimo (che si era già occupato della questione ebraica quando era segretario generale del governo) gli rispose allora: che agli ebrei doveva essere concessa la parità di diritti solo gradualmente, ma "affinché la questione possa essere sollevata, gli ebrei devono adottare "un comportamento completamente diverso"", cioè astenersi dall'interferire nella vita politica del Paese. "Non sono affari vostri, lasciateli a coloro che sono russi per sangue e stato civile, non spetta a voi darci lezioni, dovreste piuttosto occuparvi di voi stessi".

Ginzburg, Sliosberg e Koulicher erano d'accordo con questa opinione, altri partecipanti non lo erano, in particolare Winaver, che obiettava: "Gli ebrei devono sostenere con tutte le loro forze i russi che lottano per questo, e quindi contro il potere in carica".[1176]

A partire dalla guerra giapponese, dall'inizio del 1904, il governo russo cercò il sostegno finanziario dell'Occidente e, per ottenerlo, fu disposto a promettere un'estensione dei diritti degli ebrei. Su richiesta di Plehve, alte personalità entrarono in contatto con il barone Ginzburg su questo tema, e Sliosberg fu inviato all'estero per sondare l'opinione dei maggiori finanzieri ebrei. Per principio, Schiff "rifiutò ogni contrattazione sul numero e sulla natura dei diritti concessi agli ebrei". Egli poteva "intrattenere relazioni finanziarie solo con un governo che riconoscesse a tutti i suoi cittadini l'uguaglianza dei diritti civili e politici... 'Si possono intrattenere relazioni finanziarie solo con Paesi civili'". A Parigi, anche il barone de Rothschild rifiutò:

"Non sono disposto a organizzare alcuna operazione finanziaria, anche se il governo russo apporta miglioramenti al destino degli ebrei".[1177]

Witte riuscì a ottenere un grosso prestito senza l'aiuto dei circoli finanziari ebraici. Nel frattempo, nel 1903 e nel 1904, il governo russo si era impegnato a revocare alcune disposizioni che limitavano i diritti degli ebrei

---

[1175] A. *Davydov*, Vospominania, 1881-1955 (Memorie, 1881-1955), Parigi, 1982.
[1176] *Witte*, Memorie, *op. cit.*, t. 2, pp. 286, 287.
[1177] *Sliosberg*, t. 3, pp. 97, 100-101.

(ne abbiamo già parlato in parte). Il primo passo in questa direzione, il più importante, era stato, durante la vita di Plehve e in deroga ai Regolamenti del 1882, l'abolizione del divieto per gli ebrei di insediarsi in 101 località densamente popolate che non erano considerate città nonostante una significativa attività industriale e commerciale, in particolare nel commercio del grano. [1178]In secondo luogo, la decisione di promuovere un gruppo di ebrei al rango di avvocati, cosa che non avveniva dal 1889. [1179] Dopo l'assassinio di Plehve e l'era della "fiducia" inaugurata dall'effimero ministro degli Interni Sviatopolk-Mirsky, questo processo continuò. Così, per gli ebrei con un'istruzione superiore si verificò l'abolizione delle misure restrittive adottate nel 1882, compreso il diritto di stabilirsi in aree precedentemente vietate a loro, come quelle dell'Armata del Don, del Kuban, del Terek. Fu anche revocato il divieto di residenza nella fascia di confine di 50 verste; fu ristabilito il diritto (abolito sotto Alessandro II dopo il 1874) di risiedere in tutto il territorio dell'impero per "gli ottoni dell'esercito di origine ebraica... con precedenti di servizio esemplari". [1180]In occasione della nascita dell'erede al trono, nel 1904, fu decretata l'amnistia delle multe che avevano colpito gli ebrei che si erano sottratti agli obblighi militari.

Ma tutte queste concessioni arrivarono troppo tardi. Nel nodo della guerra giapponese che circondava la Russia, non furono più accettate, come abbiamo visto, né dai finanziatori ebrei occidentali, né dalla maggioranza dei politici ebrei in Russia, né, a ragione, dai giovani ebrei. E in risposta alle dichiarazioni fatte da Sviatopolk-Mirsky al momento del suo insediamento, che prometteva un sollievo sia nella zona di insediamento che nella scelta di un'attività, una dichiarazione di "più di seimila persone" (le firme erano state raccolte dal Gruppo Democratico Ebraico): "Consideriamo futili tutti gli sforzi per soddisfare e placare la popolazione ebraica con miglioramenti parziali della sua condizione. Consideriamo nulla ogni politica di graduale abolizione dei divieti che gravano su di noi... Siamo in attesa di uguali diritti... ne facciamo una questione di onore e di giustizia".[1181]

Era diventato più facile pesare su un governo invischiato nella guerra.

Va da sé che, in un contesto in cui la società russa colta aveva solo disprezzo per il potere, era difficile aspettarsi che la gioventù ebraica manifestasse massicciamente il suo entusiasmo patriottico. Secondo i dati forniti dal generale Kushropkin, allora ministro della Guerra e poi

---

[1178] JE, t. 5, p. 863.
[1179] *Sliosberg*, t. 2, p. 190.
[1180] JE, t. 5, pp. 671, 864.
[1181] *Frumkin*, op. cit., BJWR-1, pp. 64, 109, 110.

comandante in capo del fronte orientale, "nel 1904 il numero di insubordinati tra i coscritti ebrei è raddoppiato rispetto all'anno 1903; più di 20.000 di loro si sono sottratti ai loro obblighi militari senza un valido motivo. Su 1.000 coscritti, più di 300 erano dispersi, mentre tra i coscritti russi questo numero è sceso a solo 2 su 1.000. Per quanto riguarda i riservisti ebrei, hanno disertato in massa mentre si recavano nella zona delle operazioni militari".[1182]

Una statistica americana suggerisce indirettamente che dall'inizio della guerra giapponese ci fu un'ondata di emigrazione di massa di ebrei in età di servizio militare. Durante i due anni di guerra, le cifre dell'immigrazione ebraica negli Stati Uniti aumentarono in modo molto marcato per le persone in età lavorativa (14-44 anni) e per gli uomini: i primi furono 29.000 in più di quanto previsto (rispetto alle altre categorie di immigrati); i secondi, 28.000 in più (rispetto alle donne). Dopo la guerra, si sono riscontrate le solite proporzioni. [1183] (*Il giornale kieviano* riportava all'epoca che "da 20.000 a 30.000 soldati e riservisti ebrei ... si sono nascosti o sono fuggiti all'estero". [1184]Nell'articolo "Servizio militare in Russia" dell'*Enciclopedia Ebraica,* possiamo vedere un quadro comparativo dell'insubordinazione tra ebrei e cristiani; secondo le cifre ufficiali, la proporzione dei primi rispetto ai secondi è di 30 a uno nel 1902 e di 34 a uno nel 1903. L'*Enciclopedia Ebraica* indica che queste cifre possono anche essere spiegate dall'emigrazione, da decessi non considerati o da errori di calcolo, ma l'inspiegabile assenza in questa tabella di dati statistici per il 1904 e il 1905, non lascia la possibilità di farsi un'idea precisa dell'entità dell'insubordinazione durante la guerra.[1185]

Per quanto riguarda i combattenti ebrei, l'*Enciclopedia Ebraica* afferma che erano tra i 20.000 e i 30.000 durante la guerra, senza contare i 3.000 ebrei che prestavano servizio come medici; e sottolinea che persino il giornale *Novoïe Vremia,* pur essendo ostile agli ebrei, riconosceva il loro comportamento coraggioso in combattimento. [1186] Queste affermazioni sono corroborate dalla testimonianza del generale Denikin: "Nell'esercito russo i soldati ebrei, pieni di risorse e coscienziosi, si adattavano bene, anche in tempo di pace. Ma in tempo di guerra tutte le differenze erano auto-eliminate, e anche il coraggio e l'intelligenza individuali erano

---

[1182] A. N. *Kouropatkine,* Zadatchi ruskko armii (I problemi dell'esercito russo), San Pietroburgo, 1910, t. 3, pp. 344-345.
[1183] JE, t. 2, pp. 239-240.
[1184] Kievlianine, 16 dicembre 1905- *V. V. Choulguine,* "Chto nam v nikh ne nravitsa..." Ob Antisemilizm v Rossii ("Ciò che non ci piace di loro..." sull'antisemitismo in Russia), Parigi, 1929, allegati, p. 308.
[1185] JE, t. 5, pp. 705-707.
[1186] *Ibidem,* t. 3, pp. 168-169.

riconosciuti". [1187]Un fatto storico: l'eroismo di Iossif Troumpeldor che, avendo perso una mano, chiese di rimanere nei ranghi. In realtà, non fu l'unico a distinguersi.[1188]

Alla fine di questa guerra persa dalla Russia, il presidente Theodore Roosevelt accettò di mediare i colloqui con il Giappone (Portsmouth, USA). Witte, che guidava la delegazione russa, ricorda "questa delegazione di pezzi grossi ebrei che vennero a trovarmi due volte in America per parlarmi della questione ebraica". Si trattava di Jakob Schiff, dell'eminente avvocato Louis Marshall e di Oscar Strauss, tra gli altri.

La posizione della Russia era diventata piuttosto scomoda, il che impose al ministro russo un tono più conciliante rispetto al 1903. Le argomentazioni di Witte "sollevarono violente obiezioni da parte di Schiff". [1189]Quindici anni dopo, Kraus, uno dei membri di questa delegazione, che nel 1920 divenne presidente della Loggia B'nai B'rith, disse: "Se lo zar non concede al suo popolo le libertà a cui ha diritto, la rivoluzione sarà in grado di stabilire una repubblica che permetterà l'accesso a queste libertà".[1190]

Nelle stesse settimane, un nuovo pericolo cominciò a minare le relazioni russo-americane. Tornando a Witte, T. Roosevelt gli chiese di informare l'Imperatore che l'accordo commerciale che legava da tempo (1832) il suo Paese alla Russia avrebbe sofferto se quest'ultima avesse applicato restrizioni confessionali agli uomini d'affari americani che si recavano sul suo territorio. [1191]Questa protesta, che naturalmente era una questione di principio, riguardava in pratica un numero significativo di ebrei russi immigrati negli Stati Uniti e diventati cittadini americani.

Tornarono in Russia - spesso per impegnarsi in attività rivoluzionarie - come mercanti che non erano soggetti ad alcuna limitazione professionale o geografica. Questa mina poteva esplodere solo qualche anno più tardi.

Da diversi anni Stoccarda pubblicava la rivista *Osvoboj-denie*[1192] e la grande massa dei russi colti nascondeva a stento le proprie simpatie per l'organizzazione illegale Unione per la Liberazione. Nell'autunno del 1904, in tutte le principali città della Russia si tenne una "campagna di banchetti", in cui vennero indetti brindisi appassionati e premonitori per il rovesciamento del "regime". Anche i partecipanti dall'estero parlarono in

---

[1187] A. I. Denikine, Pout rousskovo ofitsera (*La routine di un ufficiale russo*), New York, ed. Imeni Chekhov, 1953, pag. 285.
[1188] JE, t. 3, p. 169.
[1189] *Witte, op. cit.,* t. 1, pp. 394-395.
[1190] *B'nai B'rith News*, maggio 1920, vol. XII, n. 9.
[1191] *Witte, op. cit.,* p. 401.
[1192] Organo dell'Unione per la Liberazione, organizzazione dell'opposizione liberale, che nel 1905 si trasformò in Partito democratico-costituzionale (o KD, o Cadetto).

pubblico (come Tan Bogoraz). "I disordini politici erano penetrati in tutti gli strati della comunità ebraica". Quest'ultima fu inghiottita da questo ribollire, senza distinzione di classi o partiti.

Così "molti uomini pubblici ebrei, anche di sensibilità patriottica, facevano parte dell'Unione per la Liberazione". [1193]Come tutti i liberali russi, si dimostrarono "disfattisti" durante la guerra giapponese. Come loro, hanno applaudito le "esecuzioni" dei ministri Bogolepov, Sipiagin, Plehve. E tutta questa Russia "progressista" spingeva anche gli ebrei in questa direzione, non potendo ammettere che un ebreo potesse essere più a destra di un democratico di sinistra, ma ritenendo che dovesse, più naturalmente, essere un socialista. Un ebreo conservatore? Ah! Anche in un'istituzione accademica come la Commissione Storico-Etnografica Ebraica, "in questi anni tumultuosi non c'era tempo per impegnarsi serenamente nella ricerca scientifica..." era necessario "fare la Storia".[1194] "I movimenti radicali e rivoluzionari all'interno della comunità ebraica russa si sono sempre basati sull'idea che il problema dell'uguaglianza dei diritti... la questione storica fondamentale degli ebrei di Russia, sarebbe stata risolta solo quando si sarebbe tagliata una volta per tutte la testa della Medusa e tutti i serpenti che ne derivano".[1195]

In questi anni a San Pietroburgo, l'Ufficio per la Difesa Ebraica sviluppò le sue attività con l'obiettivo di "combattere la letteratura antisemita e diffondere informazioni appropriate sulla situazione legale degli ebrei, al fine di influenzare soprattutto l'opinione dei circoli liberali russi". (Sliosberg fa notare che queste attività erano ampiamente sovvenzionate dall'EK0 internazionale[1196] . [1197]) Ma non si trattava tanto di influenzare la società russa. Il Bureau non aprì filiali in Russia, nemmeno a Mosca, Kiev o Odessa: da un lato, la propaganda sionista assorbiva tutte le energie degli ebrei più colti; dall'altro, "la propaganda del Bund mobilitava la maggior parte della gioventù ebraica istruita". (A Sliosberg che insisteva sulla condanna del Bund, Winaver obiettò che non doveva litigare con il Bund: "dispone di energia e potere propagandistico". [1198]Tuttavia, il Bureau mantenne presto una forte relazione, costruita su informazioni reciproche e aiuto reciproco, con il Comitato ebraico americano (presieduto da J.

[1193] G. I. *Aronson*, V borbe za grajdanskie i natsionalnye prava: Obchtchestvennye tetchenia v rousskom evreïstve (La lotta per i diritti civili e nazionali: I movimenti di opinione all'interno della comunità ebraica della Russia), BJWR-1, pp. 221-222.

[1194] M. L. *Vichnitser*, Iz peterbourgskikh vospominanii (Ricordi di Pietroburgo), BJWR-1, p. 41.

[1195] S. *Ivanovich*, Ievrei i sovetskaya diktatoura (Gli ebrei e la dittatura sovietica), pp. 41-42.

[1196] Comitato ebraico di mutuo soccorso.

[1197] *Sliosberg*, t. 3, pp. 132, 248, 249.

[1198] *Ibidem*, pp. 138, 168.

Schiff, poi Louis Marshall), il Comitato ebraico inglese (Claude Montefiore, Lucine Woolf), l'Alleanza di Parigi e il Comitato di sostegno degli ebrei tedeschi (*Hilfsverein der deutschen Juden*: James Simon, Paul Nathan [1199]).

Ecco la testimonianza di M. Krohl: "Il cuore del nostro gruppo era l'"Ufficio stampa" [la cui missione era quella di diffondere] attraverso la stampa russa e straniera informazioni serie sulla situazione degli ebrei in Russia". Fu A. I. Braudo ad assumersi questo compito. "Lo portò a termine perfettamente. Nelle condizioni della Russia di allora, questo tipo di lavoro richiedeva molta prudenza" e doveva essere svolto "nella massima segretezza". Nemmeno i membri dell'Ufficio della Difesa sapevano con quali mezzi o attraverso quali canali fosse riuscito a organizzare una tale e tanta campagna di stampa... Un gran numero di articoli pubblicati sulla stampa russa o straniera dell'epoca, spesso con grandi ripercussioni, erano stati comunicati ai giornali o alle riviste o personalmente da Braudo, o attraverso il suo intermediario".[1200]

"Fornire informazioni serie" per lanciare "questa o quella campagna di stampa": è un po' agghiacciante, soprattutto alla luce di quanto accaduto nel 20 secolo. Nel linguaggio odierno, si chiama "abile manipolazione dei media".

Nel marzo 1905 l'Ufficio di difesa convocò a Vilnius il Congresso costituente dell'"Unione per l'uguaglianza dei diritti del popolo ebraico in Russia", [1201]ma procedette rapidamente alla sua autodissoluzione e aderì alla direzione dell'Unione per l'integralità dei diritti (l'espressione "integralità", perché più forte di quella di "uguaglianza dei diritti", era stata proposta da Winaver. Oggi la evochiamo sotto una forma ibrida come "Unione per il raggiungimento dell'uguaglianza integrale dei diritti"[1202]).

Si voleva che questa nuova Unione riunisse tutti i partiti e i gruppi ebraici. [1203]Ma il Bund denunciò questo congresso come *borghese*. Tuttavia, molti sionisti non potevano rimanere nel loro splendido isolamento. I prodromi di rivoluzione russa portarono a una scissione nei loro ranghi. E alcune di queste frazioni non resistettero alla tentazione di partecipare alle grandi cose che si svolgevano davanti ai loro occhi! Ma così facendo, esercitarono un'influenza sull'orientamento strettamente civico dell'agenda del

---

[1199] *Ibidem*, pp. 142-147, 152, 157.
[1200] M. Krohl, Stranitsy moiei jisni (Pagine della mia vita), t. 1, New York, 1944, pp. 299, 300.
[1201] JE, t. 14, p. 515.
[1202] RJE, t. 3, M., 1997, p. 65.
[1203] JE, t. 14, p. 515.

congresso. L'idea si stava facendo strada non solo per lottare per i diritti civici ma anche, con la stessa energia, per i diritti nazionali.[1204]

Sliosberg combatté contro l'influenza dei sionisti "che volevano ritirare gli ebrei dal numero dei cittadini della Russia" e le cui richieste "erano spesso formulate solo per motivi demagogici". Perché la comunità ebraica in Russia "non è stata in alcun modo limitata nell'espressione della sua vita nazionale...

Era opportuno sollevare la questione dell'autonomia nazionale degli ebrei quando nessuna delle nazionalità che vivevano in Russia la possedeva, mentre lo stesso popolo russo, nella sua parte ortodossa, era ben lontano dall'essere libero nell'espressione della sua vita religiosa e nazionale?". Ma "a quel tempo la demagogia assunse un significato molto particolare nel retrobottega ebraico".[1205]

Così, al posto della nozione, chiara agli occhi di tutti, di "uguaglianza dei diritti", che certamente non era ancora avvenuta, ma che sembrava non essere più in ritardo rispetto agli sviluppi politici, venne lanciato lo slogan dell'*integralità dei diritti* degli ebrei. Si intendeva dire che, oltre alla parità di diritti, veniva riconosciuta anche "l'autonomia nazionale". "Va detto che chi ha formulato questi requisiti non aveva un'idea molto chiara del loro contenuto. La creazione di scuole ebraiche non era limitata da alcuna legge. Lo studio della lingua russa era richiesto... nella misura in cui non si trattava di una questione di *Heders*.[1206]

Ma anche altri Paesi più civilizzati imponevano l'uso della lingua di Stato nei rapporti con l'amministrazione e a scuola. Negli [1207]Stati Uniti, quindi, non esisteva alcuna "autonomia nazionale" per gli ebrei. Ma gli "ottentisti" ("Unione per l'ottentamento...") chiedevano "l'autodeterminazione nazionale e culturale" sul territorio della Russia, nonché una sostanziale autonomia per le comunità ebraiche (e, allo stesso tempo, la secolarizzazione di queste ultime, per sottrarle all'influenza religiosa dell'ebraismo - cosa che andava bene sia ai sionisti che ai socialisti). Più tardi, questo fu chiamato "autonomia nazionale-personale". (accompagnata dalla richiesta che le istituzioni culturali e sociali ebraiche fossero finanziate dallo Stato, ma senza che questo interferisse nel loro funzionamento). E come immaginare l'"autogestione" di una nazione dispersa territorialmente? Il Secondo Congresso dell'Unione, nel

---

[1204] *Aronson*, La lotta..., *op. cit.*, p. 222.
[1205] *Sliosberg*, t. 3, pp. 170-171.
[1206] Scuole elementari ebraiche.
[1207] *Ibidem*, p. 170.

novembre 1905, prese la decisione di convocare un'Assemblea nazionale ebraica della Russia.[1208]

Tutte queste idee, compresa l'"autonomia nazionale-personale" degli ebrei di Russia, furono espresse e portate avanti in varie forme fino al 1917. Tuttavia, l'Unione per l'Integrità dei Diritti si rivelò effimera. Alla fine del 1906 si staccò il Gruppo antisionista del popolo ebraico (Winaver, Sliosberg, Koulicher, Sternberg), che rifiutava l'idea di un'Assemblea nazionale ebraica ; poco dopo fu la volta del Partito del popolo ebraico (S. Doubnov - nazionalismo religioso e culturale, in particolare il diritto di usare la lingua ebraica nella vita pubblica di tutto il Paese, ma con quali mezzi, in che modo?); quindi del Gruppo democratico ebraico (Bramson, Landau), vicino al Partito del lavoro.[1209] Anche l'Unione per l'integrità dei diritti fu accusata di essersi schierata con il KD e, di conseguenza, di "non essere più in grado di rappresentare la popolazione ebraica della Russia"; i sionisti consideravano i "laici" come "partigiani dell'assimilazione" e i socialisti come *borghesi*.[1210] In breve, all'inizio del 1907, l'Unione cessò di esistere.[1211]

I sionisti furono sempre più trascinati nel vortice rivoluzionario e nel novembre 1906, al loro Congresso russo di Helsinfors, fu dichiarato "indispensabile non solo rivolgersi alle necessità e alle richieste quotidiane degli ebrei di Russia, ma anche impegnarsi pienamente nella loro lotta politica e sociale"[1212] ; Jabotinsky insistette sul fatto che il programma sionista avrebbe dovuto includere la richiesta di stabilire in Russia la sovranità del popolo; D. Pasmanik obiettò che "una tale richiesta può essere fatta solo da coloro che sono pronti a stare sulle barricate".[1213] Alla fine dei suoi lavori, il Congresso ha portato la sua "sanzione al raggruppamento dei sionisti al Movimento di Liberazione".[1214] Ma quest'ultimo stava per perdere slancio dopo il fallimento del manifesto di Vyborg.[1215]

L'autore di questo programma, Jabotinsky, avanzava le seguenti argomentazioni: l'obiettivo fissato dal sionismo può essere raggiunto solo

---

[1208] JE, t. 14, p. 516.
[1209] *Ibidem*, t. 7, pp. 437-440.
[1210] *Sliosberg*, t. 3, pp. 257-258.
[1211] JE, t. 14. p. 517.
[1212] *Aronson*, La lotta..., *op. cit.*, p. 224.
[1213] D. S. *Pasmanik*, Chevo je my dobivaïemsia? (Cosa vogliamo veramente?), Rossia i Ievrei, Sb 1 (La Russia e gli ebrei, libro 1 - in seguito: RJ) / Otetchestvennoïe obedinenie rousskikh ievreyev za granitsei, Parigi, YMCA Press, 1978, p. 211.
[1214] *Aronson*, La lotta..., *op. cit.*, p. 224.
[1215] Dopo lo scioglimento della prima Duma, circa duecento deputati si riunirono a Vyborg ed espressero la loro opposizione al governo sotto forma di un manifesto, che non ebbe alcuna eco pubblica.

tra diversi decenni, ma lottando per i loro pieni diritti, gli ebrei capiranno meglio cos'è il sionismo.[1216]

Tuttavia, ha affermato che: "Lasciamo i primi ranghi ai rappresentanti della nazione di maggioranza. Non possiamo pretendere di giocare un ruolo *di primo piano*: ci stiamo *allineando*".[1217]In altre parole: La Palestina è una cosa; nel frattempo, combattiamo in Russia". Tre anni prima, Plehve aveva detto a Herzl che temeva proprio questo tipo di deriva del sionismo.

Sliosberg è ben lontano dal minimizzare il ruolo dei sionisti: "Dopo il Congresso di Helsinfors, decisero di assumere il controllo di tutte le attività pubbliche degli ebrei" cercando di "imporre la loro influenza a livello locale". (Nella prima Duma, dei 12 deputati ebrei, cinque erano sionisti). Ma nota anche che questa profusione di partiti era "affare di piccoli circoli di intellettuali", non delle masse ebraiche, e la loro propaganda "non faceva che confondere le questioni".[1218]

È vero che tutta questa dispersione non contribuì a chiarire il dibattito: non era più molto chiaro cosa gli ebrei russi stessero combattendo, per quali diritti - uguali o integrali - o su quale piano - civico o nazionale?

E, non dimentichiamo: "Tutti questi gruppi composti solo da intellettuali... non comprendevano gli ebrei ortodossi, che alla fine capirono la necessità di organizzarsi per combattere la crescente influenza antireligiosa che si esercitava sulla gioventù ebraica". Fu così che "nacque quello che poi si sarebbe sviluppato in 'T'Agoudat Israel'". "Questo movimento si preoccupava del fatto che "elementi rivoluzionari ebrei vengono reclutati tra i giovani ebrei che si sono allontanati dalla religione", mentre "la maggioranza degli ebrei è religiosa e, pur chiedendo il riconoscimento dei propri diritti e l'abolizione dei divieti contro di loro, rimane fedele suddita dell'Imperatore ed è lontana da qualsiasi idea di rovesciare il regime esistente".[1219]

Quando si studia la storia degli ebrei russi all'inizio del XX secolo, ci sono pochi riferimenti agli ebrei ortodossi. Sliosberg disse una volta, suscitando le ire del Bund: "Con i *melamed*[1220] alle spalle, faccio affidamento su un numero maggiore di ebrei rispetto ai leader del Bund, perché tra gli ebrei ci sono più *melamed* che operai".[1221]In realtà, la secolarizzazione della società ebraica non influì in alcun modo sull'esistenza delle comunità

[1216] G. Svet, Rousskie evrei v sionizme i v stroitelstve Palestiny i Izrailia (Gli ebrei russi nel sionismo e nella costruzione della Palestina e di Israele), BJWR-1, pp. 263-264.
[1217] V. Jabotinsky, Ievreiskaya kramola (La cospirazione ebraica), Felietony, pag. 43.
[1218] *Sliosberg*, t. 3, pp. 253, 255, 262.
[1219] *Ibidem*, pp. 225-256.
[1220] Insegnanti che insegnano a *Heders*.
[1221] *Ibidem*, p. 258.

tradizionali nella Pale of Settlement. Per loro, tutte le questioni ancestrali riguardanti l'organizzazione della vita, l'istruzione religiosa, il rabbinato, rimasero di attualità. Durante la temporanea pausa del 1909, la riforma della comunità ebraica tradizionale fu discussa con grande serietà al Congresso di Kovno. "Il lavoro del Congresso si rivelò molto fruttuoso e poche assemblee ebraiche avrebbero potuto eguagliarlo per la serietà e la saggezza delle risoluzioni adottate".[1222]

"L'ebraismo ortodosso è sempre stato in conflitto - non sempre aperto, ma piuttosto latente - con l'intellighenzia ebraica. Era chiaro che condannando il movimento per la liberazione degli ebrei sperava di ottenere il favore del governo".[1223] Ma era troppo tardi: alla vigilia della rivoluzione del 1905, abbiamo visto che il regime autocratico aveva perso il controllo del Paese. Per quanto riguarda l'ebraismo tradizionale, aveva già perso un'intera *generazione - peraltro* non la prima - che si era orientata verso il sionismo, il liberalismo laico, il conservatorismo raramente illuminato, ma anche, e con le conseguenze più pesanti, verso il movimento rivoluzionario.

La nuova generazione di rivoluzionari era emersa all'inizio del secolo. I suoi leader, Grigorij Gershuni e Mikhail Gotz, avevano deciso di far rivivere i metodi terroristici della Volontà del Popolo. "Gershuni si assunse la pesante responsabilità di creare in Russia un nuovo partito rivoluzionario chiamato a succedere con dignità alla Volontà del Popolo" e "grazie al suo talento di organizzatore e a quello di altri rivoluzionari interamente dedicati alla causa, questo partito nacque alla fine dell'anno 1901". "Nello stesso periodo... fu costituita anche la sua fazione armata. Il suo creatore e ispiratore non era altro che lo stesso Gershuni..[1224]" Tra i membri della S.-R.[1225], gli ebrei "giocarono subito un ruolo di primo piano". Tra loro c'erano "An-ski Rappoport, K. Jitlovsky, Ossip Minor, I. Roubanovitch" e - sempre lui - Mark Natanson. La fazione armata comprendeva tra i suoi membri "Abraham Gotz, Dora Brilliant, L. Zilberberg", per non parlare del famoso Azef. È tra le S.-R. che si formò anche M. Trilisser, che in seguito sarebbe diventato famoso nella Cheka. "Tra gli attivisti di base del partito S.-R. c'erano anche parecchi ebrei", anche se, aggiunge Schub, "non hanno mai rappresentato una piccola minoranza". Secondo lui, è addirittura "il più russo" dei partiti rivoluzionari.[1226] Per motivi di sicurezza, la sede del partito fu trasferita all'estero (ad esempio, il Bund era assente), a Ginevra, a casa di M. Gotz e O. Minor.

[1222] *Ibidem*, p. 263.
[1223] *Ibidem*, p. 265.
[1224] *Krohl*, Stanitsy... (Pagine...), *op. cit.*, pp. 283-284.
[1225] Rivoluzionari sociali.
[1226] D. *Schub*, Evrei rousskoï revolutsii (*Gli ebrei nella rivoluzione russa*), JW-2, p. 138.

Quanto a Gershuni, questa "tigre" indomabile, dopo essere riuscito a ingannare la vigilanza di Zubatov[1227], cominciò a percorrere la Russia, come B. Savinkov, fomentando azioni terroristiche e controllandone la corretta esecuzione. Fu così che fu presente a Place Saint-Isaac durante l'assassinio di Sipiagin ; [1228]era a Ufa quando fu ucciso il governatore Bogdanovitch[1229] ; e a Kharkov quando fu il turno del governatore Obolensky; sulla prospettiva Nevskij durante il fallito attentato a Pobedonostsev[1230]. L'esecuzione fu sempre affidata a "cristiani" come P. Karpovitch, S. Balmachov, E. Sozonov, ecc. (Le bombe utilizzate per l'assassinio di Plehve, del Granduca Sergej Aleksandrovich e per gli attentati pianificati contro il Granduca Vladimir Alexandrovich e i ministri degli Interni Boulygin e Durnovo furono fabbricate da Maximilian Schweitzer, che nel 1905 fu egli stesso vittima della macchina che stava costruendo.[1231]). Arrestato per caso, Gershuni fu condannato a morte, revocato dall'Imperatore senza averlo richiesto; nel 1907 trovò un ingegnoso mezzo per evadere dalla prigione di Akatuysk, nascondendosi in un barile di cavoli, e poi guadagnò, passando per Vladivostok, l'America e l'Europa; il governo russo chiese la sua estradizione dall'Italia, ma l'opinione liberale europea fu unanime nel rifiutarla e anche Clemenceau usò la sua influenza: anche lui, come sappiamo, era una "tigre". Poco dopo, Gershuni morì per un sarcoma al polmone. Tra gli altri terroristi di spicco dell'S.R. va ricordato anche Abraham Gotz, che partecipò attivamente agli attentati di Dournovo, Akimov, Shuvalov, Trepov[1232] e ebbe un ruolo nell'assassinio di Mine e Rieman. (Ma ebbe la sfortuna di vivere molto più a lungo del fratello maggiore, che morì prematuramente, e i bolscevichi gli diedero in seguito filo da torcere). Per giocare con la Storia, le precauzioni furono meno prese rispetto alla precedente generazione rivoluzionaria. Meno noto di altri, Pinhas (Pyotr) Rutenberg non è meno degno di interesse. Nel 1905 addestrò gruppi di combattenti a San Pietroburgo e li rifornì di armi. Ispirato da Gapon,[1233] è al suo fianco il 9 gennaio 1905; ma è anche colui che, nel 1906, "per ordine del partito S.-R., organizza e supervisiona il suo assassinio" (in seguito sarà autore di un libro intitolato

---

[1227] Capo della polizia segreta russa all'inizio del XX secolo.
[1228] Ministro dell'Interno assassinato nel 1902.
[1229] SJE, t. 2, p. 111.
[1230] Politico con idee rivoluzionarie, molto influente presso gli imperatori Alessandro e Nicola II (1827-1907).
[1231] RJE, t. 3, pp. 378-379.
[1232] P. Dournovo (1845-1915), ministro dell'Interno nel 1905-1906; P. Shuvalov (1830-1906), diplomatico e politico russo; D. Trepov (1855-1906), viceministro dell'Interno, uno dei leader della repressione della rivoluzione del 1905-1907.
[1233] G. Gapon (1870-1906), sacerdote e agente della polizia segreta, uno dei responsabili del massacro dei manifestanti a San Pietroburgo, il 9 gennaio 1905.

L'assassinio di Gapon)[1234]. Nel 1919 emigra in Palestina dove si distingue nell'elettrificazione del Paese. Lì dimostra di essere capace di costruire; ma nei primi anni, in Russia, non lavora certo come ingegnere, distrugge! Si perdono le tracce dello "studente di Sion", irresponsabile istigatore dell'ammutinamento di Sveaborg, che però sfuggì al massacro che ne seguì.

A parte l'S.R., ogni anno portava con sé nuovi combattenti, teorici e conferenzieri socialdemocratici. Alcuni ebbero una breve notorietà in circoli ristretti, come Alekandra Sokolovskaya, che la Storia ha conservato solo perché fu la prima moglie di Trotsky e la madre delle sue due figlie. Altri sono stati ingiustamente dimenticati: Zinovy Litvine-Sedoi, capo di stato maggiore dei distaccamenti del distretto di Krasnaya Presnia durante l'insurrezione armata di Mosca; Zinovy Dosser, membro della "troika" che guidò questa insurrezione. Tra i suoi leader, possiamo citare ancora una volta "Marat" - V. L. Chanzer, Lev K. L. Chanzer, Lev Kafenhausen, Lubotsky-Zagorsky (che per quasi un secolo ha dato il suo pseudonimo [1235]al monastero della Trinità di San Sergio) e Martin Mandelstam-Liadov, membro della Commissione esecutiva del RSDLP [1236]per l'organizzazione dell'insurrezione armata. [1237] Altri, come F. Dan o O. Nakhamkis, svolgeranno un ruolo importante più tardi, nel 1917.

Nonostante l'avversione di Bakunin per gli ebrei, molti di loro sono tra i leader e i teorici dell'anarchismo. Ma "altri anarchici russi, come Kropotkin, non avevano ostilità verso gli ebrei e cercavano di conquistarli alla loro causa". [1238]Tra questi leader si annoverano Yakov Novomirsky, Alexander Gue, Lev Tcherny, V. Gordine.[1239]. Uno di loro, I. Grossman-Rochin, evoca con il massimo rispetto la figura di Aron Eline, di Bialystok: "un famoso terrorista", ma non solo "uno specialista in operazioni cruente" "non cade mai... in un 'attivismo sistematico'".[1240] "I meno pazienti tra la massa degli ebrei... cercano un modo più rapido per raggiungere il socialismo. E questo ricorso, questa 'ambulanza', la trovano

---

[1234] RJE, t. 2, p. 517.
[1235] Zagorsk.
[1236] Partito socialdemocratico del lavoro russo.
[1237] RJE, t. 1, pp. 436, 468; t. 2, pp. 13, 218.
[1238] SJE, t. 1, p. 124.
[1239] A. *Vetlouguine*, Avanturisly Grajdanskoy voïny (Avventurieri della guerra civile), Parigi, Imprimerie Zemgor, 1921, pp. 65 67, 85.
[1240] I. *Grossman-Rochin*, Doumy o bylom (Riflessioni sul passato) (Iz istorii Belostotskovo, anarkhitcheskovo, "tchemosnamenskovo" dvijenia), Byloïe, M., 1924, nn. 27, 28, pag. 179.

nell'anarchismo". Sono gli [1241]ebrei di Kiev e della Russia meridionale ad essere stati maggiormente attratti dall'anarchismo, e nei documenti relativi all'affare Bogrov[1242] si parla spesso di anarchici minori, dimenticati dalla storia.

Abbiamo già osservato, ma vale la pena ricordarlo, che non fu solo a causa delle disuguaglianze di cui erano vittime che molti ebrei accorsero alla rivoluzione. "La partecipazione degli ebrei al movimento rivoluzionario che aveva conquistato l'intera Russia si spiega solo in parte con la loro situazione di disuguaglianza... Gli ebrei condividevano semplicemente il sentimento generale di ostilità verso l'autocrazia. [1243] Dovremmo sorprenderci? I giovani dell'intellighenzia, sia russi che ebrei, sentivano parlare in famiglia, per tutto l'anno, solo dei "crimini perpetrati dal potere", del "governo composto da assassini", e precipitavano nell'azione rivoluzionaria con tutta l'energia della loro furia. Bogrov come gli altri.

Nel 1905, lo storico ebreo S. Doubnov accusò tutti i rivoluzionari ebrei di "tradimento nazionale". Nel suo articolo intitolato "La schiavitù nella rivoluzione", scrisse: "Tutto questo numeroso esercito di giovani ebrei, che occupa le posizioni più importanti nel Partito socialdemocratico e che si candida ai posti di comando, ha formalmente tagliato tutti i legami con la comunità ebraica... Voi non costruite nulla di nuovo, siete solo i valletti della rivoluzione, o i suoi commissari".[1244]

Ma con il passare del tempo, l'approvazione degli adulti nei confronti della loro progenie rivoluzionaria crebbe. Questo fenomeno si intensificò tra i "padri" della nuova generazione e fu nel complesso più marcato tra gli ebrei che tra i russi. Meier Bomach, membro della Duma, dichiarò dieci anni dopo (1916):

"Non ci rammarichiamo che gli ebrei abbiano partecipato alla lotta di liberazione... Stavano combattendo per la vostra libertà". [1245] E sei mesi dopo, nella conflagrazione della nuova rivoluzione, nel marzo 1917, il celebre avvocato O. O. Gruzenberg fece queste osservazioni appassionate ma non infondate davanti ai leader del Governo Provvisorio e del Soviet dei deputati dei lavoratori e dei soldati: "Abbiamo generosamente offerto alla rivoluzione un'enorme "percentuale" del nostro popolo, quasi tutto il

---

[1241] *Ben-Khoïrin*, Anarkhism i ievreïskaïa massa (Anarchismo e masse ebraiche) (San Pietroburgo) Soblazn sotsializma: Revolutsia v Rossi ievrci / Sost. A. Serebren-nikov, Paris, M., YMCA Press, Rousskii Pout, 1995, p. 453.
[1242] Vedi *infra*, capitolo 10.
[1243] SJE, t. 7, p. 398.
[1244] *Dimanstein*, "1905*", op. cit., t. 3, v. 1, p. 174.
[1245] Mejdounarodnoïe finansovoïe polojenie tsarskoi Rossii vo vremia mirovoï voïny (La situazione finanziaria della Russia zarista durante la guerra mondiale), Krasnyi Arkhiv, 1934, t. 64, p. 28.

suo fiore, quasi tutta la sua gioventù... E, quando nel 1905 il popolo si sollevò, innumerevoli combattenti ebrei vennero a ingrossare le loro file, spinti da un impulso irresistibile".[1246] Altri diranno la stessa cosa: "Le circostanze storiche hanno reso le masse ebraiche della Russia incapaci di non partecipare nel modo più attivo alla rivoluzione". "[1247]Per gli ebrei, la soluzione della questione ebraica in Russia fu il trionfo delle idee progressiste in questo Paese".[1248]

L'effervescenza rivoluzionaria che si era impadronita della Russia era senza dubbio suscitata da quella che regnava tra gli ebrei.

Tuttavia, la gioventù da sola, addestrata al lavoro intellettuale o manuale, non poteva fare la rivoluzione. Una delle principali priorità era quella di conquistare alla causa rivoluzionaria e di condurre alla battaglia gli operai dell'industria, in particolare quelli di San Pietroburgo. Tuttavia, come osservò il direttore del dipartimento di polizia dell'epoca, "nella fase iniziale del suo sviluppo, il movimento operaio... era estraneo alle aspirazioni politiche". E anche alla vigilia del 9 gennaio, "durante una riunione straordinaria che avevano organizzato il 27 dicembre, gli operai inseguirono un ebreo che cercava di fare propaganda politica e di distribuire volantini, e tre donne ebree che cercavano di propagandare idee politiche furono arrestate".[1249]

Per formare gli operai di San Pietroburgo, si svolse la propaganda pseudo-religiosa di Gapon.

Il 9 gennaio, prima ancora che le truppe aprissero il fuoco, fu il giovane Simon Rechtzammer (figlio del direttore dell'azienda di magazzini e depositi di cereali) a mettersi alla testa dell'unica barricata eretta quel giorno (sulla quarta strada dell'isola di Saint-Basil), con la distruzione delle linee telegrafiche e telefoniche e l'attacco alla stazione di polizia. Inoltre, gli operai di questo quartiere furono impiegati due giorni dopo "per picchiare copiosamente gli intellettuali".[1250]

Sappiamo che i rivoluzionari russi emigrati in Europa accolsero la notizia della sparatoria di Pietroburgo con un misto di indignazione ed entusiasmo: era ora!!! Ora sta per esplodere!!! Per quanto riguarda la propagazione di questo entusiasmo - e dell'insurrezione - nella Pale of Settlement, fu

---

[1246] Retch, 1917, 25 marzo, p. 6.
[1247] *Dimanstein*, "1905", *op. cit.*, p. 175.
[1248] JE, t. 7, p. 370.
[1249] Doklad direktora departamenta politsii Lopoukhina ministrou vnoutrennykh del o sobytiakh 9-vo ianvaria (Rapporto del direttore del dipartimento di polizia, Lopoukhine, al ministro dell'Interno sugli eventi del 9 gennaio), Krasnaya Ictopis, 1922, n. 1, p. 333.
[1250] V Nevskij, Ianvarskie dni v Peterbourgue v 1905 godou (I giorni di gennaio a Pietroburgo nel 1905), *ibidem*, pp. 51, 53.

l'instancabile Bund a imbrigliarsi, il cui inno (An-ski disse che era "la *Marsigliese dei* lavoratori ebrei") comprendeva le seguenti parole:

Basta amare i nostri nemici, vogliamo odiarli!!! ...
... è pronta la pira! Troveremo abbastanza ceppi
Perché le sue sacre fiamme inghiottano il pianeta!!![1251]

(Ricordiamo che *L'Internazionale* fu tradotta in russo da Arkadi Kotz già nel 1912. [1252]Diverse generazioni sono state religiosamente imbevute delle sue parole: *Alzatevi! I dannati della terra!* E *del passato* facciamo *tabula rasa*...).

Il Bund ha immediatamente pubblicato un proclama ("circa duecentomila copie"): "La rivoluzione è iniziata. È bruciata nella capitale, le sue fiamme coprono tutto il Paese... Alle armi! Assaltate le armerie e prendete tutte le armi... Che tutte le strade diventino campi di battaglia!".[1253]

Secondo la *Cronaca rossa* degli inizi del regime sovietico, "gli eventi del 9 gennaio a San Pietroburgo ebbero una grande eco nel movimento operaio ebraico: furono seguiti da manifestazioni di massa del proletariato ebraico in tutta la Pale of Settlement. Alla loro testa c'era il Bund. Per garantire il carattere massiccio di queste manifestazioni, distaccamenti del Bund si recarono nelle officine, nelle fabbriche e persino nelle case degli operai per chiedere la cessazione del lavoro; usarono la forza per svuotare le caldaie dal vapore, per strappare le cinghie di trasmissione; minacciarono i proprietari delle aziende, qua e là furono sparati dei colpi di pistola, a Vitebsk uno di loro ricevette un getto di acido solforico. Non si trattava di "una manifestazione di massa spontanea, ma di un'azione accuratamente preparata e organizzata". N. Buchbinder si rammarica, tuttavia, che "quasi ovunque gli scioperi furono seguiti solo dagli operai ebrei... In tutta una serie di città gli operai russi opposero una forte resistenza ai tentativi di fermare fabbriche e impianti". Ci furono scioperi di una settimana a Vilnius, Minsk, Gomel, Riga, di due settimane a Libava. La polizia dovette intervenire, naturalmente, e in diverse città il Bund costituì "distaccamenti armati per combattere il terrore della polizia".[1254] A Krinki (provincia di Grodno), gli scioperanti hanno sparato alla polizia, hanno interrotto le comunicazioni telegrafiche e per due giorni tutto il potere è stato nelle mani del comitato di sciopero. "Il fatto che gli operai, e tra loro una maggioranza di ebrei, siano stati in grado di mantenere il potere fin dall'inizio del 1905,

---

[1251] Soblazn Sotsializma, pag. 329.
[1252] RJE, t. 2, p. 70.
[1253] *Dimanstein*, "1905", *op. cit.*, p. 144.
[1254] *N. Buchbinder*, 9 ianvaria i icvskoye rabotchee dvijenie (Il 9 gennaio e il movimento operaio ebraico), Krasnaya Letopis, 1922, n. 1, pp. 81, 87.

è molto significativo di ciò che questa rivoluzione era, e ha dato origine a molte speranze".

Non è meno vero che l'importante partecipazione del Bund a queste azioni "potrebbe far credere che il malcontento sia soprattutto frutto degli ebrei, mentre le altre nazionalità non sono così rivoluzionarie".[1255]

La forza dei rivoluzionari si manifestò attraverso le azioni, compiute in pieno giorno, dei distaccamenti armati di "autodifesa" che erano stati illustrati durante il pogrom di Gomel e che da allora si erano notevolmente rafforzati. "L'autodifesa era il più delle volte in stretto contatto con i distaccamenti armati delle organizzazioni politiche... Si può dire che l'intera Pale of Settlement era coperta da un'intera rete di gruppi armati di autodifesa che svolgevano un importante ruolo militare: solo un esercito professionale poteva affrontarli"[1256] - All'apice della rivoluzione, ad essi si unirono gruppi sionisti di varie tendenze: "la partecipazione particolarmente attiva dei Poalei Zion", così come "distaccamenti armati degli ZS [socialisti sionisti]", ma anche del SERP. Così che "nelle operazioni armate che si verificarono durante la rivoluzione, questi socialisti appartenenti a diverse correnti del sionismo si trovarono al nostro fianco",[1257] ricorda S. Dimanstein, in seguito un importante leader bolscevico.

Il Bund continuerà le sue operazioni militari per tutto il 1905, anno mutevole e incerto. Una menzione speciale va fatta per gli eventi di aprile a Jitomir. Secondo l'*Enciclopedia Ebraica*, si trattò di un pogrom contro gli ebrei, per di più "fomentato dalla polizia".[1258] Quanto a Dimanstein, che si vanta di aver "partecipato attivamente alla rivoluzione del 1905 sul territorio della cosiddetta Pale of Settlement", scrive: "Non fu un pogrom, ma una lotta contro le truppe della controrivoluzione". L[1259]'*Enciclopedia Ebraica* indica che furono uccisi fino a venti ebrei[1260]; la nuova: "quasi cinquanta (secondo altre fonti, circa trentacinque)".[1261] Secondo quest'ultima, "i disordini iniziarono dopo che i provocatori avevano dichiarato che gli ebrei avevano sparato dei colpi sul ritratto dello zar fuori città".[1262] Mentre *Il Messaggero del Governo* dà per assodato che, due settimane prima del pogrom, "una folla di quasi trecento persone si era riunita fuori città... per esercitarsi a sparare con le rivoltelle... mirando al

---

[1255] *Dimanstein*, "1905", *op. cit.*, pp. 145, 147.
[1256] *Ibidem*, pp. 150-151.
[1257] *Ibidem*, pp. 123-124.
[1258] SJE, t. 2, p. 513.
[1259] *Dimanstein*, "1905", *op. cit.*, p. 144.
[1260] JE, t. 7, p. 602.
[1261] SJE, t. 2, p. 513.
[1262] *Ibidem*, t. 6, p. 566.

ritratto di Sua Maestà l'Imperatore". In seguito scoppiarono diverse risse tra ebrei e cristiani all'interno della città - sempre secondo *Il Messaggero del Governo*, gli aggressori erano per lo più ebrei. [1263]Secondo la nuova *Enciclopedia Ebraica*, il giorno dell'evento "i distaccamenti ebraici di autodifesa resistettero eroicamente ai rivoltosi". Da un villaggio vicino, un gruppo di giovani ebrei armati venne in loro soccorso, quando, durante il tragitto, "furono fermati da contadini ucraini" a Troyanovo. "Cercarono di rifugiarsi tra gli abitanti ebrei del villaggio, ma questi non li fecero entrare" e, fatto caratteristico, "indicarono ai contadini dove si erano nascosti due di loro"; "dieci membri del distaccamento furono uccisi".[1264]

All'epoca era già stata escogitata una manovra particolarmente efficace: "I funerali delle vittime cadute per la rivoluzione costituivano uno dei più efficaci mezzi di propaganda in grado di infiammare le masse", che aveva come conseguenza che "i combattenti erano consapevoli che la loro morte sarebbe stata usata a profitto della rivoluzione, che avrebbe suscitato un desiderio di vendetta tra le migliaia di persone che avrebbero partecipato ai loro funerali" e che in queste occasioni "era relativamente più facile organizzare manifestazioni. I circoli liberali consideravano loro dovere assicurarsi che la polizia non intervenisse durante un funerale". Così "il funerale divenne una delle componenti della propaganda rivoluzionaria nel 1905".[1265]

Nell'estate di quell'anno, "il terrore della polizia fu massiccio, ma ci furono anche molti atti di vendetta da parte degli operai che lanciarono bombe su pattuglie di soldati o cosacchi, uccisero poliziotti, ufficiali o meno; questi casi erano tutt'altro che isolati", perché si trattava di "un passo indietro o in avanti per la rivoluzione nel settore ebraico".[1266] Esempio: i cosacchi uccidono un militante del Bund a Gomel; ottomila persone partecipano al suo funerale, si tengono discorsi rivoluzionari e la rivoluzione avanza, avanza sempre! E quando giunse il momento di protestare contro la convocazione della "Boulyguine"[1267]" Duma consultiva, la campagna "si spostò dalla Borsa nel quartiere ebraico alle sinagoghe... dove gli oratori del Partito intervenivano durante la funzione... sotto la protezione di distaccamenti armati che chiudevano le uscite... Durante queste assemblee, era frequente che le risoluzioni preparate in anticipo venissero adottate senza discussione" - gli sfortunati fedeli venuti a pregare, avevano forse

---

[1263] Pravo, 5 maggio 1905, pp. 1483-1484.
[1264] SJE, t. 2, p. 513; Dimanstein, "1905", *op. cit.*, pagg. 151-152.
[1265] *Dimanstein*, "1905", *op. cit.*, p. 153.
[1266] *Ibidem*, p. 164.
[1267] A. Boulyguine (1851-1919). Ministro dell'Interno nel 1905.

una scelta? Andate a parlare con questi ragazzi! Non si tratta di "fermare il processo rivoluzionario in questa fase...".[1268]

Il progetto di convocazione di questa Duma consultiva, che non ebbe seguito a causa degli eventi del 1905, partiva dal presupposto di non possederla per la designazione degli organi di autogoverno municipale, era stato inizialmente previsto di non concedere agli ebrei il diritto di voto. Ma la spinta rivoluzionaria cresceva, i consiglieri comunali ebrei nominati dalle autorità provinciali si dimettevano qua e là in modo dimostrativo, e la legge sulle elezioni della Duma dell'agosto 1905 prevedeva già la concessione del diritto di voto agli ebrei. Ma la rivoluzione continuava il suo corso e l'opinione pubblica rifiutava questa Duma consultiva, che quindi non era unita.

La tensione rimase alta per tutto l'infelice anno 1905; il governo fu travolto dagli eventi. In autunno, ovunque in Russia si preparavano scioperi, in particolare nelle ferrovie. E, naturalmente, la Pale of Settlement non fu risparmiata. Nella regione del Nord-Ovest, all'inizio di ottobre, si assiste a "un rapido aumento... dell'energia rivoluzionaria delle masse", "una nuova campagna di riunioni si svolge nelle sinagoghe" (sempre nello stesso modo, con uomini appostati alle uscite per intimidire i fedeli), "ci prepariamo febbrilmente allo sciopero generale". A Vilnius, durante una riunione autorizzata dal governatore, "alcuni hanno sparato all'immenso ritratto dell'Imperatore che si trovava lì, e alcuni l'hanno spaccato con le sedie"; un'ora dopo, era sul governatore in persona che si disegnava - eccola, la frenesia del 1905! Ma a Gomel, per esempio, i socialdemocratici non riuscirono a mettersi d'accordo con il Bund e "agirono in disordine"; quanto ai socialisti rivoluzionari, "si unirono" ai socialisti sionisti; e poi "le bombe vengono lanciate contro i cosacchi, che si vendicano sparando e colpendo tutti quelli che cadono sotto la loro mano, senza distinzione di nazionalità",[1269] - un'esplosione rivoluzionaria molto bella! Si sfregavano le mani!

Non sorprende che "in molti luoghi... si potevano osservare ebrei benestanti e religiosi che combattevano attivamente la rivoluzione. Lavoravano con la polizia per rintracciare i rivoluzionari ebrei, per interrompere dimostrazioni, scioperi e così via". Non che fosse piacevole per loro trovarsi dalla parte del potere.

Ma, non essendosi staccati da Dio, rifiutarono di assistere alla *distruzione* della vita. Ancor meno accettarono la legge rivoluzionaria: veneravano *la loro* legge. Mentre a Bialystok e in altri luoghi i giovani rivoluzionari

---

[1268] *Ibidem*, pp. 165-166.
[1269] *Ibidem*, pp. 167-168.

assimilavano l'"Unione degli Ebrei" ai "Cento Neri" per il suo orientamento religioso.[1270]

Secondo Dimanstein, la situazione dopo lo sciopero generale di ottobre potrebbe essere riassunta come segue: "Il Bund, la ZS e altri partiti operai ebraici invocavano l'insurrezione", ma "si percepiva una certa stanchezza".[1271] In seguito, come i bolscevichi, il Bund boicottò all'inizio del 1906 [1272]le elezioni della prima Duma, accarezzando ancora la speranza di un'esplosione rivoluzionaria. Delusa questa aspettativa, si rassegnò ad avvicinare le proprie posizioni a quelle dei menscevichi; nel 1907, al quinto Congresso del RSDLP, su 305 deputati, 55 erano membri del Bund. E divenne persino un "sostenitore dell'yiddishismo estremo".[1273]

È in quest'atmosfera amplificata, molto incerta per il potere in carica, che Witte convinse Nicola II a promulgare il Manifesto del 17 ottobre 1905.

(Più precisamente, Witte voleva pubblicarlo sotto forma di semplice comunicato stampa governativo, ma fu lo stesso Nicola II a insistere affinché la promulgazione del Manifesto, fatta in nome dello zar, assumesse un carattere solenne: pensava che in questo modo avrebbe toccato il cuore dei suoi sudditi). A. D. Obolensky, che redasse la bozza iniziale, riferì che tra i tre punti principali del Manifesto ce n'era uno speciale dedicato ai diritti e alle libertà degli ebrei, ma Witte (senza dubbio su richiesta pressante dell'Imperatore) ne modificò la formulazione affrontando in modo generale il rispetto per gli individui e la libertà di coscienza, di espressione e di riunione".[1274] La questione dell'uguaglianza dei diritti degli ebrei non fu quindi più menzionata. "Solo nel discorso pubblicato contemporaneamente al Manifesto... Witte parlò della necessità di "equiparare tutti i sudditi russi davanti alla legge, indipendentemente dalla loro confessione e nazionalità".[1275]

Ma: dobbiamo fare concessioni solo al momento giusto e in una posizione di forza - e questo non era più il caso. L'opinione pubblica liberale e rivoluzionaria derise il Manifesto, considerandolo solo una capitolazione, e lo respinse. L'Imperatore, come Witte, ne fu profondamente colpito, ma anche alcuni esponenti dell'intellighenzia ebraica: "Finalmente si è realizzato ciò che i migliori russi aspettavano da decenni... Infatti, l'Imperatore ha ceduto di buon grado il regime autocratico e si è impegnato

---

[1270] *Ibidem*, pp. 173-175.
[1271] *Ibidem*, pp. 177-178.
[1272] JE, t. 5, pp. 99, 100.
[1273] SJE, t. 1, p. 560.
[1274] Manifesto 17 ottobre (Dokoumenry) (Il manifesto del 17 ottobre [documenti]), Krasnyi arkhiv, 1925, t. 11-12, pp. 73, 89.
[1275] SJE, t. 7, p. 349.

a consegnare il potere legislativo ai rappresentanti del popolo... Si sarebbe detto che questo cambiamento avrebbe riempito tutti di gioia" - ma la notizia fu accolta con la stessa intransigenza rivoluzionaria: la lotta continua! [1276]Nelle strade sono stati strappati la bandiera nazionale, i ritratti dell'Imperatore e lo stemma dello Stato.

Il resoconto dell'intervista rilasciata da Witte alla stampa di Pietroburgo il 18 ottobre, dopo la promulgazione del Manifesto, è ricco di informazioni. Witte si aspettava ovviamente manifestazioni di gratitudine e contava sul sostegno amichevole della stampa per calmare gli animi, anzi lo sollecitava apertamente. Ottenne solo risposte sprezzanti, prima dal direttore del *Notiziario della Borsa*, S. M. Propper, poi da Notovitch, Khodski, Arabajine e Annensky; tutti chiedevano a una sola voce: proclamare immediatamente l'amnistia politica! "Questa richiesta è categorica! Il generale Trepov deve essere dimesso dal suo incarico di governatore generale di San Pietroburgo. Questa è la decisione unanime della stampa". *La decisione unanime della stampa!* E di ritirare i cosacchi e l'esercito dalla capitale: "Non pubblicheremo più giornali finché ci saranno le truppe!". L'esercito è la *causa* del disordine... La sicurezza della città deve essere affidata alla "milizia popolare"! (Cioè ai distaccamenti di rivoluzionari, il che significava creare a Pietroburgo le condizioni per una macelleria, come presto sarebbe stato a Odessa, o, in futuro, creare a Pietroburgo le condizioni favorevoli alla futura rivoluzione di febbraio). E Witte implorava: "Lasciatemi respirare un po'!", "Aiutatemi, datemi qualche settimana!"; passò persino in mezzo a loro, stringendo la mano a ciascuno. [1277](Da parte sua, ricorderà più tardi: Le richieste di Propper "significavano per me che la stampa aveva perso la testa"). Nonostante ciò, il governo ebbe l'intelligenza e il coraggio di rifiutare l'instaurazione dell'anarchia e nella capitale non accadde nulla di grave.

(Nelle sue Memorie, Witte racconta che Propper "era arrivato in Russia dall'estero, un ebreo squattrinato e senza alcuna padronanza della lingua russa... Si era fatto notare dalla stampa ed era diventato il capo del *notiziario di Borsa*, girando per le anticamere di personaggi influenti... Quando ero Ministro delle Finanze, [Propper] implorava annunci ufficiali, vari vantaggi, e alla fine ottenne da me il titolo di consigliere commerciale".

Tuttavia, in questa riunione, ha formulato, non senza una certa insolenza, "richieste, persino dichiarazioni" come questa: "Non abbiamo fiducia nel governo".)[1278]

[1276] *Sliosberg*, t. 3, p. 175.
[1277] Manifesto 17 ottobre, *op. cit.*, pp. 99-105.
[1278] *Witte*, Memorie, *op. cit.*, t. 2, pp. 52-54.

Nel corso dello stesso mese di ottobre, *Il Kievian* pubblicò il resoconto di un ufficiale tornato a Mosca proprio in quel momento, dopo un anno e mezzo di prigionia in Giappone, che inizialmente si commosse fino alle lacrime per la generosità del Manifesto dell'Imperatore, che apriva prospettive favorevoli per il Paese. Alla sola vista di questo ufficiale in tenuta da battaglia, l'accoglienza che la folla moscovita gli riservò fu espressa in questi termini: "Spaventoso! Schifoso! Il lacchè dello zar!". Durante una grande riunione nella Piazza del Teatro, "l'oratore ha invitato alla lotta e alla distruzione"; un altro oratore ha iniziato il suo discorso gridando: "Abbasso l'autocrazia!". "Il suo accento tradiva le sue origini ebraiche, ma il pubblico russo lo ascoltava e nessuno trovava nulla da replicare". Cenni di assenso agli insulti pronunciati contro lo zar e la sua famiglia; cosacchi, poliziotti e soldati, tutti senza eccezione - nessuna pietà! E tutti i giornali moscoviti invocavano la lotta armata".[1279]

A Pietroburgo, come è noto, il 13 ottobre si formò un "Soviet dei deputati dei lavoratori", guidato dagli impareggiabili Parvus e Trotsky, con l'uomo di paglia Khroustalëv-Nossarëv come premio. Questo Soviet mirava al completo annientamento del governo.

Gli eventi di ottobre ebbero conseguenze ancora più gravi e tragiche a Kiev e Odessa: due grandi pogrom contro gli ebrei, che vanno ora esaminati. Essi furono oggetto di dettagliate relazioni delle *commissioni d'inchiesta del Senato: si trattava* delle procedure investigative più rigorose della Russia imperiale, in quanto il Senato rappresentava l'istituzione giudiziaria più alta e autorevole e di massima indipendenza.

È il senatore Tourau a redigere la relazione sul pogrom di Kiev.[1280] Egli scrive che le cause di questo "sono legate ai problemi che hanno conquistato l'intera Russia negli ultimi anni", e sostiene questa affermazione con una descrizione dettagliata di ciò che lo ha preceduto e dello svolgimento dei fatti stessi.

Ricordiamo che dopo gli eventi del 9 gennaio a San Pietroburgo, dopo mesi di agitazione sociale, dopo l'infame sconfitta contro il Giappone, il governo imperiale non trovò di meglio da fare per calmare gli animi che proclamare, il 27 agosto, la completa autonomia amministrativa degli istituti di istruzione superiore e del territorio su cui si trovavano. Questa misura non ebbe altro risultato se non quello di far salire il fuoco rivoluzionario.

[1279] Kievlianin, 1905, no. 305: *Choulguine*, allegati, *op. cit.*, pp. 271-274.
[1280] Vseppodaneïchiï ottchët o proizvedennom senatorom Tourau izsledovanii pritchin besporiadkov, byvehikh v gor. Kicvc (relazione del senatore Tourau sulle cause dei disordini nella città di Kiev), Materialy k istorii rousskoi kontr-revolutsii, t. 1. Pogromy po olitsialnym dokoumentam, San Pietroburgo, 1908, pp. 203-296.

È così, scrive il senatore Tourau, che "individui che non hanno nulla a che fare con l'attività scientifica di queste istituzioni erano liberi di accedervi", e lo facevano "a scopo di propaganda politica". All'Università e al Politecnico di Kiev "una serie di incontri sono stati organizzati dagli studenti, ai quali partecipava un pubblico esterno", e sono stati chiamati "incontri popolari"; il pubblico giornaliero era più numeroso: alla fine di settembre, fino a "diverse migliaia di persone". Durante queste riunioni si esponevano bandiere rosse, "si tenevano discorsi appassionati sulle carenze del regime politico in vigore, sulla necessità di combattere il governo"; "si raccoglievano fondi per l'acquisto di armi", "si distribuivano volantini e si vendevano opuscoli di propaganda rivoluzionaria". A metà ottobre, "l'università e il Politecnico si erano gradualmente trasformati in arene per una aperta e sfrenata propaganda antigovernativa. I militanti rivoluzionari, che fino a poco tempo prima erano stati perseguiti dalle autorità per aver organizzato riunioni clandestine in luoghi privati, ora si sentivano invulnerabili", "covavano e discutevano piani per abbattere il sistema politico esistente". Ma anche questo non sembra sufficiente e l'azione rivoluzionaria inizia ad espandersi: attirando gli "alunni delle scuole secondarie", cioè i liceali, e spostando il campo dell'attività rivoluzionaria: (Uno studente ebreo prende la parola per denunciare il pogrom di Kishinev, subito si spargono volantini nella sala e si sentono grida: "Abbasso la polizia! Abbasso l'autocrazia!"); in alcuni casi a una riunione della Società di Arte e Letteratura (vengono rotte le finestre, "rompiamo le sedie e le rampe delle scale per gettarle sui pacifisti"). E non c'era nessuna autorità a impedirlo: le università, autonome, avevano ormai una *loro legge*.

La descrizione di questi eventi, supportata dalle dichiarazioni di oltre cinquecento testimoni, si alterna nel corso della relazione con osservazioni sugli ebrei che si distinguono sullo sfondo di questa folla rivoluzionaria. "Durante gli anni della rivoluzione russa del 1905-1907, l'attività rivoluzionaria degli ebrei aumentò notevolmente". Senza dubbio la novità della cosa la faceva sembrare ovvia. "La gioventù ebraica", si legge nel rapporto, "ha dominato per numero sia nella riunione del 9 settembre all'Istituto Politecnico, sia durante l'occupazione dei locali della Società Letteraria e delle Arti"; e anche il 23 settembre nella Sala dell'Università, dove "si sono riuniti fino a 5.000 studenti e persone esterne all'università, tra cui più di 500 donne". Il 3 ottobre, presso il Politecnico, "si riunirono quasi 5.000 persone... con una maggioranza ebraica di donne". Il ruolo preponderante degli ebrei è ripetutamente menzionato: nelle riunioni del 5-9 ottobre; nella riunione universitaria del 12 ottobre, alla quale "parteciparono impiegati dell'amministrazione ferroviaria, studenti, individui di professioni indeterminate", nonché "masse di ebrei di entrambi i sessi"; il 13 ottobre all'università, dove "si riunirono quasi 10.000 persone di diversa provenienza" e furono tenuti discorsi da militanti di S-R. e Bund.

(L'*Enciclopedia Ebraica* conferma il fatto che anche oltre Kiev, durante le manifestazioni per celebrare le nuove libertà, "la maggior parte dei manifestanti nella Pale of Settlement erano ebrei". Tuttavia, definisce "menzogne" le informazioni secondo cui a Ekaterinoslav "raccoglievano per strada l'argento per la bara dell'Imperatore" e a Kiev "laceravano i ritratti dell'Imperatore nei locali della Duma municipale". [1281] Ma quest'ultimo fatto è esattamente confermato dal rapporto Tourau).

A Kiev, in ottobre, il movimento rivoluzionario stava guadagnando slancio. Alexander Schlichter (futuro leader bolscevico, specialista in requisizioni di farina e "Commissario dell'agricoltura" in Ucraina poco prima della grande carestia organizzata) fomentò uno sciopero delle ferrovie sud-occidentali, paralizzando i treni per Poltava, Kursk, Voronezh e Mosca. Sono state fatte minacce per costringere gli operai della fabbrica di costruzioni meccaniche di Kiev a scioperare il 12 ottobre. All'università si sono svolte "collette eccezionali 'per gli armamenti': i partecipanti hanno gettato monete d'oro, banconote, argenteria, una signora ha persino offerto i suoi orecchini". Furono formati "distaccamenti volanti" con la missione di interrompere con la forza il lavoro nelle scuole superiori, nelle fabbriche, nei trasporti, nel commercio, e di "preparare la resistenza armata alle forze dell'ordine". L'intero movimento "doveva scendere in piazza". Il 14 ottobre i giornali cessarono di uscire, ad eccezione *del Kievian*, allineato a destra; solo i telegrammi relativi al movimento di liberazione furono lasciati passare. I "distaccamenti volanti" impedirono ai tram di circolare, rompendo i finestrini (alcuni passeggeri furono feriti). Alla prima apparizione degli agitatori tutto fu chiuso, tutto si fermò; l'ufficio postale chiuse i battenti in seguito a un allarme bomba; flussi di studenti e scolari convergevano verso l'università all'appello di Schlichter, così come "giovani ebrei di varie professioni".

Fu allora che le autorità presero i primi provvedimenti. Fu vietato riunirsi nelle strade e nelle piazze pubbliche, si procedette al cordonamento da parte dell'esercito dell'università e del Politecnico per far entrare solo gli studenti, "all'arresto... di alcuni individui per oltraggio alla polizia e all'esercito", di alcuni esponenti dell'S.R. e dei socialdemocratici, dell'avvocato Ratner, che "aveva partecipato attivamente alle riunioni popolari" (Schlichter, lui, era partito). I tram ripresero a circolare, i negozi riaprirono le porte e a Kiev le giornate del 16 e 17 ottobre trascorsero pacificamente.

Fu in questo contesto (che era quello di molte altre località della Russia) che l'Imperatore, contando sulla gratitudine della popolazione, lanciò il 17 ottobre il Manifesto che stabiliva le libertà e un sistema di governo

---

[1281] SJE, t. 6, p. 567.

parlamentare. La notizia giunse a Kiev per telegramma la notte del 18 , e al mattino il testo del Manifesto fu venduto o distribuito per le strade della città (per il quotidiano *Il Kieviano*, "la gioventù studentesca ebraica si precipitò a comprarlo e a farlo subito apparentemente a pezzi"). Le autorità hanno ordinato *ipso facto* il rilascio sia di coloro che erano stati arrestati negli ultimi giorni, sia di coloro che erano stati precedentemente "accusati di attentato alla sicurezza dello Stato", con l'eccezione, però, di coloro che avevano usato esplosivi. Sia la polizia che l'esercito hanno disertato le strade, si sono formati "importanti raduni", all'inizio con calma. "Nei pressi dell'università c'era una grande folla di studenti, liceali e "un numero significativo di giovani ebrei di entrambi i sessi".

Cedendo alle loro richieste, il rettore "fece aprire il portale dell'edificio principale". Immediatamente "la sala grande fu invasa da una parte della folla che distrusse i ritratti dell'Imperatore, strappò i drappi rossi" per farne bandiere e stendardi, e alcuni "invitarono rumorosamente il pubblico a inginocchiarsi davanti a Schlichter in virtù di una vittima dell'arbitrio". Se "coloro che gli erano vicini si inginocchiarono effettivamente", un'altra parte del pubblico "ritenne che tutto ciò che era appena avvenuto fosse offensivo per i loro sentimenti nazionali". Poi la folla si è recata alla Duma municipale, e alla sua testa Schlichter ha saltellato su un cavallo, esibendo una fascia rossa, e a ogni fermata ha arringato la folla, sostenendo che "la lotta contro il governo non è finita". Nel frattempo, nel Parco Nicola, "gli ebrei avevano gettato una corda intorno alla statua dell'imperatore [Nicola I] e cercavano di rovesciarla dal suo piedistallo"; "in un altro luogo, gli ebrei che indossavano bande rosse cominciarono a insultare quattro soldati che passavano di lì, sputando loro addosso"; la folla lanciò pietre su una pattuglia di soldati, ferendone sei, e due dimostranti furono colpiti dal fuoco di una rappresaglia. Tuttavia, il sindaco ad interim ha ricevuto la visita di un gruppo di cittadini pacifici che "hanno chiesto l'apertura della sala riunioni del consiglio comunale" affinché i manifestanti riconoscenti potessero "esprimere i loro sentimenti sul Manifesto. La loro richiesta fu accolta" e si tenne una manifestazione pacifica "sotto la presidenza del consigliere comunale Scheftel". Ma una nuova ondata, molte migliaia di persone con distintivi e nastri rossi, accorse; "era composta da studenti, persone di diverse classi sociali, età, sesso e condizione, ma gli ebrei si fecero notare in modo particolare"; un partito irruppe nella sala delle riunioni, gli altri occuparono la piazza davanti alla Duma. "In un attimo tutte le bandiere nazionali che avevano decorato la Duma in occasione del Manifesto furono strappate e sostituite da striscioni rossi e neri. In quel momento si avvicinò un nuovo corteo che portava a braccetto l'avvocato Ratner, appena uscito di prigione; egli chiamò la folla a liberare tutti gli altri prigionieri; sul balcone della Duma, Schlichter lo abbracciò pubblicamente. Da parte sua, quest'ultimo "esortò la popolazione allo sciopero generale... e pronunciò parole ingiuriose rivolte alla persona del Sovrano". Nel frattempo, la folla aveva strappato i ritratti dell'Imperatore appesi nella sala delle assemblee della Duma e rotto gli emblemi del potere imperiale che erano stati collocati sul balcone per i festeggiamenti". "Non c'è dubbio che questi atti siano stati perpetrati sia da russi che da ebrei"; un "operaio russo" aveva persino iniziato a rompere la corona, alcuni chiedevano che fosse rimessa al suo posto, "ma pochi istanti dopo fu di nuovo gettata a terra, questa volta da un ebreo che poi ruppe a metà la lettera 'N'"; "Un altro giovane, di aspetto ebraico", attaccò poi i gioielli del diadema. Tutti i mobili della Duma sono stati frantumati, i documenti amministrativi strappati. Schlichter dirigeva le operazioni: nei corridoi "si raccoglieva denaro per scopi sconosciuti". L'eccitazione davanti alla Duma, tuttavia, non fece che aumentare; appollaiati sul tetto dei tram fermi , gli oratori tenevano discorsi infuocati; ma furono Ratner e Schlichter a riscuotere il maggior successo dal balcone della Duma. Un apprendista di nazionalità ebraica cominciò a gridare dal balcone: "Abbasso l'autocrazia!"; un altro ebreo, vestito in modo appropriato: 'Stessa cosa ai porci!'"; "Un altro ebreo, che aveva tagliato la testa dello zar dal quadro, riproducendola, introdusse la propria dall'orifizio così formatosi, e cominciò a gridare al balcone: 'Io sono lo zar!'"; "l'edificio della Duma passò completamente nelle mani degli estremisti socialisti rivoluzionari così come della gioventù ebraica che aveva simpatizzato con loro, perdendo ogni controllo di sé".

Oserei dire che qualcosa di stupido e malvagio si è rivelato in questa esultanza frenetica: l'incapacità di rimanere entro certi limiti. Cosa ha spinto dunque questi ebrei, in mezzo alla plebe in delirio, a calpestare così brutalmente ciò che il popolo ancora venerava? Consapevoli della situazione precaria del loro popolo e delle loro famiglie, il 18 e il 19 ottobre non poterono astenersi, in decine di città, dal partecipare a tali eventi con tanta passione, fino a diventarne l'anima e talvolta i principali attori?

Continuiamo a leggere il rapporto Tourau: "Il rispetto per il sentimento nazionale e per i simboli venerati dal popolo è stato dimenticato. Come se una parte della popolazione... non si sottraesse a nessun mezzo per esprimere il proprio disprezzo..."; "le offese fatte ai ritratti dell'Imperatore hanno suscitato un'immensa emozione popolare. Dalla folla radunata davanti alla Duma giungevano grida: "Chi ha detronizzato lo zar?", altri piangevano". "Senza essere un profeta, si poteva prevedere che tali offese non sarebbero state perdonate agli ebrei", "le voci si alzarono per esprimere lo stupore per l'inazione delle autorità; qua e là, tra la folla... si cominciò a gridare: 'Dobbiamo spezzare qualche kikes!'". Nei pressi della Duma, la polizia e una compagnia di fanteria rimasero inerti. In quel momento apparve brevemente uno squadrone di dragoni, accolto da spari dalle finestre e dal balcone della Duma; cominciarono a bombardare la compagnia di fanteria con pietre e bottiglie, a farla saltare da tutte le parti: la Duma, la Borsa, la folla dei dimostranti. Diversi soldati furono feriti; il capitano diede ordine di aprire il fuoco. Ci furono sette morti e centotrenta feriti. La folla si disperse. Ma la sera del 18 ottobre, "la notizia delle degradazioni commesse sui ritratti dell'Imperatore, sulla corona, sugli emblemi della monarchia, sulla bandiera nazionale, fece il giro della città e si diffuse nei sobborghi. Piccoli gruppi di passanti, per lo più operai, artigiani, commercianti, che commentavano con animazione gli eventi, ne attribuivano la piena responsabilità agli ebrei, che si distinguevano sempre nettamente dagli altri manifestanti." "Nel quartiere di Podol, la folla degli operai decise di sequestrare tutti i 'democratici'... che avevano fomentato i disordini e di metterli in stato di arresto 'in attesa degli ordini di Sua Maestà l'Imperatore'". La sera, "un primo gruppo di dimostranti si riunì nella piazza Alexander, brandendo il ritratto dell'Imperatore e cantando l'inno nazionale. La folla crebbe rapidamente e, poiché molti ebrei tornavano dalla Krechtchatik con le insegne rosse all'occhiello, furono presi per gli autori dei disordini perpetrati nella Duma e divennero bersaglio di aggressioni; alcuni furono picchiati". Questo era già l'inizio del pogrom contro gli ebrei.

Ora, per comprendere l'imperdonabile inazione delle autorità durante il saccheggio della Duma e la distruzione degli emblemi nazionali, ma anche la loro ancor più imperdonabile inazione durante il pogrom stesso, bisogna dare un'occhiata a ciò che stava accadendo *all'interno degli* organi di potere. A prima vista, si potrebbe pensare che fosse il risultato di una combinazione di circostanze. Ma il loro accumulo è stato tale a Kiev (così come in altri luoghi) che non si può non scorgere la cattiva gestione dell'amministrazione imperiale degli ultimi anni, le cui conseguenze sono state fatali.

Il governatore di Kiev era semplicemente assente. Il vicegovernatore Rafalski era appena entrato in carica, non aveva avuto il tempo di orientarsi e non aveva fiducia nell'esercizio delle responsabilità *temporanee*. Al di sopra di lui, il governatore generale Kleigels, che aveva autorità su una vasta regione, dall'inizio di ottobre aveva preso provvedimenti per essere esonerato dalle sue funzioni per motivi di salute. (Le sue reali motivazioni rimangono sconosciute, e non è escluso che la sua decisione sia stata dettata dalla ribollente rivoluzione di settembre, che non sapeva come controllare). In ogni caso, anche lui si considerava *temporaneo*, mentre in ottobre continuavano a pioverli addosso le direttive del Ministero degli Interni: 10 ottobre: prendere le misure più energiche "per prevenire i disordini nelle strade e per porvi fine con tutti i mezzi nel caso in cui si verifichino"; 12: "reprimere le manifestazioni di piazza, non esitare a usare la forza armata"; 13: "non tollerare alcun comizio o assembramento nelle strade e, se necessario, disperderli con la forza". Il 14 ottobre, come abbiamo visto, i disordini a Kiev hanno superato un limite pericoloso.

Kleigels riunì i suoi più stretti collaboratori, tra cui il capo della polizia di Kiev, il colonnello Tsikhotski, e il vice capo della sicurezza (ancora una volta il capo era assente), Kouliabka, un uomo tanto agitato quanto inefficace, proprio colui che, per stupidità, stava per esporre Stolypin ai colpi del suo assassino.[1282]

Dal rapporto di panico di quest'ultimo derivava la possibilità non solo di dimostrazioni di persone armate nelle strade di Kiev, ma anche di un'insurrezione armata. Kleigels, quindi, rinuncia ad affidarsi alla polizia, mette in atto le disposizioni per "il ricorso alle forze armate per assistere le autorità civili" e, il 14 ottobre, consegna "i suoi pieni poteri al comando militare", più precisamente al comandante - ancora una volta in *via temporanea* (il comandante stesso è assente, ma va detto che la situazione è tutt'altro che preoccupante!) - della regione militare di Kiev, il generale Karass. La responsabilità della sicurezza in città è stata affidata al generale Drake. (Non è abbastanza comico: quale dei cognomi appena enumerati permette di supporre che l'azione si svolga in Russia?). Il generale Karass "si trovò in una situazione particolarmente difficile" in quanto non conosceva "i dati della situazione né il personale dell'amministrazione e della polizia"; "conferendogli i suoi poteri, il generale Kleigels non ritenne necessario facilitare il lavoro del suo successore; si limitò a rispettare le forme e smise subito di occuparsi di tutto".

È ora di parlare del capo della polizia, Tsikhotski. Già nel 1902, un'ispezione amministrativa aveva rivelato che nascondeva la pratica dell'estorsione agli ebrei in cambio del diritto di residenza. Si scoprì anche che viveva "al di sopra delle sue possibilità", che aveva acquistato - come anche per il genero - proprietà per un valore di 100.000 rubli. Si pensò di assicurarlo alla giustizia quando Kleigels fu nominato governatore generale; molto rapidamente (e, ovviamente, non senza aver ricevuto una grossa tangente), quest'ultimo intervenne affinché Tsikhotski fosse mantenuto al suo posto e ottenesse persino una promozione e il titolo di generale. Per quanto riguarda la promozione, non funzionò, ma non ci furono nemmeno penalizzazioni, sebbene il generale Trepov avesse lavorato a questo scopo da Pietroburgo. All'inizio di ottobre Tsikhotski fu informato che Kleigels aveva chiesto di lasciare il suo posto alla fine del mese: il suo morale si abbassò ulteriormente, si vedeva già condannato. E nella notte del 18 ottobre, contemporaneamente al Manifesto imperiale, giunse da San Pietroburgo la conferma ufficiale del ritiro di Kleigels.

[1282] Vedi *infra*, capitolo 10.

Tsikhotski ora non aveva nulla da perdere. (Un altro dettaglio: nonostante la situazione fosse così travagliata, Kleigels lasciò il suo posto *ancor prima dell'*arrivo del suo successore, che non era altro che la perla dell'amministrazione imperiale, il generale Sukhomlinov, il futuro ministro della Difesa che mandò a monte i preparativi per la guerra contro la Germania; quanto alle funzioni di governatore generale, furono *temporaneamente* assunte dal suddetto generale Karass). E fu così che "non ci fu una rapida cessazione della confusione che si era stabilita all'interno della polizia dopo il passaggio del potere all'esercito, ma che essa aumentò solo per manifestarsi con la massima acutezza durante i disordini".

Il fatto che Kleigels avesse "rinunciato ai suoi 'pieni poteri'... e che questi fossero stati consegnati per un periodo indefinito alle autorità militari della città di Kiev è principalmente all'origine delle incerte relazioni reciproche che si stabilirono in seguito tra le autorità civili e quelle militari"; "l'estensione e i limiti dei poteri [dell'esercito] non erano noti a nessuno" e questa vaghezza "portò a una generale disorganizzazione dei servizi".

Ciò si manifestò fin dall'inizio del pogrom contro gli ebrei. "Molti ufficiali di polizia erano convinti che il potere fosse stato completamente consegnato al comando militare e che solo l'esercito fosse competente ad agire e a reprimere i disordini"; per questo "non si sentivano preoccupati dai disordini che avvenivano in loro presenza". Per quanto riguarda l'esercito, facendo riferimento a un articolo delle disposizioni sull'uso delle forze armate per assistere le autorità civili, esso attendeva indicazioni dalla polizia, ritenendo a ragione che non fosse sua responsabilità adempiere alle missioni di quest'ultima": tali disposizioni "stabilivano precisamente" che le autorità civili "presenti sul luogo dei disordini dovevano guidare l'azione congiunta della polizia e dell'esercito in vista della loro repressione". Spettava inoltre alle autorità civili stabilire quando usare la forza. Inoltre, "Kleigels non aveva ritenuto utile informare il comando militare sulla situazione in città, né gli aveva detto ciò che sapeva sul movimento rivoluzionario a Kiev". Ed è questo che ha fatto sì che le unità dell'esercito iniziassero a perlustrare la città senza meta".

Il pogrom contro gli ebrei iniziò quindi la sera del 18 ottobre. "Nella sua fase iniziale, il pogrom assunse senza dubbio il carattere di rappresaglia contro l'offesa al sentimento nazionale. Gli assalti contro gli ebrei che passavano per strada, la distruzione dei negozi e delle merci in essi contenute erano accompagnati da parole come: "Ecco la vostra libertà! Ecco la vostra Costituzione e la vostra rivoluzione! Questo, questo è per i ritratti dello zar e della corona!". La mattina dopo, il 19 ottobre, una grande folla si recò dalla Duma alla Cattedrale di Santa Sofia, portando le cornici vuote dei ritratti dello zar e gli emblemi spezzati del potere imperiale. Si fermò all'università per far restaurare i ritratti danneggiati; fu celebrata una messa e "il metropolita Flaviano esortò il popolo a non abbandonarsi agli eccessi e a tornare a casa". "Ma mentre il popolo che costituiva il cuore della manifestazione patriottica... manteneva un ordine esemplare, gli individui che si univano a loro lungo il percorso si lasciavano andare a ogni tipo di violenza contro i passanti ebrei, così come contro gli studenti delle scuole superiori o gli studenti in uniforme". A loro si unirono "gli operai, i senzatetto del mercato delle pulci, i barboni"; "gruppi di rivoltosi saccheggiarono le case e i negozi degli ebrei, gettarono in strada i loro beni e le loro merci, che furono in parte distrutti sul posto, in parte saccheggiati"; "i servi, i guardiani degli edifici, i piccoli negozianti apparentemente non vedevano nulla di male nell'approfittare delle proprietà altrui"; altri, al contrario, rimasero isolati da ogni obiettivo interessato fino all'ultimo giorno dei disordini", "strapparono dalle mani dei loro compagni gli oggetti che avevano rubato e, senza badare al loro valore, li distrussero sul posto"." I rivoltosi non toccarono i negozi dei karaiti né le "case in cui erano stati presentati i ritratti dell'Imperatore". "Ma nel complesso, poche ore dopo il suo inizio, il pogrom prese la forma di una furia spietata. Il 18 continuò a lungo nella notte, poi si fermò da solo, per riprendere la mattina del 19 e cessare solo la sera del 20. (Non ci furono incendi, tranne che per i ritratti dell'imperatore). (Il 19 "i negozi di lusso degli ebrei furono saccheggiati fino al centro della città sulla Krechtchatik. Le pesanti tende di metallo e le serrature sono state forzate dopo mezz'ora di duro lavoro"; "Tessuti costosi, stoffe di velluto sono stati gettati in strada e sparsi nel fango, sotto la pioggia, come stracci di nessun valore. Davanti al negozio del gioielliere Markisch, sulla Krechtchatik, il marciapiede era disseminato di oggetti preziosi" - e lo stesso per i negozi di moda, per i magazzini di prodotti secchi; il marciapiede era pieno di libri contabili, fatture. A Lipki (il quartiere chic) "furono saccheggiate le case private degli ebrei, quelle del barone Ginzburg, di Halperine, di Alexander e Leon Brodksy, di Landau e molte altre. Tutte le lussuose decorazioni di queste case furono distrutte, i mobili rotti e gettati in strada"; allo stesso modo, "una scuola secondaria modello per gli ebrei, la scuola Brodsky, fu devastata", "non rimase nulla delle scale di marmo e delle rampe in ferro battuto". In tutto, "quasi millecinquecento appartamenti e locali commerciali appartenenti a ebrei furono saccheggiati". Partendo dal fatto che "quasi due terzi del commercio della città erano nelle mani degli ebrei", Tourau valutò le perdite - compresi i palazzi più ricchi - a "diversi milioni di rubli". Era stato pianificato di saccheggiare non solo le case degli ebrei, ma anche quelle di importanti personalità liberali. Il 19, il vescovo Platone "guidò una processione per le strade di Podol, dove il pogrom era stato particolarmente violento, esortando la popolazione a porre fine agli abusi".

Implorando la folla di risparmiare le vite e le proprietà degli ebrei, il vescovo si inginocchiò più volte di fronte ad essa... Un uomo spezzato uscì dalla folla e gridò minacciosamente: 'Anche tu sei per gli ebrei?'".

Abbiamo già visto la negligenza che prevaleva tra le autorità. "Il generale Drake non prese misure adeguate per garantire una corretta organizzazione della sicurezza". Le truppe "non avrebbero dovuto essere disperse in piccoli distaccamenti", "c'erano troppe pattuglie" e "gli uomini rimanevano spesso inattivi".

Ed eccoci qui: "Ciò che colpì tutti durante il pogrom fu l'evidente inazione, prossima alla compiacenza, dimostrata sia dall'esercito che dalla polizia. Quest'ultima era praticamente assente, e le truppe si muovevano lentamente, limitandosi a rispondere agli spari provenienti da alcune case, mentre su entrambi i lati della strada i negozi e gli appartamenti degli ebrei venivano saccheggiati impunemente". Un procuratore chiese a una pattuglia di cosacchi di intervenire per proteggere i negozi saccheggiati nelle vicinanze; "i cosacchi risposero che non sarebbero andati, che non era il loro settore".

Ancora più grave: tutta una serie di testimoni ebbe "l'impressione che la polizia e l'esercito fossero stati mandati non per disperdere i demolitori ma per proteggerli". In questo caso i soldati hanno dichiarato di aver "ricevuto l'ordine di assicurarsi che non ci fossero scontri e che i russi non venissero attaccati". Altrove dissero che se avevano "prestato giuramento a Dio e allo zar", non era per proteggere "coloro che avevano lacerato e deriso i ritratti dello zar". Quanto agli ufficiali, "si consideravano impotenti a prevenire i disordini e si sentivano autorizzati a usare la forza solo nei casi in cui la violenza era diretta contro i loro uomini". Esempio: da una casa "uscì un ebreo coperto di sangue, inseguito dalla folla. Una compagnia di fanteria si trovava proprio lì, ma non prestò attenzione a ciò che stava accadendo e risalì tranquillamente la strada". Altrove, "i saccheggiatori stavano massacrando due ebrei con le gambe di un tavolo; un distaccamento di cavalleria che stazionava a dieci passi di distanza contemplava placidamente la scena". Non sorprende che l'uomo della strada potesse capire cose come questa: "Lo zar ci ha gentilmente concesso il diritto di picchiare i kikes per sei giorni"; e i soldati: "Vedete, tutto questo è concepibile senza l'approvazione delle autorità?". Da parte loro, gli ufficiali di polizia, "quando fu chiesto loro di porre fine ai disordini, obiettarono che non potevano fare nulla in quanto i pieni poteri erano stati trasferiti al comando militare". Ma c'era anche una grande folla di teppisti che si mise in fuga "grazie a un commissario di polizia che brandì la sua rivoltella, assistito da un solo pacificatore", e "l'ufficiale di polizia Ostromenski, con tre pattugliatori e alcuni soldati, riuscì a impedire atti di saccheggio nel suo quartiere senza nemmeno ricorrere alla forza".

I saccheggiatori non avevano armi da fuoco, mentre i giovani ebrei ne avevano alcune. Tuttavia, a differenza di quanto accaduto a Gomel, qui gli ebrei non avevano organizzato la loro autodifesa, anche se "da molte case vennero sparati colpi di arma da fuoco" da parte dei membri dei gruppi di autodifesa che includevano tra le loro fila "sia ebrei che russi che avevano preso parte"; "È innegabile che in alcuni casi questi spari erano diretti contro le truppe e costituivano atti di rappresaglia per gli spari sulla folla durante le manifestazioni" dei giorni precedenti; "A volte gli ebrei sparavano sui cortei patriottici organizzati in risposta alle manifestazioni rivoluzionarie che avevano avuto luogo in precedenza". Ma questi spari "ebbero conseguenze deplorevoli. Senza produrre alcun effetto sui rivoltosi, diedero alle truppe un pretesto per applicare alla lettera le loro istruzioni"; "non appena gli spari provenivano da una casa, le truppe che si trovavano lì, senza nemmeno chiedere se fossero diretti contro di loro o contro i rivoltosi, mandavano una salva alle finestre, dopo di che la folla" si precipitava dentro e la saccheggiava. "Abbiamo assistito a casi in cui abbiamo sparato contro una casa solo perché qualcuno aveva affermato che erano partiti degli spari"; "è successo anche che i saccheggiatori salissero le scale di una casa e sparassero dei colpi verso la strada per provocare la rappresaglia delle truppe" per poi dedicarsi al saccheggio.

E le cose sono peggiorate. "Alcuni poliziotti e soldati non disdegnavano le merci gettate in strada dai vandali, le raccoglievano e le nascondevano in tasca o sotto il cappuccio". E, sebbene questi casi "fossero eccezionali e puntuali", si vide ancora un poliziotto che smontava da solo la porta di un negozio e un caporale che lo imitava. (Le false voci di saccheggio da parte dell'esercito cominciarono a circolare quando il generale Evert ordinò nella sua zona di confiscare i beni sottratti dai saccheggiatori e le merci rubate e di trasportarli nei magazzini dell'esercito per la successiva restituzione ai proprietari dietro presentazione di una ricevuta, salvando così beni per un valore di diverse decine di migliaia di rubli).

Non c'è da stupirsi che questa canaglia di Tsikhotski, vedendo la sua carriera spezzata, non solo non abbia preso alcun provvedimento riguardo all'azione della polizia (avendo saputo dell'inizio del pogrom la sera del 18, non comunicò per telegramma alcuna informazione ai commissariati di quartiere prima della tarda serata del 19), non solo non trasmise alcuna informazione ai generali della sicurezza militare, ma lui stesso, passando per la città, aveva "considerato ciò che accadeva con calma e indifferenza", accontentandosi di dire ai saccheggiatori: "Andate avanti, signori" (e quei pochi, incoraggiandosi a vicenda: "Non abbiate paura, sta scherzando!"); e quando, dal balcone della Duma, cominciarono a gridare: "Pestate i kikes, saccheggiate, rompete!". E la folla portò in trionfo il capo della polizia, il quale "rivolse un saluto in risposta alle acclamazioni dei dimostranti". Solo il 20, dopo che il generale Karass gli aveva inviato un severo avvertimento (come al direttore della Cancelleria del Governatore Generale, dichiarò che Tsikhovsky non sarebbe sfuggito alla colonia penale), ordinò alla polizia di prendere tutte le misure per porre fine al pogrom. Il senatore Tourau doveva effettivamente consegnarlo alla giustizia.

Un altro ufficiale della sicurezza, scontento della sua carriera, il generale Bessonov, "era in mezzo alla folla dei rivoltosi e stava pacificamente parlando con loro: 'Abbiamo il diritto di demolire, ma non è giusto rubare'. La folla gridava: "Evviva!"". In un altro momento si è comportato "come un testimone indifferente del saccheggio. E quando uno dei demolitori ha gridato: "Sbattete i kikes!".

[Bessonov] reagì con una risata di approvazione". Secondo quanto riferito, disse a un medico che "se avesse voluto, avrebbe potuto porre fine al pogrom in mezz'ora, ma la partecipazione degli ebrei al movimento rivoluzionario era stata troppo grande, dovevano pagarne il prezzo". Dopo il pogrom, convocato dalle autorità militari per dare spiegazioni, negò di aver parlato favorevolmente del pogrom e dichiarò, al contrario, di aver esortato la popolazione a tornare alla calma: "Abbiate pietà di noi, non costringete le truppe a usare le armi... per versare sangue russo, il nostro sangue!".

Le delegazioni si recarono una dopo l'altra dal generale Karass, alcune chiedendo di portare le truppe fuori dalla città, altre di usare la forza e altre ancora di prendere misure per proteggere le loro proprietà. Tuttavia, per tutta la giornata del 19, la polizia non fece nulla e i militari eseguirono male gli ordini.

Il 20 ottobre, Karass ordinò di "accerchiare e arrestare i teppisti". Furono effettuati molti arresti; una volta l'esercito aprì il fuoco sui rivoltosi, uccidendone cinque e ferendone molti altri. La sera del 20 il pogrom era definitivamente terminato, ma a tarda sera "la voce che gli ebrei avevano ucciso i russi seminò lo sgomento tra la popolazione"; si temevano ritorsioni.

Durante il pogrom, secondo le stime della polizia (ma alcune vittime sono state portate via dalla folla), ci sono stati in totale 47 morti, tra cui 12 ebrei, e 205 feriti, un terzo dei quali ebrei.

Tourau conclude il suo rapporto spiegando che "la causa principale del pogrom di Kiev risiede nella tradizionale inimicizia tra la popolazione della Piccola Russia e la popolazione ebraica, motivata da divergenze di opinione. Per quanto riguarda la sua causa immediata, essa risiede nell'oltraggio al sentimento nazionale causato dalle manifestazioni rivoluzionarie a cui la gioventù ebraica aveva preso parte attiva". La classe operaia "imputava solo agli ebrei" la responsabilità delle "bestemmie pronunciate contro ciò che per loro era più sacro. Non riuscivano a capire, dopo la grazia concessa dall'Imperatore, l'esistenza stessa del movimento rivoluzionario, e lo spiegavano con il desiderio degli ebrei di ottenere 'le proprie libertà'". "Il rovescio della guerra in cui la gioventù ebraica aveva sempre espresso apertamente la sua più profonda soddisfazione, il rifiuto di adempiere agli obblighi militari, la partecipazione al movimento rivoluzionario, gli atti di violenza e le uccisioni di agenti dello Stato, l'atteggiamento offensivo nei confronti delle forze armate... tutto questo provocò incontestabilmente l'esasperazione nei confronti degli ebrei tra la classe operaia", ed "è per questo che a Kiev si sono verificati diversi casi in cui molti russi hanno dato aperto rifugio agli sfortunati ebrei che fuggivano dalla violenza, ma hanno rifiutato categoricamente la gioventù ebraica".

Il giornale *Kievian* ha scritto su[1283] : "Poveri ebrei! Dov'è la colpa di queste migliaia di famiglie? ... Per loro sfortuna, questi poveri ebrei non sono riusciti a controllare i loro giovani senza cervello... Ma di giovani senza cervello ce ne sono anche tra noi, i russi, e nemmeno noi siamo riusciti a controllarli!".

I giovani rivoluzionari hanno setacciato le campagne, ma sono stati i pacifici ebrei adulti a dover pagare il conto. Così, da entrambe le parti, abbiamo scavato un abisso senza fondo. Per quanto riguarda il pogrom di Odessa, abbiamo un rapporto simile e altrettanto dettagliato, quello del senatore Kozminski.[1284]

A Odessa, dove era sempre esistito un vivace sentimento rivoluzionario, le scosse erano iniziate fin da gennaio; l'esplosione avvenne il 13 giugno (indipendentemente, quindi, dall'arrivo della corazzata *Potemkin* nel porto di Odessa il 14). L'intera giornata del 14 giugno trascorse in agitazione, soprattutto tra i giovani, ma questa volta anche tra gli operai, le cui "numerose folle cominciarono a imporre con la forza la cessazione del lavoro negli stabilimenti e nelle fabbriche". Una folla "di circa trecento persone tentò di fare irruzione in una sala da tè... Furono sparati diversi colpi di pistola contro il capo della stazione di polizia locale, che impediva alla folla di entrare, ma questa fu dispersa" da una salva sparata da un distaccamento di poliziotti. "Tuttavia, la folla si è subito riformata" e ha proseguito verso la stazione di polizia; alcuni colpi sono stati sparati dalla casa di Doks: "dalle finestre e dal balcone sono stati sparati diversi colpi

---

[1283] Kievlianin, 1905, nn. 290, 297, 311, 317, 358, in *Choulguine*, allegati, *op. cit.*, pp. 286-302.

[1284] Vsseppodanischi ottehel senatora Kuzminskovo o pritchinakh bezporiadkov, proiskhodivehikh v r. Odcssc v oktiabre 1905 g., Io poriadke deïstvi m mestnykh vlaslei (Relazione del senatore Kouzminski sulle cause dei disordini nella città di Odessa nell'ottobre 1905 e sulle azioni svolte dalle autorità locali), Kievskii i odcsskii pogromy v ottehetakh senatorov Tourau i Kouzminskovo. SPb., Letopissets, (1907), pp. 111-220.

contro gli agenti di polizia". Un altro gruppo "ha eretto una barricata con materiali da costruzione nella strada, e poi ha iniziato a sparare contro un distaccamento di polizia". In un'altra strada, una folla dello stesso tipo "ha rovesciato diversi vagoni di tram con cavalli". "Un gruppo abbastanza numeroso di ebrei ha fatto irruzione in una fabbrica di lattine, ha gettato tabacco negli occhi [di un ufficiale di polizia]...e si sono dispersi all'apparire di un distaccamento di polizia aprendo il fuoco con le rivoltelle; tra loro quattro ebrei [seguono i loro nomi] sono stati arrestati sul posto"; a un incrocio, "si è formato un assembramento di ebrei, [due di loro] hanno sparato colpi di rivoltella contro una guardia a cavallo"; "in generale, per tutta la giornata del 14 giugno, quasi tutte le strade della città sono state teatro di scontri tra ebrei e forze di sicurezza, durante i quali hanno usato armi da fuoco e proiettili", ferendo diversi agenti di polizia. "Una dozzina di ebrei sono stati anche feriti", che la folla ha preso per nasconderli. Mentre cercava di fuggire, un certo Tsipkine lanciò una bomba, causando la sua morte e quella dell'agente di polizia Pavlovski.

Fu in quel momento che la *Potemkin* entrò nel porto di Odessa! Si radunò una folla di quasi cinquemila persone, "molti uomini e donne tennero discorsi che chiamavano il popolo alla rivolta contro il governo"; tra gli studenti che salirono a bordo della corazzata c'era Konstantin Feldman (che esortava a sostenere il movimento in città cannoneggiandolo, ma "la maggioranza dell'equipaggio si oppose").

E le autorità in tutto questo? Il governatore di Odessa, cioè il capo della polizia, Neudhart, era già completamente sconvolto il giorno dell'arrivo della *Potemkin*; sentiva (come a Kiev) che "le autorità civili non erano in grado di ristabilire l'ordine, e per questo aveva affidato tutte le successive decisioni volte a far cessare il disordine al comando militare, cioè al comandante della guarnigione di Odessa, il generale Kakhanov". (Esisteva un'autorità superiore a quella di Odessa? Sì, certo, ed era il governatore generale Karangozov, che, come il lettore avrà intuito, agiva su base *temporanea* e non si sentiva affatto a suo agio). Il generale Kakhanov non trovò di meglio che far sigillare il porto dall'esercito e rinchiudere le migliaia di "elementi non sicuri" che vi si erano radunati per tagliarli fuori dalla città, non ancora contaminata.

Il 15 giugno, la rivolta di Odessa e l'ammutinamento *del Potemkin* confluirono in un unico movimento: gli abitanti della città, "tra cui molti studenti e operai" salirono a bordo della corazzata, esortando "l'equipaggio ad azioni comuni". La folla nel porto si precipitò a "saccheggiare le merci che vi erano immagazzinate", iniziando dalle casse di vino; poi prese d'assalto i magazzini a cui diede fuoco (oltre 8 milioni di rubli di perdite). L'incendio ha minacciato il porto di quarantena, dove erano ancorate le navi straniere e dove erano stoccate le merci d'importazione.

Kakhanov non riusciva ancora a decidere di porre fine ai disordini con la forza, temendo che il *Potemkin* rispondesse bombardando la città. La situazione rimase altrettanto esplosiva il 15 . Il giorno successivo la *Potemkin* lanciò cinque salve sulla città, tre delle quali a salve, e invitò il comandante delle forze armate a salire a bordo della nave per chiedere il ritiro "delle truppe dalla città e il rilascio di tutti i prigionieri politici". Lo stesso giorno, il 16 giugno, al funerale dell'unico marinaio ucciso, "non appena il corteo è entrato in città, si è unito a tutti i tipi di individui che hanno presto formato una folla di diverse migliaia di persone, principalmente giovani ebrei", e sulla tomba un oratore, "dopo aver gridato "Abbasso l'autocrazia!", ha invitato i suoi compagni ad agire con maggiore determinazione, senza temere la polizia".

Ma proprio quel giorno, e per molto tempo, in città fu proclamato lo stato d'assedio. La *Potemkin dovette* decollare per sfuggire allo squadrone che era venuto a catturarla. E sebbene i quattro giorni in cui era rimasta ancorata nel porto di Odessa "e i numerosi contatti che si erano instaurati tra il popolo ed essa sollevarono sostanzialmente il morale dei rivoluzionari" e "fecero sperare in un possibile futuro sostegno delle forze armate", nonostante l'estate si stesse concludendo in modo tranquillo, forse non si sarebbe verificato nemmeno alcuno sconvolgimento a Odessa se, il 27 agosto, fosse stata promulgata l'impareggiabile legge sull'autonomia degli istituti di istruzione superiore! Immediatamente, "si formò una 'coalizione sovietica' da parte degli studenti", che, "con la sua determinazione e audacia, riuscì a portare sotto la sua influenza non solo la comunità studentesca, ma anche la forza docente" (i professori temevano "spiacevoli scontri con gli studenti, come il boicottaggio delle lezioni, l'espulsione di tale o tal altro professore dagli anfibi, ecc.)

All'università si tennero grandi riunioni, "raccolta di fondi per armare gli operai e il proletariato, per l'insurrezione militare, per l'acquisto di armi in vista della formazione di milizie e gruppi di autodifesa", "si discusse sulla linea d'azione da seguire al momento dell'insurrezione".

A queste riunioni partecipava attivamente la "facoltà dei professori", "talvolta con a capo il rettore Zantchevski", che prometteva di "mettere a disposizione degli studenti tutti i mezzi a loro disposizione per facilitare la loro partecipazione al movimento di liberazione".

Il 17 settembre, la prima riunione all'università si svolse "alla presenza di un pubblico esterno così numeroso che dovette essere diviso in due gruppi"; S.-R. Teper "e due studenti ebrei hanno tenuto discorsi in cui hanno invitato il pubblico a guidare la lotta per liberare il Paese dall'oppressione politica e da una deleteria autocrazia". Il 30 settembre, lo stato d'assedio fu revocato a Odessa e d'ora in poi accorsero a queste riunioni "studenti di tutti gli istituti scolastici, alcuni dei quali non avevano più di quattordici anni"; gli ebrei "furono i principali oratori, invocando l'insurrezione aperta e la lotta armata".

Il 12 e 13 ottobre, prima di tutte le altre scuole *secondarie*, "gli alunni di due scuole commerciali, quella dell'imperatore Nicola I e quella di Feig, cessarono di frequentare le lezioni, essendo i più sensibili alla propaganda rivoluzionaria"; il 14 , si decise di interrompere i lavori in tutte le altre scuole secondarie, e le scuole commerciali e gli studenti si recarono in tutti i licei della città per costringere gli alunni a scioperare. Si sparse la voce che davanti al liceo Berezina, tre studenti e tre liceali erano stati feriti con le spade da agenti di polizia. Certo, "le indagini avrebbero stabilito con certezza che nessuno dei giovani era stato colpito e che gli alunni non avevano ancora avuto il tempo di lasciare la scuola". Ma questo tipo di incidente, che manna per alzare la pressione rivoluzionaria! Lo stesso giorno, i corsi cessarono all'università, quarantotto ore dopo l'inizio dell'anno scolastico; gli studenti in sciopero irruppero nella Duma municipale gridando: "Morte a Neudhart!" e chiedendo di smettere di pagare gli stipendi alla polizia.

Dopo l'episodio del *Potemkin*, Neudhart aveva ripreso il potere nelle sue mani, ma fino alla metà di ottobre non prese alcun provvedimento contro le riunioni rivoluzionarie - del resto, poteva fare molto quando era stata stabilita l'autonomia delle università? Il 15 ricevette dal Ministero degli Interni l'ordine di proibire l'ingresso di estranei all'università, e il giorno successivo circondò quest'ultima con l'esercito, ordinando al contempo di prelevare le cartucce dalle armerie, fino ad allora vendute al banco. "La chiusura dell'università al mondo esterno provocò una grande agitazione tra gli studenti e i giovani ebrei", una folla immensa si mise in marcia, chiudendo i negozi sul suo cammino (l'armeria americana fu saccheggiata), rovesciando tram e omnibus, segando alberi per fare barricate, tagliando i fili del telegrafo e del telefono allo stesso scopo, smantellando i cancelli dei parchi. Neudhart chiese a Kakhanov di far occupare la città dalle truppe.

Poi, "le barricate dietro le quali si erano radunati i dimostranti - per lo più ebrei, tra cui donne e adolescenti -, cominciarono a sparare contro le truppe; i colpi furono sparati dai tetti delle case, dai balconi e dalle finestre"; l'esercito aprì il fuoco a sua volta, i dimostranti furono dispersi e le barricate smantellate. "È impossibile stimare con precisione il numero di morti e feriti che si verificarono quel giorno, poiché la squadra sanitaria - composta principalmente da studenti ebrei in camicie bianco-rosse con una croce rossa - si affrettò a portare i feriti e i morti all'infermeria dell'università" - quindi in una zona autonoma e inaccessibile - "all'ospedale ebraico o alle stazioni di emergenza vicino alle barricate, così come in quasi tutte le farmacie". (Secondo il governatore della città, ci sono stati nove morti e quasi 80 feriti, tra cui alcuni poliziotti.

"Tra i partecipanti ai disordini furono arrestate quel giorno 214 persone, di cui 197 ebrei, un gran numero di donne e 13 bambini tra i 12 e i 14 anni". E tutto questo, ancora ventiquattro ore prima che l'effetto incendiario del Manifesto si facesse sentire.

Si potrebbe pensare che, esponendo il ruolo degli ebrei così frequentemente nei movimenti rivoluzionari, la relazione del Senato fosse parziale. Ma bisogna considerare che a Odessa gli ebrei rappresentavano un terzo della popolazione e, come abbiamo visto, una percentuale molto significativa della popolazione studentesca; bisogna anche considerare che gli ebrei avevano preso parte attiva al movimento rivoluzionario russo, soprattutto nella Pale of Settlement. Inoltre, il rapporto del senatore Kouzminski dimostra in molti punti la sua obiettività.

Il 16 ottobre, "quando arrivarono alla stazione di polizia, le persone arrestate furono vittime di aggressioni da parte della polizia e dei soldati"; tuttavia, "né il governatore della città né i funzionari di polizia reagirono a tempo debito... e non fu condotta alcuna indagine"; solo più tardi, più di venti persone che erano state in questo distretto dichiararono che "gli arrestati erano stati sistematicamente picchiati; prima furono spinti giù per una scala che portava al seminterrato... molti di loro caddero a terra e fu allora che poliziotti e soldati, disposti in fila, li picchiarono con il dorso delle loro sciabole, con manganelli di gomma, o semplicemente con i piedi e i pugni"; le donne non furono risparmiate. (È vero che, la sera stessa, consiglieri comunali e giudici di pace si recarono sul posto e raccolsero le denunce delle vittime. Quanto al senatore, ha identificato diversi colpevoli durante la sua inchiesta di novembre e li ha assicurati alla giustizia).

"Il 17 ottobre, l'intera città era occupata dall'esercito, le pattuglie percorrevano le strade e l'ordine pubblico non è stato turbato per tutto il giorno.

Tuttavia, la Duma municipale si era riunita per discutere le misure di emergenza, tra cui la sostituzione della polizia di Stato con una milizia urbana. Lo stesso giorno, il comitato locale del Bund decise di organizzare un funerale solenne per le vittime cadute il giorno prima sulle barricate, ma Neudhart, comprendendo che una tale manifestazione avrebbe provocato, come sempre, una nuova esplosione rivoluzionaria, "diede l'ordine di rimuovere in segreto, dall'ospedale ebraico" dove si trovavano, i cinque cadaveri e di "seppellirli prima della data prevista", cosa che avvenne la notte del 18. (Il giorno dopo gli organizzatori pretesero che i cadaveri venissero disseppelliti e riportati all'ospedale. A causa dello sviluppo degli eventi, i corpi furono imbalsamati lì e rimasero in quello stato per molto tempo). Fu allora che si diffuse la notizia del Manifesto Imperiale, spingendo Odessa verso nuove tempeste.

Citiamo innanzitutto la testimonianza dei membri di un distaccamento di autodifesa ebraico: Durante il pogrom, c'era un certo centro di coordinamento che funzionava abbastanza bene... Le università giocarono un ruolo enorme nella preparazione degli eventi di ottobre... la coalizione sovietica dell'Università di Odessa comprendeva" un bolscevico, un menscevico, un S.-R., un rappresentante del Bund, socialisti sionisti, le comunità armene, georgiane e polacche".

"I distaccamenti studenteschi si erano formati già prima del pogrom"; durante le "immense riunioni all'università" si raccoglievano soldi per comprare armi, "naturalmente non solo per difenderci, ma in vista di una possibile insurrezione". "Anche la coalizione sovietica raccolse fondi per armare gli studenti"; "quando scoppiò il pogrom, all'università c'erano duecento rivoltelle" e "un professore...

ne procurò altri centocinquanta". A capo di ogni distaccamento fu nominato un "dittatore" "senza tener conto della sua posizione politica", e "capitava che un distaccamento composto principalmente da membri del Bund fosse comandato da un sionista-socialista, o viceversa"; "mercoledì [19 ottobre], una grande quantità di armi fu distribuita in una sinagoga filo-sionista"; "i distaccamenti erano composti da studenti ebrei e russi, da lavoratori ebrei, da giovani ebrei di tutti i partiti e da un numero molto ridotto di lavoratori russi".[1285]

Qualche anno dopo, Jabotinsky scrisse che durante i pogrom del 1905 "la nuova anima ebraica aveva già raggiunto la sua maturità".[1286] E nell'atmosfera ancora rosea della Rivoluzione di febbraio, un importante giornale russo fornì la seguente descrizione: "Quando, durante i pogrom di Neudhart nel 1905, i giovani miliziani dell'autodifesa percorrevano Odessa, con le armi in pugno , suscitavano emozione e ammirazione, noi avevamo il cuore pesante, eravamo commossi e pieni di compassione...".[1287]

Ecco cosa scriveva un nostro contemporaneo: "Il coraggio dimostrato dai combattenti di Gomel infiamma decine di migliaia di cuori. A Kiev, 1.500 persone sono impegnate nei distaccamenti di autodifesa, a Odessa diverse migliaia".[1288] Ma a Odessa, il numero dei combattenti e il loro stato

---

[1285] *Odesskii pogrom i samooborona* (Il pogrom di Odessa e l'autodifesa), Parigi, Zapadnyi Tsentralnyi Komitet Samoborony Poalei Zion, 1906, pp. 50-52.
[1286] V. *Jabotinsky, Vvedenic* (Prefazione), in K. N. Bialik. Pesni i poemy, *op. cit.*, p. 44.
[1287] D. *Aizman, Iskouchenie* (tentazione), Rousskaïa volia, 29 aprile 1917, pp. 2-3.
[1288] *Praisman*, in "22", *op. cit.*, p. 179.

d'animo - e, in risposta, la brutalità delle forze di polizia - diedero una svolta agli eventi molto diversa da quella che avevano sperimentato a Kiev.

Torniamo al rapporto Kuzminski. Dopo la proclamazione del Manifesto, la mattina del 18 , il generale Kaoulbars, al comando del distretto militare di Odessa, per "dare alla popolazione la possibilità di godere senza restrizioni della libertà in tutte le sue forme concessa dal Manifesto", ordinò alle truppe di non apparire nelle strade, "per non disturbare l'umore gioioso della popolazione". Tuttavia, "questo umore gioioso non durò". Da tutte le parti "gruppi di ebrei e di studenti cominciarono ad affluire verso il centro della città", brandendo bandiere rosse e gridando: "Abbasso l'autocrazia!", mentre gli oratori invocavano la rivoluzione. Sulla facciata della Duma, due delle parole che compongono l'iscrizione in lettere metalliche "Dio salvi lo Zar" sono state spezzate; la Sala del Consiglio è stata invasa, "un grande ritratto di Sua Maestà l'Imperatore è stato fatto a pezzi", la bandiera nazionale che sventolava sulla Duma è stata sostituita da una bandiera rossa. Sono stati rubati i copricapi di tre ecclesiastici che si trovavano in una carrozza a un funerale; in seguito, il corteo funebre da loro diretto è stato ripetutamente fermato, "i canti religiosi interrotti dagli applausi". "C'era uno spaventapasseri senza testa con la scritta 'Ecco l'autocrazia', e un gatto morto veniva esibito mentre si raccoglieva denaro 'per demolire lo zar' o 'per la morte di Nicola'". "I giovani, soprattutto gli ebrei, ovviamente consapevoli della loro superiorità, insegnarono ai russi che la libertà non era stata concessa loro liberamente, che era stata strappata al governo dagli ebrei... Dichiararono apertamente ai russi: 'Ora saremo noi a governarvi'", ma anche:

"Vi abbiamo dato Dio, vi daremo uno zar". Una grande folla di ebrei che sventolava bandiere rosse inseguì a lungo due pacifisti, uno dei quali riuscì a fuggire dai tetti, mentre sull'altro, un uomo di nome Goubiy, la folla "armata di rivoltelle, asce, pali e sbarre di ferro, lo trovò in una soffitta e lo ferì così gravemente che morì durante il trasporto in ospedale; il portiere dell'edificio trovò due delle sue dita tagliate dall'ascia". In seguito, tre agenti di polizia sono stati picchiati e feriti e le rivoltelle di cinque agenti di pace sono state confiscate.

I prigionieri furono poi liberati in uno, due e tre commissariati (dove il 16 c'erano stati dei pestaggi, ma i detenuti erano già stati rilasciati su ordine di Neudhart; in uno di questi commissariati, la liberazione dei prigionieri fu negoziata in cambio del cadavere di Goubiy; a volte non c'era nessuno dietro le sbarre. Quanto al rettore dell'università, partecipò attivamente a tutto questo, trasmettendo al procuratore le richieste di "una folla di cinquemila persone ", mentre "gli studenti arrivarono a minacciare di impiccare i poliziotti". Neudhart chiese il parere del sindaco della città, Kryjanovsky, e di un professore dell'università, Shtchepkin, ma questi si limitarono a chiedergli di "disarmare la polizia sul posto e renderla invisibile", altrimenti, aggiunse Shchepkin, "le vittime della vendetta popolare non potranno essere salvate e la polizia sarà legittimamente disarmata con la forza". (Interrogato in seguito dal senatore, egli negò di aver parlato in modo così violento, ma si può dubitare della sua sincerità se si considera che lo stesso giorno aveva distribuito 150 rivoltelle agli studenti e che, durante l'inchiesta, si rifiutò di dire dove le aveva procurate). Dopo questo colloquio, Neudhart ordinò (senza nemmeno avvertire il capo della polizia) di ritirare tutti gli agenti di pace "in modo tale che da quel momento l'intera città fu privata di qualsiasi presenza visibile della polizia" - il che poteva essere compreso se la misura fosse stata intesa a proteggere la vita degli agenti, ma allo stesso tempo le strade erano state disertate dall'esercito, il che, per il momento, era pura stupidità. (Ma ricordiamo che a Pietroburgo era proprio questo che i proprietari dei giornali chiedevano a Witte, e per lui era stato difficile resistere).

"Dopo che la polizia se ne andò, apparvero due tipi di gruppi armati: la milizia studentesca e i distaccamenti di autodifesa ebraica. La prima fu creata dalla 'coalizione sovietica' che si era procurata le armi". Ora, "la milizia municipale, composta da studenti armati e da altri individui, si mise di guardia" al posto dei poliziotti. Ciò avvenne con l'assenso del generale barone Kaulbars e del governatore della città, Neudhart, mentre il capo della polizia, Golovin, si dimise per protesta e fu sostituito dal suo vice, von Hobsberg. Alla Duma municipale fu istituito un comitato provvisorio che, in una delle sue prime dichiarazioni, espresse la sua gratitudine agli studenti dell'università "per il modo in cui hanno garantito la sicurezza della città con energia, intelligenza e devozione".

Il comitato stesso assunse funzioni piuttosto vaghe. (Durante il mese di novembre la stampa si interessò a uno dei membri di questo comitato, anch'egli membro della Duma dell'Impero, O. I. Pergament, e nella seconda Duma qualcuno dovette ricordare che egli si proclamò Presidente "della Repubblica del Danubio e del Mar Nero", o "Presidente della Repubblica della Russia del Sud", [1289] nell'ebbrezza di quei giorni, ciò non era improbabile). E cosa poteva succedere dopo che le strade erano state disertate, in quei giorni febbrili, sia dall'esercito che dalla polizia, e che il potere era passato nelle mani di una milizia studentesca inesperta e di gruppi di autodifesa?

"La milizia ha arrestato persone che le sembravano sospette e le ha inviate all'università per essere esaminate"; qui uno studente "camminava alla testa di un gruppo di ebrei di circa sessanta persone che hanno sparato colpi

---

[1289] Gossudarstvennaya Duma-Vtoroy Sozyv (La Duma di Elai-seconda convocazione), Slenogralitcheskiï ollchel, p. 2033.

di rivoltella a caso"; "la stessa milizia studentesca e i gruppi di autodifesa ebraici hanno perpetrato atti di violenza diretti contro l'esercito e gli elementi pacifici della popolazione russa, usando armi da fuoco e uccidendo persone innocenti".

Lo scontro "era inevitabile, data la cristallizzazione di due campi antagonisti tra la popolazione". La sera del 18 , "una folla di dimostranti che sventolava bandiere rosse, composta prevalentemente da ebrei, cercò di imporre un'interruzione del lavoro nella fabbrica di Guen... Gli operai si rifiutarono di soddisfare questa richiesta; dopo di che la stessa folla, incrociando gli operai russi in strada, pretese che si scoprissero davanti alle bandiere rosse. Al rifiuto di questi ultimi" - eccolo, il proletariato! - dalla folla "furono sparati dei colpi; gli operai, benché disarmati, riuscirono a disperderla" e la inseguirono finché non fu raggiunta da un'altra folla di ebrei armati, fino a un migliaio di persone, che iniziarono a sparare sugli operai...; quattro di loro furono uccisi. Così "si scatenarono risse e scontri armati tra russi ed ebrei in vari punti della città; operai russi e individui senza un'occupazione precisa, noti anche come *teppisti*, cominciarono a inseguire gli ebrei e a picchiarli, per poi passare alla furia e alla distruzione di case, appartamenti e negozi appartenenti a ebrei". Fu allora che un commissario di polizia chiamò "una compagnia di fanteria che pose fine agli scontri".

Il giorno successivo, il 19 ottobre, "verso le 10, 11 del mattino, si videro formarsi per le strade... folle di operai russi e di persone di varie professioni che portavano icone, ritratti di Sua Maestà l'Imperatore, così come la bandiera nazionale, e cantavano inni religiosi. Queste manifestazioni patriottiche composte esclusivamente da russi si sono formate simultaneamente in diversi punti della città, ma il loro punto di partenza è stato il porto da dove è partita una prima manifestazione di operai, particolarmente numerosa". Esistono "ragioni per affermare che la rabbia provocata dall'atteggiamento offensivo degli ebrei per tutto il giorno precedente, la loro arroganza e il loro disprezzo per il sentimento nazionale condiviso dalla popolazione russa dovevano, in un modo o nell'altro, portare a una reazione di protesta". Neudhart non ignorava che si stava preparando una manifestazione e la autorizzò, che passò sotto le finestre del comandante del distretto militare e del governatore della città, per poi procedere verso la cattedrale. "Man mano che si procedeva, la folla si ingrossava per l'aggiunta di passanti, tra cui un gran numero di teppisti, vagabondi, donne e adolescenti". (Ma è opportuno qui fare un parallelo tra la storia di un membro del Poalei Zion: "Il pogrom di Odessa non fu opera di teppisti... In quei giorni la polizia non permise l'ingresso in città ai vagabondi del porto"; "furono i piccoli artigiani e i piccoli commercianti a dare libero sfogo alla loro esasperazione, gli operai e gli apprendisti delle varie officine, stabilimenti o fabbriche", "gli operai russi privi di coscienza politica"; "andai a Odessa solo per vedere un pogrom organizzato per provocazione, ma, ahimè, non lo trovai!". E lo spiega come odio tra nazionalità.)[1290]

"Non lontano dalla piazza della Cattedrale..., sono stati sparati diversi colpi di arma da fuoco verso la folla dei manifestanti, uno dei quali ha ucciso un bambino che portava un'icona"; "anche la compagnia di fanteria arrivata sul posto è stata accolta da spari".

Spararono dalle finestre della redazione del giornale *Yuzhnoye Obozrenie*, e "durante l'intero percorso del corteo colpi di arma da fuoco provenivano da finestre, balconi, tetti"; "inoltre, in più punti furono lanciati ordigni esplosivi sui manifestanti", "sei persone furono uccise" da uno di essi; nel centro di Odessa, "all'angolo tra Deribassov e Richelieu, tre bombe furono lanciate su uno squadrone di cosacchi". "Ci furono molti morti e feriti tra i dimostranti", "non a torto i russi incolparono gli ebrei, ed è per questo che dalla folla si levarono rapidamente le grida: 'Picchiate i kikes!', 'Morte agli ebrei!", e "in vari punti della città la folla si precipitò nei negozi degli ebrei per saccheggiarli"; "questi atti isolati si trasformarono rapidamente in un pogrom generalizzato: tutti i negozi, le case e gli appartamenti degli ebrei lungo il percorso della manifestazione furono completamente devastati, tutti i loro beni distrutti, e ciò che era sfuggito ai vandali fu rubato dalle coorti di teppisti e mendicanti che avevano seguito la guida dei manifestanti"; "non era raro che le scene di saccheggio si svolgessero sotto gli occhi dei manifestanti che portavano icone e cantavano inni religiosi"." La sera del 19, "l'odio dei campi antagonisti raggiunse il suo apice: ognuno colpiva e torturava senza pietà, a volte con eccezionale crudeltà, e senza distinzione di sesso o di età, coloro che cadevano nelle loro mani". Secondo la testimonianza di un medico della clinica universitaria, "i teppisti gettavano i bambini dal primo o dal secondo piano sulla strada; uno di loro afferrava un bambino per i piedi e gli spaccava il cranio contro il muro. Da parte loro, gli ebrei non risparmiavano i russi, uccidendo quelli che potevano alla prima occasione; durante il giorno non si facevano vedere per le strade, ma sparavano sui passanti dalle porte, dalle finestre, eccetera, ma la sera si riunivano in numerosi gruppi", arrivando ad "assediare le stazioni di polizia". "Gli ebrei erano particolarmente crudeli con gli agenti di polizia quando riuscivano a catturarli". (Ecco ora il punto di vista dei Poalei Zion: "La stampa diffuse la leggenda che l'autodifesa aveva preso un'enorme folla di teppisti e li aveva rinchiusi nei locali dell'università. Vennero citati numeri dell'ordine di 800-900 persone; in realtà è necessario dividere questo numero per dieci. Solo all'inizio del pogrom i vandali furono portati all'università, dopodiché le cose presero una piega

---

[1290] Odesskiï pogrom... (Il pogrom di Odessa), Poalei Zion. pp. 64-65.

completamente diversa". Ci [1291] sono anche descrizioni del pogrom di Odessa nel numero di novembre del 1905 del giornale *"Kievian"*..[1292])

E la polizia, in tutto questo? Secondo le stupide disposizioni di Neudhart, "il 19 ottobre... come nei giorni successivi, la polizia era totalmente assente dalle strade di Odessa": qualche pattuglia, e solo occasionalmente.

"La vaghezza che regnava nei rapporti tra autorità civili e militari, in contrasto con le disposizioni di legge", ebbe come conseguenza che "gli ufficiali di polizia non avevano un'idea molto chiara dei loro obblighi"; ancor più, "tutti gli ufficiali di polizia, considerando che la responsabilità dei disordini politici ricadeva sugli ebrei" e che "si trattava di rivoluzionari, provarono la massima simpatia per il pogrom che si stava svolgendo sotto i loro occhi e giudicarono persino superfluo nascondersi". Peggio ancora: "In molti casi, gli stessi agenti di polizia incitavano i teppisti a saccheggiare e saccheggiare le case, gli appartamenti e i negozi degli ebrei"; e al culmine di tutto ciò: "in abiti civili, senza le loro insegne", essi stessi "prendevano parte a queste furie", "dirigevano la folla", e ci sono stati persino "casi in cui i poliziotti hanno sparato a terra o in aria per far credere ai militari che questi colpi provenissero dalle finestre di case appartenenti a ebrei".

Ed è stata la polizia a farlo! Il senatore Kouzminski ha portato in giudizio quarantadue poliziotti, di cui ventitré ufficiali.

E l'esercito, "sparso sull'immenso territorio della città" e che avrebbe dovuto "agire in modo autonomo"? "Anche i militari non prestarono attenzione ai pogrom, poiché non erano a conoscenza dei loro obblighi esatti e non ricevevano alcuna indicazione dagli ufficiali di polizia", "non sapevano contro chi o secondo quale ordine avrebbero dovuto usare la forza armata; d'altra parte, i soldati potevano supporre che il pogrom fosse stato organizzato con l'approvazione della polizia". Di conseguenza, "l'esercito non intraprese alcuna azione contro i vandali". Peggio ancora, "ci sono prove che anche i soldati e i cosacchi parteciparono al saccheggio di negozi e case". "Alcuni testimoni hanno affermato che soldati e cosacchi hanno massacrato persone innocenti senza motivo".

Anche in questo caso, si tratta di persone innocenti che hanno pagato per altri.

"Il 20 e 21 ottobre, lungi dal placarsi, il pogrom acquistò uno slancio spaventoso"; "il saccheggio e la distruzione delle proprietà ebraiche, gli atti di violenza e le uccisioni furono perpetrati apertamente, e nella più completa impunità, giorno e notte". (Punto di vista dei Poalei Zion: la sera del 20, "l'università fu chiusa dall'esercito" mentre "al suo interno ci

---

[1291] *Ibidem*, p. 53.
[1292] Il Kievlianin, 14 novembre 1905, in *Choulguine*, allegati, *op. cit.*, pp. 303-308.

eravamo barricati in caso di assalto da parte delle truppe. I distaccamenti di autodifesa non andavano più in città". In quest'ultima, invece, "l'autodifesa si era organizzata spontaneamente", "potenti distaccamenti di cittadini", "equipaggiati con armi d'occasione: accette, coltelli, tigli", "si difesero con una determinazione e una rabbia pari a quelle di cui erano vittime, riuscendo a proteggere quasi completamente il loro perimetro".[1293]

Il 20 , un gruppo di consiglieri comunali guidati dal nuovo sindaco (l'ex Kryjanovskij, che aveva constatato la sua impotenza di fronte a quanto stava accadendo nell'università, dove si stavano raccogliendo persino le armi, e si era dimesso il 18) si recò dal generale Kaulbars, "esortandolo a prendere tutto il potere nelle sue mani nella misura in cui il comando militare... da solo è in grado di salvare la città". Quest'ultimo spiegò loro che "prima della dichiarazione dello stato d'assedio, il comando militare non aveva alcun diritto di interferire nelle decisioni dell'amministrazione civile e non aveva altro obbligo" se non quello di assisterla quando lo richiedeva. "Senza contare che gli spari delle truppe e le bombe lanciate contro di loro rendevano estremamente difficile il ripristino dell'ordine". Il 21 ottobre diede ordine di prendere le misure più energiche contro gli edifici da cui venivano sparati i colpi e lanciate le bombe. Il 22nd : "ordine di abbattere sul posto tutti coloro che si sono resi colpevoli di attacchi a edifici, aziende o persone". Già dal 21 , la calma cominciò a tornare in diverse parti della città; dal 22nd , "la polizia assicurò la sorveglianza delle strade" con il rinforzo dell'esercito; "i tram ricominciarono a circolare e la sera si poteva ritenere che l'ordine fosse stato ristabilito in città".

Il numero delle vittime è difficile da definire e varia da una fonte all'altra. Il rapporto Kuzminski afferma che "secondo le informazioni fornite dalla polizia, il numero di persone uccise ammonta a più di 500 persone, tra cui più di 400 ebrei; per quanto riguarda il numero di feriti registrato dalla polizia, è di 289..., di cui 237 ebrei. Secondo i dati raccolti dai guardiani dei cimiteri, 86 funerali sono stati celebrati nel cimitero cristiano, 298 in quello ebraico". Negli ospedali furono ricoverati "608 feriti, di cui 392 ebrei". (Tuttavia, molti dovevano essere coloro che si erano astenuti dal recarsi negli ospedali, temendo di essere in seguito perseguiti). L'*Enciclopedia Ebraica* riporta 400 morti tra gli ebrei.[1294] - Secondo il Poalei Zion: sulla base dell'elenco pubblicato dal rabbinato di Odessa, "302 ebrei furono uccisi, tra cui 55 membri di distaccamenti di autodifesa, così come 15 cristiani che erano membri di questi stessi distaccamenti"; "tra gli altri morti, 45 non poterono essere identificati; 179 uomini e 23 donne furono identificati".

[1293] Odesskiï pogrom... (Il pogrom di Odessa), Poalei Zion, pp. 53-54.
[1294] SJE, t. 6, p. 122.

"Molti morti tra i vandali; nessuno li ha contati, né si è preoccupato di conoscerne il numero; in ogni caso, si dice che non siano stati meno di un centinaio".[1295] Quanto all'opera sovietica già citata, essa non esita a presentare le seguenti cifre: "più di 500 morti e 900 feriti tra gli ebrei".[1296]

A titolo esemplificativo, si possono citare anche le reazioni a caldo della stampa estera. Nel *Berliner Tageblatt*, già prima del 21 ottobre, si poteva leggere: "Migliaia e migliaia di ebrei vengono massacrati nel sud della Russia; più di mille ragazze e bambini ebrei sono stati violentati e strangolati".[1297]

D'altra parte, è senza esagerazione che Kuzmininski riassume gli eventi: "Per la sua ampiezza e la sua violenza, questo pogrom ha superato tutti quelli che l'hanno preceduto", e ritiene che il principale responsabile sia il governatore della città, Neudhart. Quest'ultimo ha fatto una "concessione indegna" cedendo alle richieste del professor Chtchepkin, ritirando la polizia dalla città e affidandola a una milizia studentesca che ancora non esisteva. Il 18 , "non prese alcuna misura... per disperdere la folla rivoluzionaria che si era radunata nelle strade", tollerò che il potere andasse alle "ramificazioni di ebrei e rivoluzionari" (non capì che ne sarebbero seguite rappresaglie sotto forma di pogrom?). La sua negligenza si sarebbe potuta spiegare se avesse consegnato il potere all'esercito, ma ciò non avvenne "per tutto il periodo dei disordini". Ciò non gli ha impedito, tuttavia, di diffondere durante gli eventi dichiarazioni piuttosto ambigue e successivamente, durante l'inchiesta, di mentire per cercare di giustificarsi. Avendo stabilito "le prove di atti criminali commessi nell'esercizio delle sue funzioni", il senatore Kouzminski fece assicurare Neudhart alla giustizia.

Per quanto riguarda il comando militare, il senatore non aveva il potere di farlo.

Ma indica che è stato criminale da parte di Kaulbars cedere il 18 ottobre alle richieste della Duma municipale e ritirare l'esercito dalle strade della città. Il 21 , Kaulbars usa anche argomenti equivoci nel rivolgersi agli ufficiali di polizia riuniti nella casa del governatore: "Chiamiamo le cose per nome. Bisogna riconoscere che in cuor nostro tutti approviamo questo pogrom. Ma, nell'esercizio delle nostre funzioni, non dobbiamo lasciar trasparire la persecuzione che possiamo provare per gli ebrei. È nostro dovere mantenere l'ordine e prevenire pogrom e omicidi".

[1295] *Odesskiï pogrom...* (Le pogrom d'Odessa), Poalei Zion, pp. 63-64.
[1296] *Dimanstein*, in "1905", t. 3, v. 1, p. 172.
[1297] *Choutguine*, Annexes, p. 292.

Il senatore conclude la sua relazione affermando che "i disordini e le agitazioni dell'ottobre furono provocati da cause di innegabile carattere rivoluzionario e trovarono il loro culmine in un pogrom antiebraico solo perché erano proprio i rappresentanti di quella nazionalità ad aver preso una parte preponderante nel movimento rivoluzionario". Ma non si potrebbe aggiungere che ciò è dovuto anche al lungo lassismo delle autorità nei confronti degli eccessi di cui i rivoluzionari si erano resi colpevoli?

Ma poiché "la convinzione che gli eventi di ottobre fossero l'unica causa delle azioni di Neudhart...", "le sue provocazioni", subito dopo la fine dei disordini "furono formate diverse commissioni a Odessa, tra cui l'Università, la Duma municipale e il Consiglio dell'Ordine degli Avvocati"; esse erano attivamente impegnate nella raccolta di documenti che provassero che "il pogrom era il risultato di una provocazione". Ma dopo aver esaminato le prove, il senatore "non ha scoperto... alcuna prova" e l'indagine "non ha rivelato alcun fatto che dimostri la partecipazione di anche un solo agente di polizia all'organizzazione della manifestazione patriottica". Il rapporto del senatore sottolinea anche altri aspetti dell'anno 1905 e dell'epoca generale.

Il 21 ottobre, "mentre in tutta la città si diffondevano voci sulla fabbricazione di bombe e sullo stoccaggio di armi in grandi quantità all'interno del complesso universitario", il comandante del distretto militare propose di far ispezionare gli edifici da un comitato composto da ufficiali e professori. Il rettore gli rispose che "una tale intrusione avrebbe violato l'autonomia dell'università". Dal giorno della sua proclamazione, in agosto, l'università è stata gestita da una commissione composta da "dodici professori di orientamento estremista".

(Shchepkin, ad esempio, dichiarò in una riunione del 7 ottobre : "Quando scoccherà l'ora e busserete alla nostra porta, vi raggiungeremo sulla vostra *Potemkin!*"), ma questa stessa commissione era sotto il controllo della "coalizione sovietica" studentesca, che dettava i suoi ordini al rettore. Dopo il rifiuto della richiesta di Kaulbars, l'"ispezione" fu effettuata da una commissione composta da professori e tre consiglieri comunali e, naturalmente, non fu scoperto "nulla di sospetto". Lì sono stati gli impiegati comunali a manifestare pretese di esercitare influenza e autorità"; il loro comitato ha presentato alla Duma, composta da rappresentanti eletti, richieste "di carattere essenzialmente politico"; il 17, giorno del Manifesto, hanno elaborato una risoluzione: "Finalmente l'autocrazia è caduta nel precipizio!" - come scrive il senatore, "non è escluso che all'inizio dei problemi ci siano state inclinazioni a prendere tutto il potere".

(Dopo di che, fu l'ondata rivoluzionaria di dicembre, il tono comminatorio del Soviet dei deputati dei lavoratori - "chiediamo" lo sciopero generale - l'interruzione dell'illuminazione elettrica a Odessa, la paralisi del commercio, dei trasporti, dell'attività del porto, le bombe volavano di nuovo, "la distruzione in set del nuovo giornale di orientamento patriottico *Rousskaïa retch*[1298], "la raccolta [sotto minaccia] di denaro per finanziare la rivoluzione", le coorti di studenti liceali disaffezionati e la popolazione impaurita "sotto il giogo del movimento rivoluzionario".")

Questo spirito del 1905 (lo spirito di tutto il "movimento di liberazione"), che si era manifestato con tanta violenza a Odessa, scoppiò in questi "giorni costituzionali"[1299] anche in molte altre città della Russia; sia all'interno che all'esterno della Pale of Settlement, i pogrom "scoppiarono ovunque... il giorno stesso in cui fu ricevuta la notizia del Proclama" del Manifesto.

All'interno della Pale of Settlement, i pogrom si svolsero a Kremenchug, Chernigov, Vinnitsa, Kishinev, Balta, Ekaterinoslav, Elizabethgrad, Oman e in molte altre città e villaggi; le proprietà degli ebrei furono il più delle volte distrutte ma non saccheggiate. "Dove la polizia e l'esercito presero misure energiche, i pogrom rimasero molto limitati e durarono poco. Così a Kamenets-Podolsk, grazie all'azione efficace e rapida della polizia e dell'esercito, tutti i tentativi di provocare un pogrom furono soffocati sul nascere". "Nel Chersonese e a Nikolayev il pogrom è stato fermato fin dall'inizio".[1300]

(E, in una città del sud-ovest, il pogrom non ebbe luogo per la buona ragione che gli ebrei adulti somministrarono una punizione ai giovani che avevano organizzato una manifestazione antigovernativa dopo la proclamazione del Manifesto Imperiale del 17 ottobre".)[1301]

Dove, nella Pale of Settlement, non c'è stato un singolo pogrom, è stato nella regione nord-occidentale dove gli ebrei erano più numerosi, e sarebbe potuto sembrare incomprensibile se i pogrom fossero stati organizzati dalle autorità e "generalmente procedessero secondo lo stesso scenario".[1302]

"Ventiquattro pogrom ebbero luogo al di fuori del Pale of Settlement, ma furono diretti contro tutti gli elementi progressisti della società",[1303] e non esclusivamente contro gli ebrei - questa circostanza mette in evidenza ciò che spinse la gente a organizzare i pogrom: l'effetto shock provocato dal Manifesto e un impulso spontaneo a difendere il trono contro coloro che volevano abbattere lo zar. Pogrom di questo tipo scoppiarono a Rostov sul Don, Tula, Kursk, Kaluga, Voronezh, Riazan, Yaroslav, Viazma, Simferopol, "i tartari parteciparono attivamente ai pogrom di Kazan e

---

[1298] "La parola russa"
[1299] A causa della proclamazione del Manifesto che modifica il regime russo.
[1300] Relazione del senatore Kouzminski, pagg. 176-178.
[1301] Relazione del senatore Tourau, pag. 262.
[1302] SJE, t. 6, p. 566.
[1303] *Ibidem*.

Feodossia"..[1304]" A Tver, l'edificio del Consiglio dello Zemstvo è stato saccheggiato; a Tomsk la folla ha dato fuoco al teatro dove si svolgeva una riunione della Sinistra; duecento persone sono morte nel disastro! A Saratov ci furono disordini, ma nessuna vittima (il governatore locale era nientemeno che Stolypin)[1305].

Sulla natura di tutti questi pogrom e sul numero delle loro vittime, le opinioni divergono fortemente a seconda degli autori. Le stime che vengono fatte oggi sono talvolta molto fantasiose. Ad esempio, in una pubblicazione del 1987: "nel corso dei pogrom contiamo un migliaio di morti e decine di migliaia di feriti e mutilati" - e, come ripreso dalla stampa dell'epoca: "Migliaia di donne sono state violentate, molto spesso sotto gli occhi delle loro madri e dei loro figli".[1306]

Al contrario, G. Sliosberg, contemporaneo degli eventi e in possesso di tutte le informazioni, ha scritto: "Fortunatamente, queste centinaia di pogrom non portarono a violenze significative sulla persona degli ebrei, e nella stragrande maggioranza dei casi i pogrom non furono accompagnati da omicidi".[1307] Per quanto riguarda le donne e gli anziani, la smentita arriva dal combattente bolscevico Dimanstein, che ha dichiarato con orgoglio: "Gli ebrei uccisi o feriti erano per la maggior parte alcuni dei migliori elementi di autodifesa, erano giovani e combattivi e preferivano morire piuttosto che arrendersi".[1308]

Per quanto riguarda le origini dei pogrom, la comunità ebraica e poi l'opinione pubblica russa nel 1881 erano sotto la tenace presa di un'ipnosi: indubbiamente e innegabilmente, i pogrom furono manipolati dal governo!

Pietroburgo guidata dal Dipartimento di Polizia! Dopo gli eventi del 1905, anche tutta la stampa presentò le cose come tali. E lo stesso Sliosberg, in mezzo a questa ipnosi, abbonda in questo senso: "Per tre giorni, l'ondata di pogrom ha investito la Pale of Settlement [abbiamo appena visto che quest'area non fu toccata in pieno e che, al contrario, altre regioni della Russia lo furono-A. S.], e secondo uno scenario perfettamente identico, sono stati pianificati in anticipo".[1309]

E questa strana assenza, in così tanti autori, se solo si cercasse di spiegare le cose in modo diverso! (Molti anni dopo, I. Frumkin ha riconosciuto almeno che i pogrom del 1905 non furono "solo antiebraici, ma anche

---

[1304] JE, t. 12, pp. 620-622.
[1305] *I. L. Teitel*, Iz moiii jizni za 40 let (Ricordi di 40 anni della mia vita), Parigi, 1925, pp. 184-186.
[1306] *Praisman*, in "22", 1986/87, no. 51, p. 183.
[1307] *Sliosberg*, t. 3, p. 180.
[1308] *Dimanstein*, t. 3, p.172.
[1309] *Sliosberg*, t. 3, p. 177.

controrivoluzionari".¹³¹⁰ E nessuno si pone nemmeno la domanda: e se le cause profonde fossero le stesse e andassero ricercate negli eventi politici, lo stato d'animo della popolazione? Non sono forse le stesse preoccupazioni espresse in questo modo? Ricordiamo che la folla aveva manifestato qua e là contro gli scioperanti prima della proclamazione del Manifesto. Ricordiamo anche che in ottobre c'era stato uno sciopero generale delle ferrovie e che le comunicazioni erano state interrotte in tutto il Paese... e, nonostante questo, sono scoppiati contemporaneamente così tanti pogrom? Va anche detto che le autorità hanno ordinato indagini in tutta una serie di città e che sono state imposte sanzioni agli agenti di polizia condannati per violazioni del dovere. Ricordiamo che nello stesso periodo i contadini organizzarono pogrom contro i proprietari terrieri un po' ovunque e che si svolsero tutti nello stesso modo. Senza dubbio, non diremo che anche questi pogrom erano stati architettati dal Dipartimento di Polizia e che non riflettevano lo stesso disagio tra tutti i contadini.

Sembra che una prova - una sola - dell'esistenza di un piano esista, ma non indica nemmeno la direzione del potere. Il Ministro degli Interni R. N. Dournovo scoprì nel 1906 che un funzionario incaricato di missioni speciali, M. S. Komissarov, aveva utilizzato i locali del Dipartimento di Polizia per stampare segretamente volantini che invitavano alla lotta contro gli ebrei e i rivoluzionari. Va ¹³¹¹sottolineato, tuttavia, che non si trattava di un'iniziativa del Dipartimento, ma di una cospirazione di un avventuriero, ex ufficiale della gendarmeria, che in seguito fu incaricato di "missioni speciali" dai bolscevichi, alla Cheka, alla GPU, e fu inviato nei Balcani per infiltrarsi in ciò che rimaneva dell'esercito di Wrangel¹³¹².

Le versioni falsificate degli eventi si sono comunque solidamente radicate nelle coscienze, soprattutto nelle lontane regioni dell'Occidente, dove la Russia è sempre stata percepita attraverso una fitta nebbia, mentre la propaganda anti-russa si sentiva distintamente. Lenin aveva tutto l'interesse a inventare la favola secondo cui lo zarismo "si sforzò di dirigere contro gli ebrei l'odio che gli operai e i contadini, sopraffatti dalla miseria, dedicavano ai nobili e ai capitalisti"; e il suo scagnozzo, Lourie-Larine, cercò di spiegarlo con la lotta di classe: solo gli ebrei ricchi sarebbero stati presi di mira - mentre i fatti dimostrano il contrario: erano proprio loro a godere della protezione della polizia.¹³¹³

Ma, ancora oggi, è ovunque la stessa versione dei fatti - prendiamo l'esempio di dell'*Encyclopædia Judaica*: "Fin dall'inizio, questi pogrom

---

¹³¹⁰ *Frumkin*, BJWR-1, pag. 71.
¹³¹¹ Retch, 1906, 5 maggio.
¹³¹² Uno dei componenti principali dell'Armata Bianca.
¹³¹³ *I. Larme*, Ievrei i antisemitizm v SSSR (Gli ebrei e l'antisemitismo in URSS), M.-L. 1929, pp. 36, 292.

furono *ispirati* da ambienti governativi. Le autorità locali ricevettero *istruzioni* per dare libertà d'azione ai teppisti e per proteggerli dai distaccamenti ebraici di autodifesa". [1314] Riprendiamo l'*Enciclopedia ebraica* pubblicata in Israele in lingua russa: "Organizzando i pogrom, le autorità russe cercarono di..."; "il governo *voleva* eliminare fisicamente il maggior numero possibile di ebrei"[1315] [corsivo aggiunto ovunque da me- A. S.]. Tutti questi eventi, quindi, non sarebbero stati l'effetto del lassismo criminale delle autorità locali, ma il frutto di una macchinazione accuratamente custodita dal governo centrale?

Tuttavia, lo stesso Leone Tolstoj, che all'epoca era particolarmente arrabbiato con il governo e non perdeva occasione per parlarne male, disse all'epoca: "Non credo che la polizia abbia spinto il popolo [ai pogrom]. Questo è stato detto per Kishinev come per Baku... È la manifestazione brutale della volontà popolare... Il popolo vede la violenza della gioventù rivoluzionaria e vi resiste".[1316]

Alla tribuna della Duma, Chulguine propose una spiegazione simile a quella di Tolstoj: "La giustizia posticcia è molto diffusa in Russia come in altri Paesi... Ciò che accade in America è ricco di insegnamenti al riguardo...: la giustizia posticcia si chiama linciaggio... Ma ciò che è accaduto di recente in Russia è ancora più terribile: è la forma di giustizia posticcia chiamata pogrom! Quando il potere ha scioperato, quando gli attacchi più inammissibili al sentimento nazionale e ai valori più sacri per il popolo sono rimasti completamente impuniti, allora, sotto l'influenza di una rabbia irragionevole, ha iniziato a farsi giustizia da solo.

Va da sé che in tali circostanze il popolo non è in grado di distinguere tra colpevoli e innocenti e, in ogni caso, ciò che ci è accaduto - ha rigettato tutta la colpa sugli ebrei. Di questi, pochi colpevoli hanno sofferto, perché sono stati abbastanza furbi da fuggire all'estero; sono gli innocenti che hanno pagato massicciamente per loro". [1317] (Il leader dei cadetti F. Rodichev, da parte sua, aveva la seguente formula: "L'antisemitismo è il patriottismo di persone disorientate" - diciamo: dove ci sono gli ebrei).

Lo zar era stato troppo debole per difendere il suo potere con la legge e il governo aveva dimostrato la sua pusillanimità; allora i piccoli *borghesi*, i piccoli commercianti e persino gli operai, quelli delle ferrovie, delle fabbriche, gli stessi che avevano organizzato lo sciopero generale, si ribellarono, si alzarono in modo spontaneo per difendere i loro valori più

[1314] Encyclopædia Judaica, vol. 13, p. 698.
[1315] SJE, t. 6, p. 568.
[1316] D. P. Makovitsky, 1905-1906 v Iasnoi Poliane (1905 1906 a Yasnaya Poliana), Golos minovehevo. M., 1923, no. 3, p. 26.
[1317] Seconda Duma, stenografia dei dibattiti, 12 marzo 1907, p. 376.

sacri, feriti dalle contorsioni di coloro che li denigravano. Incontenibile, abbandonata, disperata, questa massa diede libero sfogo alla sua rabbia nella barbara violenza dei pogrom.

E nel caso di uno scrittore ebreo contemporaneo, che manca anche di sagacia quando si ostina ad affermare che "indubbiamente il potere zarista giocò un ruolo importante nell'organizzazione dei pogrom antiebraici", troviamo in un paragrafo vicino: "Siamo assolutamente convinti che il Dipartimento di Polizia non fosse sufficientemente organizzato per attuare pogrom simultanei in seicentosessanta luoghi diversi quella stessa settimana". La responsabilità di questi pogrom "non è solo e non tanto dell'amministrazione, ma piuttosto della popolazione russa e ucraina nella Pale of Settlement".[1318]

Su quest'ultimo punto sono d'accordo anch'io. Ma con una riserva, ed è di misura: anche la gioventù ebraica di quel periodo porta una pesante parte di responsabilità in ciò che è accaduto. Qui si è manifestata una tragica caratteristica del carattere russo-ucraino (senza cercare di distinguere quali russi o ucraini abbiano partecipato ai pogrom): sotto l'influenza della rabbia, cediamo ciecamente alla necessità di "sfogarci" senza distinguere tra bene e male; dopodiché, non siamo in grado di prenderci il tempo - con pazienza, con metodo, per anni, se necessario - per riparare il danno. La debolezza spirituale dei nostri due popoli si rivela in questo improvviso sfogo di brutalità vendicativa dopo una lunga sonnolenza.

La stessa impotenza si riscontra da parte dei patrioti, che esitano tra l'indifferenza e la semi-approvazione, incapaci di far sentire la loro voce in modo chiaro e deciso, di orientare l'opinione, di appoggiarsi alle organizzazioni culturali. (Notiamo di sfuggita che alla famosa riunione di Witte's erano presenti anche rappresentanti della stampa di destra, ma non hanno detto una parola, anzi hanno talvolta acconsentito alle impertinenze di Propper).

Un altro peccato secolare dell'Impero russo fece tragicamente sentire i suoi effetti in questo periodo: la Chiesa ortodossa era stata da tempo schiacciata dallo Stato, privata di ogni influenza sulla società, e non aveva alcun ascendente sulle masse popolari (un'autorità di cui aveva disposto nell'antica Russia e al tempo dei Troubles, e che presto sarebbe venuta a mancare in misura notevole durante la guerra civile!) I più alti gerarchi potevano esortare il buon popolo cristiano, per mesi e anni, eppure non riuscivano nemmeno a impedire che la folla sfoggiasse crocifissi e icone alla testa dei pogrom.

[1318] *Praisman*, in "22", 1986-87, no. 51, pp. 183, 186, 187.

È stato anche detto che i pogrom dell'ottobre 1905 erano stati organizzati dall'Unione del Popolo Russo. Non è vero: essa apparve solo nel novembre 1905, come reazione istintiva all'umiliazione subita dal popolo. Il suo programma dell'epoca aveva in effetti un orientamento antiebraico globale: "L'azione distruttiva e antigovernativa delle masse ebraiche, solidali nel loro odio per tutto ciò che è russo e indifferenti ai mezzi da usare".[1319]

In dicembre, i suoi militanti chiamarono il reggimento Semienovski a reprimere l'insurrezione armata a Mosca. Tuttavia, l'Unione del Popolo Russo, resa leggendaria da voci e paure, era in realtà solo un piccolo partito malandato e privo di mezzi, la cui unica *ragion d'essere* era quella di appoggiare il monarca autocratico che, già nella primavera del 1906, era diventato un monarca costituzionale. Quanto al governo, si sentiva in imbarazzo per aver appoggiato un simile partito. Così quest'ultimo, forte dei suoi due o tremila soviet locali composti da analfabeti e incompetenti, si trovò ad opporsi al governo della monarchia costituzionale, e soprattutto a Stolypin.-Dalla tribuna della Duma, Purishkevich [1320] interrogò in questi termini i deputati: "Da quando sono apparse le organizzazioni monarchiche, avete visto molti pogrom nella Pale of Settlement?... Nessuno, perché le organizzazioni monarchiche hanno lottato e lottano contro la predominanza ebraica con misure economiche, culturali, e non con i pugni"[1321] - Queste misure erano così culturali, si potrebbe chiedere, ma in realtà non è noto che nessun pogrom sia stato causato dall'Unione del Popolo Russo, e quelli precedenti furono effettivamente il risultato di un'esplosione popolare spontanea.

Pochi anni dopo, l'Unione del Popolo Russo - che, fin dall'inizio, era solo una mascherata - scomparve nella nebbia dell'indifferenza generale. (Si può giudicare la vaghezza che circondava questo partito dalla sorprendente caratteristica che viene data nell'*Enciclopedia Ebraica*: l'antisemitismo dell'Unione del Popolo Russo "è molto caratteristico della nobiltà e del grande capitale"!)[1322]

C'è un altro marchio di infamia, tanto più indelebile quanto più vago nei suoi contorni: "I cento neri".

Da dove deriva questo nome? Difficile dirlo: secondo alcuni, è il modo in cui i polacchi avrebbero designato per dispetto i monaci russi che resistettero vittoriosamente all'assalto della Lavra della Trinità di San Sergio nel 1608-1609. Attraverso oscuri canali storici, è arrivato fino al XX

[1319] Novoie vremia, 1905, 20 nov. (3 dic.), pp. 2, 3.
[1320] V. Purishkevich (1870-1920), uno dei leader dell'estrema destra russa.
[1321] Resoconto stenografico della Terza Duma, 1911, p. 3118.
[1322] JE, t. 14, p. 519.

secolo ed è stato poi utilizzato come etichetta molto comoda per stigmatizzare il movimento patriottico popolare che si era spontaneamente formato. Fu proprio il suo carattere, impreciso e offensivo, a decretarne il successo. (Così, ad esempio, i quattro KD che si fecero coraggio al punto di entrare in trattative con Stolypin furono denunciati come "KD-Cento neri"). Nel 1909, la *Milestones* Collection fu accusata di "propagare in forma mascherata l'ideologia dei Cento Neri"). E l'"espressione" divenne di uso comune per un secolo, anche se le popolazioni slave, totalmente sgomente e scoraggiate, non furono mai contate a centinaia ma a milioni.

Nel 1908-1912, l'*Enciclopedia Ebraica* pubblicata in Russia, in suo onore, non interferì nel dare una definizione dei "Cento Neri": l'élite intellettuale ebraica della Russia aveva tra le sue fila sufficienti menti equilibrate, penetranti e sensibili. Ma nello stesso periodo che precede la Prima guerra mondiale, l'*Enciclopedia Brockhaus-Efron* propone una definizione in uno dei suoi supplementi: "I 'Cento Neri' sono stati per alcuni anni il nome comune dato alla feccia della società concentrata sui pogrom contro gli ebrei e gli intellettuali". Inoltre, l'articolo amplia l'affermazione: "Questo fenomeno non è specificamente russo; è apparso sul palcoscenico della storia... in diversi Paesi e in tempi diversi".[1323] Ed è vero che, nella stampa dopo la rivoluzione di febbraio, ho trovato l'espressione "le centinaia nere svedesi!"...

Un saggio autore ebreo contemporaneo sottolinea giustamente che "il fenomeno che è stato designato con il termine "Cento Neri" non è stato sufficientemente studiato".[1324]

Ma questo tipo di scrupolo è totalmente estraneo alla famosa *Encyclopædia Britannica*, la cui autorità si estende all'intero pianeta: "I Cento Neri o Unione del Popolo Russo o organizzazione di gruppi reazionari e antisemiti in Russia, costituiti durante la rivoluzione del 1905. Incoraggiati ufficiosamente dalle autorità, i Cento Neri reclutarono le loro truppe per lo più tra i proprietari terrieri, i contadini ricchi, i burocrati, la polizia e il clero; sostenevano la Chiesa ortodossa, l'autocrazia e il nazionalismo russo. Particolarmente attivi tra il 1906 e il 1911...".[1325]

Si rimane sbalorditi di fronte a tanta scienza! E questo è ciò che viene letto a tutta l'umanità colta: "reclutavano le loro truppe per la maggior parte tra i proprietari terrieri, i ricchi contadini, i burocrati, la polizia e il clero!". Furono quindi queste persone a spaccare le vetrine dei negozi ebraici con i

---

[1323] Entsiklopcditcheskii slovar, Spb., Brockhaus i Efron. Dopoln, t. 2 (4/d), 1907, p. 869.
[1324] Boris Orlov, Rossia bez evrcev (La Russia senza gli ebrei), "22", 1988, n. 60, p. 151.
[1325] Enciclopedia Britannica. 15 ed., 1981, vol. II, p. 62, cl. 2.

loro bastoni! E furono "particolarmente attivi" dopo il 1905... quando era tornata la calma!

È vero, nel 1905-1907 ci sono state azioni contro i proprietari terrieri, ci sono state anche azioni contro i proprietari terrieri.

altri pogrom contro gli ebrei. Era sempre la stessa folla ignorante e brutale che saccheggiava e saccheggiava case e proprietà, massacrando persone (compresi i bambini) e persino il bestiame; ma questi massacri non portarono mai a una condanna da parte dell'intellighenzia progressista, mentre il deputato alla Duma Herzenstein, in un discorso in cui prendeva con passione e ragione la difesa delle piccole aziende agricole contadine, mettendo in guardia i parlamentari dal pericolo di un'estensione degli incendi delle proprietà rurali, esclamò: "Non vi bastano le luminarie del mese di maggio dell'anno scorso, quando nella regione di Saratov sono state distrutte centocinquanta proprietà praticamente in un solo giorno?".[1326]

Queste illuminazioni non furono mai perdonate. Si trattava, ovviamente, di un errore da parte sua, da cui non si doveva dedurre che fosse contento di questa situazione.

Ma avrebbe usato questa parola per i pogrom contro gli ebrei dell'autunno precedente?

Solo con la Grande, la vera rivoluzione, si sono sentite le violenze contro i nobili proprietari terrieri, che "non erano meno barbare e inaccettabili dei pogrom contro gli ebrei... C'è però negli ambienti di sinistra la tendenza a considerare... come positiva la distruzione del vecchio sistema politico e sociale".[1327]

Sì, c'era un'altra spaventosa somiglianza tra queste due forme di pogrom: la folla sanguinaria aveva la sensazione di essere *nel giusto*. Gli ultimi pogrom contro gli ebrei ebbero luogo nel 1906 a Sedlets, in Polonia - che non rientra nel nostro campo di applicazione - e a Bialystok durante l'estate. (Poco dopo, la polizia soffocò un pogrom in preparazione a Odessa dopo lo scioglimento della prima Duma).

A Bialystok si costituì il più potente dei gruppi anarchici in Russia. Qui "avevano fatto la loro comparsa importanti bande di anarchici, che compivano atti terroristici contro proprietari, poliziotti, cosacchi, militari".[1328] I ricordi lasciati da alcuni di loro permettono di rappresentare molto chiaramente l'atmosfera della città nel 1905-1906: ripetuti attacchi da parte

---

[1326] Atti della Prima Duma, 19 maggio 1906, p. 524.
[1327] *I. O. Levine*, Evrei v revolutsii (Gli ebrei nella rivoluzione), RaJ, pag. 135.
[1328] *Dimanstein*, t. 3, p. 163.

degli anarchici che si erano insediati nella via de Souraje, dove la polizia non osava più andare. "Era molto frequente che i poliziotti in servizio venissero assassinati in pieno giorno; per questo ne vedevamo sempre meno...".

Ecco l'anarchico Nissel Farber: "ha lanciato una bomba contro la stazione di polizia", ferendo due agenti di pace, un segretario, uccidendo "due *borghesi* che si trovavano lì per caso" e, per mancanza di fortuna, è morto lui stesso nell'esplosione. Ecco Guelinker (alias Aron Eline): anche lui ha lanciato una bomba, che ha ferito gravemente il vice del capo della polizia, un commissario, due ispettori e tre agenti. Ecco un altro anarchico la cui bomba "ferisce un ufficiale e tre soldati", anzi, ferisce anche lui "e, purtroppo, uccide un militante del Bund". Anche in questo caso vengono uccisi un commissario e un pacificatore, ci sono due gendarmi, e di nuovo lo stesso "Guelinker uccide un portinaio".

(Oltre agli attentati, si praticava anche l'"espropriazione dei prodotti di consumo": il cibo doveva essere mangiato). "Le autorità vivevano nel timore di una 'rivolta' degli anarchici in via de Souraje", la polizia aveva preso l'abitudine di "aspettarsi una tale rivolta per oggi, domani o dopodomani".

"La maggioranza... degli anarchici... propendeva per un'azione armata risoluta al fine di mantenere, per quanto possibile, un'atmosfera di guerra di classe".

A questo scopo, il terrore fu esteso anche ai "*borghesi*" ebrei. Lo stesso Farber aggredì il capo di un'officina, un certo Kagan, "all'uscita della sinagoga... lo ferì gravemente con un coltello al collo"; un altro piccolo mecenate, Lifchitz, subì la stessa sorte; anche "il ricco Weinreich fu aggredito in sinagoga", ma la rivoltella era di scarsa qualità e si inceppò tre volte". Si chiedeva una serie di "significative azioni 'gratuite' contro i *borghesi*": "Il *borghese* deve sentirsi in pericolo di morte in ogni momento della sua esistenza". C'era persino l'idea di "disporre lungo tutta [la via principale di Bialystok] macchine infernali per far saltare in aria l'intera classe superiore" in una sola volta. Ma "come trasmettere il 'messaggio' *anarchico*?". A Bialystok emersero due correnti: i terroristi "gratuiti" e i "comunardi" che consideravano il terrorismo un metodo "noioso" e mediocre, ma tendevano all'insurrezione armata "in nome del comunismo senza Stato": "Investire nella città, armare le masse, resistere a diversi attacchi dell'esercito e poi cacciarli dalla città" e, "allo stesso tempo, investire in impianti, fabbriche e negozi". È in questi termini che, "durante le riunioni di quindici o ventimila persone, i nostri oratori hanno invocato una rivolta armata". Ahimè, "le masse lavoratrici di Bialystok si sono ritirate dall'avanguardia rivoluzionaria che esse stesse avevano allattato", era imperativo "superare... la passività delle masse". Gli anarchici di

Bialystok prepararono così un'insurrezione nel 1906. Il suo svolgimento e le sue conseguenze sono note come il "pogrom di Bialystok".[1329]

Tutto è iniziato con l'assassinio del capo della polizia, avvenuto proprio in questa "via de Souraje dove si concentrava l'organizzazione anarchica ebraica"; poi qualcuno ha sparato o lanciato una bomba su una processione religiosa.

In seguito, una commissione d'inchiesta fu inviata dalla Duma di Stato, ma ahimè, ahimè, tre volte ahimè, non riuscì a stabilire "se si trattasse di uno sparo o di una sorta di fischio: i testimoni non erano in grado di dirlo".[1330] Il comunista Dimanstein scrisse molto chiaramente, vent'anni dopo, che "un petardo fu lanciato contro una processione ortodossa come provocazione".[1331]

Né si può escludere la partecipazione del Bund che, durante i mesi "migliori" della rivoluzione del 1905, aveva bruciato dal desiderio di passare all'azione armata, ma invano, e stava appassendo al punto da dover considerare di rinnovare la fedeltà ai socialdemocratici. Ma sono gli stessi anarchici di Bialystok a manifestarsi con la massima brillantezza.

Il loro leader, Giuda Grossman-Rochinin, raccontò dopo il 1917 cos'era questo nido di anarchici: soprattutto, avevano paura di "cedere a un approccio attendista e al buon senso". Dopo aver fallito nell'organizzazione di due o tre scioperi a causa della mancanza di sostegno da parte della popolazione, nel giugno 1906 decisero di "prendere in mano la città" ed espropriare gli strumenti di produzione. "Ritenevamo che non ci fosse motivo di ritirarsi da Bialystok senza aver condotto un'ultima lotta di classe, che si sarebbe trattato di capitolare di fronte a un problema complesso di tipo superiore"; se "non passiamo alla fase finale della lotta, le masse perderanno la fiducia [in noi]". Tuttavia, mancavano uomini e armi per conquistare la città e Grossman corse a Varsavia per chiedere aiuto alla frazione armata del PPS (i socialisti polacchi). Lì sentì un edicolante che gridava: "Sanguinoso pogrom a Bialystok!... migliaia di vittime!"... Tutto divenne chiaro: la reazione ci aveva preceduto!".[1332]

Ed è lì, nel passaggio "all'ultimo stadio della lotta", che si trova senza dubbio la spiegazione del "pogrom". L'impeto rivoluzionario degli anarchici di Bialystok si espresse successivamente. Al processo, nelle arringhe dell'avvocato Gillerson che "chiedeva il rovesciamento del governo e del sistema politico e sociale esistente in Russia" e che, proprio

---

[1329] Iz istorii anarkhitcheskovo dvijenia v Bialystoka (Aspetti della storia del movimento anarchico a Bialystok), Soblazn sotsializma, pp. 417-432.
[1330] JE, t. 5, pp. 171-172.
[1331] *Dimanslein*, t. 3, p. 180.
[1332] *Grossman-Rochtchine*, Byloïe, 1924, nn. 27-28. pp. 180-182.

per questo motivo, fu lui stesso perseguito. Quanto alla commissione della Duma, essa ritenne che "le condizioni di un pogrom erano state create anche da vari elementi della società che immaginavano che combattere gli ebrei equivalesse a combattere il movimento di liberazione".[1333]

Ma dopo quel "petardo lanciato dalla provocazione" che il Comitato della Duma non era stato in grado di individuare, qual è stato il corso degli eventi?

Secondo i risultati della commissione, "l'esecuzione sistematica di ebrei innocenti, compresi donne e bambini, è stata effettuata con il pretesto di reprimere i rivoluzionari". Tra gli ebrei ci furono "più di settanta morti e circa ottanta feriti". Al contrario, "l'accusa tendeva a spiegare il pogrom con l'attività rivoluzionaria degli ebrei, che aveva provocato la rabbia del resto della popolazione". Il Comitato della Duma respinse questa versione dei fatti: "A Bialystok non c'era alcun antagonismo razziale, religioso o economico tra ebrei e cristiani".[1334]

Ed ecco cosa viene scritto oggi: "Questa volta il pogrom è stato puramente militare. I soldati si trasformarono in rivoltosi" e inseguirono i rivoluzionari. Allo stesso tempo, si dice che questi soldati abbiano paura dei distaccamenti di anarchici ebrei in via de Souraje, perché "la guerra in Giappone... ha insegnato [ai soldati russi] a guardarsi dagli spari" - queste le parole pronunciate alla Duma municipale da un consigliere ebreo.[1335] Contro i distaccamenti ebraici di autodifesa si schierano la fanteria e la cavalleria, ma, dall'altra parte, ci sono bombe e armi da fuoco.

In questo periodo di forte agitazione sociale, il comitato della Duma concluse per un "rastrellamento della popolazione", ma vent'anni dopo, possiamo leggere in un libro sovietico (in ogni caso, il "vecchio regime" non tornerà, non sarà in grado di giustificarsi, e quindi possiamo andare avanti!) "Massacrarono intere famiglie con l'uso di chiodi, bucarono gli occhi, tagliarono le lingue, spaccarono i crani dei bambini, ecc.".[1336] E un libro di lusso edito all'estero, sensazionalistico, di denuncia, un folio riccamente illustrato, stampato su carta patinata, intitolato *L'ultimo autocrate* (decretando in anticipo che Nicola II sarebbe stato davvero l'"ultimo"), proponeva la seguente versione: il pogrom "era stato oggetto di una tale messa in scena che sembrava possibile descrivere il programma del primo giorno sui giornali di Berlino; così, due ore prima dell'inizio del pogrom di Bialystok, i berlinesi potevano essere informati dell'evento".

[1333] JE, t. 5, pp. 171-174.
[1334] *Ibidem*, pp. 170. 172.
[1335] *Praisman*, pp. 185-186.
[1336] *Dimanstein*, t. 3, p. 180.

¹³³⁷(Ma se qualcosa appariva sulla stampa berlinese, non era forse solo un'eco delle trovate di Grossman-Rochin). Inoltre, sarebbe stato piuttosto assurdo da parte del governo russo provocare pogrom contro gli ebrei proprio mentre i ministri russi facevano pressioni sui finanziatori occidentali nella speranza di ottenere prestiti. Ricordiamo che Witte ebbe grandi difficoltà a ottenere dai Rothschild, che erano maldisposti verso la Russia a causa della situazione degli ebrei e dei pogrom, "così come da altre importanti istituzioni ebraiche", ¹³³⁸ ad eccezione del banchiere berlinese Mendelssohn. Già nel dicembre 1905, l'ambasciatore russo a Londra, Benkendorf, aveva avvertito il suo ministro: "I Rothschild ripetono ovunque... Che il credito della Russia è ora al suo livello più basso, ma che sarà immediatamente ripristinato se la questione ebraica sarà risolta".¹³³⁹

All'inizio del 1906, Witte diffuse un comunicato governativo in cui si diceva che "trovare una soluzione radicale al problema ebraico è una questione di coscienza per il popolo russo, e questo sarà fatto dalla Duma, ma anche prima che la Duma si unisca, le disposizioni più severe saranno abrogate nella misura in cui non sono più giustificate nella situazione attuale".¹³⁴⁰ Egli pregò i più eminenti rappresentanti della comunità ebraica di San Pietroburgo di recarsi in delegazione dallo zar e promise loro la più gentile accoglienza. Questa proposta fu discussa al Congresso dell'Unione per l'Integrità dei Diritti - e dopo l'infuocato discorso di I. B. Bak (editore del giornale *Retch*) si decise di rifiutarla e di inviare a Witte una delegazione meno importante, non per fornire risposte, ma per lanciare accuse: per dirgli "chiaramente e senza ambiguità" che l'ondata di pogrom era stata organizzata "su iniziativa e con il sostegno del governo".¹³⁴¹

Dopo due anni di terremoto rivoluzionario, i leader della comunità ebraica russa che avevano preso il sopravvento non pensarono nemmeno per un attimo di accettare un accordo progressivo sulla questione della parità di diritti. Sentivano di essere trasportati dall'onda della vittoria e non avevano bisogno di andare dallo zar nella posizione di mendicanti e sudditi fedeli. Erano orgogliosi dell'audacia dimostrata dalla gioventù rivoluzionaria ebraica. (Bisogna collocarsi nel contesto dell'epoca in cui si credeva che il vecchio esercito imperiale fosse inamovibile, per percepire il significato

---

[1337] Der Leizte russischc Allcinherrscher, Berlino, Eberhard Frowein Verlag (1913), pag. 340.
[1338] A. *Popov*, Zaem 1906 g. V Donesseniakh ruskovo posla v Parije (Il prestito del 1906 attraverso i dispacci dell'ambasciatore russo a Parigi), Krasnyy arkhiv, 1925, t. 11/12, p. 432.
[1339] K peregovoram Kokovtseva o zaïme v 1905-1906 gg. (I colloqui di Kokovtsev per il prestito), Krasnyy arkhiv, 1925, t. 10, p. 7.
[1340] Perepiska N.A. Romanova i P.A. Solypina (Corrispondenza tra N.A. Romanov e P.A. Stolypin). Krasnyi Arkhiv, 1924, t. 5, p. 106.
[1341] *Sliosberg*, t. 3, pp. 185-188.

dell'episodio in cui, davanti al reggimento di granatieri di Rostov sull'attenti, il suo comandante, il colonnello Simanski, era stato *arrestato* da un ebreo volontario). Dopo tutto, forse questi rivoluzionari non si erano resi colpevoli di "tradimento nazionale", come li aveva accusati Doubnov, forse erano loro ad essere nella verità? Dopo il 1905, solo gli ebrei fortunati e prudenti rimasero a dubitarne.

Qual è stato il bilancio dell'anno 1905 per l'intera comunità ebraica in Russia? Da un lato, "la rivoluzione del 1905 ebbe risultati complessivamente positivi... portò agli ebrei l'uguaglianza politica anche quando non godevano nemmeno dell'uguaglianza civile... Mai come dopo il "Movimento di liberazione" la questione ebraica beneficiò di un clima più favorevole nell'opinione pubblica".[1342] Ma, d'altra parte, la forte partecipazione degli ebrei alla rivoluzione contribuì al fatto che d'ora in poi erano tutti identificati con essa. Alla tribuna della Duma del 1907 V. Choulgin propose di votare una risoluzione per constatare che "... la metà occidentale della Russia, dalla Bessarabia a Varsavia, è piena di odio verso gli ebrei che considerano i responsabili di tutte le loro disgrazie...".[1343]

Ciò è indirettamente confermato dall'aumento dell'emigrazione ebraica dalla Russia. Se nel 1904-1905 si registra ancora un aumento dell'emigrazione tra gli uomini maturi, a partire dal 1906 è interessata l'intera piramide delle età. Il fenomeno non è quindi dovuto ai pogrom del 1881-1882, ma a quelli del 1905-1906. Da questo momento in poi, per i soli Stati Uniti, il numero di immigrati sale a 125.000 persone nel 1905 1906 e a 115.000 nel 1906-1907.[1344]

Ma allo stesso tempo, scrive B. I. Goldman, "nei brevi anni di agitazione, gli istituti di istruzione superiore non applicarono rigorosamente il *numerus clausus* agli ebrei, un numero relativamente elevato di dirigenti professionali ebrei, e poiché questi erano più abili dei russi nel collocarsi sul mercato, senza sempre distinguersi per un grande rigore morale nella loro attività, alcuni cominciarono a parlare di una "presa degli ebrei" sulle professioni intellettuali.[1345]

E "nel "Progetto per le Università" preparato nel 1906 dal Ministero dell'Istruzione Pubblica, non si fa menzione del *numerus clausus*". Nel

---

[1342] *G. A. Landau*, Revolutsionnye idei v ievreïskoi obchtchcstvennosti (Idee rivoluzionarie nell'opinione ebraica). RaJ, p. 116.
[1343] Resoconto stenografico dei dibattiti alla Seconda Duma, 6 marzo 1907, p. 151.
[1344] JE, t. 2, pp. 235 236; SJE, t. 6, p. 568.
[1345] *B. I. Goldman* (B. Gorev), Icvrci v proizvedcniakh rousskikh pissatelei (Gli ebrei nella letteratura russa), Pd. Svobodnoïe slovo, 1917, p. 28.

1905 gli studenti ebrei in Russia erano 2.247 (9,2%); nel 1906, 3.702 (11,6%); nel 1907, 4.266 (12%).[1346]

Nel programma di riforme annunciato il 25 agosto 1906 dal Governo, quest'ultimo si impegnava a riesaminare, tra le limitazioni a cui erano sottoposti gli ebrei, quelle che potevano essere immediatamente rimosse "nella misura in cui provocano solo insoddisfazione e sono ovviamente obsolete".

Tuttavia, allo stesso tempo, il governo russo non poteva più essere influenzato dalla rivoluzione (che fu prolungata per altri due anni da un'ondata di terrorismo difficilmente contenuta da Stolypin) e dalla partecipazione molto visibile degli ebrei a questa rivoluzione.

A questi argomenti di malcontento si aggiunse l'umiliante sconfitta contro il Giappone, e i circoli dirigenti di San Pietroburgo cedettero alla tentazione di una spiegazione semplicistica: La Russia è fondamentalmente sana e l'intera rivoluzione, dall'inizio alla fine, è un oscuro complotto ordito dagli ebrei, un episodio del complotto giudeo-massonico. Spiegare tutto con una sola e unica causa: gli ebrei! La Russia sarebbe stata a lungo all'apice della gloria e del potere universale se non ci fossero stati gli ebrei!

E, aggrappandosi a questa breve ma comoda spiegazione, le alte sfere non fecero altro che avvicinare ancora di più l'ora della loro caduta.

La credenza superstiziosa nella forza storica dei complotti (anche se esistono, individuali o collettivi) lascia completamente da parte la causa principale dei fallimenti subiti dagli individui e dagli Stati: le debolezze umane.

Sono le nostre debolezze russe che hanno determinato il corso della nostra triste storia: l'assurdità dello scisma religioso causato da Nikon , [1347]la violenza insensata di Pietro il Grande e l'incredibile serie di contraccolpi che ne sono seguiti, sprecando le nostre forze per cause non nostre, l'inveterata sufficienza della nobiltà e la pietrificazione burocratica per tutto il XIX secolo. Non è per effetto di un complotto ordito dall'esterno che abbiamo abbandonato i nostri contadini alla loro miseria. Non è stato un complotto a portare la grande e crudele Pietroburgo a soffocare la dolce cultura ucraina. Non è a causa di un complotto che quattro ministeri non sono riusciti a mettersi d'accordo sull'assegnazione di un caso particolare all'uno o all'altro, hanno trascorso anni in estenuanti battibecchi mobilitando tutti i livelli della gerarchia. Non è il risultato di un complotto

---

[1346] SJE, t. 7, p. 348.
[1347] Patriarca della Chiesa russa, che nel XVII secolo volle imporre con la forza una riforma dei testi liturgici e del rituale, che diede origine allo scisma dei "vecchi credenti".

se i nostri imperatori, uno dopo l'altro, si sono dimostrati incapaci di comprendere l'evoluzione del mondo e di definire le vere priorità. Se avessimo conservato la purezza e la forza che in passato ci sono state infuse da San Sergio di Radonezh, non dovremmo temere alcun complotto nel mondo.

No, non si può dire in nessun caso che siano stati gli ebrei a "organizzare" le rivoluzioni del 1905 o del 1917, così come non si può dire che sia stata questa nazione nel suo insieme a fomentarle. Allo stesso modo, non sono stati i russi o gli ucraini, considerati insieme come nazioni, a organizzare i pogrom.

Sarebbe facile per tutti noi dare uno sguardo retrospettivo a questa rivoluzione e condannare i nostri "rinnegati". Alcuni erano "ebrei non ebrei", [1348] altri erano "internazionalisti, non russi". Ma ogni nazione deve rispondere dei suoi membri in quanto ha contribuito a formarli.

Da parte della gioventù rivoluzionaria ebraica (ma anche di coloro che l'avevano formata) e degli ebrei che "costituivano un'importante forza rivoluzionaria", [1349] sembra che sia stato dimenticato il saggio consiglio che Geremia rivolse agli ebrei deportati a Babilonia: "Cercate la pace per la città dove vi ho deportati; pregate Yahweh in suo favore, perché la sua pace dipende dalla vostra". (Geremia 29 7.)

Mentre gli ebrei di Russia, che hanno animato la rivoluzione, sognavano solo di abbattere questa stessa città senza pensare alle conseguenze.

Nella lunga e caotica storia dell'umanità, il ruolo svolto dal popolo ebraico - pochi ma energici - è innegabile e considerevole. Questo vale anche per la storia della Russia. Ma per tutti noi questo ruolo rimane un enigma storico.

Anche per gli ebrei.

Questa strana missione ha portato loro tutto tranne che felicità.

[1348] Si veda, ad esempio, *Paul Johnson*, A History of the Jews, Harper Collins, 1987, p. 448.
[1349] SJE, t. 7, p. 349.

Capitolo 10

Il periodo della Duma

Il Manifesto del 17 ottobre segnò l'inizio di un periodo qualitativamente nuovo nella storia russa, che fu poi consolidato da un anno di governo di Stolypin: il periodo della Duma o dell'Autocrazia limitata, durante il quale i precedenti principi di governo - il potere assoluto dello zar, l'opacità dei ministri, l'immutabilità della gerarchia - furono rapidamente e sensibilmente limitati. Questo periodo fu molto difficile per tutte le *alte sfere*, e solo gli uomini con un carattere solido e un temperamento attivo poterono iscriversi con dignità alla nuova era. Ma anche l'opinione pubblica faticò ad abituarsi alle nuove pratiche elettorali, alla pubblicità dei dibattiti alla Duma (e ancor più alla responsabilità di quest'ultima); e, nella sua ala sinistra, gli infuriati leninisti e gli infuriati del Bund si limitarono a boicottare le elezioni della prima Duma: non abbiamo nulla a che fare con i vostri parlamenti, raggiungeremo i nostri scopi con bombe, sangue, convulsioni! E così "l'atteggiamento del Bund nei confronti dei deputati ebrei della Duma fu violentemente ostile".[1350]

Ma gli ebrei di Russia, guidati dall'Unione per l'integrità dei diritti, non si sbagliarono e, esprimendo la loro simpatia per la nuova istituzione, "parteciparono molto attivamente alle elezioni, votando il più delle volte per i rappresentanti del partito [Cadetto] che aveva posto l'uguaglianza dei diritti per gli ebrei nel suo programma". Alcuni rivoluzionari che avevano recuperato il loro spirito condividevano le stesse disposizioni. Così Isaac Gurvitch, emigrato nel 1889 - attivo sostenitore della sinistra marxista, fu cofondatore del Partito socialdemocratico americano -, tornò in Russia nel 1905, dove fu eletto nel Collegio elettorale della Duma.[1351] Non c'erano limitazioni per gli ebrei alle elezioni, e dodici di loro sedettero nella prima Duma; è vero che la maggior parte di loro proveniva dalla Pale of Settlement, mentre i leader ebrei della capitale, che non avevano i requisiti di proprietà, non potevano essere eletti: solo Winaver, L. Bramson,[1352] e

---

[1350] JE, t. 5, p. 100.
[1351] RJE, t. 1, p. 392.
[1352] JE, t. 7, p. 370.

l'ebreo convertito M. Herzenstein (a cui il principe P. Dolgorukov aveva ceduto il suo posto).

Poiché il numero di ebrei nella Duma era significativo, i deputati sionisti proposero di formare un "gruppo ebraico indipendente" che si attenesse alla "disciplina di un vero e proprio partito politico", ma i deputati non sionisti respinsero questa idea, accontentandosi di "riunirsi di tanto in tanto per discutere questioni che riguardavano direttamente gli interessi degli ebrei ","[1353] accettando però di attenersi già a "una vera e propria disciplina nel senso di attenersi rigorosamente alle decisioni di un collegio composto dai membri della Duma e da quelli del Comitato per l'integrità dei diritti"[1354] (l'"Ufficio politico").

Allo stesso tempo si formò una solida alleanza tra gli ebrei e il partito cadetto. "Non era raro che i capitoli locali dell'Unione [per l'integrità dei diritti] e del partito democratico-costituzionale fossero composti dalle stesse persone".[1355] (Nella Pale of Settlement, la stragrande maggioranza dei membri del partito [dei Cadetti] era costituita da ebrei; nelle province dell'interno, essi rappresentavano la seconda nazionalità... Come ha scritto Witte, "quasi tutti gli ebrei che si laureavano si univano al partito della Libertà del Popolo [cioè ai Cadetti]... che prometteva loro l'accesso immediato alla parità di diritti". Questo partito deve gran parte della sua influenza agli ebrei che gli fornirono sostegno intellettuale e materiale". [1356] Gli ebrei "introdussero coerenza e rigore... nel 'Movimento di liberazione' russo del 1905".[1357]

Tuttavia, A. Tyrkova, una figura importante del partito cadetto, osserva nelle sue memorie che "i principali fondatori e leader del partito cadetto non erano ebrei.

Tra questi ultimi non c'erano personalità sufficientemente in vista da spingere i liberali russi a sostenerlo, come l'ebreo Disraeli aveva fatto per i conservatori inglesi a metà del XIX secolo... Le persone che contavano di più all'interno del partito cadetto erano russi. Questo non significa che io neghi l'influenza di questi ebrei che si sono uniti alle nostre masse. Non potevano non agire su di noi, anche solo per la loro inesauribile energia. La loro stessa presenza, la loro attività, non ci ha permesso di dimenticarli, di dimenticare la loro situazione, di dimenticare che dovevano essere aiutati". E, più avanti: "Riflettendo su tutte queste reti di influenza degli ebrei

---

[1353] JE, t. 7, p. 371.
[1354] *G. B. Sliosberg*, t. 3, p. 200.
[1355] SJE, pag. 349.
[1356] *Ibidem*, pp. 398-399.
[1357] *V. V. Choulguine*, "Chto nam v nikh ne nravitsa...", Ob Antisemitism v Rossii ("Ciò che non ci piace di loro..." sull'antisemitismo in Russia), Parigi, 1929, p. 207.

[all'interno del partito cadetto], non si può trascurare il caso di Miliukov. Fin dall'inizio, egli divenne il loro favorito, circondato da una cerchia di ammiratori, più precisamente ammiratori femminili... che lo cullavano con melodie sommesse, lo blandivano, lo ricoprivano senza ritegno di lodi così eccessive da risultare comiche".[1358]

V. A. Obolensky, anch'egli membro del partito, descrive un club di cadetti all'epoca della Prima Duma all'angolo tra le vie Sergevskaya e Potmekinskaya. Vi si mescolavano l'élite della società ebraica secolarizzata e l'élite dell'intellighenzia russa politicizzata: "C'era sempre molta gente e il pubblico, composto per lo più da ricchi ebrei pietroburghesi, era molto elegante: le signore indossavano abiti di seta, spille e anelli luccicanti, i signori avevano l'aria di *borghesi* ben nutriti e soddisfatti di sé. Nonostante le nostre convinzioni democratiche, siamo rimasti un po' sciocccati dall'atmosfera che regnava in questo "club dei cadetti". Si può immaginare l'imbarazzo dei contadini che venivano a partecipare alle riunioni del nostro gruppo parlamentare. Un 'partito di gentiluomini', ecco cosa si dicevano quando smettevano di partecipare alle nostre riunioni".[1359]

A livello locale, la cooperazione tra l'Unione per l'integrità dei diritti e il Partito dei cadetti si manifestava non solo nella presenza di "quanti più candidati ebrei possibile", ma anche nel fatto che "le fazioni locali dell'Unione [per l'integrità dei diritti] erano istruite a sostenere [i non ebrei] che promettevano di contribuire all'emancipazione degli ebrei".[1360] Come spiegò nel 1907 il giornale cadetto Retch, in risposta alle domande ripetutamente poste da altri giornali: "*Retch* ha, a suo tempo, formulato in modo molto preciso le condizioni dell'accordo con il gruppo ebraico... Quest'ultimo ha il diritto di contestare il collegio elettorale e di opporsi alle nomine alla Duma".[1361]

Durante i dibattiti parlamentari, la Duma, seguendo la logica del Manifesto imperiale, sollevò la questione della parità di diritti per gli ebrei nel quadro generale della concessione degli stessi diritti a tutti i cittadini. "La Duma di Stato ha promesso di preparare una 'legge sulla piena equiparazione dei diritti di tutti i cittadini e sull'abrogazione di qualsiasi limitazione o privilegio associato all'appartenenza a una classe sociale, alla nazionalità, alla religione o al sesso'".[1362] Dopo aver adottato le linee guida principali

---

[1358] A. *Tyrkova-Williams*, Na poutiakh k svobode (I percorsi della libertà), New York, ed. Chekov, 1952, pp. 303-304.
[1359] *V. A. Obolensky*, Moïa jizn. Moi sovremenniki (La mia vita, I miei contemporanei), Parigi, YMCA Press. 1988, p. 335.
[1360] SJE, t. 7, p. 349.
[1361] Retch (The Word), 1907, 7 (19) gennaio, p. 2.
[1362] JE, t. 7, p. 371.

di questa legge, la Duma si è persa in dibattiti per un altro mese, moltiplicando "dichiarazioni fragorose seguite da nessun effetto"[1363], per essere infine sciolta. E la legge sull'uguaglianza civile, soprattutto per gli ebrei, rimase in sospeso.

Come la maggior parte dei cadetti, i deputati ebrei della Prima Duma firmarono l'appello di Vyborg, il che significava l'impossibilità di candidarsi alle elezioni; la carriera di Winaver ne risentì particolarmente. (Nella Prima Duma aveva fatto commenti violenti, anche se in seguito avrebbe consigliato agli ebrei di non mettersi troppo in luce per evitare che si ripetesse ciò che era accaduto nella rivoluzione del 1905).

"La partecipazione degli ebrei alle elezioni della seconda Duma fu ancora più marcata rispetto alla prima campagna elettorale... Le popolazioni ebraiche della Pale of Settlement mostrarono il più forte interesse per queste elezioni. Il dibattito politico raggiunse tutti i livelli della società". Tuttavia, come indica l'*Enciclopedia Ebraica* pubblicata prima della Rivoluzione, ci fu anche un'importante propaganda antiebraica portata avanti dai circoli monarchici di destra , particolarmente attivi nelle province occidentali; "i contadini erano convinti che tutti i partiti progressisti si battessero per la parità di diritti degli ebrei a scapito degli interessi della popolazione etnica" ; [1364] che "dietro la maschera della rappresentanza popolare, il Paese era governato da un'unione giudaico-massonica di spoliatori del popolo e di traditori della patria"; che il contadino doveva allarmarsi per il "numero inaudito di nuovi padroni sconosciuti agli anziani del villaggio, e che d'ora in poi doveva nutrire con il suo lavoro"; che la Costituzione "prometteva di sostituire il giogo taturo con quello, nefasto, del *Kahal* internazionale"." E fu stilato un elenco dei diritti esistenti da abrogare: non solo gli ebrei non dovevano essere eletti alla Duma, ma dovevano essere tutti relegati nella Pale of Settlement; proibire loro di vendere grano, cereali e legname, di lavorare nelle banche o negli stabilimenti commerciali; confiscare le loro proprietà; proibire loro di cambiare nome; di servire come editore o direttore di un'organizzazione giornalistica; ridurre la Pale of Settlement stessa escludendo le regioni fertili, non concedere terre agli ebrei all'interno della provincia di Yakutsk; in generale, considerarli come stranieri, sostituire il servizio militare con una tassa, ecc. "Il risultato di questa propaganda antisemita, diffusa sia oralmente che per iscritto, fu il crollo dei candidati progressisti alla seconda

---

[1363] V. A. *Maklakov*, 1905-1906 gody (1905-1906)-M. Winaver i ruskaya obchtchestvennost nachala XX veka (M. Winaver e l'opinione pubblica russa all'inizio del XX secolo), Parigi, 1937, p. 94.
[1364] JE, t. 7, p. 372.

Duma in tutta la Pale of Settlement". Nella [1365]seconda Duma c'erano solo quattro deputati ebrei (tra cui tre cadetti).[1366]

Ma già prima di queste elezioni, il governo affrontò la questione della parità di diritti per gli ebrei. Sei mesi dopo aver assunto l'incarico di Primo Ministro, nel dicembre 1906, Stolypin fece adottare al governo una risoluzione (il cosiddetto "Giornale del Consiglio dei Ministri") sulla continuazione dell'abolizione delle restrizioni imposte agli ebrei, e questo in settori essenziali, orientandosi così verso l'uguaglianza integrale. "Si ritenne di eliminare: il divieto per gli ebrei di risiedere nelle zone rurali all'interno della Pale of Settlement; il divieto di risiedere nelle zone rurali di tutto l'Impero per le persone che godevano del diritto di residenza universale"; "il divieto di includere gli ebrei nel repertorio delle società per azioni che detengono terreni".[1367]

Ma l'Imperatore rispose con una lettera del 10 dicembre: "Nonostante gli argomenti più convincenti a favore dell'adozione di queste misure... una voce interiore mi impone con sempre maggiore insistenza di non prendere questa decisione".[1368]

Come se non capisse - o piuttosto dimenticasse - che la risoluzione proposta nel *Journal* era la conseguenza diretta e ineluttabile del Manifesto che lui stesso aveva firmato un anno prima...

Anche nel mondo burocratico più chiuso, ci sono sempre funzionari con occhi e mani. E se la voce di una decisione presa dal Consiglio dei Ministri si fosse già diffusa nell'opinione pubblica? Ed ecco che sapremo che i ministri vogliono emancipare gli ebrei mentre il sovrano, lui, si è messo di traverso...

Lo stesso giorno, il 10 dicembre, Stolypin si affrettò a scrivere all'Imperatore una lettera piena di ansia, ripetendo uno per uno tutti i suoi argomenti, e soprattutto: "Il licenziamento del *Giornale* non è per il momento conosciuto da nessuno", è quindi ancora possibile nascondere le equivoci del monarca. "Vostra Maestà, non abbiamo il diritto di mettervi in questa posizione e di ripararci dietro di voi". Stolypin avrebbe voluto che i vantaggi concessi agli ebrei apparissero come un favore concesso dallo zar. Ma poiché non era il caso, propose di adottare un'altra risoluzione: l'Imperatore non aveva obiezioni nel merito, ma non voleva

---

[1365] JE, t. 2, pp. 749-751.
[1366] JE, t. 7, p. 373.
[1367] SJE, t. 7, p. 351.
[1368] Perepiska N. A. Romanova e P. A. Solypina (Corrispondenza tra N. A. Romanov e P. A. Stolypin), Krasnyi Arkhiv, 1924, vol. 5, p. 105; cfr. anche SJE, t. 7, p. 351.

che la legge fosse promulgata sopra la testa della Duma; doveva essere fatta dalla Duma.

Il Segretario di Stato S. E. Kryjanovski ha raccontato che l'imperatore adottò allora una risoluzione che andava in questa direzione: che i rappresentanti del popolo si assumessero la responsabilità sia di sollevare la questione sia di risolverla. Ma, non si sa perché, questa risoluzione ricevette poca pubblicità e "da parte della Duma non accadde assolutamente nulla".[1369]

Ampiamente a sinistra, penetrata da idee progressiste e così veemente nei confronti del governo, la seconda Duma era libera! Eppure, nella seconda Duma si parlò ancora meno della privazione dei diritti subita dagli ebrei rispetto alla prima". [1370]La legge sull'uguaglianza dei diritti degli ebrei non fu nemmeno discussa, quindi, cosa si può dire della sua adozione...

Perché allora la seconda Duma non ha sfruttato le opportunità che le sono state offerte? Perché non le ha colte? Ha avuto tre mesi interi per farlo. E perché i dibattiti, gli scontri, riguardavano solo questioni secondarie, tangenziali? L'uguaglianza degli ebrei - ancora parziale, ma già ben avanzata - fu abbandonata.

Perché, infatti, perché? Quanto alla "Commissione straordinaria extraparlamentare", essa non ha nemmeno discusso il progetto di abrogare le restrizioni imposte agli ebrei, ma ha aggirato il problema concentrandosi sull'uguaglianza *integrale* "nel più breve tempo possibile".[1371]

Difficile spiegarlo se non con un calcolo politico: essendo l'obiettivo di combattere l'autocrazia, l'interesse era quello di alzare sempre di più la pressione sulla questione ebraica, e non certo di risolverla: le munizioni erano quindi tenute di riserva. Questi coraggiosi cavalieri della libertà ragionavano in questi termini: evitare che l'abolizione delle restrizioni imposte agli ebrei diminuisse il loro ardore in battaglia.

Per questi cavalieri senza paura e senza rimprovero, la cosa più importante era infatti la lotta contro il potere.

Tutto questo cominciava a essere visto e compreso. Berdyaev, ad esempio, si rivolgeva all'intero spettro del radicalismo russo con i seguenti rimproveri: "Siete molto sensibili alla questione ebraica, vi battete per i

---

[1369] *S. E. Kryjanorski*, Vospominania (Memorie), Berlino, Petropolis, pp. 94-95.
[1370] SJE, t. 7, p. 351.
[1371] JE, t. 7, p. 373.

loro diritti. Ma sentite l'"ebreo", sentite l'anima del popolo ebraico ?... No, la vostra lotta a favore degli ebrei non vuole conoscere gli ebrei".[1372]

Poi, nella terza Duma, i Cadetti non ebbero più la maggioranza; "non presero più iniziative sulla questione ebraica, temendo di essere sconfitti... Questo provocò un grande malcontento tra le masse ebraiche, e la stampa ebraica non si privò di attaccare il partito del Popolo della Libertà".[1373] Sebbene "gli ebrei avessero partecipato alla campagna elettorale con il massimo ardore e il numero di elettori ebrei superasse quello dei cristiani in tutte le città della Pale of Settlement", furono battuti dal partito avversario e nella terza Duma c'erano solo due deputati ebrei: Nisselovitch e Friedman. [1374](Quest'ultimo riuscì a rimanere fino alla quarta Duma). A partire dal 1915, il Consiglio di Stato includeva tra i suoi membri un ebreo, G. E. Weinstein, di Odessa. (Poco prima della rivoluzione, c'era anche Solomon Samoylovich Krym, un Karaim.)[1375]

Quanto agli ottobristi [1376], il cui partito era diventato maggioritario nella terza Duma, da un lato cedettero, non senza esitazione, alla pressione dell'opinione pubblica che chiedeva la parità di diritti per gli ebrei, il che portò alle critiche dei deputati nazionalisti russi: "Pensavamo che gli ottobristi rimanessero attaccati alla difesa degli interessi nazionali" - e ora, senza preavviso, avevano relegato in secondo piano sia la questione della "concessione di uguali diritti ai russi di Finlandia" (il che significava che questa uguaglianza non esisteva in questa "colonia russa"...) sia quella dell'annessione da parte della Russia della regione di Kholm in Polonia, con tutti i russi che la abitano - ma "hanno preparato un progetto di legge per abolire la Pale of Settlement".[1377] D'altra parte, venivano attribuite dichiarazioni "di carattere manifestamente antisemita": così la terza Duma, su iniziativa di Guchkov, emise nel 1906 "l'auspicio... che i medici ebrei non fossero ammessi a lavorare nei servizi sanitari dell'esercito"[1378]; allo stesso modo, "si proponeva di sostituire il servizio militare degli ebrei con una tassa". [1379](Negli anni precedenti la guerra, il progetto di dispensare gli

---

[1372] *Nikolai Berdyaev*, Filosofia neravenstva (Filosofia dell'ineguaglianza), Parigi, YMCA Press, 1970, p. 72.
[1373] *Sliosberg*, t. 3, p. 247.
[1374] JE, t. 7, pp. 373-374.
[1375] *A. A. Goldenweiser*, Pravovoe polojenie ievreyev v Rossii (La posizione giuridica degli ebrei in Russia), [Sb.] Kniga o ruskom evreïstve Ot 1860 godov do Revolutsii 1917 g. (Aspetti della storia degli ebrei russi), in BJWR-1, p. 132; RJE, L 1, p. 212, t. 2, p. 99.
[1376] Partito cadetto dissenziente, fondato da Guchkov, che chiede la rigorosa applicazione del Manifesto del 30 ottobre.
[1377] Terza Duma, Resoconto stenografico dei dibattiti, 1911, p. 2958.
[1378] JE, t. 7, p. 375.
[1379] SJE, t. 7, p. 353.

ebrei dal servizio militare era ancora ampiamente e seriamente dibattuto; e I. V. Hessen pubblicò un libro su questo argomento intitolato *La guerra e gli ebrei*). In breve, né il secondo, né il terzo, né il quarto Dumas si presero la responsabilità di approvare la legge sull'uguaglianza integrale dei diritti degli ebrei. E ogni volta che fu necessario ratificare la legge sull'uguaglianza dei diritti dei *contadini* (promulgata da Stolypin a partire dal 5 ottobre 1906), essa fu bloccata dallo stesso Dumas, sotto la pressione della sinistra, con la motivazione che ai contadini non potevano essere concessi uguali diritti prima di quelli concessi agli ebrei (e ai polacchi)!

E così la pressione esercitata su questo esecrato governo zarista non fu alleggerita, ma raddoppiata, quintuplicata. E non solo questa pressione esercitata sul governo non fu alleviata, non solo queste leggi non furono votate dalla Duma, ma sarebbe durata fino alla Rivoluzione di febbraio.

Mentre Stolypin, dopo lo sfortunato tentativo del dicembre 1906, adottò tranquillamente misure amministrative per revocare parzialmente le restrizioni imposte agli ebrei.

Un editorialista di *Novoie Vremia*, Menshikov, condannò questo metodo: "Sotto Stolypin, la Palude di Insediamento è diventata una finzione".[1380] Gli ebrei "stanno sconfiggendo il potere russo ritirando gradualmente tutta la sua capacità di intervento... Il governo si comporta come se fosse un ebreo".[1381]

Questo è il destino della via di mezzo.

La protesta generale dei partiti di sinistra contro una politica di misure progressive, questo rifiuto tattico di un'evoluzione graduale verso la parità di diritti, fu fortemente sostenuta dalla stampa russa. Dalla fine del 1905, essa non era più soggetta alla censura preventiva. Ma non era solo una stampa diventata libera, era una stampa che si considerava un attore a pieno titolo nell'arena politica, una stampa, come abbiamo visto, in grado di formulare richieste, come quella di *ritirare la polizia dalle strade della città*! Witte disse che aveva perso la ragione.

Nel caso della Duma, il modo in cui la Russia, anche nelle sue province più remote, veniva informata di ciò che accadeva e di ciò che veniva detto in quella sede, dipendeva interamente dai giornalisti. I resoconti stenografici dei dibattiti apparivano in ritardo e a bassissima tiratura, quindi non c'era altra fonte di informazione che la stampa quotidiana, ed era in base a ciò che leggevano che la gente si formava un'opinione. Tuttavia, i giornali distorcevano sistematicamente i dibattiti della Duma, aprendo in gran parte

---

[1380] Novoie Vremia, 1911, 8 (21) settembre, p. 4.
[1381] *Ibidem*, 10 (23) settembre, p. 4.

le loro colonne ai deputati della sinistra e inondandoli di elogi, mentre ai deputati della destra concedevano solo il minimo indispensabile.

A. Tyrkova racconta che nella seconda Duma "i giornalisti accreditati formarono un proprio ufficio stampa", che "dipendeva dalla distribuzione dei posti" tra i corrispondenti. I membri di questo ufficio "si rifiutarono di consegnare il tesserino di accreditamento" al corrispondente del giornale il *Kolokol* (giornale preferito dai preti di campagna). Tyrkova intervenne, osservando che "questi lettori non dovevano essere privati della possibilità di essere informati sui dibattiti alla Duma da un giornale in cui avevano più fiducia di quelli dell'opposizione"; ma "i miei colleghi, tra i quali gli ebrei erano i più numerosi..., si fecero prendere la mano, cominciarono a gridare, spiegando che nessuno leggeva il *Kolokol*, che quel giornale non serviva a nulla".[1382]

Per i circoli nazionalisti russi, la responsabilità di questo comportamento della stampa era semplicemente e unicamente degli ebrei. Volevano dimostrare che quasi tutti i giornalisti accreditati alla Duma erano ebrei. E hanno pubblicato liste di "informatori" che elencavano i nomi di questi corrispondenti.

Ancora più rivelatore è questo episodio comico della vita parlamentare: un giorno, rispondendo agli attacchi di cui era oggetto, Purishkevich indicò, nel bel mezzo del suo discorso, il palco della stampa, situato vicino alla tribuna e delimitato da una barriera circolare, e disse: "Tutti si voltarono involontariamente verso i rappresentanti della stampa, e fu uno scoppio di risa generale che nemmeno la sinistra riuscì a reprimere. Questa "Palude di insediamento della Duma" divenne una dicitura adottata.

Tra gli editori ebrei di spicco, abbiamo già parlato di S. M. Propper, proprietario dello *Stock Exchange News* e immancabile simpatizzante della "democrazia rivoluzionaria". Sliosberg evoca più calorosamente colui che fondò e finanziò in larga misura il giornale cadetto *Retch*, I. B. Bak: "Un uomo molto cortese, molto colto, con un orientamento radicalmente liberale". Fu il suo appassionato intervento al Congresso dei comitati ebraici di mutuo soccorso all'inizio del 1906 a impedire una conciliazione con lo zar. "Non c'era organizzazione ebraica dedita all'azione culturale o alla beneficenza di cui I. Bak non facesse parte"; si distinse in particolare per il suo lavoro nel Comitato ebraico di liberazione. [1383] Per quanto riguarda il giornale *Retch* e il suo direttore I.V. Hessen, essi erano ben lungi dal limitarsi alle sole questioni ebraiche e il loro orientamento era più generalmente liberale (Hessen lo dimostrò in seguito nell'emigrazione con il *Roul* e l'Archivio della Rivoluzione Russa). Il serissimo *Russkie*

[1382] *Tyrkova-Williams*, pp. 340-342.
[1383] *Sliosberg*, t. 3, pp. 186-187.

Vedomosti pubblicava autori ebrei di varie tendenze, sia V. Jabotinsky che il futuro inventore del comunismo di guerra, Lourie-Larine. S. Melgounov ha notato che la pubblicazione in questo organo di articoli favorevoli agli ebrei si spiega "non solo con il desiderio di difendere gli oppressi, ma anche con la composizione del gruppo dirigente del giornale". [1384]"C'erano ebrei anche tra i collaboratori del *Novoie Vremia* di Suvorin"; l'*Enciclopedia Ebraica* cita i nomi di cinque di loro.[1385]

Il giornale *Russkie Vedomosti* è stato a lungo dominato dalla figura di G. B. Iollos, chiamato da Guerzenstein, che vi lavorava dagli anni '80. Entrambi erano deputati alla Prima Duma. Le loro vite soffrirono crudelmente per l'atmosfera di violenza generata dagli assassinii politici, che erano l'essenza stessa della rivoluzione, una "prova" del 1905-06. Secondo l'*Enciclopedia ebraica* israeliana, la responsabilità del loro assassinio sarebbe dell'Unione del popolo russo. [1386]Per l'*Enciclopedia Ebraica* Russa, se quest'ultima portava la responsabilità dell'assassinio di Guerzenstein (1906), Iollos, lui, fu ucciso (1907) dai "Terroristi dei Cento Neri".[1387]

Gli editori e i giornalisti ebrei non limitarono la loro attività alla capitale o a pubblicazioni altamente intellettuali, ma intervennero anche nella stampa popolare, come la *Kopeika*, lettura preferita dai concierges: un quarto di milione di copie in circolazione, "svolse un ruolo importante nella lotta contro le campagne denigratorie antisemite". (Era stato creato ed era guidato da M. B. Gorodetski.[1388]) L'influente *Kievskaya Mysl* (a sinistra dei Cadetti) aveva come caporedattore Iona Kugel (erano quattro fratelli, tutti giornalisti), e D. Zaslavski, un perfido mascalzone, e, cosa che ci sembra molto commovente, Leo Trotsky! Il più grande giornale di Saratov era diretto da Averbakh-senior (cognato di Sverdlov). A Odessa apparve per qualche tempo il *Novorossiysky Telegraf*, con forti convinzioni di destra, ma furono prese misure di soffocamento economico contro di esso - con successo.

Anche la stampa russa ha avuto stelle "migranti". Così L. I. Goldstein, un giornalista ispirato che per trentacinque anni scrisse sui giornali più diversi, tra cui la *Syn Otetchestva*, e fu anche lui a fondare e dirigere la *Rossia*, un giornale chiaramente patriottico. Quest'ultimo fu chiuso a causa di una cronaca particolarmente virulenta diretta contro la famiglia imperiale:

[1384] *S. P. Melgunov*, Vospominania i dnevniki. Vyp. I (Memorie e diario, 1), Parigi, 1964, p. 88.
[1385] SJE, t. 7, p. 517.
[1386] Organizzazione nazionalista di massa fondata nell'ottobre 1905 dal Dr. Dubrovin e da Vladimir Purishkevich.
[1387] *Ibidem*, p. 351; RJE, t. 1, pp. 290, 510.
[1388] RJE, t. 1, p. 361.

"Questi signori Obmanovy". La stampa celebrerà il giubileo di Goldstein nella primavera del 1917.[1389] - Così come il discreto Garvei-Altus, che ebbe un momento di gloria per la sua cronaca "Il salto della pantera appassionata", in cui riversò un fiume di calunnie sul ministro degli Interni, N. A. Maklakov.

(Ma tutto questo non era nulla in confronto all'inaudita insolenza dei "volantini umoristici" degli anni 1905-1907 che coprivano di fango, in termini inimmaginabili, tutte le sfere del potere e dello Stato. Il camaleontico Zinovi Grjebine: nel 1905 pubblicò un opuscolo satirico, il *Joupel*; nel 1914-1915 diresse l'*Otetchestvo* di destra, e nel 1920 fondò a Berlino una casa editrice russa in collaborazione con le edizioni dello Stato sovietico.)[1390]

Ma se la stampa rifletteva ogni sorta di corrente di pensiero, dal liberalismo al socialismo e, per quanto riguarda la tematica ebraica, dal sionismo all'autonomismo, si trattava di una posizione ritenuta incompatibile con la rispettabilità giornalistica: che consisteva nell'adottare un atteggiamento complessivo nei confronti del potere. Negli anni '70, Dostoevskij aveva già notato in diverse occasioni che "la stampa russa è fuori controllo". Lo si vide anche in occasione dell'incontro dell'8 marzo 1881 con Alessandro III, appena intronizzato imperatore, e spesso in seguito: i giornalisti si comportavano come rappresentanti autoproclamati della società.

A Napoleone è stata attribuita la seguente affermazione: "Tre giornali di opposizione sono più pericolosi di centomila soldati nemici". Questa frase si applica in gran parte alla guerra russo-giapponese. La stampa russa fu apertamente disfattista durante tutto il conflitto e in ciascuna delle sue battaglie. Ancora peggio, non nascose le sue simpatie per il terrorismo e la rivoluzione.

Questa stampa, totalmente fuori controllo nel 1905, era considerata durante il periodo della Duma, se dobbiamo credere a Witte, come essenzialmente "ebraica" o "semi-ebraica"[1391] ; o, per essere più precisi, come una stampa dominata da ebrei di sinistra o radicali che occupavano posizioni chiave. Nel novembre 1905, D. I. Pikhno, caporedattore per venticinque anni del giornale russo *The Kievian* e conoscitore della stampa del suo tempo, scrisse: "Gli ebrei... hanno puntato molto sulla carta della rivoluzione... Quelli, tra i russi, che pensano seriamente, hanno capito che in questi momenti la stampa rappresenta una forza e che questa forza non è nelle loro mani, ma in quelle dei loro avversari; che parlano a loro nome in tutta

---

[1389] Novoie Vremia, 1917, 21 aprile (4 maggio); e altri giornali.
[1390] RJE, t. 1, p. 373.
[1391] S. I. *Witte*, Vopominania. ZarLvoanie Nikolaïa II (Memorie, Il regno di Nicola II) in 2 volumi, Berlino, Slovo, 1922, t. 2, p. 54.

la Russia e hanno costretto la gente a leggerli perché non c'è nient'altro da leggere; e siccome non si può lanciare una pubblicazione in un solo giorno, [l'opinione] è stata affogata sotto questa massa di menzogne, incapace di trovarsi lì."[1392]

L. Tikhomirov non vide la dimensione nazionale di questo fenomeno, ma nel 1910 fece le seguenti osservazioni sulla stampa russa: "Giocano sui nervi... Non sopportano la contraddizione... Non vogliono la cortesia, il fair play... Non hanno un ideale, non sanno cosa sia". Quanto al pubblico formato da questa stampa, "vuole aggressività, brutalità, non rispetta la conoscenza e si lascia ingannare dall'ignoranza".[1393]

All'altro estremo dello spettro politico, ecco il giudizio che il bolscevico M. Lemke ha espresso sulla stampa russa: "Ai nostri giorni, le idee non sono a buon mercato e l'informazione è sensazionale, l'ignoranza sicura e autorevole riempie le colonne dei giornali".

Più specificamente, nella sfera culturale, Andrej Bely - che era tutt'altro che un uomo di destra o uno "sciovinista" - scrisse nel 1909 queste righe amare: "La nostra cultura nazionale è dominata da persone che le sono estranee... Si vedano i nomi di coloro che scrivono sui giornali e sulle riviste russe, critici letterari, critici musicali: praticamente non sono altro che ebrei; ci sono tra loro persone che hanno talento e sensibilità, e alcuni, pochi, capiscono la nostra cultura nazionale forse meglio degli stessi russi; ma sono l'eccezione. La massa dei critici ebrei è totalmente estranea all'arte russa, si esprime in un gergo che assomiglia all'esperanto, e porta avanti un regno di terrore tra coloro che cercano di approfondire e arricchire la lingua russa".[1394]

Allo stesso tempo, V. Jabotinsky, un sionista perspicace, si lamentava dei "giornali progressisti finanziati da fondi ebraici e imbottiti di collaboratori ebrei" e avvertiva: "Quando gli ebrei si sono precipitati in massa nella politica russa, abbiamo previsto che non ne sarebbe venuto nulla di buono, né per la politica russa né per gli ebrei".[1395]

La stampa russa giocò un ruolo decisivo nell'assalto dei cadetti e dell'intellighenzia contro il governo prima della rivoluzione; il deputato della Duma A.I. Chingariov esprime bene lo stato d'animo che vi regnava: "Questo governo deve solo affondare! A un potere *come questo* non

---

[1392] Il Kievian, 1905, 17 nov. in *Choulguine*, Allegati, pp. 285-286.
[1393] Iz dncvnika L. Tikhomirova (*Estratti dal diario di L. Tikhomirov*). Krasny Arkhiv, 1936, t. 74, pp. 177-179.
[1394] Boris Bougayev (Andrei Bely), Chtempelevennaïa kultura (*La cultura cancellata*), Viesy, 1909, n. 9, pp. 75-77.
[1395] *Vl. Jabotinsky*, Dezertiry i khoziaieva (Disertori e maestri), Felietony, Spb, 1913, pp. 75-76.

possiamo gettare nemmeno il più piccolo pezzo di corda!". A questo proposito, si può ricordare che la Prima Duma osservò un minuto di silenzio in memoria delle vittime del pogrom di Bialystok (rifiutandosi di ammettere, come abbiamo visto, che si trattò di uno scontro armato tra anarchici ed esercito); anche la Seconda Duma rese omaggio a Iollos, ucciso da un terrorista; ma quando Purishkevich propose di osservare un minuto di silenzio in memoria degli ufficiali e dei soldati morti nell'adempimento del loro dovere, fu allontanato dalla seduta e i parlamentari erano così maniacali che ritenevano impensabile compatire coloro che garantivano la sicurezza del Paese, quella sicurezza elementare di cui tutti avevano bisogno.

A. Koulicher ha tracciato un bilancio corretto di questo periodo, ma troppo tardi, nel 1923, dell'emigrazione: Prima della rivoluzione c'erano, tra gli ebrei di Russia, individui e gruppi di individui, la cui attività poteva essere caratterizzata... proprio dalla mancanza di senso di responsabilità di fronte alla confusione che regnava nelle menti degli ebrei... [attraverso] la propagazione di uno "spirito rivoluzionario" tanto vago quanto superficiale... Tutta la loro azione politica consisteva nell'essere più a sinistra degli altri. Confinati nel ruolo di critici irresponsabili, senza mai andare fino in fondo, ritenevano che la loro missione consistesse nel dire sempre: "Non è sufficiente!Ma c'era anche una categoria particolare di democratici - per di più si definivano "Gruppo Democratico Ebraico" - che attribuiva questo aggettivo a qualsiasi sostanza, inventando un insostenibile talmud della democrazia... Con l'unico fine di dimostrare che gli altri non erano ancora sufficientemente democratici... Mantenevano intorno a loro un'atmosfera di irresponsabilità, di massimalismo incessante, di insaziabile rivendicazione. Tutto ciò ebbe conseguenze fatali quando arrivò la rivoluzione".[1396] L'influenza distruttiva di questa stampa è senza dubbio una delle debolezze, di grande vulnerabilità, della vita pubblica russa negli anni 1914-1917.

Ma che ne fu della "stampa rettiliana", quella che deponeva di fronte alle autorità, la stampa dei nazionalisti russi? Il *Russkoye Znamya* di Dubrovin - si diceva che le cose ti cadessero dalle mani tanto era sgarbato e cattivo (notiamo, di sfuggita, che ne fu vietata la diffusione nell'esercito su richiesta di alcuni generali). La *Zemshchina* non era certo migliore - non lo so, non ho letto nessuno di questi giornali. Quanto al *Moskovskiye Vedomosti*, a corto di fiato, dopo il 1905 non aveva più lettori.

[1396] *A. Koulicher*, Ob otvetstvennosti i bezotvetstvennosti (responsabilità e irresponsabilità). Ievsreiskaya tribouna, Parigi, 1923, n. 7 (160), 6 aprile, p. 4.

Ma dov'erano le menti forti e le penne affilate dei conservatori, quelli che si preoccupavano della sorte dei russi? Perché non c'erano buoni giornali a controbilanciare il turbine devastante?

Va detto che, di fronte all'agilità di pensiero e di scrittura della stampa liberale e radicale, che deve il suo dinamismo ai suoi collaboratori ebrei, i nazionalisti russi potevano schierare solo spiriti lenti, piuttosto molli, per nulla preparati a combattere questo tipo di battaglia (ma cosa c'è da dire su questo stato di cose oggi!). C'erano solo alcuni letterati esasperati dalla stampa di sinistra, ma totalmente privi di talento. Inoltre, le pubblicazioni di destra si trovavano in gravi difficoltà finanziarie. Mentre i giornali finanziati dal "denaro ebraico" - come diceva Jabotinsky - offrivano stipendi molto buoni, da cui la profusione di parolieri; e, soprattutto, tutti questi giornali, senza eccezione, erano interessanti. Infine, la stampa di sinistra e la Duma chiesero la chiusura dei "giornali sovvenzionati", cioè sostenuti in segreto e in modo piuttosto debole dal governo.

Il Segretario di Stato S. E. Kryjanovski riconobbe che il governo forniva sostegno finanziario a più di 30 giornali in varie parti della Russia, ma senza successo, sia perché il diritto mancava di persone istruite, preparate all'attività giornalistica, sia perché il potere stesso non sapeva come farlo. Più dotato di altri era I. I. Gourland, un ebreo del Ministero degli Interni, un caso unico, che, sotto lo pseudonimo di "Vassiliev", scriveva pamphlet inviati in busta chiusa a personaggi pubblici di spicco.

Così il governo aveva un solo organo che si limitava a enumerare le notizie in tono asciutto e burocratico, il *Pravitelstvenny Vestnik*. Ma creare qualcosa di forte, brillante, convincente, che andasse apertamente alla conquista dell'opinione pubblica anche in Russia - non parliamo poi dell'Europa -, questo il governo imperiale o non ne capiva la necessità, o non era in grado di farlo, essendo l'impresa al di là dei suoi mezzi o della sua intelligenza.

Il *Novoie Vremia* di Suvorin mantenne a lungo un orientamento filogovernativo; era un giornale molto vivace, brillante ed energico (ma, va detto, altrettanto mutevole: a volte favorevole all'alleanza con la Germania, a volte violentemente ostile) e, ahimè, non sempre in grado di fare la differenza tra la rinascita nazionale e gli attacchi agli ebrei. (Il suo fondatore, il vecchio Suvorin, dividendo la sua proprietà tra i tre figli prima di morire, diede loro come condizione di non cedere mai nessuna delle loro quote agli ebrei). Witte ha classificato *Novoie Vremia* tra i giornali che, nel 1905, "avevano interesse ad essere di sinistra..., poi hanno virato a destra per diventare ora ultra-reazionari". Questo interessantissimo e influente giornale offre un esempio lampante di questo orientamento". Anche se molto commerciale, "è ancora tra le migliori". [1397] Fornisce una grande quantità di informazioni ed è ampiamente diffuso: forse il più dinamico dei giornali russi e, certamente, il più intelligente degli organi della destra". E i leader della destra? E i deputati della destra alla Duma?

Il più delle volte agirono senza tenere conto del reale rapporto tra i loro punti di forza e le loro debolezze, mostrandosi tanto brutali quanto inefficaci, non vedendo altro mezzo per "difendere l'integrità dello Stato russo" che chiedere ulteriori divieti per gli ebrei. Nel 1911, il deputato Balachov elaborò un programma che andava controcorrente e contro i tempi: *rinforzare* la Palude di Insediamento, allontanare gli ebrei dall'editoria, dalla giustizia e dalla scuola russa. Il deputato Zamyslovski protestò che all'interno delle università gli ebrei, le S.R. e i socialdemocratici godevano di una "segreta simpatia" - come se si potesse superare per decreto una "segreta simpatia" -. Nel 1913 il Congresso dell'Unione della nobiltà chiese (come era già stato fatto nel 1908 sotto la terza Duma) che un maggior numero di ebrei venisse arruolato nell'esercito, ma che venisse simmetricamente escluso dalle funzioni pubbliche, dall'amministrazione territoriale e municipale e dalla giustizia.

Nella primavera del 1911, Purishkevich, in lotta con altri contro uno Stolypin già indebolito, propose alla Duma queste misure estreme: "Vietare formalmente agli ebrei di assumere qualsiasi incarico ufficiale in qualsiasi amministrazione... soprattutto nella periferia dell'Impero... Gli ebrei condannati per aver cercato di occupare queste funzioni dovranno rispondere davanti alla giustizia".[1398]

Così la destra rimproverò a Stolypin di aver fatto concessioni agli ebrei.

Quando si era insediato nella primavera del 1906, Stolypin aveva dovuto considerare il Manifesto del 17 ottobre come un *fatto compiuto*, anche se leggermente modificato. Il fatto che l'imperatore lo avesse firmato frettolosamente e senza riflettere a sufficienza non aveva più importanza, bisognava applicarlo, bisognava ricostruire lo Stato in mezzo alle difficoltà, in conformità con il Manifesto e nonostante le esitazioni dello stesso zar. E questo implicava la parità di diritti per gli ebrei.

Naturalmente, le restrizioni imposte agli ebrei continuarono, non solo in Russia. In Polonia, che era considerata, così come la Finlandia, oppressa, queste limitazioni erano ancora più brutali. Scrive Jabotinsky: "Il giogo che grava sugli ebrei in Finlandia non ha nulla da invidiare a quello che si conosce della Russia o della Romania... Il primo finlandese che sorprende un ebreo fuori da una città ha il diritto di arrestare il criminale e di portarlo

---

[1397] *Witte*, t. 2, p. 55.
[1398] Resoconto stenografico dei dibattiti della Terza Duma, 1911, p. 2911.

alla stazione di polizia. La maggior parte dei mestieri è vietata agli ebrei. I matrimoni ebraici sono soggetti a formalità obbligatorie e umilianti... È molto difficile ottenere il permesso di costruire una sinagoga... Gli ebrei sono privati di tutti i diritti politici". Altrove, nella Galizia austriaca, "i polacchi non nascondono di vedere negli ebrei solo un materiale utilizzato per rafforzare il loro potere politico in questa regione... Ci sono stati casi in cui gli studenti delle scuole superiori sono stati esclusi dal loro istituto 'per la causa del sionismo', si ostacola in mille modi il funzionamento delle scuole ebraiche, si manifesta odio verso il loro gergo (yiddish), e lo stesso Partito socialista ebraico è boicottato dai socialdemocratici polacchi". [1399] Anche in Austria, pur essendo un Paese dell'Europa centrale, l'odio verso gli ebrei era ancora vivo e molte restrizioni rimanevano in vigore, come ad esempio i bagni di Karlsbad: a volte erano semplicemente chiusi agli ebrei, a volte potevano andarci solo in estate e gli "ebrei invernali" potevano accedervi solo sotto stretto controllo.[1400]

Ma il sistema di limitazioni in Russia giustificava pienamente le lamentele espresse dall'*Enciclopedia Ebraica nel suo* complesso: "La posizione degli ebrei è molto incerta, in quanto dipende dall'interpretazione della legge da parte di coloro che sono incaricati di applicarla, anche al livello più basso della gerarchia, o anche semplicemente dalla loro buona volontà... Questa sfocatura... è dovuta... all'estrema difficoltà di ottenere un'interpretazione e un'applicazione uniforme delle leggi che limitano i diritti degli ebrei... Le loro numerose disposizioni sono state integrate e modificate da numerosi decreti firmati dall'imperatore su proposta di vari ministeri... e che, inoltre, non sempre sono state riportate nel Codice generale delle leggi"; "Anche se dispone di un'autorizzazione espressa rilasciata dall'autorità competente, l'ebreo non è certo che i suoi diritti siano intangibili"; "Un rifiuto proveniente da un funzionario minore, una lettera anonima inviata da un concorrente, o un approccio fatto alla luce del sole da un rivale più potente che cerca di espropriare un ebreo, bastano a condannarlo al vagabondaggio"."[1401]

Stolypin comprese molto bene l'assurdità di un simile stato di cose e l'irresistibile movimento che allora spingeva per uno status di uguaglianza per gli ebrei, uno status che già esisteva in larga misura in Russia.

Il numero di ebrei stabiliti al di fuori della Pale of Settlement aumentò costantemente di anno in anno. Dopo il 1903, gli ebrei ebbero accesso ad altri 101 luoghi di residenza, il cui numero fu ancora notevolmente aumentato sotto Stolypin, che attuò una misura che lo zar non aveva

---

[1399] Vl. Jabotinsky, Homo homini lupus, Felietony, pp. 111-113.
[1400] JE, t. 9, p. 314.
[1401] JE, t. 13, pp. 622-625.

adottato nel 1906 e che la Duma aveva respinto nel 1907. La vecchia *Enciclopedia Ebraica* indica che il numero di questi luoghi di residenza aggiuntivi ammontava a 291 nel 1910-1912 ; [1402] quanto alla nuova *Enciclopedia*, ne indica 299 per l'anno 1911.[1403]

La vecchia *Encyclopædia* ci ricorda che a partire dall'estate del 1905, sulla scia degli eventi rivoluzionari, "gli organi direttivi [degli istituti scolastici] non tennero conto del *numerus clausus* per tre anni". [1404] A partire dall'agosto 1909, quest'ultimo fu ridotto rispetto a quello che era prima nelle scuole superiori e secondarie (ora 5% nelle capitali, 10% fuori dal Pale of Settlement, 15% all'interno di esso [1405]), ma con riserva di osservanza.

Tuttavia, poiché la percentuale di studenti ebrei era dell'11% all'Università di San Pietroburgo e del 24% a quella di Odessa , [1406] questa misura fu percepita come una nuova restrizione. Nel 1911 fu adottata una misura restrittiva: il *numerus clausus* fu esteso all'esterno[1407] (solo per i ragazzi, mentre negli istituti femminili la percentuale reale era del 13,5% nel 1911). Allo stesso tempo, le scuole artistiche, commerciali, tecniche e professionali accettarono gli ebrei senza restrizioni. "Dopo l'istruzione secondaria e superiore, gli ebrei si lanciarono nell'istruzione professionale" che avevano trascurato fino ad allora. Sebbene nel 1883 "gli ebrei in tutte le scuole professionali comunali e regionali" rappresentassero solo il 2% della forza lavoro, nel 1898 erano il 12% dei ragazzi e il 17% delle ragazze. [1408] Inoltre, "i giovani ebrei riempivano gli istituti privati di istruzione superiore"; così, nel 1912, l'Istituto di Commercio di Kiev aveva 1.875 studenti ebrei e l'Istituto Psico-Neurologico "migliaia".

A partire dal 1914, ogni istituzione educativa privata poteva offrire corsi nella lingua di sua scelta.[1409]

È vero che l'istruzione obbligatoria per tutti rientrava nella logica dell'epoca. Il compito principale di Stolypin era quello di portare a termine la riforma agraria, creando così una solida classe di contadini proprietari. Il suo compagno d'armi, il Ministro dell'Agricoltura A.V. Krivoshein, anch'egli favorevole all'abolizione della Pale of Settlement, insistette allo

---

[1402] JE, t. 5, p. 822.
[1403] SJE, t. 5, p. 315.
[1404] JE, t. 13, p. 55.
[1405] SJE, t. 7, p. 352.
[1406] *S. V. Pozner*, Ievrei v obschechei chkole... (Gli ebrei nella scuola pubblica...), SPb, Razoum, 1914, p. 54.
[1407] SJE, t. 6, p. 854; t. 7, p. 352.
[1408] JE, t. 13, pp. 55-58.
[1409] *I. M. Troitsky*, Ievrei vrusskoï chkole (Gli ebrei e la scuola russa), in BJWR-1, pp. 358, 360.

stesso tempo per limitare "il diritto delle società anonime con azioni" di procedere all'acquisto di terreni, nella misura in cui ciò poteva portare alla formazione di un "significativo capitale fondiario ebraico"; infatti, "la penetrazione nel mondo rurale del capitale speculativo ebraico rischiava di compromettere il successo della riforma agraria" (allo stesso tempo espresse il timore che ciò avrebbe portato all'emergere di un antisemitismo fino ad allora sconosciuto nelle campagne della Grande Russia [1410]). Né Stolypin né Krivoshein potevano permettere che i contadini rimanessero in miseria per il fatto di non possedere la terra. Nel 1906, gli insediamenti agricoli ebraici furono anche privati del diritto di acquistare terreni appartenenti allo Stato, che ora erano riservati ai contadini.[1411]

L'economista M. Bernadski ha citato le seguenti cifre per il periodo prebellico: il 2,4% degli ebrei lavorava nell'agricoltura, il 4,7% era costituito da liberi professionisti, l'11,5% da domestici, il 31% lavorava nel commercio (gli ebrei rappresentavano il 35% dei commercianti in Russia), il 36% nell'industria; il 18% degli ebrei era stabilito nella Pale of Settlement.[1412] Confrontando quest'ultima cifra con il 2,4% di cui sopra, il numero di ebrei residenti nelle aree rurali e occupati nell'agricoltura non era aumentato in modo significativo, mentre secondo Bernadski, "era nell'interesse dei *russi* che le forze e le risorse ebraiche si investissero in tutti i settori della produzione", qualsiasi limitazione imposta loro "rappresentava un colossale spreco delle forze produttive del Paese". Egli ha ricordato che nel 1912, ad esempio, la Società dei produttori e dei fabbricanti di un distretto industriale di Mosca si era rivolta al Presidente del Consiglio dei Ministri affinché non venisse impedito agli ebrei di svolgere il loro ruolo di collegamento intermedio con i centri di produzione industriale russi.[1413]

B. A. Kamenka, presidente del Consiglio di amministrazione della Banca Azov e del Don, si dedicò al finanziamento dell'industria mineraria e metallurgica e sponsorizzò undici importanti imprese nella regione del Donets e degli Urali.[1414] - Non c'erano restrizioni alla partecipazione degli ebrei nelle società per azioni del settore, ma "le limitazioni imposte alle società per azioni che desideravano acquisire proprietà scatenarono

---

[1410] K. A. *Krivoshein*, A. V. Krivoshein (1857-1921) Evo znatchenie v istorii Rossii natchal XX veka (A. V. Krivoshein: il suo ruolo nella storia della Russia all'inizio del XX secolo), Parigi, 1973, pp. 290, 292.
[1411] JE, t. 7, p. 757.
[1412] M. *Bernadski*, Ievrci I ruskoye narodnoïe khoziaïstvo (*Gli ebrei e l'economia russa*), in Chtchit literatourny sbornik/pod red. L. Andreeva, M. Gorkovo e E Sologouba. 3-e izd., Dop., M. Rousskoye Obchtchestvo dlia izoutchenia ievreiskoi jisni, 1916. pp. 28, 30; SJE, t. 7, p. 386.
[1413] *Bernadski*, Chtchit, pp. 30, 31.
[1414] RJE, t. 1, p. 536.

un'indignazione in tutti i circoli finanziari e industriali". Le misure adottate da Krivoshein dovevano essere abrogate.[1415]

V. Choulguine ha fatto il seguente paragone: "La "potenza russa" sembrava molto ingenua di fronte all'offensiva perfettamente mirata degli ebrei. La potenza russa ricordava la piena di un fiume lungo e tranquillo: una distesa infinita immersa in una morbida sonnolenza; c'è acqua, oh mio Dio c'è, ma è solo acqua addormentata. Ora questo stesso fiume, qualche versta più in là, racchiuso da forti dighe, si trasforma in un torrente impetuoso, le cui acque spumeggianti precipitano follemente nelle turbine".[1416]

È la stessa retorica che si sente da parte del pensiero economico liberale: "La Russia, così povera... di forza lavoro altamente qualificata..., sembra voler aumentare ulteriormente la sua ignoranza e il suo ritardo intellettuale rispetto all'Occidente".

Negare agli ebrei l'accesso alle leve della produzione "equivale a un deliberato rifiuto di usare... le loro forze produttive".[1417]

Stolypin capì benissimo che si trattava di uno spreco. Ma i diversi settori dell'economia russa si stavano sviluppando in modo troppo disomogeneo. E considerava le restrizioni imposte agli ebrei come una sorta di tassa doganale che poteva essere solo temporanea, fino a quando i russi non avessero consolidato le loro forze nella vita pubblica così come nella sfera dell'economia, queste misure protettive secernevano un clima di serra malsana per loro. Finalmente (ma dopo quanti anni?), il governo iniziò ad attuare le misure per lo sviluppo del mondo contadino, da cui doveva scaturire una vera e propria *uguaglianza di diritti* tra le classi sociali e le nazionalità; uno sviluppo che avrebbe fatto scomparire la paura dei russi nei confronti degli ebrei e che avrebbe posto definitivamente fine a tutte le restrizioni di cui questi ultimi erano ancora vittime.

Stolypin pensava di utilizzare il capitale ebraico per stimolare l'economia russa, accogliendo le loro numerose società per azioni, imprese, concessioni e attività legate alle risorse naturali. Allo stesso tempo, capiva che le banche private, dinamiche e potenti, spesso preferivano accordarsi tra loro piuttosto che farsi concorrenza, ma intendeva controbilanciare questo fenomeno con la "nazionalizzazione del credito", cioè il rafforzamento del ruolo della Banca di Stato e la creazione di un fondo per aiutare i contadini imprenditori che non riuscivano a ottenere credito altrove.

[1415] *Krivoshein*, pp. 292-293.
[1416] *Choulguine*, p. 74.
[1417] *Bernadski*, pp. 27. 28.

Ma Stolypin stava facendo un altro calcolo politico: pensava che ottenere la parità di diritti avrebbe allontanato una parte degli ebrei dal movimento rivoluzionario. (Tra le altre argomentazioni, egli adduceva anche la seguente: a livello locale, la corruzione era ampiamente utilizzata per aggirare la legge, con l'effetto di diffondere la corruzione all'interno dell'apparato statale).

Tra gli ebrei, coloro che non cedettero al fanatismo si resero conto che, nonostante le continue restrizioni, nonostante gli attacchi sempre più virulenti (ma impotenti) dei circoli di destra, quegli anni offrivano condizioni sempre più favorevoli agli ebrei e stavano necessariamente portando alla parità di diritti.

Pochi anni dopo, gettati in emigrazione dalla "grande rivoluzione", due rinomati personaggi ebrei meditavano sulla Russia pre-rivoluzionaria: Iosif Menassievich Bikerman, autodidatta, nato dalla povertà a prezzo di grandi sforzi, aveva conseguito il baccellierato come candidato esterno a trent'anni e la laurea a trentacinque; aveva partecipato attivamente al Movimento di Liberazione e aveva sempre considerato il sionismo come un sogno illusorio. Dall'alto dei suoi cinquantacinque anni scrisse: "Nonostante i regolamenti di maggio [1882] e altre disposizioni dello stesso tipo, nonostante il Pale of Settlement e il *numerus clausus*, nonostante Kishinev e Bialystok, ero un uomo libero e mi sentivo tale, un uomo che aveva davanti a sé un'ampia gamma di possibilità di lavorare in tutti i tipi di campi, che poteva arricchirsi materialmente e spiritualmente, che poteva lottare per migliorare la sua situazione e conservare le forze per continuare la lotta. Le restrizioni... andavano sempre diminuendo sotto la pressione dei tempi e sotto la nostra, e durante la guerra si aprì un'ampia breccia nell'ultimo bastione della nostra disuguaglianza. Bisognava aspettare altri cinque o quindici anni prima di ottenere la completa uguaglianza davanti alla legge; potevamo aspettare".[1418]

Appartenente alla stessa generazione di Bikerman, condivideva convinzioni molto diverse e anche la sua vita fu molto diversa: sionista convinto, medico (insegnò per un certo periodo alla Facoltà di Medicina di Ginevra), saggista e politico, Daniil Samoylovich Pasmanik, anch'egli immigrato, scrisse nello stesso periodo di Bikerman le seguenti righe: "Sotto il regime zarista, gli ebrei vivevano infinitamente meglio e, qualunque cosa si possa dire di loro, le loro condizioni di vita prima della guerra - sia dal punto di vista materiale che da quello degli altri - erano eccellenti. Eravamo allora privi di diritti politici, ma potevamo sviluppare un'intensa attività nella sfera dei nostri valori nazionali e culturali, mentre

---

[1418] *I. M. Bikerman*, Rossia i ruskoye Ivreisstvo (La Russia e la sua comunità ebraica), in Rossia ievrei (*Gli elementi conservatori e distruttivi tra gli ebrei*), in RaJ, p. 33.

la miseria cronica che ci era toccata in sorte scompariva progressivamente" [1419] - "Il cronico declino economico delle masse ebraiche diminuiva di giorno in giorno, lasciando spazio all'agio materiale, nonostante le insensate deportazioni di diverse decine di migliaia di ebrei dalle zone del fronte. Le statistiche delle società di mutuo credito... sono la migliore prova del progresso economico di cui hanno goduto gli ebrei di Russia nel decennio precedente il colpo di Stato. E così è stato anche nel campo della cultura. Nonostante il regime di polizia - era una libertà assoluta rispetto all'attuale regime bolscevico - le istituzioni culturali ebraiche di ogni tipo prosperavano. Tutto era in piena attività: le organizzazioni erano in piena espansione, anche la creazione era molto viva e si aprivano vaste prospettive".[1420]

In poco più di un secolo, sotto la corona russa, la comunità ebraica era passata da 820.000 (compreso il Regno di Polonia) a più di cinque milioni di rappresentanti, anche se più di un milione e mezzo scelse di emigrare,[1421] - con un aumento di otto volte tra il 1800 e il 1914. Negli ultimi 90 anni, il numero di ebrei si era moltiplicato per 3,5 (passando da 1,5 milioni a 5.250.000), mentre nello stesso periodo la popolazione totale dell'Impero (compresi i nuovi territori) si era moltiplicata solo per 2,5.

Tuttavia, gli ebrei erano ancora soggetti a restrizioni, che alimentavano la propaganda anti-russa negli Stati Uniti. Stolypin pensava di poterla superare *spiegandola*, invitando i membri del Congresso e i giornalisti americani a venire a vedere, proprio in Russia. Ma nell'autunno del 1911 la situazione divenne così grave da portare alla denuncia di un accordo commerciale con gli Stati Uniti risalente a ottant'anni prima. Stolypin non sapeva ancora quale potesse essere l'effetto di un discorso appassionato del futuro pacificatore Wilson, né cosa potesse significare l'unanimità del Congresso americano. Non era vissuto abbastanza per saperlo.

Stolypin, che ne impresse la direzione, ne diede la luce e il nome al decennio precedente la prima guerra mondiale, mentre era oggetto di attacchi furiosi sia da parte dei cadetti che dell'estrema destra, quando deputati di tutti i ranghi lo trascinarono nel fango a causa della legge sulla riforma dello Zemstvo nelle province occidentali, fu assassinato nel settembre 1911.

Il primo capo del governo russo ad aver onestamente sollevato e tentato di risolvere, nonostante la resistenza dell'Imperatore, la questione

---

[1419] D. S. *Pasmanik*, Ruskaya revolutsia ievreisstvo (Bolscevico iudaismo) (La rivoluzione russa e gli ebrei [Bolscevismo e giudaismo]), Parigi. 1923, pp. 195-196.
[1420] D. S. *Pasmanik*, Tchevo je my dobivaïemsia? (Ma cosa vogliamo?), RaJ, p. 218.
[1421] SJE, t. 7, pp. 384-385.

dell'uguaglianza degli ebrei, è caduto - ironia della Storia! Questo è il destino della via di mezzo...

Per sette volte si era tentato di uccidere Stolypin, ed erano stati gruppi rivoluzionari più o meno numerosi a sferrare gli attacchi, ma invano. In questo caso, è stato un individuo isolato a mettere a segno il colpo.

In giovane età, Bogrov non aveva la maturità intellettuale sufficiente per comprendere l'importanza politica del ruolo di Stolypin. Ma fin dall'infanzia era stato testimone delle conseguenze quotidiane e umilianti della disuguaglianza degli ebrei, e la sua famiglia, il suo ambiente, la sua stessa esperienza coltivarono il suo odio per il potere imperiale. Nei circoli ebraici di Kiev, che sembravano ideologicamente mobili, nessuno era grato a Stolypin per i suoi tentativi di eliminare le restrizioni imposte agli ebrei, e anche se questo sentimento aveva toccato alcuni dei più abbienti, era controbilanciato dal ricordo del modo energico in cui aveva represso la rivoluzione del 1905-1906, così come dal malcontento per i suoi sforzi di "nazionalizzare il credito" per competere apertamente con il capitale privato.

I circoli ebraici di Kiev (ma anche di Pietroburgo, dove aveva soggiornato anche il futuro assassino) erano sotto l'influenza magnetica di un *campo* di assoluto radicalismo, che portò il giovane Bogrov non solo a sentirsi in diritto, ma a considerare suo dovere uccidere Stolypin.

Questo *campo* era così potente da permettere la seguente combinazione: Bogrov-senior è salito nella società, è un capitalista che prospera nel sistema esistente; Bogrov-junior lavora per distruggere questo sistema e suo padre, dopo l'attacco, dichiara pubblicamente di essere orgoglioso di lui.

In realtà, Bogrov non era così isolato: era discretamente applaudito negli ambienti che un tempo manifestavano la loro incrollabile fedeltà al regime.

Questo colpo di pistola che mise fine alla speranza che la Russia potesse recuperare la salute avrebbe potuto essere sparato anche contro lo zar stesso. Ma Bogrov aveva deciso che era impossibile, perché (come dichiarò lui stesso) "avrebbe potuto portare alla persecuzione contro gli ebrei", per avere "conseguenze dannose sulla loro posizione legale". Mentre il Primo Ministro non avrebbe semplicemente avuto tali effetti, pensava. Ma si ingannò pesantemente quando immaginò che il suo atto sarebbe servito a migliorare la sorte degli ebrei di Russia.

E lo stesso Menshikov, che prima aveva rimproverato Stolypin per le concessioni fatte agli ebrei, ora ne lamentava la scomparsa: il nostro grande uomo, il nostro miglior leader politico da un secolo e mezzo assassinato! E l'assassino è un ebreo! Un ebreo che non ha esitato a sparare al Primo

Ministro della Russia!". "Lo sparo di Kiev... deve essere considerato come un segnale d'allarme... la situazione è molto grave... non dobbiamo gridare vendetta, ma decidere finalmente di resistere!".[1422]

E cosa accadde allora nella "Kiev reazionaria", dove gli ebrei erano così numerosi? Nelle prime ore dopo l'attacco, furono colti dal panico e cominciarono a lasciare la città. Inoltre, "gli ebrei furono colpiti dal terrore non solo a Kiev, ma anche negli angoli più remoti della Pale of Settlement e del resto della Russia".[1423] Il Club dei nazionalisti russi espresse l'intenzione di far circolare una petizione per cacciare tutti gli ebrei di Kiev (che rimase allo stadio delle intenzioni). Non c'è stato l'inizio di un pogrom. Il presidente dell'organizzazione giovanile "L'aquila a due teste", Galkin, chiese di distruggere gli uffici della sicurezza locale e di arrestare qualche ebreo: fu immediatamente neutralizzato. Il nuovo primo ministro Kokovtsov richiamò d'urgenza tutti i reggimenti cosacchi (che si stavano allontanando dalla città) e inviò un telegramma molto deciso a tutti i governatori: impedire i pogrom con ogni mezzo, compresa la forza. Le truppe erano concentrate in numero maggiore che durante la rivoluzione. (Sliosberg: se i pogrom fossero scoppiati nel 1911, "Kiev sarebbe stata teatro di una carneficina paragonabile agli orrori dell'epoca di Bogdan Khmelnitsky".)[1424]

No, in Russia non c'è stato il minimo pogrom. (Nonostante ciò, si è scritto molto, e con insistenza, che il potere zarista non aveva mai sognato altro che una cosa: organizzare un pogrom antiebraico).

Certo, la prevenzione del disordine pubblico è uno dei compiti primari dello Stato, e quando questa missione è compiuta, non deve aspettarsi un riconoscimento. Ma che in circostanze così estreme - l'assassinio del capo del governo - sia stato possibile evitare i pogrom, la cui minaccia ha scatenato il panico tra gli ebrei, merita comunque una piccola menzione, anche se solo di sfuggita. Ebbene, no, non abbiamo sentito nulla del *genere* e nessuno *ne* ha parlato.

È difficile da credere, ma la comunità ebraica di Kiev non ha espresso pubblicamente né condanna né rammarico per questo assassinio. Al contrario.

Dopo l'esecuzione di Bogrov, molti studenti ebrei erano apparentemente in lutto. Tuttavia, tutto questo, i russi lo notarono. Così, nel dicembre 1912, Rozanov scrisse: "Dopo [l'assassinio di Stolypin] qualcosa si è rotto nel

---

[1422] Novoie Vremia, 1911, 10 (23) settembre, p. 4.
[1423] *Sliosberg*, t. 3, p. 249.
[1424] *Ibidem*.

mio rapporto [con gli ebrei]: un russo avrebbe mai osato uccidere Rothschild o un altro dei '*loro* grandi uomini'?".[1425]

Se lo guardiamo da un punto di vista storico, due importanti argomenti impediscono di considerare l'atto commesso da Bogrov a nome delle "potenze dell'internazionalismo". Il primo e più importante: non era il caso.

Non solo il libro scritto da suo fratello [1426], ma diverse fonti neutrali suggeriscono che Bogrov credeva davvero di poter lavorare in questo modo per migliorare la sorte degli ebrei. E la seconda: tornare su certi episodi scomodi della storia, esaminarli con attenzione e deplorarli, significa assumersi le proprie responsabilità; ma negarli e lavarsene le mani, è semplicemente meschino.

Eppure questo è ciò che accadde quasi subito. Nell'ottobre 1911, la Duma fu arrestata dagli ottobristi per le torbide circostanze dell'assassinio di Stolypin. Ciò provocò l'immediata protesta del deputato Nisselovitch: perché, nel formulare la loro interpellanza, gli ottobristi *non nascosero* il fatto che l'assassino di Stolypin era ebreo? Era lì, ha dichiarato, l'antisemitismo!

Dovrò sopportare io stesso questa incomparabile discussione. Settant'anni dopo, sono stato oggetto di una pesante accusa da parte della comunità ebraica degli Stati Uniti: perché, a mia volta, *non ho nascosto*, perché ho detto che l'assassino di Stolypin era un ebreo [1427]? Non importa se ho cercato di fare una descrizione il più completa possibile. Non importa cosa abbia rappresentato il fatto di essere ebreo nelle motivazioni del suo gesto. No, la *non-dissimulazione* ha tradito il mio antisemitismo!!!

All'epoca, Guchkov rispose con dignità: "Penso che ci sia molto più antisemitismo nell'atto stesso di Bogrov. Vorrei suggerire al deputato Nisselovitch di rivolgere le sue parole appassionate non a noi, ma ai suoi correligionari. Che usi tutta la forza della sua eloquenza per convincerli a tenersi lontani da due professioni profane: quella di spia al servizio della polizia segreta e quella di terrorista. In questo modo renderebbe un servizio molto più grande ai membri della sua comunità!".[1428]

[1425] Perepiska V. V. Rozanova e M. O. Gerschenzona (La corrispondenza di V. V. Rozanov e M. O. Gerschenzon), Novy mir. 1991, no. 3, p. 232.

[1426] *Vladimir Bogrov*, Drnitri Bogrov I oubiestvo Stolypina... (Dmitri Bogrov e l'assassinio di Stolypin...), Berlino, 1931.

[1427] In *La ruota rossa*, Primo nodo, *14 agosto*, ed. Fayard / Seuil.

[1428] *A. Guchkov*, Retch v Gosudarstvennoi Doume 15 Oct. 1911 (Discorso alla Duma del 15 ottobre 1911)-A. I. Goutchkov v Tretieï Gosoudarstvennoï Doume (1907-1912), Sbornik retchei (raccolta dei discorsi pronunciati da A. Guchkov alla Terza Duma), Spb, 1912, p. 163.

Ma cosa si può chiedere alla memoria ebraica quando la stessa storia russa ha permesso che questo omicidio venisse cancellato dalla sua memoria come un evento senza grande significato, come una macchia tanto marginale quanto trascurabile. Solo negli anni '80 ho iniziato a tirarlo fuori dall'oblio: per settant'anni parlarne è stato considerato inopportuno. Con il passare degli anni, altri eventi e significati si affacciano ai nostri occhi.

Più di una volta ho meditato sui capricci della Storia: sull'*imprevedibilità delle conseguenze* che essa solleva sul nostro cammino - parlo delle conseguenze delle nostre azioni. La Germania di Guglielmo II aprì la strada a Lenin per distruggere la Russia, che ventotto anni dopo si trovò divisa per mezzo secolo. La Polonia contribuì al rafforzamento dei bolscevichi nell'anno 1919, così difficile per loro, e raccolse il 1939, il 1944, il 1956, il 1980.-Con quale foga la Finlandia aiutò i rivoluzionari russi, lei che non poteva sopportare, che non soffriva delle particolari libertà di cui disponeva, ma all'interno della Russia e, in cambio, subì quarant'anni di umiliazione politica ("finlandizzazione").- Nel 1914, l'Inghilterra voleva abbattere la potenza della Germania, suo concorrente sulla scena mondiale, e perse la sua posizione di grande potenza, e fu l'intera Europa a essere distrutta. A Pietrogrado, i cosacchi rimasero neutrali sia in febbraio che in ottobre; un anno dopo, subirono il loro genocidio (e molte delle vittime furono questi *stessi* cosacchi).-Nei primi giorni del luglio 1917, le S.-R. di sinistra si avvicinarono ai bolscevichi, poi formarono una parvenza di "coalizione", un'ampia piattaforma; un anno dopo furono schiacciate come nessuna autocrazia avrebbe potuto avere i mezzi per farlo.

Queste lontane conseguenze, nessuno di noi è in grado di prevederle, mai. L'unico modo per difendersi da questi errori è quello di farsi guidare sempre dalla bussola della morale divina. O, come dice il popolo: "Non scavare una fossa per gli altri, ci cadrai dentro tu stesso".

Allo stesso modo, se l'assassinio di Stolypin ebbe conseguenze crudeli per la Russia, gli ebrei non ne trassero alcun beneficio. Ognuno può vedere le cose a modo suo, ma io vedo qui i passi giganteschi della Storia e sono colpito dal carattere imprevedibile dei suoi risultati.

Bogrov uccise Stolypin, pensando così di proteggere gli ebrei dall'oppressione. Stolypin sarebbe stato comunque rimosso dall'imperatore, ma sarebbe stato sicuramente richiamato nel 1914-16 a causa della vertiginosa carenza di uomini in grado di governare; e sotto il suo governo non avremmo avuto una fine così deplorevole né nella guerra né nella rivoluzione. (Ammesso che con lui al potere ci saremmo impegnati in questa guerra).

Il primo passo della Storia: Stolypin viene ucciso, la Russia si fa gli ultimi nervi in guerra e si trova sotto il tallone dei bolscevichi. Secondo passo:

per quanto agguerriti, i bolscevichi si rivelano più zoppi del governo imperiale, abbandonando un quarto di secolo dopo mezza Russia ai tedeschi, compresa Kiev.

Terzo passo: i nazisti entrano senza difficoltà a Kiev e ne annientano la comunità ebraica. Di nuovo la città di Kiev, di nuovo un mese di settembre, ma trent'anni dopo il colpo di rivoltella di Bogrov.

E sempre a Kiev, ancora nel 1911, sei mesi prima dell'assassinio di Stolypin, era iniziato quello che sarebbe diventato l'affare Beilis[1429]. Ci sono buone ragioni per credere che sotto Stolypin la giustizia non sarebbe stata così degradata. Un indizio: si sa che una volta, esaminando gli archivi del Dipartimento di Sicurezza, Stolypin si imbatté in una nota intitolata "Il segreto degli ebrei" (che anticipava i "Protocolli"[1430]), in cui si parlava del "complotto internazionale ebraico". Ecco il suo giudizio: "Ci può essere logica, ma anche pregiudizio... Il governo non può usare in nessun caso questo tipo di metodo". [1431] Di conseguenza, "l'ideologia ufficiale del governo zarista non si è mai basata sui 'Protocolli'".[1432]

Sul processo Beilis sono state scritte migliaia e migliaia di pagine. Chi volesse studiare da vicino tutti i meandri dell'inchiesta, dell'opinione pubblica, del processo stesso, dovrebbe dedicarvi almeno diversi anni. Ciò andrebbe oltre i limiti di questo lavoro. Vent'anni dopo l'evento, sotto il regime sovietico, i rapporti giornalieri della polizia sull'andamento del processo sono stati pubblicati [1433]; possono essere raccomandati all'attenzione dei dilettanti. Va da sé che fu pubblicato anche il resoconto *integrale dell'*intero processo. Per non parlare degli articoli pubblicati sulla stampa.

Andrei Yushchinsky, un ragazzo di 12 anni, allievo di un istituto religioso di Kiev, è vittima di un omicidio selvaggio e insolito: sul suo corpo ci sono quarantasette punture, che indicano una certa conoscenza dell'anatomia: sono state fatte alla tempia, alle vene e alle arterie del collo, al fegato, ai reni, ai polmoni, al cuore, con la chiara intenzione di svuotarlo del suo sangue finché era ancora vivo, e inoltre - secondo le tracce lasciate dal flusso sanguigno - in posizione eretta (ovviamente legato e imbavagliato).

[1429] Vedi *infra*, pagine seguenti.
[1430] Il famoso falso dei Protocolli degli Anziani di Sion.
[1431] *Sliosberg**, t. 2, pp. 283-284.
[1432] R. *Nudelman*, Doklad na seminare: Sovetskii antisemitizm-pritchiny i prognozy (Presentazione al seminario: l'antisemitismo sovietico - cause e previsioni), in "22", rivista dell'intelighenzia ebraica dell'URSS in Israele, Tel Aviv, 1978, no. 3, p. 145.
[1433] Protsess Beilisa v otsenke Departamenta politsii (Il processo Beilis visto dal Dipartimento di Polizia), Krasny Arkhiv, 1931, t. 44, pp. 85-125.

Non può che essere opera di un criminale molto abile, che certamente non ha agito da solo.

Il corpo fu scoperto solo una settimana dopo in una grotta sul territorio della fabbrica di Zaitsev. Ma l'omicidio non è stato commesso lì.

Le prime accuse non fanno riferimento a motivi rituali, ma questi ultimi compaiono presto: il collegamento viene fatto con l'inizio della Pasqua ebraica e la costruzione di una nuova sinagoga sul terreno di Zaitsev (un ebreo). Quattro mesi dopo l'omicidio, questa versione dell'accusa porta all'arresto di Menahem Mendel Beilis, 37 anni, impiegato nella fabbrica di Zaitsev. Viene arrestato senza che vi siano accuse reali a suo carico. Come è successo tutto questo?

Le indagini sull'omicidio furono condotte dalla polizia criminale di Kiev, degna collega, ovviamente, della sezione di sicurezza di Kiev, che si era impelagata nell'affare Bogrov[1434] e aveva così causato la perdita di Stolypin.

Il lavoro fu affidato a due nullità in tutto e per tutto simili a Kouliabko, il "curatore" di Bogrov, Michtchouk, e Krassovskij, coadiuvati da pericolosi incompetenti (pulirono la neve davanti alla grotta per facilitare il passaggio del corpulento commissario di polizia, distruggendo così ogni potenziale indizio della presenza degli assassini). Ma peggio ancora, la rivalità si stabilì tra gli investigatori - a chi sarebbe stato attribuito il merito della scoperta del colpevole, da chi sarebbe stata proposta la versione migliore - e questi non esitarono a intralciarsi l'un l'altro, a seminare confusione nell'indagine, a fare pressione sui testimoni, a bloccare gli indicatori del concorrente; Krassovksy arrivò al punto di truccare il sospetto prima di presentarlo a un testimone! Questa parodia dell'inchiesta è stata condotta come se si trattasse di una storia banale, senza che l'importanza dell'evento fosse nemmeno sfiorata dalla mente.

Quando finalmente si aprì il processo, due anni e mezzo dopo, Michtchouk era scappato in Finlandia per sfuggire all'accusa di falsificazione di prove materiali, un importante collaboratore di Krassovsky era scomparso e quest'ultimo, esautorato dai suoi compiti, aveva cambiato schieramento e ora lavorava per gli avvocati di Beilis.

Per quasi due anni siamo passati da una versione falsa all'altra; per molto tempo l'accusa è stata rivolta alla famiglia della vittima, fino a quando quest'ultima è stata completamente messa fuori discussione. È diventato sempre più chiaro che la procura si stava muovendo verso un'accusa formale contro Beilis e verso il suo processo.

[1434] Vedi *supra*, capitolo 9.

Fu quindi accusato di omicidio - anche se le accuse contro di lui erano dubbie - perché era un ebreo. Ma come è stato possibile, nel XX secolo, gonfiare un processo fino a farlo diventare una minaccia per un intero popolo?

Al di là della persona di Beilis, il processo si trasformò di fatto in un'accusa contro l'intero popolo ebraico e, da allora, l'atmosfera intorno all'indagine e poi al processo si surriscaldò, la vicenda assunse una dimensione internazionale, conquistando l'intera Europa e poi l'America. (Fino ad allora i processi per omicidi rituali si erano svolti piuttosto nell'ambiente cattolico: Grodno (1816), Velij (1825), Vilnius, il caso Blondes (1900), l'affare Koutais (1878) si sono svolti in Georgia, Doubossar (1903) in Moldavia, mentre in Russia, in senso stretto, c'è stato solo l'affare Saratov nel 1856. Sliosberg, tuttavia, non manca di sottolineare che anche l'affare di Saratov aveva un'origine cattolica, mentre nel caso di Beilis è stato osservato che la banda di ladri a suo tempo sospettata era composta da polacchi, che l'esperto di crimini rituali nominato al processo era un cattolico e che anche l'avvocato Tchaplinski era polacco.)[1435]

I risultati dell'inchiesta erano così discutibili che furono mantenuti dalla camera d'accusa di Kiev solo con tre voti contro due. Mentre la destra monarchica aveva scatenato una vasta campagna di stampa, Purishkevich si espresse alla Duma nell'aprile 1911: "Non accusiamo gli ebrei nel loro insieme, chiediamo la verità" su questo strano e misterioso crimine. "Esiste forse una setta ebraica che sostiene gli omicidi rituali...? Se ci sono tali fanatici, che siano stigmatizzati"; quanto a noi, "stiamo combattendo contro molte sette in Russia", il nostro , [1436]ma allo stesso tempo dichiarò che, secondo lui, la vicenda sarebbe stata soffocata alla Duma dalla paura della stampa. In effetti, all'apertura del processo, il nazionalista di destra Chulguine si dichiarò contrario al suo svolgimento e al "miserabile bagaglio" delle autorità giudiziarie sulle colonne del patriota *kieviano* (per il quale fu accusato dall'estrema destra di essere venduto agli ebrei). Ma, visto il carattere eccezionalmente mostruoso del crimine, nessuno osò tornare sull'accusa per riprendere l'indagine da zero.

Dall'altra parte, i liberal-radicali lanciarono anche una campagna pubblica rilanciata dalla stampa, e non solo da quella russa, ma da quella di tutto il mondo. La tensione aveva raggiunto un punto di non ritorno. Sostenuta dalla parzialità dell'accusa, non fece che acuirsi e gli stessi testimoni furono presto attaccati. Secondo V. Rozanov, si era perso ogni senso della

---

[1435] *Sliosberg*, t. 3, pp. 23-24, 37.
[1436] Resoconto stenografico dei dibattiti alla Terza Duma, 1911, pp. 3119-3120.

misura, soprattutto nella stampa ebraica: "Il pugno di ferro dell'ebreo... si abbatte su venerabili professori, su membri della Duma, su scrittori...".[1437]

Tuttavia, gli ultimi tentativi di rimettere in piedi l'indagine erano falliti. La stalla vicino alla fabbrica di Zaitsev, inizialmente trascurata da Krassovskij e poi ritenuta la scena del crimine, bruciò due giorni prima della data fissata per l'esame da parte di investigatori frettolosi. Un giornalista sfrontato, Brazul-Brouchkovsky, condusse la propria indagine assistito dallo stesso Krassovskij, ora sollevato dai suoi incarichi ufficiali. (Va ricordato che Bonch-Bruevich [1438] pubblicò un pamphlet che accusava Brazoul di venalità. [1439]) Essi presentarono una versione dei fatti secondo la quale l'omicidio sarebbe stato commesso da Vera Cheberyak, i cui figli frequentavano Andrei Yushchinsky, lei stessa flirtante con la malavita. Durante i lunghi mesi di indagine, i due figli di Cheberyak morirono in circostanze oscure; Vera accusò Krassovsky di averli avvelenati, che a sua volta la accusò di aver ucciso i suoi stessi figli. Alla fine, la loro versione fu che Yushchinsky era stato ucciso da Cheberyak in persona con l'intenzione di simulare un omicidio rituale. La donna affermò che l'avvocato Margoline le aveva offerto 40.000 rubli per avallare il crimine, cosa che lui negò al processo anche se, nello stesso momento, fu soggetto a sanzioni amministrative per indelicatezza.

Cercare di districare gli innumerevoli dettagli di questo imbroglio giudiziario non farebbe altro che rendere la comprensione ancora più difficile. (Va anche detto che erano coinvolti i "metis" della rivoluzione e la polizia segreta. A questo proposito, va ricordato il ruolo equivoco e lo strano comportamento durante il processo del tenente colonnello della Gendarmeria Pavel Ivanov - proprio colui che, in barba a tutte le leggi, aiutò Bogrov, già condannato a morte, a scrivere una nuova versione dei motivi che lo avrebbero spinto a uccidere Stolypin, una versione in cui tutto il peso della responsabilità ricadeva sugli organi della Sicurezza a cui Ivanov non apparteneva). Il processo stava per aprirsi in un'atmosfera burrascosa. Durò un mese: settembre-ottobre 1913. Fu incredibilmente pesante: 213 testimoni convocati alla sbarra (185) si presentarono, ancora rallentati dagli artifici procedurali sollevati dalle parti in causa; il procuratore Vipper non era all'altezza del gruppo di brillanti avvocati - Gruzenberg, Karabtchevski, Maklakov, Zaroudny - che non mancarono di chiedere che le gaffe da lui pronunciate fossero messe a verbale, ad

---

[1437] *V. V. Rozanov*, Oboniatelnoye i osiazatelnoye otnochenie ievreyev krovi (Il rapporto olfattivo e tattile degli ebrei con il sangue), Stoccolma, 1934, pag. 110.
[1438] Vladimir Bonch-Bruevich (1873-1955), sociologo, editore, pubblicista molto legato a Lenin, collaboratore della Pravda, specialista in questioni religiose.
[1439] *N. V. Krylenko*, Za piat let. 1918-1922: Obvinitelnye retchi. (Cinque anni, 1918-1922: imputazioni...), M., 1923, p. 359.

esempio: il corso di questo processo è ostacolato dall'"oro ebraico"; "loro [gli ebrei in generale] sembrano ridere di noi, vedete, abbiamo commesso un crimine, ma nessuno oserà chiederne conto"." [1440](Non a caso, durante il processo, Vipper ricevette lettere minatorie - su alcune era disegnato un nodo scorsoio - e non solo lui, ma anche le parti civili, il perito dell'accusa, probabilmente anche gli avvocati della difesa; anche il decano della giuria temeva per la sua vita). C'era molto fermento intorno al processo, si vendevano i pass per accedere alle udienze, tutte le persone istruite di Kiev erano in ebollizione. L'uomo della strada, lui, rimase indifferente.

Fu effettuato un esame medico dettagliato. Diversi professori si confrontarono sul fatto che Yushchinsky fosse rimasto vivo o meno fino all'ultima ferita e su quanto fossero acute le sofferenze che aveva patito. Ma è stata la perizia teologico-scientifica a essere al centro del processo: essa si è concentrata sul principio stesso della possibilità di omicidi rituali perpetrati da ebrei, e su questo si è concentrata l'attenzione del mondo intero. [1441] La difesa si appellò ad autorità riconosciute nel campo dell'ebraismo, come il rabbino Maze, specialista del Talmud. L'esperto nominato dalla Chiesa ortodossa, il professor I. Troitsky dell'Accademia teologica di Pietroburgo, concluse il suo intervento respingendo l'accusa di un atto di sangue freddo attribuibile agli ebrei; sottolineò che la Chiesa ortodossa non aveva mai mosso accuse del genere, che erano proprie del mondo cattolico. (Bikerman ricordò in seguito che nella Russia imperiale gli stessi ufficiali di polizia stroncavano "quasi ogni anno" le voci sul sangue cristiano versato durante la Pasqua ebraica, "altrimenti avremmo avuto un 'caso di omicidio rituale' non una volta ogni qualche decennio, ma ogni anno". Il [1442] principale esperto citato dall'accusa è stato il sacerdote cattolico Pranaitis. Per ampliare il dibattito pubblico, i pubblici ministeri hanno chiesto di esaminare precedenti casi di omicidio rituale, ma la difesa è riuscita a respingere la mozione. Queste discussioni sull'omicidio rituale o meno non fecero altro che aumentare ulteriormente l'emozione che il processo aveva suscitato in tutto il mondo.

Ma era necessario che venisse pronunciata una sentenza su questo imputato e non su un altro, e la missione andò a una scialba giuria composta da contadini dolorosamente integrati da due funzionari e due piccoli *borghesi*; tutti erano stremati da un mese di processi, si addormentarono durante la lettura dei materiali del caso, chiesero di abbreviare il processo, quattro di loro chiesero il permesso di tornare a casa prima della sua conclusione e alcuni ebbero bisogno di assistenza medica.

[1440] *Ibidem*, pp. 356, 364.
[1441] Retch, 1913, 26 ott. (8 nov.), p. 3.
[1442] *Bikerman*, RaJ, p. 29.

Tuttavia, questi giurati hanno giudicato in base alle prove: le accuse contro Beilis erano infondate, non provate. E Beilis fu assolto. E la cosa finì lì. Non fu intrapresa alcuna nuova ricerca dei colpevoli e questo strano e tragico omicidio rimase inspiegabile.

Invece - e questo rientrava nella tradizione della debolezza russa - si immaginò di erigere una cappella proprio nel luogo in cui era stato scoperto il cadavere del giovane Yushchinsky, ma questo progetto suscitò molte proteste, perché giudicato reazionario. E Rasputin dissuase lo zar dal darvi seguito.[1443]

Questo processo, pesante e mal condotto, con un'opinione pubblica al caldo per un anno intero, in Russia come nel resto del mondo, fu giustamente considerato una battaglia di Tsou-Shima.[1444] La stampa europea riportò che il governo russo aveva attaccato il popolo ebraico, ma che non era quest'ultimo ad aver perso la guerra, bensì lo stesso Stato russo.

Gli ebrei, con tutta la loro passione, non avrebbero mai perdonato questo affronto della monarchia russa. Il *fatto che* la legge abbia finalmente trionfato non ha cambiato i loro sentimenti.

Sarebbe tuttavia istruttivo confrontare il processo Beilis con un altro che si svolse nello stesso periodo (1913-15) ad Atlanta, negli Stati Uniti; un processo che allora fece molto rumore: quello dell'ebreo Leo Frank, anch'egli accusato dell'omicidio di un bambino (una bambina violentata e uccisa), e ancora una volta con accuse molto incerte. Fu condannato all'impiccagione e durante il processo di cassazione una folla armata lo strappò dalla sua prigione e lo impiccò.[1445] A livello *individuale*, il confronto è a favore della Russia. Ma la vicenda di Leo Frank ebbe scarsa eco nell'opinione pubblica e non divenne oggetto di rimprovero.

Il caso Beilis ha un epilogo.

"Minacciato di vendetta da gruppi di estrema destra, Beilis lasciò la Russia e si recò in Palestina con la famiglia. Nel 1920 si trasferì negli Stati Uniti.

Morì per cause naturali, all'età di sessant'anni, nei pressi di New York.[1446]

[1443] Sliosberg, t. 3, p. 47.
[1444] Un'allusione alla terribile sconfitta navale subita dalla Russia nella sua guerra contro il Giappone (27-28 maggio 1905).
[1445] V. *Lazaris*, Smert Leo Franka (Morte di Leo Frank), in "22", 1984, no. 36, pp. 155-159.
[1446] SJE, t. 1, pp. 317, 318.

Il ministro della Giustizia Shcheglovitov (secondo alcune fonti, aveva "dato istruzioni affinché il caso fosse delucidato come un omicidio rituale"[1447]) fu fucilato dai bolscevichi.

Nel 1919 ebbe luogo il processo a Vera Cheberyak. Non si svolse secondo le aborrite procedure dello zarismo - nessuna questione di giuria popolare! - e durò solo una quarantina di minuti nei locali della Cheka di Kiev. Un membro di quest'ultima, che fu arrestato nello stesso anno dai bianchi, annotò nella sua testimonianza che "Vera Cheberyak fu interrogata esclusivamente da cekisti ebrei, a cominciare da Sorine" [il capo della Cheka di Blumstein]. Il comandante Faierman "la sottopose a un trattamento umiliante, le strappò i vestiti e la colpì con la canna del suo revolver... Lei disse: 'Potete fare di me quello che volete, ma quello che ho detto non lo ritratterò... Quello che ho detto al processo di Beilis, nessuno mi ha spinto a dirlo, nessuno mi ha corrotto...'". Le hanno sparato sul posto.[1448]

Nel 1919, Vipper, ora funzionario sovietico, fu scoperto a Kaluga e processato dal Tribunale rivoluzionario di Mosca. Il procuratore bolscevico Krylenko pronunciò le seguenti parole: "Considerando che egli rappresenta un vero pericolo per la Repubblica... che ci sia un Vipper in meno tra noi!". (Questa macabra battuta suggeriva che R. Vipper, un professore di storia medievale, fosse ancora vivo). Tuttavia, il Tribunale si limitò a spedire Vipper "in un campo di concentramento... finché il regime comunista non sarà definitivamente consolidato". [1449]Dopodiché, si perdono le sue tracce.

Beilis è stato assolto dai contadini, quei contadini ucraini accusati di aver partecipato ai pogrom contro gli ebrei all'inizio del secolo e che presto avrebbero conosciuto la collettivizzazione e la carestia organizzata del 1932-33, carestia che i giornalisti hanno ignorato e che non è stata inclusa nel passivo di questo regime.

Ecco un altro di questi passi della Storia...

[1447] *Ibidem*, p. 317.
[1448] Chekist o Tcheka (Un chekista parla della Cheka). Na tchoujoï storone: Istoriko literatournye sborniki / pod red. S. P. Melgounova, t. 9. Berlino: Vataga; Praga: Plamia, 1925, pp. 118, 135.
[1449] *Krylenko*, pp. 367-368.

Capitolo 11

Ebrei e russi prima della prima guerra mondiale: la crescente consapevolezza

In Russia - per altri dieci anni scampata alla rovina - le migliori menti tra i russi e gli ebrei avevano avuto il tempo di guardarsi indietro e di valutare da diversi punti di vista l'essenza della nostra vita comune, di considerare seriamente la questione della cultura e del destino nazionale.

Il popolo ebraico si è fatto strada in un presente in continua evoluzione trascinandosi dietro la coda della cometa di tremila anni di diaspora, senza mai perdere la coscienza di essere "una nazione senza lingua né territorio, ma con leggi proprie" (Salomon Lourie), conservando la sua differenza e la sua specificità con la forza della sua tensione religiosa e nazionale, in nome di una Provvidenza superiore e metastorica. Gli ebrei del XIX e XX secolo hanno cercato di identificarsi con i popoli che li circondavano, di fondersi con essi? Sicuramente gli ebrei di Russia sono stati quelli che, più a lungo di altri loro correligionari, sono rimasti nel nucleo dell'isolamento, concentrati sulla loro vita religiosa e sulla loro coscienza. Ma, a partire dalla fine dell'Ottocento, fu proprio questa comunità ebraica in Russia che cominciò a rafforzarsi, a fiorire, e ora "tutta la storia della comunità ebraica nell'età moderna era posta sotto il segno dell'ebraismo russo", che manifestava anche "un acuto senso del movimento della Storia".[1450]

Da parte loro, i pensatori russi erano perplessi dal particolarismo degli ebrei. Per loro, nel XIX secolo, la questione era come *superarlo*. Vladimir Solovyov, che esprimeva profonda simpatia per gli ebrei, proponeva di farlo attraverso l'amore dei russi verso gli ebrei.

Prima di lui, Dostoevskij aveva notato la furia sproporzionata provocata dalle sue osservazioni, certamente offensive ma molto scarse, sul popolo ebraico: "Questo accanimento è una testimonianza eclatante del modo in cui gli stessi ebrei considerano i russi... e che, nei motivi delle nostre divergenze con gli ebrei, forse non è solo il popolo russo a portare tutta la

---

[1450] B. T. Dinour, Religiozno-natsionalny oblik ruskovo ievreistava (Gli aspetti religiosi e nazionali degli ebrei di Russia), in BJWR-1, pp. 319, 322.

responsabilità, ma che questi motivi, evidentemente, si sono accumulati da entrambe le parti, e non si può dire da quale parte ce ne sia di più".[1451]

In questa stessa fine del XIX secolo, Teitel riporta la seguente osservazione: "Gli ebrei sono in maggioranza materialisti. È forte in loro l'aspirazione ad acquisire beni materiali. Ma quale disprezzo per questi beni materiali quando si tratta dell'io interiore, della dignità nazionale! Perché, infatti, la massa della gioventù ebraica - che si è completamente allontanata dalla pratica religiosa, che spesso non parla nemmeno la sua lingua madre - perché questa massa, anche solo per un fatto di forma, non si è convertita all'Ortodossia, che le avrebbe spalancato le porte di tutte le università e le avrebbe dato accesso a tutti i beni della terra?". Neppure la sete di conoscenza era sufficiente, mentre "la scienza, il sapere superiore era da loro tenuto in più alta considerazione della fortuna". Ciò che li tratteneva era la preoccupazione di non abbandonare i loro correligionari in difficoltà. (Aggiunge anche che nemmeno andare in Europa a studiare era una buona soluzione: "Gli studenti ebrei si sentivano molto a disagio in Occidente... L'ebreo tedesco li considerava persone indesiderabili, insicure, rumorose, disordinate"; e questo atteggiamento non riguardava solo gli ebrei tedeschi, "gli ebrei francesi e svizzeri non facevano eccezione".[1452]

Come D. Pasmanik, anche lui ha menzionato questa categoria di ebrei convertiti sotto costrizione, che provavano solo più risentimento verso il potere e potevano solo opporsi. (Dal 1905, la conversione fu facilitata: non era più necessario passare all'ortodossia, bastava diventare cristiani, e il protestantesimo era più accettabile per molti ebrei. Nel 1905 fu anche abrogato il divieto di tornare all'ebraismo.)[1453]

Un altro scrittore concludeva amaramente, nel 1924, che negli ultimi decenni prima della rivoluzione non fu solo "il governo russo... a classificare definitivamente il popolo ebraico tra i nemici del Paese", ma "peggio ancora, furono molti politici ebrei a classificarsi tra questi nemici, radicalizzando la loro posizione e smettendo di distinguere tra il 'governo' e la patria, cioè la Russia... L'indifferenza delle masse ebraiche e dei loro leader per il destino della Grande Russia fu un errore politico fatale".[1454]

[1451] *F. M. Dostoevskij*, Dnevnik pisatelia za 1877, 1880 i 1581 gody (Diario di uno scrittore, marzo 1877, capitolo 2), M., L., 1929, 1877, Mart, gl 2, pag. 78.
[1452] *I. L. Teitel*, Iz moiii jizni za 40 let (Ricordi di 40 anni della mia vita), Parigi, I. Povolotski i ko., 1925, pp. 227-228.
[1453] JE, t. 11, p. 894.
[1454] *V. S. Mandel*, Konservativnye i pazrouchitelnye elementy v ievreïstve (Elementi conservatori e distruttivi tra gli ebrei), in RaJ, pp. 201, 203.

Naturalmente, come ogni processo sociale, questo - e per di più in un contesto così diverso e mobile come l'ambiente ebraico - non avvenne in modo lineare, fu diviso; nel cuore di molti ebrei istruiti, provocò spaccature. Da un lato, "l'appartenenza al popolo ebraico conferisce una posizione specifica nell'intero ambiente russo". [1455]Ma si osserva subito una "notevole ambivalenza: il tradizionale attaccamento sentimentale di molti ebrei al mondo russo circostante , il loro radicamento in questo mondo, e allo stesso tempo un rifiuto intellettuale, un rifiuto generalizzato. L'affetto per un mondo aborrito".[1456]

Questo approccio così dolorosamente ambivalente non poteva non portare a risultati altrettanto dolorosamente ambivalenti. E quando I.V. Hessen, in un intervento alla seconda Duma nel marzo 1907, dopo aver negato che la rivoluzione fosse ancora nella sua fase di violenza crescente, negando così ai partiti di destra il diritto di presentarsi come difensori della cultura contro l'anarchia, esclamò: "Noi che siamo insegnanti, medici, avvocati, statistici, letterati, saremmo i nemici della cultura? Chi vi crederà, signori?"- Giunsero dai banchi della destra: "Voi siete i nemici della cultura russa, non della cultura ebraica!".[1457]

Nemici, certo, perché spingersi così lontano, ma - come sottolineò il partito russo - siete davvero, senza riserve, nostri amici? Il riavvicinamento era reso difficile proprio da questo: come potevano questi brillanti avvocati, professori e medici non avere in cuor loro soprattutto simpatie ebraiche? Potevano sentirsi, interamente e senza riserve, russi per spirito? Quindi il problema era ancora più complicato. Erano in grado di prendere a cuore gli interessi dello Stato russo in tutta la loro portata e profondità?

In questo stesso singolare periodo, vediamo da un lato che le classi medie ebraiche fanno una scelta molto chiara di dare un'educazione laica ai loro figli in lingua russa, e dall'altro c'è lo sviluppo di pubblicazioni in yiddish - ed entra in uso il termine "yiddishismo": che gli ebrei rimangano ebrei, che non si assimilino.

Esisteva ancora una via di assimilazione, senza dubbio marginale, ma non trascurabile: quella dei matrimoni misti. E anche una corrente di assimilazione superficiale che consisteva nell'adattare pseudonimi artificiali al modo russo.

[1455] D. O. Linsky, O natsionalnom samosoznanii ruskovo ievreia (La coscienza nazionale dell'ebreo russo), RaJ, p. 142.
[1456] G. A. Landau, Revolioutsionnye idei v ievreïskoi obctchestvennosti (Idee rivoluzionarie nella società ebraica), RaJ, p. 115.
[1457] Resoconto stenografico dei dibattiti della Seconda Duma, 13 marzo 1907, p. 522.

(E chi lo faceva più spesso? I grandi produttori di zucchero di Kiev "Dobry"[1458], "Babushkin"[1459], perseguiti durante la guerra per accordi con il nemico. L'editore "Iasny"[1460] che persino il giornale di orientamento costituzional-democratico *Retch* definì un "avido speculatore", uno "squalo senza scrupoli". [1461]O il futuro bolscevico D. Goldenbach, che considerava "tutta la Russia come un Paese senza valore", ma si travestiva da "Riazanov" per annoiare i lettori con le sue ratio di teorico marxista fino al suo *arresto* nel 1937). Ed è proprio in questi decenni, e soprattutto in Russia, che si sviluppò il sionismo. I sionisti ironizzavano su coloro che volevano assimilarsi, che immaginavano che il destino degli ebrei di Russia fosse indissolubilmente legato al destino della Russia stessa.

E poi, dobbiamo rivolgerci innanzitutto a Vl. Jabotinsky, saggista brillante e originale, che fu portato, negli anni precedenti la rivoluzione, a esprimere non solo il suo rifiuto della Russia ma anche la sua disperazione. Jabotinsky riteneva che la Russia non fosse altro che una tappa del viaggio storico degli ebrei e che fosse necessario mettersi in cammino verso la Palestina.

La passione accendeva le sue parole: non è con il popolo russo che siamo in contatto, impariamo a conoscerlo attraverso la sua cultura, "soprattutto attraverso i suoi scrittori..., attraverso le manifestazioni più alte, più pure dello spirito russo", e questo apprezzamento lo trasponiamo a tutto il mondo russo. "Molti di noi, nati dall'intelligenzia ebraica, amano la cultura russa con un amore folle e degradante... con l'amore degradante dei guardiani di porci per una regina". Per quanto riguarda il mondo ebraico, lo scopriamo attraverso la bassezza e la bruttezza della vita quotidiana.[1462]

È spietato nei confronti di coloro che cercano di assimilarsi. "Molte delle abitudini servili che si sono sviluppate nella nostra psicologia man mano che la nostra intelligenzia si è russificata", "hanno rovinato la speranza o il desiderio di mantenere intatto l'ebraismo, e hanno portato alla sua scomparsa". L'intellettuale ebreo medio dimentica se stesso: è meglio non pronunciare la parola "ebreo", "i tempi non lo prevedono più"; abbiamo paura di scrivere: "noi ebrei", ma scriviamo: "noi russi" e persino: "noi russi". L'ebreo può occupare un posto di rilievo nella società russa, ma rimarrà sempre un russo di seconda classe", e questo, a maggior ragione, perché conserva una specifica "inclinazione dell'anima". "Stiamo assistendo a un'epidemia di battesimi per interesse, a volte per questioni ben più meschine del conseguimento di un diploma. "I trenta centesimi per

---

[1458] Letteralmente "buono", "generoso".
[1459] Formato da "babushka" - "nonna", "nonnina".
[1460] Letteralmente "chiaro", "luminoso".
[1461] *P. G.* -Marodiory knigi 3 (I predoni del libro), in Retch, 1917, 6 maggio, s.
[1462] *Vl. Jabotinsky*, [Sb] Felietony. SPb.: Tipografia Gerold, 1913, pp. 9-11.

l'uguaglianza dei diritti...". Quando si abiura la nostra fede, ci si spoglia anche della nostra nazionalità.[1463]

La situazione degli ebrei in Russia - e non in qualsiasi momento, ma proprio dopo gli anni 1905-1906 - gli appare disperatamente cupa: "La realtà oggettiva, cioè il fatto di vivere all'estero, si è rivolta oggi contro il nostro popolo, e noi siamo deboli e indifesi"."Già in passato sapevamo di essere circondati da nemici"; "questa prigione" (la Russia), "un branco di cani"; "il corpo disteso, coperto dalle ferite del popolo ebraico della Russia, tracciato, circondato da nemici e indifeso"; "sei milioni di esseri umani che brulicano in una fossa profonda..., una lenta tortura, un pogrom che non finisce"; e persino, secondo lui, "i giornali finanziati da fondi ebraici" non difendono gli ebrei "in questi tempi di persecuzione senza precedenti". Alla fine del 1911, scrisse: "Da diversi anni gli ebrei di Russia sono stati stipati sul banco degli accusati", nonostante il fatto che non siamo rivoluzionari, che "non abbiamo venduto la Russia ai giapponesi" e che non siamo Azefs [1464]o Bogrovs[1465] "; e a proposito di Bogrov: "Questo sfortunato giovane - era quello che era -, nell'ora di una morte così mirabile[!], è stato fischiato da una dozzina di bruti provenienti dalla fogna delle Cento Nere di Kiev, venuti ad assicurarsi che l'esecuzione avesse effettivamente avuto luogo".[1466]

E tornando sempre alla comunità ebraica stessa: "Oggi siamo culturalmente privi, come in fondo a una baraccopoli, di un'oscura impasse" - "Ciò di cui soffriamo è soprattutto il disprezzo di noi stessi; ciò di cui abbiamo bisogno è soprattutto il rispetto di noi stessi... Lo studio dell'ebraismo deve diventare per noi la disciplina centrale... La cultura ebraica è ora l'unico asse di salvezza per noi".[1467]

Tutto questo possiamo, sì, possiamo capirlo, condividerlo. (E noi russi possiamo farlo, soprattutto oggi, alla fine del XX secolo). Non condanna chi, in passato, si è battuto per l'assimilazione: nel corso della Storia "ci sono momenti in cui l'assimilazione è innegabilmente auspicabile, in cui rappresenta una tappa necessaria del progresso". Questo era il caso dopo gli anni Sessanta del XIX secolo, quando l'intellighenzia ebraica era ancora allo stato embrionale, iniziando ad adattarsi all'ambiente circostante, a una cultura che aveva raggiunto la maturità. A quel tempo, l'assimilazione non significava "rinnegare il popolo ebraico, ma al contrario, fare il primo passo sulla strada dell'attività nazionale autonoma, fare un primo passo verso il

---

[1463] Vl. *Jabotinsky*, [Sb] Felietony, pp. 16, 62 63, 176-180, 253-254.
[1464] Azef Evno (1569-1918), terrorista, doppiogiochista (della S.R. e dell'Okhrana), smascherato da A. Bourtsev.
[1465] L'assassino di Stolypin; cfr. *supra*, capitolo 10.
[1466] *Ibidem*, pp. 26, 30, 75, 172, 173, 195, 199, 200, 205.
[1467] *Ibidem*, pp. 15, 17, 69.

rinnovamento e la rinascita della nazione". Era necessario "assimilare ciò che ci era estraneo per poter sviluppare con nuova energia ciò che ci era proprio". Ma mezzo secolo dopo, molte trasformazioni radicali hanno avuto luogo sia all'interno che all'esterno del mondo ebraico. Il desiderio di appropriarsi della conoscenza universale si è diffuso come mai prima. Ed è allora, ora, che bisogna inculcare alle giovani generazioni i principi *ebraici*. È ora che c'è la minaccia di una diluizione irrimediabile nell'ambiente straniero:

"Non c'è giorno che passi in cui i nostri figli non ci lascino" e "non ci diventino estranei"; "illuminati dall'Illuminismo, i nostri figli servono tutti i popoli della Terra, tranne il nostro; nessuno è lì a lavorare per la causa ebraica". "Il mondo che ci circonda è troppo magnifico, troppo spazioso e troppo ricco" - non possiamo ammettere che distolga la gioventù ebraica dalle "brutture dell'esistenza quotidiana degli ebrei... L'approfondimento dei valori nazionali dell'ebraismo deve diventare l'asse principale... dell'educazione ebraica"."Solo il vincolo di solidarietà permette a una nazione di reggersi" (noi stessi ne avremmo bisogno! -A.S.), mentre la negazione rallenta la lotta per il diritto degli ebrei: si immagina che ci sia una via d'uscita, e "si parte... ultimamente... in massa compatta, con leggerezza e cinismo".[1468]

Poi, lasciandosi trasportare: "Lo spirito regale [di Israele] in tutta la sua potenza, la sua storia tragica in tutta la sua grandiosa magnificenza...". "Chi siamo noi per giustificarci davanti a loro? Chi sono loro per chiedere conto?".[1469]

Quest'ultima formula, possiamo anche rispettarla pienamente. Ma a condizione di reciprocità. Tanto più che non spetta a nessuna nazione o religione *giudicare* un'altra.

Gli appelli al ritorno alle *radici* ebraiche non rimasero inascoltati in quegli anni.

A San Pietroburgo, prima della rivoluzione, "si poteva notare negli ambienti dell'intellighenzia russo-ebraica un grandissimo interesse per la storia ebraica".[1470] Nel 1908, la Commissione storico-etnografica ebraica si espanse in una Società storico-etnografica ebraica,[1471] guidata da M. Winaver. Essa lavorò attivamente ed efficacemente per raccogliere gli archivi sulla storia e l'etnografia degli ebrei di Russia e Polonia - nulla di paragonabile fu stabilito dalla scienza storica ebraica in Occidente. Fu poi creata la rivista *The Jewish Past*, diretta da S. Dubnov.

[1468] *Ibidem*, pp. 18-24, 175, 177.
[1469] *Ibidem*, pp. 14, 200.
[1470] Pamiati, M. L. Vichnitsera, BJWR-1. pag. 8.
[1471] JE, t. 8, p. 466.

¹⁴⁷² Contemporaneamente iniziò la pubblicazione dell'*Enciclopedia ebraica* in sedici volumi (che utilizziamo ampiamente in questo studio) e della *Storia* del *popolo ebraico* in quindici volumi. È vero che nell'ultimo volume dell'*Enciclopedia Ebraica* i suoi redattori lamentano che "l'élite dell'intellighenzia ebraica ha mostrato la sua indifferenza alle questioni culturali sollevate da questa *Enciclopedia*", dedicandosi esclusivamente alla lotta per l'uguaglianza - tutta formale - dei diritti degli ebrei.[1473]

Nel frattempo, al contrario, in altre menti e in altri cuori ebraici cresceva la convinzione che il futuro degli ebrei di Russia fosse indissolubilmente legato a quello della Russia. Sebbene "sparsa su un territorio immenso e in mezzo a un mondo straniero [...], la comunità ebraica russa aveva ed era consapevole di essere un insieme unico. Perché unico era l'ambiente che ci circondava..., unica la sua cultura... Questa cultura unica l'abbiamo assorbita in tutto il Paese".[1474]

"Gli ebrei di Russia sono sempre stati in grado di allineare i propri interessi a quelli di tutto il popolo russo. E questo non deriva da una nobiltà di carattere o da un senso di gratitudine, ma dalla percezione delle realtà storiche".

Polemica aperta con Jabotinsky: "La Russia non è, per i milioni di ebrei che la popolano, una tappa tra le altre sul cammino storico dell'ebreo errante...

Il contributo degli ebrei russi alla comunità ebraica internazionale è stato e sarà il più significativo. Non c'è salvezza per noi senza la Russia, come non c'è salvezza per la Russia senza di noi".[1475]

Questa interdipendenza è affermata in modo ancora più categorico dal deputato del secondo e terzo Dumas, O. I. Pergament: "Nessun miglioramento della situazione interna della Russia 'è possibile senza il contemporaneo affrancamento degli ebrei dal giogo della disuguaglianza'".[1476]

E non si può ignorare l'eccezionale personalità del giurista G. B. Sliosberg: tra gli ebrei è stato uno di quelli che, per decenni, ha avuto i rapporti più stretti con lo Stato russo, a volte come vice del Segretario principale del Senato, a volte come consulente del Ministero degli Interni, ma a cui molti

---

[1472] JE, t. 7, pp. 449 450.
[1473] JE, t. 16, p. 276.
[1474] *I. M. Bikerman*, Rossia i rousskoye ievreisstvo (La Russia e la comunità ebraica della Russia), RaJ. p. 86.
[1475] *S. Ivanovich*, Ievrei i sovetskaya dikiatoura (Gli ebrei e la dittatura sovietica), in JW, pp. 55-56.
[1476] JE, t. 12, pp. 372 373.

ebrei rimproveravano la sua abitudine di *chiedere* alle autorità diritti per gli ebrei, quando era giunto il momento di esigerli. Scrive nelle sue memorie: "Fin dall'infanzia mi sono abituato a considerarmi soprattutto un ebreo. Ma fin dall'inizio della mia vita cosciente mi sono sentito anche un figlio della Russia... Essere un buon ebreo non significa non essere un buon cittadino russo"[1477] - "Nel nostro lavoro non eravamo obbligati a superare gli ostacoli che gli ebrei della Polonia incontravano a ogni passo a causa delle autorità polacche... Nel sistema politico e amministrativo russo, noi ebrei non rappresentavamo un elemento estraneo, nella misura in cui, in Russia, convivevano molte nazionalità. Gli interessi culturali della Russia non erano in alcun modo in conflitto con gli interessi culturali della comunità ebraica. Queste due culture erano in qualche modo complementari". [1478] Ha anche aggiunto questa osservazione un po' umoristica: la legislazione sugli ebrei era così confusa e contraddittoria che negli anni '90 "fu necessario creare una giurisprudenza specifica per gli ebrei usando metodi puramente talmudici".[1479]

E ancora, in un registro più alto: "L'allentamento del giogo nazionale che si è avvertito negli ultimi anni, poco prima che la Russia entrasse in un periodo tragico della sua storia, ha portato nel cuore di tutti gli ebrei russi la speranza che la coscienza ebraica russa avrebbe gradualmente imboccato una strada creativa, quella di riconciliare gli aspetti ebraici e russi nella sintesi di un'unità superiore".[1480]

E possiamo dimenticare che, tra i sette autori dell'incomparabile *Milestones*[1481], tre erano ebrei: M. O. Gershenzon, A. S. Izgoev-Lande e S. L. Frank?

Ma c'era reciprocità: nei decenni precedenti la rivoluzione, gli ebrei beneficiarono del sostegno massiccio e unanime dei circoli progressisti.

Forse l'ampiezza di questo sostegno è dovuta a un contesto di soprusi e pogrom, ma non è mai stato così completo in nessun altro Paese (e forse mai in tutti i secoli passati). La nostra intellighenzia era così generosa, così amante della libertà, da ostracizzare l'antisemitismo dalla società e dall'umanità; inoltre, chi non dava il suo franco e massiccio sostegno alla lotta per la parità di diritti degli ebrei, chi non ne faceva una priorità, era considerato uno "spregevole antisemita". Con una coscienza morale sempre più sveglia e un'estrema sensibilità, l'intellighenzia russa cercò di

---

[1477] *Sliosberg*, t. 1, pp. 3 4.
[1478] *Sliosberg*, t. 2, p. 302.
[1479] *Sliosberg*, t. 1, p. 302.
[1480] *Linsky*, RaJ, p. 144.
[1481] *Vekhi*: clamorosa raccolta di articoli (1909) in cui un gruppo di intellettuali disillusi dal marxismo invitava l'intellighenzia a riconciliarsi con il potere.

comprendere e assimilare la visione ebraica delle priorità che riguardavano l'intera vita politica: è considerato progressista tutto ciò che è una reazione contro la persecuzione degli ebrei, tutto il resto è reazionario. La società russa non solo difendeva fermamente gli ebrei contro il governo, ma proibiva a se stessa e a chiunque di mostrare un'ombra di critica alla condotta di ciascun ebreo in particolare: e se questo portasse dentro di me l'antisemitismo? (La generazione formatasi in quel periodo mantenne questi principi per decenni).

V. A. Maklakov rievoca nelle sue memorie un episodio significativo avvenuto durante il congresso degli Zemstvos nel 1905, quando l'ondata di pogrom contro gli ebrei e gli intellettuali aveva appena investito e cominciava a crescere in forza i pogrom diretti contro i proprietari terrieri. "E. V. de Roberti propose di non estendere l'amnistia [richiesta dal congresso] ai crimini legati alla violenza contro i bambini e le donne". Fu subito sospettato di voler introdurre un emendamento "di classe", cioè di occuparsi delle famiglie dei nobili vittime dei pogrom. E. de Roberti si affrettò... a rassicurare tutti: "Non avevo assolutamente alcun piano per quanto riguarda le proprietà dei nobili... Cinque o venti proprietà bruciate, questo non ha alcuna importanza. Ho in mente la massa di beni immobili e di case appartenenti agli ebrei, che sono stati bruciati e saccheggiati dai Cento Neri'".[1482]

Durante il terrore del 1905-1907, Gerzenstein (che aveva ironizzato sugli incendi delle proprietà dei nobili) e Iollos furono considerati martiri, ma nessuna delle migliaia di altre vittime innocenti lo fu. Ne *L'ultimo autocrate*, una pubblicazione satirica che i liberali russi pubblicarono all'estero, riuscirono a porre la seguente legenda sotto il ritratto del generale che il terrorista Hirsch Lekkert aveva tentato invano di assassinare: *A causa sua*" [sottolineatura di A. S.], lo zar "aveva giustiziato... l'ebreo Lekkert".."[1483]

Non erano solo i partiti dell'opposizione, ma l'intera massa dei dipendenti pubblici della classe media che tremavano all'idea di sembrare "non progressisti". Era necessario godere di una buona fortuna personale, o possedere una notevole libertà mentale, per resistere con coraggio alla pressione dell'opinione generale. Per quanto riguarda il mondo del bar, dell'arte, della scienza, l'ostracismo colpiva immediatamente chiunque si allontanasse da questo campo magnetico.

[1482] *V. A. Maklakov*, Vlast i obchtchestvennost na zakate staroï Rossii (Vospominania sovremennika) [Il potere e l'opinione durante il crepuscolo dell'antica Russia (Memorie di un contemporaneo)], Parigi: Prilojenie k "Illioustrirovannoï Rossii" II n 1936, p. 466.
[1483] Der Letzte russische Alleinherscher (L'ultimo autocrate: Studio sulla vita e il regno dell'imperatore di Russia Nicola II), Berlino, Ebcrhard Frowein Verlag [1913], p. 58.

Solo Leone Tolstoj, che godeva di una posizione unica nella società, poteva permettersi di dire che, *per lui*, la questione ebraica si trovava al posto .

L'*Enciclopedia Ebraica* lamentava che i pogrom dell'ottobre 1905 "provocarono nell'intellighenzia progressista una protesta non specifica [cioè esclusivamente ebraica], ma generale, orientata verso tutte le manifestazioni della 'controrivoluzione' in tutte le sue forme".[1484]

Inoltre, la società russa avrebbe cessato di essere se stessa se non avesse ricondotto tutto a un'unica questione scottante: zarismo, ancora zarismo, sempre zarismo!

Ma la conseguenza fu questa: "Dopo i giorni di ottobre [i pogrom del 1905], l'aiuto concreto alle vittime ebree fu portato solo dagli ebrei della Russia e di altri Paesi".[1485] E Berdyaev aggiungeva: "Siete capaci di sentire l'anima del popolo ebraico?... No, state combattendo... a favore di un'umanità astratta".[1486]

Ciò è confermato da Sliosberg: "Negli ambienti politicamente evoluti", la questione ebraica "non era politica nel senso ampio del termine. La società era attenta alle manifestazioni della reazione in tutte le sue forme".[1487]

Per correggere questo giudizio errato della società russa, nel 1915 fu pubblicata una raccolta di articoli intitolata *Shchit* [Lo scudo]: essa assumeva globalmente ed esclusivamente la difesa degli ebrei, ma senza la partecipazione di questi ultimi in qualità di scrittori, questi erano russi o ucraini, e vi era riunito un bello spiedo di celebrità dell'epoca - quasi quaranta nomi. [1488]L'intera raccolta era basata su un unico tema: "Gli ebrei in Russia"; è univoca nelle sue conclusioni e le sue formulazioni denotano in alcuni punti un certo spirito di sacrificio.

Alcuni esempi: *L. Andreev*: "La prospettiva di un'imminente soluzione del problema ebraico provoca un sentimento di "gioia vicina al fervore", la sensazione di essere liberato da un dolore che mi ha accompagnato per tutta la vita", che era come "una gobba sulla schiena"; "ho respirato aria velenosa..."- *M. Gorky*: "I grandi pensatori europei ritengono che la struttura psichica dell'ebreo sia culturalmente più elevata, più bella di quella del russo". (Si rallegra poi dello sviluppo in Russia della setta dei Sabbatisti e di quella del "Nuovo Israele".)- *P. Maliantovitch*: "L'arbitrio cui sono sottoposti gli ebrei è un rimprovero che, come una macchia, copre

---

[1484] JE, t. 12, p. 621.
[1485] JE, t. 12, p. 621.
[1486] *Nikolai Berdyaev*, Filosofia neravenstva (Filosofia dell'ineguaglianza), 2nd ed., Parigi, YMCA Press, 1970, p. 72.
[1487] *Sliosberg*, t. 1, p. 260.
[1488] Shchit (lo scudo), 1916.

il nome del popolo russo... I migliori tra i russi lo sentono come una vergogna che ti perseguita per tutta la vita. Siamo barbari tra i popoli civilizzati dell'umanità... siamo privati del prezioso diritto di essere orgogliosi del nostro popolo... La lotta per l'uguaglianza dei diritti degli ebrei rappresenta per l'uomo russo... una causa nazionale di primaria importanza... L'arbitrio di cui sono oggetto gli ebrei condanna i russi al fallimento nei loro tentativi di raggiungere la propria felicità". Se non ci preoccupiamo della liberazione degli ebrei, "non saremo mai in grado di risolvere i nostri problemi". *Arseniev*: "Se eliminiamo tutto ciò che ostacola gli ebrei, assisteremo a "un aumento delle forze intellettuali della Russia"" - A. *Kalmykova*: "Da un lato, la nostra "stretta relazione spirituale con il mondo ebraico nel dominio dei più alti valori spirituali"; dall'altro, "gli ebrei possono essere oggetto di disprezzo, di odio"" - L. *Andreev*: "Siamo noi, i russi, ad essere gli *ebrei d'Europa*; il nostro *confine è* proprio la *Pale of Settlement*" - D. *Merezhkovsky*:

"Cosa si aspettano gli ebrei da noi? La nostra indignazione morale? Ma questa indignazione è così forte e così semplice... che dobbiamo solo urlare con gli ebrei. Per effetto di non so quale malinteso, Berdyaev non è uno degli autori dello *Scudo*. Ma lui stesso disse di aver rotto con il suo ambiente fin dalla prima giovinezza e di aver preferito frequentare gli ebrei.

Tutti gli autori dello *Scudo* definiscono l'antisemitismo come un sentimento ignobile, come "una malattia della coscienza, ostinata e contagiosa" (D. Ovsianikov-Kulikovsky, accademico). Ma allo stesso tempo, diversi autori notano che "i metodi e i processi... degli antisemiti [russi] sono di origine straniera" (P. Milyukov). L'ultimo grido dell'ideologia antisemita è un prodotto dell'industria tedesca dello spirito... La teoria "ariana"... è stata ripresa dalla nostra stampa nazionalista... Menshikov [1489][copia] le idee di Gobineau" (F. Kokochkin). La dottrina della superiorità degli ariani rispetto ai semiti è "di fabbricazione tedesca" (cfr. Ivanov).

Ma per noi, con la nostra gobba sulla schiena, cosa cambia? Invitato dal "Circolo Progressista" alla fine del 1916, Gorky "dedicò le due ore della sua conferenza a far rotolare il popolo russo nel fango e a innalzare gli ebrei al cielo", come annotò il deputato progressista Mansyrev, uno dei fondatori del "Circolo".[1490]

[1489] Menshikov Michel (1859-1918), inizia la carriera di marinaio (fino al 1892), poi diventa giornalista presso il *New Times*, sostenendo Stolypin. Dopo l'Ottobre si rifugia a Valdai. Arrestato nell'agosto 1918 dai bolscevichi, viene giustiziato senza processo.
[1490] *Kn. S. P. Mansyrev*, Moi vospominania (I miei ricordi)//[Sb.] Fevralskaïa revolioutsia / sost. S. A. Alexeyev. M. L., 1926, p. 259.

Uno scrittore ebreo contemporaneo analizza questo fenomeno con obiettività e lucidità: Abbiamo assistito a una profonda trasformazione delle menti dei russi colti che, purtroppo, presero a cuore il problema ebraico molto più di quanto ci si potesse aspettare... La compassione per gli ebrei si trasformò in un imperativo quasi altrettanto categorico della formula "Dio, lo zar, la patria""; quanto agli ebrei, "approfittarono di questa professione di fede secondo il loro grado di cinismo".[1491] Allo stesso tempo, Rozanov ha parlato del "desiderio avido degli ebrei di impadronirsi di tutto".[1492]

Negli anni '20, V. Choulguine riassumeva la situazione come segue: "A quel tempo [un quarto di secolo prima della rivoluzione], gli ebrei avevano preso il controllo della vita politica del Paese... Il cervello della nazione (se si esclude il governo e gli ambienti ad esso vicini) si trovava nelle mani degli ebrei ed era abituato a pensare secondo le loro direttive". "Nonostante tutte le 'restrizioni' ai loro diritti, gli ebrei si erano impossessati dell'anima del popolo russo".[1493]

Ma sono stati gli ebrei a impadronirsi dell'anima russa o semplicemente i russi non sapevano che farsene?

Sempre sullo *Scudo*, Merezhkovsky cercò di spiegare che il filosemitismo era sorto come reazione all'antisemitismo, che si affermava la cieca valorizzazione di una nazionalità straniera, che l'assolutizzazione del "no" portava a quella del "sì".[1494] E il professor Baudouin de Courtenay ha riconosciuto che "molti, anche tra gli 'amici politici' degli ebrei, provano repulsione e lo riconoscono in privato". Qui, ovviamente, non c'è nulla da fare. Simpatia e antipatia... non sono comandate". Dobbiamo comunque affidarci "non agli affetti, ma alla ragione".[1495]

La confusione che regnava nelle menti di quei giorni è stata portata alla luce con maggiore significato e portata da P. B. Struve, che ha dedicato tutta la sua vita ad abbattere gli ostacoli eretti sul percorso che lo avrebbe portato dal marxismo allo stato di diritto e, lungo il cammino, anche ostacoli di altro tipo.

[1491] A. Voronel, in "22": Obchtchestvenno-polititcheski i literatourny newspaper Ivreiskoi intelligentsii iz SSSR v Izrailie, Tel Aviv, 1986, no. 50, pp. 156-157.
[1492] Perepiska V. V. Rozanova e M. O. Gerchenzona (Corrispondenza di V. Rozanov e M. Gerchenzon), Novy Mir, 1991, no. 3, p. 239.
[1493] V. V. Choulguine, "Chto nam v nikh ne nravitsa...": Ob antisemitzme v Rossii ("Ciò che non ci piace di loro..." Sull'antisemitismo in Russia), Parigi, 1929, pp. 58, 75.
[1494] Shchit (lo scudo), p. 164.
[1495] *Ibidem*, p. 145.

L'occasione fu una polemica - caduta in un profondo oblio, ma di grande importanza storica - che scoppiò sul giornale liberale *Slovo* nel marzo 1909 e che conquistò immediatamente la totalità della stampa russa.

Tutto era iniziato con l'"affare Chirikov", un episodio la cui importanza fu gonfiata all'estremo: un'esplosione di rabbia in un piccolo circolo letterario che accusava Chirikov - autore di un'opera teatrale intitolata *Gli ebrei* e ben disposto nei loro confronti - di essere antisemita (e questo perché a una cena di scrittori si era lasciato andare ad affermazioni che la maggior parte dei critici letterari di San Pietroburgo erano ebrei, ma erano in grado di capire la realtà della vita russa? (E questo perché a una cena di scrittori si era lasciato andare a dire che la maggior parte dei critici letterari di San Pietroburgo erano ebrei, ma erano in grado di capire la realtà della vita russa?) Questa vicenda scosse molte cose nella società russa. (Il giornalista Lioubosh scrisse in proposito: "È la candela da due copechi che ha incendiato Mosca"). Ritenendo di non essersi sufficientemente espresso sull'affare Chrikov in un primo articolo, Jabotinsky pubblicò un testo intitolato "Asemitismo" sul giornale *Slovo* il 9 marzo 1909. In esso esponeva i suoi timori e la sua indignazione per il fatto che la maggioranza della stampa progressista volesse mettere a tacere la questione. Che persino un grande giornale liberale (si riferiva al *Russian News*) non aveva pubblicato una parola per venticinque anni sulle "atroci persecuzioni subite dal popolo ebraico... Da allora la legge del silenzio è stata considerata come l'ultima tendenza dei filosemiti progressisti". È proprio qui che risiede il male: nel passare sopra la questione ebraica. (Quando Chirikov e Arabajine "ci assicurano che non c'è nulla di antisemita nelle loro osservazioni, hanno entrambi perfettamente ragione". A causa di questa tradizione di silenzio, "si può essere accusati di antisemitismo anche solo per aver pronunciato la parola "ebreo" o per aver fatto la più innocente delle osservazioni su qualche particolarità di gli ebrei... Il problema è che gli ebrei sono diventati un vero e proprio tabù che proibisce la critica più banale, e che sono loro i grandi perdenti della vicenda". (Anche in questo caso, non possiamo che essere d'accordo!) "C'è la sensazione che la stessa parola 'ebreo' sia diventata un termine indecente". "C'è qui un'eco di uno stato d'animo generale che si fa strada tra gli strati medi dell'intellighenzia russa progressista... Non possiamo ancora fornire prove tangibili, possiamo solo avere un presentimento su questo stato d'animo", ma è proprio questo che lo tormenta: nessuna prova, solo un'intuizione - e gli ebrei non vedranno arrivare la tempesta, saranno colti impreparati. Per il momento, "vediamo solo una piccola nuvola che si forma nel cielo e sentiamo un rullo lontano, ma già minaccioso". Non è antisemitismo, è solo "asemitismo", ma anche questo non è ammissibile, la neutralità non può essere giustificata: dopo il pogrom di Kishinev e mentre la stampa reazionaria spaccia "la stoppa infiammata dell'odio", il silenzio dei giornali progressisti su "una delle questioni più tragiche della vita russa" è inaccettabile.[1496]

Nell'editoriale dello stesso numero dello *Slovo*, venivano formulate le seguenti riserve sull'articolo di Jabotinsky: "Le accuse mosse dall'autore alla stampa progressista corrispondono, a nostro avviso, alla realtà delle cose.

Comprendiamo i sentimenti che hanno ispirato all'autore le sue amare osservazioni, ma imputare all'intellighenzia russa l'intenzione, per così dire deliberata, di nascondere la questione ebraica sotto il tappeto, è ingiusto. La realtà russa ha così tanti problemi irrisolti che non possiamo dedicare molto spazio a ciascuno di essi... Eppure, se molti di questi problemi saranno risolti, ciò avrà effetti molto importanti, anche per gli ebrei che sono cittadini della nostra patria comune".[1497]

E se l'editorialista dello *Slovo* avesse poi chiesto a Jabotinsky perché non difendeva l'uno o l'altro di quegli sciocchi che avevano pronunciato "l'osservazione più innocente su qualche particolarità degli ebrei"? L'opinione pubblica ebraica era interessata solo a loro, prendeva la loro parte? O era sufficiente osservare come l'intellighenzia russa si fosse liberata di questi "antisemiti"? No, gli ebrei non erano meno responsabili degli altri per questo "tabù".

Un altro articolo dello stesso giornale ha contribuito a lanciare la discussione: "L'accordo, non la fusione", di V. Golubev. In effetti, l'affare Chirikov "è tutt'altro che un caso isolato", "attualmente... la questione nazionale... preoccupa anche la nostra intellighenzia". Nel recente passato, soprattutto nell'anno della rivoluzione [1498], la nostra intellighenzia ha "peccato molto" di cosmopolitismo. Ma "le lotte che sono state combattute all'interno della nostra comunità e tra le nazionalità che popolano lo Stato russo non sono scomparse senza lasciare tracce". Come le altre nazionalità, in quegli anni "i russi hanno dovuto guardare alla propria questione nazionale...; quando nazionalità private della sovranità hanno cominciato ad autodeterminarsi, anche i russi hanno sentito il bisogno di farlo". Anche la storia della Russia, "noi intellettuali russi, la conosciamo forse meno bene della storia europea". "Gli ideali universali... sono sempre stati più importanti per noi dell'edificazione del nostro Paese". Ma, anche secondo Vladimir Solovyov, che tuttavia è molto lontano dal nazionalismo, "prima di essere portatori di ideali universali, è essenziale elevarsi a un certo livello nazionale. E il sentimento di elevarsi sembra aver cominciato a farsi

---

[1496] Vl. *Jabotinsky*, Asemitizm (Asemitismo), in Slovo, SPb., 1909, 9 (22) marzo, p. 2; si veda anche: [Sb.] Felietony, pp. 77 83.
[1497] Slovo, 1909, 9 (22) marzo, p. 1.
[1498] del 1905.

strada nella nostra intellighenzia". Finora "abbiamo taciuto sulle nostre peculiarità". Ricordarle nella nostra memoria non costituisce una manifestazione di antisemitismo e di oppressione delle altre nazionalità: tra le nazionalità ci deve essere "armonia e non fusione".[1499]

La redazione del giornale potrebbe aver preso tutte queste precauzioni perché si stava preparando a pubblicare il giorno successivo, il 10 marzo, un articolo di P. B. Struve, "L'intellighenzia e il volto nazionale", che casualmente era arrivato nello stesso periodo di quello di Jabotinsky e che trattava anche del caso Chirikov.

Struve ha scritto: "Questo incidente", che "sarà presto dimenticato", "ha dimostrato che qualcosa si è mosso nelle menti, si è risvegliato e non si placa più. E noi dovremo fare affidamento su questo". "L'intellighenzia russa nasconde il suo volto nazionale, è un atteggiamento che non impone nulla, che è sterile" - "La nazionalità è qualcosa di molto più evidente [della razza, del colore della pelle] e, allo stesso tempo, qualcosa di sottile. È l'attrazione e la repulsione della mente e, per prenderne coscienza, non è necessario ricorrere all'antropometria o alla genealogia. Vivono e palpitano nel profondo dell'anima". Si può e si deve lottare perché queste attrazioni/repulsioni non siano portate nella legge, "ma l'equità 'politica' non richiede da noi l'indifferenza 'nazionale'". Queste attrazioni e repulsioni ci appartengono, sono i nostri beni", "il sentimento organico della nostra appartenenza nazionale... E non vedo la minima ragione... per rinunciare a questa proprietà in nome di qualcuno o di qualcosa".

Sì, insiste Struve, è essenziale tracciare un confine tra il dominio giuridico, quello politico e il regno in cui vivono questi sentimenti. "Soprattutto per quanto riguarda la questione ebraica, è allo stesso tempo molto facile e molto difficile" - "La questione ebraica è formalmente una questione di diritto" e, per questo motivo, è facile e naturale contribuire a risolverla: concedere agli ebrei pari diritti - sì, certo! Ma allo stesso tempo è "molto difficile perché la forza del rifiuto verso gli ebrei in diversi strati della società russa è notevole, e richiede una grande forza morale e una mente molto razionale per, nonostante questa repulsione, risolvere definitivamente questa questione di diritto". Tuttavia, "anche se c'è una grande forza di rifiuto verso gli ebrei in ampi segmenti della popolazione russa, tra tutti gli 'stranieri' gli ebrei sono quelli più vicini a noi, quelli che sono più strettamente legati a noi. È un paradosso storico-culturale, ma è così. L'intellighenzia russa ha sempre considerato gli ebrei come russi, e non è né un caso né l'effetto di un "malinteso". L'iniziativa deliberata di rifiutare la cultura russa e di affermare la singolarità "nazionale" ebraica

---

[1499] V. *Golubev*, Soglachenie, a ne stianie, Slovo, 1909, 9 (22) marzo, pag. 1.

non appartiene all'intellighenzia russa, ma a questo movimento noto come sionismo...

Non provo alcuna simpatia per il sionismo, ma capisco che il problema della nazionalità 'ebraica' esiste davvero", e anzi si pone sempre di più. (È significativo che metta "nazionale" ed "ebraico" tra virgolette: non riesce ancora a credere che gli ebrei si considerino altri). "Non esistono in Russia altri 'stranieri' che svolgano un ruolo altrettanto importante nella cultura russa... Ed ecco un'altra difficoltà: svolgono questo ruolo pur rimanendo ebrei". Non si può, ad esempio, negare il ruolo dei tedeschi nella cultura e nella scienza russa; ma immergendosi nella cultura russa, i tedeschi si fondono completamente in essa. "Con gli ebrei è un altro discorso!".

E conclude: "Non dobbiamo ingannare [il nostro sentimento nazionale] o nascondere i nostri volti... Ho diritto, come ogni russo, a questi sentimenti... Quanto meglio sarà compreso... tanto meno ci saranno malintesi in futuro".[1500]

Sì... Oh, se ci fossimo svegliati, come stiamo facendo, qualche decennio prima! (Gli ebrei, loro, si erano svegliati molto prima dei russi).

Ma il giorno dopo è stata una tromba d'aria: come se tutti i giornali avessero aspettato questo momento! Dal liberale *Hacha Gazeta* ("È questo il *momento* giusto per parlarne?") e dal giornale di destra *Novoie Vremia* all'organo del partito costituzionale democratico *Retch* dove Milyukov non ha potuto fare a meno di esclamare: Jabotinsky "è riuscito a rompere il muro del silenzio, e tutte le cose spaventose e minacciose che la stampa progressista e l'intellighenzia avevano cercato di nascondere agli ebrei appaiono ora nella loro vera dimensione". Ma, più tardi, polemico e freddo come al solito, Milyukov passa al verdetto. Inizia con un importante avvertimento: *Dove porta? Chi ne beneficia?* Il "volto nazionale", che peraltro "non dobbiamo nascondere", è un passo verso il peggiore dei fanatismi! (Così "il pendio scivoloso del nazionalismo estetico precipiterà l'intellighenzia verso la sua degenerazione, verso un vero e proprio sciovinismo tribale", generato "nell'atmosfera putrida della reazione che regna sulla società di oggi".[1501]

Ma P. B. Struve, con un'agilità quasi giovanile nonostante i suoi quarant'anni, replica già il 12 marzo sulle colonne dello *Slovo* al "discorso professorale" di Milyukov. E, soprattutto, a questo gioco di prestigio: "Dove porta?" ("Chi ne beneficia?" "Chi toglierà le castagne dal fuoco?"): è così che le persone saranno messe a tacere - qualunque cosa dicano - per

---

[1500] P. *Struve*, Intelligentsia i natsionalnoïe litso, Slovo, 1909, 10 (23) marzo, p. 2.
[1501] P. *Milyukov*, Natsionalizm protiv natsionalizma (Nazionalismo contro nazionalismo), Retch, 1909, 11 (24) marzo, p. 2.

cento anni o più. C'è un processo di falsificazione che denota una totale incapacità di capire che un discorso può essere onesto e avere un peso in sé.)-"Il nostro punto di vista non viene confutato nel merito", ma affrontato in modo polemico per "una proiezione": "Dove porta?".[1502] (Pochi giorni dopo, scriveva ancora sullo *Slovo*: "È un vecchio procedimento quello di screditare sia un'idea che non si condivide sia chi la formula, insinuando perfidamente che gli abitanti di *Novoie Vremia* o di *Russkoye Znamya* la troveranno di loro gradimento. Questa procedura è, a nostro avviso, assolutamente indegna di una stampa progressista". [1503]) Poi, per quanto riguarda la sostanza: "Le questioni nazionali sono oggi associate a sentimenti forti, talvolta violenti. Nella misura in cui esprimono in ognuno la coscienza della propria identità nazionale, questi sentimenti sono pienamente legittimi e... soffocarli è... una grande scelleratezza". Ecco: se vengono repressi, riappariranno in forma denaturata. Quanto a questo "asemitismo", che sarebbe la cosa peggiore, è in realtà un terreno molto più favorevole per una soluzione giuridica della questione ebraica rispetto alla lotta infinita tra "antisemitismo" e "filosemitismo". Non c'è nessuna nazionalità non russa che abbia bisogno... che tutti i russi la amino senza riserve. Ancor meno che essi fingano di amarla. In verità, l'"asemitismo", unito a una concezione chiara e lucida di certi principi morali e politici e di certi vincoli politici, è molto più necessario e utile per i nostri compatrioti ebrei di un "filosemitismo" sentimentale e morbido", soprattutto se simulato.-E "è bene che gli ebrei vedano il "volto nazionale"" del costituzionalismo russo e della società democratica. E "non è di alcuna utilità per loro parlare nell'illusione che questo volto appartenga solo al fanatismo antisemita". Questa non è "la testa della Medusa, ma il volto onesto e umano della *nazione russa*, senza il quale lo *Stato russo* non si reggerebbe in piedi".[1504] - E ancora queste righe della redazione dello *Slovo*: "L'armonia... implica il riconoscimento e il rispetto di tutte le specificità di ogni [nazionalità]".[1505]

Sui giornali continuarono gli accesi dibattiti. "In pochi giorni si è formata un'intera letteratura sull'argomento". Abbiamo assistito "Nella stampa progressista... a qualcosa di impensabile fino a poco tempo fa: c'è un dibattito sulla questione del nazionalismo grande-russo!".[1506] Ma la discussione raggiunse questo livello solo nello *Slovo*; gli altri giornali si

---

[1502] P. *Struve*, Polemitcheskie zigzagui i nesvoïevremennaya pravda (zigzag polemici e verità indesiderate), Slovo, 1909, 12 (25) marzo, p. 1.
[1503] Slovo, 1909, 17 (30) marzo, p. 1.
[1504] P. *Struve*, Slovo, 1909, 12 (25) marzo, p. 1.
[1505] V. *Golubev*, K polemike o natsionalizme (Sulla controversia relativa al nazionalismo), *ibidem*, p. 2.
[1506] M. *Slavinski*, Ruskie, velikorossy i rossiane (*I russi, i grandi russi, e i cittadini della Russia*), *ibidem*, 14 (27) marzo, p. 2.

concentrarono sulla questione delle "attrazioni e repulsioni". [1507]L'intellighenzia si rivolse con rabbia al suo eroe del giorno prima.

Anche Jabotinsky ha dato voce, e anche due volte... "L'orso è uscito dalla sua tana", ha sbottato, rivolto a P. Struve, un uomo comunque così calmo ed equilibrato. Jabotinsky, invece, si sentì offeso; descrisse il suo articolo, così come quello di Milyukov, come "una famosa partita": "la loro languida declamazione è impregnata di ipocrisia, insincerità, vigliaccheria e opportunismo, ed è per questo che è così incorreggibilmente inutile"; e per ironizzare citando Milyukov: così "la santa e pura intellighenzia russa di un tempo" "provava sentimenti di 'repulsione' all'incontro con gli ebrei?... Bizzarro, no?". Criticava "il clima 'santo e puro' di questo meraviglioso Paese" e la specie zoologica dello *Yursus judaeophagus intellectualis*". (Il conciliante Winaver prese anche per il suo rango: "il cameriere ebreo del palazzo russo").

Jabotinskij si scagliò contro l'idea che gli ebrei dovessero aspettare "finché non fosse stato risolto il problema politico centrale" (cioè la deposizione dello zar): "Vi ringraziamo per avere un'opinione così lusinghiera sulla nostra disposizione a comportarci come un cane con il suo padrone", "sulla celerità del fedele Israele". Concludeva addirittura affermando che "mai prima d'ora lo sfruttamento di un popolo da parte di un altro era stato rivelato con così ingenuo cinismo".[1508]

Bisogna ammettere che questa eccessiva virulenza non contribuì certo alla vittoria della sua causa. Inoltre, il futuro prossimo avrebbe mostrato che proprio la deposizione dello zar avrebbe aperto agli ebrei ancora più possibilità di quelle che cercavano di ottenere e avrebbe tagliato l'erba sotto i piedi al sionismo in Russia; tanto e così bene che Jabotinsky fu ingannato anche nel merito.

Molto più tardi e con il passare del tempo, un altro testimone di quell'epoca, allora membro del Bund, ha ricordato che "negli anni 1907-1914, alcuni intellettuali liberali furono colpiti dall'epidemia, se non di antisemitismo aperto, almeno di 'asemitismo' che colpì la Russia di allora; d'altra parte, avendo superato le tendenze estremiste che erano sorte durante la prima rivoluzione russa, furono tentati di ritenere responsabili gli ebrei, la cui partecipazione alla rivoluzione era stata palese". Negli anni che precedettero la guerra, "l'ascesa del nazionalismo russo era presente...

[1507] Slovo*, 1909, 17 (30) marzo, p. 1.
[1508] Vl. *Jabotinsky*, Medved iz berlogui-Sb. Felietony, pp. 87-90.

in certi ambienti dove, a prima vista, il problema ebraico era stato percepito, solo poco tempo prima, come un problema russo".[1509]

Nel 1912, lo stesso Jabotinsky, questa volta con toni più equilibrati, riportò questa giudiziosa osservazione di un importante giornalista ebreo: non appena gli ebrei si interessano a qualche attività culturale, immediatamente questa diventa estranea al pubblico russo, che non ne è più attratto. Una sorta di *rifiuto* invisibile. È vero che non si può evitare una demarcazione nazionale; sarà necessario organizzare la vita in Russia "senza aggiunte esterne che, in così grande quantità, forse non possono essere tollerate [dai russi]".[1510]

Considerando tutto ciò che è stato presentato sopra, la conclusione più accurata è che all'interno dell'intellighenzia russa si stavano sviluppando contemporaneamente (come la storia offre molti esempi) due processi che, per quanto riguarda il problema ebraico, si distinguevano per una questione di temperamento, non per un grado di simpatia. Ma quello rappresentato da Struve era troppo debole, incerto, e fu soffocato. Mentre colui che aveva strombazzato il suo filosemitismo nella raccolta *Lo scudo* godeva di un'ampia pubblicità e prevaleva nell'opinione pubblica. C'è solo da rammaricarsi che Jabotinsky non abbia riconosciuto il punto di vista di Struve al suo giusto valore.

Per quanto riguarda il dibattito del 1909 sulle colonne dello *Slovo*, esso non si limitò alla questione ebraica, ma si trasformò in una discussione sulla coscienza nazionale russa che, dopo gli ottant'anni di silenzio che seguirono, rimane ancora oggi vivace e istruttiva,-P. Struve scrisse: "Come non dobbiamo russificare chi non lo vuole, così non dobbiamo dissolverci nel multinazionalismo russo".[1511] -V. Golubev ha protestato contro la "monopolizzazione del patriottismo e del nazionalismo da parte di gruppi reazionari": "Abbiamo perso di vista il fatto che le vittorie ottenute dai giapponesi hanno avuto un effetto disastroso sulla coscienza popolare e sul sentimento nazionale. La nostra sconfitta non solo ha umiliato i nostri burocrati", come auspicato dall'opinione pubblica, "ma, indirettamente, anche la nazione". (Oh no, non "indirettamente": direttamente!) "La nazionalità russa... è scomparsa".[1512]

Non è uno scherzo nemmeno il fiorire della stessa parola "russo", che è stata trasformata in "autenticamente russo". L'intellighenzia progressista

---

[1509] G. I. Aronson, V borbe za grajdanskie i natsionalnye prava Obchtchestvennye tetchenia v rousskom ievreïstve (La lotta per i diritti civili e nazionali correnti di opinione nella comunità ebraica della Russia), BJWR-1, pp. 229, 572.
[1510] Vl. Jabotinsky-[Sb.] Felietony, pp. 245-247.
[1511] P. Struve, Slovo, 1909, 10 (23) marzo, p. 2.
[1512] V. Golubev, ibidem, 12 (25) marzo, p. 2.

ha lasciato perdere queste due nozioni, abbandonandole al popolo della destra. "Il patriottismo, lo abbiamo potuto concepire solo tra virgolette". Ma "dobbiamo competere con il patriottismo reazionario con un patriottismo popolare... Ci siamo congelati nel rifiuto del patriottismo dei Cento Neri, e se ci siamo opposti a qualcosa di esso, non è un'altra concezione del patriottismo, ma degli ideali universali". [1513]Eppure, tutto il nostro cosmopolitismo non ci ha permesso, fino ad oggi, di fraternizzare con la società polacca...[1514]

A. Pogodin ha potuto affermare che dopo la violenta accusa di V. Solovyov al libro di Danilevskij, la *Russia e l'Europa*, dopo gli articoli di Gradovskij, sono state "le prime manifestazioni di questa coscienza che, come l'istinto di autoconservazione, si risveglia tra i popoli quando il pericolo li minaccia".

(Per coincidenza, proprio nel momento in cui si svolgeva questa polemica, la Russia doveva subire la sua umiliazione nazionale: era costretta a riconoscere con pietosa rassegnazione l'annessione della Bosnia-Erzegovina da parte dell'Austria, che equivaleva a una "Tsou-Shina diplomatica"). "La fatalità ci porta a sollevare questa questione, che prima era del tutto estranea all'intellighenzia russa, ma che la vita stessa ci impone con una brutalità che vieta ogni elusione".[1515]

In conclusione, lo *Slovo* scrive: "Un incidente fortuito ha scatenato una tempesta giornalistica". Ciò significa che "la società russa ha bisogno di una consapevolezza nazionale". In passato, "si era allontanata non solo da una falsa politica antinazionale ... ma anche da un autentico nazionalismo senza il quale non si può davvero costruire una politica". Un popolo capace di creare "non può che avere il proprio volto".[1516]

"Minine [1517]era certamente una nazionalista". Un nazionalista costruttivo, che possiede il senso dello Stato, è peculiare delle nazioni *viventi*, ed è ciò di cui abbiamo bisogno ora.[1518] "Proprio come trecento anni fa, la storia ci dice di rispondere", di dire "nelle ore buie della prova... se abbiamo il diritto, come ogni popolo degno di questo nome, di esistere da soli".[1519]

[1513] V. *Golubev*, O monopolii na patriotizm (Sul monopolio del patriottismo), *ibidem*, 14 (27) marzo, pag. 2.
[1514] V. *Golubev*, Ot samuvajenia k ouvajeniou (Dal rispetto di sé al rispetto), *ibidem*, 25 marzo (7 aprile), pag. 1.
[1515] A. *Pogodin*, K voprosou o natsionalizme (Sulla questione nazionale), *ibidem*, 15 (28) marzo, pag. 1.
[1516] Slovo, 1909, 17 (30) marzo, p. 1.
[1517] Eroe della resistenza russa all'invasione polacca all'inizio del XVII secolo.
[1518] A. *Pogodin*, *ibidem*, 15 (28) marzo, p. 1.
[1519] Slovo, 1909, 17 (30) marzo, p. 1.

Eppure, anche se apparentemente l'anno 1909 fu piuttosto tranquillo, si sentiva che la tempesta era nell'aria! Tuttavia, alcune cose non furono perse di vista (M. Slavinski): "I tentativi di russificare o, più esattamente, di imporre il modello russo-russo alla Russia... hanno avuto un effetto disastroso sulle peculiarità nazionali vive, non solo di tutti i popoli non sovrani dell'Impero, ma anche e soprattutto del popolo della Grande Russia... Le forze culturali del popolo della Grande Russia si sono rivelate insufficienti per questo". "Per la nazionalità della Grande Russia è buono solo lo sviluppo dell'interno, una normale circolazione del sangue".[1520] (Ahimè, ancora oggi la lezione non è stata assimilata). "Necessaria è la lotta contro il nazionalismo fisiologico, [quando] un popolo più forte cerca di imporre ad altri che lo sono meno un modo di vivere che gli è estraneo". [1521] Ma un impero come questo non poteva essere costituito solo dalla forza fisica, c'era anche una "forza morale". E se possediamo questa forza, allora l'uguaglianza dei diritti degli altri popoli (ebrei e polacchi) non ci minaccia in alcun modo.[1522]

Già nel XIX secolo, e *a maggior ragione* all'inizio del XX, l'intellighenzia russa si sentiva ad un alto livello di coscienza globale, universalità, cosmopolitismo o internazionalità (all'epoca non si faceva molta differenza tra tutte queste nozioni). In molti campi, aveva quasi del tutto negato ciò che era russo, nazionale. (Dall'alto della tribuna della Duma, ci si esercitava nel gioco di parole: "patriota-Iscariota"). Quanto all'intellighenzia ebraica, essa non negava la propria identità nazionale. Anche i socialisti ebrei più estremisti faticavano a conciliare la loro ideologia con il sentimento nazionale. Allo stesso tempo, non c'era voce tra gli ebrei - da Dubnov a Jabotinsky, passando per Winaver - che dicesse che l'intellighenzia russa, che sosteneva con tutta l'anima i propri fratelli perseguitati, non avrebbe potuto rinunciare al *proprio* sentimento nazionale. L'equità lo avrebbe richiesto. Ma nessuno percepì questa disparità: sotto la nozione di *uguaglianza dei diritti*, gli ebrei capirono *qualcosa di più*.

Così l'intellighenzia russa, solitaria, prese la strada del futuro. Gli ebrei non ottennero pari diritti sotto gli zar, ma - e probabilmente in parte proprio per questo - ottennero la mano e la fedeltà dell'intellighenzia russa. La potenza del loro sviluppo, la loro energia, il loro talento *penetrarono nella coscienza della società russa*. L'idea che avevamo delle nostre prospettive, dei nostri interessi, l'impulso che abbiamo dato alla ricerca di soluzioni ai nostri problemi, tutto questo, lo abbiamo incorporato all'idea che loro

---

[1520] *M. Slavinski*, Slovo, 1909, 14 (27) marzo, pag. 2.
[1521] A. Pogodin, *ibidem*, 15 (28) marzo, p. 1.
[1522] Slovo, 1909, 17 (30) marzo, p. 1.

stessi si stavano facendo. Abbiamo adottato la loro visione della nostra storia e di come uscirne.

Capire questo è molto più importante che calcolare la percentuale di ebrei che hanno tentato di destabilizzare la Russia (tutti quanti), che hanno fatto la rivoluzione o che hanno partecipato al potere bolscevico.

Capitolo 12

Durante la guerra (1914-1916)

La Prima guerra mondiale è stata senza dubbio la più grande delle follie del XX secolo. Senza motivi o scopi reali, tre grandi potenze europee - Germania, Russia e Austria-Ungheria - si scontrarono in una battaglia mortale che portò le prime due a non riprendersi per tutta la durata del secolo e la terza a disintegrarsi. I due alleati della Russia, apparentemente vincitori, resistettero per un altro quarto di secolo, per poi perdere per sempre il loro potere di dominio.

D'ora in poi, l'Europa intera cessò di adempiere alla sua orgogliosa missione di guida dell'umanità, diventando oggetto di gelosia e incapace di mantenere nelle sue mani indebolite i suoi possedimenti coloniali.

Nessuno dei tre imperatori, e ancor meno Nicola II e il suo entourage, si era reso conto *della* guerra in cui stavano precipitando, non ne immaginavano né la portata né la violenza. A parte Stolypin e, dopo di lui, Durnovo, le autorità non avevano compreso l'avvertimento rivolto alla Russia tra il 1904 e il 1906.

Consideriamo questa stessa guerra con gli occhi degli ebrei. In questi tre imperi confinanti vivevano tre quarti degli ebrei del pianeta (e il 90% degli ebrei d'Europa [1523]), che per di più vivevano nell'area delle future operazioni militari, dalla provincia di Kovno (allora Livonia) fino alla Galizia austriaca (allora Romania). E la guerra li pose di fronte a un interrogativo tanto pressante quanto doloroso: potevano tutti, vivendo sui fronti di questi tre imperi, conservare il loro patriottismo imperiale in queste condizioni? Infatti, se per gli eserciti che avanzavano, dietro il fronte c'era il nemico, per gli ebrei stabiliti in queste regioni, dietro il fronte vivevano vicini e correligionari. Non potevano volere questa guerra: la loro mentalità poteva passare brutalmente al patriottismo? Quanto agli ebrei comuni, quelli della Pale of Settlement, avevano ancora meno motivi per sostenere l'esercito russo. Abbiamo visto che un secolo prima gli ebrei della Russia occidentale avevano aiutato i russi contro Napoleone. Ma nel 1914 la situazione era ben diversa: *in nome di cosa* avrebbero aiutato

---

[1523] SJE, t. 2, 1982, pp. 313-314.

l'esercito russo? In nome del Pale of Settlement? Al contrario, la guerra non aveva forse fatto nascere la speranza di una liberazione? Con l'arrivo degli Austriaci e dei Tedeschi, non si sarebbe creata una nuova Pale of Settlement, non si sarebbe mantenuto il *numerus clausus* negli istituti scolastici!

È proprio nella parte occidentale della Pale of Settlement che il Bund mantenne la sua influenza e Lenin ci dice che i suoi membri "sono in maggioranza germanofili e gioiscono per la sconfitta della Russia".[1524] Apprendiamo anche che durante la guerra il movimento autonomista ebraico *Vorwarts* adottò una posizione apertamente filotedesca. Oggi, uno scrittore ebreo osserva con finezza che, "se si riflette sul significato della formula "Dio, lo Zar, la Patria...", è impossibile immaginare un ebreo, un suddito fedele dell'Impero, che possa aver preso sul serio questa formula", in altre parole, in primo grado.[1525]

Ma nelle capitali le cose andavano diversamente. Nonostante le loro posizioni del 1904-1905, gli influenti circoli ebraici, come i liberali russi, offrirono il loro sostegno al regime autocratico allo scoppio del conflitto; proposero un patto. "Il fervore patriottico che travolse la Russia non lasciò da parte gli ebrei". [1526] "Fu il momento in cui, vedendo il patriottismo russo degli ebrei, Purishkevich [1527] abbracciò i rabbini". [1528] Quanto alla stampa (non *Novoie Vremia*, ma la stampa liberale, "mezza ebrea" secondo Witte, la stessa che esprimeva e orientava i sussulti dell'opinione pubblica e che, nel 1905, *chiedeva* letteralmente la capitolazione del potere), essa fu, fin dai primi giorni di guerra, mossa dall'entusiasmo patriottico. "Sulla testa della piccola Serbia si alza la spada contro la Grande Russia, garante del diritto inalienabile di milioni di persone al lavoro e alla vita!". In una riunione straordinaria della Duma, "i rappresentanti delle diverse nazionalità e dei diversi partiti erano tutti, in questo giorno storico, abitati dallo stesso pensiero, una sola emozione faceva tremare tutte le voci... Che nessuno metta una mano sulla Santa Russia!... Siamo pronti a tutti i sacrifici per difendere l'onore e la dignità della Russia, una e indivisibile...".

'Dio, lo zar, il popolo' - e la vittoria è assicurata... Noi, ebrei, difendiamo il nostro Paese perché siamo profondamente legati ad esso".

[1524] V. I. *Lenin*, Opere complete in 55 volumi [in russo], 1958-1965, t. 49, p. 64.
[1525] A. *Voronel*, "22", Tel Aviv, 1986, no. 50, p. 155.
[1526] SJE, t. 7, p. 356.
[1527] Vladimir Purishkevich (1870-1920), monarchico, oppositore di Rasputin, al cui assassinio partecipò. Arrestato nel 1917, poi amnistiato, partecipò al movimento bianco e morì di tifo a Novorossij.
[1528] D. S. *Pasmanik*, Rousskaya revoliutsia i ievreisstvo (Bolchevizm i Ioudaizm) (La rivoluzione russa e gli ebrei [bolscevismo e giudaismo]), Parigi, 1923, pag. 143.

Anche se dietro c'era un calcolo fondato, l'aspettativa di un gesto di riconoscimento in cambio - il raggiungimento della parità di diritti, anche se solo a guerra finita -, il governo doveva, accettando questo alleato inaspettato, decidere di assumere - o promettere di assumere - la sua parte di obblighi.

E, in effetti, il raggiungimento della parità di diritti doveva necessariamente passare attraverso la rivoluzione? Inoltre, la repressione dell'insurrezione da parte di Stolypin "aveva portato a un declino dell'interesse per la politica sia nei circoli russi che in quelli ebraici",[1529] - il che, come minimo, significava che si stava allontanando da la rivoluzione. Come dichiarò Chulguine[1530] : "Combattere contemporaneamente gli ebrei e i tedeschi era al di sopra delle forze di potere in Russia, era necessario concludere un patto con qualcuno". [1531]Questa nuova alleanza con gli ebrei doveva essere formalizzata: era necessario produrre almeno un documento contenente delle promesse, come era stato fatto per i polacchi. Ma solo Stolypin avrebbe avuto l'intelligenza e il coraggio di farlo. Senza di lui, non c'era nessuno in grado di capire la situazione e di prendere le decisioni appropriate. (E, a partire dalla primavera del 1915, furono commessi errori ancora più gravi).

I circoli liberali, compresa l'élite della comunità ebraica, avevano in mente anche un'altra considerazione che davano per certa. A partire dal 1907 (di nuovo, senza urgenti necessità), Nicola II si era lasciato trascinare in un'alleanza militare con l'Inghilterra (mettendosi così al collo la corda del successivo confronto con la Germania). E, ora, tutti i circoli progressisti in Russia stavano facendo la seguente analisi: l'alleanza con le potenze democratiche e la vittoria comune con esse avrebbe inevitabilmente portato a una democratizzazione globale della Russia alla fine della guerra e, di conseguenza, alla definitiva istituzione di pari diritti per gli ebrei. Per gli ebrei russi, e non solo per quelli che vivevano a Pietroburgo e a Mosca, c'era quindi il senso di aspirare alla vittoria della Russia in questa guerra.

Ma queste considerazioni furono controbilanciate dalla precipitosa e massiccia *espulsione* degli ebrei dalla zona del fronte, ordinata dallo Stato Maggiore al momento della grande ritirata del 1915. Il fatto che quest'ultimo avesse il potere di farlo era il risultato di decisioni sconsiderate prese all'inizio della guerra. Nel luglio 1914, nella foga

---

[1529] SJE, t. 7, p. 356.
[1530] Basile Choulguine (1878-1976), leader dell'ala destra della Duma con cui rompe all'epoca dell'affare Beilis. Partecipa al Blocco Progressista. Raccoglie con Guchkov l'abdicazione di Nicola II. Immigrato in Jugoslavia fino al 1944, vi viene catturato e trascorre dodici anni nei lager. Muore quasi centenario.
[1531] V. V. *Choulguine*, "Chto nam v nikh ne nravitsa..." Ob Antisemitism v rossii ("Ciò che non ci piace di loro..." Sull'antisemitismo in Russia), Parigi. 1929, p. 67.

dell'azione, nell'agitazione che regnava di fronte all'imminenza del conflitto, l'Imperatore aveva firmato senza riflettere, come documento di secondaria importanza, il Regolamento provvisorio del servizio esterno che conferiva allo Stato Maggiore un potere illimitato su tutte le regioni limitrofe del fronte, con un'estensione territoriale molto ampia, e questo, senza alcuna consultazione con il Consiglio dei Ministri. All'epoca nessuno aveva dato importanza a questo documento, perché tutti erano convinti che il comando supremo sarebbe stato sempre assicurato dall'Imperatore e che non ci sarebbe stato alcun conflitto con il Consiglio dei Ministri. Ma, già nel luglio 1914, l'Imperatore si convinse a non assumere il comando supremo delle armate. Da uomo saggio, quest'ultimo propose la carica al suo favorito, l'ottimo oratore Sukhomlinov, allora Ministro della Difesa, che naturalmente declinò l'onore. Fu nominato il grande principe Nicolaevich, che non ritenne possibile iniziare a sconvolgere la composizione dello Stato Maggiore, a capo del quale c'era il generale Yanushkevich. Ma, allo stesso tempo, i regolamenti provvisori non furono modificati, cosicché l'amministrazione di un terzo della Russia fu nelle mani di Yanushkevich, un uomo insignificante che non era nemmeno un ufficiale militare di professione.

Fin dall'inizio della guerra, furono dati ordini locali per l'espulsione degli ebrei dalle aree militari.[1532] Nell'agosto 1914, sui giornali si leggeva: "I diritti degli ebrei... Istruzione telegrafica a tutti i governatori di province e città di fermare gli atti di espulsione di massa o individuale degli ebrei".

Ma, dall'inizio del 1915, come ha testimoniato il medico D. Pasmanik, medico al fronte durante la guerra, "improvvisamente, in tutta la zona del fronte e in tutti gli ambienti vicini al potere, si diffuse la voce che gli ebrei facevano spionaggio".[1533]

Durante l'estate del 1915, Yanukhovich - proprio lui - cercò di mascherare la ritirata delle armate russe, che all'epoca sembrava spaventosa, ordinando la deportazione *di massa* degli ebrei dalla zona del fronte, deportazione arbitraria, senza alcun esame dei singoli casi. Era così facile: dare la colpa di tutte le sconfitte agli ebrei!

Queste accuse non sarebbero potute avvenire senza l'aiuto dello Stato Maggiore tedesco, che ha emesso un proclama in cui invitava gli ebrei di Russia a sollevarsi contro il loro governo. Ma prevale l'opinione, sostenuta da molte fonti, che in questo caso sia stata l'influenza polacca ad agire. Come scrive Sliosberg, poco prima della guerra c'era stata una brutale

---

[1532] SJE, t. 7, p. 356.
[1533] *Pasmanik, op. cit.*, p. 144.

esplosione di antisemitismo, "una campagna contro il dominio ebraico nell'industria e nel commercio...".

Quando la guerra scoppiò, era all'apice... e i polacchi cercarono con ogni mezzo di offuscare l'immagine delle popolazioni ebraiche agli occhi del Comando Supremo, diffondendo ogni sorta di sciocchezze e leggende sullo spionaggio ebraico." [1534] - Subito dopo le promesse fatte da Nikolai Nikolaevich nell'Appello ai Polacchi del 14 agosto, quest'ultimo fondò a Varsavia il "Comitato Centrale della Borghesia", che non comprendeva un solo ebreo, mentre in Polonia gli ebrei rappresentavano il 14% della popolazione. A settembre si verificò un pogrom contro gli ebrei a Souvalki.[1535].-TPoi, durante la ritirata del 1915, "l'agitazione che regnava in mezzo all'esercito facilitò la diffusione delle calunnie inventate dai polacchi".[1536] Pasmanik afferma di essere "in grado di dimostrare che le prime voci sul tradimento degli ebrei furono diffuse dai polacchi", una parte dei quali "assisteva attivamente i tedeschi".

Cercando di allontanare i sospetti, si affrettarono a diffondere la voce che gli ebrei erano impegnati nello spionaggio".[1537] In relazione a questa espulsione degli ebrei, diverse fonti hanno sottolineato il fatto che lo stesso Yanukhevich era un "polacco convertito all'ortodossia".[1538]

Può darsi che abbia subito questa influenza, ma riteniamo che queste spiegazioni siano insufficienti e non giustifichino in alcun modo l'atteggiamento dello Stato Maggiore russo.

Naturalmente, gli ebrei nella zona del fronte non potevano rompere i loro legami con i villaggi vicini, interrompere il "posto ebraico" e trasformarsi in nemici dei loro correligionari. Inoltre, agli occhi degli ebrei della Pale of Settlement, i tedeschi apparivano come una nazione europea di alta cultura, molto diversa dai russi e dai polacchi (l'ombra nera di Auschwitz non aveva ancora coperto la terra o attraversato la coscienza degli ebrei...). A quel tempo, il corrispondente *del Times*, Steven Graham, riferì che non appena il fumo di una nave tedesca apparve all'orizzonte, la popolazione ebraica di Libava "dimenticò la lingua russa" e iniziò a parlare tedesco. Se dovevano partire, gli ebrei preferivano andare dalla parte tedesca. L'ostilità mostrata dall'esercito russo, e poi la loro deportazione, non potevano che

---

[1534] *G. B. Sliosberg, op. cit.*, t. 3, pp. 316-317.
[1535] *I G. Froumkine*, Iz istorii ruskovo ievreistava, [Sb.] Kniga o ruskom evreïstve: Ot 1860 godov do Revolutsii 1917 g. (Aspetti della storia degli ebrei russi), in BJWR, pp. 85-86.
[1536] *Sliosberg, op. cit.*, t. 3, p. 324.
[1537] *Pasmanik, op. cit.*, p. 144.
[1538] Ad esempio: SJE, t. 7, p. 357.

provocare la loro amarezza e indurre alcuni di loro a collaborare apertamente con i tedeschi.

Oltre alle accuse contro gli ebrei che vivevano in queste zone, gli ebrei furono accusati di codardia e diserzione. Padre Georges Chavelsky, cappellano dell'esercito russo, era aggregato allo Stato Maggiore, ma si recava spesso al fronte ed era ben informato di tutto ciò che accadeva lì; nelle sue memorie ha scritto: "Fin dai primi giorni di guerra si ripeteva con insistenza che i soldati ebrei erano codardi e disertori, e gli ebrei locali spie e traditori. C'erano molti esempi di ebrei che erano andati dal nemico o erano fuggiti; o di civili ebrei che avevano dato informazioni al nemico, o che, nel corso delle offensive, gli avevano consegnato soldati e ufficiali russi che si erano attardati sul posto, ecc. Più passava il tempo, più la nostra situazione si deteriorava, più aumentavano l'odio e l'esasperazione contro gli ebrei. Le voci si diffondevano dal fronte alle retrovie... creavano un clima che stava diventando pericoloso per tutti gli ebrei in Russia".[1539] - Il sottotenente M. Lemke, un socialista che si trovava allora nello Stato Maggiore, registrò, nel giornale che teneva segretamente, i rapporti dal fronte sud-occidentale, nel dicembre 1915; annotò in particolare: "C'è un preoccupante aumento del numero di disertori ebrei e polacchi, non solo nelle posizioni avanzate, ma anche nelle retrovie del fronte".[1540] - Nel novembre 1915, durante una riunione dell'ufficio di presidenza del Blocco Progressista si sentirono persino le seguenti osservazioni, annotate da Milyukov: "Quale popolo ha dato prova della sua assenza di patriottismo? Gli ebrei".[1541]

In Germania e in Austria-Ungheria, gli ebrei potevano occupare posizioni di alto livello nell'amministrazione senza dover abiurare la propria religione, e questo valeva anche per l'esercito. In Russia, invece, un ebreo non poteva diventare ufficiale se non si convertiva all'ortodossia, e gli ebrei con livelli di istruzione più elevati completavano il servizio militare come semplici soldati. È comprensibile che non si precipitassero a servire in un esercito di questo tipo. (Il capitano G. S. Doumbadze ha ricordato un ebreo, studente di legge, che ricevette questa decorazione quattro volte, ma rifiutò di entrare nella Scuola Ufficiali per non doversi convertire, cosa che

---

[1539] *Padre Georgui Chavelsky,* Vospominania poslednevo protopresvitera ruskoï armii i flota (Memorie dell'ultimo cappellano dell'esercito russo e della cappa russa) v. 2-kh t, t. 1, New York, ed. Cechov, 1954, p. 271.
[1540] *Mikhail Lemke,* 250 dnei v tsarskoy Stavke (25 sentences 1915-ioulia 1916) (250 giorni nello Stato Maggiore (25 settembre 1915-luglio 1916), PG GIZ, 1920, p. 353.
[1541] Progressivny blok v 1915 1916 gg (Il blocco progressista nel 1915 1916), Krasny arkhiv: Istoritcheskiï Journal Tsentrarkhiva RSFSR, M. GIZ, 1922-1941, vol. 52, 1932, p. 179.

avrebbe fatto morire di dolore suo padre. In seguito fu giustiziato dai bolscevichi.)[1542]

Peraltro, sarebbe inaffidabile e poco plausibile concludere che tutte queste accuse fossero mere invenzioni. Scrive Chavelsky: "La questione è troppo vasta e complessa... ma non posso fare a meno di dire che all'epoca non mancavano i motivi per accusare gli ebrei... In tempo di pace, era tollerato che venissero assegnati a compiti civili; durante la guerra... gli ebrei riempivano le unità di combattimento... Durante le offensive, erano spesso nelle retrovie; quando l'esercito si ritirava, erano al fronte. Più di una volta hanno seminato il panico nelle loro unità... Non si può negare che i casi di spionaggio, di passaggio al nemico non fossero rari... Non potevamo evitare di trovare sospettoso il fatto che gli ebrei fossero anche perfettamente informati su ciò che accadeva al fronte. Il 'telefono ebraico' a volte funzionava meglio e più velocemente di tutti i telefoni della campagna... Non era raro che le notizie del fronte fossero note nella piccola frazione di Baranovichi, situata vicino allo Stato Maggiore, ancor prima che arrivassero al Comandante Supremo e al suo Capo di Stato Maggiore".[1543](Lemke sottolinea le origini ebraiche dello stesso Chavelsky.)[1544]

Un rabbino di Mosca si recò allo Stato Maggiore per cercare di convincere Chavelsky che "gli ebrei sono come gli altri: ci sono alcuni coraggiosi, ci sono alcuni codardi; ci sono quelli che sono fedeli al loro Paese, ci sono anche i bastardi, i traditori", e citò esempi tratti da altre guerre. "Anche se è stato molto doloroso per me, ho dovuto dirgli tutto quello che sapevo sul comportamento degli ebrei durante questa guerra", "ma non siamo riusciti a raggiungere un accordo".[1545]

Ecco ancora la testimonianza di un contemporaneo. Abraham Zisman, un ingegnere, allora assegnato alla Commissione per l'evacuazione, ha ricordato mezzo secolo dopo: "Con mia grande vergogna, devo dire che [gli ebrei che erano vicini al fronte] si comportarono in modo molto spregevole, dando all'esercito tedesco tutto l'aiuto possibile".[1546]

Vi erano anche accuse di natura strettamente economica contro gli ebrei che rifornivano l'esercito russo. Lemke copiò così l'ordine allo Stato Maggiore firmato dall'Imperatore il giorno stesso del suo insediamento come Comandante Supremo (questo ordine era stato quindi preparato da Yanushkevich): I fornitori ebrei abusano degli ordini di bende, cavalli,

---

[1542] *G. S. Doumbadze* (Vospominania), Biblioteka-fond "Rousskoie Zaroubejie", f/l, A-9, pag. 5.
[1543] Padre Chavelsky, op. cit., *t. 1, p. 272.*
[1544] *Lemke, op. cit.,* p. 37.
[1545] Padre Chavelsky, op. cit., *t. 1, pp. 272-273.*
[1546] Novaya Zaria, San Francisco, 1960, 7 maggio, p. 3.

pane dati loro dall'esercito; ricevono dalle autorità militari documenti che certificano "che sono stati incaricati di fare acquisti per i bisogni dell'esercito... ma senza alcuna indicazione di quantità o luogo". Poi "gli ebrei fanno fare copie autenticate di questi documenti e le distribuiscono ai loro complici", acquisendo così la possibilità di fare acquisti in tutto l'Impero. "Grazie alla solidarietà tra loro e alle loro considerevoli risorse finanziarie, controllano vaste aree dove vengono acquistati soprattutto cavalli e pane", il che fa lievitare artificialmente i prezzi e rende più difficile il lavoro degli ufficiali responsabili degli approvvigionamenti.[1547]

Ma tutti questi fatti non possono giustificare la condotta di Yanushkevich e dello Stato Maggiore. Senza sforzarsi di separare il grano buono dalla pula, l'Alto Comando russo ha lanciato un'operazione tanto massiccia quanto inetta per l'espulsione degli ebrei.

Particolarmente sorprendente fu l'atteggiamento nei confronti degli ebrei della Galizia che vivevano in territorio austro-ungarico. "Dall'inizio della Prima guerra mondiale, decine di migliaia di ebrei fuggirono dalla Galizia verso l'Ungheria, la Boemia e Vienna.

Quelli che rimasero soffrirono molto durante il periodo dell'occupazione russa di questa regione".[1548] "Bullismo, percosse e persino pogrom, spesso organizzati dalle unità cosacche, divennero la sorte quotidiana degli ebrei della Galizia".[1549] Questo è ciò che scrive padre Chavelsky: "In Galizia, l'odio verso gli ebrei era ancora alimentato dalle vessazioni inflitte sotto la dominazione austriaca alle popolazioni russe [in realtà, ucraine e rutene] dai potenti ebrei"[1550] (in altre parole, queste stesse popolazioni partecipavano ora all'arbitrio cosacco).

"Nella provincia di Kovno tutti gli ebrei furono deportati senza eccezione: i malati, i soldati feriti, le famiglie dei soldati che erano al fronte".[1551] "Venivano richiesti ostaggi con il pretesto di impedire atti di spionaggio" e fatti di questo tipo "divennero comuni".[1552]

Questa deportazione degli ebrei appare in una luce più forte rispetto a quella del 1915 - contrariamente a quanto accadrà nel 1941 - non ci fu un'evacuazione di massa delle popolazioni urbane. L'esercito si ritirava, la popolazione civile rimaneva lì, nessuno veniva cacciato, ma gli ebrei e solo loro venivano cacciati, tutti senza eccezione e nel più breve tempo possibile: per non parlare della ferita morale che questo rappresentava per

---

[1547] *Lemke*, op. cit.*, p. 325.
[1548] SJE, t. 2, p. 24.
[1549] SJE, t. 7, p. 356.
[1550] Padre Chavelsky, op. cit., *p. 271.*
[1551] SJE, t. 7, p. 357.
[1552] *Sliosberg, op. cit.*, t. 3, p. 325.

ciascuno, che portava alla rovina, alla perdita della propria casa, dei propri beni. Non si trattava forse, in altra forma, sempre dello stesso pogrom di grande portata, ma questa volta provocato dalle autorità e non dalla popolazione? Come non capire la disgrazia degli ebrei?

A questo dobbiamo aggiungere che Yanushkevich, come gli alti ufficiali che erano sotto il suo comando, agì senza alcuna riflessione logica, nel disordine, nella precipitazione, nell'incoerenza, il che non poteva che aumentare la confusione. Non esiste una cronaca né un resoconto di tutte queste decisioni militari. Solo echi sparsi nella stampa dell'epoca, e anche in "Gli archivi della Rivoluzione russa" di I. V. Hessen, una serie di documenti [1553] raccolti a caso, senza seguito; e poi, come per Lemke, copie di documenti fatte da singoli. Questi dati sparsi ci permettono comunque di formarci un'opinione su ciò che accadde.

Alcune disposizioni prevedono di espellere gli ebrei dalla zona delle operazioni militari "in direzione del nemico" (che significherebbe: in direzione degli austriaci, oltre la linea del fronte?), per rimandare in Galizia gli ebrei da lì provenienti; altre direttive prevedono di deportarli nelle retrovie del fronte, a volte a breve distanza, a volte sulla riva sinistra del Dnieper, a volte addirittura "oltre il Volga". A volte si parla di "pulizia degli ebrei di una zona di cinque verste dal fronte", a volte si parla di una zona di cinquanta verste.

I tempi di evacuazione sono a volte di cinque giorni, con l'autorizzazione a portare via i propri beni, a volte di ventiquattro ore, probabilmente senza questa autorizzazione; per quanto riguarda i resistenti, saranno portati sotto scorta. O ancora: nessuna evacuazione, ma in caso di ritirata, prendere ostaggi tra gli ebrei significativi, soprattutto i rabbini, nel caso in cui gli ebrei denuncino russi o polacchi ben disposti nei confronti della Russia; in caso di esecuzione di questi ultimi da parte dei tedeschi, eseguire l'esecuzione degli ostaggi (ma come possiamo sapere, verificare che ci siano state esecuzioni in territorio occupato dai tedeschi? Era davvero un sistema incredibile!). Altra istruzione: non prendiamo ostaggi, ci limitiamo a designarli tra la popolazione ebraica che abita i nostri territori - si assumeranno la responsabilità dello spionaggio a favore del nemico commesso da altri ebrei. O ancora: evitare a tutti i costi che gli ebrei siano a conoscenza dell'ubicazione delle trincee scavate nelle retrovie del fronte (in modo che non possano comunicarla agli austriaci attraverso i loro correligionari, perché si sapeva che gli ebrei rumeni potevano facilmente attraversare il confine); o anche, al contrario, obbligare proprio gli ebrei

---

[1553] Dokoumenty o presledovanii ievreev (Documenti sulla persecuzione degli ebrei), Arkhiv Rousskoi Revolutsii (Archivio della Rivoluzione russa), izdavayemy I.V. Gessenom, Berlino: Slovo, 1922-1937, t. 19, 1928, pp. 245-284.

civili a scavare le trincee. O ancora (ordine dato dal comandante della regione militare di Kazan, il generale Sandetski, noto per il suo comportamento dispotico): riunire tutti i soldati ebrei in battaglioni di marcia e mandarli al fronte. O, al contrario, il malcontento provocato dalla presenza di ebrei nelle unità di combattimento; la loro inettitudine militare.

Si ha la sensazione che nella loro campagna contro gli ebrei, Yanushkevich e lo Stato Maggiore stessero perdendo la testa: cosa volevano esattamente?

Durante queste settimane di combattimenti particolarmente difficili, quando le truppe russe si ritirarono, esauste e a corto di munizioni, un volantino contenente una "lista di domande" fu inviato ai capi delle unità e li incaricò di raccogliere informazioni sulle "qualità morali, militari e fisiche dei soldati ebrei", come nonché sulle loro relazioni con le popolazioni ebraiche locali. Fu presa in considerazione anche la possibilità di escludere completamente gli ebrei dall'esercito dopo la guerra.

Non conosciamo nemmeno il numero esatto degli sfollati. Nel *Libro del mondo ebraico russo* si legge che nell'aprile 1915 40.000 ebrei furono espulsi dalla provincia di Curlandia e in maggio 120.000 di loro furono espulsi da Kovno. [1554]In un altro luogo, lo stesso libro fornisce una cifra complessiva per l'intero periodo, pari a 250.000[1555] *compresi i rifugiati ebrei*, il che significa che i deportati difficilmente avrebbero rappresentato più della metà di questa cifra. Dopo la rivoluzione, il giornale *Novoie Vremia* pubblicò informazioni secondo le quali l'evacuazione di tutti gli abitanti della Galizia aveva disperso sul territorio della Russia 25.000 persone, tra cui quasi mille ebrei. ([1556]Il 10-11 maggio 1915 fu emanato l'ordine di porre fine alle deportazioni, che cessarono. Jabotinsky ha tratto la conclusione dell'espulsione degli ebrei dalla zona del fronte nel 1915 parlando di una "catastrofe probabilmente senza precedenti dal regno di Ferdinando e Isabella" in Spagna nel XV secolo. [1557]Ma non c'è forse anche una sorta di mossa della Storia nel fatto che questa massiccia deportazione - di per sé, e le reazioni indignate che provocò - avrebbe contribuito concretamente alla tanto auspicata soppressione della Pale of Settlement?

[1554] A. A. Goldenweiser, Pravovoïc polojenie ievreyev v Rossii (La situazione giuridica degli ebrei in Russia), BJWR-1, pag. 135.

[1555] G. I. Aronson, V borbe za grajdanskie i nalsionainyc prava Obchtchestvennye tetchenia v rousskom evreïstve (La lotta per i diritti civili e nazionali: i movimenti di opinione all'interno della comunità ebraica russa), BJWR-1, p. 232.

[1556] *Novoie Vremia*, 1917, 13 aprile, p. 3.

[1557] *Sliosberg, op. cit.*, t. 1, Introduzione di V. Jabotinsky, p. xi.

Leonid Andreyev aveva giustamente osservato: "Questa famosa 'barbarie' di cui siamo accusati... poggia interamente ed esclusivamente sulla nostra questione ebraica e sulle sue esplosioni sanguinose".[1558]

Queste deportazioni di ebrei ebbero una risonanza su scala planetaria. Da Pietroburgo, durante la guerra, gli ebrei che difendevano i diritti umani trasmettevano all'Europa informazioni sulla situazione dei loro correligionari; "Tra loro, Alexander Isayevich Braudo si distinse per la sua instancabile attività".[1559] A. G. Shlyapnikov racconta che Gorky gli aveva inviato documenti sulla persecuzione degli ebrei in Russia; egli li portò negli Stati Uniti. Tutte queste informazioni si diffusero ampiamente e rapidamente in Europa e in America, sollevando una potente ondata di indignazione.

E se i migliori tra i rappresentanti della comunità ebraica e dell'intellighenzia ebraica temevano che "la vittoria della Germania... avrebbe solo rafforzato l'antisemitismo... e, per questa sola ragione, non si poteva parlare di simpatie verso i tedeschi o di speranze per la loro vittoria",[1560] un ufficiale dei servizi segreti militari russi di in Danimarca riferì nel dicembre 1915 che il successo della propaganda antirussa "è facilitato anche dagli ebrei che dichiarano apertamente di non desiderare la vittoria della Russia e la sua conseguenza: l'autonomia promessa alla Polonia, perché sanno che quest'ultima adotterebbe misure energiche in vista dell'espulsione degli ebrei dai suoi confini"[1561] ; in altre parole, era l'antisemitismo polacco a dover essere temuto, non quello tedesco: la sorte che attendeva gli ebrei in una Polonia divenuta indipendente sarebbe stata forse ancora peggiore di quella subita in Russia.

I governi britannico e francese erano un po' imbarazzati nel condannare apertamente l'atteggiamento del loro alleato. Ma in quel periodo gli Stati Uniti erano sempre più impegnati sulla scena internazionale. E nell'America ancora neutrale del 1915, "le simpatie erano divise [...]; alcuni degli ebrei venuti dalla Germania erano solidali con quest'ultima, anche se non lo manifestavano in modo attivo".[1562] Le loro disposizioni erano mantenute dagli ebrei provenienti dalla Russia e dalla Galizia, che, come testimoniato dal socialista Ziv, desideravano (non poteva essere altrimenti) la sconfitta della Russia, e ancor più dai "rivoluzionari di

---

[1558] L. *Andreyev*, Pervaya stoupen (Primo passo), Shchit (lo Scudo), 1916, pag. 5.
[1559] *Sliosberg, op. cit.*, t. 3, pp. 343-344.
[1560] *Ibidem*, p. 344.
[1561] *Lemke, op. cit.*, p. 310.
[1562] *Sliosberg, op. cit.*, t. 3, p. 345.

professione" ebrei russi che si erano stabiliti negli Stati Uniti.[1563] A ciò si aggiungevano le tendenze anti-russe dell'opinione pubblica americana: molto recentemente, nel 1911, si è verificata la drammatica rottura di un accordo economico russo-americano vecchio di ottant'anni. Gli americani consideravano la Russia ufficiale come un Paese "corrotto, reazionario e ignorante".[1564]

Ciò si tradusse rapidamente in effetti tangibili. Già nell'agosto del 1915, nei rapporti si legge che Milyukov teneva riunioni del Blocco Progressista: "Gli americani pongono come condizione [per gli aiuti alla Russia] la possibilità per gli ebrei americani di avere libero accesso al territorio russo",[1565] - sempre la stessa fonte di conflitto del 1911 con T. Roosevelt - e quando una delegazione parlamentare russa si recò a Londra e a Parigi all'inizio del 1916 per chiedere aiuti finanziari, si trovò di fronte a un rifiuto categorico. L'episodio è raccontato in dettaglio da Shingaryov,[1566] nella relazione che presentò il 20 giugno 1916 alla Commissione militare e marittima della Duma dopo il ritorno della delegazione. In Inghilterra, Lord Rothschild rispose a questa richiesta: "State intaccando il nostro credito negli Stati Uniti". In Francia, il barone Rothschild dichiarò: "In America gli ebrei sono molto numerosi e attivi, esercitano una grande influenza, in modo tale che l'opinione pubblica americana vi è molto ostile". (Poi "Rothschild si espresse in modo ancora più brutale", e Shingaryov chiese che le sue parole non fossero messe a verbale). Questa pressione finanziaria da parte degli americani, conclude il relatore, è la continuazione di una politica che li ha portati a rompere il nostro accordo commerciale nel 1911 (ma, naturalmente, a questo si sono aggiunte le massicce deportazioni di ebrei intraprese nel frattempo). Jakob Schiff, che aveva parlato così duramente della Russia nel 1905, ora dichiarava a un parlamentare francese inviato in America: "Faremo credito all'Inghilterra e alla Francia quando avremo la certezza che la Russia farà qualcosa per gli ebrei; il denaro che prendete in prestito da noi va alla Russia, e noi non lo vogliamo".[1567] - Milyukov evocava le proteste alla tribuna della Duma di "milioni e milioni di ebrei americani... che hanno trovato un'eco molto ampia nell'opinione

---

[1563] G. A. Ziv, Trotsky: Kharakteiistika. Po litchym vospominaniam (Trotsky: una caratteristica, ricordi personali), New York. Narodopravstvo, 1921, 30 giugno, pp. 60 63.
[1564] *Bernsrein tedesco*, Retch, 1917, 30 giugno, pp. 1-2.
[1565] Progressivny blok v 1915-1917 gg., Krasny arkhiv, 1932, vol. 50 51, p. 136.
[1566] Andrei Shingaryov (1869 1918), uno dei leader del partito cadetto, fu membro del primo governo provvisorio nel 1917. Arrestato dai bolscevichi e massacrato nella sua prigione.
[1567] Mejdunarodnoïe polojenie tsarskoi Rossii vo vremia mirovoï voïny (La situazione internazionale della Russia zarista durante la guerra mondiale), Krasny arkhiv, 1934, vol. 64, pp. 5-14.

americana. Ho tra le mani molti giornali americani che lo dimostrano... Riunioni che terminano con scene di isteria, crisi di pianto all'evocazione della situazione degli ebrei in Russia. Ho una copia della disposizione presa dal presidente Wilson, che istituisce una 'Giornata ebraica' in tutti gli Stati Uniti per raccogliere aiuti per le vittime". E "quando chiediamo soldi ai banchieri americani, ci rispondono: Pardon, come mai?

Siamo d'accordo a prestare denaro all'Inghilterra e alla Francia, ma a condizione che la Russia non ne veda il colore... Il famoso banchiere Jakob Schiff, che governa il mondo finanziario a New York, rifiuta categoricamente qualsiasi idea di prestito alla Russia...".[1568]

L'*Encyclopædia Judaica*, scritta in inglese, conferma che Schiff, "usando la sua influenza per impedire ad altre istituzioni finanziarie di concedere prestiti alla Russia..., perseguì questa politica per tutta la prima guerra mondiale"[1569] e fece pressione su altre banche affinché facessero lo stesso.

Per tutti questi sconvolgimenti provocati dalle deportazioni, sia in Russia che all'estero, fu il Consiglio dei Ministri a dover pagare per le pentole rotte, anche se lo Stato Maggiore non lo consultò e non prestò attenzione alle sue proteste. Ho già citato alcuni frammenti degli appassionati dibattiti che agitavano il Gabinetto su questo argomento. [1570]Eccone alcuni altri. Krivoshein [1571]era favorevole a concedere temporaneamente agli ebrei il diritto di stabilirsi in tutte le città della Russia:

"Questo favore concesso agli ebrei sarà utile non solo dal punto di vista politico, ma anche da quello economico... Finora la nostra politica in questo campo faceva pensare a questo avaro addormentato sul suo oro, che non ne beneficia e non permette ad altri di farlo". Ma Roukhlov replicò: questa proposta "costituisce una modifica fondamentale e irreversibile della legislazione che è stata introdotta nel corso della Storia allo scopo di proteggere il patrimonio russo dal controllo degli ebrei, e il popolo russo dalla deleteria influenza della vicinanza degli ebrei... Voi specificate che questo favore sarà concesso solo per la durata della guerra..., ma non dobbiamo essere neghittosi": dopo la guerra, "non si troverà un solo governo" che "rimandi gli ebrei nella Pale of Settlement... I russi muoiono nelle trincee e intanto gli ebrei si insedieranno nel cuore della Russia, approfittando delle disgrazie subite dal popolo, della rovina generale".

[1568] Doklad P. N. Milioukova v Voïenno-morskoï komissii Gosoud. Doumy 19 iounia 1916g., Krasny arkhiv, 1933, t. 58, pp. 13 14.

[1569] *Encyclopædia Judaica*, Gerusalemme, 1971, vol. 14, p. 961.

[1570] A. Solzhenitsyn, Krasnoye Koleso (La ruota rossa), t. 3, M. Voïenizdat, 1993, pp. 259-263, (traduzione francese: March seventeen, t. 1, Paris: Fayard).

[1571] Stretto collaboratore di Stolypin, ministro dell'Agricoltura (1906-1915), muore in emigrazione (1857-1921).

Quale sarà la reazione dell'esercito e del popolo russo?" - E ancora, durante l'incontro successivo: "La popolazione russa sopporta privazioni e sofferenze inimmaginabili, sia al fronte che all'interno del Paese, mentre i banchieri ebrei comprano dai loro correligionari il diritto di usare le disgrazie della Russia per sfruttare domani questo popolo dissanguato".[1572]

Ma i ministri riconobbero che non c'era altra via d'uscita. Questa misura doveva essere "applicata con eccezionale rapidità", "per far fronte alle necessità finanziarie della guerra". [1573]Tutti, ad eccezione di Roukhlov, firmarono in calce al bollettino che autorizzava gli ebrei a stabilirsi liberamente (con la possibilità di acquistare beni immobili) in tutto l'Impero, ad eccezione delle capitali, delle zone agricole, delle province abitate dai cosacchi e della regione di Yalta. [1574]Nell'autunno del 1915 fu anche abrogato il sistema del passaporto annuale, fino ad allora obbligatorio per gli ebrei che ora avevano diritto a un passaporto permanente. (Queste misure furono seguite da una parziale abolizione del *numerus clausus* negli istituti scolastici e dall'autorizzazione a ricoprire le funzioni di avvocato nei limiti delle quote di rappresentanza. [1575]) L'opposizione che queste decisioni incontrarono nell'opinione pubblica si infranse sotto la pressione della guerra.

In questo modo, dopo un secolo e un quarto di esistenza, la Palude di Insediamento degli ebrei scomparve per sempre. E come se non bastasse, come nota Sliosberg, "questa misura, così importante nel suo contenuto..., che equivaleva all'abolizione del Pale of Settlement, questa misura per la quale avevano lottato invano per decenni gli ebrei russi e i circoli liberali della Russia, passò inosservata!". [1576]Inosservata a causa delle dimensioni assunte dalla guerra. Flussi di rifugiati e di immigrati stavano allora invadendo la Russia.

Anche il Comitato per i rifugiati, istituito dal governo, fornì agli ebrei sfollati fondi per aiutare gli insediamenti. [1577]Fino alla rivoluzione di febbraio, "la Conferenza sui rifugiati continuò il suo lavoro e assegnò somme considerevoli ai vari comitati nazionali", compreso il Comitato ebraico. [1578]Va da sé che a ciò si aggiunsero i fondi apportati da molte

---

[1572] Tiajëlye dni. Sekretnye zasedania soveta ministrov. 16 ioulia sentiabria 1915 (I giorni difficili, le riunioni segrete del Consiglio dei ministri, 16 luglio settembre 1915). Sost. A. N. Yakhontov, Archivio della rivoluzione russa, 1926, vol. 18, pp. 47 48, 57.
[1573] *Ibidem*, p. 12.
[1574] SJE, t. 7, pp. 358-359.
[1575] *Ibidem*, p. 359.
[1576] *Sliosberg*, t. 3, p. 341.
[1577] I. L Teitel, Iz moiii jizni za 40 let (Ricordi di 40 anni della mia vita), Parigi: I. Povolotski i ko., 1925, p. 210.
[1578] *Sliosberg*, t. 3, p. 342.

organizzazioni ebraiche che si erano impegnate in questo compito con energia ed efficienza. Tra queste c'era l'Unione degli Artigiani Ebrei (UJC), creata nel 1880, ben consolidata e che già estendeva la sua azione oltre la Pale of Settlement. L'UJC aveva sviluppato una cooperazione con il World Relief Committee e il "Joint" ("Comitato per la distribuzione di fondi per l'aiuto agli ebrei colpiti dalla guerra").

Tutte fornirono aiuti massicci alle popolazioni ebraiche della Russia: "Il 'Joint' aveva salvato centinaia di migliaia di ebrei in Russia e in Austria-Ungheria".[1579] In Polonia, l'UJC aiutò gli ebrei candidati all'emigrazione o a stabilirsi come agricoltori, perché "durante la guerra, gli ebrei che vivevano in piccoli villaggi erano stati spinti, non senza coercizione da parte dell'occupante tedesco, al lavoro della terra".[1580] C'era anche la Società Profilattica Ebraica (JPS), fondata nel 1912; si era data come missione non solo l'aiuto medico diretto agli ebrei, ma anche la creazione di sanatori, dispensari, lo sviluppo dell'igiene sanitaria in generale, la prevenzione delle malattie, "la lotta contro il deterioramento fisico delle popolazioni ebraiche" (in nessun luogo della Russia esistevano ancora organizzazioni di questo tipo). Ora, nel 1915, questi distaccamenti stavano organizzando per gli emigranti ebrei, lungo tutto il loro percorso e nel luogo di destinazione, centri di rifornimento, squadre mediche volanti, ospedali di campagna, rifugi e consultazioni pediatriche.[1581]-Sempre nel 1915, apparve l'Associazione ebraica per l'assistenza alle vittime di guerra (JAAWV); Beneficiando del sostegno del Comitato per i Rifugiati e della generosa dotazione dello Stato "Zemgor" (associazione dell'"Unione degli Zemstvos" e dell'"Unione delle Città"), nonché di crediti dall'America, la JAAWV creò una vasta rete di missionari per aiutare gli ebrei durante il loro viaggio e nel loro nuovo luogo di residenza, con cucine mobili, mense, punti di distribuzione di indumenti, (agenzie di lavoro, centri di formazione professionale), istituti per l'infanzia, scuole. Che organizzazione ammirevole! - ricordiamo che vennero presi in carico circa 250.000 rifugiati e sfollati; secondo le cifre ufficiali, il numero di questi ultimi raggiungeva già i 215.000 nell'agosto del 1916.[1582] - e c'era anche l'"Ufficio politico" presso i deputati ebrei della quarta Duma, nato da un accordo tra il Gruppo Popolare Ebraico, il Partito Popolare Ebraico, il

---

[1579] SJE, t. 2, p. 345.
[1580] D. Lvovitch, L. Bramson i Soiouz ORT (L. Bramson e l'UJC), JW-2, New York, 1944, p. 29.
[1581] *I. M. Troitsky*, Samodeiatetnost i camopomochtch evreiev v Rossii (Lo spirito di iniziativa e l'aiuto reciproco tra gli ebrei della Russia), BJWR-1, pp. 479-480, 485-489.
[1582] *Aronson*, BJWR-1, pag. 232; *I. Troitsky, ibidem*, pag. 497.

Gruppo Democratico Ebraico e i sionisti; durante la guerra, dispiegò "una notevole attività".[1583]

Nonostante tutte le difficoltà, "la guerra diede un forte impulso allo spirito d'iniziativa degli ebrei, frustando la loro volontà di farsi carico". [1584]Durante questi anni "le notevoli forze nascoste fino ad allora nelle profondità della coscienza ebraica maturarono e rivelarono allo scoperto... immense riserve di iniziativa nei più svariati campi dell'azione politica e sociale"[1585] - Oltre alle risorse stanziate dai comitati di mutuo soccorso, la JAAWV beneficiò dei milioni versati dal governo. In nessun momento la Conferenza speciale sui rifugiati "rifiutò il nostro suggerimento" sull'ammontare degli aiuti: 25 milioni in un anno e mezzo, che è infinitamente più di quanto gli ebrei avevano raccolto (il governo pagò qui i torti dello Stato Maggiore); quanto alle somme provenienti dall'Occidente, il Comitato poté trattenerle [1586]per un uso futuro.

È così che con tutti questi movimenti della popolazione ebraica - profughi, sfollati, ma anche un buon numero di volontari - la guerra modificò significativamente la distribuzione degli ebrei in Russia; importanti insediamenti furono stabiliti in città lontane dal fronte, soprattutto Nizhny Novgorod, Voronezh, Penza, Samara, Saratov, ma anche nelle capitali. Sebbene l'abolizione della zona di insediamento non riguardasse San Pietroburgo e Mosca, queste due città erano ormai praticamente aperte. Spesso vi si recavano per raggiungere parenti o protettori che vi si erano stabiliti da tempo. Nel corso delle memorie lasciate dai contemporanei, si scopre ad esempio un dentista di Pietroburgo di nome Flakke: appartamento di dieci stanze, cameriere, servitore, cuoco - gli ebrei benestanti non erano rari e, nel bel mezzo della guerra, mentre c'era una carenza di alloggi a Pietrogrado, si aprivano opportunità per gli ebrei provenienti da altrove. Molti di loro cambiarono residenza in quegli anni: famiglie, gruppi di famiglie che non lasciarono traccia nella storia, se non a volte in cronache familiari di natura privata, come quelle dei genitori di David Azbel: "Zia Ida... lasciò la freddezza e la sonnolenza di Chernigov all'inizio della Prima guerra mondiale per venire a stabilirsi a Mosca".[1587] I nuovi arrivati erano spesso di condizione molto modesta, ma alcuni di loro raggiunsero posizioni influenti, come Poznanski, un impiegato della

---

[1583] *Aronson, op. cit.,* p. 232.
[1584] I. Troitsky, op. cit., *p. 484.*
[1585] *Aronson, op. cit.,* p. 230.
[1586] *Sliosberg, op. cit.,* t. 3, pp. 329-331.
[1587] *D. Azbel,* Do, vo vremia i posle (Prima, durante e dopo), Vremya i my, New York, Gerusalemme, Parigi. 1989, n. 104, pp. 192-193.

Commissione militare di censura di Pietrogrado, che aveva il sopravvento "su tutti gli affari segreti".[1588]

Nel frattempo, lo Stato Maggiore riversava meccanicamente i suoi torrenti di direttive, a volte rispettate, a volte trascurate: escludere gli ebrei sotto la bandiera di tutte le attività al di fuori del servizio armato: segretario, panettiere, infermiere, telefonista, telegrafista. Così, "per impedire la propaganda antigovernativa che si supponeva venisse svolta da medici e infermieri ebrei, questi dovevano essere assegnati non agli ospedali o alle infermerie di campagna, ma 'a luoghi non favorevoli ad attività di propaganda come, ad esempio, le postazioni avanzate, il trasporto dei feriti sul campo di battaglia'". [1589] In un'altra direttiva: espellere gli ebrei dall'Unione degli Zemstvos, dall'Unione delle Città e dalla Croce Rossa, dove si concentrano in gran numero per sfuggire al servizio armato (come fecero anche, notiamo di passaggio, decine di migliaia di russi), utilizzare la loro posizione vantaggiosa a fini propagandistici (come fece qualsiasi liberale, radicale o socialista che si rispettasse) e, soprattutto, diffondere voci sull'"incompetenza dell'alto comando" (che corrispondeva in gran parte alla realtà [1590]). Altri bollettini mettevano in guardia dal pericolo di mantenere gli ebrei in posizioni che li mettessero in contatto con informazioni sensibili: nei servizi dell'Unione degli Zemstvos del fronte occidentale, nell'aprile 1916, "tutti i rami importanti dell'amministrazione (compresi quelli sotto il segreto di difesa) sono nelle mani di ebrei", e vengono citati i nomi dei responsabili della registrazione e della classificazione dei documenti riservati, nonché quello del direttore del Dipartimento della Pubblica Informazione, che, "per le sue funzioni, ha libero accesso a vari servizi dell'esercito nelle retrovie del fronte o nelle regioni".[1591]

Tuttavia, non ci sono prove che le farneticazioni dello Stato Maggiore sulla necessità di cacciare gli ebrei dallo Zemgor abbiano avuto risultati tangibili. Sempre ben informato, Lemke osserva che "le direttive delle autorità militari sull'esclusione degli ebrei" dallo Zemgor "non furono accolte con favore". Fu pubblicato un bollettino in cui si affermava che "tutte le persone di confessione ebraica licenziate per ordine delle autorità saranno rimborsate per due mesi con lo stipendio e le indennità di viaggio e con la possibilità di essere reclutate prioritariamente negli stabilimenti dello Zemgor nelle retrovie del fronte". [1592](Lo Zemgor era il beniamino dell'influente stampa russa. È così che rifiutò unanimemente di rivelare le

---

[1588] Lemke, op. cit., p. 468.
[1589] SJE, t. 7, p. 357.
[1590] Archivio della Rivoluzione russa, 1928, t. XIX, pp. 274, 275.
[1591] Lemke, op. cit., p. 792.
[1592] Ibidem, p. 792.

sue fonti di finanziamento: in 25 mesi di guerra, il 1° settembre 1916, 464 milioni di rubli concessi dal governo - attrezzature e rifornimenti venivano consegnati direttamente dai magazzini statali - contro i soli nove milioni raccolti dagli Zemstvos, dalle città, dalle collette. [1593] Se la stampa si è rifiutata di pubblicare queste cifre, è perché avrebbe svuotato di significato l'opposizione tra l'azione filantropica e caritatevole degli Zemgor e quella di un governo stupido, insignificante e zoppo).

Le circostanze economiche e le condizioni geografiche fecero sì che tra i fornitori dell'esercito ci fossero molti ebrei. Una lettera di denuncia che esprime la rabbia dei "circoli ortodossi-russi di Kiev..., spinti dal loro dovere di patrioti", indica Salomon Frankfurt, che occupava una posizione particolarmente elevata, quella di "delegato del Ministero dell'Agricoltura al rifornimento dell'esercito in pancetta" (va detto che le lamentele per la disorganizzazione causata da queste requisizioni furono ascoltate fino alla Duma). Sempre a Kiev, un oscuro "agronomo di uno Zemstvo della regione", Zelman Kopel, è stato immortalato dalla Storia per aver ordinato una requisizione eccessiva poco prima del Natale 1916, privando di zucchero un intero distretto durante le festività (In questo caso, fu presentata una denuncia anche contro l'amministrazione locale dello Zemstvos)[1594].

Nel novembre 1916, il deputato N. Markov, stigmatizzando alla Duma "i predoni delle retrovie e i traditori" dei beni dello Stato e della Difesa nazionale, designa, come di consueto, gli ebrei in particolare: a Kiev, ancora una volta, è Cheftel, membro del Consiglio comunale, a bloccare i magazzini e a far marcire più di 2.500 tonnellate di farina, pesce e altri prodotti che la città teneva in riserva, mentre allo stesso tempo "gli amici di questi signori vendono il proprio pesce a prezzi grossolanamente gonfiati"; è V. I. Demchenko, eletto da Kiev alla Duma, a nascondere "masse di ebrei, ebrei ricchi" (e li enumera) "per farli sfuggire al servizio militare"; è anche V. I. Demchenko, eletto da Kiev alla Duma, a nascondere "masse di ebrei, ebrei ricchi" (e li enumera) "per farli sfuggire al servizio militare". I. Demchenko, eletto da Kiev alla Duma, che nascose "masse di ebrei, ebrei ricchi" (e li enumera) "per farli sfuggire al servizio militare"; fu anche, a Saratov, "l'ingegnere Levy" che fornì "attraverso l'intermediazione del commissario Frenkel" merci al Comitato militare-industriale a prezzi gonfiati. [1595] Ma va notato che i comitati militari-

---

[1593] S. *Oldenburg*, Tsarstvovanie Imperatora Nikolai II (il regno dell'imperatore Nicola II), t. 2, Monaco, 1949, p. 192.
[1594] Iz zapisnooi knijki arkhivista, Soob. Paozerskovo (Quaderni di un archivista, comm. di M. Paozerski), Krasny Arckhiv, 1926, t. 18, pp. 211-212.
[1595] Gosudarstvennaya Duma-Tchetvërty sozyv (Quarta Duma dell'Impero), trascrizione dei lavori, 22 novembre 1916, pp. 366-368.

industriali istituiti da Guchkov [1596]si comportavano esattamente allo stesso modo con il Tesoro. Quindi...

In un rapporto del Dipartimento di Sicurezza di Pietrogrado dell'ottobre 1916 si legge: "A Pietrogrado il commercio è esclusivamente nelle mani degli ebrei che conoscono perfettamente i gusti, le aspirazioni e le opinioni dell'uomo della strada"; ma questo rapporto fa anche riferimento all'opinione diffusa a destra secondo la quale, tra il popolo, "la libertà di cui godono gli ebrei dall'inizio della guerra" suscita sempre più malcontento; "è vero, esistono ancora ufficialmente alcune imprese russe, ma sono di fatto controllate dagli ebrei: è impossibile comprare o ordinare qualcosa senza l'intervento di un ebreo." [1597] (Le pubblicazioni bolsceviche, come il libro di Kaiourov[1598] all'epoca a Pietrogrado, non mancarono di camuffare la realtà sostenendo che nel maggio del 1915, durante il saccheggio delle aziende e dei negozi tedeschi a Mosca, la folla attaccò anche gli esercizi ebraici - il che è falso, e accadde addirittura il contrario: durante la sommossa antitedesca, gli ebrei, a causa della somiglianza dei loro cognomi, si protessero appendendo alla facciata del loro negozio il cartello: "Questo negozio è ebraico" - e non furono toccati, e il commercio ebraico non soffrì in tutti gli anni di guerra).

Tuttavia, ai vertici della monarchia - nell'entourage morboso di Rasputin - un piccolo gruppo di individui piuttosto loschi giocò un ruolo importante. Essi non solo indignarono i circoli di destra - è così che, nel maggio 1916, l'ambasciatore francese a Pietrogrado, Maurice Paleologue, annotò nel suo diario: "Un gruppo di finanzieri e sporchi speculatori ebrei, Rubinstein, Manus, ecc. hanno concluso un accordo con lui [Rasputin] e lo compensano profumatamente per i servizi resi. Su loro istruzione, egli invia note ai ministri, alle banche o a varie personalità influenti".[1599]

Infatti, se in passato era stato il barone Ginzburg a intervenire apertamente a favore degli ebrei, questa azione fu d'ora in poi condotta segretamente dai ribelli che si erano raggruppati intorno a Rasputin. C'era il banchiere D. L. Rubinstein (era direttore di una banca commerciale a Pietrogrado, ma

---

[1596] Alexander Guchkov (1882-1936), fondatore e leader del partito ottobrista, presidente della terza Duma (marzo 1910 marzo 1911), presidente del Comitato per l'industria bellica di tutta la Russia, divenne ministro della Guerra e della Marina nel primo governo provvisorio. Emigrò nel 1918. È morto a Parigi.
[1597] Politicschkoye polojenie Rossii nakanoune Fevralskoi revoloutsii (*Situazione politica in Russia alla vigilia della Rivoluzione di febbraio*), Krasny arkhiv, 1926, t. 17, pp. 17, 23.
[1598] V. *Kairorov*, Petrogradskie rabotchie v gody imperialistitcheskoy vonny (Operai di Pietrogrado negli anni della guerra imperialista), M., 1930.
[1599] *Maurice Paleologue*, Tsraskaia Rossia nakanoune revolioutsii (La Russia imperiale alla vigilia della rivoluzione), M., Pd., GIZ, 1923, p. 136.

si fece strada con sicurezza nell'entourage del trono: gestì le fortune del granduca Andrej Vladimirovich, fece la conoscenza di Rasputin attraverso A. Vyrubova[1600] poi fu decorato con l'ordine di San Vladimir, gli fu dato il titolo di consigliere di Stato, e quindi di "Vostra Eccellenza"). Ma anche l'industriale I. P. Manus (direttore della fabbrica di carri di Pietrogrado, membro del consiglio di amministrazione della fabbrica Putilov, del consiglio di amministrazione di due banche e della Compagnia russa dei trasporti, anch'egli consigliere di Stato).

Rubinstein affiancò a Rasputin un "segretario" fisso, Aron Simanovich, un ricco gioielliere, commerciante di diamanti, analfabeta ma molto abile e intraprendente (ma cosa se ne faceva Rasputin di un "segretario", lui che non possedeva nulla?)

Questo Simanovich ("il migliore tra gli ebrei", avrebbe scarabocchiato lo "starets" sul suo ritratto) pubblicò nell'immigrazione un piccolo libro in cui si vantava del ruolo che aveva svolto in quel periodo. Vi troviamo ogni sorta di pettegolezzo privo di interesse, di falsificazioni (parla delle "centinaia di migliaia di ebrei giustiziati e massacrati per ordine del granduca Nikolai Nikolaevich"[1601]); ma, attraverso questa feccia e questi slanci di vanagloria, si intravedono fatti reali, abbastanza concreti.

Ad esempio, il "caso dei dentisti" - per la maggior parte ebrei - scoppiato nel 1913: "era stata elaborata una vera e propria fabbrica di diplomi di dentista" che inondò Mosca,[1602] - la loro detenzione dava diritto alla residenza permanente e dispensava dal servizio militare. Erano circa 300 (secondo Simanovich: 200). I falsi dentisti furono condannati a un anno di prigione, ma, su intervento di Rasputin, furono graziati.

"Durante la guerra... gli ebrei cercavano protezione da Rasputin contro la polizia o le autorità militari", e Simanovitch confida con orgoglio che "molti giovani ebrei imploravano il suo aiuto per sfuggire all'esercito" che, in tempo di guerra, dava loro la possibilità di entrare all'Università; "spesso non c'era una via legale", ma Simanovich sostiene che era sempre possibile trovare una soluzione. Rasputin "era diventato amico e benefattore degli

---

[1600] Anna Vyrubova (1884-1964), damigella d'onore dell'imperatrice di cui fu a lungo la migliore amica, fanatica ammiratrice di Rasputin, intermediaria permanente tra la coppia imperiale e gli starets. Arrestata nel 1917, liberata e riarrestata, riuscì a fuggire in Finlandia dove sarebbe vissuta per più di 45 anni, completamente dimenticata.
[1601] A. Simanovich, Rasputin ievrei. Vospominania litchnovo sekretaria Grigoria Rasputin (Rasputin e gli ebrei, Memorie del segretario personale di Grigorij Rasputin), [Sb.] Sviatoï tchërt. Taïna Grigoria Raspoutina: Vospom., Dokoumenty, Materialy sledstv. Komissii. M. Knijnaya Palata, 1991, pp. 106-107.
[1602] Sliosberg, op. cit., t. 3, p. 347.

ebrei e sosteneva senza riserve i miei sforzi per migliorare la loro condizione".[1603]

Nel menzionare la cerchia di questi nuovi beniamini, non si può non citare l'impareggiabile avventuriero Manassevich-Manoulov. Era stato a sua volta funzionario del Ministero degli Interni e agente della polizia segreta russa a Parigi, il che non gli impedì di vendere all'estero documenti segreti del Dipartimento di Polizia; aveva condotto trattative segrete con Gapon; quando Stürmer [1604] fu nominato Primo Ministro, gli furono affidate "eccezionali 'missioni segrete'".[1605]

Rubinstein irrompe nella vita pubblica acquistando il giornale *Novoie Vremia* (vedi capitolo 8), fino ad allora ostile agli ebrei. (Ironia della storia: nel 1876, Suvorin aveva acquistato questo giornale con i soldi del banchiere di Varsavia Kroneberg, e all'inizio, ben orientato verso gli ebrei, aprì loro le colonne. Ma, all'inizio della guerra tra Russia e Turchia, *Novoie Vremia* cambiò improvvisamente rotta, "passò dalla parte della reazione" e, "per quanto riguarda la questione ebraica, non pose più freno all'odio e alla malafede". [1606]) Nel 1915, il primo ministro Goremykin [1607] e il ministro degli Interni Khvostov, Junior [1608] impedirono invano il riacquisto del giornale da parte di Rubinstein, [1609] che raggiunse i suoi scopi poco dopo,- ma eravamo già troppo vicini alla rivoluzione, tutto ciò non servì a molto. (Anche un altro giornale di destra, il *Grajdanin*, fu parzialmente acquistato da Manus).

S. Melgounov soprannominò "quintetto" il piccolo gruppo che trattava i suoi affari nell'"anticamera"[1610] dello zar, attraverso Rasputin. Dato il potere di quest'ultimo, la questione non era di poco conto: personaggi dubbi si trovavano nelle immediate vicinanze del trono e potevano

---

[1603] *Simanovitch*, pp. 89, 100, 102, 108.
[1604] *Protégé* di Rasputin, divenne Presidente del Consiglio dei Ministri (2 febbraio 23 novembre 1916), con incarichi di Ministro degli Interni (16 marzo 17 luglio) e degli Esteri (20 luglio - 23 novembre). Dopo febbraio, fu arrestato e imprigionato nella fortezza Pierre-et-Paul, dove morì il 2 settembre 1917.
[1605] S. Melgunov, Legenda o separatnom mire. Kanoun revolioutsii (La leggenda della pace separata, La vigilia della rivoluzione), Parigi, 1957, pp. 263, 395, 397.
[1606] JE, t. 11, pp. 758, 759.
[1607] Ivan Goremykin (1839-1917), primo ministro prima nell'aprile luglio 1906, poi dal gennaio 1914 al gennaio 1916.
[1608] Alexis Khvostov, junior (1872-1918), leader dei diritti nella quarta Duma, ministro dell'Interno nel 1915-1916. Fucilato dai bolscevichi.
[1609] Pismo ministra vnoutrennikh del A. N. Khvostova Predsedateliou soveta ministrov I. L. Goremykinou ot 16 dek. 1915 (Lettera del Ministro degli Interni A. N. Khvostov al Presidente del Consiglio dei Ministri I. L. Goremykin, datata 16 dicembre 1915), Delo naroda, 1917, 21 marzo, p. 2.
[1610] *Melgunov, op. cit.*, p. 289.

esercitare una pericolosa influenza sugli affari della Russia intera. L'ambasciatore britannico Buchanan riteneva che Rubinstein fosse legato ai servizi segreti tedeschi. [1611]Questa possibilità non può essere esclusa.

La rapida penetrazione dello spionaggio tedesco in Russia e i suoi legami con gli speculatori delle retrovie costrinsero il generale Alekseyev [1612]a chiedere all'imperatore, durante l'estate del 1916, l'autorizzazione a svolgere indagini al di fuori dell'area di competenza dello Stato Maggiore, e fu così costituita la "Commissione d'inchiesta del generale Batiushin". Il suo primo obiettivo fu il banchiere Rubinstein, sospettato di "operazioni speculative con capitali tedeschi", di manipolazione finanziaria a vantaggio del nemico, di svalutazione del rublo, di pagamento eccessivo di agenti stranieri per ordini effettuati dalla Direzione Generale e di operazioni speculative sul grano nella regione del Volga. Su decisione del Ministro della Giustizia, Rubinstein fu arrestato il 10 luglio 1916 e accusato di alto tradimento.[1613]

Fu dall'imperatrice in persona che Rubinstein ricevette il sostegno più forte. Due mesi dopo il suo arresto, chiese all'imperatore "di mandarlo discretamente in Siberia, non di tenerlo qui, per non infastidire gli ebrei" - "parlate di Rubinstein" con Protopopov[1614] . Due settimane dopo, Rasputin inviò un telegramma all'Imperatore in cui diceva che Protopopov "implora che nessuno venga a disturbarlo", compreso il controspionaggio...; "mi ha parlato del detenuto con dolcezza, come un vero cristiano" - Altre tre settimane dopo, l'Imperatrice: "A proposito di Rubinstein, sta morendo. Inviate immediatamente un telegramma [al fronte nord-occidentale]... perché sia trasferito da Pskov sotto l'autorità del Ministro degli Interni", cioè di quel buon e gentile cristiano di Protopopov! E, il giorno seguente: "Spero che tu abbia mandato il telegramma per Rubinstein, sta morendo". E il giorno dopo: "Hai fatto in modo che Rubinstein sia consegnato al

---

[1611] *Ibidem*, p. 402.
[1612] Mikhail Alekseyev (1857 1918), allora Capo di Stato Maggiore del Comandante Supremo. Consiglierà allo zar di abdicare. Comandante supremo fino al 3 giugno 1917. Dopo ottobre, organizzatore della prima armata bianca, nel Don.
[1613] *V. N. Semennikor*, Politika Romanovykh nakanoune revolioutsii. Ot Antanty-k Guermanii (Politica dei Romanov alla vigilia della rivoluzione: Dall'Accordo alla Germania), M., L., GIZ, 1926, pp. 117, 118, 125.
[1614] Ultimo ministro degli Interni zarista. Accusato di intelligenza con la Germania (perpetrata in Svezia nell'estate del 1916 in occasione di un viaggio in Inghilterra di una delegazione della Duma). Imprigionato dal governo provvisorio. Giustiziato dai bolscevichi.

Ministro degli Interni? Se rimane a Pskov, morirà, ti prego, mio dolce amico!".[1615]

Il 6 dicembre Rubinstein fu rilasciato, dieci giorni prima dell'assassinio di Rasputin, che ebbe giusto il tempo di rendergli un ultimo servizio. Subito dopo viene licenziato il ministro Makarov, [1616]che l'imperatrice detestava. (Poco dopo sarà giustiziato dai bolscevichi). È vero che con la liberazione di Rubinstein, l'indagine sul suo caso non era terminata; fu nuovamente arrestato, ma durante la rivoluzione redentrice di febbraio, insieme ad altri prigionieri che languivano nelle carceri zariste, fu liberato dalla prigione di Pietrogrado dalla folla e lasciò l'ingrata Russia, come ebbero il tempo di fare Manassevich, Manus e Simanovich. (Per noi che viviamo negli anni '90 del XX secolo, [1617]questa orgia di saccheggio dei beni dello Stato appare come un modello sperimentale su scala molto ridotta... Ma ciò che troviamo, in un caso o nell'altro, è un governo tanto pretenzioso quanto zoppo che lascia la Russia abbandonata al suo destino.

Sulla scorta del caso Rubinstein, lo Stato Maggiore fece controllare i conti di diverse banche. Contemporaneamente fu aperta un'inchiesta contro i produttori di zucchero di Kiev-Hepner, Tsekhanovski, Babushkin e Dobry. Avevano ottenuto il permesso di esportare zucchero in Persia; avevano effettuato spedizioni massicce, ma pochissima merce era stata segnalata dalla dogana e aveva raggiunto il mercato persiano; il resto dello zucchero era "scomparso", ma, secondo alcune informazioni, era passato attraverso la Turchia - alleata della Germania - ed era stato venduto sul posto. Allo stesso tempo, il prezzo dello zucchero era improvvisamente aumentato nelle regioni del Sud-Ovest, dove si concentrava l'industria saccarifera russa. L'affare dello zucchero fu condotto in un'atmosfera di rigore e intransigenza, ma la commissione Batiushin non portò a termine la sua indagine e trasmise il fascicolo a un giudice istruttore di Kiev, che iniziò con l'espandere gli accusati, che poi trovarono sostegno accanto al trono.

Quanto alla Commissione Batiushin, la sua composizione lasciava molto a desiderare. La sua inefficacia nell'indagare sul caso Rubinstein è stata sottolineata dal senatore Zavadski.[1618]. Nelle sue memorie, il generale

---

[1615] Pisma imperatritsy Aleksandry Fëdorovny k Imperatorou Nikolaiou II / Per. S angi. V. D. Nabokoa (Lettere dell'imperatrice Alexandra Fecorovna all'imperatore Nicola II/trad. dall'inglese di V. D. Nabokov), Berlin Slovo, 1922, pp. 202, 204, 211, 223, 225, 227.

[1616] Ministro della Giustizia dal 20 luglio 1916 al 2 gennaio 1917. Giustiziato dalla Cheka nel settembre 1918.

[1617] Quando è stata completata la stesura di questo volume, e allusione allo stato della Russia eltsiniana.

[1618] *S. V. Zavadski*, Na velikom izlome (La grande frattura), Archivio della rivoluzione russa, 1923, t. 8, pp. 1922.

Lukomski, membro dello Stato Maggiore, racconta che uno dei giuristi principali della commissione, il colonnello Rezanov, un uomo indiscutibilmente competente, si rivelò anche piuttosto appassionato di menu, buoni ristoranti, cene alcoliche; un altro, Orlov, si rivelò un rinnegato che lavorò nella polizia segreta dopo il 1917, poi passò ai bianchi e, in emigrazione, si sarebbe contraddistinto per la sua condotta provocatoria. Nel comitato c'erano probabilmente altri loschi figuri che non rifiutavano le tangenti e che avevano capitalizzato il rilascio dei detenuti. Con una serie di atti indiscriminati, la commissione attirò l'attenzione della Giustizia militare di Pietrogrado e degli alti funzionari del Ministero della Giustizia.

Tuttavia, non c'era solo lo Stato Maggiore ad affrontare il problema degli speculatori, in relazione alle attività "degli ebrei in generale". Il 9 gennaio 1916, il direttore ad interim del Dipartimento di Polizia, Kafafov, firmò una direttiva di difesa classificata, indirizzata a tutti i governatori di provincia e di città e a tutti i comandi di gendarmeria. Ma il "servizio di intelligence" dell'opinione pubblica scoprì presto il segreto e un mese dopo, il 10 febbraio, quando tutti gli affari cessarono, Chkheidze [1619] lesse questo documento dalla tribuna della Duma. E ciò che si poteva leggere non era solo che "gli ebrei fanno propaganda rivoluzionaria", ma che "oltre alla loro criminale attività di propaganda... si sono posti due importanti obiettivi: aumentare artificialmente il prezzo dei beni di prima necessità e ritirare dalla circolazione la moneta comune" - cercano quindi di "far perdere alla popolazione la fiducia nella moneta russa", di diffondere la voce che "il governo russo è in bancarotta, che non c'è abbastanza metallo per fare monete". Lo scopo di tutto questo, secondo il bollettino, era "ottenere l'abolizione della Pale of Settlement, perché gli ebrei pensano che il periodo attuale sia il più favorevole per raggiungere i loro scopi mantenendo i problemi nel Paese". Il Dipartimento non accompagnò queste considerazioni con alcuna misura concreta: si trattava semplicemente di "informazioni".[1620]

Ecco la reazione di Milyukov: "Il metodo di Rostopchin [1621] è usato con gli ebrei - sono presentati a una folla sovraeccitata, dicendo: sono i colpevoli, sono vostri, fate quello che volete con loro".[1622]

[1619] Leader menscevico, deputato del terzo e quarto Dumas; nel febbraio 1917, presidente del Soviet di Pietrogrado. Emigrato nel 1921, si suicidò nel 1926.
[1620] Archivi della rivoluzione russa, 1925, vol. 19, pp. 267-268.
[1621] Governatore di Mosca all'inizio del XIX secolo. A lungo si è creduto che avesse dato fuoco alla città quando i francesi vi avevano armato nel 1812. Padre della contessa di Segur.
[1622] Resoconto stenografico dei dibattiti della Quarta Duma. 10 febbraio 1916, p. 1312.

Negli stessi giorni, la polizia ha circondato la Borsa di Mosca, ha effettuato controlli di identità tra gli operatori e ha scoperto settanta ebrei in situazione illegale; una retata dello stesso tipo ha avuto luogo a Odessa. E questo è penetrato anche nell'aula della Duma, provocando un vero e proprio cataclisma: quello che il Consiglio dei ministri temeva tanto un anno fa stava accadendo: "Nel periodo attuale, non possiamo tollerare all'interno della Duma un dibattito sulla questione ebraica, un dibattito che potrebbe assumere una forma pericolosa e servire da pretesto per l'aggravarsi dei conflitti tra le nazionalità". [1623] Ma il dibattito ebbe davvero luogo e durò diversi mesi.

La reazione più vivace e appassionata al bollettino del Dipartimento è stata quella di Shingaryov[1624] - che non ha avuto pari per comunicare ai suoi ascoltatori tutta l'indignazione che ha suscitato nel suo cuore: "non c'è un'ignominia, non c'è una turpitudine di cui lo Stato non si sia macchiato nei confronti dell'ebreo, esso che è uno Stato cristiano... diffondendo calunnie su un intero popolo senza alcun fondamento... La società russa potrà curare i suoi mali solo quando ritirerete questa spina, questo male che incancrenisce la vita del Paese: la persecuzione delle nazionalità... Sì, noi soffriamo per il nostro governo, ci vergogniamo del nostro Stato! L'esercito russo si è trovato senza munizioni in Galizia: "e gli ebrei ne sarebbero responsabili?". "Per quanto riguarda l'aumento dei prezzi, ci sono molte ragioni complesse... Perché, in questo caso, il bollettino parla solo degli ebrei, perché non parla dei russi e anche di altri?".

In effetti, i prezzi erano saliti in tutta la Russia. E lo stesso vale per la scomparsa delle monete. "Ed è in un bollettino del Dipartimento di Polizia che si può leggere tutto questo!".[1625]

Nulla da obiettare.

È facile scrivere un bollettino nel retro di un ufficio, ma è molto spiacevole rispondere a un Parlamento infuriato. Eppure questo è stato ciò che il suo autore, Kafafov, ha dovuto risolvere. Si è difeso: il bollettino non conteneva alcuna direttiva, non era rivolto alla popolazione, ma alle autorità locali, per informare e non per agire; ha suscitato passioni solo dopo essere stato venduto da "timorosi" funzionari pubblici e reso pubblico dal rostro. Che strano, continuava Kafafov: non stiamo parlando di altri

---

[1623] Archivio della Rivoluzione russa, 1926, t. 18, p. 49.
[1624] Andrei Shingaryov(1869 1918), medico dello Zemstvo, leader del partito Cadetto, sarà Ministro dell'Agricoltura nel primo Governo Provvisorio e delle Finanze nel secondo. Massacrato nel suo letto d'ospedale il 18 gennaio 1918.
[1625] Resoconto stenografico dei dibattiti della Quarta Duma, 8 marzo 1916, pp. 3037-3040.

bollettini confidenziali che, probabilmente, sono stati anch'essi divulgati; così, già nel maggio 1915, egli stesso aveva siglato uno di questi ordini:

"C'è un aumento dell'odio verso gli ebrei in alcune categorie della popolazione dell'Impero", e il Dipartimento "esige che vengano prese le misure più energiche per prevenire qualsiasi manifestazione che vada in questa direzione", qualsiasi atto di violenza della popolazione diretto contro gli ebrei, "per prendere le misure più energiche per soffocare sul nascere la propaganda che comincia a svilupparsi in certi luoghi, per evitare che porti a scoppi di pogrom". E ancora, un mese prima, all'inizio di febbraio, questa direttiva inviata a Poltava: rafforzare la sorveglianza in modo da "essere in grado di prevenire in tempo qualsiasi tentativo di pogrom contro gli ebrei".[1626]

E lamentarsi: com'è possibile che bollettini come *questi* non interessino l'opinione pubblica, che, quelli, siano lasciati passare nel massimo silenzio?

Nel suo accalorato discorso, Shingaryov ha immediatamente messo in guardia la Duma dal pericolo di "impegnarsi in dibattiti sullo sconfinato oceano della questione ebraica".

Ma questo fu ciò che accadde a causa della pubblicità riservata a questo bollettino. Inoltre, lo stesso Shingaryov si spinse maldestramente in questa direzione, abbandonando il terreno della difesa degli ebrei per dichiarare che i veri traditori erano i russi: Sukhomlinov, [1627]Myasoedov e il generale Grigoriev, che avevano vergognosamente capitolato a Kovno.[1628]

Ciò provocò una reazione. Markov[1629] obiettò che non aveva il diritto di parlare di Sukhomlinov, essendo quest'ultimo per il momento solo accusato. (Il Blocco Progressista ebbe successo nell'affare Sukhomlinov, ma alla fine del Governo Provvisorio dovette ammettere che era stato tempo perso, che non c'era stato alcun tradimento). Myasoedov era già stato condannato e giustiziato (ma alcuni fatti possono far pensare che anche in quel caso si trattasse di una montatura); Markov si limitò ad aggiungere che "era stato impiccato in compagnia di sei spie ebree" (cosa

---

[1626] *Ibidem*, pp. 3137-3141.
[1627] Ministro della Guerra inefficace dal 1909 al 1915, arrestato il 3 maggio 1916, rilasciato in novembre grazie a Rasputin.
[1628] *Ibidem*, pp. 3036-3037.
[1629] Nikolai Markov (1876-1945), chiamato alla Duma "Markov-II" per distinguerlo dagli omonimi. Leader dell'estrema destra. Nel novembre 1918 si recò in Finlandia, poi a Berlino e a Parigi dove diresse una rivista monarchica, L'aquila a due teste. Nel 1936 si trasferì in Germania, dove diresse una pubblicazione antisemita in russo. È morto a Wiesbaden.

che non sapevo: Myasoedov era stato giudicato da solo) e che, ecco da uno a sei, questo era il rapporto.[1630]

Tra alcune proposte contenute nel programma che il Blocco Progressista era riuscito a mettere insieme nell'agosto del 1915, "l'autonomia della Polonia" appariva un po' fantasiosa in quanto interamente nelle mani dei tedeschi; "l'uguaglianza dei diritti per i contadini" non doveva essere richiesta al governo, perché Stolypin l'aveva realizzata e fu proprio la Duma a non approvarla, ponendo appunto come condizione la contemporanea uguaglianza degli ebrei; Tanto che "l'introduzione graduale di un processo di riduzione delle limitazioni dei diritti imposte agli ebrei" - anche se l'evasività di questa formulazione era evidente - divenne comunque la proposta principale del programma del Blocco. Quest'ultimo includeva deputati ebrei[1631] e la stampa yiddish riportava: "La comunità ebraica augura al Blocco Progressista un buon vento!".

E ora, dopo due anni di guerra estenuante, di pesanti perdite sul fronte e di febbrile agitazione nelle retrovie, l'estrema destra sventolava i suoi ammonimenti:

"Avete capito che dovete spiegare al popolo il vostro silenzio sulla superiorità militare dei tedeschi, il vostro silenzio sulla lotta contro l'impennata dei prezzi e il vostro eccessivo zelo nel voler concedere la parità di diritti agli ebrei!". Questo è ciò che pretendete "dal governo, in questo momento, in piena guerra, e se non soddisfa queste richieste lo mandate via e riconoscete un solo governo, quello che darà l'uguaglianza agli ebrei!". Ma "non daremo di certo l'uguaglianza ora, proprio ora che tutti sono infuocati contro gli ebrei; facendo così, non fate altro che sollevare l'opinione pubblica contro questi sfortunati".[1632]

Il deputato Friedman confuta l'affermazione che la popolazione sia al culmine dell'esasperazione: "Nel tragico contesto dell'oppressione degli ebrei, tuttavia, c'è un barlume di speranza, e non voglio ignorarlo: è l'atteggiamento delle popolazioni russe delle province interne nei confronti dei rifugiati ebrei che vi arrivano". Questi rifugiati ebrei "ricevono aiuto e ospitalità". È "il pegno del nostro futuro, della nostra fusione con il popolo russo". Ma insiste sul fatto che la responsabilità di tutte le disgrazie degli ebrei ricade sul governo, e lancia le sue accuse ai massimi livelli: "Non c'è mai stato un pogrom quando il governo non l'ha voluto". Attraverso i membri della Duma, "mi rivolgo ai 170 milioni di abitanti della Russia...:

[1630] *Ibidem*, p. 5064.
[1631] SJE, t. 7, p. 359.
[1632] Resoconto stenografico dei dibattiti della Quarta Duma, febbraio 1916, p. 1456 e 28-29 febbraio 1916, p. 2471.

vogliono usare le vostre mani per alzare il coltello sul popolo ebraico della Russia!".[1633]

A questo è stato risposto: i deputati della Duma sanno solo quello che si pensa nel paese? "Il Paese non scrive sui giornali ebraici, il Paese soffre, lavora... è impantanato nelle trincee, è lì, il Paese, e non nei giornali ebraici dove lavora Giovanni Fa obbedendo a misteriose direttive". È stato persino detto: "Che la stampa sia controllata dal governo è un male, ma c'è un male ancora più grande: che la stampa sia controllata dai nemici dello Stato russo!".[1634]

Come Shingaryov aveva intuito, la maggioranza liberale della Duma non era più interessata a prolungare il dibattito sulla questione ebraica. Ma il processo era in corso e nulla poteva fermarlo. Si trattava di una serie interminabile di interventi che si inserivano nel mezzo degli altri casi da trattare per quattro mesi, fino alla fine della sessione autunnale.

La destra ha accusato il Blocco Progressista: no, la Duma non affronterà il problema dell'aumento dei prezzi! "Non lotterete con le banche, con i sindacati, contro gli scioperi nell'industria, perché ciò equivarrebbe a lottare contro gli ebrei". Nel frattempo, la municipalità riformista di Pietrogrado "affidò le forniture cittadine a due israeliti, Levenson e Lesman: il primo le forniture di carne, il secondo i negozi di alimentari - anche se aveva venduto illegalmente farina alla Finlandia". Vengono forniti altri esempi di fornitori che gonfiano artificialmente i prezzi.[1635]

(Nessuno dei deputati si assunse la responsabilità di difendere questi speculatori) Dopo di che, è impossibile che non venga discussa la questione, così attuale in questi anni di guerra, del *numerus clausus*! Come abbiamo visto, esso era stato ristabilito dopo la rivoluzione del 1905, ma era stato gradualmente attenuato dalla pratica comune della scuola diurna nei licei e dall'autorizzazione concessa agli ebrei che avevano completato gli studi di medicina all'estero di conseguire il diploma di Stato in Russia; altre misure furono prese in questa direzione - ma non l'abrogazione pura e semplice - nel 1915, quando fu abolita la Pale of Settlement. Anche P. N. Ignatiev, Ministro dell'Istruzione Pubblica nel 1915-1916, ridusse il *numerus clausus* negli istituti di istruzione superiore.

E nella primavera del 1916, i muri della Duma riprendono a lungo il dibattito su questo tema. Vengono esaminate le statistiche del Ministero dell'Istruzione e il professor Levachev, deputato di Odessa, afferma che le disposizioni del Consiglio dei Ministri (che autorizzano l'ammissione in

---

[1633] *Ibidem*, pp. 1413-1414, 1421, 1422.
[1634] *Ibidem*, pp. 1453-1454, 2477.
[1635] *Ibidem*, p. 4518.

deroga dei figli degli ebrei richiamati per il servizio militare) sono state arbitrariamente estese dal Ministero dell'Istruzione ai figli degli impiegati dello Zemgor, delle agenzie di evacuazione, degli ospedali, nonché alle persone che si dichiarano [ingannevolmente] dipendenti da un genitore richiamato per il servizio militare . Così, dei 586 studenti ammessi nel 1915 al primo anno di medicina all'Università di Odessa, "391 sono ebrei", cioè due terzi, e che "solo un terzo rimane per le altre nazionalità". All'Università di Rostov-sul-Don: 81% di studenti ebrei alla Facoltà di Giurisprudenza, 56% alla Facoltà di Medicina e 54% alla Facoltà di Scienze.[1636]

Gurevich risponde a Levachev: questa è la prova che il *numerus clausus* è inutile! "A cosa serve il *numerus clausus*, quando anche quest'anno, quando gli ebrei hanno beneficiato di una disposizione più alta del normale, c'era abbastanza spazio per accogliere tutti i cristiani che volevano entrare all'università?". Cosa volete, che le aule siano vuote? La piccola Germania ha un gran numero di insegnanti ebrei, eppure non ne muore![1637]

L'obiezione di Markov: "Le università sono vuote [perché gli studenti russi sono in guerra, e mandano [nelle università] masse di ebrei". "Sfuggendo al servizio militare", gli ebrei "hanno invaso l'Università di Pietrogrado e, grazie a ciò, ingrosseranno le file dell'intellighenzia russa... Questo fenomeno...

è dannoso per il popolo russo, persino distruttivo", perché ogni popolo "è soggetto al potere della sua intellighenzia". "I russi devono proteggere le loro élite, la loro intellighenzia, i loro funzionari, il loro governo; quest'ultimo deve essere russo".[1638]

Sei mesi dopo, nell'autunno del 1916, Friedman insisteva su questo punto ponendo alla Duma la seguente domanda: "Sarebbe dunque meglio che le nostre università restassero vuote... sarebbe meglio che la Russia si ritrovasse senza un'élite intellettuale piuttosto che ammettere gli ebrei in numero troppo elevato?".[1639]

Da un lato, Gurevitch aveva ovviamente ragione: perché lasciare le aule vuote? Che ognuno faccia quello che deve fare. Ma, ponendo la questione in questi termini, non ha forse confortato i sospetti e l'amarezza della destra: dunque, non lavoriamo *insieme*? Un gruppo per fare la guerra, l'altro per studiare?

[1636] *Ibidem*, pp. 3360-3363.
[1637] *Ibidem*, p. 3392.
[1638] *Ibidem*, pp. 1456, 3421, 5065.
[1639] *Ibidem*, p. 90.

(Mio padre, ad esempio, interruppe gli studi all'Università di Mosca e si arruolò come volontario. All'epoca sembrava che non ci fossero alternative: non andare al fronte sarebbe stato disonorevole. Chi, tra questi giovani volontari russi, e anche tra i professori rimasti nelle università, capì che il futuro del Paese non si giocava solo sui campi di battaglia? Nessuno lo capì né in Russia né in Europa). Nella primavera del 1916, il dibattito sulla questione ebraica fu sospeso perché provocava un'agitazione indesiderata nell'opinione pubblica. Ma il problema delle nazionalità fu rimesso all'ordine del giorno da un emendamento alla legge sui comuni Zemstvos. La creazione di questa nuova struttura amministrativa fu discussa durante l'inverno 1916-17, negli ultimi mesi di esistenza della Duma. Un bel giorno, quando i principali oratori si erano recati sul sito per rifocillarsi o erano tornati nei loro penitenziari, e per la seduta era rimasto poco più della metà dei deputati ben educati, un contadino di Viatka, di nome Tarassov, riuscì a intrufolarsi nella tribuna. Timidamente, parlò, sforzandosi di far capire ai membri della casa il problema dell'emendamento: esso prevede che "tutti sono ammessi, e gli ebrei, cioè, e i tedeschi, tutti quelli che verranno nella nostra borgata. E per questi, quali saranno i loro diritti?

Queste persone che saranno registrate [nella nostra borgata]... ma prenderanno posto, e i contadini, nessuno si occupa di loro... Se è un ebreo a dirigere l'amministrazione della borgata e sua moglie a fare la segretaria, allora i contadini, loro, quali sono i loro diritti?... Cosa succederà, dove saranno i contadini?... E quando i nostri valorosi guerrieri torneranno, a cosa avranno diritto? A stare nelle retrovie; ma durante la guerra erano in prima linea, i contadini... Non fate emendamenti che contraddicano la realtà pratica della vita contadina, non date il diritto agli ebrei e ai tedeschi di partecipare alle elezioni degli zemstvos comunali, perché sono popoli che non porteranno nulla di utile, anzi, faranno molto male e ci saranno disordini in tutto il Paese. Noi contadini non ci sottometteremo a queste nazionalità".[1640]

Nel frattempo, però, la campagna per la parità di diritti degli ebrei era in pieno svolgimento. Essa godeva ora del sostegno di organizzazioni che in precedenza non si erano occupate della questione, come il Gruppo centrale dei lavoratori di Gvozdev [1641], che rappresentava gli interessi del proletariato russo. Nella primavera del 1916, il Gruppo operaio affermò di essere stato informato che "la reazione [sottinteso: il governo e

---

[1640] *Ibidem*, pp. 1069-1071.
[1641] Detto anche Kouzma Gvozdiov (nato nel 1883), operaio, dirigente menscevico, difensore, presidente del Gruppo operaio centrale; dopo febbraio, membro del Comitato esecutivo centrale del Soviet di Pietrogrado, ministro del Lavoro del Quarto governo provvisorio. In campo o in prigione dal 1930 in poi.

l'amministrazione del Ministero degli Interni] sta apertamente preparando un pogrom contro gli ebrei in tutta la Russia". Nel marzo 1916, in una lettera a Rodzianko, [1642]il Gruppo operaio protestò contro la sospensione del dibattito sulla questione ebraica alla Duma; e lo stesso Gruppo accusò la Duma stessa di compiacenza nei confronti degli antisemiti: "L'atteggiamento della maggioranza nella riunione del 10 marzo è di *fatto* quello di dare il suo sostegno diretto e di rafforzare la politica di pogrom antiebraico condotta dal potere...".

Con il suo sostegno all'antisemitismo militante dei circoli al potere, la maggioranza della Duma rappresenta un duro colpo per l'opera di difesa nazionale".[1643] (Non erano d'accordo, non avevano capito che nella Duma era proprio la sinistra a dover porre fine al dibattito). Gli operai hanno anche beneficiato del sostegno di "gruppi ebraici" che, secondo un rapporto del Dipartimento di Sicurezza in ottobre 1916, "hanno invaso la capitale e, senza appartenere ad alcun partito, stanno perseguendo una politica violentemente ostile al potere".[1644]

E il potere in tutto questo? Senza prove dirette, si può ipotizzare che all'interno dei gruppi ministeriali che si succedettero nel 1916, la decisione di proclamare la parità di diritti per gli ebrei fu presa in seria considerazione. Ne aveva parlato più di una volta Protopopov, che era già riuscito, a quanto pare, a orientare Nicola II in questa direzione. (Protopopov aveva anche interesse a tagliare in fretta la campagna che la sinistra aveva avviato contro di lui). E il generale Globachev, che fu l'ultimo a dirigere il Dipartimento della Sicurezza prima della rivoluzione, scrive nelle sue memorie, con le parole di Dobrovolskij, che fu anche l'ultimo ministro della Giustizia della monarchia: "Il progetto di legge sulla parità di diritti per gli ebrei era già pronto [nei mesi precedenti la rivoluzione] e, con ogni probabilità, la legge sarebbe stata promulgata per le celebrazioni della Pasqua del 1917".[1645]

[1642] Presidente della Duma dal 1911 al 1917.

[1643] K istorii gvosdevchtchiny (Contributo alla storia del movimento Gvozdev), Krasny arkhiv. 1934, t. 67, p. 52.

[1644] Politikchkoye polojenie Rossii nakanoune Fevralskoi revolioutsii (Situazione politica in Russia alla vigilia della Rivoluzione di febbraio), Krasny arkhiv, 1926, t. 17, p. 14.

[1645] K. I. Globatchev, Pravda o russkoï revolutionsii: Vospominania byvchevo Nachalnika Petrogradskovo Okhrannovo Otdelenia. Dekabr 1922 (La verità sulla rivoluzione russa: memorie dell'ex capo del Dipartimento di sicurezza di Pietrogrado, dicembre 1922), Khranenie Koloumbiïskovo ouniversiteta, machinopis, p. 41.

Ma nel 1917 le celebrazioni pasquali si sarebbero svolte in un sistema completamente diverso. Le ardenti aspirazioni dei nostri radicali e liberali si sarebbero allora realizzate.

"Tutto per la vittoria!" - Sì, ma "non con questo potere!". L'opinione pubblica, sia tra i russi che tra gli ebrei, così come la stampa, erano tutti interamente orientati verso la Vittoria, erano i primi a reclamarla, solo che *non con questo governo! Non con questo zar!* Tutti erano ancora convinti della correttezza del semplice e brillante ragionamento che avevano sostenuto all'inizio della guerra: prima che finisca (perché dopo sarebbe stato più difficile) e ottenendo una vittoria su vittoria sui tedeschi, buttare giù lo zar e cambiare il regime politico.

E a quel punto sarebbe arrivata la parità di diritti per gli ebrei.

Abbiamo esaminato in molti modi le circostanze in cui si sono svolti centoventi anni di vita comune tra russi ed ebrei all'interno dello stesso Stato. Tra le difficoltà, alcune hanno trovato soluzione nel corso del tempo, altre sono emerse e si sono accentuate nel corso degli anni precedenti la primavera del 1917. Ma la natura evolutiva dei processi in atto ha visibilmente preso il sopravvento e promette un futuro costruttivo.

E fu in quel momento che un'esplosione disintegrò il sistema politico e sociale della Russia - e quindi i frutti dell'evoluzione, ma anche la resistenza militare al nemico, pagata con tanto sangue, e infine le prospettive di un futuro di realizzazione: fu la rivoluzione di febbraio.

Altri titoli

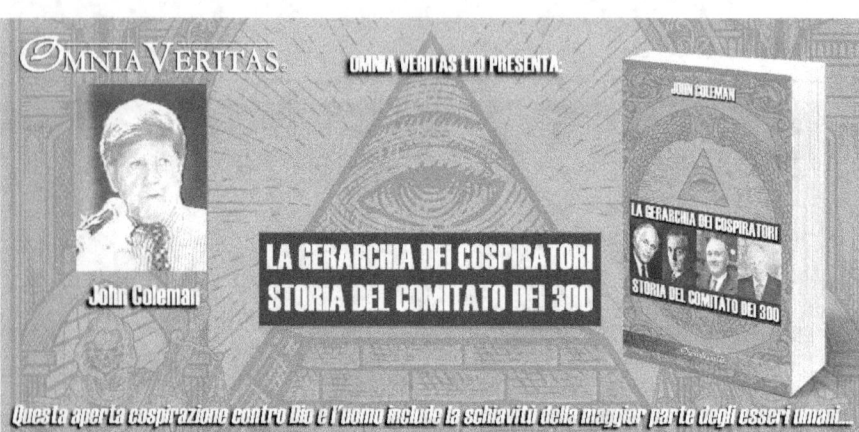

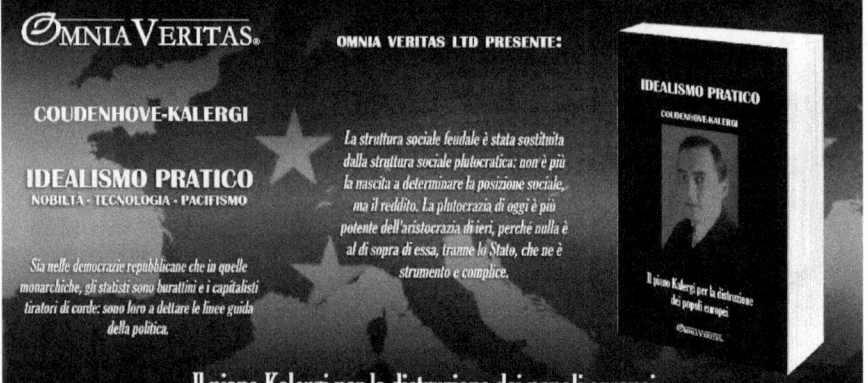

www.ingramcontent.com/pod-product-compliance
Lightning Source LLC
Chambersburg PA
CBHW050322230426
43663CB00010B/1713